Billy Graham
So wie ich bin

Billy Graham

So wie ich bin

Die Autobiographie

BRUNNEN

VERLAG GIESSEN · BASEL

ABCteam-Bücher erscheinen in folgenden Verlagen:
Aussaat Verlag Neukirchen-Vluyn
R. Brockhaus Verlag Wuppertal und Zürich
Brunnen Verlag Gießen und Basel
Christliches Verlagshaus Stuttgart
Oncken Verlag Wuppertal und Kassel

Titel der amerikanischen Originalausgabe:
Billy Graham: Just As I Am. The Autobiography of Billy Graham
Copyright © 1997 by Billy Graham Evangelistic Association
Published by arrangement with HarperCollins Publishers, Inc.

Bibelstellen sind zitiert nach der Übersetzung „Hoffnung für alle"
© 1983/1996 International Bible Society
Dt. Übersetzung: Brunnen Verlag Basel und Gießen
Alle Rechte vorbehalten

Aus dem Amerikanischen von Christian Rendel
Lektorat: Eva-Maria Busch und Ralf Tibusek
Beratung: Dr. Irmhild Bärend, Billy Graham Evangelistic
Association in Deutschland e.V.

Die Deutsche Bibliothek – CIP-Einheitsaufnahme

Graham, Billy:
So wie ich bin : die Autobiographie / Billy Graham.
[Aus dem Amerikan. von Christian Rendel].
- Gießen ; Basel : Brunnen, 1998 (ABC-Team)
Einheitssacht.: Just as I am <dt.>
ISBN 3-7655-1621-X

© der deutschen Ausgabe: 1998 Brunnen Verlag Gießen
Umschlaggestaltung: Ralf Simon
Umschlagfoto: Russ Busby, BGEA
Satz: Die Feder GmbH, Wetzlar
Herstellung: Clausen & Bosse, Leck
ISBN 3-7655-1621-X

DIESES BUCH IST ALL DENEN
IN DANKBARKEIT ZUGEEIGNET,
DIE UNSEREN DIENST IM LAUFE DER JAHRE
TREU UNTERSTÜTZT HABEN.

Inhalt

Warum ich dieses Buch geschrieben habe

Um ehrlich zu sein, ich hätte nie gedacht, daß ich dieses Buch jemals schreiben würde.

Zum einen fand ich, daß ich für ein so umfangreiches Projekt viel zu beschäftigt sei. Nicht nur meine Predigttätigkeit, sondern auch meine Aufgaben als Leiter der Billy Graham Evangelistic Association haben mir stets ein enormes Maß an Zeit und Entscheidungen abverlangt. Außerdem habe ich mich immer mehr für die Zukunft interessiert, als mich daran zu erinnern, was vor vielen Jahren geschehen ist. Und wie hätte ich es jemals rechtfertigen sollen, einen vollen Zeitplan zusammenzustreichen, um über die Vergangenheit zu schreiben?

Ebenso wußte ich, daß ich kaum imstande sein würde, ein solches Werk allein zu verfassen. Ich brauchte dazu auch die Hilfe anderer – aber wo sollte ich die geeigneten Mitarbeiter finden? Und überhaupt: Wie kann ein einziges Buch den Inhalt eines ganzen Lebens beschreiben? Schließlich ist es allein Gott zuzuschreiben – und nicht mir –, wenn durch mein Leben irgend etwas Gutes bewirkt worden ist. Deshalb hat er – und nicht ich – die Lorbeeren verdient ... Doch einige meiner Freunde drängten mich, diese Aufgabe dennoch in Angriff zu nehmen. Das sei nicht nur ein historischer Rückblick, man könne doch auch manches aus der Arbeit lernen, die Gott uns anvertraut habe.

Dabei erinnerte ich mich daran, wieviel ich selbst aus Lebensbeschreibungen bedeutender Frauen und Männer gelernt habe. In meinem

Alter denkt man natürlich auch an die nächste Generation, die vielleicht durch solch ein Buch ermutigt wird, von Gott auch einmal so viel zu erwarten. All das brachte mich schließlich zu der Überzeugung, daß dieses Buch auf seine Weise auch eine wichtige Aufgabe erfüllen könnte.

Und tatsächlich: ich *fand* die richtigen Mitarbeiter – später komme ich noch einmal ausführlich darauf zurück. Allerdings möchte ich betonen, daß alle Unzulänglichkeiten meines Buches allein mir anzulasten sind und nicht etwa ihnen.

Zehn Jahre hat es gedauert, dieses Buch zu schreiben. Mein größtes Problem war stets, mir Zeit für dieses Projekt freizuhalten. Denn in diesen Jahren habe ich nicht nur weiterhin weltweit das Evangelium gepredigt, ich wurde auch mit verschiedenen persönlichen Problemen wie Krankheit und Unfällen konfrontiert.

Schon recht bald wurde mir deutlich, daß wir in diesem Buch unmöglich auf *alles* eingehen konnten, was wir in mehr als einem halben Jahrhundert erlebt haben. So waren gerade die Kürzungen und Streichungen bei dieser Arbeit schwierige Entscheidungen. Wenn ich auf die Hunderte von Evangelisationen zurückblicke, die wir durchführten, dann hat jede einzelne von ihnen ihren ganz eigenen Charakter. Doch Zeit und Raum erlauben mir nicht, mehr als einige dieser Evangelisationen und besondere Ereignisse festzuhalten.

Während ich dies niederschreibe, denke ich an die vielen Menschen, deren Hilfe oder Freundschaft mir sehr, sehr viel bedeuten und deren Namen doch nicht auf diesen Seiten erwähnt werden. Ihnen möchte ich versichern, daß ich ihnen dennoch von Herzen dankbar bin.

Ich habe mich bemüht, Ereignisse und Gespräche so genau wie möglich zu schildern, gründlich zu recherchieren und sorgfältig darzustellen. Allerdings weiß jeder, daß Erinnerungen im Lauf der Jahre verblassen können. Wir kennen alle die Geschichte von den Blinden, die einen Elefanten beschreiben sollen. Jeder von ihnen liefert eine völlig andere Beschreibung des Tieres, je nachdem, welches Körperteil er betastet hat. So weiß ich, daß auch meine Erinnerung gelegentlich von der anderer Menschen abweichen kann. Doch mehr, als die Ereignisse so aufzuzeichnen, wie ich sie im Gedächtnis habe, kann ich nicht tun.

Zum Schluß möchte ich noch einige Worte über meine Berufung als Evangelist hinzufügen. Das Wort *Evangelist* kommt aus dem Griechischen

und bedeutet „einer, der gute Nachrichten verkündet". In der Tätigkeits-
form kommt es über fünfzigmal im griechischen Neuen Testament vor. Ein
Evangelist ist also so etwas ähnliches wie ein Nachrichtensprecher im
Fernsehen oder ein Journalist, der für eine Zeitung schreibt – nur daß der
Evangelist eben den Auftrag hat, die gute Nachricht des Evangeliums zu
verbreiten.

In der Bibel ist ein Evangelist jemand, der von Gott geschickt wird, um
das Evangelium, die gute Nachricht, zu verkünden; er oder sie hat eine
geistliche Gabe, die in der Gemeinde Jesu immer vorhanden gewesen ist.
Die Methoden sind unterschiedlich, aber die zentrale Aufgabe bleibt: Ein
Evangelist ist ein Mensch, der von Gott berufen und besonders ausgerüstet
wurde, um die gute Nachricht zu verkünden – den Menschen, die diese
Nachricht noch nicht kennen. Er fordert sie auf, zu Jesus Christus umzu-
kehren, an ihn zu glauben und ihm nachzufolgen. Das ist – kurz umrissen –
die Aufgabe eines Evangelisten. Er ist keineswegs dazu berufen, *alles* zu
tun, was Gott in der Gemeinde oder in der Welt getan haben möchte. Im
Gegenteil, die Berufung eines Evangelisten ist ganz klar definiert.

Genausowenig steht es einem Evangelisten frei, seine Botschaft inhaltlich zu verändern, wie ja auch ein Nachrichtensprecher nicht einfach die
Meldungen inhaltlich verändern darf. Unsere Botschaft hat zwei Aspckte.
Einerseits: Christus und das zu verkündigen, was er durch seinen Tod und
seine Auferstehung getan hat. Andererseits muß die Antwort des Menschen dazukommen. Er muß bereit sein, dieses Angebot anzunehmen und
sich Gott auszuliefern. Es ist die Botschaft, daß Christus gekommen ist,
um uns unsere Schuld zu vergeben und uns neues Leben und eine neue
Hoffnung zu geben, wenn wir uns ihm zuwenden.

Auf den folgenden Seiten werden Sie erfahren, wie ich mich bemüht
habe, Christus nachzufolgen (so unvollkommen es auch gewesen sein mag).
Wenn jedoch jemand durch die Lektüre versteht, was es heißt, Christus
nachzufolgen, oder einen neuen Blick für Gottes Plan gewinnt, den er mit
dieser Welt hat, dann hat sich die Mühe gelohnt.

BILLY GRAHAM
JANUAR 1997

Einleitung:
Zwischen zwei Präsidenten

HARRY S. TRUMAN 1950, KIM IL SUNG 1992

Man schrieb den 14. Juli 1950, und ich war dabei, mich tüchtig zu blamieren.

Auf Drängen meiner Freunde, der Kongreßabgeordneten Joe Bryson aus South Carolina und Herbert C. Bonner aus North Carolina, hatte John McCormack, der einflußreiche Volksvertreter aus Massachusetts, für mich einen Termin mit Präsident Truman verabredet. Das war allerdings kein leichtes Unterfangen gewesen.

Im Mai 1950 hatte der Abgeordnete Bryson seinem Kollegen McCormack schriftlich mitgeteilt, daß ich am 2., 3. und 6. Juni in Washington sei, und gleichzeitig angefragt, ob für mich an einem dieser Tage ein Termin mit dem Präsidenten vereinbart werden könne. Das Büro des Präsidenten antwortete postwendend, der Terminplan sei bereits voll. „Es wird eine Weile dauern, bis wir neue Termine im Kalender des Präsidenten vormerken können."

Doch meine Freunde ließen nicht locker. Was genau sich hinter den Kulissen abspielte, werde ich wohl nie erfahren; vielleicht machte McCormack den Präsidenten auf die Veranstaltung aufmerksam, die wir einige Monate zuvor in seiner Heimatstadt Boston durchgeführt hatten. Wie auch immer: Knapp drei Wochen später erhielt der Abgeordnete McCormack einen weiteren Brief aus dem Büro des Präsidenten, in dem er gebeten wurde, „Dr. Graham zu fragen, ob es ihm recht wäre, sich am Freitag, dem 14. Juli, um 12 Uhr mittags hier im Executive Office einzufinden".

Fünf Tage später brach der Korea-Krieg aus.

Am 25. Juni 1950 marschierten nordkoreanische Truppen in Südkorea ein. Kim Il Sung, der Präsident des kommunistischen Nordens, war entschlossen, die koreanische Halbinsel wieder zu vereinen, die nach dem Zweiten Weltkrieg (mit amerikanischer Zustimmung) am achtunddreißigsten Breitengrad geteilt worden war.

Als ich die Nachricht hörte, schickte ich Präsident Truman ein Telegramm, in dem ich ihn drängte, gegenüber der militärischen und ideologischen Bedrohung durch Präsident Kim Il Sung einen festen Standpunkt einzunehmen:

„MILLIONEN CHRISTEN BITTEN GOTT, IHNEN IN DIESER KRISE WEISHEIT ZU GEBEN. ANTEIL DER CHRISTEN IN DER BEVÖLKERUNG SÜDKOREAS GRÖSSER ALS IRGENDWO SONST AUF DER WELT. WIR DÜRFEN SIE NICHT IM STICH LASSEN."

Drei Wochen später war ich auf dem Weg zu meinem Treffen mit dem Präsidenten.

Abgesehen davon, daß Truman wie ich Baptist und Angehöriger der Demokratischen Partei war (was im Süden, wo ich aufgewachsen war, praktisch dasselbe bedeutete), wußte ich nicht allzuviel über ihn. Wußte er viel über mich? Wahrscheinlich nicht, obwohl ich ihm seit seinem Amtsantritt schon einige Male geschrieben hatte.

Einige Jahre zuvor hatte ich ihm über Jugend für Christus berichtet, die Organisation, bei der ich seit 1945 als Evangelist angestellt war. Ich bat ihn, uns dabei zu unterstützen, diese Arbeit auch in der amerikanisch besetzten Zone Deutschlands aufbauen zu können. Einige befreundete Kongreßabgeordnete hatten mir gesagt, wir müßten dafür seine Erlaubnis erbitten. Insgeheim stellte ich mir vor, wie der Präsident sich gründlich und ausgiebig mit meinem Anliegen befaßte. Aber natürlich war das nicht der Fall; wahrscheinlich bekam er meinen Brief nie zu Gesicht.

Im Februar 1949, kurz nach seiner feierlichen Amtseinführung, hatte ich ans Weiße Haus geschrieben und seinen Sekretär gebeten, Präsident Truman auszurichten, „daß über 1100 Studenten hier an der Northwestern Akademie Gott täglich bitten, er möge ihm in den schweren Tagen, die vor ihm liegen, Weisheit und Wegweisung geben".

Die Einladung ins Weiße Haus war an mich allein ergangen, doch ich bat meine Kollegen Grady Wilson, Cliff Barrows und Jerry Beavan, mit mir nach Washington zu fliegen. In der Hauptstadt nahmen wir uns Zimmer im Hotel Mayflower. Gut schliefen wir nicht in dieser Nacht.

Am nächsten Morgen rief ich als erstes im Weißen Haus an und fragte, ob ich meine drei Begleiter mitbringen dürfe. Nach einer merklichen Pause, die ich für das Atemholen vor einem Nein hielt, gab die Stimme am Telefon ihr Einverständnis.

Was sollten wir anziehen? Diese Frage schlossen wir sogar in unser Gebet ein, seit am 11. Juli das Telegramm des Abgeordneten McCormack angekommen war, aber viel Auswahl hatten wir ohnehin nicht. Schließlich blieben wir bei dem, was wir auf der vorausgegangenen Bibelkonferenz getragen hatten.

Ich war ein gebräunter, schlaksiger Mann von einunddreißig Jahren mit einem dichten, blondgewellten Haarschopf und trug einen Anzug, den das *Time*-Magazin später als „pistaziengrün" bezeichnete (ich habe ihn eher als cremefarben in Erinnerung), dazu rostrote Socken und eine handbemalte Krawatte. Meine drei Kollegen waren ähnlich gekleidet. Aber, fragten wir uns, fehlte vielleicht noch etwas?

Wir hatten ein Urlaubsbild des Präsidenten gesehen, auf dem er weiße Stutzerschuhe trug. Das war es! Grady besaß bereits ein Paar. Ich schickte ihn zur nächsten Florsheim-Filiale, um weiße Stutzerschuhe für Cliff und mich zu kaufen. Wie konnten wir da falsch liegen? Schließlich war der Präsident selbst einmal Herrenausstatter gewesen.

„Wieviel Uhr ist es?" fragte ich immer wieder. „Wir dürfen auf keinen Fall zu spät kommen." Mein Chronometer war kaputt; Cliffs funktionierte glücklicherweise noch.

Sehr zeitig verließen wir das Hotel. Da sich ein Taxi für den kurzen Weg zum Weißen Haus nicht lohnte, gingen wir zu Fuß die Connecticut Avenue hinab und über den Lafayette Square, wobei wir vermutlich einiges Aufsehen erregten. Wahrscheinlich hielten uns die Leute für ein Barbershop-Quartett auf einem Spaziergang.

Am Seiteneingang des Weißen Hauses passierten wir ohne Schwierigkeiten das Wachpersonal an den Kontrollpunkten. Dann nahm uns der Sekretär des Präsidenten unter seine Fittiche. Er klärte uns darüber auf, daß unser Treffen genau zwanzig Minuten dauern werde.

Pünktlich um zwölf Uhr führte man uns ins Oval Office. Nach seinem Gesichtsausdruck zu urteilen, muß der Erste Mann unseres Staates wohl geglaubt haben, ein reisendes Varieté-Ensemble vor sich zu haben. Dennoch begrüßte er uns freundlich und schüttelte jedem die Hand. Er habe viel Gutes über unsere Versammlungen gehört, bemerkte er dann.

Ich erzählte ihm vom vergangenen Herbst in Los Angeles. Wir hatten dort in einem riesigen Zelt gepredigt, waren jedoch von der Presse kaum beachtet worden. Dann hatte plötzlich der Zeitungsmagnat William Randolph Hearst aus für uns nicht ersichtlichen Gründen seine Redakteure angewiesen, ihr Augenmerk auf dieses Zelt zu richten. So waren wir – fast über Nacht – überall im Land bekannt geworden. Im Laufe der fünfzig Tage, die unsere Veranstaltungsreihe dauerte, steigerte sich die Zuhörerzahl auf insgesamt 350.000 Besucher, in jener Zeit für eine evangelistische Versammlung eine schier unglaubliche Zahl.

Dann erzählte ich ihm von unserer Veranstaltung Ende 1949 in Boston und von der ausgedehnten Tournee durch Neuengland während der ersten Monate des Jahres 1950. Mittlerweile standen wir überall, wohin wir kamen, im Scheinwerferlicht der Presse. Nach unserer Veranstaltung im Stadtpark von Boston am 23. April schätzten offizielle Stellen die Zahl der Zuhörer auf 50.000. An jenem Tag hatte ich vor dem Hintergrund der Nachricht, daß die Sowjetunion dabei war, ein Atomwaffenarsenal aufzubauen, den Präsidenten der Vereinigten Staaten öffentlich aufgefordert, einen landesweiten Tag der Buße und des Gebets für den Frieden auszurufen.

Präsident Truman nickte, als ob er sich an den Vorfall erinnerte.

Dann bekräftigte ich meine Zustimmung zu seiner raschen Reaktion auf den Einmarsch Kim Il Sungs in Korea, auch wenn die jüngsten Nachrichten aus dem Kampfgebiet nicht allzu ermutigend waren.

Unsere Besuchszeit verging rasch; dabei war es der Glaube, über den ich eigentlich mit ihm sprechen wollte. Aber ich wußte nicht, wie ich anfangen sollte.

„Mr. President", platzte ich schließlich heraus, „erzählen Sie mir von Ihrem religiösen Hintergrund."

„Nun", erwiderte er in seinem deutlichen Missouri-Akzent, „ich versuche, nach der Bergpredigt und nach der goldenen Regel zu leben."

„Das allein reicht nicht aus, Mr. President. Sie brauchen den Glauben an Christus und seinen Tod am Kreuz."

Der Präsident stand auf. Offenbar waren unsere zwanzig Minuten um. Auch wir erhoben uns.

„Mr. President, dürfen wir mit Ihnen ein Gebet sprechen?"

„Schaden kann es nicht", sagte er – oder etwas Ähnliches.

Ich legte meinen Arm um die Schultern des Präsidenten der Vereinigten Staaten von Amerika und betete.

„Amen", rief Cliff während des Gebets. „Tu es, Herr!"

Als wir das Oval Office verließen, sah ich auf die Wanduhr. Mein Gebet hatte weitere fünf Minuten in Anspruch genommen.

Kaum hatten wir das Weiße Haus verlassen, stürzten sich die Reporter und Fotografen auf uns. „Was hat der Präsident gesagt?"

Ich sagte ihnen alles, woran ich mich erinnern konnte.

„Was haben Sie gesagt?"

Wieder sagte ich ihnen alles, was ich noch wußte.

„Haben Sie mit dem Präsidenten gebetet?"

„Ja, wir haben mit dem Präsidenten gebetet."

„Was hielt er davon?" rief jemand.

Bevor ich darauf antworten konnte, bat uns ein findiger Fotograf, auf dem Rasen niederzuknien und das Gebet nachzuspielen. Das ganze Pressekorps unterstützte lautstark seine Bitte.

Unser Gebet aus dem Oval Office zu wiederholen, lehnte ich ab, sagte jedoch, wir hätten ohnehin vorgehabt, Gott für unseren Besuch zu danken – warum also nicht gleich hier und jetzt? So knieten wir uns alle vier in unseren pastellfarbenen Sommeranzügen nieder, und ich sprach ein Dankgebet, so aufrichtig ich konnte und ohne das Blitzlichtgewitter und die kritzelnden Bleistifte zu beachten.

Erst ein paar Tage später begriff ich, daß wir das Vertrauen des Präsidenten mißbraucht hatten. Überall im Land wurde über unseren Besuch berichtet, und wir kamen nicht gut dabei weg. Der Präsident sei ungehalten, daß ich ihn ohne Erlaubnis zitiert hatte, bemerkte Drew Pearson in einer Zeitungskolumne, und ich sei nun eine *persona non grata* im Weißen Haus. Er sollte recht behalten: Präsident Truman lud mich nie wieder ein.

Eine Mitteilung an die Mitarbeiter des Weißen Hauses aus dem Herbst 1951 machte das eindeutig klar: „Der Präsident betonte in Key West entschieden, daß er Billy Grahams Erweckungsversammlung in Washington nicht befürworten und ihn insbesondere nicht im Weißen Haus empfangen möchte. Sie erinnern sich, wie sich Billy Graham zur Schau gestellt hat, als er das letzte Mal hier war. Der Präsident möchte nicht, daß sich so etwas wiederholt."

Viele Jahre später besuchte ich Harry Truman in seinem Haus in Independence, Missouri. Ich brachte den Vorfall zur Sprache und entschuldigte mich für meine Unwissenheit und Naivität. „Machen Sie sich keine Gedanken", erwiderte er daraufhin großzügig. „Man hatte Sie einfach nicht richtig instruiert."

Nach diesem Tritt ins Fettnäpfchen schwor ich mir, daß so etwas nie wieder passieren dürfe.

Zweiundvierzig Jahre später – am 2. April 1992 – dachten manche Leute, ich sei erneut im Begriff, mich lächerlich zu machen; diesmal in einer anderen Hauptstadt, nämlich Pjöngjang.

Nach Nordkorea reisten nur wenige Leute aus dem Westen. Politisch und diplomatisch galt es als einer der isoliertesten Staaten der Erde. Genau genommen befanden sich die Vereinigten Staaten sogar immer noch im Kriegszustand mit Nordkorea. Der Korea-Krieg war zwar schon seit etwa vier Jahrzehnten vorbei, beendet worden war er aber nur mit einem Waffenstillstand, nicht mit einem Friedensvertrag. Nun gingen Gerüchte um, Nordkorea baue ein eigenes Atomwaffenarsenal auf.

Vor meiner Abreise aus den Vereinigten Staaten bat ich Präsident Bush um eine Einschätzung meines Reisevorhabens. Er und andere warnten mich vor den Risiken, die wir möglicherweise eingingen, einschließlich der Gefahr, für Propagandazwecke mißbraucht zu werden. Dennoch ermutigte er mich zu der Reise und bat mich sogar, eine kurze Grußbotschaft zu überbringen, falls Präsident Kim mich empfangen sollte.

Auf der anderen Seite bezeichneten es manche als töricht, in ein Land zu reisen, das so offenkundig meiner Heimat feindselig gegenüberstand. Vor allem wäre es unklug, mit Präsident Kim zusammenzutreffen, denn Millionen von Menschen – besonders in Südkorea, wo wir viele Freunde hatten – würden daraus den Schluß ziehen, daß ich seine politischen und gesellschaftlichen Ziele bejahte.

Zudem war Nordkorea unter Präsident Kim – der schon im Korea-Krieg Präsident Trumans Gegenspieler gewesen war (und dem mit aller Macht entgegenzutreten ich Truman gedrängt hatte) – zum religions-feindlichsten Land der Erde geworden. Präsident Kim hatte Nordkorea sogar zum ersten vollkommen atheistischen Staat der Welt erklärt, wenn auch kürzlich in Pjöngjang zwei Kirchen – in denen ich predigen sollte – eröffnet worden waren.

Wie ich später noch ausführlicher berichten werde, wurden wir über Land zu der außerhalb liegenden Residenz des Präsidenten gefahren. Im Empfangszimmer begrüßte mich Präsident Kim vor klickenden Kameras mit einer herzlichen Umarmung. Obwohl er gerade achtzig Jahre alt geworden war, zogen sich nur wenige graue Strähnen durch sein schwarzes Haar. Er trug eine Brille, doch seine klugen Augen dahinter blitzten. Im dunklen Anzug mit weißem Hemd und dunkelbrauner Krawatte sah er aus wie ein internationaler Geschäftsmann. Sein Verhalten hätte nicht herzlicher sein können.

Als Gastgeschenk überreichte ich ihm unter anderem mein erstes Buch „Friede mit Gott“ und eine Bibel – beides mit einer persönlichen Widmung versehen.

Im Gegenzug schenkte Präsident Kim mir die ersten Bände seiner Autobiographie, an deren Fertigstellung er noch arbeitete. Aus jenen Büchern erfuhr ich später einiges über seine Kindheit; so zum Beispiel, daß seine Mutter Christin gewesen war.

Vor unserer privaten Unterredung äußerte Präsident Kim gegenüber den Medien, die Wärme des beginnenden Frühjahres wecke in ihm die Hoffnung, daß auch in der Beziehung zwischen unseren beiden Ländern ein neuer Frühling bevorstehe. Die folgenden Entwicklungen froren unsere Hoffnungen vorübergehend ein, doch ich bin sicher, daß sein herzlicher Empfang für unsere kleine Gruppe auch in politischer Hinsicht als freundliche Geste gedacht war.

Im anschließenden persönlichen Gespräch übermittelte ich Kim die Grüße von Präsident Bush, und er gab mir eine Botschaft an den Präsidenten mit. Spätere Ereignisse deuteten darauf hin, daß unser Besuch vielleicht ein erster Schritt zu besseren Beziehungen war.

Als wir auf dem Rückweg in die USA in Hongkong Station machten, drängten sich Reporter und Kameraleute – darunter viele Journalisten aus Südkorea – auf der Pressekonferenz. Immer wieder fragten sie nach Einzelheiten über unser privates Gespräch und nach dem Wortlaut der Botschaft für Präsident Bush.

Unwillkürlich mußte ich an das Fiasko auf dem Rasen des Weißen

Hauses zurückdenken. Und so lehnte ich höflich, aber bestimmt jede diesbezügliche Auskunft ab.

Keine zwei Staatsoberhäupter hätten ideologisch und politisch weiter voneinander entfernt sein können als Präsident Harry Truman und Präsident Kim Il Sung. Dennoch sind diese beiden Präsidenten wie zwei Buchstützen auf meinem Regal der Erinnerungen. Zwischen ihnen stehen Bände, angefüllt mit einer Vielzahl von Kontakten und Gesprächen mit meinen Mitmenschen – darunter einige führende Persönlichkeiten, größtenteils jedoch ganz gewöhnliche Leute wie ich selbst.

ERSTER TEIL

1918-1943
Grundlagen

I

Unten auf der Farm

Tag für Tag lehnte der hochgewachsene, hagere Farmer am Bretterzaun und suchte den Himmel nach Wolken ab. Das Getreide auf dem gegenüberliegenden Feld war braun und verkümmert: Wassermangel.

Als er den Hut zurück in den Nacken schob, wurde ein weißer Streifen über seiner gebräunten Stirn sichtbar. Kein Regen, kein Getreide. Seine Schultern sackten zusammen, schlurfend kehrte er über den heißen, staubigen Weg zurück zum Farmhaus, wo ich ihm von der offenen Tür aus entgegensah. Mir sank das Herz, weil ich die Sorge in seinem erschöpften Gesicht sah. Dieser Mann war mein Vater . . .

Als ich aufwuchs, war die Park Road vor Charlotte, North Carolina, kaum mehr als ein zerfurchter Pfad, der sich quer durch riesige Felder schlängelte. Unser weißes Holzhaus mit grünen Zierbalken stand inmitten ausgedehnter Weiden, auf denen Milchkühe grasten, etwas abseits der Straße. Dort, in dieser idyllischen Landschaft, wurde ich am 7. November 1918 geboren, vier Tage vor dem Waffenstillstand, der den Ersten Weltkrieg beendete, und auf den Tag genau ein Jahr nach der bolschewistischen Revolution in Rußland.

Unsere Farm war nicht das erste Haus, das auf diesem Grund gestanden hatte. Mein Großvater William Crook Graham, ein trinkfreudiger, fluchender Bürgerkriegsveteran, der nach seiner Dienstzeit beim Sechsten Freiwilligenregiment von South Carolina für den Rest seines Lebens eine Yankee-Kugel im Bein trug, hatte eine Blockhütte auf das gerade erworbene Land in Sharon Township, zwischen den Dörfern Pineville und Matthews, gesetzt.

Ein ehrlicher Mann sei ihr Vater gewesen, erinnerte sich meine Tante Eunice, aber das sei auch schon seine ganze Religion gewesen. Glücklicherweise trug seine Frau, eine fromme Schottin namens Maggie McCall, zur Charakterbildung ihrer acht Töchter und drei Söhne bei. Sie vermittelte ihnen Lebensregeln und Grundsätze aus der Heiligen Schrift. Zu tiefgläubigen Menschen wuchsen alle ihre Kinder heran, und einige ihrer Enkel wurden Pastoren – der erste davon war ich.

Der Tod begegnete mir im engsten Familienkreis zum ersten Mal durch meine Großmutter mütterlicherseits, Lucinda Coffey. Großmutter hatte oft von ihrem Mann Ben Coffey erzählt, der schwer verwundet worden war, als er in Pettigrews Brigade diente, dem Elften Regiment von North Carolina, das am 1. Juli 1863 den Vorstoß von Westen her auf Gettysburg angeführt hatte. Sein linkes Bein war von einer Granate fast abgerissen worden. Während er auf dem Schlachtfeld lag, streifte eine Kugel sein linkes Auge und blendete es für immer. Die Ärzte mußten sein verwundetes Bein später amputieren. Am 1. August schrieb sein Kompaniechef einen Belobigungsbrief: „Benny war so ein guter Junge; einen besseren Soldaten gab es noch nie."

Kennengelernt habe ich meinen Großvater nic; er starb 1916 im Alter von vierundsiebzig Jahren.

Als Großmutter Coffey starb, war ich in der Schule. Man rief meine Schwester Catherine und mich nach Hause. Das Sterben meiner Großmutter wurde zu einem Glaubensvermächtnis für unsere Familie. Großmutter setzte sich im Bett auf und sagte beinahe lachend: „Ich sehe Jesus. Er streckt seine Arme nach mir aus. Und da ist Ben! Er hat beide Augen und beide Beine wieder."

Wie viele andere Mitglieder unserer Familie wurde sie auf dem großen presbyterianischen Friedhof von Steele Creek begraben.

Für ein Kind der „wilden Zwanziger" war das Leben auf dem Land vermutlich die beste Umgebung. Als schottische Presbyterianer, die an die strenge Einhaltung moralischer Wertvorstellungen glaubten, blieben wir relativ unbeeinflußt von dem ausschweifenden Lebensstil jener Zeit, von illegalen Trinkgelagen und wilden Tanzveranstaltungen. Und als Farmer konnten wir von unserem Land leben, als beim Börsenkrach von 1929 die

Wirtschaft zusammenbrach, obwohl mein Vater durch den Bankrott der „Farmer's and Merchant's Bank" in Charlotte seine gesamten Ersparnisse verlor – viertausend Dollar.

Natürlich waren es schwere Zeiten. Aber weder mir noch meinen Eltern wäre es jemals eingefallen, unser mühsames Leben in der Milchviehwirtschaft als Not anzusehen. Wir waren harte Arbeit gewöhnt, denn wirtschaftlich hatte sich der Süden nie vollständig vom Bürgerkrieg und der Zeit des Wiederaufbaus erholt. Sieht man sich den heutigen Wohlstand in Charlotte an, so glaubt man kaum, daß die Gegend, in der ich aufgewachsen bin, noch vor sechzig Jahren bitter arm gewesen ist.

Als der Milchpreis während der Weltwirtschaftskrise auf fünf Cent je Viertelgallone sank, überlebte unsere Milchfarm nur mit knapper Not. Nach dem Börsenkrach von 1929 und der Bankenschließung, die Präsident Franklin D. Roosevelt 1933 im Rahmen seines nationalen Wirtschaftsförderungsprogramms anordnete, machte mein Vater nahezu Bankrott. War er zuerst noch zuversichtlich, daß seine Bank in Charlotte wiedereröffnet würde, so wurde er bitter enttäuscht. Er konnte nicht einmal mehr einen Scheck ausschreiben, um seine Rechnungen zu bezahlen. Ganz bei Null mußte er wieder anfangen. Es dauerte Monate, bis er diesen Schlag verwunden hatte.

Doch geschäftliche Rückschläge konnten meinem Vater nicht den Humor rauben. Sicher war er manchmal niedergeschlagen, etwa wenn kein Regen kam und das Getreide nicht wuchs oder wenn seine beste Kuh einging. Doch trotz aller Härten fand er stets Grund zum Lachen. Aus der ganzen Nachbarschaft kamen die Leute gern zu uns, nur um ihn Witze erzählen zu hören. Sein trockener Sinn für Humor brachte uns immer wieder zum Lachen.

Schon früh führte mir mein Vater die Vorzüge des freien Unternehmertums vor Augen. Denn hin und wieder, wenn auf der Farm ein Kalb geboren wurde, übergab er es meinem Freund Albert McMakin und mir zur Aufzucht. Wenn es dann schlachtreif war, vermarkteten wir es selbst und teilten uns den Ertrag.

Was anderswo im Land geschah, ging zwar nicht völlig an uns vorüber, aber unsere Zeitung brachte hauptsächlich lokale Berichte. Das Radio steckte noch in den Kinderschuhen. Nachdem mein Vater seinen ersten Kristallempfänger gebaut hatte, versammelten wir uns um den krächzenden Empfänger und hielten den Atem an. Als dann – nachdem mein Vater lange mit drei Frequenzreglern herumprobiert hatte – endlich ein paar verständliche Worte durch das Rauschen drangen, schrien wir alle: „Das ist es! Wir haben es!"

Später waren wir die ersten in unserer Nachbarschaft, die ein Autoradio besaßen. Fuhren meine Eltern zum Einkaufen, streckte ich mich auf dem Rücksitz aus und lauschte jenen geheimnisvollen Lauten – verzerrten Rundfunksendungen, die auf wundersame Weise drahtlos aus Europa übertragen wurden. Sie hatten einen hohlen Nachklang, als ob sie uns durch eine jener Zaubermuscheln erreichten. Besonders fasziniert war ich von dem Klang der fast hypnotischen Stimme eines Deutschen: Adolf Hitler. Auf seltsame Weise weckte er Angst in mir, obwohl ich seine Sprache nicht verstand.

Doch in der kleinen Welt meiner Jungenzeit in North Carolina gab es wichtigere Dinge zu bedenken. Alles kreiste um die einhundertzwanzig Hektar Land, die mein Vater und sein Bruder Clyde von meinem Großvater geerbt hatten und auf denen sie die Molkerei der Gebrüder Graham betrieben. Um die geschäftlichen Angelegenheiten und die Farm selbst kümmerte sich mein Vater, wobei Mutter die Buchhaltung an unserem Küchentisch erledigte. Onkel Clyde war für die Technik im Abfüllhaus verantwortlich.

Als jüngerer Bruder und engagierter Geschäftspartner meines Vaters schien sich Onkel Clyde in allen Dingen, die mit der Farm zu tun hatten, ganz auf meinen Vater zu verlassen. Während meiner ersten Lebensjahre wohnte er bei uns und wußte einen guten Scherz immer zu schätzen. Einmal bestellte er bei einem reisenden Vertreter eine ganze Kiste eines Wunderelixiers, das ihm angeblich seine ausgegangenen Haare zurückgeben würde. Als es diese Erwartung nicht erfüllte, nahm er auch das mit Humor.

Onkel Clyde war Junggeselle – und soweit wir wußten, hatte er auch keine Freundin. Als er jedoch eines Tages beschloß, sich auf der anderen Straßenseite ein Haus zu bauen, vermutete meine Mutter spitzbübisch: „Vielleicht hat er vor zu heiraten!"

Hatten wir eine Ahnung! Meine Lehrerin in der zweiten Klasse hieß Jennie Patrick. Sie stammte aus einer bekannten Familie in South Carolina. Nie hätte ich mir träumen lassen, daß Onkel Clyde klammheimlich um sie warb! Eines Tages begegnete er uns, ungewöhnlich schick angezogen, an der Hauseinfahrt. Mein Vater musterte ihn erstaunt.

„Wo willst du denn hin, Clyde?"

Clyde wurde rot und lächelte. „Ich heirate heute", stammelte er.

Das war für uns die einzige Vorankündigung – und für meine Mutter die einzige Vorwarnung, daß bald Onkel Clydes Braut eintreffen würde.

Tante Jennie erwies sich als vorzügliche Köchin, und natürlich hatte sie für mich besonders viel übrig, weil ich einer ihrer Schüler gewesen war. Sie und Onkel Clyde bekamen schließlich zwei Söhne, die zu ebenso überzeugten Christen heranwuchsen, wie ihre Eltern es waren.

In der Zeit des „Wilden Westens" war der älteste der Graham-Brüder, mein Onkel Tom, nach Oklahoma gegangen, wo er eine reinblütige Cherokee geheiratet hatte. Seinen Wohlstand hatte er sich mit Entkörnungsmaschinen für Baumwolle erworben. Jeden Sommer kamen die beiden – in dem größten Auto, das ich je gesehen hatte, mit allem erdenklichen Schnickschnack! – für zwei Wochen zu Besuch in unser Haus.

Onkel Tom war groß und schwer gebaut. Wie er und die ebenso gewichtige Tante Belle es schafften, in dem Dreiviertelbett in unserem Gästezimmer zu schlafen, ist eines der ungelösten Rätsel meiner Kindheit geblieben.

Unsere Scheunen hatten Blechdächer. Bei Regen schlich ich oft hinüber in die Scheune und legte mich auf einen der süß duftenden Strohhaufen, um dem Prasseln der Regentropfen zu lauschen und zu träumen. Es war ein Rückzugsort, der mit dazu beitrug, meinen Charakter zu formen. Wann immer ich heute irgendwo auf der Welt in eine Stadt voller Betriebsamkeit komme, ziehe ich mich gern von den lärmenden Straßen in ein offenes Kirchengebäude zurück und meditiere in der kühlen, gedämpften Stille. Bei uns zu Hause in den Blue Ridge Mountains ist mein Lieblingsfleckchen ein kleiner Pfad oberhalb des Hauses, wo ich allein spazierengehe und mit Gott rede.

Wir hatten immer einen Collie – mindestens einen –, und was wäre eine Farm ohne einen Haufen Katzen? In meinem jugendlichen Übermut nahm ich eines Tages eine Katze und sperrte sie mit dem Hund in dessen Hütte. Als ich sie zusammensteckte, erfüllte die beiden ein uralter, instinktiver Haß gegeneinander, doch nachdem sie die Nacht im Innern verbracht hatten, kamen sie als unzertrennliche Freunde wieder heraus. Vielleicht wurde damals der Same für manche meiner ökumenischen Überzeugungen gelegt . . .

Als kleiner Steppke spielte ich gern mit Ziegen. Zusammen mit meiner zwei Jahre jüngeren Schwester Catherine ließ ich mich von ihnen in einem Karren durch die Gegend ziehen. Wir spielten Milchfarm oder taten so, als würden wir unserem Papa beim Heueinfahren helfen. Ein Böckchen mit langen Hörnern und rotem Fell namens Billy Junior war mein besonderer Liebling, aber er ging mehrere Male auf Catherine los. Sie war stiller als wir anderen; vielleicht erschien sie dem Ziegenbock verletzlicher.

Dabei konnten wir glücklich sein, daß Catherine überhaupt noch bei uns war. Als Baby hatte sie einmal eine offene Sicherheitsnadel verschluckt. Die ungewöhnliche und komplizierte chirurgische Prozedur, die notwendig war, um die Nadel in ihrem Körper zu schließen und wieder herauszubefördern, war in unserem Teil des Landes eine medizinische Sensation. Da meine Eltern die meiste Zeit im Krankenhaus verbrachten, wurde ich bei meiner Tante Lill in der Stadt untergebracht. Wir mußten einfach abwarten, ob Catherine überleben würde.

Ich selbst bin als Kind auch einmal nur knapp dem Tod entgangen. Gegen eine Erkältung wollte mir meine Mutter ein Hustenmittel verabreichen, gab mir statt dessen aber versehentlich pures Jod. Ohne einen schnellen Anruf bei Tante Jennie, die vorschlug, mir fette Sahne aus der Molkerei als Gegenmittel gegen das Jod zu geben, wäre ich vermutlich gestorben.

Als ich für den Ziegenkarren zu groß wurde, fuhr ich mit dem Fahrrad die Straße entlang, gefolgt von einer Prozession Ziegen und Hunde (die stolzen Katzen beteiligten sich nie) – sehr zur Erheiterung unserer wenigen Nachbarn und aller Leute, die mich in ihren Pferdewagen und Autos überholten. Mein Vater hielt für uns Kinder ein Reitpferd namens Mamie. Und als wir älter wurden, ritten wir ohne Sattel auf den Maultieren – Mag, Emma und Bessie. Manchmal stellten wir uns sogar auf den Rücken der friedlichen Tiere.

Ich freute mich riesig, als ich mit fast sechs Jahren noch ein kleines Brüderchen bekam. Kaum war Melvin groß genug, um mit mir zu spielen, wurden wir Freunde fürs Leben. Als ich etwa neun war, zogen wir aus unserem bretterverschalten Haus mit Außenrohren in ein kompaktes, zweistöckiges Ziegelsteinhaus, das mein Vater für neuntausend Dollar gebaut hatte. Melvin und ich teilten ein Zimmer, in dem außer zwei Betten und einer weißen Kommode nicht viel stand.

Tag für Tag arbeiteten Papa und Onkel Clyde hart vom Morgengrauen bis nach Einbruch der Dunkelheit, unterstützt von mehreren bezahlten Helfern. Ich und später auch Melvin schlossen uns ihnen an, sobald wir stark genug waren. Da ich älter war, mußte ich viel eher auf dem Hof und in der Molkerei mitarbeiten als Melvin. Anfangs halfen mir meine sechs Jahre Vorsprung, die Zügel in der Hand zu behalten, doch Melvin entwickelte bald eine so kräftige Statur, daß er den Ausgleich schaffte.

Als ich von Zuhause fort aufs College ging, bekam Melvin unser Zimmer für sich allein. Zeitweise übte er sich im Gewichtheben, und wenn er seine Hanteln fallen ließ, wackelte das ganze Haus. Meine Eltern fanden seine sportlichen Ambitionen großartig, weil er so muskulös wurde. Das prädestinierte ihn für das Pflügen und andere schwere Farmarbeiten. Wenn ich dagegen meine Arme aufpumpte und Catherine aufforderte, meine Muskeln zu befühlen, fand sie nur zwei kleine Höcker.

Ob es nun um Kühe, Pferde oder um Land ging, Papa war ein guter Pferdehändler, wie man bei uns sagte, selbst wenn er mit Kühen handelte. Oft nahm er mich mit auf seine regelmäßigen, aber kurzen Ausflüge, wenn er mit Interessenten verhandelte, die eine unserer Kühe kaufen wollten. Einmal glaubte ich mich einmischen zu müssen, während mein Vater die vorzüglichen Eigenschaften des fraglichen Tieres lobte.

„Papa, diese Kuh tritt aber doch immer, wenn du sie melkst", erinnerte ich ihn. „Sie ist sehr temperamentvoll."

Auf dem Weg nach Hause gab mir mein Vater ein paar einprägsame Ratschläge dahingehend, daß ich mich in Zukunft aus seinen geschäftlichen Verhandlungen gefälligst herauszuhalten hätte!

Familienausflüge unternahmen wir nur sehr selten, da uns sowohl das Geld als auch die nötige Zeit fehlte. Den einzigen Luxus, den meine Eltern zuließen, gönnten wir uns gelegentlich am Samstagabend. Dann zwängten wir uns alle in den Wagen und fuhren zu dem nahegelegenen Lebensmittelladen oder vielleicht sogar nach Charlotte zu „Niven's Drugstore". Dort spendierte uns Papa Eis oder Limonade – niemals beides. Anschließend saßen wir mit Mutter im Wagen und ließen uns die Leckereien schmecken, während er sich beim Friseur rasieren ließ.

Unsere Eltern gingen selten aus. Ungefähr einmal im Jahr nahmen sie an einem Nachbarschaftstreffen im nahegelegenen Gemeinschaftshaus teil, wo es ein Überraschungs-Picknick und jede Menge Musik gab. Das Lieblingslied meines Vaters war „My Blue Heaven". Im Kino sahen sie sich Will Rogers, Marie Dressler und Wallace Beery an.

Wir Kinder waren immer dabei. Damals gab es noch keinen Jugendschutz, und auf der Leinwand war verblüffend viel Haut zu sehen. Als einmal während einer Vorschau überraschend eine nackt schwimmende Frau zu sehen war, griff meine Mutter nach meiner Hand und befahl: „Augen zu!" Ich war noch nicht alt genug, um schockiert zu sein, aber ich muß zugeben, daß ich ganz schön neugierig war.

Jedes Jahr freuten wir uns auf die zwei oder drei Tage, an denen wir unseren sogenannten Urlaub verbringen würden. Meistens fuhren wir an den Strand. Wir waren von vier Uhr morgens bis zwei Uhr nachmittags unterwegs, um entweder nach Wilmington oder nach Myrtle Beach zu kommen. Dort angelangt, fragte mein Vater nach der billigsten Unterkunft. Meistens gelang es ihm, Übernachtung und Frühstück für etwa einen Dollar pro Nacht und Person zu erstehen.

Meine erste lange Reise, an die ich mich erinnere, führte in das vierhundert Meilen entfernte Washington, D.C. Mein Cousin Frank Black steuerte den Wagen, aber er wollte sich nicht lange mit touristischem Programm aufhalten, da er schnell zurück zu seiner Freundin wollte. Ich glaube, wir rasten in vierzig Minuten durch das ganze Smithsonian-Institut, das freilich damals noch nicht so ausgedehnt war wie heute. Immerhin nahmen wir uns die Zeit, jede einzelne Stufe zum Washington-Denkmal hinaufzusteigen.

Eines Sommers beschlossen mein Vater und Onkel Tom Black, mit unseren beiden Familien – zwei vollbesetzte Autos – nach Oklahoma zu fahren, um Onkel Tom Graham, Tante Belle und unsere Cousins und Cousinen draußen im Westen in Tahlequah zu besuchen. Es war eine haarsträubende Reise. Die meisten Straßen, über die wir fuhren, waren einfach nur mit Schotter bedeckt. Wir brauchten zwei oder drei Tage, um nach Oklahoma zu kommen, und unterwegs platzten uns mehrere Reifen. Eines Abends in Arkansas mußten wir auf einem verlassenen Feldweg anhalten, da wir eine Reifenpanne hatten. Den anderen Wagen hatten wir aus den Augen verloren.

Während mein Vater den Reifen reparierte, warteten wir Kinder ziemlich verängstigt in der dunklen Stille. Ständig bildeten wir uns ein, seltsame Gestalten zu sehen, die hinter den Bäumen lauerten und uns beobachteten. Schließlich näherte sich ein Auto und hielt.

„Wo kommen Sie denn her?" fragte der Fahrer.

„Aus North Carolina", antwortete Papa.

„Passen Sie bloß auf", sagte der Fremde. „Diese Straße lockt Räuber und Mörder an. Hier wird man leicht ausgeraubt oder sogar umgebracht."

Den platten Reifen hatte mein Vater in Rekordzeit repariert! Dennoch war es eine strapaziöse Fahrt für einen Zwölfjährigen.

Endlich erreichten wir Oklahoma, die Heimat jener Cherokee-Indianer, die den grausamen Marsch auf dem „Pfad der Tränen" überlebt hatten. Wir verbrachten zwei oder drei wunderbare Tage bei meinem Onkel und seiner Familie in Tahlequah.

Durch die Vielfalt der Abenteuer gehören jene Jahre mit zu den glücklichsten meines Lebens, auch wenn ich, sobald ich alt genug war, um mich nützlich zu machen, sehr hart arbeiten mußte. Bis heute erinnere ich mich deutlich an die Stunden, die ich in Mutters Garten damit zubrachte, den Pflug zu führen und dem Hinterteil eines Maultiers zu folgen, um den Dünger auszustreuen, nachdem die Saat ausgesät war. Im Frühjahr, Sommer und Herbst hatten wir viele Hektar voll mit Mais, Weizen, Roggen und Gerste, dazu etliche Gemüsefelder zu bearbeiten. Wenn morgens um halb drei jener Big-Ben-Wecker losging, hätte ich ihn am liebsten auf den Boden geschleudert und mich wieder unter der Bettdecke vergraben. Doch schwere Schritte stapften durch den stillen Flur vor meinem Zimmer im Obergeschoß, wo ich scheinbar erst vor Minuten mit meinem Apfel und dem weißen Kater ins Bett gekrochen war. Das Geräusch verriet mir, daß mein Vater aufgestanden war. Er erwartete, daß ich nun recht bald den Hang hinab lief, um Pedro zu wecken, einen unserer bezahlten Helfer. Außerdem wußte ich, daß es kein Frühstück geben würde, bevor wir mit dem Melken fertig waren. Also wälzte ich mich eilends aus dem Bett.

Joe McCall, ein anderer Arbeiter auf der Farm, rief meistens mit seinem „Whooee, whooee, whooee!" die Kühe herein. Jede steuerte instinktiv auf ihre eigene Box zu, wo wir ihr die Stützen um den Hals legten und, wenn sie zu den wilderen Exemplaren gehörte, ihre Hinterbeine mit Ketten festbanden. Dann stellte ich meinen dreibeinigen Hocker und den Milcheimer aus Blech unter ihrem produktiven Ende auf den Boden, drückte meinen

Kopf gegen ihren warmen Bauch und begann, die Euter-„Hähne" zu bearbeiten, wobei ich mich bemühte, mein Gesicht von ihrem um sich schlagenden Schwanz fernzuhalten.

Dieser Vorgang wiederholte sich jeden Morgen in zwanzig Boxen; und jeden Nachmittag, sobald ich aus der Schule kam, melkte ich die zwanzig Kühe noch einmal. Für diese Arbeit brauchten meine beweglichen Finger etwa zwei Stunden – eine sehr lobenswerte Rate von etwa fünf Minuten je Kuh.

Die Zwanzig-Liter-Milchkannen hinüber zum Abfüllhaus zu tragen, wo mein Onkel Clyde arbeitete, war eines meiner Lieblingsrituale. Anfangs, bevor ich alt genug war, um beim Melken zu helfen, sah ich den muskulösen Männern dabei zu, wie sie diese riesigen, silbrig schimmernden Behälter ins klare Wasser der Quelle hinabließen, um sie zu kühlen, bevor die Milch für die Kunden in der Stadt in Flaschen abgefüllt wurde.

Besonders gern beobachtete ich Reese Brown bei der Arbeit. Er war fünfzehn Jahre lang unser Vorarbeiter und (mit drei bis vier Dollar pro Tag) vielleicht der bestbezahlte Farmarbeiter in ganz Mecklenburg County, was einigen anderen Farmern ein Dorn im Auge war. Reese gehörte zu Papas besten Freunden. Er war ein Schwarzer, der sich während des Ersten Weltkrieges als Unteroffizier in der Armee ausgezeichnet hatte, und besaß eine bewundernswerte Intelligenz. Körperlich einer der stärksten Männer, die ich je gekannt habe, konnte er ungemein hart arbeiten. Jeder respektierte ihn, und ich glaubte, daß es nichts gäbe, was Reese nicht wußte oder nicht konnte. Wenn ich etwas tat, das er für verkehrt hielt, wies er mich ohne Scheu zurecht. Er lehrte mich auch, meinen Vater zu respektieren, und war für mich fast so etwas wie ein zusätzlicher Onkel. Ich spielte oft mit seinen Kindern und ließ mir in seinem Haus die fabelhaften Buttermilchkekse seiner Frau schmecken.

Wenn gegen halb sechs das Melken erledigt war, kamen wir in dem warmen, appetitanregenden Frühstückszimmer zusammen. Während wir in den Ställen arbeiteten, spaltete Mutter das Holz für den Herd, kümmerte sich um den Haushalt und kochte für die hungrigen Männer. Unterstützt von meiner Schwester Catherine, der Magd und mir, belud sie den Tisch mit dem traditionellen Farmerfrühstück: Hafergrütze und Soße, frische Eier, Schinken oder Speck und warme, selbstgebackene Brötchen – dazu soviel Milch, wie wir Kaffee-Abstinenzler wollten. Susie Nickolson, die schwarze Frau, die zwanzig Jahre lang für Mutter arbeitete, war für uns Kinder wie eine zweite Mutter. Es war eine arbeitsreiche, aber unbeschwerte Zeit.

Nach all der schweren Arbeit in der frischen Morgenluft und dem guten Essen meiner Mutter war ich zu beinahe allem bereit – nur nicht dazu, in die Schule zu gehen. Da ich in manchen Nächten nur drei oder vier Stunden schlief, war ich im Unterricht oft ziemlich müde. Ich nehme an, diese Müdigkeit trug zu meinen schlechten Noten bei. In der Grundschule hatte ich noch in den meisten Fächern ein gut, doch jetzt in der High School stand ich fast überall auf ausreichend.

Vielleicht war das der Grund, warum ich in der zehnten Klasse in Französisch durchfiel. Während des folgenden Sommers mußten mein Klassenkamerad Winston Covington, den ich Wint nannte, und ich jeden Tag zwei Stunden mit einem Lehrer verbringen, der uns Nachhilfe in Französisch erteilte.

Dabei war schon mein allererster Tag in der Grundschule geradezu traumatisch verlaufen. Mutter hatte mir mein Mittagessen eingepackt und gesagt, daß ich es in der Pause essen sollte. Allerdings sagte sie mir nicht, daß es *zwei* Pausen gab! Die erste war um zehn Uhr morgens und dauerte nur zehn Minuten. Als die Glocke uns zurück ins Klassenzimmer rief, hatte ich meine Pausenbrote verspeist. Die zweite, längere Pause war die eigentliche Mittagszeit, aber da hatte ich nichts mehr zu essen. So schob ich mächtig Kohldampf, als um drei Uhr die Schule aus war. Ich muß wohl in vollem Galopp aus dem Gebäude gestürmt sein, was wiederum dem Rektor nicht gefiel – zur Strafe zog er mich am Ohr.

Zu Hause bestärkte mich meine Mutter schon von meinen ersten Lebensjahren an in meiner Leseleidenschaft. Robin Hoods Abenteuer im Sherwood Forest fesselten mich. Ich las die gesamte *Tom-Swift*-Serie und die *Rover Boys*. Zu meinen liebsten Abenteuergeschichten gehörten die *Tarzan*-Bücher, die im Abstand von wenigen Monaten erschienen. Ich konnte den nächsten Band kaum erwarten, und meine Mutter kaufte ihn immer sofort für mich. In den Wäldern hinter unserem Haus versuchte ich – zu Catherines großer Erheiterung –, mich wie Tarzan an Ranken durch die Lüfte zu schwingen und seinen unverkennbaren Schrei zu imitieren.

Freilich sorgte Mutter dafür, daß ich auch ernsthaftere Dinge las. Noch bevor ich zehn war, hatte sie mich den Kleinen (reformierten) Westminster-Katechismus auswendig lernen lassen. Meine Tante trug uns bei einem Besuch auf, einige Zeit mit dem Lesen der Bibel zu verbringen. Nach ungefähr zehn Minuten ging ich prahlend zu ihr zurück: „Ich habe gerade ein ganzes biblisches Buch gelesen."

Daraufhin hielt sie mich für einen ganz besonders begabten Jungen. (Ich hatte den Judasbrief entdeckt, das kürzeste Buch im Neuen Testament: eine Seite!) Außerdem ermunterte mich Mutter, das *Buch des Wissens* zu lesen, eine Enzyklopädie.

Dr. W. B. Lindsay, der Pastor unserer Gemeinde, war ein liebenswerter, frommer Mann. Allerdings erinnerte er mich etwas an einen Leichenbestatter, denn soweit ich weiß, erzählte er niemals etwas Lustiges. Seine Predigten fand ich biblisch, aber langweilig. Dennoch respektierte ich ihn – ebenso wie der Rest meiner Familie. Er war so, wie ich mir einen „Heiligen" vorstellte . . . ein entmutigender Gedanke, zumal ich mich von solcher Heiligkeit weit entfernt fühlte! Aber Dr. Lindsays Frau . . . nun, die war so ganz nach meinem Herzen. Sie saß in der ersten Reihe und winkte ihrem Mann mit der Uhr zu, wenn es Zeit war, mit dem Predigen aufzuhören.

Als ich allerdings in der Ferienbibelschule einmal einem Jungen eine Bibel quer durch den Raum zuwarf, dampfte Mrs. Lindsay wie eine Lokomotive auf mich zu und fuhr mich an: „Tu das *nie* wieder, hörst du! Dieses Buch ist das Wort Gottes!"

Dr. Lindsays Gemeinde hatte für mich nicht viel Attraktives zu bieten, nicht einmal die Jugendgruppe. In den Gottesdiensten am Sabbat (um „Sonntag" zu sagen, waren wir zu streng!) sangen wir nur Choräle aus dem Buch der Psalmen. Da der Weg zur Gemeinde für uns eine Zwanzig-Kilometer-Fahrt durch zwei parallele Schlammfurchen bedeutete, nahmen wir an der Abendversammlung nicht immer teil. Als Ersatz las Mutter uns an den Sonntagnachmittagen vor dem Melken dann eine biblische Geschichte vor.

Nach der Grundschulzeit kam es zu einer unangenehmen Komplikation, als wir Landkinder wegen einer Änderung des Ausbildungssystems von der Woodlawn-Schule auf die Sharon-Schule am Rande der Stadt verlegt wurden. Feindselig starrten wir Neuen die Schüler an, die bereits dort waren, und sie starrten ebenso feindselig zurück. Es dauerte mindestens sechs Monate, bis wir uns aneinander gewöhnt hatten. In jenem ersten Jahr an der neuen Schule geriet ich in mehr Schlägereien und Ringkämpfe als in meiner ganzen übrigen Schulzeit. Und einige Male wurde mir dabei tüchtig das Fell gegerbt.

Gleich nach der Schule war wieder das Melken an der Reihe. Ich stieg in meine alten Kleider und machte mich sofort auf den Weg zum Stall. Nach getaner Arbeit verbrachte ich den Rest meiner Zeit mit Baseballtraining, Hausaufgaben, Gemeindeaktivitäten und Treffen mit meinen Freunden.

Während der Sommerferien hatte ich auch nicht mehr freie Zeit. Zusätzlich zu dem regelmäßigen Melken und den anderen Arbeiten auf der Farm mußte ich unserem Lieferanten Tom Griffen auf der täglichen Route durch Charlotte aushelfen, damals eine Stadt von mehr als fünfzigtausend Einwohnern.

Das Leben auf unserer kleinen Milchfarm hatte nichts mit einer behüteten Idylle zu tun. Die natürlichen Zyklen von Geburt und Tod waren uns allen vertraut und unausweichlich. Hunde, Katzen, Kühe. Eines Morgens fanden wir eine Holsteinerkuh tot und aufgedunsen am Ufer des Sugar Creek, der quer durch unser Land floß. Eine Textilfabrik ein paar Meilen stromaufwärts leitete giftige Abwässer in den Fluß und machte ihn untauglich zum Schwimmen und geradezu lebensgefährlich, wenn man daraus trank. Wir bauten daraufhin einen Zaun, um die Rinder vom Wasser fernzuhalten.

Wann immer eine Kuh starb, spannten wir die Maultiere an und schleppten den Kadaver zu einem entfernten Winkel der Weide, wo wir ihn begruben. Der Rest der Herde folgte uns traurig muhend, als ob sie den Verlust empfinden konnten. Wenigstens fehlte unseren Rinderbegräbnissen das blumige Getue, das mir bei den wenigen Beerdigungen von Menschen negativ aufgefallen war, an denen ich bereits teilgenommen hatte.

Nicht weit von unserem Zuhause gab es einen Friedhof. Eines Tages, als ich noch ein kleiner Junge war, kamen mein Vater und ich auf der Jagd daran vorbei. Es war schon fast dunkel. Ängstlich hielt ich mich an seiner Hand fest. Auch als ich älter wurde, lag ich nachts oft wach und dachte darüber nach, was wohl aus mir werden würde, wenn ich sterben mußte. Gebete, in denen vom Tod die Rede war, machten mich nervös. Sie verstärkten nur meinen Widerwillen, jemals den Beruf eines Bestattungsunternehmers zu ergreifen.

Damals waren alle Jungen erpicht darauf, Auto zu fahren. Ich fing schon mit acht Jahren damit an, als Reese Brown mir beibrachte, unseren GMC-Lieferwagen zu steuern. Mit zehn oder elf durfte ich mich auch schon einmal hinter das Steuer unseres kleinen Ford Modell T setzen. Um Lernerlaubnis oder gar Führerschein scherten wir uns damals in unserer Gegend nicht.

Als ich in der neunten Klasse war, begann ich, meinen Vater zu bitten, mit dem Auto zu Basketballspielen oder zu einer abendlichen Verabredung fahren zu dürfen. So begann meine Fahrerkarriere, die beinahe ein abruptes Ende gefunden hätte. Eines Abends gab ich draußen auf der Park Road vor einigen meiner Kumpel mächtig an. Meine engsten Schulfreunde waren Sam Paxton, Wint Covington und Julian Miller. Irgendwie steuerte ich den Wagen in ein tiefes Schlammloch. Binnen Minuten war das Auto bis über die Kotflügel im Morast versunken. Ich war in eine Dreckgrube geraten. Äußerst kleinlaut ging ich zum nächsten Haus, um meinen Vater anzurufen und ihn zu bitten, mit ein paar Maultieren zu kommen, um den Wagen wieder herauszuhieven. Er machte keinen Hehl aus seinem Ärger über mich.

Vielleicht hatte ich eine gewisse Neigung zur publikumswirksamen Wildheit, wenn ich hinter einem Steuerrad saß. Jedenfalls tat ich mein Möglichstes, den Wagen so schnell wie möglich laufen zu lassen – besonders wenn ich einer Freundin imponieren wollte. Bei einem bestimmten Mädchen war das gewiß mehr als einmal der Fall: Sie stand in dem leuchtend gelben Cabrio, das ich mir manchmal von unseren Verwandten lieh, gern auf und läutete heftig mit einer Kuhglocke, während ich fröhlich irgendeine Landstraße entlangtuckerte.

Wie stand es überhaupt mit den Mädchen? Besonders gern mochte ich Jeanne Elliott, deren Mutter in der Schulcafeteria für die wenigen Jugendlichen, die sich das leisten konnten, das Mittagessen kochte. Der Obstpunsch, den sie machte, war köstlich! Während der High School war ich oft mit Jeanne zusammen, aber wir waren nur gute Freunde, es entwickelte sich nie etwas Tiefergehendes zwischen uns.

Ich verabredete mich auch mit mehreren anderen Mädchen. Händchenhalten und Küssen machte mir ebensoviel Spaß wie allen, aber weiter ging ich nie. Mich beschäftigten die gleichen Gedanken und Wünsche wie andere Jugendliche in meinem Alter, aber die starke Liebe, der Glaube und die Disziplin meiner Eltern – natürlich auch ihre Ratschläge und ihr Beispiel – schienen bei mir auf fruchtbaren Boden gefallen zu sein. Ich hielt es jedenfalls nicht für richtig, mit irgend jemandem zu schlafen, außer mit der Frau, die ich heiraten würde.

In meinem letzten Schuljahr an der Sharon High probten wir abends für eine Schulaufführung, als mich eine Mitspielerin in ein dunkles Klassenzimmer rief. Sie stand in dem Ruf, mit Jungen „herumzumachen". Aber bevor mir richtig klar war, was vor sich ging, drängte sie mich, mit ihr zu schlafen.

Meine Hormone waren so aktiv wie die jedes anderen gesunden jungen Mannes, und einen derartigen Moment hatte ich mir oft genug in meiner Phantasie vorgestellt. Doch als es soweit war, flehte ich im stillen Gott um Kraft an und verließ fluchtartig das Klassenzimmer – so wie einst Josef im alten Ägypten aus dem Schlafzimmer von Potifars Frau flüchtete.

Meine sexuelle Zurückhaltung hatte nichts mit Unwissenheit zu tun. Natürlich erörterten wir Jungen allesamt jene reizvollen Themen, über die unsere Eltern sich ausschwiegen. In Pedro hatte ich noch einen zusätzlichen Lehrmeister; er war ein ziemlich rauher Bursche, wenn auch sehr gutmütig. Mir vertraute er all seine erotischen Erlebnisse mit Frauen an, vermutlich eigens für mich staunenden Grünschnabel ein wenig ausgeschmückt.

Auch das Tabakkauen versuchte Pedro mir reizvoll zu machen. Der Tag, an dem mein Vater mich mit einem Priem in der Backe erwischte, war Pedros letzter Arbeitstag bei uns! Und ich . . . ich bekam eine Abreibung, die ich so schnell nicht vergaß. Meinen Erfahrungen mit Zigaretten setzte Papa ein ebenso rasches Ende. Er selbst rauchte nur die sprichwörtliche „gute Fünf-Cent-Zigarre".

Was hingegen den Alkohol anging, war er absoluter Abstinenzler. Er ließ sich eine ungewöhnliche Methode einfallen, um Catherine und mich zu kurieren, bevor wir auch nur Gelegenheit hatten, uns das Trinken anzugewöhnen. Als das gesetzliche Alkoholverbot in Amerika aufgehoben wurde, brachte Papa Bier mit nach Hause und nahm uns beide mit in die Küche. Dort gab er jedem von uns eine Flasche und befahl uns, sie zu trinken. Die *ganze* Flasche. Ich war ungefähr fünfzehn, glaube ich, und nahm an, daß hinter dieser Verrücktheit eine Methode stecken mußte. Uns beiden war der Geschmack des Gebräus sofort zuwider, und wir machten unserem Ekel lautstark Luft.

„Von jetzt an", meinte Papa, „sagt ihr einfach, wann immer eure Freunde euch zum Alkoholtrinken überreden wollen, daß ihr das Zeug schon probiert habt und es nicht mögt. Einen anderen Grund braucht ihr nicht zu nennen."

Seine Methode war eher pragmatisch als pädagogisch oder fromm zu nennen, aber sie funktionierte. Und sie half mir, fit zu bleiben für meine liebste Freizeitbeschäftigung: Baseball. Ich kam als Ersatzmann in die Mannschaft, so daß ich nur eingesetzt wurde, wenn jemand krank war. Wie sich herausstellte, war ich wegen meiner langen Reichweite ein ziemlich guter Feldspieler. Als Schläger dagegen taugte ich nicht viel; ich schlug von der linken Seite des Males, mit überkreuzten Händen, genauso, wie ich später Golf spielte.

Ich wußte nicht, ob die Position meines Vaters als Vorsitzender unseres Schulkomitees (obwohl er selbst nie über die dritte Klasse hinausgekommen war) etwas mit Trainer Eudys Entscheidung zu tun hatte, mich auf die erste Grundlinie zu stellen. Lieber bildete ich mir ein, daß sie allein auf meinen sportlichen Leistungen beruhte. Vielleicht gab es Momente, in denen ich sogar von einer Sportlerkarriere träumte, aber dafür hatte ich offensichtlich nicht genug Talent. Immerhin wurde ich einmal im *Charlotte Observer* erwähnt. In einem Basketballspiel für die Sharon-Schule wurde ich als Ersatzmann eingesetzt, und irgendwie geriet mein Name in die Sportspalte.

Abgesehen davon, daß ich gelegentlich mit meinem Vater im Schatten einer großen Eiche Hufeisen warf, spielte ich zu Hause am liebsten in der Mittagspause und abends nach der Arbeit Ball mit den stämmigen McMakin-Jungen – Albert, Wilson und besonders Bill. Obwohl Bill zwei Jahre älter war als ich, wurde er mein engster Freund auf der Farm. Oft gingen wir zwei zusammen zum Fischen oder auf die Jagd.

Die McMakins hatten einen bemerkenswerten Einfluß auf mein Leben, was Moral und harte Arbeit anbetraf. Der rothaarige, schnell sprechende Mr. McMakin zog die schönsten Tomaten in der ganzen Gegend und auch anderes Gemüse, das er auf den Märkten in Charlotte verkaufte. Ich arbeitete genauso für ihn wie für meinen Vater, und es machte mir viel Spaß. In einem Sommer half mir Albert, selbst dreizehn dieser vorzüglichen Tomatenpflanzen zu ziehen, und wir freuten uns gemeinsam auf den Ertrag.

Seltsamerweise nahm ich kaum Notiz von einem ehemaligen Profi-Baseballspieler, der Prediger geworden war und damals auf dem Höhepunkt seines evangelistischen Dienstes stand. Sein Name war Billy Sunday. Als ich fünf Jahre alt war, nahm mich Papa mit zu einer seiner Veranstaltungen in Charlotte. Ich war überwältigt von der riesigen Menschenmenge und entsprechend eingeschüchtert von der Warnung meines Vaters, mich bloß während des Gottesdienstes still zu verhalten, sonst würde der Prediger meinen Namen rufen und mich von einem Polizisten verhaften lassen!

Etwa im Jahr 1930 hielt ich meine erste Rede. Ich verkörperte, angetan mit langem Bart und Frack, „Uncle Sam" bei einer Aufführung in der Woodlawn School. Meine Mutter war schier ein nervliches Wrack, nachdem sie mir so lange meinen Text eingebleut und mir beim Üben zugehört hatte, bis ich ihn Wort für Wort beherrschte. Mir zitterten die Knie, meine Hände schwitzten, und ich schwor mir, nie wieder eine Rede zu halten! Doch Mrs. Boylston, die Rektorin der Woodlawn School, bestätigte meiner Mutter, ich hätte eine echte Begabung.

1932 wurde meine jüngste Schwester Jean geboren. Sie war noch ein Kind, als ich aufs College ging, aber ich weiß noch, daß sie ein hübsches kleines Mädchen war. Noch heute erinnere ich mich lebhaft an den Schrecken, der uns erfaßte, als sie kurz vor meiner Hochzeit an Polio erkrankte – und an unsere Dankbarkeit gegenüber Gott, als sie wieder gesund wurde.

Mein Vater und meine Mutter waren sehr willensstarke Leute. Das mußten sie sein, sonst hätten sie die Strapazen und Rückschläge der Farmarbeit in den zwanziger und dreißiger Jahren nicht überstehen können. Sie akzeptierten Härte und Disziplin in ihrem eigenen Leben, und sie zögerten nicht, wenn nötig, auch uns körperliche Züchtigungen zu verabreichen. Manchmal erwischte es mich, weil ich Catherine aufgezogen oder Melvin zu Unfug angestiftet hatte, doch meist hatte ich selbst etwas ausgefressen.

Bei aller Strenge meiner Erziehung konnte von Kindesmißhandlung keine Rede sein. Während meine Eltern zwar rasch mit Strafen bei der Hand waren, wenn es angebracht war, überfrachteten sie mich nicht mit willkürlichen Vorschriften, die unmöglich einzuhalten gewesen wären. Im Grunde waren sie sogar sehr großzügig. Nie schrieben sie mir vor, um welche Zeit ich zu Hause sein sollte, wenn ich am Freitag- oder Samstagabend zu einer Verabredung ausging. Ich wußte ja selbst, daß ich um drei Uhr morgens wieder auf den Beinen sein mußte und nur zwei Stunden Schlaf bekommen würde, wenn ich bis nach Mitternacht ausblieb.

Ich lernte zu gehorchen, ohne Fragen zu stellen. Lügen, Betrügen, Stehlen und Zerstören fremden Eigentums waren mir fremd. Faulheit wurde mir als eines der schlimmsten Übel vorgestellt, während in der Arbeit Würde und Ehre lagen. Ich konnte mit Begeisterung die Kühe melken, die Latrinen säubern und Mist schaufeln, nicht, weil das angenehme Aufgaben gewesen wären, sondern weil schweißtreibende Arbeit ihre eigene Befriedigung mit sich brachte.

Es muß wohl von Zeit zu Zeit auch Spannungen zwischen Papa und Mutter gegeben haben, die wir Kinder nicht mitbekommen sollten. Ich vermute, daß meine Eltern einander gelegentlich enttäuschten, und sicherlich waren sie mitunter auch unterschiedlicher Meinung über größere und kleinere Dinge. Doch in allen Auseinandersetzungen hörte ich niemals einen von ihnen ein Schimpfwort gebrauchen. Meine Mutter und mein Vater (meistens meine Mutter) konnten bei entsprechendem Anlaß hin und wieder stürmische Debatten entfachen, aber sie überstanden jeden Orkan und segelten gemeinsam weiter.

Wenn sie bei uns zu Hause in der Familienbibel lasen, dann war das für sie nicht nur ein frommes Ritual. Mutter erzählte uns, sie hätten schon am ersten Tag ihrer Ehe einen „Familienaltar" eingerichtet, an dem sie jeden Tag in der Bibel lasen. Für beide war dieses Buch Gottes Wort; sie suchten und fanden darin den himmlischen Beistand, um ihre Familie zusammenzuhalten. Sie erklärten uns, nur Gott könne ihnen als Eltern Weisheit, Kraft und Mut geben, das Leben zu meistern, wie auch immer die Umstände sein mögen. Außerdem weiß ich, daß sie regelmäßig dafür beteten, daß auch ihre Kinder einen Zugang zum Glauben fänden.

2

Die Kehrtwende

Wanderprediger und Handlungsreisender

Charlotte, North Carolina, stand ohnehin schon in dem Ruf, eine Stadt der Kirchgänger zu sein. Doch der Ansturm des Dr. Mordecai Fowler Ham im Jahr 1934 brachte unsere Stadt förmlich zum Erzittern.

Dr. Ham, ein stattlicher Mann mit schütterem Haar, der weiße Schnurrbart säuberlich gestutzt, makellos gekleidet und mit einer Brille auf der Nase, die ihn wie einen würdigen Schulmeister wirken ließ, war ein Prediger von der knorrigen, unverwüstlichen Sorte. In der Bibel kannte er sich bestens aus, aber auch auf anderen Gebieten hatte er sich kundig gemacht. Er blieb elf Wochen lang und predigte bis auf montags jeden Vormittag und jeden Abend.

Einige Pastoren aus Charlotte und mehrere Mitglieder einer Gruppe namens „Christian Men's Club" (die 1924 von Billy Sunday zum Abschluß seiner Veranstaltungen ins Leben gerufen worden war) hatten Dr. Ham eingeladen, in einem Großzelt mit fünftausend Plätzen zu predigen. Eigentlich war das „Zelt" ein riesiger, wackeliger Stahlrahmen, über den Bretter gelegt waren. Man hatte es eigens für diesen Anlaß an der Pecan Avenue gleich neben einer Fabrik errichtet.

Mordecai Ham war Pastor der Baptistenkirche in Oklahoma City gewesen, einer führenden Gemeinde der Südlichen Baptisten. Bevor er Geistlicher wurde, hatte er Jura studiert und als Handlungsreisender gearbeitet. Seine Ankunft in Charlotte war von beträchtlichen Auseinandersetzungen begleitet. Man warf ihm zum Beispiel vor, er sei ein Antisemit, doch ob das zutraf, konnte ich nicht beurteilen; ich wußte damals noch nicht einmal, was dieses Wort bedeutete. Teilweise drehten sich die Debatten auch um konfessionelle Fragen. Die Baptisten im Süden standen zumeist hinter ihm, doch die Methodisten und die Presbyterianer, wie sich die Mitglieder der reformierten Gemeinden im englischsprachigen Raum nennen, konnten weder seiner Botschaft noch seinem Stil viel abgewinnen.

Über die Sünde sprach er kräftige Worte, sowohl im allgemeinen als auch in ihren konkreten Erscheinungsformen in der Stadt. Die Art und Weise, wie er Mißstände anprangerte, fand ein großes Echo in der Presse. Die Leute strömten daraufhin in seine Versammlungen – die meisten vielleicht aus Neugier. Ich ging nicht hin, denn alles, was ich über den Mann hörte und las, machte mich sehr mißtrauisch. Es klang wie ein religiöser Zirkus.

In Charlotte gab es damals zwei Zeitungen. Der Vater meines besten Freundes, Julian Miller, war Chefredakteur der Morgenzeitung *Charlotte Observer*. Julians Vater, ein treuer Kirchgänger, behandelte Dr. Ham im allgemeinen sehr respektvoll, während der Redakteur der nachmittags erscheinenden *Charlotte News* häufig negative Artikel über ihn brachte.

Anfangs bezogen meine Mutter und mein Vater überhaupt keine Stellung zu Dr. Ham. Mein Vater war als Methodist in der besten alten Erweckungstradition großgeworden. Zu meinen frühesten Erinnerungen gehört der Besuch meines Vaters in der Dilworth-Methodisten-Kirche. 1908 hatte er sich eines Sonntagabends mit seinem Pferdewagen auf den drei Meilen weiten Weg zu einer evangelistischen Veranstaltung in einer kleinen Kapelle am Rande von Charlotte gemacht. Am Abend zuvor war er bis spät in die Nacht zum Tanzen ausgewesen und hatte es am Sonntagmorgen nicht geschafft, in den Gottesdienst zu gehen.

„In dem Moment, als ich durch die Tür trat, legte sich meine Schuld wie eine schwere Last auf mich", erzählte er später. „Als der Prediger die Gottesdienstbesucher verabschiedete, blieb ich einfach sitzen. Einige von ihnen kamen zu mir zurück und fragten, ob sie mir helfen könnten. Ich sagte: ‚Ich weiß nicht, was los ist. Ich fühle mich ganz elend.' Sie sagten: ‚Wir wollen mit Ihnen beten.' Sie taten es, aber mein Zustand hielt noch ungefähr zehn Tage und Nächte an; ich konnte nicht einmal essen oder schlafen. Die Welt mit allem, was sie zu bieten hatte, war mir gleichgültig. Ich suchte etwas, das mir die Welt nicht geben konnte."

Doch schließlich kam es zu einer geistlichen Klärung. Mein Vater erzählte: „Eines Abends, als ich gerade aus der Park Road – der Straße, wo ich wohnte – in die Worthington Avenue einbog, erlebte ich, daß Gott mir die Rettung und Erlösung schenkte. Meine inneren Augen wurden aufgetan, und das Alte verging, und alles wurde neu. Diesen Abend im Mondschein werde ich nie vergessen."

Als er in den Versammlungsraum kam, sah der Prediger die Veränderung in seinem Gesicht, rief ihn nach vorn, legte seinen Arm um die Schultern meines Vaters und verkündete: „Hier ist ein junger Mann, den Gott zum Predigen berufen hat, da bin ich sicher."

Trotz seiner strikten Moralvorstellungen und seines streng ethischen Verhaltens schien mein Vater aber vor allem aus Selbstdisziplin in die Kirche zu gehen – und weniger aus freudigem Glauben. Mein Onkel Simon Barker, Tante Lills Mann, der eine tiefe Bekehrung erlebt hatte, unterhielt sich oft stundenlang mit ihm über Religion. Vater hörte sich Onkel Simons Auslegungen verschiedener Schriftstellen geduldig an und rauchte dabei seine dicke Zigarre. Manchmal schien er sich zu langweilen, doch ab und zu schien sein Interesse zu erwachen. Ich verstand nicht alles, was die beiden redeten, aber ich fand es kolossal beeindruckend.

Ungefähr um diese Zeit, nur ein paar Wochen nach der Geburt meiner Schwester Jean 1932, erlitt mein Vater einen beinahe tödlichen Unfall. Reese Brown zerkleinerte gerade mit einer mechanischen Säge Holz für den Boiler hinter dem Abfüllhaus, als mein Vater zu ihm kam, um etwas zu fragen. Da Reese ihn wegen des Lärms der Säge schlecht verstehen konnte, drehte er sich kurz um. Im Bruchteil einer Sekunde fing sich ein Stück Holz in der Säge und wurde wie ein Geschoß in den Mund meines Vaters geschleudert. Es zerschmetterte seinen Kiefer und bohrte sich in seinem Kopf fast bis ins Gehirn. Als man ihn ins Krankenhaus gebracht hatte, war er schon fast verblutet.

Tagelang blieb ungewiß, ob er durchkommen würde. Mutter trommelte ihre Freunde zum Gebet zusammen. Nachdem sein Zustand sich stabilisiert hatte, stellten die Chirurgen das Gesicht meines Vaters wieder her, wonach er etwas verändert aussah; doch schließlich wurde er völlig gesund. Meine Eltern schrieben diese vollständige Genesung Gottes besonderem Eingreifen aufgrund der Gebete zu.

Nach diesem Vorfall schien mein Vater ein aufmerksameres Ohr für das zu haben, was Onkel Simon ihm sagte. Sein geistliches Leben nahm er von nun an jedenfalls ernster.

Vielleicht trug diese Erfahrung auch mit dazu bei, daß mein Vater die christlichen Geschäftsleute in Charlotte unterstützte, die im Mai 1934 eines ihrer ganztägigen Gebetstreffen auf unserem Land abhalten wollten. Die Gruppe hatte schon drei ähnliche Treffen veranstaltet, seit sie vor achtzehn Monaten gegründet worden war. Die Damen wurden von meiner Mutter ins Farmhaus eingeladen, um dort ihr eigenes Gebetstreffen zu halten.

Als ich an diesem Nachmittag aus der Schule kam und mit einem unserer Arbeiter in die Scheune auf der anderen Straßenseite ging, um Heu aufzugabeln, hörten wir lauten Gesang.

„Wer macht denn da drüben im Wald so einen Lärm?" fragte er mich.

„Ich glaube, das sind so ein paar Fanatiker, die Papa überredet haben, daß sie sich hier treffen dürfen", erklärte ich ihm.

Jahre später erinnerte sich mein Vater an ein Gebet, das Vernon Patterson an jenem Tag gesprochen hatte: daß Gott, der Herr, sich aus Charlotte jemanden heranziehen möge, der das Evangelium überall auf der Welt predigen würde. Damals, 1934, war jedenfalls noch nicht abzusehen, daß *ich* dieser Jemand sein könnte. Mein Vater wußte, daß ich nur widerwillig jede Woche mit der Familie in die Kirche ging. Ich glaube, er wünschte sich aufrichtig, daß ich das erleben möge, was er ein Vierteljahrhundert zuvor erfahren hatte. Im stillen hoffte und betete er sogar, daß sein erster Sohn eines Tages die Prophezeiung des alten methodistischen Evangelisten erfüllen und an seiner Stelle Prediger werden würde.

Die reformierte Gemeinde außerhalb von Charlotte, aus der meine Mutter stammte (und in der mein Großvater Ältester gewesen war), war damals als größte Landgemeinde in Amerika bekannt. Daß meine Eltern später Mitglieder der reformierten Gemeinde in Charlotte wurden, war ein Kompromiß, zu dem die Schwestern meiner Mutter, die ebenfalls zu dieser Gemeinde gehörten, beigetragen hatten. Später fand Mutter auch Kontakt zu Nachbarn, die einer Brüdergemeinde angehörten. Unter ihrem Einfluß studierte sie die Heilige Schrift gründlicher als zuvor.

Ein Geistlicher aus unserer Gegend warnte Mutter, sie würde verrückt werden, wenn sie die Offenbarung, das letzte Buch des Neuen Testaments, läse. Doch während sie darin von der Wiederkunft Christi las, wurde ihr ihre eigene Bekehrung erst richtig bewußt. Diese geistliche Entwicklung vollzog sich bei ihr in aller Stille – ungefähr zwei Jahre vor den Versammlungen mit Dr. Ham in Charlotte.

Zu Beginn der Ham-Ramsay-Versammlungen war selbst meine Mutter einigermaßen skeptisch. Dennoch wollte sie den reisenden Evangelisten hören: teils um geistliche Nahrung für sich selbst zu bekommen, aber auch um meinen Vater auf seiner Suche nach Glaubensgewißheit zu unterstützen. Sie gingen hin, und beide fanden, was sie suchten.

„Mir haben die Versammlungen mit Dr. Ham die Augen für die Wahrheit geöffnet", meinte mein Vater. Das Evangelium wurde zu einer neuen Realität für ihn und bestimmte von nun an sein Leben.

Mutter, in ihrer stillen, treffsicheren Art, sprach den Kern der Sache an: „Ich glaube, Dr. Hams Versammlungen haben besonders für die Christen mehr bewirkt als irgendwelche anderen Veranstaltungen, die wir hier je hatten."

Die Begeisterung meiner Eltern ließ mich kalt. Mit jemand, der sich Evangelist nannte, wollte ich nichts zu tun haben – schon gar nicht mit einer so schillernden Figur wie Dr. Ham. Gerade sechzehn geworden, teilte ich meinen Eltern mit, daß ich keinerlei Interesse hätte, ihn sprechen zu hören.

Eines Tages, einige Wochen nach dem Beginn seiner Kampagne, las ich in den *Charlotte News* von seinen Anschuldigungen bezüglich der unmoralischen Zustände an der Central High School in Charlotte. Offenbar wußte der Evangelist, wovon er redete. Er sei im Besitz eidesstattlicher Erklärungen einiger Schüler, behauptete er, daß in einem Haus gegenüber der Schule, wo die Jungen und Mädchen während der Mittagspause Essen bekommen konnten, in Wirklichkeit noch ganz andere „Annehmlichkeiten" geboten würden.

Als dieser Skandal an die Öffentlichkeit drang, ging das Gerücht um, eine Anzahl aufgebrachter Schüler wolle an einem bestimmten Abend zum Großzelt marschieren und direkt vor der Bühne demonstrieren. Vielleicht würden sie den Prediger sogar tätlich angreifen. Das machte mich natürlich neugierig, und ich wäre gern hingegangen, nur um zu sehen, was passiert. Aber wie sollte ich mein Gesicht wahren, nachdem ich mich fast einen Monat lang standhaft geweigert hatte? In dieser Situation trat Albert McMakin auf den Plan.

„Warum kommst du nicht mit und hörst dir unseren kämpferischen Prediger an?" schlug er vor.

„Ist er denn ein *Kämpfer?*" fragte ich. Das gab der Sache einen neuen Anstrich. „Ich *mag* Kämpfer."

Als zusätzlichen Anreiz ließ mich Albert seinen alten Gemüselaster zur Versammlung in die Stadt fahren, beladen mit allen Leuten, weiß oder schwarz, die er zum Mitkommen überreden konnte. Wir setzten uns hinten in den Zuschauerraum, zusammen mit einigen Tausend anderer Leute – eine der größten Menschenansammlungen, die ich bis dahin gesehen hatte.

Als der Redner an der Reihe war, schlug er seine Bibel auf und begann zu sprechen. Er sprach sehr laut, obwohl es eine Verstärkeranlage gab. Was er im einzelnen sagte, weiß ich nicht mehr, aber ich lauschte ihm wie gebannt. Auf irgendeine undefinierbare Weise drang er zu mir durch. Ich hörte eine andere Stimme, wie man es dem berühmten Evangelisten Dwight L. Moody oft nachsagte, wenn er predigte: die Stimme des Heiligen Geistes.

Auf dem holperigen Weg nach Hause war ich tief in Gedanken versunken. Später, nachdem ich mich im Bett ausgestreckt hatte, starrte ich noch lange durchs Fenster zum Mond hinauf.

Am nächsten Abend hätten alle Maultiere und Pferde meines Vaters mich nicht davon abhalten können, wieder zu der Versammlung zu gehen. Von da an war ich Dauergast, Abend für Abend, Woche für Woche.

Die Baracke war die ganze Zeit über gut gefüllt. Ein Grund für das rege Interesse war Dr. Hams packende Auswahl an Themen, wie etwa die Wiederkunft Christi. Mutter hatte natürlich in der Offenbarung darüber gelesen, aber ich konnte mich nicht erinnern, schon einmal davon gehört zu haben. Außerdem sprach er über so provozierende Themen wie Geld, Untreue, den Sabbat und das Trinken.

Ich hatte auch noch niemals eine Predigt über die Hölle gehört ... wenn mir auch durchaus bewußt war, daß viele Leute dieses Wort als Fluch benutzten. Dr. Lindsay, unser Geistlicher, hatte jedenfalls nie ausdrücklich erwähnt, daß sie ein wirklicher Ort sei – obwohl ich weiß, daß er an die Existenz einer Hölle glaubte. Dr. Ham dagegen ließ nicht den geringsten Zweifel daran bestehen!

Das soll nicht heißen, daß er die große Liebe Gottes verschwieg oder herunterspielte. Aber er stellte diese Liebe eindeutig vor den Hintergrund der Sünde und des Gerichts. Hams Worte faszinierten mich. Seine Argumentation packte meinen Verstand und mein Herz. Und vor allem staunte ich darüber, daß dieser Prediger, der uns so dramatisch vor dem grausigen Schicksal der Verlorenen im ewigen See aus Feuer und Schwefel warnte, gleichzeitig einen unbändigen Sinn für Humor hatte und fast so gut Geschichten erzählen konnte wie mein Vater.

Meine Lebensschuld und auch meine rebellische Haltung wurden mir eindrücklich bewußt. Irgendwie verwirrte mich das. Wie kam es, daß dieser Evangelist ausgerechnet zu mir redete? Ich war als Baby getauft worden, hatte den Katechismus Wort für Wort auswendig gelernt und war mit voller Zustimmung des Pastors und der Ältesten konfirmiert worden. Hin und wieder hatte ich Unfug angerichtet, aber als bösartig konnte man mich wohl kaum bezeichnen. Ich war ein fleißiger Melker auf der Farm und beklagte mich nie über unangenehme Arbeiten wie das Mistschaufeln. Darüber hinaus hatte ich allen Versuchungen widerstanden, den moralischen Kodex zu übertreten, der mir von meinen Eltern eingepflanzt worden war. Ich war sogar Vizepräsident der Jugendgruppe in meiner Gemeinde (wenn das auch keine sonderlich lebendige Organisation war).

Warum also zeigte der Redner mit seinem knochigen Finger dauernd auf *mich*? Mir ging nicht mehr aus dem Kopf, wie Dr. Ham mitten in seiner Predigt zu singen begonnen hatte: „Die Mühsal wird vergessen sein, wenn ich am Ziele bin . . .“

Er hatte eine beinahe peinliche Art, Sünden und Fehler ans Licht zu bringen, und forderte, unter Androhung des göttlichen Gerichts, daß wir unser Leben änderten. An einem Abend war ich so sicher, daß er mich ganz persönlich meinte, daß ich mich sogar hinter dem breitkrempigen Hut der Dame vor mir versteckte. Doch so heiß mir der Boden unter den Füßen auch wurde, ich konnte einfach nicht wegbleiben.

Auf den Veranstaltungen lernte ich einen sympathischen Schüler von der berüchtigten Central High School kennen, Grady Wilson. Er war bereits Christ, aber auch ihm machten Dr. Hams Predigten zu schaffen. Sein älterer, weniger frommer Bruder Thomas Walter, den alle nur T. W. nannten, war ein kräftiger Bursche, der ziemlich rauh werden konnte. Ich wollte ihn nicht als Schläger bezeichnen – zumindest nicht in seiner Gegenwart –, aber „stämmig“ konnte man ihn in jedem Fall nennen. T. W. hätte ohne Schwierigkeiten einen Job als Rausschmeißer bekommen können!

Grady und ich dachten uns eine Strategie aus, um der Frontalattacke Dr. Hams zu entgehen: Wir meldeten uns für den Chor, der hinter dem Prediger auf der Bühne saß. Singen konnten wir beide nicht, aber wir konnten zumindest unsere Lippen bewegen oder uns zur Tarnung die Gesangbücher vors Gesicht halten. Immerhin waren wir als Chormitglieder vor Dr. Hams anklagenden Blicken sicher.

Mein Cousin Crook Stafford war mir in dieser Zeit eine Hilfe. Er war ein paar Jahre älter als ich, wohnte in der Stadt und arbeitete als Buchhalter. Freundlich und rücksichtsvoll, wie er war, redete er mir nicht nur sehr zu, an den Abenden in die Baracke zu gehen, sondern bot sogar an, für die Hin- und Rückfahrt zu sorgen, falls ich anders nicht dabeisein könnte. Auch Crook sang im Chor.

Während jener Wochen wuchs in mir allmählich die traurige Erkenntnis, daß ich Jesus Christus nicht persönlich kannte. Ich konnte mich nicht auf den Glauben meiner Eltern berufen. Ein christlicher Einfluß in der Familie kann vielleicht eine dauerhafte Wirkung auf das Leben eines Kindes haben, doch der Glaube läßt sich nicht weitervererben wie das Familiensilber. Jeder einzelne mußte sich selbst dazu durchringen.

Auch meine Kirchenmitgliedschaft half mir nicht weiter. Jeden Sonntag im Glaubensbekenntnis „ich glaube" zu sagen und beim Abendmahl Brot und Wein zu nehmen, konnte schnell zu einem leeren Ritual werden, das keine Kraft hatte, in meinem Leben etwas zu verändern. Auch auf meine eigenen Entschlüsse, mich zu bessern, konnte ich mich nicht verlassen. Meine Bemühungen, ein besserer Mensch zu werden, scheiterten ständig. *Das* brauchte mir niemand zu sagen.

Als Jugendlicher sehnte ich mich nach der Gewißheit, mit Gott im reinen zu sein. Doch ich mußte mir eingestehen, daß mein Leben ziellos und mein Herz leer war. Das Bibellesen, Beten, Singen, die Gottesdienstbesuche der Familie – all das machte mich nur rastlos und störrisch. Voller Schuldbewußtsein suchte ich sogar nach Möglichkeiten, mich vor der Teilnahme an diesen Dingen zu drücken. Mit einem Wort, ich war geistlich tot.

Und dann geschah es, irgendwann um die Zeit meines sechzehnten Geburtstages. An jenem Abend beendete Dr. Ham seine Predigt mit der Einladung, Christus das Leben anzuvertrauen. Nach all seinen Tiraden gegen die Sünde schloß er nun, indem er freundlich daran erinnerte: „Gott aber hat uns seine große Liebe gerade dadurch bewiesen, daß Christus für uns starb, als wir noch Sünder waren" (Römer 5,8). Sein Chorleiter, Mr. Ramsay, ließ uns daraufhin die vier Strophen von „So wie ich bin" singen. Dann stimmten wir noch ein Lied an: „Schließlich überzeugt, glaube ich nun."

Bei der letzten Strophe jenes zweiten Liedes hielt ich es nicht länger auf meinem Platz aus. Ich ging hinunter vor die Bühne und hatte dabei das Gefühl, es wären Bleigewichte an meinen Füßen. Am selben Abend standen zusammen mit mir noch etwa drei- oder vierhundert Leute dort vorn, um ihre Entscheidung für Christus in aller Öffentlichkeit zu bekunden. Am nächsten Abend folgte auch mein Cousin Crook Stafford dieser Einladung.

Mir sank das Herz, als ich neben mir eine Dame stehen sah, der die Tränen übers Gesicht liefen. Ich weinte nicht. Überhaupt spürte ich in diesem Augenblick keine besonderen Gefühlswallungen. Vielleicht, dachte ich, habe ich ja hier überhaupt nichts zu suchen. Wahrscheinlich würden meine guten Vorsätze, ein richtiger Christ zu sein, auch nicht lange vorhalten. Vor lauter Sorge, ob ich mich nicht nur lächerlich machte, wäre ich beinahe umgekehrt und zurück zu meinem Platz gegangen.

Während ich dort vor der Bühne stand, trat weinend ein Mann namens J. D. Prevatt neben mich, ein mit unserer Familie befreundeter Schneider. Er legte mir den Arm um die Schultern und drängte mich, meine Entscheidung zu treffen. Gleichzeitig erklärte er mir mit seinem stark europäischen Akzent Gottes Plan zu meiner Errettung. Dabei versuchte er so zu reden, daß ich es verstand. Seine Erklärungen beantworteten mir nicht unbedingt jede Frage, die ich im Augenblick hatte – und ganz bestimmt nahmen sie nicht jede Frage vorweg, die mir in den folgenden Monaten und Jahren noch kommen würde –, doch er machte mir ganz klar, was es heißt, ein Kind Gottes zu werden.

Der Schneider half mir zu verstehen, was ich tun mußte, um wirklich Christ zu werden. Das Schlüsselwort dabei war *tun*. Mein Wissen mußte jetzt in ein Handeln umgesetzt werden, bevor es irgendwelche Auswirkungen haben konnte.

Er betete für mich und ermutigte mich, auch selbst zu beten. Ich hatte die Botschaft gehört und den inneren Drang gespürt, nach vorne zu gehen. Jetzt kam der Moment, mein Leben Christus anzuvertrauen. Verstandesmäßig akzeptierte ich Christus in dem Sinne, daß ich das, was ich über ihn wußte, als wahr anerkannte. Das war die geistige Zustimmung. Und mein Gefühl? Ich wünschte mir von Herzen, seine Liebe zu mir zu erwidern. Doch ich mußte mich nun entscheiden, ob ich mein Leben seiner Herrschaft unterstellen wollte.

Auf der Karte, die ich später ausfüllte, kreuzte ich „Erneute Übergabe" an. Schließlich war ich so erzogen worden, meine Taufe und Konfirmation auch als Bekenntnisse des Glaubens zu betrachten. Doch der Unterschied war: Diesmal entschied ich mich freiwillig und ganz bewußt. Trotz all meiner religiösen Erziehung und aller Kontakte zur Gemeinde glaube ich, daß dies der Augenblick war, in dem ich wirklich angefangen habe, mit Jesus Christus zu leben.

In meinem Innern begannen keine Glocken zu läuten. Keine feurigen Zeichen erschienen an der Decke der Baracke. Ich wurde auch nicht von einem heftigen Zittern erfaßt. Wieder fragte ich mich, ob ich vielleicht ein Heuchler sei, weil ich nicht weinen mußte oder irgendwie sonst bewegt war. Ich empfand einfach nur Frieden. Stille, nicht Gefühlsüberschwang – nein, Freude und Frieden.

Mein Vater kam nach vorn, legte mir den Arm um die Schultern und sagte mir, wie dankbar er sei. Später, als wir zu Hause in der Küche saßen, nahm mich meine Mutter in die Arme und sagte: „Billy Frank, ich bin so froh über den Schritt, den du heute abend getan hast."

Das war alles.

Ich ging hinauf in mein Zimmer. Durch das Fenster schaute ich hinaus auf das Feld, das im Mondlicht vor mir lag. Dann ging ich hinüber zu meinem Bett und kniete zum ersten Mal in meinem Leben nieder, ohne daß mich jemand dazu aufgefordert hatte. Ich wollte mit Gott reden. „Herr, ich weiß nicht, was heute abend mit mir passiert ist", betete ich. „*Du* weißt es. Und ich danke dir dafür, daß ich dieses Erlebnis heute abend haben durfte."

Ich brauchte eine ganze Weile, um einzuschlafen. Wie sollte ich morgen in der Schule meinen Klassenkameraden begegnen? Würde mein Schritt meine Beziehung zu den Freunden belasten, die sich nicht für geistliche Dinge interessierten? Würde Trainer Eudy, der aus seiner Abneigung gegen Dr. Ham keinen Hehl gemacht hatte, sich lauthals über mich amüsieren? Vielleicht. Allerdings war ich ziemlich sicher, daß der Schulleiter,

Connor Hutchinson, dessen Geschichtsunterricht mir viel Spaß machte, Verständnis für mich haben würde.

Die schwierigste Frage von allen blieb jedoch unbeantwortet: Was genau war eigentlich mit mir passiert?

Ich wußte nur, daß die Welt anders aussah, als ich am nächsten Morgen aufstand, um zu melken, zu frühstücken und den Schulbus zu erwischen. In meinem Herzen schien ein Lied zu klingen, aber es war vermischt mit einer gewissen Furcht, was wohl im Klassenzimmer passieren würde.

Doch der erwartete große Knall in der Schule war gar nicht so laut. Zum einen wußten die meisten Schüler gar nicht, was ich am Abend zuvor in der Baracke getan hatte. Außerdem sah und hörte man mir die Veränderung nicht an, die ich innerlich so stark empfand. Für die anderen war ich immer noch Billy Frank, und ihre Einstellung zu mir hatte sich nicht geändert. Das Lernen, das Ballspielen, die Verabredungen, die Arbeit auf der Farm – all das blieb mehr oder weniger so, wie es immer gewesen war. Billy Frank, der übermütige Schuljunge.

Ich lud Sam Paxton, Wint Covington und einige andere Freunde aus der Schule ein, mit mir zu den Ham-Versammlungen zu gehen. Ein- oder zweimal kamen sie mit, aber aus irgendeinem Grund sprachen sie nicht so darauf an wie ich.

„Wie ich höre, ist Prediger Graham heute unter uns", sagte eine meiner Lehrerinnen ein paar Tage später vor versammelter Klasse. Alles lachte. Sie machte sich über mich lustig, und das ärgerte mich. Dann fiel mir etwas ein, das Dr. Ham gesagt hatte: Wenn wir zu Christus kommen, werden wir unter Verfolgung zu leiden haben.

Es dauerte noch eine ganze Weile, bis ich das, was mit mir passiert war, gut genug verstanden hatte, um es einem anderen erklären zu können. Doch es gab Anzeichen, daß mein Denken und meine Einstellung zum Leben sich verändert hatten. Ich hatte wirklich eine Umkehr erlebt. Zu meiner eigenen Überraschung erschienen mir Gemeindeveranstaltungen, die mich bisher gelangweilt hatten, auf einmal hochinteressant – sogar Dr. Lindsays Predigten (bei denen ich mir Notizen machte!). Selbst der Chor klang plötzlich besser . . . Ich konnte gar nicht oft genug in die Kirche kommen.

Jetzt lockte es mich, die mir von klein auf vertraute Bibel selbst zu entdecken. Da stand doch viel mehr als die Verse, die ich im Lauf der Jahre auswendig gelernt hatte. Wenn ich morgens und abends allein war, genoß ich die wenigen Minuten, die ich mir nehmen konnte, um still im Gebet mit Gott zu reden. Als ehemaliges Mitglied von Mr. Ramsays Chor sang ich beim Kühemelken sogar Choräle!

Vor dieser Entscheidung für Christus war ich leicht reizbar, überempfindlich und neidisch gewesen. Jetzt gab ich mir bewußt Mühe, höflich und freundlich zu allen zu sein. Ich erlebte das, was der Apostel Paulus so beschrieben hatte: „Was vorher war, ist vergangen, etwas Neues hat begonnen" (2. Korinther 5,17).

Meine Mutter, aber auch die anderen in der Familie merkten, daß sich bei mir einiges verändert hatte. Besonders auffällig war wohl eine – jedenfalls für mich – untypische Begeisterung fürs Lernen! (Etwa um diese Zeit las ich Gibbons *Verfall und Untergang des Römischen Reiches*.)

Rückblickend weiß ich, daß ich in meiner Jugend viel zuviel Zeit mit der Arbeit auf der Farm und dem Baseballspielen und bei weitem nicht genug Zeit mit Büchern verbracht habe. Was konnte mir die Schule schon nutzen, wo ich ja doch Farmer werden würde?

Mir fehlte immer noch so etwas wie ein Ziel in meinem Leben. Obwohl ich Christ geworden war, ahnte ich nur wenig davon, daß mein Leben unter einem göttlichen Plan stand. Auch die letzten beiden Jahre, die ich noch in der Schule verbrachte, zeigten mir nichts in dieser Richtung. Die Zukunft lag bestenfalls im Nebel. Doch meine neuen Interessen und Neigungen zeigten mir, daß ich geistlich wuchs.

Im folgenden Jahr machten noch weitere Erweckungsprediger und Evangelisten in Charlotte Station. Die meisten von ihnen hörte ich mir an. Zwei oder drei wohnten während ihres Aufenthalts in unserem Haus. Einer war Jimmie Johnson, ein junger, gutaussehender Mann, frisch vom College. Der Glaube an Christus blitzte aus seinen dunklen Augen, wenn er den Zuhörern das Evangelium predigte.

An einem Wochenende fuhren wir mit Jimmie hinaus nach Monroe, North Carolina, wo er in einem kleinen Gefängnis sprechen sollte. Wann immer er vor Gefangenen predigte, gab er jungen Christen gern die Gelegenheit, ihm dabei zu helfen. Diesmal pickte er mich heraus.

„Hier ist einer, der euch sagen kann, wie es ist, bekehrt zu sein", sagte er – ohne Vorwarnung! – und nickte mir aufmunternd zu.

Mit schlackernden Knien tat ich mein Bestes. Während der zwei oder drei Minuten, die ich sprach, schauten die etwa zehn Gefangenen gelangweilt in die Ferne oder stocherten an ihren Zähnen herum. Jimmie behauptete, ich hätte meine Sache sehr gut gemacht, nachdem ich erst einmal in Fahrt gekommen sei. Es war das erste Mal, daß ich öffentlich etwas über meinen Glauben gesagt hatte, aber dieser Auftritt verstärkte nur meine Überzeugung, kein Redner zu sein.

Ein anderes Mal gingen wir mit einer Gruppe in ein Heim für verwahrloste Mädchen, wo ich kurz über meinen Glauben sprach. Nach dem Gottesdienst erklärten einige der Mädchen, sie wollten eine Entscheidung für Christus treffen. Eine von ihnen kannte ich sogar; sie hatte eine Zeitlang mit ihrer Familie zur Miete auf unserer Farm gewohnt. Sie versprach, ein christliches Leben führen zu wollen. Ich hatte fünf Dollar in der Tasche – und fand es nur recht und billig, sie ihr zu geben.

Aus Jimmie Johnsons Jugendevangelisation in der Methodistengemeinde entstand in Charlotte eine Bibelgruppe für Jugendliche, der Fellowship-Club. Ungefähr zwanzig bis dreißig Jungen und Mädchen aus verschiedenen Gemeinden trafen sich dienstagabends in dem großen Haus von „Mommy" Jones, der Frau des Geschäftsführers der Telefongesellschaft. Sie gab auf ihre ganz eigene, liebenswerte und dynamische Weise die Botschaft der Bibel weiter. Im Sommer saßen wir draußen auf der überdachten Terrasse, im Winter im Wohnzimmer. Hinterher versammelten wir uns in ihrer altmodischen Küche bei Marmeladenbrötchen, Milch und Kaffee, wo wir uns über das Gehörte unterhielten und die gemeinsame Zeit genossen. Grady, T. W. und ich waren fast immer mit von der Partie.

Genauso wie sich meine Einstellung zu vielen Dingen änderte, so veränderte sich auch meine Beziehung zu manchen Freunden, obwohl ich die Leute immer noch gern mochte. Im Laufe der Jahre hatte ich schon mehrere Freundinnen gehabt, bisweilen sogar zwei auf einmal. Aber jetzt kam ich zu dem Schluß, daß ich mich von meiner derzeitigen Freundin trennen sollte. Sie glaubte nicht an Christus und ich fand auch kein Verständnis für meinen Glauben.

Als Grady eines Tages verkündete, er glaube, Gott habe ihn zum Prediger berufen, waren wir alle mächtig stolz auf ihn. Er hatte sich von Jimmie zwei oder drei Predigten besorgt und übte mit ihnen. Eines Tages lud man ihn ein, in einer kleinen Missionskirche jenseits der Bahnlinie in Charlotte zu sprechen. Zusammen mit einer Freundin ging ich hin, um ihn zu hören. Im Saal saßen etwa zwanzig Leute.

Da Grady keine Uhr hatte, lieh er sich meine. Er kündigte seinen Text an und sagte dann, er wolle zu dem Thema „Vier wichtige Dinge, die Gott von uns erwartet" sprechen.

Nach fast einer halben Stunde meinte er: „Kommen wir nun zum zweiten Punkt."

Ich saß da und war ungemein stolz, daß Grady so viel über die Bibel wußte. Auf meine Uhr warf er nicht einen Blick – er sprach anderthalb Stunden lang –, aber die ganze Zeit über, während er predigte, zog er sie auf, bis er den Knopf abgedreht hatte. (Hinterher behauptete er, das habe er nur getan, weil ich mit seiner Freundin Händchen gehalten habe . . .)

Jimmie und Fred Brown, ein anderer Evangelist, der bei uns wohnte, waren Absolventen des Bob Jones College in Cleveland, Tennessee. Beide taten ihr Bestes, mich zum Studium zu überreden.

Unsicher spielte ich mit dem Gedanken, es mit der Universität von North Carolina zu versuchen. Dabei fragte ich mich allerdings, ob mich diese Hochschule angesichts meiner mittelmäßigen Noten auf der High School überhaupt aufnehmen würde. Doch als Dr. Bob Jones, der Gründer und Präsident des besagten College, während meines letzten Schuljahres in unserer High School höchstpersönlich erschien und dort sprach, kamen meine Eltern zu dem Schluß, es sei wohl das Beste für mich, dorthin zu gehen. Daß dieses College keine anerkannte akademische Einrichtung war, wußten wir damals nicht. T. W. hatte dort bereits zu studieren begonnen, und Grady wollte sich ebenfalls einschreiben.

Dr. Jones war ein Methodist alter Schule, dem man nicht nur ein Bischofsamt angeboten hatte, sondern der auch, wie er uns oft erzählte, Gouverneur von Alabama hätte werden können, wenn er nur gewollt hätte. Er war ein sehr dramatischer Redner. In den Fünfzigern und über einen Meter achtzig groß, beeindruckte er uns Schüler mit seinen witzigen Geschichten und schlagfertigen Antworten auf unsere Fragen. Man merkte ihm deutlich an, daß er junge Leute liebte. Früher hatte er als Evangelist große Zuhörerscharen angezogen, aber dann beschlossen, in einem neugegründeten College Studenten in einer bewußt christlichen Umgebung akademisch auszubilden. Die damals einzige Einnahmequelle reisender Evangelisten – die Kollekte – floß so reichlich, daß er genug sparen konnte, um das College zu gründen.

Ein Einfluß aus einer ganz anderen Richtung kam von Albert McMakin, der mich zum ersten Mal mit zu Mordecai Ham genommen hatte. Nachdem er jahrelang mit seinem Vater und seinen Brüdern auf unserer Farm gearbeitet hatte, nahm er schließlich eine Stellung bei der Fuller Brush Company an, einer Bürstenfirma. Nach unseren Maßstäben verdiente er als Bezirksvertreter für ein Verkaufsgebiet in South Carolina recht gutes Geld. Kurz vor meinem Abgang von der High School im Sommer 1936 fragte er mich mit seinem gedehnten südlichen Akzent, ob ich nicht Lust hätte, den Sommer über mit ihm Bürsten zu verkaufen.

Das schien die ideale Gelegenheit zu sein, ein bißchen Geld fürs College zu verdienen. Mein Vater war zwar in der Lage, mir finanziell unter die Arme zu greifen, aber ich wußte auch, daß ich mir etwas dazuverdienen mußte.

Papa hielt freilich nicht viel von dem Plan; vielleicht, weil es ihm nicht behagte, einen tüchtigen, schnellen Melker zu verlieren. Aber dann gab er nach: „Wenn du gehen willst, dann geh."

Meine Eltern wußten, daß sie Albert vertrauen konnten. Er war nicht nur ein guter Arbeiter, sondern auch ein standhafter Christ. Vielleicht hatten sie mehr Zutrauen zu ihm als zu mir!

Kaum war ich mit meinen fünfundzwanzig Klassenkameraden aus der Schule verabschiedet worden, machten Albert und ich uns auf den Weg. Doch schon nach einer oder zwei Wochen sagte ich ihm, ich fühle mich einsam dort unten in South Carolina, so weit fort von zu Hause. „Wie wäre es, wenn wir ein paar meiner Freunde fragen, ob sie mit uns kommen wollen?" Er stimmte bereitwillig zu.

Begeistert trug ich die Idee meinen Schulfreunden Wint Covington und Sam Paxton vor; sie hatten jedoch bereits andere Pläne für den Sommer. Als nächstes redete ich mit meinen neuen Freunden Grady und T. W. Beide nahmen an, und so zogen wir zu dritt mit Albert durch die Gegend, um Bürsten zu verkaufen.

South Carolina hatte damals das geringste Pro-Kopf-Einkommen der gesamten USA. In den Gasthäusern, in denen wir für einen Dollar pro Übernachtung inclusive Verpflegung hausten, aßen wir am selben Tisch mit anderen Handelsvertretern, die recht rauhe Umgangsformen hatten. Ich fürchte, manche ihrer ungehobelten Eigenheiten färbten auf mich ab. In Lancaster waren in einem Gasthaus die Brötchen so hart, daß man sie kaum beißen konnte. Wutentbrannt schleuderte ich die Brötchen zurück durch die Küchentür, dem Wirt an den Kopf.

Doch die Gerechtigkeit ließ nicht lange auf sich warten. An einem Haus klingelte ich mehrfach, um meine Ware anzubieten. Die Dame des Hauses kam nicht an die Tür, sondern öffnete statt dessen ein Fenster im Obergeschoß. Sie sah mich unten stehen, und ehe ich wußte, wie mir geschah, hatte sie mir einen ganzen Eimer Wasser über den Kopf gegossen!

In Monroe, North Carolina, teilten T. W. und ich ein Zimmer in einem billigen kleinen Hotel; Grady und Albert schliefen in einem anderen Zimmer. Plötzlich wachte ich auf, weil ich etwas auf mir krabbeln spürte. „Mach das Licht an!" rief ich T. W. zu. „Ich hab' das Vieh!"

Zuerst dachten wir, es sei ein großer Moskito, doch es war eine Bettwanze. Weder er noch ich hatten zuvor eine gesehen. Wir gingen hinunter und meldeten den Vorfall beim Portier, bevor wir mit all unserem Gepäck aus dem Hotel auszogen. Wir hatten schließlich keine Lust, uns während der Nacht langsam von Wanzen auffressen zu lassen.

Es traf sich, daß unser Freund Jimmie Johnson in ebendieser Stadt in einer eigens erbauten Holzbaracke gerade eine Evangelisationsversammlung hielt. Obdachlos, wie wir nun waren, begaben wir uns abends zu der Veranstaltung, und sobald alle Besucher gegangen waren, legten wir uns auf dem Sägespanboden zum Schlafen nieder. Viel Schlaf bekamen wir jedoch nicht – und spätestens morgens um fünf, wenn die Fliegen zu summen begannen, war die Nacht endgültig vorbei.

Die Verkaufsstrategie der Fuller Brush Company war wohldurchdacht, doch manchmal rief sie auch unangenehme Reaktionen hervor. Die Ausbilder hatten uns gesagt, wir sollten immer versuchen, einen Fuß in die Tür zu setzen und ihn dort zu lassen, damit der Kunde die Tür nicht einfach schließen könne. Die Theorie mag gut gewesen sein . . . Aber für mich bekam das Wort „fußkrank" auf einmal eine völlig neue Bedeutung!

Und dann war da die Sache mit den Werbegeschenken. Die Dame des Hauses hatte freie Auswahl unter einer Anzahl von Flaschen- oder Allzweckbürsten. Wir Vertreter mußten dagegen für jede Bürste zehn Cent bezahlen – in der damaligen Wirtschaftskrise eine Menge Geld. Was die Ausbilder uns nicht verrieten und was besonders Grady in höchste Wut versetzte: manche Frauen schnappten sich die kostenlose Bürste und knallten dann die Tür zu – egal, ob ein Fuß dazwischen war oder nicht!

T. W. behauptet heute, ich sei der beste Verkäufer von uns Vieren gewesen. Vielleicht lag es daran, daß er und Grady die Sache ziemlich locker angehen ließen. Eine Weile lang putzten sie Klinken, und wenn sie genug hatten, gingen sie für den Rest des Tages angeln oder schwimmen. Am Nachmittag jedoch waren wir alle etwa zur selben Zeit wieder im Gasthaus und unterhielten uns darüber, mit welchen ortsansässigen Mädchen wir uns am Abend zu verabreden gedachten. Albert freilich ging nicht mit Mädchen aus; schließlich war er ein verheirateter Mann von fast fünfundzwanzig Jahren.

Während die Wilson-Brüder ihren Freizeitbeschäftigungen nachgingen, schleppte ich meinen Koffer mit Fuller-Bürsten durch die Gegend und klopfte mich von morgens bis abends in den Kleinstädten und Dörfern von Tür zu Tür. Wir blieben meistens drei oder vier Tage in jeder Stadt und klapperten erst alle Häuser der Weißen und dann die der Schwarzen ab.

Meine Methode bestand darin, der Hausfrau zu sagen: „Wissen Sie, ich bin nicht hier, um Ihnen etwas zu verkaufen, sondern ich will Ihnen eine Bürste schenken."

Die wollte jeder natürlich sofort sehen. Also leerte ich meinen Koffer aus und breitete alle Bürsten auf dem Boden aus – die Werbegeschenke hatte ich immer ganz unten im Koffer. Während die Hausfrau sich das Angebot betrachtete, deutete sie vielleicht auf diese oder jene Bürste: „Wissen Sie, so eine Bürste habe ich noch nie gesehen. Was macht man damit?"

Und schon bahnte sich ein Geschäft an.

Eines Tages jedoch trieb T. W. es ein bißchen zu weit. Er hatte das Verkäuferhandbuch vorwärts und rückwärts studiert und war irgendwie auf den Gedanken gekommen, daß eine bestimmte Haarbürste aus gebleichten Bärenhaaren bestünde. An einer Tür sagte er seinen gewohnten Spruch auf: „Nun schauen Sie sich das hier an. Kein Wunder, daß so viele Filmstars diese Haarbürste benutzen. Achten Sie auf die versetzten Borstenreihen. Diese Bürste besteht aus den besten Bäreneberborsten, die man für Geld kaufen kann."

„Entschuldigen Sie", unterbrach ihn die Frau. „Sagten Sie gerade ‚Bäreneber'? Ich dachte immer, ein Eber wäre ein Schwein."

„Ganz richtig, es gibt auch Schweineeber, aber diese Borsten stammen von Bärenebern aus Rußland."

Man muß T. W. zugute halten, daß er später am Nachmittag in die Stadtbücherei ging, um *Bäreneber* nachzuschlagen. Natürlich konnte er das Wort nicht finden. Als er zurückkehrte, um die Bürste auszuliefern, gestand er der Frau: „Ich habe mich geirrt. Sie müssen die Bürste nicht kaufen, die Sie bestellt haben. Ich weiß nicht, warum ich das gesagt habe, aber Sie hatten recht: Ein Eber ist wirklich ein Schwein. Wahrscheinlich habe ich mich wegen des Bleichens vertan."

Ihre Antwort lehrte ihn etwas, das wir uns alle hinter die Ohren schrieben: „Junger Mann", sagte sie, „weil Sie so ehrlich sind, kaufe ich Ihnen noch zwei von Ihren Haarbürsten ab."

Täglich mußten wir unsere Bestellungen bei der Firma einreichen. Dann traf die Ware per Post ein, und wir mußten jede Stadt nochmals aufsuchen, um die Bürsten auszuliefern – und das Geld zu kassieren. Das war der Haken! Manche Frauen bestellten gleich dutzendweise Bürsten und vergaßen es dann völlig (oder versäumten es, ihren Männern davon zu erzählen). Ich lernte bald, daß die beste Zeit zum Ausliefern während des Abendessens oder kurz danach war. Dann waren die meisten Leute zu Hause, und Mann und Frau konnten die Sache gemeinsam regeln.

Ob nun Schweine- oder Bärenborsten, ich war überzeugt, daß Fuller-Bürsten das beste Produkt waren, das man für Geld kaufen konnte, und unterstützte voll das Prinzip der Firma, daß jeder Haushalt mit Fuller-Bürsten ausgestattet sein sollte. Aber ich war inzwischen fast achtzehn und fragte mich: Soll ich diesen Job mein Leben lang weiter machen? Ich hatte die Farm verlassen und war im Begriff, aufs College zu gehen. Wozu eigentlich? Was würde die Zukunft bringen?

In diesem Sommer, in dem ich mit den Fuller-Bürsten unterwegs war, lernte ich eine Menge über mich selbst, über das Wesen der Menschen und darüber, wie man eine Botschaft an den Mann bringt, auch wenn ich mich aus manch heikler Situation wieder herauswinden mußte. Die Firma verlieh mir keine Preise oder Ehrungen, aber in den ärmeren Gegenden, in denen wir eingesetzt waren (die Firma schien die besten Wohngegenden für ihre Spitzenleute zu reservieren), hatte ich bisweilen immerhin bis zu fünfzig oder gar fünfundsiebzig Dollar in der Woche verdient – für einen Jugendlichen wie mich ein schieres Vermögen. Und zu lernen, meinen eigenen Weg unabhängig von meinen Eltern zu gehen, gab mir eine Menge Selbstvertrauen.

Ich lernte in dieser Zeit auch das Beten. Während ich auf eine Haustür zuging, machte ich es mir zur Gewohnheit, Gott darum zu bitten, die Leute doch auf Christus hinweisen zu dürfen. Dabei war ich manchmal für die Leitung des Heiligen Geistes etwas plump und nicht sehr empfindsam. Einige Kunden beschwerten sich bei Albert, daß ich nicht nur versuchte, ihnen Fuller-Bürsten zu verkaufen, sondern auch noch den christlichen Glauben aufzuschwatzen. Zu Recht ermahnte er mich, feinfühliger vorzugehen.

Unter Alberts geistlichem Einfluß beteten wir in unseren schäbigen Unterkünften regelmäßig zusammen und lasen auch gemeinsam in der Bibel. Ich bin sicher, daß diese Gemeinschaft in uns eine Art gegenseitiger Verantwortung wachsen ließ, die uns half, vielen Versuchungen zu widerstehen, denen Handlungsreisende ständig ausgesetzt sind.

Als der Sommer in den Herbst überging, fragte ich mich immer wieder: Was wirst du einmal werden, wenn du erwachsen bist? Ich freute mich auf den Tag der Einschreibung am Bob Jones College, aber ich hockte auch immer noch gern auf einem Melkhocker im Kuhstall.

Der erste Evangelist, den ich je gehört hatte, Billy Sunday, war Baseballspieler gewesen, bevor er Prediger wurde. Der zweite, Mordecai Ham, war Handlungsreisender gewesen. Ich hatte beides getan: Ball gespielt und Klinken geputzt.

Seit zwei Jahren war ich jetzt Christ, aber Gott würde doch bestimmt nicht von mir verlangen, daß ich in ihre Fußstapfen trat und auch Prediger wurde! Hatte ich mit diesem Beruf zusammen mit dem des Bestattungsunternehmers nicht schon vor langer Zeit abgeschlossen?

3

Zum Predigen berufen

MECKERN VERBOTEN!

Dieses Schild hieß mich an der Wand meines Zimmers im Bob Jones College willkommen. Es war September 1936, und mein Vater hatte die Wilson-Brüder und mich über die Appalachen nach Cleveland im Osten von Tennessee gefahren. Jeder der dreihundert Studenten dort hatte stets dieselbe barsche Warnung an seiner Zimmerwand vor Augen. Grady und ich wußten nicht recht, ob wir das ernst nehmen sollten oder nicht.

Dr. Bob Jones Sr., der Begründer der Hochschule, glaubte an Autorität (seine) und Disziplin (unsere), beides dick unterstrichen. In einer Militärakademie hätte es nicht strenger zugehen können.

Mein Vater und meine Mutter waren nicht gerade nachlässig gewesen, wenn es um Regeln ging, die wir Kinder einhalten sollten. Doch jetzt fand ich mich in einer so starr reglementierten Umgebung wieder, daß es mir schier den Atem verschlug. Unser soziales Leben war stark eingeschränkt. Freundschaften zwischen jungen Männern und Frauen mußten sich an strenge Zeitpläne und an den Verhaltenskodex des Dekans halten. Wenn man sich mit einem Mädchen verabredete, durfte man nicht mit ihr auf demselben Sofa oder Sessel sitzen. Und man wurde mit Argusaugen überwacht.

Außerhalb der genehmigten Zeiten durfte man nicht einmal stehenbleiben, um sich mit seiner Freundin zu unterhalten. Immerhin durfte man an manchen Abenden in der Lobby zusammensitzen und sich unterhalten (aber nur für fünfzehn Minuten), Briefchen jedoch konnte man sich jederzeit schreiben.

Selbst unser Denken unterlag genauen Vorschriften. Der Unterricht war in allen Fächern dogmatisch, und es gab kaum Gelegenheit, Fragen zu stellen: Dr. Jones' Interpretation von christlicher Lehre, von Ethik und Wissenschaft war ohne Alternative. Seine Autorität stellten nur sehr wenige Studenten offen in Frage. Manchmal jedoch, wenn wir auf den Etagenbetten unserer winzigen Vierbettzimmer lagen, das furchteinflößende Motto an der Wand vor Augen, diskutierten wir darüber – wenn auch immer mit etwas verhaltener Furcht in der Stimme.

Irgendwie schlimmer wurde das alles noch dadurch, daß wir Dr. Bob, wie wir ihn oft nannten, trotz allem liebten. Manchmal war er furchterregend wie ein wutschnaubender Stier, doch er konnte auch zartfühlend wie ein Kind sein. Wir spürten einfach, daß er mit all den Regeln und Gesetzen, denen wir folgen mußten, nur unser Bestes im Sinn hatte. Seine Glaubensüberzeugungen und seine aufrichtige Liebe zu Gott weckten in mir einen tiefen Respekt.

„Ich habe bereits alle Fehler im Bereich der Evangelisation gemacht", sagte er oft. „Es gibt keine, die man noch machen könnte."

Das war eindrücklich, doch leider führte er nie näher aus, um was für Fehler es sich handelte. Fast jeden Tag predigte er in dem für uns obligatorischen Gottesdienst, und wir genossen die scharfzüngigen Aphorismen, mit denen er seine hausgemachte Philosophie zum Besten gab: „Wenn der Teufel sich an dich heranpirschen will, dann reite den Teufel." – „Wenn ein räudiger Hund für Jesus Christus bellt, dann bin ich für den räudigen Hund."

Während ich den kurzen Weihnachtsferien entgegensah, versuchte ich mir über manches klarzuwerden. Ich hätte nicht genau sagen können, was mich am Bob Jones College störte. Schließlich konnte ich es mit nichts aus eigener Erfahrung vergleichen. Aber mir mißfiel die erstickende Disziplinierung, für die es oft nur fadenscheinige Begründungen zu geben schien. Und mir mißfiel, daß man mir befahl, was ich denken sollte, ohne daß ich Gelegenheit bekam, die Dinge selbst zu durchdenken oder von anderen Gesichtspunkten aus zu betrachten.

Einer meiner Zimmerkameraden, Wendell Phillips, war mir in jenen ersten Monaten ein guter Freund geworden. Als ihm all die Regeln zuviel wurden und man ihm mit dem Collegeverweis drohte, meldete er sich ab und fuhr kurzentschlossen nach Florida. Er hatte von einer dortigen Schule gelesen, die angeblich über hervorragende Bibellehrer verfügte – obwohl er auch in Erwägung zog, zurück zum Moody Bible Institute in Chicago zu gehen, das er im Jahr zuvor besucht hatte. Da er wußte, wie unzufrieden ich am Bob Jones College war, drängte er mich nun, seinem Beispiel zu folgen.

Daß ich dort, wo ich war, nicht hinpaßte, war mir inzwischen klar. So bat ich Dr. Bob um ein Gespräch und erzählte ihm von meiner Unzufriedenheit und meiner Absicht zu gehen. Mit dröhnender Stimme bezeichnete er mich als Versager und prophezeite mir, daß ich immer wieder versagen würde. Desillusioniert und niedergeschlagen verließ ich sein Büro.

Natürlich nahm ich an, das Problem liege eher auf meiner Seite als auf seiten des Colleges. „Ich weiß, daß ich Christ geworden bin", schrieb ich an meine Mutter. „Ich weiß, daß ich Jesus Christus kenne, aber ich habe das Gefühl für ihn verloren. Wenn ich bete, ist mir, als rede ich gegen die Wand. Ich empfinde nichts mehr."

„Mein Sohn, Gott prüft dich", schrieb sie zurück. „Er sagt, daß wir nicht aus dem Gefühl leben sollen, sondern aus dem Glauben. Und gerade wenn du nichts empfindest, ist dir Gott vielleicht näher als jemals sonst. Strecke im Glauben deine Hand durch die Dunkelheit und durch den Nebel nach oben aus. Du wirst spüren, wie Gott dich anrührt." Ich befolgte ihren Rat. Doch der Kampf in meinem Innern ging noch wochenlang weiter.

Schon lange hatte unsere Familie den Plan gefaßt, zu Weihnachten mit Catherine, Melvin, der kleinen Jean und mir nach Florida zu fahren, wo Mutters ältere Schwester Sissy mit Onkel Bo und meiner Cousine Mildred eine große Pension mitten in Orlando gekauft hatten. Alle hofften, daß ich genügend freie Zeit von der Schule bekommen würde, um mitfahren zu können.

Noch angeschlagen von einer Grippe und voller Ratlosigkeit machte ich mich mit ihnen auf den Weg nach Süden. Inzwischen hatten meine Eltern durch eine kleine Anzeige in der Zeitschrift *Moody Monthly* vom Florida Bibel-Institut gehört. Und ich unterhielt mich zufällig mit einem Bibellehrer der Brüdergemeinden, der gerade bei uns zu Gast war. Er riet mir, dorthin zu wechseln.

In Florida angekommen, fand ich sofort Gefallen an dem wärmeren

Klima und den Palmen. Orangenplantagen und Viehherden sprachen den Farmer in mir an. Und auch die vielen Seen rund um Orlando sagten mir zu. Ich beschloß, das Bob Jones College zu verlassen, sobald ich im Januar zurückkehrte.

Während wir in Orlando waren, tat Papa etwas Ungewöhnliches: Er ermunterte die kleine Jean, vor allen Gästen auf den Tisch zu steigen und ihnen eine „Predigt" zu halten. Mit ihren hübschen blonden Haaren sah sie so süß aus, daß alles verstummte und ihr zuhörte. Ich weiß nicht, was Papa auf den Gedanken gebracht hat, aber Jean meinte es ganz ernst mit ihrer Botschaft und sagte den Gästen, daß sie zu Jesus kommen müßten. Man könnte wohl sagen, daß sie die erste Predigerin in unserer Familie war.

Zurück in Charlotte, schrieb Mutter an den Präsidenten des Florida Bibel-Instituts und bat ihn um Informationen über den Beginn des zweiten Semesters, die angebotenen Kurse und dergleichen. In einem Postscriptum bat sie ihn noch, mir eine Kopie seiner Antwort ins Bob Jones College zu schicken. Dr. Watson, der Präsident, antwortete postwendend: „Angesichts der Tatsache, daß Ihr Sohn bereits am Bob Jones College eingeschrieben ist, teilen wir ihm lieber keine Einzelheiten über unsere Schule mit. Wir möchten auf keinen Fall den Eindruck erwecken, daß wir ihn zu einem Wechsel überreden wollen."

Mutter antwortete ihm, unser Interesse an der Schule in Florida sei durch Freunde in Charlotte und durch die Anzeige in der Zeitschrift *Moody Monthly* geweckt worden. Außerdem hätte ein Besuch unserer Familie dort in der Weihnachtszeit einen angenehmen Eindruck hinterlassen.

Zusätzlich fügte sie einen Brief unseres Hausarztes bei, von dem auch Dr. Jones eine Abschrift erhalten hatte, der erklärte, daß ich eine weniger belastende Umgebung brauchte. In einer versteckten Anspielung auf Wendell Phillips und mich teilte sie Dr. Watson mit: „Ich überlasse es ganz und gar Ihnen und den anderen Lehrkräften, in der Gewißheit, daß man nicht zulassen wird, daß sie sich ‚herumtreiben', es sei denn, sie werden vom Werk des Herrn umgetrieben."

Wie ich später herausfand, gingen Mutter und Vater jeden Tag nach dem Mittagessen hinauf in ihr Schlafzimmer, knieten nieder und beteten für mich wie der Apostel Paulus für seinen jungen Mitarbeiter Timotheus: „Setze alles daran, daß du in deiner Arbeit zuverlässig bist und dich dafür nicht schämen mußt. Sorge dafür, daß Gottes Wort richtig und klar verkündigt wird" (2. Timotheus 2,15).

Als aus Florida die Nachricht kam, daß ich angenommen sei, freute ich mich grenzenlos.

In dem grünen 37er Plymouth meines Vaters trafen wir eines Morgens Ende Januar auf dem Campus des Florida Bibel-Instituts ein. Es befand sich in Temple Terrace, fünfzehn Meilen östlich von Tampa. Nach dem feuchten, trostlosen Herbst in den Bergen im Osten Tennessees erschien mir der Westen Floridas wie ein Paradies. Das Institut selbst befand sich in einem in spanischem Stil erbauten Landhotel mit mehreren Nebengebäuden. Alle waren mit pastellfarbenen Stukkaturen verziert und hatten Ziegeldächer; gußeiserne Geländer sicherten die roten Klinkerstufen vor den Eingängen. Am Ufer des Hillsborough River gelegen und umrahmt von einem hufeisenförmigen Golfparcours mit achtzehn Löchern, gehörten die Gebäude zu einem exklusiven Siedlungsprojekt, das 1929 bankrott gemacht hatte. Meine Familie blieb noch zum Mittagessen, bevor sie die Heimfahrt nach Charlotte antraten.

Am nächsten Tag rief mir die Dame, die den Speisesaal beaufsichtigte (die Studenten nannten sie „Gibby"), quer durch den Raum etwas zu.

„Sagen Sie, können Sie Auto fahren?"

„Ja, Ma'am."

„Also, ich habe einen Wagen voller Touristen, die gerne eine Rundfahrt durch Tampa machen würden, aber niemanden, der sie fahren könnte. Würden Sie das übernehmen?

„Aber ich bin noch nie in Tampa gewesen", wandte ich ein. „Wie soll ich ihnen da die Stadt zeigen?" Das jährliche Gasparilla-Fest war gerade in vollem Gang – Gaspar war ein Pirat, der Tampa einmal besetzt hatte –, so daß in der Stadt viel Verkehr und Gedränge sein würde.

„Ach, erzählen Sie ihnen irgend etwas", sagte sie verzweifelt.

Als ich die Touristen am späten Nachmittag wieder zurück zum Campus brachte, machten sie alle einen recht zufriedenen Eindruck. Ich wußte nicht, ob sie die wichtigsten Sehenswürdigkeiten gesehen hatten, aber ich hatte mein Bestes getan, ihnen die Vorzüge von Tampa zu erläutern (die ich ja selbst gerade zum ersten Mal sah). Schließlich war es keine Kunst, auf das Postamt hinzuweisen, wenn das Gebäude mit einem großen Schild gekennzeichnet war. Außerdem wußte ich noch ein paar Dinge aus der

Broschüre der Handelskammer, die ich vor meiner Ankunft in Tampa überflogen hatte.

Vor dem Börsenkrach waren in Temple Terrace erst wenige Häuser erbaut worden, und einige davon hatten seitdem leergestanden. Einer der Leute, die dort wohnten, war J. W. VanDeVenter, der „I Surrender All" und etliche andere bekannte Gospelsongs geschrieben hatte. In einem anderen Haus wohnte ein Arzt, der die Studenten betreute, wenn sie krank waren. Größtenteils jedoch zogen sich die gepflasterten Straßen zwischen verlassenen Häuserblocks hindurch.

Dr. W. T. Watson, ein Geistlicher aus North Carolina und ehemaliges Mitglied der „Christlichen Missions-Allianz" (CMA), hatte das bankrotte Gelände übernommen und dort das Florida Bibel-Institut als überkonfessionelle Einrichtung gegründet. Als ich ankam, gab es vierzig weibliche und dreißig männliche Studenten. Wir wohnten und aßen in dem Hotelkomplex, wo auch der Unterricht stattfand. Somit stand noch viel Platz zur Verfügung für „zahlende Kunden" – Pastoren und christliche Laien (wohlhabende Yankees, wie ich es sah), die sich die erschwinglichen Preise in den Wintermonaten gefallen ließen. Der Aufenthalt war erheblich billiger als im Hotel und viel angenehmer als in Touristenkasernen oder auf Campingplätzen. Wohl an die fünfzig Leute aus dem Norden verbrachten den ganzen Winter dort; andere kamen und gingen. Jedes Zimmer hatte zwei Betten und ein eigenes Bad, teilweise gab es sogar richtige Suiten mit Sitzecken.

Wir Studenten waren gleichzeitig die Belegschaft, die den Hotelbetrieb in Gang hielten: Wir kochten, spülten das Geschirr in der Küche, erledigten die Hausarbeit und pflegten das Grundstück – alles für zwanzig Cent pro Stunde. Doch das war ein guter Lohn, denn Dr. Watson, der aus einem armen Elternhaus stammte, schaffte es, die Schulgebühren bei einem Dollar pro Tag zu halten, alles inklusive. Da mein Vater die Kosten für mich übernahm und mir ein Taschengeld zur Verfügung stellte, ging es mir im Vergleich zu manchen anderen Studenten finanziell recht gut. Trotzdem arbeitete ich mit wie alle anderen auch; hauptsächlich, um mit von der Partie zu sein und etwas von meiner überschüssigen Kraft loszuwerden. So wurde ich zur ersten automatischen Geschirrspülmaschine der Schule, wie man mir bescheinigte. Mein Tempo beim Seifenblasenrennen brachte vier Mädchen mit ihren Geschirrtüchern ins Schwitzen.

Allerdings häufte ich nicht nur Ruhm auf mein Haupt. Eines Tages bediente ich am Kopf des Tisches. Eine Kirche hatte das Institut mit sämtlichen Einrichtungen für ihre Sommerkonferenz gemietet. Als ich gerade dampfend heißen Kaffee in eine Tasse goß, unterstrich ein Mann in weißem Anzug seine Worte mit heftigen Armbewegungen. Als sein Arm die Kaffeekanne berührte, schrie er laut auf und schlug sie mir aus der Hand. Sie landete auf dem Schoß der neben ihm sitzenden Dame, die daraufhin natürlich ebenfalls schrie! Meine Erste-Hilfe- und Reinigungsversuche waren nicht von Erfolg gekrönt.

„Verschwinden Sie!" schrie der Mann. „Verschwinden Sie bloß!"

Das Arbeiten im Freien war mir sowieso lieber – Dinge wie Heckentrimmen und Rasenpflege. Der beliebteste Job für viele von uns war jedoch die Arbeit als Caddy auf dem Golfplatz. Legendäre Prediger, von denen ich bisher nur reden gehört hatte, tauchten plötzlich auf dem Platz auf. Während sie ihre Runde auf dem Parcours machten, konnte ich neben ihnen hergehen, ihre Golftaschen tragen und Ausschau nach den Bällen halten.

Prediger bekamen einen Sondertarif – als Gegenleistung für eine Ansprache in unserer Kapelle, eine Vorlesung oder eine Predigt in Dr. Watsons unabhängiger Gemeinde in St. Petersburg, dem „Gospel Tabernacle". Diese Gemeinde war in den frühen zwanziger Jahren in einem löcherigen Zelt gegründet worden, füllte jedoch inzwischen ein Gebäude mit viertausend Sitzplätzen. Viele jener Prediger, die zu Besuch kamen, hinterließen – jeder auf seine Weise – einen tiefen Eindruck bei mir.

Der weltbekannte Evangelist Gipsy Smith, der damals wohl um die siebzig gewesen sein muß, kam und blieb wochenlang. Ich bat ihn um ein Autogramm, doch er lehnte ab, was mich ziemlich wütend machte. Später, als wir gute Freunde geworden waren, bekam ich doch noch ein Autogramm von ihm – und ich nahm mir vor, falls mich jemals jemand um ein Autogramm bitten würde, es ihm gern zu geben.

William Evans, der frühere Leiter des bibelkundlichen Fachbereichs am Moody Bible Institute, machte besonders Eindruck auf meinen Mitstudenten Roy Gustafson, der Jahre später zu unserem evangelistischen Team stieß. Roy kopierte vieles von dem, was Evans sagte und tat, selbst seine Handbewegungen und seinen Tonfall. Als eines Tages im Unterricht, so erzählt man sich, Roys Zimmerkamerad Charles Massey während

Evans Vorlesung neben Roy einschlief, rief Evans: „Wecken Sie den Jungen da auf!"

„Dr. Evans", antwortete Roy, „Sie haben ihn eingeschläfert, nun machen Sie ihn auch wieder wach."

Dafür, daß ich ihm seine Golfschläger über den Parcours trug, gab mir Dr. Evans einen Dollar Trinkgeld und den Rat, fleißig zu studieren, damit ich eines Tages ebenfalls Trinkgelder geben könnte.

E. A. Marshall verbrachte jeden Winter im Institut. Er faszinierte uns alle mit seinen Landkarten und Filzschaubildern vom Heiligen Land, auf denen er uns die Schauplätze aller biblischen Ereignisse zeigte.

Auch W. B. Riley und seine Frau, die zur Baptistengemeinde in Minneapolis gehörten, kamen jedes Jahr. Er war der Gründer und Präsident der Northwestern Akademie. Seine Frau baten wir Studenten um Hilfe bei der Zusammenstellung unseres Jahrbuchs, da sie auch für das vorzügliche Jahrbuch verantwortlich zeichnete, das an der Northwestern Akademie herausgegeben wurde. Meine Erfahrung als Bürstenvertreter trug mir einen Platz in der Jahrbuchredaktion ein, für die ich Anzeigen der örtlichen Firmen an Land zog.

Ein anderer Redner war der hochintellektuelle A. B. Winchester aus Kanada. Von ihm stammte die einprägsame Formulierung, die er regelmäßig in seinen Vorträgen und Predigten verwendete: „Meine Bibel sagt . . ."

Zu den Gastdozenten gehörten auch viele Männer, die man nicht aus den Schlagzeilen kannte, aber sie waren eine Art Who's Who in konservativen christlichen Kreisen und übten eine Menge guten Einfluß aus. Und sie waren farbenfrohe Persönlichkeiten, die ein höchst individuelles Flair in ihre öffentlichen Ansprachen einbrachten.

Es war wunderbar, mit diesen Männern und Frauen zusammen zu sein, aber auch mit anderen, etwa den Generalsuperintendenten der „Christlichen Missions-Allianz", methodistischen Predigern und einer Vielzahl von Leuten aus anderen Denominationen. Diese Begegnungen haben meinen gemeindlichen Horizont sehr erweitert.

Wendell, mein früherer Zimmerkamerad, und Woodrow Flynn, mit dem ich nun ein Zimmer teilte (und der ebenfalls eine Zeitlang das Bob Jones College besucht hatte), machten mich rasch mit all meinen neuen Mitstudenten bekannt. Schon bald hatte ich das Gefühl, zu einer wunderbaren neuen Familie zu gehören. Ich wußte ganz genau, daß ich hier am richtigen Platz war. Einer meiner ersten Briefe nach Hause schilderte das überzeugend: „Mutter, ich kann das Florida Bibel-Institut mit Worten nicht beschreiben . . . Mir gefällt es hier großartig. Ich arbeite jeden Tag ein wenig im Haus mit, um auszuhelfen. Ich bin kräftiger geworden und fühle mich schon viel wohler."

Der Lehrplan bestand hauptsächlich aus Bibelkunde und Fächern, die im weiteren Sinne mit der Bibel zu tun hatten (zum Beispiel Kirchengeschichte). Endlich konnte ich nach Herzenslust Gottes Wort intensiv studieren! Bald glaubte ich von ganzem Herzen an die volle Inspiration der Bibel.

Was mich begeisterte, war die Vielfalt der Sichtweisen, die uns im Unterricht vorgestellt wurden – eine außergewöhnliche Mischung aus ökumenischem und evangelikalem Gedankengut, die ihrer Zeit weit voraus war. Unsere Dozenten waren unterschiedlich geprägt und kamen aus verschiedenen Denominationen – sie veranschaulichten uns die Einheit, die dort entsteht, wo man Christus und sein Wort liebt und ihm dient. In ihrem Unterricht scheuten sie sich nicht, uns auch andere Philosophien und kritische Ansichten über das Christentum vorzustellen. Dr. Watson entfernte – zwei Jahre nach Gründung – sogar das Wort *fundamentalistisch* aus dem Namen der Schule, weil es in der Öffentlichkeit einen so negativen Klang bekommen hatte.

Wir wurden angehalten, alle Dinge selbst zu durchdenken. Doch stets sollte die einzigartige Autorität der Heiligen Schrift unser Leitfaden bleiben. Viele Fragen, die ich bisher nicht hatte stellen dürfen, konnte ich nun frei äußern und bekam kundige Antworten. Ich konnte mein Denken schulen, ohne das Gefühl zu haben, meiner Seele Schaden zuzufügen.

Die Offenheit unserer Lehrer und Gastdozenten weckte in mir eine neue Begeisterung für Gott und den unbändigen Drang, für ihn zu arbeiten. Dennoch hatte ich immer noch keine klare Vorstellung über meine Zukunft. Ich war sorglos und unbekümmert wie eh und je – vielleicht sogar noch etwas mehr.

Ziel der Ausbildung war, daß wir über unseren christlichen Glauben Rede und Antwort stehen konnten, selbst wenn wir nicht Prediger wurden. Darum schickte man die Studenten regelmäßig einzeln oder als Teams in Gemeinden, auf Campingplätze, in Gefängnisse . . . wohin man uns einlud. Was uns an Erfahrung fehlte, machten wir durch jugendliche Begeisterung wieder wett. Im Rahmen dieser Einsätze sprach ich regelmäßig auf den belebten Campingplätzen und im Gefängnis von Tampa.

Der Dekan für die männlichen Studenten war Reverend John Minder, ein rothaariger Riese. Da er Junggeselle war, hatte er neben seinen Pflichten als Pastor des Tampa Gospel Tabernacle (CMA) – das er gegründet hatte, als er Anfang zwanzig war – viel Zeit für jeden seiner Studenten. Mich sah er genau so, wie ich war – als spindeldürren Bauernjungen mit jeder Menge überschüssiger Kraft, mittelmäßigen akademischen Leistungen, aber einem ungebremsten Eifer, dem Herrn zu dienen.

Begeistert nahm ich an seinen Kursen über Pastoraltheologie und Hermeneutik teil und konnte mit seiner behutsamen seelsorgerischen Art viel mehr anfangen als mit dem, was ich gerade in Tennessee hinter mir gelassen hatte. Ich empfand seinen Rat nicht als lästig, sondern wollte alles hören, was er mir über das Leben und den Dienst für Gott sagen konnte. Er schrieb mir nicht vor, wie ich zu denken und was ich zu tun hatte, sondern schärfte meinen Blick dafür, die Vertrauenswürdigkeit Gottes zu erkennen und darin zu ruhen.

Kurz nach meiner Ankunft berief Dr. Watson eine Schulversammlung ein und teilte uns mit, wir befänden uns in einer finanziellen Krise; er wüßte nicht, wo er sich um weitere Mittel bemühen sollte. Unter seiner Leitung verbrachten wir fast den ganzen Tag im Gebet.

Am Ende des Tages kam er noch einmal in den Raum zurück, wo wir beteten, um uns etwas Wichtiges zu sagen. Er hatte gerade ein Telegramm von einem Mann namens Kellogg erhalten, der ihm mitteilte, er habe an diesem Tag einen seltsamen inneren Drang verspürt, der Schule einen Scheck zu schicken. Der Scheck war auf zehntausend Dollar ausgestellt! Wir waren überzeugt, daß unsere Gebete erhört worden waren, wie es in der Bibel zugesagt wird – sogar über das hinaus, was wir zu hoffen gewagt hatten.

Zu Ostern 1937 lud mich Dr. Minder ein, ihn zu einer Sommerkonferenz in Lake Swan im Norden Floridas zu begleiten. Sie fand auf einem sechzig Hektar großen Landbesitz statt, der seiner Familie gehörte. Dort angekommen, trafen wir uns an einem kalten, windigen Samstag im nahegelegenen Palatka mit seinem Freund Cecil Underwood, einem Laienprediger der Baptisten.

Aus heiterem Himmel fragte Underwood Dekan Minder, ob er bereit sei, am folgenden Abend für ihn in einer kleinen Baptistengemeinde in Bostwick zu predigen.

„Nein", antwortete der. „Billy wird predigen."

Ich war platt. Mein Repertoire bestand zu diesem Zeitpunkt aus vier ausgeliehenen Predigten, die ich überarbeitet und einstudiert, aber noch nie gehalten hatte. Das hier war etwas ganz anderes als die guten alten Treffen des Fellowship Clubs in Charlotte. Dort war ich einfach aufgestanden und hatte geredet. Aber in einer fremden Gemeinde – und dazu noch einer Baptistengemeinde – das war etwas ganz anderes.

Als ich Underwood erklärte, daß ich noch nie eine richtige Predigt im Gottesdienst gehalten hatte, mußten beide lachen. „Wir werden für Sie beten", versprach Underwood. „Und Gott wird Ihnen helfen."

„Na schön", stimmte ich zögernd zu. Was hätte ich dem Dekan meiner Schule sonst sagen sollen?

Ich hatte solche Angst, daß ich die Nacht mit Studieren und Beten zubrachte, anstatt zu schlafen. Fast den ganzen nächsten Tag über setzte ich das fort und übte laut. Gegen Abend war ich zuversichtlich, daß jede meiner Predigten mindestens zwanzig oder dreißig Minuten füllen würden.

Der Versammlungsraum war klein, und im vorderen Teil stand ein bauchiger Eisenofen, um die Kälte des windigen Abends zu vertreiben. Der Vorsänger, der Tabak kaute, mußte alle paar Minuten zur Tür gehen, um nach draußen zu spucken; dabei hätte er genausogut den Ofen benutzen können. Die Gemeinde bestand aus etwa vierzig Ranchern und Cowboys in Overalls und ihren Frauen in einfachen Baumwollkleidern.

Als der Augenblick kam, an dem ich die Kanzel besteigen mußte, zitterten mir die Knie, und meine Hände glänzten vor Schweiß. Und ich hielt meine erste Predigt. Sie war zu Ende, kaum daß ich begonnen hatte, also schob ich Nummer zwei gleich hinterher. Und Nummer drei. Und schließlich auch noch Nummer vier. Dann setzte ich mich wieder hin.

Acht Minuten – länger brauchte ich nicht, um alle meine vier Predigten zu halten! War dies das Holz, aus dem all die brillanten Prediger am Florida Bibel-Institut geschnitzt waren?

Doch ob Sie es glauben oder nicht, als ich auf den Campus zurückkehrte, hatte ich das Gefühl, durch diese Erfahrung geistlich gewachsen zu sein. Gleichzeitig jedoch war ich beunruhigt: Ich konnte das nagende Gefühl in meinem Innern nicht loswerden, daß Gott mich rief, evangelistisch zu predigen. Und dieser Ruf war mir keineswegs willkommen. Auch wenn Dr. Minder glaubte, einen Anflug von Talent in mir entdeckt zu haben – es war doch völlig ungeschliffen.

Ich begann zu üben, um gewappnet zu sein, wenn ich das nächste Mal öffentlich predigen sollte. Mein Zimmerkamerad Woodrow Flynn war ein großer Prediger. Er trug mir vor dem kleinen Ofen in unserem kalten Zimmer seine Gliederungen vor. Ich benutzte Predigtgliederungen, die ich mir aus den veröffentlichten Predigten großer Prediger ausgeliehen hatte. Manchmal paddelte ich auch mit einem Kanu über den Hillsborough zu einer kleinen Insel, wo ich allen Tieren groß und klein predigen konnte, von den Alligatoren bis zu den Vögeln. Wenn sie nicht stillhielten, um mir zuzuhören, gab es immer noch eine Versammlung von Zypressenstümpfen, die sich mir weder kriechend noch fliegend entziehen konnten. Die Lautstärke meiner Predigten stand in direktem Verhältnis zu ihrer Unempfänglichkeit, so daß die Bäume die volle Wucht meiner Stimme abbekamen.

Einmal blieben ein paar vorbeigehende Fischer stehen und bestaunten diese brüllende Bohnenstange, die aus dem Fluß aufzuragen schien. Manchmal empfingen mich bei meiner Rückkehr einige Kommilitonen mit den Worten: „Na, wie viele haben sich heute bekehrt, Billy?"

Als Dr. Watson eines Tages durch den Korridor im Männerwohntrakt ging, überraschte er mich bei einer ähnlichen Übungsstunde. Er trat vor die offene Tür meines Zimmers, schaute herein und sah, wie ich seinem vierjährigen Sohn Bobby, den ich auf die hohe, antike Kommode gesetzt hatte – wohl um seine Flucht zu verhindern –, mit voller Lautstärke eine Predigt hielt.

Doch langsam wurde es besser. Woodrow erinnerte sich an eine meiner ersten Erfahrungen als Redner in einer ländlichen Methodistengemeinde, in der ich zusammen mit ihm als Organisten und Wendell als Vorsänger eingeladen worden war.

Körperlich und stimmlich voll in Fahrt, beschrieb ich meinen Zuhörern, wie die alte Welt auf Christus gewartet habe, so wie es der große Dwight L. Moody in einer Predigt ausgemalt hatte.

„Tausend Jahre vergingen, und kein Christus!"
Dramatische Pause.

„Zweitausend Jahre – und kein Christus!"

Dramatische Pause.

Just während einer dieser dramatischen Pausen, nachdem ich gerade bei „siebentausend Jahre" angekommen war, zischte mir Wendell von seinem Sitzplatz aus zu: „Hör auf!"

Empört fragte ich ihn auf dem Heimweg: „Was sollte das, mitten in meiner Predigt ‚Hör auf' zu sagen?"

„Na ja", sagte er, „nach Erzbischof Usshers Zeittafel zum Ersten Buch Mose sind erst sechstausend Jahre vergangen, seit Adam erschaffen wurde."

„Ich wollte eigentlich noch mindestens bis zehntausend Jahre weitermachen", erwiderte ich. „Das kam ungemein gut an!"

Trotz meines peinlichen Debüts zu Ostern in Bostwick lud mich Dr. Minder ein, an einem Sonntagabend vor der Jugendgruppe seiner Gemeinde zu sprechen. Dann kam der Tag, an dem er mich bat, in einem normalen Gottesdienst zu predigen. Ich schlotterte vor Angst. Woodrow lag auf seiner Koje in unserem Zimmer, als ich ihm davon erzählte. „Und ich habe noch nicht einmal eine Predigt parat!" schloß ich verzweifelt.

Er setzte sich auf und fing an Ort und Stelle an, mir eine von seinen eigenen Predigten über Belsazar zu halten, den antiken heidnischen König aus Daniel 5. Sie gefiel mir, und ich sagte ihm, daß ich sie verwenden würde. Doch ich machte mir nicht klar, daß ich der Gemeinde dabei auch die Schrift an der Wand vortragen mußte, die den König in Vers 25 erbleichen ließ: *„Mene mene tekel u–parsin"* ging einem Farmerjungen aus Carolina nicht gerade leicht über die Zunge. Aus meinem Mund klang es wie *„Meany meany tickle upjohn"*. Meine Freunde amüsierten sich köstlich, aber ich fand es gar nicht so witzig.

Als ich in jenem ersten Jahr nach den Sommerferien ins Institut zurückkehrte, ahnte ich nicht, daß mir noch vor Ende des Schuljahres meine schwerste Prüfung bevorstand. Ein schönes Mädchen brachte mein Leben durcheinander: Emily Cavanaugh. Ich verliebte mich Hals über Kopf in sie, als ich sie kurz nach der Ankunft zum ersten Mal sah.

In meinem ersten Studienjahr versuchte ich, soviel Zeit wie möglich in ihrer Nähe zu verbringen. Aber ich war nicht der einzige Bursche auf dem Campus, dem es so erging. Wendell war der erste gewesen, der mich auf das Juwel Emily aufmerksam gemacht hatte. Da war irgend etwas an ihrem dunklen Haar und ihren funkelnden Augen.

Eine Gelegenheit, in Emilys Nähe zu kommen, ergab sich jeden Sonntagabend. Diejenigen von uns, die zu Dr. Minders Jugendgruppe gingen, trafen sich vor dem Abend im nahegelegenen Haus der Cavanaughs zum Essen. Regelmäßig machte ich dann den Vorschlag, hinterher noch einmal zum Nachtisch hinzugehen – am liebsten mochte ich Wackelpudding mit Fruchtstückchen.

Manchmal kamen Emily und ein paar andere in dem 29er Chevrolet-Coupé, das ich mir für fünfundsiebzig Dollar angeschafft hatte, mit zu meinen Predigteinsätzen oder zu Jugendveranstaltungen. Aber es gab auch auf dem Campus so viel zu unternehmen – Kanufahren, Volleyball, Tischtennis, Tennis –, daß wir ihn eigentlich nie verlassen mußten, um unsere sozialen Kontakte zu pflegen. Emily und ich spielten regelmäßig zusammen ein Tennisdoppel gegen meinen guten Freund Charles Massey und ein Mädchen aus Michigan, mit dem er gelegentlich ausging.

Was mir nicht auffiel, war die wachsende Freundschaft zwischen Emily und Charles, einem hochintelligenten Studenten aus der Abschlußklasse, der später nach Harvard gehen wollte. In meiner Schwärmerei war ich mir vollkommen sicher, sie sei die Frau, die Gott mir fürs Leben zugedacht hatte. Also machte ich ihr während der ersten Sommerferien einen schriftlichen Heiratsantrag! Sie antwortete, sie müsse darüber nachdenken. Ich konnte mir nicht vorstellen, warum.

Während des Herbstsemesters in jenem zweiten Jahr schien sie dem Gedanken nicht ganz abgeneigt zu sein, und meine Hoffnungen stiegen in schwindelnde Höhen. Eines Abends, nachdem wir zusammen an einem Gottesdienst teilgenommen hatten, deutete sie an, daß sie zu meinem Antrag ja sagen wolle. Von da an betrachtete ich uns als quasi verlobt, auch wenn ich ihr noch keinen Ring geschenkt hatte. Doch nach dem Jahreswechsel schienen ihr wieder Bedenken zu kommen, die offenbar das ganze Frühjahr über anhielten.

Am letzten Schultag in jedem Frühjahr feierten wir die „Class Night", *das* gesellschaftliche Ereignis des Jahres. An jenem Tag im Mai 1938 fuhr Dr. Minder einige von uns Studenten zu Larsons Blumenladen in Tampa, um Blumen für unsere Damen zu kaufen. Angesichts unserer begrenzten Mittel war das ein verschwenderischer Luxus. Der übliche Preis betrug fünfundzwanzig Cent für ein Ansteckbukett, doch ich beschloß, daß es für Emily nicht weniger als fünfzig Cent sein durften!

Abends auf der Party bemerkte ich zu meiner Verwirrung, daß sie meine Blumen nicht trug. Während einer Pause gingen wir hinunter an den Fluß und setzten uns auf eine Schaukel, die an einem Ast hing. Ich bat sie um eine Erklärung. Ohne zu zögern, eröffnete sie mir behutsam, aber entschieden, daß sie Charlie liebe und mich nicht heiraten werde.

Charles Massey war einer der besten Prediger, die ich kannte. Ich freute mich über jede Gelegenheit, ihn reden zu hören, wenn ich nicht selbst im Einsatz war. Aber *Emily* und Charles? Unfaßbar!

Jener schmerzliche Abend im Frühjahr 1938, als sie mit mir Schluß machte, war für mich so etwas wie die Vertreibung aus dem Paradies. In meiner Verzweiflung suchte ich Dr. Minder auf, nachdem meine Mitstudenten sich in ihre Zimmer zurückgezogen hatten. Vor seinen verständnisvollen Ohren heulte ich mein ganzes Elend heraus.

Doch mein Problem ging tiefer als der Verlust einer Freundin. Innerlich gestand ich mir das auch ein. Es ging nicht darum, was ich tun könnte, um ihr zu gefallen und sie zurückzugewinnen. Ihr neuer Freund hatte um sie geworben und ihr Herz gewonnen – daran war nicht zu rütteln. Es ging darum, daß ich tat, was Gott gefiel. Wenn ich das verweigerte, konnte ich dann eine glückliche Zukunft erwarten?

Ein paar Wochen lang wanderte ich unter dem Eindruck einer zutiefst aufrüttelnden Predigt in unserer Kapelle durch die verlassenen, widerhallenden Straßen von Temple Terrace. Der Mond schien, und ein sanfter Südwind strich durch das dünne spanische Moos, das an den Bäumen auf dem Golfplatz hing. Noch nie in meinem Leben hatte ich mich so allein gefühlt – und noch nie so nahe bei Gott. Bis in den späten Abend wanderte ich umher und rang mit Gott. Es war ganz offensichtlich. Er rief mich in seine Nachfolge. Ich sollte Pastor werden. Das aber war das letzte, was ich werden wollte. Ich brachte alle möglichen Einwände vor, die Gott überzeugen sollten, mich doch etwas anderes werden zu lassen.

Dasselbe Gefühl der Unsicherheit hatte ich fast vier Jahre zuvor in Charlotte verspürt, als ich in Mordecai Hams Baracke auf den Sägespänen stand. Dort hatte ich getan, was ich glaubte, tun zu müssen: Ich hatte mein Schicksal der rettenden Gnade Gottes in Jesus Christus anvertraut. Wollte er nun, daß ich ihm mein ganzes Leben lang in einem Amt diente, das mir nicht besonders reizvoll erschien?

In den achtzehn Monaten seit meiner Ankunft im Florida Bibel-Institut hatte ich einige Gaben entdeckt und Fähigkeiten entwickelt, von denen ich vorher nicht dachte, daß ich sie besaß. Ich wußte jetzt, daß es mir Freude machte, Leuten die gute Nachricht von Jesus Christus weiterzusagen. An den Sonntagen predigte ich oft auf den Straßen von Tampa, manchmal sogar fünf- oder sechsmal am Tag.

Doch die größten Möglichkeiten, die mir Gott in dieser Zeit zeigte, boten sich auf den Campingplätzen. Der Tin Can Trailer Park war einer der größten im ganzen Land. Zwei dort wohnende Frauen hatten sich darum bemüht, sonntagabends regelmäßig einen Gottesdienst zu veranstalten. Als sie keinen Prediger fanden, fragten sie mich, ob ich kommen wolle. Die Zuhörerschaft bewegte sich irgendwo zwischen zweihundert und tausend Leuten. Die Kollekte verwendeten die beiden Damen für wohltätige Zwecke. Mir gaben sie fünf Dollar – eine Riesenhilfe bei meinem mageren Budget.

Viele Leute kamen nach meinen Predigten zum Glauben an Christus. Meine Lehrer und Mitstudenten bestätigten mir, dieser Dienst sei gut und richtig für mich. Aber wollte ich wirklich mein Leben lang predigen!?

Bei einem nächtlichen Spaziergang über den Golfplatz stellte ich mir diese Frage zum wiederholten Mal. Das innere, unwiderstehliche Drängen wollte nicht weichen. Schließlich fiel ich auf einer Rasenfläche auf die Knie. Dann legte ich mich flach auf das taufeuchte Gras. „O Gott", schrie ich, „wenn du willst, daß ich dir diene, werde ich es tun."

Das Mondlicht, das Moos, die Brise, der Golfplatz – alles um mich herum blieb genauso, wie es war. Kein Zeichen am Himmel. Keine Stimme aus der Höhe. Doch innerlich wußte ich genau, daß ich in diesen Dienst gerufen worden war. Und ich wußte, daß meine Antwort „Ja" lautete.

Von jener Nacht im Jahr 1938 an stand mein Lebensziel fest. Ich wußte, daß ich ein Prediger des Evangeliums werden würde. Das Wie oder Wann freilich war mir noch unklar.

Mein nächster Predigteinsatz ließ lange auf sich warten. Dabei wollte ich auf einmal dringend predigen, aber niemand forderte mich auf.

Das Studienjahr war vorüber, die Studenten in die Sommerferien gefahren. Ich beschloß in Tampa zu bleiben und hoffte, Dr. Minder bei den Konferenzen in Lake Swan behilflich sein zu können oder viele Predigtaufträge zu bekommen, während ich alle möglichen Arbeiten auf dem Campus erledigte. Bei einer Gemeinde nach der anderen fragte ich an, doch alle hatten entweder schon sämtliche Termine belegt oder wollten keinen unerfahrenen Studenten auf ihrer Kanzel haben. Eine Woche verging, und ich fragte mich nervös, ob ich tatsächlich zum Predigen berufen war.

An einem Samstagnachmittag, als ich unten am Fluß den Rasen mähte, sah ich Mr. Corwin über den Campus schlendern. Er leitete die West Tampa Evangeliums-Mission im lateinamerikanischen Viertel und zog regelmäßig Leute vom Institut zur Aushilfe heran. Ich rechnete kaum noch damit, daß er mich auffordern würde.

Trotzdem fiel ich hinter einem Gebüsch auf die Knie und betete: „Lieber Herr, laß mich morgen in seiner Gemeinde predigen."

Als ich aufsah, kam der freundliche alte Mann geradewegs auf mich zu. „Mr. Graham, ein Student hat mir in letzter Minute seinen Termin abgesagt", rief er. „Hätten Sie Lust, morgen in meiner Gemeinde zu predigen?"

Nachdem ich Mr. Corwins Einladung voller Freude angenommen hatte, sprach ich am nächsten Tag vor zwei Dutzend lateinamerikanischer Jugendlicher, wobei ich mich mächtig ins Zeug legte. Ich weiß nicht, ob es an meiner Lautstärke oder an meiner Botschaft lag, aber Mr. Corwin lud mich am nächsten Samstag wieder ein und später noch oft.

Die Ansprache vor diesen jungen Männern gab mir einen mächtigen Impuls. Nach dem Gottesdienst fragte ich Mr. Corwin, ob ich hinausgehen und auf der Straße predigen dürfe. Am selben Tag hielt ich noch sieben Predigten unter freiem Himmel, und das gleiche tat ich während der nächsten beiden Jahre an jedem Wochenende – meistens vor Kneipen.

Für einen Sonntagmorgen hatte man mich eingeladen, in einer kleinen Methodistengemeinde zu predigen, etwa vierzig Meilen von Tampa entfernt. Hier führten Roy Gustafson und ein Musikertrio aus der Schule eine einwöchige Veranstaltungsreihe durch. Dann kam die große Gelegenheit, auf die ich gewartet hatte.

Dr. Minders alter Freund Cecil Underwood arrangierte es, daß ich eine ganze Woche lang jeden Abend in der Baptistengemeinde von Palatka predigen durfte. Und nicht nur in der Gemeinde, sondern auch jeden Morgen live über den Radiosender im nahegelegenen St. Augustine. Inzwischen hatte ich ungefähr fünfzehn Predigten vorbereitet und einstudiert – diesmal sogar in voller Länge. Ich war einsatzbereit!

Während meines Aufenthalts in Palatka wohnte ich bei Mr. Underwood.

Auf Spaziergängen durch die Straßen übte ich meine Predigten. In der Nähe fand ich eine tagsüber leerstehende Kirche, die ich nutzte, um meinen Predigten den letzten Schliff zu geben. Wenn dann der Abend kam, war ich immer schon ganz ausgelaugt vom Predigen vor leeren Stuhlreihen.

Jeden Abend füllten etwa einhundertfünfzig Leute den Gemeindesaal. Ein paar junge Leute, die sich immer in die letzten Reihen setzten und allerlei Unfug anstellten, brachten mich zur Weißglut. Ich wies sie von der Kanzel aus zurecht und drohte sogar, nach hinten zu kommen und sie eigenhändig an die Luft zu befördern.

Daraufhin sprang der Sohn eines leitenden Mitglieds der Gemeinde auf, schüttelte mir seine Faust entgegen, stampfte hinaus und knallte die Tür hinter sich zu. Ich ließ die Leute wissen, daß ich noch anderes könne als nur predigen – und drohte an, falls sich ein solches Verhalten wiederhole, dem Jungen eine Tracht Prügel zu verabreichen. Ich glaube, er kam zwei Abende später wieder. Glücklicherweise kam ich nicht in die Lage, meine Drohung wahrmachen zu müssen.

Trotz meiner Unreife bewegte Gott während jener Woche achtzig Leute dazu, einen Anfang mit Christus zu machen. Viele von ihnen schlossen sich der Gemeinde an. Ich zweifelte nicht daran, daß Gott meinen Dienst segnete. Das veranlaßte mich, meine Predigten noch gründlicher vorzubereiten. Ich stand derart unter Spannung, daß ich nachts kaum schlafen konnte, obwohl ich doch morgens jeweils achtundzwanzig Meilen von Palatka nach St. Augustine und wieder zurück fahren mußte, um meine Predigt im Radio zu halten.

Eine Randerscheinung meines Erlebnisses in Palatka war meine Taufe. Gemäß ihrer reformierten Theologie hatten meine Eltern ihren kleinen Sohn 1919 in ihrer Gemeinde durch Besprengen taufen lassen. Ich hatte die Gültigkeit dieses feierlichen Glaubensaktes nie in Frage gestellt. Es war ihr Herzenswunsch, ihr Kind in die Familie der Gläubigen einzubeziehen. Jahre später, nachdem ich als Jugendlicher den Katechismus studiert hatte, wurde ich im Glauben konfirmiert, indem ich meine persönliche Zugehörigkeit zum Herrn erklärte.

In Florida war in mir die Überzeugung gewachsen, daß ich mich durch Untertauchen taufen lassen sollte, und so hatte ich in aller Stille Dr. Minder um Hilfe gebeten. Es war der Akt eines Erwachsenen, der auf meine bewußte Umkehr zu Christus folgte und mein Sterben für die Sünde und mein Wiederauferstehen zu einem neuen Leben in Christus darstellte, wie Paulus es in Römer 6 beschreibt.

Durch das Predigen in Gemeinden der Südlichen Baptisten entstand für mich ein Problem. Cecil Underwood wies mich darauf hin, daß es für die Südlichen Baptisten wie ein Verstoß gegen eine heilige Tradition empfunden werde, Prediger anderer Denominationen einzuladen – insbesondere Reformierte. Obwohl er selbst sich nicht darum kümmerte, weil er den konfessionellen Schranken nicht viel Bedeutung beimaß, meinte er, wenn ich Auseinandersetzungen mit den Gemeindeleitern aus dem Weg gehen wolle, täte ich gut daran, mich in einer Gemeinde der Südlichen Baptisten taufen zu lassen.

Ich dachte über die Frage nach und betete. Gewiß erschien es übertrieben, ja überflüssig zu sein, mich noch einmal taufen zu lassen. Ich glaubte nicht, daß eine weitere Taufe irgendwelche magischen oder automatischen Auswirkungen auf meinen inneren Zustand haben würde. Die Taufe war, um die übliche Formulierung zu gebrauchen, nur ein äußeres Zeichen der inneren Gnade. Ich wußte, daß Gott mich bereits zu einem Glied am Leib Christi gemacht hatte, der sich auf der Erde in der Gemeinde sichtbar darstellte, und daß äußerliche Glaubensformen mein Verhältnis zu ihm nicht beeinflussen konnten. Auf der anderen Seite wollte ich nicht, daß irgend etwas an mir für diejenigen, die ich erreichen wollte, zum Stolperstein oder zur Barriere wurde.

Darum tauchte mich Cecil Underwood gegen Ende des Jahres 1938 im Silver Lake unter, vor den Augen der am Ufer stehenden Gemeinde. Ich ging hinunter ins Wasser, wo er mich unter Wasser tauchte und nach knapp drei Sekunden wieder aufrichtete. Dann watete ich wieder ans Ufer und zog mir in einer Umkleidekabine trockene Sachen an.

Anfang 1939 kam Woodrow zu mir und sagte: „Ich glaube, du solltest dich ordinieren lassen. Das würde dir einen Status im Verband der Baptistengemeinden verschaffen und in vieler Hinsicht nützlich sein."

Woodrow und ich sprachen darüber und beteten gemeinsam. Schließlich kamen wir überein, Kontakt zu Cecil Underwood aufzunehmen, der immer noch Pastor in Palatka war. Cecil war gern bereit, vier oder fünf Pastoren aus der Umgebung zusammenzurufen, um einen Ordinationsrat zu bilden. An einem Sonntag im Februar, nachdem ich in einer der

Gemeinden gepredigt hatte, fuhren wir nach Palatka zu der Sitzung, die um zwei Uhr stattfand.

In der kleinen weißen Holzkirche, etwa vier Fenster lang, war es heiß, und ich war nervös. Die Handvoll baptistischer Landpastoren nahm ihre Aufgabe ernst und befragte mich unter Cecils umsichtiger Leitung wohlwollend über meinen Hintergrund und meine Überzeugungen.

Einer der Brüder fühlte mir im Blick auf meine theologischen Ansichten ein wenig auf den Zahn. Schließlich, so muß er sich wohl gedacht haben, hatten sie es hier mit einem Grünschnabel zu tun, der gerade erst von den Reformierten zu den Baptisten übergetreten war. Ich fürchte, mir ging die Geduld aus. „Bruder", sagte ich, „Sie haben mich hier in der Gegend predigen hören, und Sie haben gesehen, wie der Herr sich dazu gestellt hat. Ich bin kein theologischer Experte, aber Sie wissen, was ich glaube und wie ich predige, und das sollte ausreichen, um Sie zufriedenzustellen."

Er schmunzelte ebenso wie die anderen und gab mir recht. Alle befürworteten meine Ordination. Noch am selben Abend wurde mein Einführungsgottesdienst in der Gemeinde von Palatka abgehalten. Cecil übernahm die Leitung, und Woodrow hielt die Ordination über den Vers: „Als ein guter Kämpfer für die Sache Jesu Christi mußt du so wie ich bereit sein, auch für ihn zu leiden" (2. Timotheus 2,3).

Ich kniete auf dem Podium vor der kleinen Versammlung nieder und wurde von einem halben Dutzend Landpredigern umringt. Auf meinem blonden Schopf und meinen knochigen Schultern spürte ich die leichte Berührung ihrer ausgestreckten Finger und schwieligen Hände, als sie mich betend in ihre erlauchte Gemeinschaft aufnahmen. Als ich wieder aufstand, war ich ein ordinierter baptistischer Geistlicher im St. John's River-Gemeindeverbund.

Die Ordination zog eine Menge Dinge nach sich. Von nun an war ich berechtigt, Trauungen vorzunehmen, Beerdigungen zu halten und bei Gemeindeveranstaltungen zu fungieren, die mir bisher verschlossen gewesen waren. Weit wichtiger jedoch war, daß ich durch diesen schlichten Akt der Ordination berufen war, um das Evangelium zu predigen. Die Ordination machte mich keineswegs meinen Mitchristen überlegen, die auf den Bänken saßen und zuhörten, selbst wenn ich auf einer hohen Kanzel stand. Im Gegenteil, sie kennzeichnete mich ausdrücklich als ihren Diener, ihren

Hirten um Christi willen. Sie sollte meine Demut nähren, nicht meinen Stolz.

Nach einem weiteren erfolgreichen Schuljahr bot mir der Sommer 1939 neue und umfangreichere Möglichkeiten. Ich wurde zu einer zweiwöchigen evangelistischen Veranstaltungsreihe in der Baptistengemeinde von Welaka eingeladen. Das war zweifellos die längste Zeit, die ich bis dahin je an einem Ort als Pastor zugebracht hatte. Welaka war ein Fischerdorf am St. John's River und stand in dem Ruf, daß dort ein ziemlich rauher Wind wehte. Wieder war Gott gütig und füllte jeden Abend den Saal, und mehrere Leute folgten der Aufforderung, Christus in ihr Leben aufzunehmen. Im Laufe dieser zwei Wochen entwickelte ich die ersten Grundlagen meines persönlichen Predigtstils und meine eigene Methode, wie man zu einem Leben mit Christus einlädt. Während all dieser Veranstaltungen im Norden Floridas wohnte ich im Haus von Cecil Underwood. Während er arbeitete, wanderte ich durch die Straßen rings um sein Haus, übte meine Predigten und betete.

Dann verschaffte John Minder mir eine unglaubliche Gelegenheit. Er mußte in jenem Sommer für einige Zeit verreisen und bat mich, ihn inzwischen in seiner großen Gemeinde in Tampa zu vertreten. Sechs Wochen lang würde ich meine eigene Gemeinde haben, regelmäßig in den Gottesdiensten predigen und alle seelsorgerlichen Aufgaben übernehmen.

Bostwick, Belsazar und andere peinliche Erinnerungen verblaßten, als ich in das neben der Gemeinde gelegene Pfarrhaus in Tampa einzog. Die Nachbarn waren größtenteils kubanische Einwanderer, zumeist Katholiken, wenn auch nicht unbedingt praktizierend. Gewissenhaft besuchte ich eine Familie nach der anderen und lud die Leute in die Gemeinde ein. Zu meiner Überraschung kamen viele, hörten zu und reagierten.

Ich besuchte auch die Krankenhäuser von Tampa und betete für die Kranken. Ich hielt die Hände Sterbender und lernte, wieviel Liebe und Barmherzigkeit ein Pastor für seine Leute aufbringen muß.

Und ich predigte. Und übte. Jeden Samstag ging ich in den leeren Gemeindesaal und studierte laut die Predigt ein, die ich am nächsten Tag halten wollte. Manchmal hatte ich sogar einen Zuhörer, den Hausmeister, der sich nicht scheute, mir Verbesserungsvorschläge zu machen.

Eines Nachts wachte ich im Predigerhaus plötzlich auf. Irgend jemand war dabei, ins Haus einzubrechen. Ich war natürlich ganz allein und erstarrte vor Schreck, als ich merkte, daß sich jemand im Nebenzimmer befand. Im Schrank stand meine alte '22er Flinte, ein Relikt aus der Zeit meiner Jagdausflüge als Jugendlicher. Leise stieg ich aus dem Bett, holte das Gewehr, lud eine Patrone und feuerte sie durch die Tür in die Decke des Nebenzimmers. Auf den lauten Knall folgte beinahe umgehend das Krachen der Hintertür, durch die der Eindringling floh.

Von diesem Schaden abgesehen, fand Dr. Minder bei seiner Rückkehr alles einigermaßen unversehrt vor. Zu meiner Verblüffung setzte er mich für das nächste Jahr (in dem ich meine Ausbildung abschloß) zu seinem Hilfspastor ein.

Ich war stellvertretender Vorsitzender der Jugendarbeit für die Gemeinden der Christlichen Missions-Allianz im Staat Florida. Aufgrund dieser Funktion luden mich alle CMA-Gemeinden zu einem Besuch ein, um vor ihren jungen Leuten zu sprechen. Das verschaffte mir zahlreiche Kontakte in ganz Florida und im Süden Georgias. Zum Ende des Sommers nutzte ich diese Kontakte zu weiteren Predigteinsätzen, unter anderem in der riesigen Gemeinde von Dr. Watson in St. Petersburg. Voller Freude über alle diese Hinweise, daß sich Gottes Ruf tatsächlich bestätigte, kehrte ich zu meinem Abschlußjahr ins Institut zurück.

Dann kam ein Schlag, wie er für den Geist eines jungen Christen kaum verheerender sein könnte. Dr. Watson wurden moralische Verfehlungen vorgeworfen – *fälschlicherweise* vorgeworfen, da war ich ganz sicher. Er war ein Mann Gottes und einer meiner geistlichen Väter. Keinen Augenblick lang glaubte ich daran, daß die Vorwürfe sich erhärten ließen. Alles beruhte auf vagen Indizien. Selbst die Aussagen derjenigen, die ihn anklagten, stimmten nicht überein. Der Wortführer war ein Angestellter der Schule, der selbst in einer anderen Sache in Verdacht geraten war und sich möglicherweise rächen wollte. Dr. Minder und ich gehörten zu der Mehrheit, die sich hinter Dr. Watson stellte.

Die ganze Angelegenheit machte mir viel Kummer. Denn Watson bereitete sie großes persönliches Leid, und die Schule nahm großen Schaden. Einige Dozenten und vielleicht ein Viertel der Studenten gingen. Eine bedrückende Atmosphäre legte sich über den Campus. Als Sprecher der Abschlußklasse tat ich, was ich konnte – und das war nicht viel –, um die Stimmung zu verbessern. So furchtbar dieses Erlebnis auch war, ich bin doch dankbar, daß diese dunkle Wolke während meiner Studienzeit über das Florida Bibel-Institut zog. Diese Erfahrung lehrte mich, selbst äußerst besonnen zu sein.

Im Mai 1940 machte ich meinen Abschluß am Florida Bibel-Institut. Auf der internen Abschlußfeier der Studenten las Vera Resue die traditionell für diesen Anlaß verfaßte „Prophezeiung" vor: „Gott hatte immer seine Leute, um sein Licht in der Dunkelheit aufleuchten zu lassen. Männer wie Luther, John und Charles Wesley, Moody und andere waren gewöhnliche Menschen, aber sie hatten die Stimme Gottes gehört. Mochten ihre Lebensumstände noch so schwierig sein, hatten sie doch Gott. ‚Wenn Gott für uns ist, wer kann dann gegen uns sein?' (Römer 8,31). Es heißt, Luther habe die Welt revolutioniert. Doch es war nicht er, sondern Christus, der durch ihn wirkte. Die Zeit ist reif für einen neuen Luther, Wesley, Moody. . . . Am Ende dieser Namensliste ist noch Platz. Auf uns wartet eine Herausforderung."

Daß es mein Name wäre, der dieser Liste hinzugefügt werden sollte, glaubte ich nicht, aber ich wußte, daß ich ein menschliches Werkzeug war und daß Gott mich auserwählt hatte zu predigen.

Im Sommer nach meinem Abschluß fuhren mein Klassenkamerad Ponzi Pennington und ich Richtung Norden nach York, Pennsylvania. Pastor Ralph Boyer hatte mich eingeladen, im Juli eine Woche lang in seiner Gemeinde zu predigen.

Wir wagten es nicht, so weit in meinem altersschwachen '31er Oldsmobile zu fahren, dessen Reifenpannen, gebrochene Pleuelstangen und abgenutzte Zündkerzen selbst die Geduld Hiobs auf eine harte Probe gestellt hätten. Darum ließen wir ihn in Charlotte stehen und liehen uns den '37er Plymouth meines Vaters.

Die Verkündigungsabende in York verliefen gut. Wir waren für eine Woche eingeladen, doch dann wurde um eine zweite Woche verlängert. In unserem Zimmer im CVJM mußte ich mir neue Predigten erarbeiten und durchbeten, da ich alle meine evangelistischen Botschaften bereits gehalten hatte. Die Menschen waren sehr offen für das Evangelium, obwohl mein starker Akzent es manchem schwer machte, mich zu verstehen. Ich versuchte lauter zu reden als sonst, doch einige verstanden immer noch nicht, was ich sagte. Gern hätte ich die Verständigungsschwierigkeiten ihrer geistlichen Taubheit zugeschrieben, aber es muß wohl doch mein Dialekt gewesen sein.

86

Von York aus machten wir einen Ausflug nach New York und verbrachten einen Tag auf der Weltausstellung. Zum ersten Mal in meinem Leben bekam ich einen Fernseher zu Gesicht. Es stand auch eine Kamera dort, und wenn man vorbeiging, konnte man sich selbst auf dem Bildschirm sehen. Doch wir glaubten nicht, daß daraus etwas werden würde. Es schien einfach zu unglaublich!

Auf dem Heimweg von York drängte sich auf dem Skyline Drive in Virginia plötzlich ein Lieferwagen ohne Vorwarnung in meine Spur, und ich landete im Graben. Der Fahrer schleppte uns nach Galax, wo wir sechs Stunden warten mußten, bis der Wagen repariert war. Die Reparatur verschlang mein gesamtes Erspartes. Während ich die Scheine aus meiner Brieftasche fischte, hörte ich im Geist die Stimme meines Vaters, wie er mir Vorhaltungen machte . . . Als ich ihm dann gegenüberstand, war er jedoch sehr verständnisvoll und sogar so großzügig, mein altes blaues Oldsmobile für sein eigenes neues Auto in Zahlung zu geben und mir den grünen Plymouth zu überlassen.

Die Gewißheit meiner Berufung zum Predigen weckte in mir den Wunsch nach weiterer Ausbildung. Ein staatlich anerkanntes geisteswissenschaftliches College schien mir der richtige nächste Schritt zu sein.

4

Im kalten Norden

In meiner Zeit am Florida Bibel-Institut verbrachte der Chicagoer Anwalt Paul Fischer mit seinem Geschäftsfreund Elner Edman und dessen Mutter einige Urlaubstage im Hotelbereich des Instituts. Fischers Bruder Herman war Kuratoriumsvorsitzender am Wheaton College, westlich von Chicago. Edmans Bruder Ray war Professor für Geschichte und amtierte als Übergangspräsident an dieser Schule. Nachdem sie mich hatten predigen hören, sprachen sie mich auf eine weitere Ausbildung am Wheaton College an.

Natürlich hatte ich schon von der Schule gehört, aber Chicago und Umgebung lagen, vom Süden der Vereinigten Staaten aus gesehen, in einer anderen Welt. Würde das College mich überhaupt aufnehmen? Einen Bibelschulabsolventen – mit *den* High-School-Noten? Konnte ich im eiskalten Illinois überleben?

Paul Fischer setzte mich in Erstaunen, indem er versprach, mir für das erste Jahr in Wheaton die Studiengebühren zu bezahlen. Und Elner Edman erbot sich, bei den weiteren Kosten zu helfen. Was meine Aufnahme anging, hätte ich kaum einflußreichere Referenzen finden können. Ich durfte mir Hoffnung machen.

Eine andere Kraft, die mir anscheinend half (obwohl ich zu der Zeit nichts davon wußte), waren die Gebete meiner Mutter. Vier Jahre zuvor hatte sie den früheren Präsidenten des Wheaton College, Dr. James Oliver Buswell, in einer Kirche in Charlotte predigen hören. Er beeindruckte sie so sehr, daß sie von diesem Tag an dafür gebetet hatte, daß ich eines Tages nach Wheaton gehen würde. Außerdem lernten meine Eltern Dr. Jim Graham kennen, einen früheren China-Missionar, der inzwischen Professor für Bibelkunde in Wheaton war.

Mit Zittern und Zagen bewarb ich mich und wurde prompt angenommen. So machte ich mich im September 1940 auf den Weg nach Wheaton. Viele meiner Scheine, die ich auf dem Florida Bibel-Institut gemacht hatte, wurden nicht anerkannt; die wenigen, die man mir anrechnete, verschafften mir den Zugang ins zweite Semester.

Das Wheaton College war 1860 von dem freikirchlichen Pastor Jonathan Blanchard aus Neuengland gegründet worden, der standhaft gegen die Sklaverei kämpfte. Es war ein staatlich anerkanntes College für Geistes- und Naturwissenschaften mit hochqualifizierten Lehrkräften. Die Studenten, darunter die ersten Schwarzen, mit denen ich gemeinsam die Schulbank drückte, kamen aus christlichen Familien beinahe aller achtundvierzig Bundesstaaten und vieler anderer Länder. Neben dem entsprechenden Hauptfach mußte jeder Student vier Jahre lang intensiv Bibelkunde studieren. Das kam mir sehr entgegen.

Obwohl das College sich nicht als fundamentalistisch bezeichnete, gab es einen strikten Verhaltenskodex: Sowohl Dozenten als auch Studenten war jeglicher Tabak- oder Alkoholgenuß, das Tanzen, Kartenspielen und die Mitgliedschaft in Geheimbünden untersagt. Das College hatte Mitte der zwanziger Jahre eine konservative theologische Glaubenserklärung formuliert. Diese Erklärung mußten Kuratoren und Dozenten jedes Jahr als Bedingung für ihre Weiterbeschäftigung unterzeichnen. Das alles verschaffte Wheaton in der akademischen Welt den Ruf, ziemlich eng und puritanisch zu sein, doch die Qualität des Unterrichts war weithin anerkannt.

„Prexy" Edman war mir von Anfang an sympathisch. Als ich an einem der ersten Tage dort über den Campus ging, begrüßte mich jemand, den ich nicht kannte. „Hi, Bill!" sagte er. „Wie steht es in North Carolina?" Erst am nächsten Tag fand ich heraus, daß es der Präsident des Colleges gewesen sein mußte. Vielleicht hatte sein Bruder ihm nach seinem Besuch in Temple Terrace von mir erzählt. Trotzdem war ich verblüfft, daß er meinen Vornamen wußte und mich erkannt hatte.

Auf dem von Ulmen beschatteten Vorstadt-Campus von Wheaton kam ich mir vor wie ein Hinterwäldler. Geboren und aufgewachsen auf einer

Farm im Süden, bezweifelte ich, daß in der Anfängerklasse noch jemand so naiv war wie ich. Ich vermißte meine alten Freunde aus dem sonnigen Florida und die erhebenden Predigterfahrungen der letzten Zeit, und in den ersten sechs Wochen war ich so unglücklich, daß ich mich schon fragte, ob ich nicht einen Fehler begangen hatte.

Der einzige Student, den ich bereits kannte, war Howard Van Buren, ein ehemaliger Nachbar aus Charlotte. Er war ein oder zwei Jahre weiter als ich, ein brillanter Student, der später ein bekannter Herzchirurg wurde.

Mit meinen einundzwanzig Jahren war ich älter als die meisten meiner Klasse. Das half meinem Selbstbewußtsein auch nicht gerade auf die Beine. Ich war sicher, daß alle mich anstarrten wegen meiner unmodischen Kleidung und meiner derben Schuhe. Also beschloß ich, etwas dagegen zu unternehmen. Eines Tages ging ich zusammen mit ein paar anderen Studenten in die Maxwell Street in Chicago, wo eine Art Flohmarkt unter freiem Himmel stattfand. Wenn man am Montagmorgen als erster da war und gut feilschte, konnte man die Händler auf etwa ein Drittel des ursprünglichen Preises herunterhandeln. Dort kaufte ich mir für vier Dollar fünfundneunzig einen schönen, türkisfarbenen Tweedanzug, den ich beim Besuch eines Footballspiels gleich stolz einweihte. Dann fing es an zu regnen. Die Hosenbeine schrumpften hoch bis über die Knöchel, und der Hosenboden wurde so eng, daß mir die Naht platzte. Ich konnte nicht schnell genug nach Hause kommen!

Wenn ich in meinem gewohnt schnellen Tempo sprach, schauten mich die Leute neugierig an, als ob mein starker Südstaatendialekt eine Fremdsprache sei. Bei meiner Größe von ein Meter sechsundneunzig war ich zu groß, um unauffällig im Hintergrund zu bleiben. Wenn ich für die Ringermannschaft antrat, meist in der Achtzig-Kilo-Klasse, sah ich auf der Matte aus wie eine Pythonschlange. Zwei Niederlagen bei überregionalen Wettkämpfen machten dieser Karriere ein schnelles Ende. Als es kälter wurde, ging ich mit meinen neuen Freunden zu der zugefrorenen Lagune im North Side Park und versuchte mich im Schlittschuhlaufen. Da ich meine Fußgelenke nicht gerade halten konnte, gab ich es nach ein paar Stürzen auf.

Ich schrieb mich für das Hauptfach Anthropologie ein, ein Gebiet, von dem ich bisher kaum etwas gehört hatte. Warum suchte ich mir nicht Bibelkunde oder Rhetorik als Hauptfach aus, da ich doch Prediger werden wollte? Dafür gab es drei gute Gründe.

Erstens hatte ich das Fach Bibelkunde auf dem Florida Bibel-Institut schon so intensiv betrieben, daß ich einen guten Einstufungstest machte und man mir etliche Semester anerkannte. Vor diesem Hintergrund wollte ich mir nun eine möglichst breite Allgemeinbildung erwerben, bevor ich weiter auf ein Predigerseminar ging, um meinen Abschluß zu machen. So kam es, daß ich in Wheaton Kurse von klassischem Griechisch über Wirtschaft bis hin zu Geologie belegte.

Zweitens dachte ich auch an die Möglichkeit, daß mich mein Weg in die Außenmission führen könnte. Die Anthropologie sollte mein Einfühlungsvermögen für Menschen in anderen sozialen Umgebungen und mein Verständnis für andere Kulturen und Religionen stärken. Die Anthropologie-Vorlesungen würden mir, wie ich hoffte, eine geisteswissenschaftliche Ausbildung im besten Sinne vermitteln und mir jedes Vorurteil anderen Menschen gegenüber austreiben. (Es gab jedoch noch einen weiteren Grund, warum ich Anthropologie wählte. Ich hatte gehört, das Fach sei leicht, und der Professor könne die Handschrift der Studenten bei den Klausuren nicht immer entziffern!)

Der dritte Grund war Alexander Grigolia. Der Leiter des neuen Fachbereichs für Anthropologie war unter den Studenten sehr beliebt. „Geh nicht weg von Wheaton, ohne einen Kurs bei Grigolia gemacht zu haben", wurde zu einer stehenden Redewendung. Er war klein und rundlich, hatte blitzende, dunkle Augen und einen Akzent, der seine russische Herkunft erahnen ließ. Einen Doktortitel hatte er aus Deutschland und einen weiteren von der Universität von Pennsylvania. Irgendwann zwischendurch hatte er auch noch ein Medizinstudium absolviert. In einer Ecke seines vollgestopften kleinen Büros stand, stets wachsam, seine Kollegin Josephine, deren Bekanntschaft ich bald machte . . . Sie war ein lebensgroßes menschliches Skelett.

Dr. Grigolia versuchte leidenschaftlich, uns davon zu überzeugen, daß die menschliche Rasse nicht von den Affen aufgestiegen, sondern aus der Hand Gottes herabgekommen sei, wie es im ersten Buch Mose berichtet wird. Seine gelegentlichen Irrtümer in der englischen Sprache waren eine beständige Quelle der Heiterkeit. Einmal, als er an der Tafel stand und ein paar Studenten hinter seinem Rücken miteinander flüsterten, sagte er, ohne sich umzudrehen: „Würden Sie bitte aufhören zu schwitzen?"

Gegen mein anfängliches Heimweh erschien bald die Familie Lane zu meiner Rettung. Dr. Mortimer B. Lane unterrichtete am College Politik und Wirtschaft. Zuvor hatte er als Regierungsbeamter mit seiner Frau und sieben Kindern in der Schweiz gelebt. Da sie recht wohlhabend waren, bewirteten sie oft Studenten in ihrem großen, viktorianischen Haus in der Nähe des Campus. Mich nahmen sie auf wie ein Familienmitglied. Sie gehörten zu einer Brüdergemeinde und hielten Sonntag früh eine kleine Versammlung in ihrem Haus ab. Bald wurde es mir zur Gewohnheit, an diesem stillen Abendmahlsgottesdienst zusammen mit Studenten aus anderen Gemeinden teilzunehmen.

Als einer der wenigen Studenten auf dem Campus, die ein eigenes Auto besaßen, wurde ich bald vom christlichen Studentenrat angeworben, der an den Wochenenden evangelistische Teams in Gemeinden und Missionseinrichtungen entsandte. Mich beauftragte man, mit einem Gesangsquartett nach Terre Haute im südlichen Indiana zu fahren und dort in einer Gemeinde zu predigen. Begeistert nahm ich die Gelegenheit wahr, meine erste Predigt seit meiner Ankunft in Wheaton zu halten.

Den vier Sängern muß meine Rede wohl gefallen haben. Denn nachdem sie dem Leiter des Studentenrates Bericht erstattet hatten, erhielt ich eine Flut von Anfragen, hier und dort zu sprechen. Um nicht meine trübe akademische Vorgeschichte zu wiederholen, lehnte ich die meisten Einladungen ab, zumindest am Anfang. Ich hatte mir fest vorgenommen, dem Studium die oberste Priorität einzuräumen, und mein Durchschnitt von siebenundachtzig Prozent am Ende des ersten Semesters zeigte, daß es nicht umsonst gewesen war.

In der Innenstadt, ungefähr eine Meile von der Schule entfernt, traf sich sonntags eine Gemeinde im Saal der Freimaurerloge in der Wesley Street. Dr. Edman war dort Prediger gewesen, als er noch am College Geschichte gelehrt hatte. Doch nachdem er 1940 zum Präsidenten ernannt worden war, hatte er seinen Dienst im United Gospel Tabernacle – im Ort kurz „The Tab" genannt – eingestellt. Die Gemeinde behalf sich mit studentischen Predigern. Eines Sonntags hatte man mich eingeladen. Dankbar nahm ich das großzügige Honorar von fünfzehn Dollar an, das ich dafür bekam.

Weitere Einladungen ins „Tab" folgten. Dreihundert Leute strömten sonntags in den dann zum Bersten vollen Saal. Unter ihnen waren Geschäftsleute, College-Studenten und (was ich höchst beängstigend fand) Professoren: Männer wie der Philosoph Gordon Clark, der Biologe Russel Mixter und der Naturwissenschaftler Roger Voskuyl, der später am Manhattan Project mitarbeitete.

Im Sommer 1941 bat mich das „Tab", dort als festangestellter Pastor anzufangen, nachdem ich im Herbst aufs College zurückgekehrt sei. Dr. Edman, der mir inzwischen ein guter Freund und Ratgeber geworden war, riet mir, die Einladung sorgfältig zu überdenken. Nach intensivem Gebet beschloß ich, die Stellung anzunehmen.

Als ich am Ende meines ersten Wheaton-Jahres nach Charlotte zurückkam, beehrte man mich gleich mit der Einladung, eine Woche lang allabendlich in der reformierten Sharon-Kirche zu predigen. Zuerst war ich sehr nervös. Das war wieder eine Situation, in der ich meine ganze Hoffnung auf Gott setzen mußte. Und wieder erwies er sich über alle Vorstellungskraft hinaus als treu. Die Veranstaltungen waren gut besucht, die Leute hörten zu, und einige Leute begannen während jener Woche ein Leben mit Christus.

Als ich zum Herbstsemester nach Wheaton zurückkehrte, stürzte ich mich mit Begeisterung auf meine Aufgabe als Pastor des „Tab". Jede Woche mußte ich zwei Predigten vorbereiten und halten und am Donnerstagabend das Gebetstreffen leiten. Was mir an Inhalt fehlte, machte ich durch Masse wieder wett.

Allerdings wirkten sich die Aktivitäten im „Tab" nachteilig auf mein Studium aus. Um mehr predigen zu können, mußte ich Abstriche beim Studium machen – ein echtes Dilemma! Ich versäumte viel vom Unterricht.

Am 7. Dezember 1941, einem Sonntag, erzählte mir abends jemand, Pearl Harbor sei angegriffen worden. Ich hatte keine Ahnung, wo Pearl Harbor lag – ich hatte nie davon gehört. Auf dem Heimweg vom „Tab" pries ein Zeitungsjunge ein Extrablatt des *Chicago Tribune* mit der Meldung an, die USA befänden sich im Krieg mit Japan.

Ich stieg in meinen Wagen und fuhr zum Haus der Lanes. Die Studenten und Freunde, die sich sonntags dort versammelten, waren meist auf dem neuesten Stand der Weltereignisse. Als ich durch die Tür trat, kam mir Howard Van Buren entgegen und erzählte mir die schlimme Neuigkeit von dem japanischen Überraschungsangriff auf unsere Marinebasis.

Am nächsten Morgen rief Dr. Edman die gesamte Studentenschaft zu einem besonderen Gottesdienst zusammen. Prexy war als Soldat in den Schützengräben des Ersten Weltkrieges gewesen. Er wußte, daß der Krieg die Hölle war, wie General Sherman gesagt hatte; und er wußte auch, daß manche seiner Studenten den Tod finden würden, bevor alles vorbei war.

Mein erster Gedanke war, mich freiwillig zu melden. Nicht, daß ich mich für einen guten Kämpfer hielt! Als Kadett beim Armee-Trainingsprogramm auf dem Campus hatte ich einem anderen Burschen sogar beinahe mit meinem Bajonett den Kopf abgeschnitten, als ich während einer Übung plötzlich eine falsche Drehung machte. Doch als ordinierter baptistischer Geistlicher wußte ich, daß es in der Militärseelsorge für jemand wie mich sicher etwas zu tun gab.

Ich schrieb sofort ans Kriegsministerium, um mich als Militärgeistlicher zu bewerben. Man antwortete mir, erst müsse ich meine College-Ausbildung beenden und ein Predigerseminar absolvieren.

Während der nächsten drei Semester verfolgte ich mein Studium mit größerem Ernst. Der seelsorgerliche Dienst an den Mitgliedern der „Tab"-Gemeinde nahm zu, in meinen Predigten waren Leben und Tod für uns keine abstrakten Begriffe mehr, und die siebentausend Einwohner von Wheaton teilten mit der ganzen Nation die Angst, den Schmerz und den Kummer des Krieges.

Ja, Wheaton war sowohl ein geistlicher als auch ein intellektueller Wendepunkt in meinem Leben. Und in noch einer weiteren Hinsicht wurde es zu einem Wendepunkt.

Zweiter Teil

1943–1949
Eine erste Aufgabe

5

Ruth

JUNGE LIEBE UND HOCHZEIT, PASTORAT IN
WESTERN SPRINGS, JUGEND FÜR CHRISTUS

„Die Samstagabende verbringe ich mit Gebet und Bibelstudium zur Vorbereitung auf den Sonntag."

Was für eine Art von Romanze kann es zwischen einem College-Studenten und einer jungen Frau geben, die so etwas sagt? Man mußte sich schon etwas einfallen lassen, um sich mit Ruth Bell zu verabreden.

Ich tat mein Bestes. Dazu gehörte zum Beispiel eine lange Wanderung durch die Landschaft um Wheaton zu einem Friedhof, wo wir die Grabinschriften lasen! Das war doch etwas anderes, als in einer alten Klapperkiste durch Charlotte zu gondeln.

Ruth war in China geboren und hatte die ersten siebzehn Jahre ihres Lebens in Asien verbracht. Ihr Vater, Dr. L. Nelson Bell, war als Missionsarzt in der ostchinesischen Provinz Nord-Kiangsu tätig gewesen. Dort hatte sie mit ihrer Familie auf dem Krankenhausgelände gewohnt, zusammen mit Missionskollegen und befreundeten chinesischen Helfern. Sie hatte schon eine Menge Abenteuerliches erlebt – und konnte vom Monsunregen, von Sandstürmen und Epidemien erzählen bis hin zu Raubüberfällen und dem Bürgerkrieg. Ihre High-School-Zeit absolvierte Ruth in der Ausländischen Schule in Pjöngjang, Korea (heute Nordkorea).

In mehr als einer Hinsicht galt sie als eine der Schönheiten auf dem Campus von Wheaton. Das erfuhr ich schon während meines ersten Semesters von Johnny Streater, einem Burschen, den ich im Haus der

Lanes kennenlernte. Um sich das Geld fürs College zu verdienen, betrieb Johnny einen eigenen Lieferwagenservice. Gegen Entgelt transportierte er alles mögliche in seinem kleinen gelben Pickup. Sein Angebot, ich könne für fünfzig Cent pro Stunde für ihn arbeiten, nahm ich gern an und verbrachte daraufhin viele Nachmittage damit, Möbel und andere sperrige Dinge durch die westlichen Vorstädte Chicagos zu kutschieren.

Johnny war etwas älter als ich und hatte vor Wheaton seinen Wehrdienst in der Marine absolviert. Er interessierte sich für die Missionsarbeit und glaubte, daß Gott ihn nach China rief. Dort wollte er auch hingehen, sobald er seinen Abschluß gemacht hatte. Er erzählte mir von einem Mädchen in der Juniorklasse – einem der schönsten und engagiertesten christlichen Mädchen, die er je getroffen habe. Ich spitzte die Ohren.

Eines Tages standen wir in unserer verschwitzten Arbeitskleidung vor der Mädchenunterkunft Williston Hall bei den Vorbereitungsarbeiten für einen Möbeltransport. Plötzlich stieß Johnny einen Jubelschrei aus. „Billy, hier ist das Mädchen, von dem ich dir erzählt habe! Das ist Ruth Bell."

Neugierig richtete ich mich auf. Da stand sie direkt vor mir und sah mich an, ein schlanker Filmstar mit haselnußbraunen Augen! Verlegen und seltsam nervös gab ich irgendeine Höflichkeit von mir. Es dauerte einen Monat, bis ich den Mut aufbrachte, sie zu einem gemeinsamen Abend einzuladen.

Die Weihnachtsferien rückten rasch näher, und die verschiedenen Gesangsvereine hatten sich für eine Aufführung des *Messias* von Händel zusammengetan. Eines Tages sah ich Ruth in der Bibliothek in der Blanchard Hall am Tisch sitzen und lernen. Johnny Streater und Howard Van Buren drängten mich, sie an Ort und Stelle anzusprechen. Die Bibliothekarin hinter dem Tresen runzelte die Stirn, als sie uns flüstern hörte. Unbeeindruckt schlenderte ich lässig zu Ruth hinüber und kritzelte ihr meine Einladung zu dem gemeinsamen Konzertbesuch auf einen Zettel. Zu meiner Überraschung sagte sie zu.

Der betreffende Sonntagnachmittag war kalt und verschneit. Als Ruth Bell neben mir in der Pierce Chapel saß, schenkte ich der Musik nicht viel Aufmerksamkeit. Hinterher gingen wir noch auf eine Tasse Tee hinüber zum Haus der Lanes und hatten etwas Gelegenheit, uns zu unterhalten. Ich konnte es kaum fassen, daß ein und dieselbe Person gleichzeitig so geistlich eingestellt und so hübsch sein konnte . . .

Ruth kehrte in ihr Zimmer zurück (wie sie mir später erzählte), sank auf die Knie und betete zu Gott. Wenn sie den Rest ihres Lebens damit verbringen könnte, ihm mit mir gemeinsam zu dienen, dann sei das die größte Sache, die sie sich vorstellen könne. Warum aber machte sie es mir dann so schwer, sie zu einem hörbaren Ja zu mir zu bewegen?

Wenn ich mich nicht beim ersten Anblick von Ruth bis über beide Ohren in sie verliebt hätte, so wäre ich zweifellos die große Ausnahme gewesen. Viele Männer in Wheaton fanden sie umwerfend. Sie war zierlich, lebhaft und intelligent, hatte Talent, Witz und Geschmack, war liebenswert und ungebunden. Was konnte man sich noch mehr wünschen?

Hinzu kam, daß ihre aus Virginia stammenden Eltern und ihre Missionskollegen unter der Schirmherrschaft der Südlichen Reformierten Kirche in China standen. Nicht ganz dasselbe wie die Reformierte Presbyterianische Kirche, in der ich aufgewachsen war, aber nahe genug daran.

„Billy, halte dich zurück!" Ich verliebte mich so Hals über Kopf in Ruth, daß Johnny mich bremsen mußte. „Du gehst zu hastig 'ran!"

Und dann gab es da ein kleines Problem, das immer wieder auftauchte. Sie wollte, daß ich mit ihr als Missionar nach Tibet ging! Nicht, daß ich eine solche Möglichkeit ausgeschlossen hätte. Jedenfalls nicht gänzlich. Schließlich hatte ich mich ja im Hinblick auf eine solche Eventualität für Anthropologie als Hauptfach entschieden. Aber über eine Missionstätigkeit ließ sich im abstrakt-globalen Sinne erheblich behaglicher nachdenken als mit der konkreten Vorstellung, nach Tibet zu gehen.

In der Liste positiver Eigenschaften, mit denen ich Ruth gerade beschrieben habe, fehlt noch eine: sie war *sehr entschlossen*. Sie empfand ebenso stark, daß Gott sie als Missionarin an die entlegenen Grenzen Tibets rief, wie ich es empfand, daß er mich berufen hatte, das Evangelium zu predigen. Bei mir jedoch war damit keine geographische Bedingung verknüpft.

Ruth war zutiefst beeindruckt vom Leben Amy Carmichaels, jener alleinstehenden und einzigartigen Frau, die Gott berufen hatte, ihr ganzes Leben den Kindern von Dohnavur in Südindien zu widmen. Und sie untermauerte ihre Argumente, indem sie mir von Mildred Cable erzählte, die den jungen Mann, den sie liebte, abwies, weil diese Ehe ihrem Ruf Gottes in die Pionierarbeit in China im Weg gestanden hätte.

Zwei Dinge glaubte ich trotzdem ganz genau zu wissen: erstens, daß Ruth zweifellos eines Tages heiraten würde; und zweitens, daß ich der

Mann war, den sie heiraten würde. Darüber hinaus versuchte ich nicht, sie zu drängen oder zu überreden – jedenfalls nicht allzu sehr. Ich ließ Gott für mich um sie werben.

Doch nach einigen Monaten bat ich sie, mich wenigstens in Betracht zu ziehen. Sie sollte ja auch nicht denken, mein vermeintlich heldenhaftes Verständnis für ihre Anliegen entspränge einem Mangel an Interesse oder Erwartung meinerseits. Wir diskutierten ausgiebig über unsere Beziehung. Ich würde es natürlich nicht Streit nennen, aber wir waren gewiß nicht ganz einer Meinung.

In der Zwischenzeit genoß Ruth, genau wie auch ich, das gesellige Leben in Wheaton mit vielen Freunden. Eines Tages unternahm sie mit ihren Kommilitonen Harold Lindsell, Carl Henry und dessen Verlobter Helga einen Kanuausflug auf dem Fox River in St. Charles. Irgendwie kenterte das Boot, und Ruth ging über Bord. Da beide Männer strenge Baptisten waren, verdächtigte ich sie anschließend, das hübsche presbyterianische Missionarskind aus China absichtlich untergetaucht zu haben!

Da ich ordinierter baptistischer Geistlicher war, sorgte unsere unterschiedliche Konfessionszugehörigkeit für weiteren Zündstoff in unseren Gesprächen. Ruth beharrte auf ihren Überzeugungen.

„Wir sind beide so willensstark oder stur oder was auch immer, daß ich schon fast die Hoffnung aufgegeben habe, daß es zwischen uns je friedlich zugehen könnte", schrieb sie an ihre Eltern, „doch ich möchte ihn nicht anders haben, und ich selbst *kann* nicht anders sein. Aber wißt Ihr, es ist ganz erstaunlich, wie zwei Personen mit solch starkem Willen allmählich anfangen können, miteinander zu verschmelzen. Oder vielleicht lernen wir nachzugeben und bemerken es nur nicht."

Gewiß paßte ich mich in mancher Hinsicht an. Als ich eines Abends bei den Lanes intensiv ins Gespräch vertieft war, aß ich drei Teller voll Makkaroni mit Käse. Ruth, der ich vorher einmal erzählt hatte, daß ich Makkaroni mit Käse haßte, bekam so den Eindruck, man könne mir alles vorsetzen, ohne daß ich es merkte!

Eines Sonntags nach dem Gottesdienst kam ich ins Wohnzimmer der Gerstungs, bei denen ich zur Untermiete wohnte, und ließ mich in einen Sessel fallen. Dieser liebenswerte Professor für Deutsch und seine Frau, die selbst drei kleine Jungen hatten, gewöhnten sich allmählich an meine Stimmungen und hörten mir stets geduldig zu. Diesmal klagte ich ihnen mein

Leid, daß ich bei Ruth keine Chance hätte. Sie war so viel kultivierter und eleganter als ich. „Der Grund, warum ich Ruth so sehr mag", schrieb ich meiner Mutter nach Hause, „ist, daß sie mich so sehr an Dich erinnert."

Inzwischen hatte ich Ruth einen formellen Heiratsantrag gemacht, und sie rang mit ihrer Entscheidung. Gleichzeitig ermunterte sie mich, offen für die Möglichkeit zu bleiben, in die äußere Mission zu gehen. Allerdings wurde ihr allmählich klar, daß Gott mich nicht in diese Richtung rief.

Eines Tages stellte ich Ruth unvermittelt die Frage. „Glaubst du, daß Gott uns zusammengebracht hat?"

Daran hatte sie keinen Zweifel.

„In diesem Fall", sagte ich, „wird Gott mich führen, und du wirst folgen."

Sie sagte nicht gleich an Ort und Stelle ja zu meinem Antrag, aber ich wußte, daß sie darüber nachdachte.

Eine Prüfung für unsere Beziehung kam, als bei ihrer Schwester Rosa eine Tuberkulose diagnostiziert wurde. Ruth verließ mitten in meinem zweiten Semester die Schule und wollte sich um sie kümmern. Rosa wurde in ein Krankenhaus in New Mexico eingeliefert, und Ruth blieb bis zum Ende des nächsten Herbstes bei ihr.

In jenem Sommer fuhr ich nach Hause und predigte in verschiedenen Gemeinden im Süden. Ruths Eltern waren aus China auf Heimaturlaub gekommen. Da überdies die Japaner auf dem Festland eingedrungen waren, wußten die Bells nicht genau, ob sie je würden zurückkehren können – und hatten sich vorübergehend in ihrem Heimatstaat Virginia niedergelassen.

Während ich in Florida in Dr. Minders Gemeinde predigte, bekam ich einen dicken Brief von Ruth, abgestempelt am 6. Juli 1941. Schon einer der ersten Sätze brachte mich aus dem Häuschen, und ich rannte los wie ein Verrückter. „Ich werde Dich heiraten", schrieb sie.

Zurück in meinem Zimmer, las ich den Brief immer wieder, bis es Zeit war, in den Gottesdienst zu gehen. Ruth schilderte mir, wie Gott an ihrem Herzen gewirkt habe – und nun sei sie sich ganz sicher, daß es sein Wille sei, daß wir heiraten.

An jenem Abend stieg ich auf die Kanzel und predigte. Als ich fertig war und mich wieder setzte, kam der Pastor auf mich zu. „Wissen Sie, worüber Sie gerade geredet haben?" fragte er.

„Nein", gestand ich kleinlaut.

„Ich glaube, die Gemeinde auch nicht!"

Nachdem ich zu Bett gegangen war, schaltete ich die ganze Nacht über immer wieder meine Nachttischlampe an und las Ruths Brief wohl noch ein Dutzend Mal.

Am Ende einer unmittelbar anschließenden Predigtreihe in der Sharon-Gemeinde in Charlotte überreichten mir die lieben Leute dort eine Kollekte von 165 Dollar. Ich rannte sofort los und gab fast mein ganzes Vermögen für einen Verlobungsring aus – mit einem Diamanten, der so groß war, daß man ihn mit einer Lupe fast sehen konnte! Zu Hause verkündete ich stolz, ich wolle den Ring Ruth drüben in Montreat am hellichten Tag überreichen. Nein, tagsüber sei das nicht romantisch genug, bekam ich zu hören.

Ruth verbrachte einen Teil jenes Sommers bei Buck Currie und seiner Frau, die sie Onkel und Tante nannte, und ihrer Nichte Gay. Ihr Haus in Black Mountain stand an einem Fluß, und es gab Schaukeln, die bis über das Wasser hinausschwangen.

Als ich von der Hauptstraße abbog und auf das Haus zufuhr, das noch ein Stück entfernt war, sah ich ein seltsames Geschöpf die Straße entlang kommen. Es hatte lange, glatte Haare, die in allen Richtungen vom Kopf abstanden, trug ein fürchterlich verblichenes Kleid, ging barfuß und hatte offenbar kaum noch Zähne im Mund. Unaufmerksam wollte ich gerade vorbeifahren, als mir plötzlich klarwurde, daß Ruth mir einen Streich spielte – sie hatte sich die Zähne geschwärzt und entsprechend ausstaffiert. Ich stieg auf die Bremse und sie ins Auto ein, und wir fuhren weiter zum Haus der Curries tief im Wald.

Den Ring hatte ich bei mir.

Wir fuhren in die Richtung des heutigen Blue Ridge Parkway. Auf der einen Seite versank die Sonne, auf der anderen ging der Mond auf. Dort küßte ich Ruth zum ersten Mal auf den Mund. Ich fand es sehr romantisch; doch sie hatte eher den Eindruck, sagte sie später, ich wollte sie verschlingen.

„Ich kann den Ring nicht tragen, solange ich nicht die Erlaubnis meiner Eltern habe", sagte sie entschuldigend. Da diese nicht zur Stelle waren, schickte sie ihnen ein Telegramm: „Bill hat mir einen Ring geschenkt. Kann ich ihn tragen?"

„Ja", drahteten sie zurück. „Wenn er paßt."

Im Spätsommer 1941 besuchte Ruth ihre Eltern. Sie nahm den Zug nach Waynesboro, Virginia, wo ich mich mit ihr verabredet hatte. Denn natürlich sollte ich mitkommen, um die Eltern kennenzulernen. Nein, mehr noch – um intensiv begutachtet zu werden. Ich fuhr mit dem Plymouth von Charlotte durch North Carolina und machte unterwegs Station, um bei einem christlichen Radiosender eine kurze Ansprache zu halten. Ungefähr fünf Meilen vor Waynesboro hielt ich und zog mir Anzug und Krawatte an.

Schließlich fand ich das kleine Ziegelsteinhaus. Als ich vor der Tür hielt, kam Ruth herausgestürmt, um mich zu begrüßen. Sie hatte wohl damit gerechnet, daß ich sie in die Arme nehmen und küssen würde, aber wegen der bevorstehenden Begegnung mit ihren Eltern war ich wie erstarrt.

Dr. und Mrs. Bell traten gleich hinter Ruth aus dem Haus. Am Abend aßen wir alle zusammen mit Dr. Bells Mutter. Ich fühlte mich sehr wohl, obwohl ich immer noch unter Spannung stand. Dr. Bell hatte für mich ein Zimmer im General Wayne Hotel gebucht, und am nächsten Morgen war ich überrascht (aber auch erleichtert), daß die Rechnung von drei Dollar bereits beglichen war.

Als ich am Vormittag Ruth besuchen kam, fragte Dr. Bell, ob wir ihn und seine Frau nach Washington begleiten wollten, wo er mehrere Termine hatte. Wir kamen mit und genossen einen unvergeßlichen Spaziergang unten am Ufer des Potomac. Erst später erfuhr ich, daß er ins Außenministerium gegangen war, um dort vor der Gefährdung durch die Japaner und ihre wachsende Militärmacht zu warnen. Doch, wie Dr. Bell sagte, niemand in Washington habe ihn ernstgenommen – mit Ausnahme des Kongreßabgeordneten Walter Judd, der selbst früher Missionar in China gewesen war.

Ruth war die Frau meiner Träume, doch die wunderbaren Schwiegereltern, die ich mir dabei einhandeln würde, machten mir die Aussicht auf unsere bevorstehende Ehe nur noch verlockender.

Im folgenden Jahr vertiefte sich unsere Beziehung. Doch wir ließen uns Zeit. Obwohl wir verlobt waren, hielten wir eine Heirat vor unserem Abschluß nicht für richtig.

Während meines nächsten akademischen Jahres, 1941-1942, zog ich um in eine Wohngemeinschaft mit Ken Hansen und Lloyd Fesmire. Ruth wohnte mit Helen Stam zusammen. Lloyd und ich empfanden jeweils viel Bewunderung für die Freundin des anderen, und Helen wurde später Lloyds Frau.

In den ersten Monaten des Jahres 1943 unternahm Ruth Ausflüge nach Oak Park oder in die Innenstadt von Chicago, um für ihre Aussteuer einzukaufen. Ich konnte mich erst für die Einkauferei nicht sehr erwärmen, doch als ihre Eltern anboten, uns zur Hochzeit ein Silberbesteck zu schenken, beschloß ich, mit ihr zusammen Peacocks Juwelierladen aufzusuchen. Das war auch gut so. In dem Design, das sie aussuchte, gab es Messer und Gabeln in zwei Größen, und ich überredete sie, für mich je eines der größeren Exemplare zu nehmen; sie kosteten zwanzig Cent mehr.

Außer daß Ruth einkaufte und dem Ende ihres Senior-Jahres auf dem College entgegenging (wobei sie ihre Eltern ernstlich anflehte, dafür zu beten, daß sie das Abschlußexamen im Frühjahr schaffte), ging sie mit mir sonntags zuerst zu den Lanes zum Treffen der Brüdergemeinde und dann ins „Tab", wo ich predigte.

Doch auch ich hatte allerhand für das Studium zu arbeiten, und ich glaube, sie war recht ungehalten darüber, daß ich ständig unterwegs war. Nachdem sie ihren Eltern von meinen bevorstehenden Einsätzen in Flint, Michigan, Rockford, Illinois, und dann in „Wisconsin oder Pennsylvania oder wo auch immer" erzählt hatte, schrieb sie weiter: „Ich kann ihn nicht am Zügel halten, geschweige denn im Auge."

Schon jetzt ahnte sie, was für eine Zukunft uns bevorstand. „Ich bin ein schrecklicher Spielverderber, wenn er weg muß. Es macht keinen Spaß. Über diese Seite habe ich nie nachgedacht. Wie wird das erst sein, wenn wir verheiratet sind? Wahrscheinlich sehe ich dann noch weniger von ihm als jetzt."

Zunächst jedoch kündigte sich eine Entwicklung an, die sowohl Ruth als auch mich erwarten ließ, ein bißchen seßhafter zu werden.

Eines Tages fuhr vor dem Haus, wo ich wohnte, ein großer Lincoln Continental vor. Ein junger Mann stieg aus, der die Treppe hinaufsprang und mich zu sprechen wünschte. Wie sich herausstellte, war er der Präsident des Hitchcock-Verlages in Chicago und Schatzmeister der amerikanischen Gideon-Vereinigung, jener Gruppe, die in Hotelzimmern Bibeln auslegt.

Sein Name war Bob Van Kempen, und er wollte ausloten, ob ich Pastor der Baptisten-Gemeinde werden wollte, in der er Diakon war und die etwa zwanzig Meilen südöstlich von Wheaton in Western Springs lag. Da meine Arbeit im „Tab" nur eine Teilzeitbeschäftigung neben dem Studium gewesen war, hatte ich durchaus Lust auf Veränderung.

Im Januar 1943, zur Halbzeit meines letzten Studienjahres, wurde mir allmählich die Verantwortung bewußt, bald eine Frau ernähren zu müssen. Auch die Nähe der Universität von Chicago reizte mich, deren große anthropologische Abteilung weitergehende Studien ermöglichte. Darum nahm ich den Ruf nach Western Springs an; ich hatte schon als Student dort gepredigt und konnte meine Stelle sofort nach dem College-Abschluß antreten. Allerdings vergaß ich in meinem Überschwang völlig, meine Braut zu konsultieren! Sie machte mir unmißverständlich klar, was sie von einem solchen Alleingang hielt – und ich konnte es ihr nicht verdenken.

Sowohl Ruth als auch ich waren sicher, daß dieses Pastorat nur eine Zwischenstation sein würde. Für mich war es ein mögliches Trittbrett, um mich für eine Tätigkeit als Militärpfarrer zu qualifizieren. Diese Priorität machte ich der Gemeinde in Western Springs klar, und sie akzeptierte diese Bedingung. Man gestand mir sogar zu, gelegentlich zu evangelistischen Veranstaltungen zu reisen.

Während der nächsten Monate predigte ich mehrere Male dort, wobei Ruth stets als „zukünftige Frau unseres Pastors" vorgestellt wurde. Sie hatte darüber hinaus ihre eigenen Gründe, die Stellung als vorübergehend zu betrachten – „da wir vorhaben, in die Außenmission zu gehen, sobald wir können", wie sie nach Hause schrieb. Aus diesem Grund baten wir die Gemeinde, uns eine möblierte Wohnung zu besorgen, damit wir uns nicht mit allem möglichen Besitz belasteten.

Im Juni 1943 machten Ruth und ich in derselben Klasse unseren Abschluß am Wheaton College. Obwohl sie schon in der Juniorklasse gewesen war, als ich ins zweite Semester einstieg, machten wir unseren Abschluß schließlich in derselben Klasse. Durch die Zeit, die sie wegen Rosas Krankheit verloren hatte, fiel sie etwas zurück, während ich vorrücken konnte, weil das College mir noch einige zusätzliche Seminarscheine vom Florida Bibel-Institut anerkannte. Während der feierlichen Entlassungszeremonie saß sie vor mir. Als sie ihr Diplom entgegennahm, flüsterte ich ihr lachend zu: „Na endlich!" Sie drehte sich um, und ich merkte, daß sie das nicht lustig fand.

Ruths Eltern waren von Virginia in ein Haus auf dem presbyterianischen Konferenzgelände in Montreat, North Carolina, umgezogen. Dort heirateten wir am Freitag abend, den 13. August, unter einem vollen Mond. Um halb neun Uhr abends erklärte uns mein geliebter Mentor aus Florida, Dr. John Minder, in der Gaither-Kapelle zwischen Kerzen und Klematisblüten zu Mann und Frau. Dr. Kerr Taylor, ein enger Freund der Bells und früherer China-Missionar, assistierte ihm bei der Hochzeitszeremonie. Sophie Graham (keine Verwandte), eine Missionarin aus Haikou in China, spielte Klavier und begleitete vor der Trauung Roy Gustafson bei zwei Soli. Andrew Yang aus Chinkiang in China sang zwei Soli während des Gottesdienstes. All diese Einzelheiten wurden in einem zweispaltigen Artikel auf der Gesellschaftsseite der Zeitung von Asheville festgehalten – denn Dr. Bell war in der Gegend sehr bekannt. Es war der denkwürdigste Tag meines Lebens.

Als Hochzeitsgeschenk hatte mir mein Vater bereits fünfzig Dollar gegeben. Fünfundzwanzig Dollar hatte ich selbst gespart. Damit standen uns fünfundsiebzig Dollar für die Hochzeitsreise zur Verfügung.

In der ersten Nacht gingen wir ins Hotel Battery Park in Asheville; das kostete uns fünf Dollar für die Übernachtung. Eigentlich wünschte ich mir für Ruth nur das Allerbeste, aber das Grove Park Inn hätte zwanzig Dollar gekostet. Da ich in dem Bett nicht schlafen konnte, stand ich, nachdem Ruth eingeschlafen war, leise auf, legte mich auf den Fußboden und schlummerte sofort ein. Den Rat, auf dem Boden zu schlafen, hatte mir einmal Häuptling Whitefeather gegeben, nachdem ich längere Zeit unter Schlafstörungen gelitten hatte. Und es hatte geholfen.

Als Ruth am nächsten Morgen aufwachte, war ich weg . . . oder zumindest sah es so aus. Erst nach ein paar Augenblicken fand sie mich auf dem Fußboden, friedlich schlafend wie ein Baby.

Dann fuhren wir weiter nach Boone, wo wir in einer Privatpension abstiegen – das kostete nur einen Dollar. Wenn wir nachts auf die Toilette wollten, mußten wir durch zwei andere Zimmer, in denen Leute schliefen. Am Ende unseres Aufenthaltes vertraute Ruth der Dame des Hauses an, daß wir auf Hochzeitsreise seien.

„Das habe ich mir gedacht", sagte sie. „Ich habe ja jeden Tag den Reis aufgekehrt."

Einmal beschlossen wir, uns richtig zu verwöhnen. Wir gingen ins

Mayview Manor essen, das beste Restaurant am Platze. Das Mittagessen kostete drei Dollar. Mein Geld schwand rasch dahin. Trotzdem beschlossen wir, wenigstens für eine Nacht die zwei Dollar für das Hotel Boone zu investieren.

Unsere Rückfahrt nach Chicago nach einem kurzen Aufenthalt in den Blue Ridge Mountains verlief ohne besondere Vorkommnisse. Wie die meisten Reisenden in jener Zeit hatten wir eine altbewährte Thermosflasche mit Dr.-Pepper-Cola und zerstoßenem Eis bei uns, dazu einen Vorrat an Käse, Kräckern und Rosinenwaffeln.

In unserem Hotel in Indianapolis bekamen wir ein kleines, schmutziges Zimmer. Nachdem das Zimmermädchen wenigstens die sichtlich benutzte Bettwäsche ausgewechselt hatte, mußten wir immer noch den Schmutzrand in der Badewanne selbst wegschrubben. Und dann wollte der Wirt mich unten in dem schwach beleuchteten und mit dicken Teppichen ausgelegten Restaurant nicht ohne mein Jackett (das im Auto lag) und Ruth nicht mit ihren Zöpfen einlassen. So empört wir über die Hotelleitung waren, so glücklich waren wir miteinander!

Als wir schließlich in Hinsdale, Illinois, in der möblierten Wohnung ankamen, die uns jemand in Western Springs besorgt hatte, fanden wir als Willkommensgruß von unserer Vermieterin einen Blumenstrauß aus dem eigenen Garten vor.

Wir luden den Wagen aus und hatten binnen einer Stunde alles verstaut, einschließlich des riesigen Vorrats an Lebensmittelkonserven, den uns die Leute aus der Gemeinde gebracht hatten. Ruth bot zum Abendessen all ihre Spitzendecken, ihr Porzellan, Kristallglas und Silber auf. Dann machte ich den Abwasch, während sie ein schnelles Bad nahm und ihr Reisekostüm bügelte, damit wir rechtzeitig zum Empfang in die Kirche kamen.

Die kleine Gemeinde in Western Springs – es waren weniger als hundert Mitglieder – hatte bisher nur den Keller dessen errichten können, was, wie sie hoffte, später einmal ein Gemeindehaus werden würde. Es war kein besonders eindrucksvoller Versammlungsort. Auf Ruth wirkte es in jenen Kriegstagen wie ein Luftschutzbunker. Doch die Gemeinde bemühte sich sehr, uns ein herzliches Willkommen zu bereiten. Nachdem mehrere Ansprachen gehalten worden waren, überreichte man uns einen Umschlag mit achtundvierzig Dollar als Geschenk. Dazu bekam Ruth zwei Dutzend rote

Rosen und ich ein Riesengebinde aus frischem Gemüse. Sie hatten sogar eine Hochzeitstorte parat, die wir anschneiden durften.

Das Nachspiel war jedoch alles andere als romantisch. Ruth bekam Halsschmerzen und hohes Fieber. Ich pflegte sie, so gut ich konnte, machte mir selbst das Essen und aß im Schlafzimmer auf dem Fußboden, um in ihrer Nähe zu sein. Am nächsten Tag war ihre Temperatur noch weiter angestiegen. Ich brachte sie ins Krankenhaus der Siebenten-Tags-Adventisten, weil ich während der Woche verreisen mußte. Ich sollte Dr. Edman bei einem Predigtdienst in Ohio vertreten und glaubte, das nicht ablehnen zu können. Ruth erholte sich rasch und wurde entlassen. Als ich am Freitag morgen zurückkam, hatte sie schon mein Chaos in der Wohnung beseitigt.

In meiner ersten Pastorenstelle waren Ruth und ich als frisch Verheiratete die typischen Turteltauben, vermute ich. Bei jedem Wetter unternahmen wir Wanderungen, wobei es uns das nahegelegene Arboretum besonders angetan hatte. Hin und wieder ging ich Golf spielen, und Ruth begleitete mich als Caddy. Nach Chicago zu fahren, um im Kino die Wochenschau anzuschauen, war schon ein größerer Ausflug.

Aus einer spontanen Laune heraus ging ich an einem Montagabend, meinem freien Tag, mit Ruth in einem Restaurant in La Grange essen. Ich trug meine abgeschabten Hinterwäldlerschuhe, und Ruth hatte Mokassins und eine Sportjacke an. Während wir auf einen freien Tisch warteten, blieben etliche der hereinströmenden Leute – und das waren eine ganze Menge – stehen, schüttelten uns die Hände und sagten, wie froh sie seien, uns hier zu sehen. Auf einmal dämmerte mir, daß im Obergeschoß eine Jugendveranstaltung stattfand, auf der ich als Redner eingeladen gewesen war – ich hatte abgesagt. Eilends schlichen wir uns hinaus.

Unser altes Auto war in einem beklagenswerten Zustand; die nötigen Reparaturen hätten ungefähr hundert Dollar gekostet. Aber ich kam recht gut weg, als ich den Wagen bei einem Händler für einen '42er Pontiac in Zahlung gab.

Der Umstand, daß die Gemeinde unsere fünfundfünfzig Dollar Monatsmiete direkt an die Vermieter bezahlte, entlastete unser Budget spürbar. Auf diese Weise galt nämlich unsere Unterkunft als Pfarrwohnung, so daß das Geld für unsere Miete nicht der Einkommensteuer unterlag. Unser Gesamteinkommen war dadurch so niedrig, daß wir nicht einmal eine Steuererklärung einreichen mußten. Ruth fand zwar, das würde uns auf eine Stufe mit Landstreichern stellen, aber froh waren wir trotzdem darüber.

Wir wohnten mitten in Hinsdale, einen oder zwei Straßenzüge von der Burlington-Eisenbahnlinie entfernt. Manchmal hörten wir uns im Radio ein Krimi-Hörspiel an, während wir bei Kerzenschein zu Abend aßen. Während ich studierte, durchforstete Ruth alte Ausgaben von *Reader's Digest* nach Beispielgeschichten für meine Predigten.

Gelegentlich brachte uns Ruths Sinn für Humor ganz schön in die Zwickmühle, selbst ihren eigenen Eltern gegenüber. Eines Tages schickte sie eine Postkarte an ihre Eltern nach North Carolina, um sie über die neuesten Entwicklungen bei dem jungen Ehepaar auf dem laufenden zu halten. Die Karte war am 26. Oktober 1943 abgestempelt, ungefähr zehn Wochen nach unserer Hochzeit. Ganz unten hatte sie an der linken Seite noch einen Nachsatz hingequetscht: „Wißt Ihr was? Bill und ich bekommen Familienzuwachs. Er ist nicht so begeistert. Macht zuviel Arbeit, meint er, aber ich glaube, es wird ein Riesenspaß. Später mehr. Alles Liebe, Ruth."

Der Jubel im Hause Bell unten im Süden veranlaßte ihren medizinkundigen Vater sofort, uns postwendend einen überschwenglichen Glückwunschbrief zu schicken – einen Klassiker voll väterlichen Stolzes, Liebe und guter Ratschläge. Welche Bedenken sie gegenüber ihrem Schwiegersohn gehabt haben mögen, konnte ich mir nicht vorstellen, doch nun versicherten uns die Bells ihrer Gebete.

Für uns alle *drei*. Für Ruth. Für mich. Und für „Junior", wie Ruth den Straßenkater nannte, den wir gerade adoptiert hatten!

Sofort von Reue über ihren kleinen Scherz erfüllt, ließ Ruth der Karte gleich am nächsten Tag einen erklärenden Brief folgen. Doch der kreuzte sich mit dem ihres Vaters. Der Schaden war bereits passiert.

„Jetzt werden sie dir nie glauben", schalt ich sie. „Du hast dir die Gnade verscherzt, je wieder einen solchen Brief von deinem Vater zu bekommen, wenn es *wirklich* soweit ist!"

Sie versprach ihren Eltern, der nächste Familienzuwachs werde keine Schnurrhaare und keinen langen Schwanz haben . . .

Ich ließ nicht locker. „Stell dir nur vor, wie deine Mutter und dein Vater für einen Kater beten!" Jetzt konnte es nur noch besser werden.

Trotz meiner rauhen Kanten waren die Leute in der Gemeinde so nett zu uns, wie wir es nur wünschen konnten. Der Gottesdienstbesuch wurde immer besser, erreichte im Oktober die Neunzig und ließ zwei Monate später die Hundertermarke hinter sich – womit sich der bisherige Durchschnitt etwa verdoppelt hatte.

Wir trafen uns immer noch in einem Kellerraum mit hohen Fenstern, aus denen wir nicht ins Freie sehen konnten. Im Winter wurde die Sicht durch den Schnee behindert, im Sommer war das Gras im Weg. Das „irgendwie schäbige" Gebäude, wie Ruth es beschrieb, wurde kostenlos von einem Gemeindeglied (angeblich „vom Fach") renoviert, und der Bauausschuß konferierte ständig, um die Pläne für die Fertigstellung zu erörtern. Ich predigte jeden Sonntag zweimal und nahm anschließend an Jugendstunden in den Häusern von Gemeindegliedern teil. Neben einem Gebetstreffen in der Mitte der Woche hielten Ruth und ich gemeinsam Mittwoch nachmittags Kinderstunden ab. Sie begleitete mich auch bei vielen Besuchen.

Eines Tages, als ich die Straße entlangfuhr, hielt uns ein Mann an, der in der Gegenrichtung unterwegs war.

„Sind Sie Billy Graham?"

„Ja, Sir."

„Ich bin Torrey Johnson", stellte er sich vor.

„O ja", erwiderte ich begeistert. „Ich habe Sie schon oft im Radio gehört."

„Ich würde mich gerne mal mit Ihnen unterhalten."

„Sicher, jederzeit."

Wenig später rief er mich an. „Ich habe zuviel am Hals mit meiner großen, wachsenden Gemeinde und meiner Hauptsendung am Sonntag nachmittag", sagte er. „Ich habe noch eine zweite Radiosendung, die *Songs in the Night*, und die würde ich gerne an Sie abgeben. Ich habe darüber gebetet und nachgedacht, und ich glaube, Sie sind derjenige, der sie bekommen sollte."

Ich versprach ihm, ebenfalls darüber nachzudenken und zu beten und die Sache den Diakonen meiner Gemeinde vorzutragen.

„Okay", sagte er. „Rufen Sie mich an, wenn Sie sich entschieden haben."

Bald darauf führte ich ein Gespräch mit den Diakonen. Die Sendezeit auf WCFL in Chicago, einem Sender, der im ganzen mittleren Westen und bis in den Süden und Osten zu empfangen war, würde hundertfünfzig

Dollar pro Woche kosten. Keine ganz einfache Entscheidung! Ich ahnte noch nicht, daß dies ein weiterer Wendepunkt meines Lebens sein würde. Ruth gefiel der Gedanke anfangs nicht sonderlich. Der Dienst in der Gemeinde nahm meine Zeit und Kraft bereits mehr als genug in Anspruch. Sie rechnete damit, daß ich demnächst in die Militärseelsorge gehen würde und gleich nach dem Krieg in die Mission.

Zuerst lehnte die Gemeindeleitung die Idee aus Geldmangel ab. Doch als für die finanziellen und personellen Mittel gesorgt war, schien Gott grünes Licht zu geben. Bob Van Kempen erbot sich, das Anfangskapital zur Verfügung zu stellen. Das Quartett der Frauengesangsgruppe des Wheaton College, das schon hin und wieder auf meinen Einsätzen gesungen hatte, war bereit, Sonntag abend ins Studio zu kommen und in der live ausgestrahlten Sendung zu singen.

Ganz wichtig war mir, einen zugkräftigen Namen in die Sendung zu holen. Daß die Zuhörer von unserer Gemeinde oder von mir schon einmal gehört hatten, war unwahrscheinlich. Aber wie wäre es mit George Beverly Shea, dem wohlklingenden Baßbariton, einem fest angestellten Sprecher beim Sender des Moody Bible-Institute?

In meiner unverblümten Art fuhr ich zum Moody Institut und ging geradewegs in das Büro des Radiosenders im obersten Geschoß des Hauptgebäudes. Dort erkundigte ich mich nach Mr. Shea. Ich konnte ihn durch die Glastür seines Büros sehen, doch seine Sekretärin sagte, er sei in einer Besprechung. Nun, ich wollte nicht vergeblich nach Chicago gefahren sein, und daran, daß es unerläßlich war, ihn in unserer Sendung zu haben, glaubte ich ebenso fest wie an die Fuller-Bürsten, die ich seinerzeit verkauft hatte. Also wartete ich, bis sich seine Tür für einen Moment öffnete, und sauste an seiner Sekretärin vorbei ins Zimmer.

„Mr. Shea", sagte ich, „tut mir leid, daß ich so hereinplatze, aber ich möchte Ihnen nur schnell einen Vorschlag machen."

„Ja?"

„Mein Name ist Billy Graham. Ich bin Pastor der Baptistengemeinde in Western Springs."

„Ich habe von Ihnen gehört", half er mir.

„Torrey Johnson hat uns gebeten, seine Radiosendung am Sonntag abend zu übernehmen", sagte ich, zu nervös, um mich dadurch geschmeichelt zu fühlen, daß Shea meinen Namen kannte, „und ich bin überzeugt, daß die Sendung ein voller Erfolg werden könnte, wenn Sie bereit wären, darin aufzutreten."

„Also, ich weiß nicht . . ."

Unbeirrt sprach ich weiter und schilderte in groben Zügen, wie ich seinen Gesang in die 45minütige Sendung einbauen wollte. Ich glaube, am Ende war er nur deshalb bereit, es zu versuchen, weil er einsah, daß er mich anders nicht loswerden konnte.

Da wir keine Schreibmaschine hatten, geschweige denn eine Sekretärin, half mir Ruth dabei, die Skripte zu schreiben. Die Sendung bestand aus etwa dreiminütigen Versatzstücken, in denen der Prediger ein paar Worte sagte; dann folgte ein Lied. Anfang Dezember predigte ich zum ersten Mal in der Radiosendung; wir sendeten direkt aus unserer Kellerkirche in Western Springs. Die bekannte Titelmelodie der Sendung übernahmen wir, „Songs in the Night", angeregt durch Hiob 35,10, mit einem Text von George Graves und Musik von Wendell P. Loveless.

Bei der ersten Sendung war unsere Kirche, in der höchstens hundertfünfundzwanzig Leute Platz fanden, bis auf den letzten Platz besetzt. Nur wenige Leute außer unseren eigenen Gemeindegliedern wußten, daß Bev Shea da sein würde. Eine Besucherin jedoch war eine psychisch gestörte Frau, die ihn schon seit einigen Monaten zwanghaft verfolgte. Durch ihre übertriebene Aufmerksamkeit geriet er in Verlegenheit, und am Ende der Sendung bat er mich flüsternd, ob ich ihn nicht unauffällig hinausbringen könne.

Ich kannte einen Ausgang durch den Heizungsraum hinter dem Saal. Um hindurchzukommen, mußten wir im Dunkeln über eine einzelne Planke balancieren. Bev fiel hinunter, gelangte aber unbeschadet ins Freie.

In meinen Radioansprachen knüpfte ich an die Ereignisse des Tages an. Ich hielt mich durch Zeitungen und Nachrichtensendungen auf dem laufenden und begann jede Ansprache mit einem Bezug auf das aktuelle Tagesthema. Dann leitete ich zu einer biblischen Botschaft über, um zu zeigen, daß Gott und die Heilige Schrift für jedes Problem bedeutsam sind.

Jene erste Radiosendung machte unsere Gemeinde mit einem Schlag bekannt. Immer mehr Leute drängten sich an den Sonntagabenden in unseren kleinen Saal, um die Veranstaltung mitzuerleben. Wir bekamen Briefe von Zuhörern aus dem ganzen mittleren Westen. Der *Chicago Tri-*

bune schickte einen Reporter, um über unsere Rundfunkarbeit zu berichten. Mein Tankwart in Hinsdale gab mir einen Dollar, um die Sendung zu unterstützen. Eine arme Frau schickte uns zehn Cent. Eine Wagenladung voller Leute, die unterwegs zuhörten, sammelten an Ort und Stelle für uns. Als ich nach den ersten zwei Monaten mit dem Vorsitzenden des Rundfunkausschusses die Buchführung durchging, hatten wir im Durchschnitt pro Woche einhundertfünf Dollar und sieben Cent durch Spenden von Zuhörern eingenommen. Mit einigen zusätzlichen Spenden hielt unser himmlischer Vater das Budget in den schwarzen Zahlen.

Um die Aufregung komplett zu machen, vereinbarte der Sender des Moody Bible-Institute mit uns, im März und April 1944 unsere normalen Sonntagmorgengottesdienste zu übertragen. Einer unserer Zuhörer schrieb uns und bat um fünfzig Kopien meiner letzten Predigt. In der vielen Post, die ich selbst bearbeiten mußte, ging ich fast unter. Wir baten um freiwillige Helfer. Nur eine Freiwillige meldete sich, eine junge Frau aus Knoxville, Tennessee, deren Mann in der Nähe bei der zivilen Verteidigung eingesetzt war.

Die hektische Betriebsamkeit zum Jahresende hielt uns davon ab, zu Weihnachten in den Süden zu fahren, so daß wir die Feiertage zum ersten Mal fern von unseren Familien verbrachten. Wir bekamen schreckliches Heimweh, als wir unsere Vermieter unten auf ihrem alten Grammophon Weihnachtslieder abspielen hörten, während sie eifrig das Haus schmückten und Geschenke einpackten. Mein Cousin Steve Hunter kam an Heiligabend, um das Wochenende mit uns zu verbringen; beide mußten wir auf Ruths Weisung unsere Socken aufhängen. Und die Lanes luden uns zum Weihnachtsessen zu sich nach Wheaton ein.

Als gegen Mitte April immer mehr Leute nicht nur in unsere Gemeinde kamen, sondern auch ein Leben mit Jesus Christus begannen, gewannen Ruth und ich allmählich den Eindruck, daß wir vielleicht länger bleiben würden als zunächst geplant. Aber es gab zwei Faktoren, die unser Leben in eine neue Richtung lenkten.

Erstens war es einigen Diakonen nicht recht, daß ich so häufig zu evangelistischen Veranstaltungen unterwegs war. Natürlich hatten sie sich alle damit einverstanden erklärt, als ich ihren Ruf angenommen hatte, und im Briefkopf der Gemeinde wurde ich als „Pastor/Evangelist" aufgeführt. Anderseits konnte man es ihnen nicht verdenken, denn ich nahm eine

Reihe von Einladungen an, in verschiedenen angrenzenden Staaten zu sprechen.

Zweitens machte mich meine Predigttätigkeit im ganzen mittleren Westen rastlos. Vielleicht war der Krieg der Grund, aber mir schien, die ganze Welt sei reif für das Evangelium. Ich wollte unterwegs sein, reisen, predigen – überall im Land. Ruth begriff bald, wie sie mir später sagte, daß ihr Leben ein ständiges Abschiednehmen sein würde. Ich war fast öfter fort als zu Hause.

Die Situation verschärfte sich noch, als ich abermals einen Anruf von Torrey Johnson erhielt. Er leitete einen Ausschuß, der eine Gruppe namens Jugend für Christus Chicago ins Leben rufen sollte. Ziel war es, die Flut der Soldaten und jungen Leute zu erreichen, die an den Samstagabenden durch die Michigan Avenue in Chicago strömten. Die erste Versammlung sollte in der Orchestra Hall abgehalten werden, die über dreitausend Sitzplätze verfügte und durch ihre Konzertveranstaltungen bekannt war. Er bat mich, an jenem ersten Abend eine evangelistische Predigt zu halten.

Viele von Torreys Freunden und Beratern sprachen sich gegen meine Teilnahme aus, weil ich so wenig bekannt war. Es gab viele berühmte Prediger aus dem ganzen Land, die naheliegender gewesen wären, doch Torrey hielt mich für den richtigen Mann. Ich fühlte mich geehrt.

Als ich an jenem ersten Samstagabend – dem 27. Mai 1944 – vor einer großen Zuhörerschar das Evangelium verkündete (die Halle war fast gefüllt), stand ich unter Hochspannung, aber ich empfand beim Reden eine große Freiheit. Als vierzig Leute nach vorn kamen, um Christus in ihr Leben einzuladen, war das einer der demütigendsten und geistlich ermutigendsten Augenblicke meines bisherigen Lebens.

Weitere Kundgebungen von Jugend für Christus (JFC) wurden in Indianapolis, Philadelphia und Detroit organisiert, und ich wurde jedesmal eingeladen. Als ich Torrey Johnson kurzfristig in Detroit vertreten mußte, bestieg ich zum ersten Mal ein Flugzeug.

Freilich löste meine ständige Abwesenheit von der Gemeinde in Western Springs verständlicherweise einiges Befremden aus. Der Konflikt erreichte einen Höhepunkt, als ich von einem einwöchigen Predigteinsatz in Columbus, Ohio, zurückkehrte.

Als gute Reformierte, die sie war, konnte Ruth es nicht ertragen, wie diese Baptisten „ihren Prediger tanzen lassen" wollten, schrieb sie nach

Hause. „Man kann nicht viel Respekt vor einem Pastor haben, der nichts als ein Knopf ist, auf den jeder drücken kann."

Trotzdem war ich wohl im Unrecht. Ich fuhr aus der Haut, als jemand meinte, die Gemeinde müsse mir das Gehalt kürzen, wenn ich noch öfter unterwegs wäre. *Welches* Gehalt? Ich dachte an meinen sehr bescheidenen Salär von vierzig Dollar pro Woche und sagte ihnen, ich sei ihr Pastor, nicht ihr Angestellter, und wenn sie mir auch nur einen Cent abzögen, könnten sie sich einen neuen Mann suchen. An so offene Worte waren sie nicht gewöhnt, und vielleicht tat es ihnen ganz gut. Aber ich weiß trotzdem nicht, ob es richtig von mir war, das zu sagen.

Viel schwerer zu akzeptieren war für mich allerdings die herablassende Haltung, die einige von ihnen den neu zum Glauben Gekommenen und Leuten aus anderen Denominationen gegenüber an den Tag legten. Andere Lebensstile und soziale Gegebenheiten wurden schlicht verurteilt. So erging es zum Beispiel dem Konzertpianisten und Orchesterdirigenten, der mit einer ehemaligen Revuetänzerin verheiratet war. So jemand paßt nicht in unsere Gemeinde, dachten manche. Ruth und ich dagegen fanden solche Leute erfrischend; wir freuten uns über die Begeisterung und Ernsthaftigkeit, mit der sie ihr neugefundenes Leben als Christen angingen. An ihnen sahen wir die Macht des Evangeliums, das überfließende Leben hervorzubringen, von dem in der Bibel die Rede ist.

Eines Sonntagabends hielt ich der Gemeinde von der Kanzel aus unverblümt (und wahrscheinlich sehr ungestüm) vor, daß einige von ihnen die Sünde des Unruhestiftens zu bekennen hätten. Ich würde in Western Springs die Arbeit tun, die Gott mir aufgetragen habe, ungeachtet ihrer ablehnenden Haltung und ihres Widerstandes. Niemand widersprach mir. Doch die Spannung unter der Oberfläche blieb und verstärkte meine Rastlosigkeit.

Gelegenheiten, auf grünere Weiden auszuweichen, fanden sich reichlich. Es gab eine große Gemeinde in Fort Wayne, Indiana, die mich gerne als Pastor haben wollte. Oder die in Chicago – mit Büropersonal, großartiger Musik, einem hohen Gehalt und einem Haus für den Pastor. Wie ich mich erinnere, machte mir sogar das Wheaton College ein Angebot, einer seiner Reisesekretäre zu werden. Doch keine dieser Möglichkeiten war so verlockend, daß ich dafür unsere Vorstadtkellergemeinde verlassen wollte, und ich hatte auch nicht den Eindruck, daß Gott mich dazu beauftragte.

Dann passierten zwei Dinge, die meinem Pastorat ein vorzeitiges Ende bereiteten:

Ich wurde beim Militärseelsorgeprogramm angenommen. Eigentlich hätte ich schon meine vorherige Musterung in Chicago längst bestanden und wäre früher eingetreten, wäre da nicht der peinliche Umstand gewesen, daß ich drei Pfund Untergewicht hatte. Ich bat um zwei Monate Zeit, um etwas zuzunehmen. Die Armee gewährte mir den Aufschub.

Das zweite Ereignis lag völlig außerhalb meiner Verantwortung. Im September 1944 war Ruth gerade von einem Besuch in Montreat zurückgekehrt, und ich hatte mir viel Mühe gegeben, um die Wohnung aufzuräumen und im Eßzimmer Gladiolen, im Wohnzimmer Nelken und im Schlafzimmer Moosröschen aufzustellen. Das war genug Haushaltsarbeit, um einen Mann krank zu machen! Und wie krank ich war!

Ich lag im Bett; es war wie Zahnschmerzen, nur viel schlimmer. Dr. Richard Matthies stellte eine vorläufige Diagnose, die für einen Mann von sechsundzwanzig Jahren und seine Frau ziemlich lächerlich klingt: Verdacht auf Mumps.

Die Diagnose bestätigte sich, es *war* Mumps. Ruth machte mir heiße Umschläge, aber die konnten die Schmerzen nicht lindern. Ruth fand, daß ich lustig aussähe, aber ich war in Panik. Am selben Abend sollte der Anwalt James Bennett in unserer Gemeinde sprechen. Für Mittwoch nachmittag war eine Beerdigung anberaumt. Am Abend danach sollte ich eine zweiwöchige Veranstaltungsreihe in einer Gemeinde in Roseland im Süden Chicagos beginnen. Doch der Mumps würde mich mindestens zwei Wochen ans Bett fesseln.

Das gab mir den Rest! Ich hatte die verlangten drei Pfund zugenommen, doch jetzt konnte ich wegen des Mumps nicht nach Harvard, wo sich die Militärseelsorgeschule befand.

Ruth als Arzttochter fand die Sache zum Brüllen komisch. „Ich habe den ganzen Vormittag über Leute angerufen, und andere riefen hier an, wie etwa Mrs. Armour", schrieb sie ihren Eltern. „Sie kicherte, als ich ihr sagte, Bill habe Mumps. Ich auch. Jeder lacht lauthals, wenn man von *Mumps* bei Erwachsenen redet."

Dann erwähnte sie unsere Pläne, Weihnachten in Montreat zu verbringen. „Der Facharzt sagt, daß Bill eine Art Nervenlähmung in der Kehle hat", schrieb sie ihren Eltern. „Sie bessert sich bereits. Der Mumps wird ihm helfen, sie zu vergessen."

Ein paar Tage später berichtete sie ihnen, es sei nun definitiv Mumps auf beiden Seiten, und fügte ein „Ha, ha" hinzu, als sie schilderte, wie sie mich mit Flüssigkeiten und zerkleinerter Babynahrung fütterte und mich im Bett wusch.

Doch nach einer Weile lachte keiner mehr. Das Fieber wütete, und aus den zwei Wochen wurden zwei Monate, als der Mumps in eine Hodenentzündung überging. Die Leute beteten für mich, und Dr. Matthies wandte seine ganze Kunst auf, um mich am Leben zu erhalten.

Ein Radiozuhörer, der von meinem Zustand gehört hatte, schickte Ruth und mir einen Scheck über hundert Dollar, um einen Erholungsurlaub in Florida zu finanzieren. Wir nahmen dankbar an und brachen auf, sobald ich dazu in der Lage war. Das war im Dezember der Fall. Ich hatte weitaus mehr als die drei Pfund abgenommen, die ich mir für die Armee angefuttert hatte (sogar mehr, als für meinen ohnehin dünnen Körperbau gesund war); meine Augen lagen tief in dunklen Höhlen. Die Ärzte warnten uns, daß wir wegen der Hodenentzündung wahrscheinlich keine Kinder bekommen könnten. Ich mußte dringend wieder zu Kräften kommen, und Florida erschien mir wie der Himmel auf Erden.

Wir mieteten uns ein Zimmer in einem kleinen, preiswerten Hotel in Miami, ungefähr eine Meile vom Strand entfernt. Bald stellten wir fest, daß Torrey Johnson und seine Familie sich in derselben Straße einquartiert hatten, nur etwas näher am Strand. Ich besuchte ihn und dankte ihm für sein Vertrauen und all die Möglichkeiten, die er mir hatte zukommen lassen. Daraufhin lud er mich zum Angeln ein . . .

6

Jugend für Christus

Ich freute mich auf einen entspannenden Tag beim Angeln, doch kaum waren wir aufs Meer hinausgefahren, da kam Torrey Johnson auf einen Gedanken zu sprechen, der schon seit Wochen in ihm köchelte. Der große Anfangserfolg von „Jugend für Christus Chicago" hatte in ihm einen Traum geweckt, der ihn kaum noch stillsitzen ließ.

Während des Krieges, meinte er, vergnügten sich viele Soldaten und Soldatinnen am Wochenende in den nahegelegenen Städten. Christen könnten ihnen doch eine Alternative zu Kneipen und Spelunken anbieten. Darum wurden unabhängig voneinander in mehreren Städten an den Samstagabenden Jugendtreffen organisiert, die große Besucherzahlen anlockten. Fetzige Gospelmusik, interessante Lebensberichte und (vor allem) kurze, jugendgerechte Predigten – das war eine Kombination, die Tausende einsamer, verunsicherter und verängstigter Jugendlicher und junger Erwachsener anlockte. Noch während meiner Zeit in Western Springs hatte ich auf mehreren solcher Jugendveranstaltungen gesprochen. Torrey meinte, der Höhepunkt sei Chicago gewesen, wo ich als erster Redner in der Orchestra Hall aufgetreten war.

Während wir auf dem Wasser schaukelten, versuchte Torrey, mich von seiner evangelistischen Strategie zu überzeugen – und von der mir zugedachten Rolle. Er wollte helfen, Jugendveranstaltungen in den gesamten USA, Kanada und schließlich in der ganzen Welt zu organisieren. „Jugend für Christus International" wollte er die Bewegung nennen. Seine Kirche in Chicago wollte er überreden, ihn auf eine halbe Stelle zu setzen; in der restlichen Zeit würde er Geldgeber suchen, um ein JFC-Büro in der Innenstadt einzurichten. Ich stimmte ihm zu, dieser Plan könnte nur von Gott stammen.

„Aber Sie werden dafür viel Geld brauchen", sagte ich.

„Das überlasse ich Bill Erny", erwiderte er zuversichtlich. „Der wird das schon machen."

Bill Erny war ein gewiefter Geschäftsmann. Und er war der einzige, der Torrey Ratschläge und Ermahnungen erteilen und ihm nötigenfalls auch einmal ein Nein sagen konnte.

Aber wie konnte ich ja zu Torrey sagen? Inoffiziell entstanden bereits überall unabhängige JFC-Gruppen. Roger Malsbary leitete die Gruppe in Indianapolis; Walter Smyth organisierte die Aktivitäten in Philadelphia; George Wilson war in Minneapolis verantwortlich; und Jack Wyrtzen kümmerte sich um New York – man konnte ihn sogar im Radio hören, wo er immer mit den Worten begann: „Vom Times Square . . ."

Doch eine echte Koordination zwischen diesen Gruppen gab es nicht, sagte Torrey. Sie waren ganz unabhängig voneinander entstanden, und es gab nur lose Verbindungen. Ihm schwebte nun eine landesweite Organisation mit vielleicht fünfundzwanzig bis fünfzig Zweigstellen vor. „Ich glaube, Sie sind genau der Mann, der unser erster vollzeitlicher Angestellter werden sollte", meinte er. „Würden Sie darüber beten, ob Sie nicht unser nationaler – und internationaler – Organisator werden sollen?"

Ich lernte langsam, bei jedem Schritt auf Gottes Führung zu vertrauen. Im allgemeinen betete ich vor jeder Entscheidung, aber in *dieser* Angelegenheit zu beten, schien mir fast unnötig! Ich kam allmählich wieder zu Kräften und brannte darauf, zu reisen, zu predigen, zu evangelisieren. Zwar mußte ich Torrey gestehen, daß ich mich für Organisation und Papierkram nicht besonders eignete, aber ich konnte meine Begeisterung nicht verbergen. Während der nächsten Wochen sprach ich mit Ruth über nichts anderes. Schließlich beschlossen wir, ich solle die Stellung annehmen.

Aber was würde aus dem Pastorat werden, das ich seit einem Jahr bekleidete? Und was war mit meiner bevorstehenden Tätigkeit als Militärgeistlicher? Die Gemeindeleitung in Western Springs, die erlebt hatte, wie sich mein Dienst ausweitete, nahm meinen Rücktritt gelassen (zum Teil sogar erfreut) an. Der Chef der Militärseelsorge der Armee befreite mich von meiner Dienstverpflichtung, da das Ende des Krieges in Sicht schien und er mit meiner Argumentation übereinstimmte, daß ich viel mehr für das geistliche Wohlergehen der Soldaten tun könnte, wenn ich Jugendveranstaltungen organisierte und dort predigte.

Und so kam es, daß ich im Januar 1945 das allererste JFC-Büro in Chicago betrat. Ich war begeistert: Hier gehörte ich hin, und ich konnte kaum erwarten, mit der Arbeit anzufangen. Das Büro machte als Zentrale einer Organisation nicht viel her – zwei kahle Zimmer direkt an den Geleisen der Hochbahn, möbliert mit Kisten. Ich glaube, es gab sogar einen Stuhl.

Meine Mitarbeiterin war Amy Anderson, Torreys langjährige Sekretärin. An einem der ersten Tage kam sie an die Tür meines Büros. „Zwei Besucher aus Jackson, Mississippi, möchten Sie gern sprechen: Dr. und Mrs. Overton." Sie traten ein.

„Wir möchten in unserer Stadt jungen Erwachsenen etwas anbieten. Würden Sie uns dabei helfen?" fragten sie.

Da dies bisher meine einzige Einladung war, mußte ich nicht lange überlegen. Ich sagte zu.

Natürlich war ich nicht in Versuchung, mich allzu lange in der Behaglichkeit des Büros in der Wells Street aufzuhalten. Als bald darauf weitere Einladungen eingingen, war ich froh, die meiste Zeit unterwegs zu sein. Torrey arbeitete von seinem Büro in der Gemeinde aus. Ich war wieder ein reisender Vertreter – nur daß ich diesmal nicht meinen Koffer voller Bürsten auspackte, sondern meine Bibel schwang.

Anfang 1945 predigte ich in Atlanta, in Norfolk und im ganzen mittleren Westen. Als ich eines Tages mit Al Smith, der mich als Vorsänger begleitete, in einen Zug stieg, überreichte mir jemand ein Telegramm aus Chicago. Ich steckte es in meine Tasche, stieg in den Zug und war schon längst auf dem Weg nach Indianapolis, als ich es endlich las. Die düsteren Warnungen der Ärzte bezüglich meiner möglichen Zeugungsunfähigkeit hatten sich als falsch erwiesen: Ruth war schwanger!

Ich war außer mir vor Freude über die Nachricht und konnte es kaum erwarten, ihr ein Telegramm und einen Strauß Blumen zu schicken.

Doch so erfreulich die Neuigkeit war, sie bedeutete auch, daß wir einiges in unserem Leben ändern mußten. Wir fühlten uns mehr denn je einander verbunden, und die Vorstellung, getrennt voneinander zu sein, auch wenn es nur vorübergehend war, bedrückte mich. Aber durch die vollzeitliche Arbeit für Jugend für Christus war ich notgedrungen die Hälfte des Jahres unterwegs.

Da Ruth besonders während der Schwangerschaft nicht alleine in Chicago bleiben wollte, einigten wir uns darauf, daß sie bei ihren Freunden und Verwandten in vertrauter Umgebung viel besser aufgehoben wäre. Also zogen wir zurück nach North Carolina in die kleine, überschaubare Berggemeinde Montreat. Ihr Vater praktizierte als Arzt im nahegelegenen Asheville, und wir waren dankbar, daß sie in seiner Nähe sein konnte, während ich auf Reisen war.

Zu jener Zeit hatte das Militär in allen Dingen Vorrang. Für Zivilisten waren Flüge nur auf Wartelistenbasis verfügbar. Ein großzügiger Geschäftsmann, Mr. Walter Block aus Kenosha, Wisconsin, stellte Torrey und mir je eine Air Travel Card zur Verfügung. Solange ich bei Jugend für Christus arbeitete, benutzte ich diese Karte und konnte die Reisekosten seinem Konto belasten.

Manchmal flog ich, doch meist fuhr ich mit Greyhound-Bussen oder mit dem Zug. Da die Eisenbahnen Pastoren aller Denominationen Fahrkarten zum halben Preis anboten, konnte ich sehr günstig überall hinfahren, mir eine Koje mieten und unterwegs ein bißchen schlafen. So kam ich durch das ganze Land und lernte viele Städte und Ortschaften kennen.

Die Abendveranstaltung vom 24. Februar 1945 in Atlanta war typisch für die ersten JFC-Versammlungen. Ich wurde den fünftausend Besuchern als „der Leiter der Radiosendung *Songs in the Night* aus Chicago" vorgestellt. Ich bezweifle allerdings, daß irgend jemand in Atlanta je von dieser Sendung gehört hatte. Meine Gäste an diesem Abend waren ein Kreidemaler, ein Generalmajor der Armee, mehrere Soldaten, die berichteten, wie sie Christen geworden waren, und jede Menge Musiker: ein Gitarrist, ein Pianist, ein Solist, ein Sextett, ein Trio und die Kapelle der Heilsarmee! Die Presse berichtete, diese neue Bewegung, die es erst seit einem Jahr gebe, sei bereits in dreihundert amerikanischen Städten aktiv.

Am Anfang konnte Ruth mich noch auf einigen Reisen begleiten. Während wir in Atlanta waren, fiel Ruth eine Veränderung an mir auf. „Jedesmal, wenn wir an einem Geschäft für Babyausstattung vorbeikommen", schrieb sie an ihre Eltern, „will Billy stehenbleiben und sich die Schaufenster ansehen. Auf einmal fällt ihm jedes kleine Baby auf, das er sieht; dabei hat er Kinder bisher vollkommen ignoriert. Vielleicht sollte ich ein Buch schreiben: *Vom Prediger zum Papa.*" (Sie hatte gerade ein Buch mit dem Titel *Papa war ein Prediger* gelesen.)

Im Laufe der Monate wurde Ruth immer runder. Der Einkauf der Umstandskleider machte ihr großen Spaß. Von Pittsburgh aus, wo ich gerade predigte, schrieb sie nach Hause und nannte unser Zusammensein „die schönsten Flitterwochen, die wir bisher hatten".

Anfang Juli waren wir zusammen in Ocean City, New Jersey, wo ich predigte. Wir genossen ein wenig die Sonne am Strand, doch Ruth schilderte in einem Brief an ihre Schwester Rosa in Montreat ihr besonderes Problem dabei: „Meine Vorderseite ist schon braun geröstet. Aber mit der anderen Seite ist es nicht so einfach. Ein harter, flacher Strand und ich passen einfach nicht Auge in Auge zueinander. Bill machte den Vorschlag, ich solle ein Loch für meinen Bauch ausheben . . ."

Auf dieser Reise nach Ocean City gab es noch einen amüsanten Vorfall, den Ruth ihren Eltern in einem eilig geschriebenen Brief schilderte: „Als wir ankamen, brachten wir ein paar Kleidungsstücke in die Reinigung, wo man uns versprach, daß wir sie in drei Tagen wieder abholen könnten. Am dritten Tag hatten wir zuviel zu tun und kamen deshalb erst am vierten wieder hin. Der Laden war geschlossen und der Mann für zwei Wochen im Urlaub. Also riefen wir am Montag morgen, bevor wir abreisten, die Polizei an und hatten sie nach einer halben Stunde Betteln soweit, daß sie kam und für uns die Tür aufbrach.

Die Alarmanlage machte ein Riesengetöse, die Passanten große Augen (es war mitten auf einer Hauptstraße), und die Polizisten verloren einiges von ihrer Würde, als sie Leitern emporstiegen, Schlösser öffneten, die Alarmanlage abschalteten und Witzbolden finstere Blicke zuwarfen, die ihre Köpfe durch die Tür steckten und die Beamten warnten, wenn sie nicht verschwänden, müßten sie die Polizei rufen. Aber sie spielten mit, und ihnen schien die Sache Spaß zu machen. Bills Jackett und mein grünes Strickkleid fanden wir, aber von dem gelben Mantel keine Spur. Wir hinterließen dem Hilfspastor etwas Geld, damit er ihn uns schickt, wenn der unzuverlässige Besitzer wieder da ist."

In zahlreichen Städten traf ich mit örtlichen Pastoren und Gemeindeleitern zusammen, um Ausschüsse zu bilden und Veranstaltungen zu planen. Im ersten Jahr reiste ich dadurch von einer Küste zur anderen (und an alle möglichen Orte dazwischen) sowie in die meisten Provinzen Kanadas, größtenteils mit dem Zug. Weitere Gelegenheiten zum Predigen boten sich von der Moody-Gemeinde in Chicago bis hin zum Princeton Seminar in New Jersey.

Da ich vom zeitlichen Ablauf einer Schwangerschaft keine Ahnung hatte, nahm ich Ruth überhaupt nicht ernst, als sie am 21. September 1945 mit mir zum Wagen ging. Sie wollte nicht, daß ich diese Reise antrat. Ich sollte doch bei ihr sein, wenn das Baby käme.

„Bill, die Wehen haben schon eingesetzt."

„Nein, nein, das glaube ich nicht", erwiderte ich souverän, als ob ich auch nur das geringste über eine Geburt wüßte.

„Doch, haben sie. Das Baby wird bald da sein!"

Aber ich winkte ab, das könne auch noch zwei oder drei Wochen dauern. Ich küßte sie zum Abschied und machte mich auf den Weg zu meinem Predigteinsatz in Mobile, Alabama. Am selben Abend erblickte Virginia Leftwich Graham das Licht der Welt, unsere Tochter, die wir immer nur Gigi genannt haben und die unser Leben so wunderbar bereichert hat.

Als ich aus Alabama nach Hause kam und das Baby in seinem Körbchen betrachtete, das Ruth mit ihrem Hochzeitsschleier geschmückt hatte, konnte ich nur immer aufs Neue sagen: „Hallo, Liebling! Hallo, Schätzchen!"

Wie die meisten stolzen Eltern fanden auch wir unsere Tochter einfach wunderschön, von ihrem wohlgeformten Kopf bis zu den knubbeligen Zehen. Ihre Augen waren die größten, die Ruth je bei einem Baby gesehen hatte, und die Art, wie Gigi ihre Mutter mit weit aufgerissenen Augen anstarrte, ließ Ruth denken: Dieses Kind hat mehr gesehen und weiß mehr als ich. Falls der Dichter Wordsworth recht damit hatte, daß wir voller „Ahnungen der Unsterblichkeit" in dieser Welt ankommen, dann traf das für Gigi sicher zu.

Als Gigi ein paar Monate alt war, ließ Ruth sie von Zeit zu Zeit in der Obhut ihrer Eltern und begleitete mich auf meinen Reisen zwischen Minnesota und Massachusetts. Für uns beide waren das schöne Tage, doch Ruth fühlte sich dabei ständig hin- und hergerissen.

Im März und April 1946 reiste Torrey mit einer Gruppe von sechs Männern – darunter auch ich – nach Europa, um dort die europäische Jugend-für-Christus-Arbeit zu gründen. Für die meisten von uns war es die erste Auslandsreise.

Der Flug war ein ziemliches Fiasko. Am Morgen startete die mit Klappsitzen militärisch ausgestattete DC 4 in Chicago. Der Hearst-Reporter Wesley Hartzell begleitete uns, ebenso Stratton Shufelt, der musikalische Leiter der Moody Gemeinde in Chicago. Charles Templeton – ein JFC-Organisator aus Toronto und Pastor der großen Avenue Road Church – flog ebenfalls mit uns. Ich erinnere mich noch, wie schlecht ihm auf der Reise wurde.

In Toronto und Montreal waren Zwischenlandungen vorgesehen, ebenso in Gander in Neufundland. Doch als wir uns Gander näherten, verkündete der Pilot über die Lautsprecheranlage, daß wir wegen eines starken Schneesturmes statt dessen auf einem kleinen amerikanischen Militärflugplatz in der Nähe landen würden.

Offenbar in der Meinung, daß die Passagiere des Flugzeuges einer Varietétruppe angehörten, beraumte der Vergnügungsausschuß der Militärbasis eilends eine spätabendliche Vorführung an. Torrey sah keinen Anlaß, das Mißverständnis aufzuklären.

Der Saal war vollbesetzt. Das Publikum pfiff und johlte während des ersten Teils der Veranstaltung, als Chuck Geschichten erzählte. Bei Strat Shufelts Vortrag brüllten sie. Doch als Torrey auf der Bühne erschien, fingen sie an zu schreien.

„Wo sind die Mädchen?" hörte ich jemand rufen. „Her mit den langen Beinen!"

Als Strat wieder zu singen begann, wurde er ausgebuht. Inzwischen beteten wir hinter der Bühne, dann kam mein Auftritt. Ich entschuldigte mich dafür, ihnen nicht die Unterhaltung bieten zu können, die sie erwartet hatten, und hielt eine Kurzpredigt.

Der Kommandant der Basis hätte uns vor lauter Wut am liebsten ins Gefängnis geworfen, aber wir konnten unsere Reise ungehindert fortsetzen.

Inzwischen hatte Gavin Hamilton in London eine Gruppe evangelikaler Pastoren zusammengerufen, um uns zu begrüßen und unsere Berichte über die Arbeit von Jugend für Christus in Amerika zu hören. Doch nach dem Auftanken im irischen Shannon wurde unsere Maschine wegen schlechter Sichtverhältnisse in London nach Schottland umgeleitet. Infolgedessen mußten wir mit dem Zug hinunter nach London fahren und kamen zu spät zu der Versammlung.

Doch die Pastoren erwiesen sich als geduldig. Sie baten jeden von uns um eine Ansprache. Keiner von uns hatte bisher jemals vor einer britischen Zuhörerschaft gesprochen. Ich war ein wenig im Vorteil, weil die Mehrzahl von ihnen einen Bezug zu den Darbisten hatte; auch ich hatte in Wheaton einige der Brüder kennengelernt und kannte ihre Methoden und ihre Terminologie. Also zitierte ich in meiner Ansprache Dr. H. A. Ironside, den Pastor der Moody-Gemeinde in Chicago, der immer sagte, kein echter evangelikaler Theologe komme daran vorbei, die Kuh der Darbisten zu melken!

Unter den Evangelikalen in England galt Dr. Ironside als einer der großen Prediger, obwohl ich nicht glaube, daß er jemals ordiniert wurde. Er kannte sich besser in der Bibel aus als irgend jemand sonst, dem ich je begegnet bin. Ich erinnere mich, daß ich einmal neben ihm saß während einer Versammlung von Jugend für Christus, auf der wir beide sprechen sollten. Zwischendurch schlief er fest ein und begann zu schnarchen. Als er an der Reihe war, stieß ich ihn leicht mit dem Ellbogen an. Er stand auf, öffnete seine Bibel und sprach über den Abschnitt, den er zufällig aufgeschlagen hatte. Es war phänomenal!

Alan Redpath, der Pastor der Duke Street-Kirchengemeinde in der Londoner Vorstadt Richmond, bat mich nach meinem Vortrag, am folgenden Sonntag die Predigt für ihn zu übernehmen. Dazu war ich gern bereit.

Die Reisen des Odysseus erschienen uns nicht abenteuerlicher als unsere eigenen, während wir England, Schottland, Irland, Schweden und Norwegen besuchten. Wohin wir auch kamen, überall trafen wir örtliche Gemeindeleiter, die nicht nur zu unserem Erfolg, sondern auch sehr stark zu unserem Überleben beitrugen.

Uns schien es, als ob die ganze Stadt London zerstört sei. Die St. Paul's Kathedrale stand noch; ebenso die Parlamentsgebäude, obwohl auch sie von Bomben getroffen waren. Doch die Leute waren guter Dinge. Der

Krieg war vorbei, die Sirenen verstummt, und die Menschen mußten nicht mehr unter der Erde Zuflucht suchen. Unterkunft fanden wir zumeist in Privathäusern und heruntergekommenen Hotels.

Um das riesige Gebiet systematisch zu besuchen, teilten wir uns in Teams auf. Es war noch kein Jahr seit dem Ende des Zweiten Weltkrieges vergangen, und fast überall wurden wir mit Not und Rationierung konfrontiert. Alle beneideten das Team in Dublin, das sich zum Frühstück an Fruchtsaft und echtem Kaffee, Schinken und Eiern laben konnte. Wes meinte, die einzigen Eier in London befänden sich in Museen, und alles Eßbare sei ausgestorben. Er und Torrey träumten von einem riesigen Smörrebröd, das es auf den dänischen Dampfern gab.

Das Team, das Stockholm und Oslo besuchte, hielt sechzehn Versammlungen in vier Tagen ab, mit bis zu viertausendfünfhundert Zuhörern – und es mußten noch ein paar Tausend abgewiesen werden. Besonders in Norwegen, das sich noch immer nicht von der bedrückenden Besatzungszeit durch die Nazis erholt hatte, schlug die Begeisterung hohe Wellen.

In den ersten drei Wochen gehörte ich zu der Gruppe, die Großbritannien von einem Ende zum anderen bereiste. Wir hatten drei bis vier Veranstaltungen pro Tag, fast immer vor restlos vollen Häusern. Mal waren wir an einem Samstagabend in einer Stadthalle, dann am Sonntagabend in einer Kirche, und während der Woche predigten wir nach den Filmvorführungen in Kinos. Die Menschen, die immer noch unter dem Schock des Krieges standen, lechzten nach Hoffnung und waren offen für das Evangelium.

Nach einer dreiwöchigen Blitztour mit Chuck Templeton durch Dänemark, Holland, Belgien und Frankreich ging es endlich wieder nach Hause.

Gleich nach unserer Rückkehr in die USA traf sich der Vorstand von Jugend für Christus zu einer Sitzung in Swampscott, Massachusetts. Kaum zwei Wochen später predigte ich auf der ersten von sechs Veranstaltungen, die im Laufe des Sommers stattfanden, ebenso auf einer Reihe von Jugendkonferenzen.

Gavin Hamilton drängte mich, wieder nach Großbritannien zurückzukehren und dort Evangelisationen durchzuführen. Er würde gerne drüben bleiben, sagte er, und die Veranstaltungen organisieren. Ich spürte innerlich, daß meine Zukunft in dieser Art der Evangelisation lag. Allerdings wies Torrey mich darauf hin, daß der Plan viel Geld erfordern würde, das ich selbst aufbringen mußte.

Ich bat Ruth, unsere einjährige Tochter Gigi in der Großfamilie der Großeltern, Tanten und Onkel in Montreat zu lassen und zu mir zu kommen, sobald es ihr möglich war. Dann fragte ich Strat Shufelt, ob er mich als musikalischer Leiter begleiten könne, denn er war in Großbritannien sehr bekannt. Zunächst waren er und seine Frau Marge dazu bereit; doch zwei oder drei Wochen vor unserer geplanten Abreise teilte er mir telefonisch mit, daß sie ihre beiden kleinen Töchter einfach nicht allein lassen könnten.

So wandte ich mich an Jack Shulers Chorleiter Cliff Barrows. Er und seine Frau Billie sagten sofort begeistert zu. Hin und wieder hatten sich unsere Wege schon gekreuzt; zum Beispiel hatte ich ihn in Winona Lake erlebt, und seine Begabung hatte mich schon damals sehr beeindruckt. Also kamen Cliff und Billie Barrows mir zu Hilfe. Während des Sommers 1946 stellte ich das Team zusammen, bestehend aus Cliff als Sänger, Billie als Pianistin und mir als Prediger. Ruth würde während der Veranstaltungen für uns beten. Cliff gewöhnte sich sofort an, mich Bill zu nennen, um zwischen mir und seiner Frau Billie zu unterscheiden. Damals wußten wir noch nicht, welch langen gemeinsamen Weg wir gehen würden.

Nach unserer Ankunft in England Anfang Oktober führten wir Veranstaltungen in ganz England und Wales durch. Zu Beginn der Reise verbrachten wir ein Wochenende in Wales im Haus eines Ehepaars, das uns bewirtete, so gut es nur konnte. Dieser Besuch führte uns eindrücklich vor Augen, wie schwierig die Lebensverhältnisse dort waren. Zum Frühstück gab es eine erhitzte Tomate; dazu ein heißes Getränk, das mehr Zichorie als Kaffee enthielt. Später gab es etwas Hühnerbrühe mit einem Bissen Brot.

George Wilson begleitete uns, um die Organisation und die Finanzen für JFC zu regeln. Nachts mußten er und ich uns ein Bett teilen. Also wechselten wir uns ab: Nach der halben Nacht tauschten wir die Plätze, und derjenige, der auf dem Boden geschlafen hatte, durfte sich ins Bett legen. Es war bitterkalt, besonders für den, der auf dem Boden lag, denn eine Heizung gab es nicht im Haus.

Ruth konnte erst am 9. Dezember nachkommen. Auch wenn ich ihr einen herzlichen Empfang bereitete, wie es sich für einen Ehemann gehört, empfing England sie eher kühl und feucht. Bei einer der ersten Veranstaltungen, an denen sie teilnahm, herrschte sogar in der Kirche so dichter

Nebel, daß es aussah, als ob alle rauchten. Von der Bühne aus konnte ich nicht einmal die hintere Wand sehen. Obwohl im Mittelgang ein bauchiges Faß mit heißen Kohlen stand, war es im Innern der Kirche fast so kalt wie draußen.

Ruth fiel es auch nicht leicht, sich an die Lebensmittelrationierung zu gewöhnen, mit der die meisten Briten leben mußten. Als sie zum ersten Mal die aus Pulver hergestellten Rühreier probierte, glaubte sie zu ersticken; diese Eier hätten noch nie ein Huhn gesehen, brachte sie noch heraus. Und die Würstchen waren aus Brot hergestellt. Außerhalb Londons jedoch setzten uns die Leute Eier und Speck vor, vermutlich ihre ganze Wochenration. Nur Tee schien es immer noch überall reichlich zu geben.

In Reading sprachen wir vor einem vollen Haus. Nach der Hälfte meiner Predigt hörte ich plötzlich eine protestierende Stimme irgendwo aus der Mitte der Kirche. Am Priesterkragen des Sprechers erkannte ich den Geistlichen. Welcher Konfession er angehörte, konnte ich nicht erkennen, da alle britischen Geistlichen solche Kragen trugen. „Ich glaube kein Wort von alledem", rief er und behauptete, ich würde Irrlehren verbreiten.

Als daraufhin eine Frau auf der Empore aufstand und eine lautstarke Diskussion mit ihm anfing, packte ihn seine Frau am Mantel und versuchte, ihn wieder auf seinen Platz herunterzuziehen. Doch er protestierte weiter, während er unentwegt versuchte, sich aus dem Griff seiner Frau zu befreien. Schließlich schritten die Ordner ein und führten ihn aus der Kirche.

Es war das erste Mal, daß ich in einer anglikanischen Kirche predigte. Ich wußte zwar, daß die Anglikanische Kirche die Staatskirche und wichtigste Denomination in Großbritannien war, aber von ihrer Geschichte wußte ich nur sehr wenig – im Grunde nur das, was ich in Dr. Minders Vorlesung über Kirchengeschichte auf dem Florida Bibel-Institut gelernt hatte.

In der Kirche traf ich John Cordle, der extra von London in einem Auto mit zertrümmerten Scheiben hergekommen war. Als wir gemeinsam zurückfuhren, war es eiskalt im Wagen. Wir hielten Pappe in die Fensteröffnungen, um nicht zu erfrieren.

In Bradford führten wir in einem Kino eine Veranstaltung nach der Filmvorstellung durch. Als Ruth durch den unbeleuchteten Eingang trat,

oben: Von Unerfahrenheit geprägt war meine unbekümmerte Offenheit gegenüber den Pressevertretern nach unserem Gespräch mit Präsident Truman am 14. Juli 1950. *Von links:* Jerry Beavan, Cliff Barrows, Billy Graham, Grady Wilson.

links: Pjöngjang, Nordkorea. Während meines Besuchs überreichte ich am 2. April 1992 Präsident Kim Il Sung eine Bibel. *Im Hintergrund:* Mein Sohn Ned.

Das erste Foto. Meine Mutter Morrow Graham mit ihrem sechs Monate alten Sohn Billy.

Mein Vater Frank Graham mit meiner Schwester Catherine und mir in Blowing Rock, North Carolina (20. August 1925).

Mein Elternhaus in der Nähe von Charlotte, North Carolina. Am 7. November 1918 brachte mich meine Mutter mit einer Hausgeburt hier zur Welt.

Meine Schwester
Catherine und ich
in unserem „Ziegen-
wagen".

*Ganz links, in
schwarzer Robe:* Als
Sechsjähriger nach
Abschluß des ersten
Jahres im Kinder-
gottesdienst.

unten: Zweimal
am Tag melkte
ich in diesem
Stall unsere Kühe.

Meine Eltern Morrow und Frank Graham in späteren Jahren.

Weihnachten 1936 verbrachte die ganze Familie in Florida. Kurze Zeit später wechselte ich auf das Florida Bibel-Institut.

Meine Eltern mit ihren Kindern kurz vor dem Tod meines Vaters 1962.
Hinten von links: Catherine, Billy, Melvin und Jean.

Das wohl erste Foto, das mich beim Predigen zeigt, wurde 1939 auf der Swan Lake-Bibelkonferenz in Melrose (Florida) aufgenommen.

Am Florida Bibel-Institut mit Dekan John Minder und meinem Freund Jimmie Johnson.

Ruth Bell und ich 1941 am Wheaton College, Illinois, kurz nach unserer Verlobung.

13. August 1943: Hochzeit in der Reformierten Kirche in Montreat.

Der junge Pastor und seine Frau in Western Springs, Illinois.
Wahrscheinlich 1944.

Als erster festange-
stellter Evangelist
von Jugend für Chri-
stus (für 75 Dollar die
Woche).

Chuck Templeton,
Torrey Johnson (der
Gründer von Jugend
für Christus) und ich
1946 bei der Planung
der ersten Veran-
staltungsreise nach
Europa.

unten: Amerikas
jüngster College-
Präsident mit Vize-
Präsident T. W.
Wilson. Wahrschein-
lich 1949 an der
Northwestern Aka-
demie, Minneapolis,
Minnesota.

hätte sie am liebsten helle Scheinwerfer eingeschaltet und Handzettel an die Passanten verteilt, doch leider bot sich ihr keine dieser Möglichkeiten. Während sie sich setzte und Billie mit dem Klaviervorspiel begann, zählte Ruth die Zuhörer: sechs Erwachsene (einschließlich ihrer selbst), vier Kinder und eine große, schwarze Katze, die auf einem Sitz döste.

Auf dem Bühnenhintergrund war in grellen Grün-, Gelb- und Rottönen eine Gartenszene gemalt. Sie erinnerte Ruth an Reihen grüner Grabstätten, die auf einen Springbrunnen in der Mitte zuliefen. Doch immer mehr Leute strömten in den Saal, so daß sich am Ende des Vorspiels von Billie Barrows schließlich doch eine erkleckliche Besucherzahl eingefunden hatte.

Als ich im Anschluß an meine Predigt über den „Reichen Jüngling" die Zuhörer einlud, Christus in ihr Leben aufzunehmen, kamen dreiundzwanzig Leute nach vorn, um mit uns zu reden und zu beten.

Nachdem wir bis Mitte Dezember vierzig oder gar fünfzig Veranstaltungen durchgeführt hatten, waren wir sehr müde und reif für eine Pause. Irgendwo sah Ruth ein Werbeplakat mit einer Palme, die sich in Südfrankreich im Wind wiegte. Da wir bis auf die Knochen durchgefroren waren, buchten wir sofort. Am 16. Dezember starteten wir in London zu dem anderthalbstündigen Flug nach Paris, wo wir auf einer Piste landeten, deren Bombenkrater mit weicher brauner Erde aufgefüllt und mit Stahlgitterdraht abgedeckt waren.

Zum Glück fanden wir einen Taxifahrer, der uns die Sehenswürdigkeiten der Stadt zeigen konnte; er war Exilrusse und hatte sein Englisch von den amerikanischen Soldaten gelernt. Er brachte uns auch nach Versailles. Der uns im Schloß erwartende Museumsführer kam Ruth so alt vor, daß sie später behauptete, er wäre bestimmt schon seit den Tagen Ludwigs XIV. im Dienst.

Voller Freude machten wir uns auf die Weiterreise nach Nizza, wo wir die Weihnachtstage verbringen wollten. Unseren ersten Blick auf das herrliche Mittelmeer erhaschten wir durchs Zugfenster kurz hinter Marseille. Auf der anderen Seite der Schienen jedoch wechselten sich entlang der Küste vom Krieg zerstörte Häuser mit Luftschutzbunkern ab.

Unsere Stimmung sank auf den Nullpunkt, als wir erfuhren, daß das Hotel, in dem wir wohnen wollten, unsere Reservierung nicht einlösen konnte (oder wollte). Ohne jede Vorwarnung unseres Reisebüros hatte man uns kurzerhand ins Hotel Balmoral in Monte Carlo umgebucht. Wir wußten fast nichts über das Fürstentum, das dort an der Küste zwischen Frankreich und Italien lag, doch das Wenige, das wir wußten, reichte aus, um Zweifel in uns aufkommen zu lassen: Wie sollten wir uns in einem Glücksspiel-Paradies erholen!? Besonders Ruth und Billie waren entsetzt.

An der Rezeption des Balmoral zuckte ich erst einmal zusammen, als ich erfuhr, daß die Übernachtungskosten für zwei Personen einschließlich Mahlzeiten 5 Dollar pro Tag betragen würden. Das konnten wir uns einfach nicht leisten. Doch dann kam mir ein Gedanke. Wir hatten einen reichlichen Vorrat an Nylonstrümpfen bei uns. Warum, wußte ich selbst nicht, aber Mr. Cole, ein Strumpfwarenfabrikant in North Carolina, der über die Knappheit in Europa Bescheid wußte, hatte sie mir für alle Fälle mitgegeben. Vorsichtig fragte ich bei dem Hotelmanager an, ob er vielleicht mit einem Tauschgeschäft einverstanden sei: Ich habe etwas anzubieten, das nicht nur seine Frau interessiere, sondern auch sonst nirgendwo in Europa zu bekommen sei.

Einzig seine Augen blitzten auf, als er meinen Vorschlag hörte. Darüber ließe sich reden, meinte er leise, wenn sich das nicht bei den anderen Gästen herumspreche. Als Pastor, versicherte ich ihm, wüßte ich, was Vertraulichkeit bedeutet. Also überreichte ich ihm jeden Morgen unter vier Augen in seinem Büro ein Paar Nylonstrümpfe, und jeden Morgen zeichnete er unsere Rechnung, die sowohl unser Zimmer als auch drei Mahlzeiten umfaßte, als beglichen ab. Zehn Paar für zehn Tage. Und noch einmal zehn Paar für das Zimmer von Cliff und Billie.

So begann unser „luxuriöses" Leben in Monte Carlo, wo wir den Blick aufs Mittelmeer genossen – und so köstliche Raritäten wie Obst, Butter und Eier. Fünf oder sechs Tage lang schlich ich um einen Verkaufsstand für Ananas herum, die umgerechnet 5 Dollar pro Stück kosten sollten – einfach unerschwinglich. Das war nicht die einzige Köstlichkeit, nach der wir lechzten: Für eine Schoko-Mixmilch hätten wir mit Freuden zwei Paar Nylonstrümpfe hergegeben, wenn so etwas Wunderbares an der Riviera zu bekommen gewesen wäre. Dann wurde die arme Billie Barrows von einer Grippe erwischt und konnte eine Zeitlang überhaupt nichts essen.

Am Heiligabend wurde die friedliche Stille um fünf Minuten vor Mitternacht von einem Kanonenschuß zerrissen, der uns beinahe aus den Betten schleuderte. Hatte etwa der Krieg wieder angefangen? Nein, es waren nur Salutschüsse – bis Mitternacht ertönte jede Minute einer; dann setzte das Geläut aller Kirchenglocken ein, um die Bevölkerung zur Messe zu rufen. Anschließend tranken und tanzten die Leute bis zum Morgengrauen auf den Straßen. Ich muß gestehen, daß wir den größten Teil der Festlichkeiten verschliefen.

Am Nachmittag des Weihnachtstages unternahmen Ruth und ich eine Kutschfahrt zur italienischen Grenze. Überall unterwegs sahen wir die Nachwirkungen des Krieges; viele Gebäude waren von Granaten und Bomben beschädigt – eine ernüchternde Erinnerung an das Leid, das so viele Menschen erst vor kurzer Zeit durchleben mußten. Immer wieder sahen wir zu unserem Kummer junge Mädchen, die die Not dazu trieb, sich zu verkaufen. Jeden Tag beteten wir für die Menschen in Europa, die so viel erlitten hatten und denen nun so wenig geblieben war.

Zwei Tage nach Weihnachten ging es wieder gen Norden – mit Zwischenaufenthalten in Genf und einigen anderen Orten in der Schweiz. Der Kaffee in der schwedischen Linienmaschine war echt, und wir freuten uns über unser Hotelzimmer mit Blick auf die Rhone. Ruth stieß einen Freudenschrei aus, als man uns zum Mittagessen Cola in Flaschen servierte!

Am 3. Januar 1947 fuhren wir mit dem Zug nach Paris, um uns noch einen Tag lang in der Stadt umzuschauen, bevor wir abends unser Flugzeug nach London besteigen wollten.

Doch in London herrschte Nebel und unser Flug wurde gestrichen. Wir mußten für den nächsten Morgen eine Zugfahrt nach Calais buchen, um von dort die Fähre nach England zu nehmen. Nachdem der Taxifahrer uns zum Bahnhof gebracht hatte, gab er mir ein paar Francs für das Frühstück im Zug. Ich schenkte ihm ein Johannesevangelium und betete, daß er es lesen (oder zumindest sein Englisch damit verbessern) würde.

Auf der Fahrt durch Nordfrankreich sahen wir weitere Spuren des Krieges – zerstörte Gebäude und Brücken, Felder voller Bombenkrater, Schützenlöcher und MG-Stellungen. Am Ende unserer Überfahrt über den Ärmelkanal tauchten vor uns die weißen Klippen von Dover auf.

Von den bescheidenen Annehmlichkeiten, an die wir uns auf dem Kontinent schon wieder gewöhnt hatten, war in jenem Winter in der Mitte Englands noch nichts zu sehen. Eine Zentralheizung gab es nicht in unserem Hotel. Das Gemeinschaftsbad am Ende des zugigen Flures war ebenfalls unbeheizt. Die kleine Gasheizung in unserem Zimmer lief nur, wenn man endlos Pennies einwarf. Ruth kauerte sich im Bademantel daneben und ließ sich von der einen Seite rösten, während sich auf der anderen Rauhreif bildete. Sie rückte erst ein wenig davon ab, als Billie Barrows hereinkam und berichtete, daß Cliff seinen Kolbenfüller zu nahe an die Heizung gelegt habe; er habe Feuer gefangen und sei verbrannt, bevor er die Flamme habe löschen können.

Die Überbelegung des Hotels erzwang einige Umplanungen. Der Manager verlegte Ruth und mich in sein privates Wohnzimmer, wo es eine Doppelbettcouch mit vier dünnen Decken gab. Ruth mußte einen Pullover und zwei Paar Hosen unter ihren Schlafanzug ziehen und schlief in ihren Hausschuhen. Da sie immer noch fror, stand sie nachts auf und zog auch noch ihren wollenen Bademantel und ihren Kaninchenfellmantel an. Ich trug lange Wollunterwäsche, einen Flanellpyjama, Wollsocken, einen dicken Wollpullover und meinen langen Mantel. Kein Wunder, daß viele Briten in jener Zeit so rote Wangen hatten!

Gigi war gerade ein Jahr alt und befand sich bei den Bells in Montreat. Sie berichteten uns regelmäßig über ihre Entwicklung, aber schließlich schrieb Ruth verzweifelt an ihre Eltern: „Gestern habe ich meine Augen geschlossen, um mir Gigi vorzustellen. Und ob Ihr es glaubt oder nicht, ich konnte mich kaum daran erinnern, wie sie aussieht. Irgendwie kommt es mir vor, als hätte ich überhaupt keine kleine Tochter."

Nach zwei Monaten erklärte Ruth, sie müsse dringend nach Hause zu unserer kleinen Tochter Gigi, länger halte sie es nicht mehr aus. Da ich noch zwei weitere Monate mit Veranstaltungen vor mir hatte, trat sie am 4. Februar allein den Heimflug an. Am Tag ihrer Abreise hatten bereits unsere Veranstaltungen in Irland begonnen – wir wohnten in einer winzigen Pension an der Küste, etwa fünfzehn Meilen von Dublin entfernt, und ein eisiger Wind blies von morgens bis abends. Ich hatte Grippe und mußte mich von ihr verabschieden, ohne sie zum Flughafen begleiten zu können. Nachdem sie abgereist war, fühlte ich mich sehr einsam und bekam ein wenig Heimweh.

Als Ruth in Montreat eintraf, war sie überglücklich, daß Gigi sie mit „Mama, Mama!" begrüßte. Doch schon bald stellte sie fest, daß unsere Tochter jede junge Frau „Mama" und jeden jungen Mann „Papa" nannte.

Zu dieser Zeit machte ich mir große Sorgen um unsere Finanzen; wir waren fast bis auf den letzten Dollar abgebrannt. Ich schrieb einen Brief an den Industriellen R. G. LeTourneau. Er war der einzige wohlhabende Mann, den ich in Amerika kannte und der uns vielleicht helfen konnte. Ich schilderte ihm unsere Situation und fügte hinzu, daß wir siebentausend Dollar brauchen würden, um unsere Arbeit zu Ende führen zu können. Zwei Wochen später erreichte uns ein Brief mit einem Barscheck über genau diese Summe.

Als wir eine Veranstaltungsreihe in Birmingham durchführten, wohnten einige von uns im Haus von Eric Hutchings Familie. Cliff und Billie Barrows waren bei Herrn und Frau Owen zu Gast, zwei wunderbaren Christen. Herr Owen war ein wohlhabender Mann, bekannt für die von ihm gebauten schnellen Autos. Die beiden Paare wurden gute Freunde.

R. G. LeTourneau kam selbst zu einer unserer Veranstaltungen. Er hatte in der Nähe von Newcastle eine Fabrik errichtet, in der nach dem Krieg Maschinen für den Wiederaufbau hergestellt wurden. Auf den Rat seines Bruders hin war die Fabrik gebaut worden, sie lief aber wohl nicht so erfolgreich wie gewünscht. Nun wollte LeTourneau selbst nach dem Rechten sehen.

Ruth schickte mir per Luftpost Vitamin- und Mineraltabletten, die ihr Vater eigens für mich hergestellt hatte. „So, Liebling", ermahnte sie mich, „bitte tu zur Abwechslung mal, was der Doktor sagt."

Noch etwas anderes machte Ruth Sorgen. Sie fand es unklug von mir, daß ich mir im Dienst für den Herrn so viel abverlangte. „Ich glaube, manchmal ist es leichter, uns selbst regelrecht in den Tod zu treiben, als uns zu beschränken und das zu tun, was weise ist", schrieb sie mir. „Ohne daß es witzig klingen soll: Manchmal ist es besser, eine Weile über der Erde zu ruhen, als für immer darunter."

Dann kam ihr ihre Theologie zu Hilfe. „Wir rechnen zwar nicht damit, für immer unter der Erde zu ruhen, doch was Deine gegenwärtige Leistungsfähigkeit betrifft, würde das keinen Unterschied machen."

Natürlich antwortete ich ihr, doch noch bevor sie meinen Brief erhielt, hatte sie mir bereits einen neuen geschrieben. Dieser Brief traf mich völlig unerwartet. Es ging darin um unsere Ehe. Ihre Intuition sagte ihr, daß ich Schuldgefühle hätte und mir Sorgen machte, wir könnten uns – durch mein starkes Engagement im Dienst und meine häufige Abwesenheit – voneinander entfremden.

„Du denkst, wir hätten durch Deine Reisen unsere Lebensweisen und

Interessen voneinander entfernt", schrieb sie. „Doch ich fühle mich Dir näher als je zuvor. . . . Wo immer Du bist, bin ich in Gedanken und im Herzen bei Dir und bete ständig für Dich. Für Dich mit Deinem weiten Tätigkeitsfeld, Deinem weltweiten Freundeskreis, Deinen unendlichen Interessen und Aufgaben fällt es natürlich schwerer, in Gedanken, im Herzen und im Gebet bei mir zu sein. . . . Miß meine herzliche Anteilnahme an all Deinem Gehen und Kommen nicht an Deinem Interesse und Verständnis für meine winzige Welt. Und da ich zumindest zwei Monate lang dort sein konnte, wo mein Herz ist, wird mir die Welt, die Du bereist, immer viel näher und realer erscheinen. Deine Probleme, Aufregungen, Nöte und Erfolge sind auch meine. Paß gut auf Dich auf. Es gibt noch so viel für Gott zu tun, und so viel Liebe, die wir beide noch nicht erkundet und erlebt haben."

Ruth hatte recht. Und ich staunte einmal mehr über ihr Feingefühl und ihren Scharfblick.

Ruth hatte schon seit ihrer Kindheit in China Gedichte geschrieben. Wann sie die folgenden Verse verfaßte, weiß ich nicht genau, doch man kann zwischen den Zeilen lesen, wie wichtig ihr eben die Gedanken waren, die sie in ihrem Brief zum Ausdruck gebracht hatte.

> Liebe,
> ohne festhalten zu wollen;
> weine – wenn's sein muß –, doch tu es allein;
> das Herz stellt sich ein
> auf eine neue Weise zu lieben
> in ganz praktischen Dingen wie
> Putzen und Kochen
> und Kleider sortieren.
> All das sagt: „Ich liebe dich",
> wenn es liebend geschieht.
>
> Also –
> liebe,
> ohne festhalten zu wollen;
> weine –

wenn's sein muß –,
doch tu es allein;
das Herz stellt sich ein
auf die Weite seiner Schritte,
auf das Lied, das er singt,
den Weg, den er geh'n muß,
die Notwendigkeit, die ihn zwingt,
so zu sein, wie er ist,
auf die Welt, die er sieht,
auf die Bahn, die er zieht.

Also –
liebe,
ohne festhalten zu wollen;
weine –
wenn's sein muß –,
doch tu es allein;
das Herz stellt sich ein
darauf, Herz zu sein,
nicht die Mitte des Bauwerks,
vielmehr ein Teil seiner selbst,
nicht das Ziel –
seine Frau.
Also –
liebe!

Anfang April 1947 kehrte ich nach sechs Monaten Abwesenheit von unserer Europareise zurück. Ich wußte, daß Ruth und ich die leichte Spannung in unserer Beziehung überwunden hatten. Jene Monate waren auch eine Zeit der geistlichen Herausforderung und des geistlichen Wachstums gewesen. Mein Kontakt zu führenden britischen Evangelikalen während dieser und späterer Reisen, besonders zu Stephen Olford, vertiefte mein persönliches geistliches Leben. Ich fing an zu verstehen – durch die Macht des Heiligen Geistes –, daß Jesus selbst unser Sieg ist. Mein Hunger nach dem Studium der Bibel und neuen biblischen Einsichten für meine Botschaften wurde größer. Ich zitierte die Bibel häufiger als je zuvor.

Auf einer JFC-Veranstaltung in Minneapolis, Minnesota, hatte mich im Februar 1945 – nur einen Monat, nachdem ich zu Torrey Johnsons neuem Unternehmen gestoßen war – ein Mann predigen hören, der nun im Begriff stand, mein Leben radikal zu verändern.

7

College-Präsident

Ich war erst seit etwa einem Jahr bei Jugend für Christus, als Dr. W. B. Riley, ein führender evangelikaler Pädagoge, mich einlud. Ich sollte auf einer Konferenz sprechen, die unter der Schirmherrschaft seiner Northwestern Akademie stand.

Ich bestieg mein Flugzeug in Seattle. In Vancouver mußte ich im strömenden Regen in eine Lockheed Lodestar umsteigen. Über den Wolken konnten wir im Mondlicht die gewaltigen kanadischen Rocky Mountains sehen. Nach ein paar Flugstunden jedoch, irgendwo über Alberta, kam die Stewardeß nach hinten. Als einziger der vierzehn Passagiere war ich noch wach.

„Wir haben ein Problem", flüsterte sie mir zu.

„Was ist los?"

„Alle Flughäfen innerhalb unserer Reichweite sind wegen Schnee geschlossen", erklärte sie.

„Dann müssen wir zurück nach Vancouver?"

„Dazu haben wir nicht genug Treibstoff."

„Was sollen wir denn dann tun?" fragte ich.

„Das versucht der Pilot gerade herauszufinden."

Ich war, gelinde gesagt, ziemlich nervös. Auf einmal knackte es in den Lautsprechern – so laut, daß alle aufwachten. Der Pilot erklärte, er habe eine Funkstation am Boden ausgemacht. Der Schneesturm werde immer schlimmer, deshalb habe man ihn angewiesen, die Maschine so bald wie möglich zu landen. Irgendwo unter uns sei ein freies Feld. Sobald er ein Loch in den Wolken gefunden habe, wolle er hindurchtauchen und die Landung versuchen.

Die Stewardeß wies uns an, uns zusammenzukauern und den Kopf zwischen die Knie zu stecken. Immerhin beruhigte uns der Pilot mit der Bemerkung, wir hätten nur noch so wenig Treibstoff, daß die Maschine wohl kaum in Brand geraten könnte.

Hart setzten wir auf dem Boden auf. Die Leute schrien laut, als die Maschine abrupt zum Halten kam. Bei einigen Passagieren hinterließen die Sicherheitsgurte schmerzhafte Striemen, doch niemand wurde ernsthaft verletzt. Auch ich hatte ein paar Druckstellen, ansonsten war alles in Ordnung.

Den Rest der Nacht verbrachten wir in der Maschine. Offenbar funktionierte das Funkgerät des Piloten noch, denn er stand in Kontakt mit einer nahegelegenen Kleinstadt. Die Leute dort versprachen, beim ersten Morgengrauen einen Pferdewagen herzuschicken. Der Wagen brachte uns zu einem wartenden Bus, mit dem wir in die Stadt fahren konnten. Dort quartierte uns die Fluggesellschaft in einer Pension ein.

Das Abenteuer hatte mich so erschöpft, daß ich auf das Bett fiel und sofort einschlief, obwohl es schon später Vormittag war. Etwa eine Stunde später wurde ich durch lautes Klopfen geweckt. Vor der Tür stand ein kanadischer Mountie.

„Ich muß Sie bitten, mit mir zu kommen", sagte er.

„Warum?" fragte ich.

„In diesem Zimmer hat letzte Nacht ein Bankräuber gewohnt. Bis wir uns vergewissert haben, wer Sie sind, müssen Sie mit mir auf dem Revier bleiben."

Glücklicherweise konnten der Pilot und die Stewardeß mich als einen ihrer Flugpassagiere identifizieren.

Schließlich kam ich doch noch nach Minnesota und konnte pünktlich meine Ansprache halten. Dann brachte mich Dr. Riley völlig aus dem Gleichgewicht. Unter vier Augen teilte er mir mit, ich sei in seinen Augen der Mann, den Gott als seinen Nachfolger als Präsident der Northwestern Akademie ausersehen habe.

Dr. Riley hatte 1902 eine Bibelschule gegründet, nachdem ihn junge Leute aus seiner Gemeinde gebeten hatten, ihnen ein systematisches, intensives Bibelstudium zu ermöglichen. Später kamen zur Bibelschule ein geisteswissenschaftliches College und ein theologisches Seminar hinzu.

Inzwischen war er Mitte achtzig, und ich war Ende zwanzig. Ich nahm sein Angebot nicht ernst.

Dies war nicht mein erster Kontakt zu Dr. Riley. Im Februar 1945 hatte der ehrwürdige Theologe und Pädagoge auf der Bühne des alten Auditoriums von Minneapolis gesessen, während ich auf einer Veranstaltung von Jugend für Christus predigte. Etwa fünfundvierzig Leute nahmen an jenem Abend die Einladung an, ein Leben mit Christus zu beginnen, und er hatte sich mit uns gefreut. Am nächsten Morgen rief er einen seiner persönlichen Assistenten im College an, um sich zu erkundigen, wer ich sei. Später erinnerte er sich daran, daß er mir Ende der dreißiger Jahre schon einmal im Florida Bibel-Institut begegnet war; er hatte mit seiner Frau häufig den Winter im Süden verbracht und den Campus nicht nur als Tourist, sondern auch als Gastdozent besucht.

Mehr als vierzig Jahre lang war Dr. Riley Pastor der Baptistengemeinde gewesen, die in dieser Zeit mit die meisten Gottesdienstbesucher des mittleren Westens hatte. Der intellektuelle Wissenschaftler war ein gründlicher Kenner der Bibel und ein mit Autorität sprechender Mann. Bei Liberalen und Fundamentalisten fand er gleichermaßen Respekt. Im heftigen Widerstreit mit seiner Denomination kämpfte er selbst an der pädagogischen Front gegen die liberale Theologie. William Jennings Bryan soll ihn den „größten christlichen Staatsmann auf Amerikas Kanzeln" genannt haben.

Dr. Riley besaß die Ausstrahlung eines alttestamentlichen Propheten: Er war von beeindruckender Gestalt, hatte schneeweißes, gewelltes Haar, eine Hakennase und einen feurigen Blick. Zu dieser Ausstrahlung kam die seltene Kombination, daß er sowohl Wissenschaftler als auch begnadeter Prediger war. Als Absolvent des Seminars der Südlichen Baptisten galt er unter den theologisch Konservativen als einer der führenden Köpfe des Landes.

Wenn ich ab und an über das Angebot nachdachte und betete, kam es mir nicht ganz ausgeschlossen vor, Präsident der Northwestern Akademie zu werden. Reizvoll daran war, eine Ausbildungsstätte in eine andere Richtung zu führen als die meisten anderen theologischen Seminare und christlichen Colleges in den USA. Mir stand eine Schule vor Augen, aus der junge Leute, die für Jesus Christus und die Evangelisation brannten, bis an die Enden der Welt ausgesandt werden könnten.

Was Dr. Riley suchte, war ein junger Mann, wie er selbst es vor sechzig Jahren gewesen war – jemand, der den Studenten die Leidenschaft vermitteln konnte, Menschen für Christus zu gewinnen. Außerdem brauchte er jemanden, der fähig war, Menschen der unterschiedlichsten Herkunft und Anschauung zum Gebet und zur finanziellen Unterstützung zu motivieren. Aufgrund meiner landesweiten Kontakte durch Jugend für Christus und meiner wachsenden Bekanntheit als Evangelist mußte er den Eindruck gewonnen haben, daß ich all seine Anforderungen erfüllte. Daß ich auf akademischem und administrativem Gebiet Defizite haben könnte, schien ihn nicht zu stören; seiner Meinung nach konnte das durch gute Mitarbeiter und Dozenten weitgehend wettgemacht werden – verfügte er doch über ein vielköpfiges Kuratorium mit fünfzig Mitgliedern.

Im Spätsommer 1947 wurde die Sache ernst. Ich sprach auf der jährlichen Northwestern Bibel-Konferenz in Medicine Lake, unweit von Minneapolis. An einem verregneten Nachmittag erhielt ich die Nachricht, Dr. Riley wünsche mich zu sprechen. So schnell ich konnte, begab ich mich zu seinem Vorstadthaus in Golden Valley. Seine Frau Marie führte mich ins Wohnzimmer, wo er auf einer Couch lag.

Der Sechsundachtzigjährige hob seinen Kopf vom Kissen und deutete mit zitternder Hand in meine Richtung. Mit unerschütterlicher Gewißheit in der Stimme verkündete er, ich werde seinen Mantel tragen – wie Elisa den des alttestamentlichen Propheten Elia.

Seine Worte klangen wie der Segen eines Patriarchen. Wenn er tot war, so schien er sagen zu wollen, mußte ich sein Nachfolger als Präsident der Akademie werden, die er vier Jahrzehnte zuvor gegründet hatte. Er bestand darauf, mich zumindest zum freigestellten Vizepräsidenten zu ernennen, was immer das bedeutete.

„Aber Dr. Riley, ich kann diese Aufgabe nicht übernehmen. Gott hat mir das nicht gezeigt. Doch wenn es Sie erleichtert, werde ich vorübergehend einspringen, bis das Kuratorium einen regulären Präsidenten gefunden hat."

Das schien ihn zufriedenzustellen, und er entspannte sich. Ich verließ ihn jedoch mit schwerem Herzen und wanderte nachdenklich hinaus in den Regen.

Stalin hatte die Vereinbarungen von Jalta und Potsdam bereits gebrochen; in China versuchten die Kommunisten die Macht zu ergreifen; das Atomzeitalter war endgültig angebrochen. Das Evangelium von Christus war *die* Antwort auf die prekäre Lage der Menschheit, daran gab es keinen Zweifel. Nur das Evangelium zeigte den Weg zu individuellem Frieden, gesellschaftlicher Harmonie, positiver Veränderung des Lebens und spiritueller Zufriedenheit.

Ich glaubte mich dazu berufen, das Evangelium bekanntzumachen. Außerdem glaubte ich, daß wir durch eine christliche Ausbildung Männer und Frauen dazu begeistern konnten, dieses Evangelium ebenfalls weiterzutragen. Bedeutete das: meine Wirksamkeit könnte vervielfacht werden, wenn ich mich in der theologischen Ausbildung engagierte? So schien es zu sein. Und doch – ich war zutiefst unsicher.

Trotz seines schlechten Gesundheitszustandes leitete Dr. Riley die Sitzung des Kuratoriums der Northwestern Akademie am 1. Oktober 1947. Auf seine Bitte hin nahm ich daran teil, und während der Sitzung bat er mich, eine Erklärung abzugeben.

„Ich habe keinen klaren Hinweis von Gott, daß ich Dr. Rileys Nachfolger werden soll", sagte ich unter anderem. „Der Herr hat mich in die Evangelisation berufen. Ich bin zur Zeit Jugend für Christus gegenüber fest verpflichtet. Wenn es Ihnen jedoch hilft, so wäre ich notfalls bereit, *Interims*-Präsident zu werden, bis das Kuratorium das Amt dauerhaft neu besetzen kann . . . Meine augenblickliche Position ist lediglich die eines freigestellten Vizepräsidenten."

Ich wußte nicht, wie ich meinen Standpunkt deutlicher hätte erklären können.

Am 5. Dezember 1947 erreichte mich George Wilson um Mitternacht telefonisch auf einem JFC-Treffen in Hattiesburg, Mississippi: „Dr. Riley ist gestorben!"

Man bat mich, auf seiner Beerdigung zu predigen. Glücklicherweise war mein britischer Freund Stephen Olford gerade zu Gast. Ich bat ihn, meine nächsten Predigteinsätze zu übernehmen. Dann reiste ich sofort nach Minnesota und bereitete im Flugzeug die Predigt für die Beerdigung vor. Ich beschloß, über die ersten sechsundachtzig Wörter von Psalm 1 zu predigen; Dr. Riley war im Alter von sechsundachtzig Jahren verstorben, und Psalm 1, der so viel über die Bedeutung des Wortes Gottes sagt, paßte sehr gut zu ihm.

Ein bekannter Pastor einer örtlichen Gemeinde, der während des Gottesdienstes ein Gebet sprach, meinte später öffentlich, *er* hätte eigentlich auf der Beerdigung predigen müssen, denn er sei der nächstliegende Anwärter auf Dr. Rileys Nachfolge gewesen. Doch Dr. Riley habe andere Ideen gehabt, fügte er verächtlich hinzu, und hätte diesen jungen Mann rekrutiert.

Dieser Pastor hatte vermutlich ganz recht. Mein Bachelor-Grad in Anthropologie vom Wheaton College qualifizierte mich wohl kaum für das Amt eines College-Präsidenten – des jüngsten im ganzen Land, wie ich später erfuhr –, und das nur vier Jahre nach meinem eigenen Examen. Wahrscheinlich dachten viele der Kuratoren und Dozenten ebenso. Auf der nächsten Kuratoriumssitzung jedoch folgten die Mitglieder pflichtschuldig dem erklärten Willen des Gründers und ernannten mich zum Interimspräsidenten.

Auf dem Campus geriet ich mitten in eine Reihe bereits bestehender Notfälle und fügte meinerseits noch ein paar hinzu. An meinem zweiten Tag im Amt kam die Bibliothekarin in mein Büro und sagte, sie könne unmöglich noch länger mit ihrem kleinen Monatsgehalt auskommen. Ich stimmte ihr von ganzem Herzen zu und schrieb eine Anweisung an den Schatzmeister, ihr Gehalt sofort zu erhöhen. Die Kunde von meiner Großzügigkeit verbreitete sich wie ein Buschfeuer in den Reihen der Dozenten! Diese unterbezahlten Leute waren so sehr darauf angewiesen, sich durch Predigteinsätze und anderweitige Arbeit über Wasser zu halten, daß sie fast so häufig vom Campus abwesend waren, wie ich es zu sein gedachte. Bei jedem war eine Gehaltserhöhung überfällig.

Meine einsichtsvolle Großzügigkeit wäre ein kühner Streich gewesen, der mir die Unterstützung der Dozenten gesichert hätte, wenn die Akademie das Geld gehabt hätte. Das war aber nicht der Fall. Im Gegenteil, sie hatte eine ordentliche Geldspritze nötig. Nachdem sie jahrzehntelang in der Jackson Hall betrieben worden war, dem Schulungsgebäude der Baptistengemeinden, hatte Dr. Riley beschlossen, drei Straßenblocks entfernt ein Verwaltungs- und Schulgebäude mit Blick auf den kleinen See im Loring Park zu bauen. Der größte Teil des Geldes, das er dafür aufbrachte, war nach dem Aushub und der Fundamentlegung verbraucht. Zum Zeitpunkt seines Todes fehlten die Mittel für die Fertigstellung des Projektes. Der dringlichste Punkt auf meiner Aufgabenliste als Präsident war also die Geldbeschaffung für das Gebäude.

Hinter einem Schreibtisch zu sitzen und die täglichen Routineaufgaben eines Colleges zu verrichten machte mir weder Spaß, noch war ich sonderlich geeignet dafür. Ich war neunundzwanzig. Meine Frau und meine beiden kleinen Töchter – Anne Morrow Graham war im Mai 1948 geboren worden, ein paar Monate nach meinem Eintritt in die Northwestern Akademie – lebten zu Hause in North Carolina. Ich selbst war mindestens ein Viertel der Zeit als reisender Evangelist unterwegs, der Jugendveranstaltungen abhielt und örtliche JFC-Gruppen organisierte. Ruth verspürte keine Lust, nach Minneapolis umzuziehen.

Eine Vorstellung über die Weiterführung der Northwestern Akademie hatte ich schon, aber nicht die Nerven. Da half es auch nicht, daß Ruth mich immer wieder daran erinnerte, daß ich von Gott zum Evangelisten berufen sei, nicht zum Pädagogen.

Während ich die Schule leitete, nahm Marie Riley aus verständlichen Gründen offiziell als Dekanin der Studentinnen und inoffiziell als Witwe des Gründers eine gewisse Besitzerhaltung ein. Mit großem Geschick hielt sie alle Fäden der Einrichtung in der Hand. Sie stützte sich auf die beinahe absolute Autorität ihres verstorbenen Mannes. Wären ihre tiefe Frömmigkeit, ihre große Begabung und die Herzlichkeit nicht gewesen, mit der sie mich stets begrüßte, ich hätte meine Aufgabe nicht einmal ansatzweise bewältigen können.

Eine große Hilfe für mich war, daß ich Dr. Rileys langjährige Sekretärin geerbt hatte: Luverne Gustavson. Sie wußte alles über die Schule und konnte alle notwendigen Briefe und Akten auftreiben.

Auf der Suche nach jemandem, der während meiner Abwesenheiten ein Auge auf die Geschehnisse werfen könnte, dachte ich an meinen alten Freund T. W. Wilson. Ich drängte ihn, seinen sehr effektiven Dienst bei Jugend für Christus aufzugeben, um mir als Vizepräsident zur Seite zu stehen. Seine akademischen Qualifikationen waren nicht umfangreicher als meine. Seine Persönlichkeit war beeindruckend. Er war ein Mann, der ohne Scheu seine Überzeugungen offen aussprach. Er war bei Bob Jones ausgebildet worden, hatte zu dessen Kuratorium gehört und war schließlich zu Jugend für Christus gestoßen. All das, verbunden mit seiner geistlichen Warmherzigkeit und seinem sprühenden Sinn für Humor, verlieh ihm alle Qualifikationen, die ich mir für einen Assistenten wünschen konnte. Ich hatte viele Freunde an der Schule und in Minnesota. Doch mein Vertrauensverhältnis zu T. W. war seit Jahren erprobt, nicht nur als Freund, sondern auch als „Wachhund", wenn ich unterwegs war.

So zogen er und seine Frau Mary Helen aus ihrer behaglichen Heimat im Süden in das strenge Klima Minnesotas. Dazu war nicht einmal ich bereit gewesen; wenn ich in der Stadt zu tun hatte, wohnte ich in einem alten Hotel. Aber ich war ohnehin ständig unterwegs. Hauptsächlich um der Kinder willen wollte Ruth in der Nähe ihrer Eltern in Montreat bleiben; ich fuhr hin, so oft ich konnte.

Eines Nachts lag ich in North Carolina im Bett und konnte nicht schlafen. Ich wußte: Wir brauchen einen zündenden Slogan, der ausdrückt, was wir mit der Northwestern Akademie erreichen wollen. Dem Leitwort, das mir Gott in dieser Nacht schenkte, stimmten alle anschließend zu.

Obwohl ich während der nächsten Jahre fast ausschließlich unterwegs war, entging mir nicht, daß sich trotz guter Fortschritte bei den Studentenzahlen und den Finanzen eine unterschwellige Unruhe auf dem Campus verbreitete. Das Kuratorium wußte nicht, was es von mir halten sollte. Ich hatte jede Menge Ideen, und einige von ihnen hätten der Schule vielleicht sogar gut getan. Aber ich wollte immer, daß sie sofort umgesetzt wurden.

„Ich stelle fest, daß man eine Akademie nicht über Nacht entstehen lassen kann", schrieb ich an einen befreundeten Pastor in Michigan. „Es kostet viel Blut, Schweiß, Tränen und Gebet, um eine solche Institution zu errichten. Die Schule ist durch eine schwere Übergangszeit gegangen; sie hat Wachstumsschmerzen. Neue Ideen, neue Horizonte, neue Einstellungen und neue Ziele aufzunehmen ist nicht immer leicht."

Ein paar Zeilen weiter machte ich eine Bemerkung über „eifersüchtige Herzen . . . die der Northwestern völlig unberechtigte Vorwürfe entgegenschleudern". Ich bat meinen Freund um Vorschläge, wie ich aus dieser Misere herauskommen könnte.

Ein wunder Punkt für einige ultra-fundamentalistische Kuratoren war der Umstand, daß der ökumenische Stadtkirchenrat meine Evangelisation im Herbst 1948 in Augusta, Georgia, mitfinanzierte. Es war das erste Mal, daß eine überkonfessionelle kirchliche Organisation uns rückhaltlos unterstützte. Während das einigen Leuten im Kuratorium nicht gefiel, sah ich in dieser Entwicklung große neue Möglichkeiten zur Evangelisation.

Eine Krise bei der Baufinanzierung der Akademie ließ mich für immer davor zurückscheuen, gleichzeitig als Evangelist und Spendensammler aufzutreten. Während meiner ersten sechs Monate als Präsident brachten diese beiden Aufgaben für mich keinen Interessenskonflikt mit sich. Warum sollte ich nicht um Spenden für die Fachbereiche der Akademie bitten, während ich überall im Land Jugendevangelisationen durchführte?

Während jener Zeit erhielt ich kein Gehalt; ich wurde ausschließlich von Jugend für Christus bezahlt. Doch für die Öffentlichkeit sah es genau umgekehrt aus, und das wurde zu einem Störfaktor bei der Finanzierung meines Dienstes.

Bald mußte ich meine Reiseverpflichtungen für Jugend für Christus einschränken. Kuratorium, Dozenten und Studenten wuchsen mir immer mehr ans Herz – besonders die jungen Leute mit ihren fröhlichen Gesängen in den Gottesdiensten oder ihren eindrücklichen Berichten von Gottes Wirken während ihrer evangelistischen Einsätze. Angeregt konnte ich mich mit ihnen unterhalten. Ich war kaum zehn Jahre älter als viele von ihnen – und fühlte mich ihnen gegenüber eher als Bruder denn als Vater.

Zwei Wilsons gab es bereits in meinem Leben, die Brüder T. W. und Grady. Jetzt kam ein dritter dazu, George – kein Verwandter der beiden anderen. Er war nicht nur Geschäftsführer der Akademie, sondern auch Inhaber einer christlichen Buchhandlung in der Innenstadt. Außerdem war er in Minneapolis der Organisator der JFC-Veranstaltungen gewesen, der größten in Amerika, zu denen im Durchschnitt jeweils zehntausend Menschen gekommen waren. Außerdem leitete er eine bemerkenswerte Jugendarbeit, und seine Begeisterung für die Akademie war ein Geschenk Gottes für meine Arbeit. Zudem war dieser Prachtkerl mit viel Humor ausgestattet – das hatte ich schon auf unseren gemeinsamen Reisen durch England erlebt.

Zu diesen Tugenden gesellte sich eine unverbrüchliche Loyalität. „George Wilson hängt immer nur an einem einzigen Menschen", hatte Dr. Riley mich gewarnt. „Mir gegenüber war er immer loyal. Wenn ich nicht mehr bin, wird er diese Loyalität auf Sie übertragen." Er hätte es nicht treffender sagen können.

George wachte stets als strenger Haushalter über die Mittel, die Gott uns anvertraute, so mager sie auch sein mochten. Das machte ihn zu einem hervorragenden Schnäppchenjäger zugunsten der Akademie. Er verschaffte uns dreiundzwanzig alte Klaviere aus dem historischen Fort Snelling in der

Nähe von Minneapolis für ein paar Dollar pro Stück. Die Mehrzahl davon ließ sich nicht mehr als Musikinstrument herrichten, also machte er Pulte für die Seminarräume daraus.

Als ich meine Tätigkeit als Interimspräsident begann, hatten George Wilson und sein Freund Loren Bridges, der Sergeant im Marinekorps und Radioexperte war, bereits über die Möglichkeit nachgedacht, in der Akademie einen Radiosender einzurichten. Die Vereinigung christlicher Geschäftsleute in Minneapolis arbeitete ebenfalls an einem solchen Projekt. Doch jedesmal, wenn George und Loren damit zu Dr. Riley gekommen waren, hatte er sie abgewiesen. Ich dagegen war begeistert von der Idee und gab ihnen die Erlaubnis, die Sache so bald wie möglich in Angriff zu nehmen.

Der College-Dekan und T. W. baten die Studenten, soviel Geld, wie sie konnten, für den Radiosender zu spenden. Um den Rest zu beschaffen, wandte ich mich an Freunde der Akademie. George mit seiner umwerfenden Begeisterung blieb Dreh- und Angelpunkt des Projekts. Bald darauf wurde der Radiosender KTIS gegründet, und eine tagtägliche fünfzehnminütige Andacht von mir ging als erstes über den Sender.

Auch für die Fertigstellung der Memorial Hall gingen beträchtliche Spenden ein. Der Tag des Umzugs war ein wahrhaft denkwürdiger Tag. Die Studenten, Dozenten und Mitarbeiter trugen sämtliche Bücher – alle der Reihe nach entsprechend ihrem Platz auf den Regalen numeriert – in einer Art Prozession über den Harmon Platz zur Bibliothek ins neue Gebäude hinüber. Der neue Campus war einsatzbereit.

Die Gehälter der Dozenten waren erhöht worden, und im großen und ganzen standen die Finanzen auf einer soliden Basis. Um die Kosten decken zu können, mußten wir allerdings die Studiengebühren nahezu verdoppeln. Dennoch gab es immer mehr Einschreibungen. Als ich jedoch einmal versuchte, einige Ausgaben einzusparen, um das Budget nicht zu sprengen, hätte ich beinahe eine Rebellion der Dozenten heraufbeschworen. Wir kämpften alle diese Probleme in unseren Gebeten durch. Immer wieder vereinbarten wir Gebetstreffen – auf dem Florida Bibel-Institut hatte ich damit viel gute Erfahrung gemacht. Was wir brauchten, schenkte uns Gott aus Gnade – nicht, weil wir es verdient hätten.

Wie Sie später sehen werden, geschah während der nächsten Jahre vieles, das zur Ausdehnung meiner evangelistischen Tätigkeit beitrug. Immer mehr wurde ich in meiner Überzeugung bestärkt, daß vollzeitliche Evangelisation Gottes Weg mit mir sei. Infolgedessen trat ich im Juni 1950 von meinem Amt als Präsident der Northwestern Akademie zurück. Doch das Kuratorium wollte meinen Rücktritt nicht akzeptieren.

Um die Weihnachtszeit 1951 nahm ich mir zu Hause in der Einsamkeit der Berge North Carolinas viel Zeit für eine gründliche Selbstprüfung. Das Kuratorium, die Dozenten und die Studenten der Northwestern Akademie waren so kooperativ, wie man es sich nur wünschen konnte, doch die Akademie litt darunter, daß es keinen vollzeitlichen Präsidenten gab, der immer zur Stelle war, wenn notwendige Entscheidungen getroffen werden mußten.

Zu Hause bei Ruth und unseren drei Mädchen – Ruth Bell Graham, die den Spitznamen Bunny bekam, war im Dezember 1950 geboren – ging ich fast jeden Tag hinaus, um zu beten und die Bibel zu studieren. Von neuem las und bedachte ich die großen Passagen der Bibel in der Apostelgeschichte und in den Prophetenbüchern wie Daniel und Hesekiel, die mich seit Jahren motiviert hatten. Meine Entscheidung war unausweichlich.

Im Februar 1952 versuchte ich es erneut. Diesmal nahm das Kuratorium meinen Rücktritt an.

Ich hatte das gute Gefühl, die Institution in einem viel besseren Zustand zu verlassen, als ich sie vorgefunden hatte. Auf dem schwierigen Weg zur Anerkennung als akademische Einrichtung waren wir ein gutes Stück vorangekommen. Die Zahl der Studenten war von siebenhundert auf eintausendzweihundert gestiegen – auf den höchsten Stand ihrer fünfzigjährigen Geschichte –, darunter einige ausländische Studenten, die wir in Übersee kennengelernt und eingeladen hatten, gebührenfrei bei uns zu studieren. Die meisten von ihnen hatten ein brennendes Herz für die Welt, wie es in unserem Motto zum Ausdruck kam.

Zugegeben, ich war niemals vollkommen glücklich dort an der Northwestern Akademie. Und auch nie ganz überzeugt davon, daß diese Aufgabe Gottes Willen entsprach. Im Rückblick jedoch erkenne ich, daß die Zeit dort viel Gutes gebracht hat – besonders im Hinblick auf meine Erfahrungen in Management und Finanzen und im Umgang mit einem Kuratorium. Die Jahre dort haben mir auch ein besseres Verständnis für junge Leute vermittelt. All das kam mir später sehr zugute.

Verständlicherweise führte mein Abschied von der Akademie zu Verstimmungen. Einige meiner Freunde und Mitarbeiter nahm ich mit in unsere neue Organisation, die Billy Graham Evangelistic Association – zum Beispiel George Wilson, den ehemaligen Geschäftsführer der Northwestern Akademie; Luverne Gustavson, zuerst Dr. Rileys und dann meine Privatsekretärin; Betty Lowry, ein Verwaltungsgenie; und Jerry Beavan, den Archivar der Schule.

War ich, wie manche Kritiker sehr rasch urteilten, als Präsident der Akademie gedankenlos und uneinfühlsam? Beides traf zeitweise zu, wie ich ehrlich zugeben mußte. Doch während meiner Amtszeit fanden die denkwürdigen Evangelisationen in Los Angeles und Neuengland statt. Und die Welt schien sich auf nie gekannte Weise für das Evangelium zu öffnen. Vielleicht wären manche meiner Entscheidungen und Maßnahmen anders ausgefallen, wenn ich länger darüber nachgedacht hätte. Doch die Dinge bewegten sich so schnell, daß zum Nachdenken kaum Zeit blieb.

Drei Monate nach meinem Rücktritt schrieb ich an einen befreundeten Journalisten: „Zweifellos habe ich Fehler gemacht, und ich vertraue darauf, daß der Herr mir vergeben hat. Doch es spielen hier noch viele Dinge mit, die nie in die Öffentlichkeit getragen worden sind."

„Ich fühle mich besser als je zuvor in meinem Leben", schrieb ich am 23. Juni 1952, während einer denkwürdigen Evangelisation in Jackson, Mississippi, an meine Eltern. „Die Last der Akademie von den Schultern zu bekommen, war mir eine ungeheure Erleichterung."

8

Die Aufgaben wachsen

AUGUSTA, MODESTO, FOREST HOME 1948-1949

Nach unserer ersten stadtweiten Kampagne im September 1947 in Grand Rapids, Michigan, folgten etliche weitere. Doch Augusta und Modesto sind mir aus verschiedenen Gründen besonders lebhaft in Erinnerung, und an Forest Home erinnere ich mich aus einem ganz wichtigen Grund.

AUGUSTA

Im Oktober 1948 standen wir kurz vor dem Abschluß einer recht erfolgreichen stadtweiten Kampagne in Augusta, Georgia. Obwohl ich erst kurz zuvor die Präsidentschaft der Northwestern Akademie übernommen hatte, war ich immer noch häufig unterwegs, um auf Veranstaltungen von Jugend für Christus, Konferenzen und Evangelisationen zu sprechen.

Auf die Leute in unserem Hotel machte die Kampagne in Augusta offensichtlich keinerlei Eindruck. In der Stadt fand an jenem Samstagabend eine Konferenz für Autohändler statt. Gegen ein Uhr morgens brach im Nebenzimmer eine wilde Party aus, die mich aus dem Tiefschlaf riß. Grady kam in mein Zimmer, um sich zu beklagen.

„Ich kann nicht schlafen."

„Ich auch nicht, und morgen ist ein wichtiger Tag", sagte ich zu ihm. „Ich gehe hinüber!" Ich hüllte mich in meinen Bademantel, ging hinaus und klopfte an die Tür des Nachbarzimmers.

„Was wollen Sie?" Ein betrunkener Mann öffnete die Tür.

„Ich will zu den Leuten hier sprechen!" Eigentlich hatte ich meinen Nachbarn nur sagen wollen, sie sollten nicht soviel Lärm machen, aber dann muß wohl doch der Prediger in mir die Oberhand gewonnen haben.

„Ruhe!" brüllte ich in die Runde der dreißig oder vierzig zechenden Männer und Frauen. Sie verstummten erschrocken.

„Ich bin Pastor", fing ich an.

Es wurde so still, daß man eine Stecknadel hätte fallen hören. Autohändler aus South Carolina erkennen einen Evangelisten aus dem *Bible Belt* (einem fromm geprägten Gebiet der USA, das sich geographisch wie ein Gürtel über den Kontinent zieht), selbst im Bademantel.

„Ich predige hier in der Stadt auf einer Erweckungsveranstaltung. Einige von Ihnen werden vielleicht in der Zeitung darüber gelesen haben."

Keine sehr wahrscheinliche Vermutung.

„Ich nehme an, daß die meisten von Ihnen Mitglieder einer Kirchengemeinde sind. Manche von Ihnen sind Diakone und Kirchenvorsteher. Vielleicht sogar Sonntagsschullehrer. Ich weiß, daß Ihre Pastoren sich für Sie schämen würden, denn Sie verhalten sich ganz bestimmt nicht wie Christen." Ich wurde kühner: „Ich weiß, daß *Gott* sich Ihretwegen schämt."

„Sie haben recht, Herr Pastor", meldete sich einer kleinlaut. „Ich bin Diakon."

„Und ich unterrichte in der Sonntagsschule", gestand eine Frau.

Und dann stand ich da und hielt diesen Leuten eine evangelistische Predigt. Ich weiß nicht, was aus der Party wurde, nachdem ich gegangen war, aber zumindest gab es für den Rest der Nacht keinen Lärm mehr.

So etwas war natürlich nicht meine Gewohnheit, obwohl ich mich schon in mehr lauten Hotelzimmern aufgehalten habe, als mir lieb ist. Aber manchmal muß ein Evangelist eben kühn sein – und auch ein bißchen frech!

Jene Veranstaltungsreihe in Augusta markierte für uns den Beginn einer neuen Phase. Meine ersten Jahre bei Jugend für Christus waren ein schierer Wirbel von Aktivität gewesen: Ich hatte auf JFC-Veranstaltungen und in Gemeinden quer durch Nordamerika und Europa gesprochen. Allein im Februar jenes Jahres zum Beispiel hatte ich vierundvierzigmal in mehreren Staaten des mittleren Westens für JFC gesprochen, einige Gottesdienste und andere Veranstaltungen nicht eingerechnet.

Doch nun begann ich, über große, stadtweite Kampagnen nachzudenken und zu beten. Einige davon waren auf Jugendliche zugeschnitten und hingen eng mit JFC zusammen. Andere ergaben sich aus Einladungen zu stadtweiten Veranstaltungen, die unabhängig von JFC waren und für die ganze Bevölkerung gedacht waren.

Eine erste von JFC losgelöste Vortragsserie hatte Ende 1947 in meiner Heimatstadt Charlotte stattgefunden; Augusta war unsere zweite. Dort wandten wir eine Reihe von Prinzipien an, die maßgeblich für unsere Arbeit in den folgenden Jahren wurden.

Das erste Prinzip war, eine möglichst große Bandbreite an Gemeinden zu beteiligen. Unsere stadtweite Veranstaltung in Augusta wurde von der Pastorenvereinigung der Stadt – einer Art Stadtkirchenrat – offiziell unterstützt. Einen so umfangreichen Trägerkreis hatte es noch nie gegeben; in allen bisherigen Städten hatten uns nur wenige Gemeinden – manchmal auch nur eine einzige – eingeladen.

Vielleicht hatte ein wenige Monate zurückliegendes Ereignis meinen Wunsch verstärkt, mit so vielen Gemeinden wie möglich zusammenzuarbeiten. Ich hatte als Beobachter an der Gründungssitzung des Ökumenischen Rates der Kirchen in Amsterdam teilgenommen. Dr. Willem Visser 't Hooft, der Generalsekretär des neu gegründeten Rates der Kirchen, hatte mich als Vertreter von Jugend für Christus eingeladen und war mir sehr freundlich begegnet. Das Christentum bekam für mich eine neue, weltweite Dimension.

Wie viele andere, so war auch ich besorgt, daß manche extrem liberale Theologen – Leute, die nicht alle Aussagen des Apostolischen Glaubensbekenntnisses, das auch mein grundlegendes Bekenntnis war, bejahen konnten – im Ökumenischen Rat eine herausragende Rolle spielten. Dennoch beeindruckte mich die geistliche Tiefe und Frömmigkeit vieler Teilnehmer. Zudem sah ich auf lokaler Ebene die Vorteile, wenn alle Gemeinden sich mit vereinten Kräften um die Verkündigung des Evangeliums bemühten.

In unserem zweiten Prinzip erklärten wir, das Gebet sei ein unverzichtbares Element bei der Vorbereitung einer Veranstaltungsserie. Deshalb versuchten wir, im Vorfeld so viele Gebetskreise wie möglich ins Leben zu rufen. In den Monaten vor unserer Ankunft, so sagte man mir, seien Hunderte von Gebetskreisen in Gemeinden und Privathäusern entstanden. Sie beteten um den Segen Gottes für unseren Einsatz.

Zu unserem dritten Prinzip gehörte es, finanzielle Probleme zu vermeiden. Natürlich mußte Geld aufgebracht werden, um die Kosten der Veranstaltung zu decken – aber alles mußte so offen geschehen, daß weder Mißtrauen noch Mißstimmung entstehen konnte. Lange vor dem Ende der Kampagne in Augusta hatten die Teilnehmer genug gespendet, um das gesamte Budget auszugleichen. Daraufhin wurde beschlossen, keine weiteren Kollekten einzusammeln. Bei der letzten Versammlung wurde, wie es damals üblich war, eine Sonderkollekte für Cliff Barrows und mich zusammengelegt, um unseren Lebensunterhalt zu decken.

Viertens lernten wir schätzen, wie wertvoll Publicity ist und wie wichtig es war, daß wir offen und verständlich über unser Anliegen sprachen. Der örtliche Organisationsausschuß hatte Anzeigen in die Zeitung gesetzt, um Zeit und Ort der Veranstaltungen bekannt zu geben, da über unseren ersten Veranstaltungsabend nur selten im Nachrichtenteil vorab berichtet wurde. Doch manche der Anzeigentexte brachten mich zum Stirnrunzeln, weil sie Einzelpersonen stärker in den Vordergrund stellten als die Botschaft des Evangeliums.

Andererseits sahen wir, daß systematische Werbung das Interesse an einer Veranstaltung deutlich steigern konnte. Griffige Themen wie „Was sagt Christus zu dieser Krise?" ließen die Medien aufhorchen. Die Zeitungen begannen, täglich über die Versammlungen zu berichten und faßten meine Predigten in den wesentlichen Punkten zusammen. Außerdem bekamen wir oft die Gelegenheit, uns in lokalen Radiosendungen zu äußern.

In einem Zeitungsartikel hieß es, in meiner nächsten Predigt würde ich die Bibel in der einen und eine Zeitung in der anderen Hand halten. Ich weiß nicht, ob das buchstäblich zutraf. Aber es symbolisierte mein ständiges Bemühen, die Aktualität der ewigen Wahrheiten Gottes anhand des aktuellen Zeitgeschehens zu demonstrieren.

MODESTO

Für die zweiwöchige Veranstaltung war ein großes Zelt errichtet worden. Von Anfang an stießen wir auf ermutigende Signale. An manchen Abenden mußten wir aus Platzmangel Hunderte von Interessierten wieder nach

Hause schicken. Einige der Organisatoren aus Modesto drängten uns sogar, noch eine dritte Woche anzuhängen. Wegen dringender Aufgaben an der Northwestern Akademie mußte ich jedoch ablehnen.

Die Erfahrungen in Modesto ermutigten uns nicht nur, mit den stadtweiten Kampagnen fortzufahren; sie lieferten uns auch in einer anderen Hinsicht eine wichtige Grundlage für unsere zukünftige Arbeit. Hin und wieder sprachen Cliff, Bev, Grady und ich über die immer wiederkehrenden Probleme, die viele Evangelisten zu haben schienen, und über das schlechte Image sogenannter Massenevangelisationen.

An einem Nachmittag in Modesto rief ich das Team zusammen, um dieses Problem zu erörtern. Dann bat ich alle, für eine Stunde in ihre Zimmer zu gehen und die Probleme aufzulisten, mit denen Evangelisten und die Evangelisation überhaupt zu kämpfen haben.

Als sie zurückkamen, sahen sich ihre Listen bemerkenswert ähnlich. Innerhalb kurzer Zeit gingen wir miteinander eine Reihe von Verpflichtungen ein, die uns in unserer zukünftigen Arbeit leiten sollten. Im Grunde war es eher eine formlose Übereinkunft zwischen uns – eine gemeinsame Verpflichtung, alles in unserer Macht Stehende zu tun, um den biblischen Maßstab der absoluten Integrität für Evangelisten aufrechtzuerhalten.

Der erste Punkt auf unserer gemeinsamen Liste war das Geld. Fast alle Evangelisten jener Zeit – auch wir – lebten von Kollekten, die während der Veranstaltungen eingesammelt wurden. Die Versuchung, einer Zuhörerschaft so viel Geld wie möglich zu entlocken, oft mit Hilfe stark emotionaler Appelle, war für manche Evangelisten groß. Hinzu kam, daß sie für ihre Finanzen kaum oder überhaupt nicht Rechenschaft ablegen mußten. Es war ein System, das sich leicht mißbrauchen ließ – und zu dem Vorwurf führte, Evangelisten seien nur hinter dem Geld her.

Bisher hatte ich ein Gehalt von Jugend für Christus bezogen und alle Kollekten der JFC-Versammlungen an JFC-Ausschüsse weitergegeben. Doch meine jetzige unabhängige Arbeit bei den stadtweiten Kampagnen erforderte eine separate Finanzierung. In Modesto beschlossen wir, um finanziellen Mißbrauch möglichst zu vermeiden, die Kollekten niemals in den Mittelpunkt zu rücken und uns so weit wie möglich auf die Gelder zu stützen, die von den lokalen Organisatoren im voraus aufgebracht wurden.

Der zweite Punkt auf der Liste war die Gefahr sexueller Verfehlungen. Wir hatten alle von Evangelisten gehört, die sich, fernab von ihren Familien, schuldig gemacht hatten. Darum versprachen wir einander, jede Situation zu meiden, die auch nur einen zweifelhaften Anschein erwecken könnte. Von diesem Tag an bin ich nie wieder mit einer anderen Frau als Ruth allein gereist, zusammen gewesen oder essen gegangen. Wir beschlossen, daß die Ermahnung des Paulus an den jungen Timotheus auch für uns gelten sollte: „Widerstehe den Verlockungen und Leidenschaften, die besonders jungen Menschen zu schaffen machen" (2. Timotheus 2,22).

Unsere dritte Sorge betraf die Neigung vieler Evangelisten, ihre Arbeit unabhängig von örtlichen Gemeinden zu tun, ja sogar die örtlichen Pastoren und Gemeinden offen und vernichtend zu kritisieren. Unserer Überzeugung nach war das nicht nur unproduktiv, sondern aus biblischer Sicht auch falsch. Wir wollten mit allen zusammenarbeiten, die dazu bereit waren, das Evangelium öffentlich zu verkünden, und jede antikirchliche oder ungeistliche Haltung meiden.

Das vierte und letzte Problem war die Öffentlichkeitsarbeit. Einige Evangelisten neigten dazu, ihre Erfolge übertrieben darzustellen oder höhere Zuhörerzahlen zu nennen, als sie tatsächlich hatten. Auch das brachte die Evangelisation in Mißkredit und warf ein schlechtes Licht auf die gesamte Arbeit. Oft wurde dadurch die Presse so argwöhnisch, daß sie sich weigerte, über die Veranstaltungen zu berichten. In Modesto verpflichteten wir uns zur Integrität in unserer Öffentlichkeitsarbeit und bei allen Angaben gegenüber der Presse.

Soviel zum Modesto-Manifest, wie Cliff es später nannte. Im Grunde bedeutete es für uns keine radikale Wende; wir hatten uns schon immer an diese Grundsätze gehalten. Doch damit brachten wir noch einmal klar zum Ausdruck, daß unser Leben und unsere Arbeit von Integrität gekennzeichnet sein sollte.

Damals erschien uns der Übergang zu den großen, stadtweiten Kampagnen nicht als eine einschneidende Zäsur. Es war eher eine natürliche Weiterentwicklung unserer JFC-Arbeit; im Grunde waren auch die meisten unserer JFC-Veranstaltungen stadtweit und von lokalen Ausschüssen organisiert. Doch die JFC-Veranstaltungen richteten sich hauptsächlich an junge Leute, und die örtlichen Gemeinden waren nicht direkt daran beteiligt. Das war bei unseren evangelistischen Veranstaltungen anders.

Nicht zum ersten Mal dachte ich darüber nach, der Evangelisation den Rücken zu kehren und junge Menschen auszubilden. Gleichzeitig war ich mir immer noch nicht sicher, ob ich das Zeug zu einem College-Präsidenten hatte. Da war zum Beispiel die Sache mit jenem gutaussehenden neuen Studenten der Northwestern Akademie. Als wir uns nach dem Aufnahmegespräch zum ersten Mal wieder auf dem Campus begegneten, legte er mir zur Begrüßung den Arm um die Schultern – vermutlich glaubte er, mich gut zu kennen, weil wir uns ja bereits einmal unterhalten hatten – und hieß mich willkommen. „Billy, du alte Bohnenstange", sagte er zu mir, „wir sind so froh, dich wieder hier zu haben!" Das war die Art von Respekt, die ich manchen Studenten einflößte.

Die Erfahrungen in Augusta zu Beginn des akademischen Jahres 1948/49 nahmen mir jeden Zweifel, daß Gott unsere evangelistische Arbeit segnete. Doch als an der Northwestern Akademie das Herbsttrimester begann, starteten wir mit der höchsten Zahl an Studienanfängern in der Geschichte des College. Die Aussicht, so viele vielversprechende junge Leute zum Dienst in Gemeinde und Gesellschaft auszubilden, begeisterte mich. Was sie gemeinsam in der Zukunft für das Evangelium bewirken konnten, übertraf bei weitem alles, was ich mir in meinen kühnsten Träumen ausmalen konnte.

Im Frühjahr 1949 dachte ich ernsthaft darüber nach, mich für zwei Jahre beurlauben zu lassen, um zu promovieren. Ein Bachelor-Grad konnte für einen College-Präsidenten kaum als ausreichend gelten. Es war auch sicher keine Hilfe für die Northwestern Akademie in ihrem Bemühen um akademische Akkreditierung. Ich erkundigte mich bei mehreren Universitäten nach den Anforderungen für eine Promotion in Religion, Anthropologie, Geschichte oder Philosophie. Die Antworten fielen nicht ermutigend aus. Ich hätte am Universitätsort wohnen und alle möglichen Fremdsprachen studieren müssen – es hätte eine Ewigkeit gedauert. Dennoch lockte mich die Aussicht. Ein akademischer Grad konnte mir nicht schaden, wohin auch immer mich mein Leben führen würde, sei es als College-Präsident oder als reisender Evangelist.

Die Frage, ob ich meinen Doktor machen sollte oder nicht, war nicht mein einziges Problem. Auch mein Glaube stand unter Beschuß. Ein Grund war mein Freund Chuck Templeton, Partner auf jener denkwürdigen Predigt-

reise 1946 durch Großbritannien und Europa. Er hatte seine Gemeinde-
arbeit in Toronto aufgegeben, um sich am Princeton Theological Seminary
einzuschreiben. Im Winter 1948/49 sprachen wir während seines ersten
Semesters öfter miteinander. Ich stellte fest, daß er mit ernsthaften theologischen Fragen kämpfte, die besonders mit der Autorität der Heiligen
Schrift zu tun hatten. Ich war mit Chuck so verbunden, daß alles, was ihm
zu schaffen machte, auch mich belastete.

Mein Lesestoff warf bei mir ähnliche Fragen auf. Ich wollte auf der
Höhe des damaligen theologischen Denkens bleiben, doch brillante Autoren wie Karl Barth und Reinhold Niebuhr hinterfragten bei mir Lebens-
konzepte, die seit meiner Kindheit tief in mir verwurzelt waren. Beide
Theologen galten später als Pioniere der Neo-Orthodoxie. Die alte liberale
Theologie lehnten sie zwar ab, doch die neuen Bedeutungen, die sie manchen der überkommenen theologischen Begriffe unterlegten, verwirrten
mich sehr. Am Evangelium selbst oder an der Gottheit Christi zweifelte
ich nicht, doch andere wichtige Glaubensinhalte wurden in Frage gestellt.

Insbesondere kämpfte ich – zum ersten Mal, seit ich mich als Jugendlicher bekehrt hatte –, mit der Frage der Inspiration und Autorität der
Heiligen Schrift. Augenscheinliche Widersprüche und Auslegungspro-
bleme ließen sich mit dem Verstand nicht auflösen – dachte ich zumindest.
Konnte man der Bibel vollkommen vertrauen?

Wären diese Zweifel in meiner Studentenzeit aufgetaucht, wie es bei so
vielen der Fall ist, hätte man sie als eine normale Entwicklung betrachtet.
Doch die Art und Weise, wie die Neo-Orthodoxie den Begriff der Inspiration umdefinierte, indem sie der Bibel Fehler und subjektive Interpreta-
tionen unterstellte, hätte für jemanden in meiner Position eigentlich kein
Problem darstellen dürfen. Ich war kein suchender College-Student, für
den eine solche Skepsis typisch gewesen wäre. Ich war der Präsident einer
konservativen geisteswissenschaftlichen Ausbildungsstätte, eines theologischen Seminars, dessen Lehrstandpunkt in dieser Frage klar definiert war.
Ich bekannte mich zum Glauben an die volle Inspiration der Bibel. Aber
glaubte ich in demselben Sinne daran wie mein Vorgänger Dr. Riley?

Da ich nicht heucheln wollte, beschäftigte ich mich intensiv mit dem
Thema. Ich las, was Theologen und Wissenschaftler aller Richtungen zu
dieser Frage geschrieben hatten. Außerdem suchte ich in der Bibel selbst
nach Antworten. Paulus hatte an Timotheus geschrieben: „Alle Schrift ist

von Gott eingegeben" (2. Timotheus 3,16). Ich wußte, daß im Griechischen hier wörtlich „von Gott geatmet" steht. In diesem Gedanken lag ein undurchdringliches Geheimnis, wie in allen Dingen, die mit Gott zu tun hatten. Doch die grundlegende Bedeutung war klar: Die Bibel ist mehr als nur irgendein von Menschen gemachtes Buch.

Der Apostel Petrus schrieb dazu: „Denn niemals haben sich die Propheten selbst ausgedacht, was sie verkündigten. Immer war es der Heilige Geist, der sie beauftragte und dazu trieb, das auszusprechen, was Gott ihnen eingab" (2. Petrus 1,21). Und Jesus selbst sagte: „Himmel und Erde werden vergehen; meine Worte aber gelten immer und vergehen nie" (Matthäus 24,35). Das innere Zeugnis der Schrift über ihre eigene Inspiration und Autorität war unmißverständlich. Das gleiche galt für die Stellung, die Jesus zur Heiligen Schrift einnahm.

Die beunruhigenden Gespräche mit Chuck Templeton, meine Verwirrung über die teilweise widersprüchlichen Aussagen der von mir gelesenen Theologen, meine Unschlüssigkeit, ob meine berufliche Zukunft im Ausbildungsbereich oder in der Evangelisation lag – all das war Teil des intellektuellen, geistlichen und emotionalen Ballastes, den ich mit mir in den Sommer 1949 schleppte, als wir uns auf unsere bisher größte Stadtevangelisation in Los Angeles vorbereiteten.

FOREST HOME

Eines jener Ereignisse, mit denen Gott mich auf Los Angeles vorbereitete, war eine lästige Verpflichtung, die ich für den Spätsommer übernommen hatte. Ende August fand in der östlich von Los Angeles gelegenen Tagungsstätte Forest Home eine jährliche Tagung aller leitenden Mitarbeiter der amerikanischen Ausbildungsstätten statt. In meiner Funktion als derzeit jüngster College-Präsident Amerikas hatte ich zwar zugesagt, dort zu sprechen, doch ich hatte nicht den Eindruck, daß ich viel zu sagen hätte.

Miss Henrietta Mears, Leiterin des Bildungsbereiches bei der reformierten Kirche in Hollywood, hatte die Organisation der Konferenz übernommen. Sie stammte aus einer wohlhabenden Familie und war stets nach der neuesten Mode gekleidet. Sie trug ein dezentes Make-up und geschmackvollen Schmuck. Ihre große Liebe galt allen am Leben Gescheiterten. Früher hatte sie in Minneapolis an der High School Chemie unterrichtet und als leitende Mitarbeiterin in Dr. Rileys Baptistengemeinde die Sonntagsschule mitverantwortet.

Vor etwa zwanzig Jahren hatte Henrietta Mears die Einladung angenommen, in der Gemeinde in Hollywood mitzuarbeiten. Innerhalb von drei Jahren stellte sie damals ein dynamisches christliches Bildungsprogramm auf die Beine, und die Zahl der Teilnehmer an der Sonntagsschule war von respektablen 450 auf staunenswerte 4.500 gestiegen; an der ganzen Westküste redete man davon. Sie selbst unterrichtete jede Woche fünfhundert Männer und Frauen, die ihre „Frau Lehrerin", wie sie genannt wurde, sehr verehrten. Ihre Begeisterung für den Glauben war ansteckend.

Die anderen Redner auf der Konferenz waren ihr eigener Pastor, Dr. Louis Evans, mein guter Freund und Mitsucher Chuck Templeton, der gerade sein erstes Jahr am Princeton Seminary hinter sich hatte, sowie der Evangelist und Gelehrte J. Edwin Orr, der an der Universität Oxford promoviert hatte und als Autorität auf dem Gebiet „Religiöse Erweckung" galt. Wie immer in Gegenwart so vieler brillanter und begabter Persönlichkeiten fühlte ich mich eingeschüchtert. Das verstärkte meine allgemeine Niedergeschlagenheit, die mich in jener Zeit erfüllte.

Während jener Woche traf ich mich öfter mit Miss Mears zum Gebet und zu persönlichen Gesprächen. Wie kaum jemand, den ich kannte, brachte sie die biblische Wahrheit und die Erkenntnisse der modernen Wissenschaft miteinander in Verbindung. Ich lechzte geradezu nach jeder Einsicht, die sie mir vermitteln konnte.

Im Gegensatz dazu pflegte Chuck Templeton seine durchs Studium angeregte intellektuelle Leidenschaft. Er machte kein Hehl daraus, wie er über mich dachte. „Billy, du hinkst fünfzig Jahre hinterher. Die Leute akzeptieren die Bibel nicht mehr in der Weise als inspiriert, wie du es tust. Dein Glaube ist zu simpel. Deine Sprache ist nicht mehr zeitgemäß. Du wirst den neuen Stil lernen müssen, wenn du in deinem Dienst erfolgreich sein willst."

Mein Freund Bob Evans, der mit mir zusammen in Wheaton studiert hatte, kam auch nach Forest Home. Einmal hörte er Chuck sagen: „Der arme Billy, er tut mir leid. Er und ich sind in verschiedenen Richtungen unterwegs."

Das traf mich tief. Unsere Freundschaft und Verbundenheit bedeutete mir viel. Ironischerweise hatte die Vereinigung christlicher Geschäftsleute im Großraum Los Angeles (für die es ein großer Glaubensschritt war, einen unbekannten Evangelisten wie mich zu verpflichten) Chuck eingeladen, im Juli auf einem Vorbereitungsabend für die Veranstaltung zu sprechen.

Ich fühlte mich, als läge ich auf einem Streckbett: Miss Mears zöge mich in eine Richtung und Chuck Templeton in die andere. Eines Abends saß ich allein in meinem Zimmer und las jeden Bibelvers, der mir einfiel, der irgend etwas mit „So spricht der Herr" zu tun hatte. Mehr als zweitausendmal, erinnerte ich mich, sollen die Propheten die Wendung „das Wort des Herrn geschah" (oder eine ähnliche Formulierung) benutzt haben. Ich hatte keine Zweifel an der Gottheit Jesu Christi oder der Gültigkeit des Evangeliums; aber war die Bibel vollkommen wahr? Wenn ich auch nicht rundheraus daran zweifelte, ich war doch zumindest verwirrt.

Ich dachte über die Stellung nach, die Christus zur Heiligen Schrift eingenommen hatte. Immer wieder hatte er daraus zitiert, seine Liebe zum Wort Gottes war eindeutig. Nirgends gab er auch nur den kleinsten Hinweis darauf, daß etwas daran falsch sein könnte. Ja, er bestätigte sogar manche Geschichten des Alten Testamentes, die besonders schwer zu glauben waren, wie etwa die von Noah und Jona. Mit dem Psalmisten freute er sich über das Gesetz des Herrn, die Heilige Schrift.

Im Laufe der Nacht wurde mir das Herz immer schwerer. Konnte ich der Bibel vertrauen? Angesichts der Großveranstaltung in Los Angeles, die schnell näherrückte, mußte ich eine Antwort finden. Wenn ich der Bibel nicht vertrauen konnte, durfte ich nicht weitermachen. Ich würde mein Amt als College-Präsident niederlegen müssen. Ich würde der Evangelisation den Rücken kehren müssen. Schließlich war ich erst dreißig Jahre alt. Es war noch nicht zu spät, um Milchfarmer zu werden. Doch in jener Nacht glaubte ich von ganzem Herzen, daß der Gott, der meine Seele gerettet hatte, mich nie wieder loslassen würde.

Ich stand auf und machte einen Spaziergang. Der Mond stand am Himmel. Lange Schatten lagen über den nahegelegenen San Bernardino Mountains. Dort im Wald kniete ich nieder und schlug auf einem Baumstumpf vor mir ziellos meine Bibel auf. Lesen konnte ich in dem schattenhaften Mondlicht ohnehin nicht, so daß ich keine Ahnung hatte, was für ein Text vor mir lag. Damals auf dem Florida Bibel-Institut hatte ich eine ähnliche Umgebung als Übungskanzel benutzt. Nun war sie ein Altar, an dem ich nur stotternd ein Gebet beginnen konnte.

An den genauen Wortlaut meines Gebets kann ich mich nicht erinnern, aber es muß meine Gedanken widergespiegelt haben: „O Gott! Es gibt so vieles in diesem Buch, das ich nicht verstehe. Es gibt so viele Probleme, für die ich keine Lösung habe. Es gibt so viele scheinbare Widersprüche. Es gibt manches darin, das augenscheinlich nicht mit der modernen Wissenschaft in Einklang zu bringen ist. Ich habe keine Antwort auf manche der philosophischen und psychologischen Fragen, die Chuck und andere aufwerfen.“

Ich wollte zu Gott durchdringen, doch etwas blieb unausgesprochen. Endlich befreite mich der Heilige Geist dazu, es zu sagen: „Vater, ich werde dieses Buch als dein Wort akzeptieren – im *Glauben!* Ich werde den Glauben über meine intellektuellen Fragen und Zweifel stellen und vertrauen, daß dies dein inspiriertes Wort ist.“

Als ich mich an jenem Augustabend in Forest Home wieder von den Knien erhob, brannten meine Augen vor Tränen. Ich spürte die Gegenwart und Macht Gottes, wie ich sie seit Monaten nicht gespürt hatte. Nicht alle meine Fragen waren beantwortet, aber ich hatte eine wichtige Brücke überquert. Herz und Verstand sagten mir, daß in meiner Seele ein geistlicher Kampf ausgetragen und gewonnen worden war.

Trotz aller Verhandlungen und Vorbereitungen, die bereits mit der Vereinigung christlicher Geschäftsleute stattgefunden hatten, litt ich immer noch unter der beängstigenden Ungewißheit, ob Gott uns wirklich nach Los Angeles führte.

Ich war in diesem Jahr schon so lange von zu Hause fortgewesen, daß es mir schier zuwider war, schon wieder wegzufahren, obwohl Ruth nachkommen wollte. In der ersten Septemberwoche unternahmen wir gemeinsam einen kurzen Ausflug in die nördlichen Wälder Minnesotas.

Wir kehrten rechtzeitig nach Minneapolis zurück, um an einer Wochenendtagung für die Dozenten der Northwestern Akademie teilzunehmen, wo der Beginn des Herbstsemesters bevorstand. Mir war bewußt, daß die Dozenten und Studenten einen Anspruch darauf hatten, mich auf dem Campus zu sehen. Allerdings wußte ich auch, daß T. W., Dekan Ed Hartill und Mrs. Riley die Schule gut im Griff hatten.

Manche meiner pessimistischen Gebete hätten wohl sogar Gott die Laune verdorben, glaube ich, wenn er nicht schon im voraus gewußt hätte, was er zur Ehre seines Namens tun würde.

DRITTER TEIL

1949-1955
Wendepunkte

9

Die Wasserscheide

LOS ANGELES 1949

Nach dem Umfang der Vorausberichterstattung in der Presse zu urteilen, würde die Großveranstaltung in Los Angeles ein Mißerfolg werden. Dabei hatten sich die Organisatoren vor Ort alle Mühe gegeben. So war Lloyd Doctor, der Leiter der Öffentlichkeitsarbeit der Heilsarmee, beauftragt worden, die Werbetrommel zu rühren. Wenige Tage vor dem Beginn der Veranstaltung rief er zahlreiche Journalisten zusammen – zur ersten Pressekonferenz meines Lebens. Am nächsten Tag blätterten wir begierig die Zeitungen durch, um die Berichte zu lesen.

Nichts.

Von Medienseite aus war die Veranstaltung in Los Angeles – unser bisher ehrgeizigstes evangelistisches Unternehmen – keiner Erwähnung wert.

Später verschaffte mir Lloyd einen kurzen Termin beim Bürgermeister von Los Angeles, über den die *Los Angeles Times* mit einem kleinen Bildartikel auf der Rückseite berichtete. Abgesehen von den Anzeigen, die der Ausschuß im Kirchenteil aufgab, war dies unser einziges Presseecho während der ersten zwei Wochen.

Die Einladung zu der Veranstaltungsreihe in Los Angeles kam ursprünglich von einer missionarisch eingestellten Gruppe von Geschäftsleuten, die etwa zweihundert Gemeinden repräsentierten. Sie hatten bereits mehrere solcher Veranstaltungen mit anderen Evangelisten durchgeführt, die alle recht gut aufgenommen wurden. Nun wollten sie, daß ich predigte und Cliff Barrows und George Beverly Shea mitbrächte. Ich sagte zu, stellte aber eine Reihe notwendiger Bedingungen.

Erstens sollten sie versuchen, die Gruppe der Unterstützer zu erweitern und so viele Gemeinden und Denominationen wie möglich zu beteiligen. Zweitens sollten sie ihr Budget von siebentausend auf fünfundzwanzig-tausend Dollar erhöhen, um mehr in Werbung und Anzeigen zu investieren. Drittens sollten sie ein viel größeres Zelt errichten, als ursprünglich geplant war. Aus unseren begrenzten Erfahrungen mit Großstadt-Evangelisationen hatten wir gelernt, daß die Zuhörerzahlen im Laufe der Zeit meistens zunahmen.

Anfangs stimmten die Männer aus Los Angeles jedem Punkt zu, mit Ausnahme der Budgeterhöhung. Sie waren überzeugt, daß es unmöglich sei, eine solche Summe aufzubringen.

Das war verständlich. Damals spielten sich solche Unternehmungen in eher bescheidenem Rahmen ab. Selbst bei den größten Veranstaltungen war es schon etwas Ungewöhnliches, wenn mehr als fünfzig Menschen die Einladung annahmen, Christus in ihr Leben aufzunehmen. Predigte ein Evangelist vor mehr als zweitausend Menschen, galt er als höchst erfolgreich. Zweifellos war der Vorbereitungsausschuß der Meinung, ein Budget von siebentausend Dollar sei schon ein wegbereitender Schritt in die richtige Richtung.

Viele dieser erfahrenen, älteren Christen fanden mich unverschämt. Doch vor meinem inneren Auge entstand für Los Angeles eine Vision, die größer und kühner war als alles, was ich mir bislang vorgestellt hatte. Doch ich beharrte nicht nur auf der Budgeterhöhung, ich stellte noch eine andere, scheinbar unmögliche Bedingung: Der Ausschuß sollte die öffentliche Leitung und das Vorprogramm der Veranstaltungsreihe ganz und gar in die Hände der örtlichen Pastoren legen. Meiner Meinung nach repräsentierte der Ausschuß einen zu begrenzten Kreis unter den Evangelikalen, um eine große Wirkung zu erzielen.

Ich sprach darüber mit Cliff, der mir zustimmte. Also schrieb ich zurück an unsere Gastgeber und machte ihnen deutlich, wir würden absagen, falls sie nicht bereit seien, auch das finanzielle Risiko einzugehen.

„Ich zittere nahezu, wenn ich mir vorstelle, daß wir nur mit einer kleinen Handvoll von Gemeinden in Los Angeles zusammenarbeiten sollen", schrieb ich im Februar 1949. „In Los Angeles wird sich nichts bewegen, wenn nicht die Mehrheit der Gemeinden aktiv hinter dieser Veranstaltung steht."

Meine begrenzten Erfahrungen hatten mir bereits gezeigt, daß ohne die Mitarbeit der örtlichen Gemeinden und ihrer Pastoren nicht nur die Besucherzahlen leiden würden, sondern auch die Nachbetreuung der neuen Christen. Eines meiner Ziele war, die Gemeinde Jesu in der Stadt aufzubauen. Ich wünschte mir nicht nur Zuhörer aus den Gemeinden. Ich wollte auch in den Gemeinden selbst etwas zurücklassen.

Noch während ich dem leidgeprüften Vorbereitungsausschuß diese Bedingungen stellte, zweifelte ich daran, daß er darauf eingehen würde. Doch ich mußte einfach diesen Schritt nach vorn gehen: „Ich bin überzeugt, ... sollte in der Stadt Los Angeles eine Erweckung ausbrechen", schrieb ich an den Vorsitzenden des Ausschusses, Claude Jenkins, „daß dies Auswirkungen in der ganzen Welt hätte. Lassen wir uns durch nichts davon abhalten, dies zu der Veranstaltung zu machen, die Gott als Funke benutzen könnte, um eine Flamme der Erweckung im ganzen Land zu entzünden. Ihre Verantwortung ist gewaltig. Gehen wir im Gebet vorwärts!"

Erste Berichte aus Los Angeles deuteten darauf hin, daß ich in ein Wespennest gestochen hatte. Einige Gegner brachten entstellte und falsche Geschichten in Umlauf, um mich als selbstbeweihräuchernden, geldgierigen Scharlatan hinzustellen. Die Bedingungen, die ich gestellt hatte, waren freilich geeignet, diese Flamme zu nähren. Es mußte schon ein Wunder geschehen, wenn der Vorbereitungsausschuß ihnen zustimmen sollte. Um so gedemütigter fühlte ich mich, als ich feststellte, wie ernst diesen Männern die gute Nachricht von Jesus Christus für ihre Stadt wirklich war: Sie fanden sich bereit, das zu tun, was wir verlangten. Die Veranstaltung sollte in der letzten Septemberwoche beginnen und drei Wochen dauern.

Kurz vor dem Beginn lud mich Henrietta Mears zu einem Vortrag nach Beverly Hills ein, was mir die Gelegenheit zu langen Gesprächen mit bekannten Schauspielern und Schauspielerinnen gab.

Auf dieser Versammlung beeindruckte mich Stuart Hamblen ungemein. Er war rauh, stark, laut und erdverbunden – von Kopf bis Fuß ein echter Cowboy. Seine zweihundertzwanzig Pfund Lebendgewicht schienen nur aus Muskeln und Knochen zu bestehen. Bekannt war er durch seine beliebte Radiosendung, die jeden Nachmittag zwei Stunden lang an der ganzen Westküste zu hören war. Hamblen wollte mich als Gast in die Sendung einladen. Ich mochte ihn auf Anhieb und wünschte mir sehr, daß er Christ würde. Halb im Scherz meinte er, er könnte unser Zelt füllen, wenn er uns in seiner Sendung empfehle.

Ruth kam auch nach Kalifornien, sogar einen Monat früher, als sie es vorgehabt hatte. Eigentlich wollte sie zu meinem Geburtstag am siebten November kommen, verwechselte aber das Datum und kam statt dessen am siebten Oktober! „Ich sage euch, ich habe einen Hirntumor", schrieb sie heim nach North Carolina. „Ich bin mir noch nie so dumm vorgekommen und wurde natürlich auch ordentlich durch den Kakao gezogen."

Gigi war in Großmutter Bells Obhut in Montreat geblieben, und Ann war bei ihrer Tante Rosa und Onkel Don Montgomery in Los Alamos, New Mexico. Bunny war natürlich noch nicht geboren.

Ich war außer mir vor Freude, Ruth so früh bei mir zu haben. Da ich schon einige Zeit vor dem Beginn der Veranstaltungen am 25. September nach Kalifornien gereist war, um genügend Zeit zu haben, die Verantwortlichen und die Besonderheiten der Gegend kennenzulernen, hatte ich sie schrecklich vermißt.

Zu den ersten Versammlungen kamen an den Abenden etwa dreitausend und am Sonntagnachmittag etwa viertausend Leute. Damit war das Zelt natürlich nie voll ausgelastet. Trotzdem spürte ich, wie das Interesse wuchs. Allmählich strömten mehr Leute herbei, jedoch hauptsächlich Christen. Ruth bemerkte – leicht sarkastisch – in einem Brief an ihre Eltern im Oktober: „Es ist nicht leicht, in einem Evangelisationszelt seinen Glauben zu verlieren."

Trotzdem predigte ich mit neuer Zuversicht und Leidenschaft. Ich galt schon immer als laut und enthusiastisch (und „vollmächtig", wie manche sagten). Doch seit meinem Schlüsselerlebnis im Wald bei Forest Home war der innere Kampf vorbei. Es gab keine Kluft mehr zwischen dem, was ich sagte, und dem, wovon ich in tiefster Seele überzeugt war. Es war kein Zufall, daß sich in der Mitte des fünfzig Meter breiten Podiums, direkt vor dem Rednerpult, eine Nachbildung einer aufgeschlagenen Bibel befand – sieben Meter hoch und sieben Meter breit.

Stuart Hamblen lud mich tatsächlich als Gast in seine Radiosendung ein. Zuerst zögerte ich. Würde es dem Organisationsausschuß der Veranstaltungsreihe recht sein, wenn ich in einer Sendung auftrat, die von einem

Tabakkonzern gesponsert wurde – selbst wenn Hamblen der bekannteste Radiomoderator an der Westküste war?

Je mehr ich darüber nachdachte, desto mehr faszinierte mich der Gedanke. Hatte nicht auch Christus selbst Zeit mit „Zöllnern und Sündern" verbracht? Hatten ihn nicht gerade die religiösen Führer seiner Zeit kritisiert? Warum sollte ich das Risiko nicht eingehen? Ich sagte zu.

In der Sendung forderte Hamblen in seiner unverblümten Art die Zuhörer auf, sie sollten „in Billy Grahams Zelt gehen und die Predigt anhören". Noch überraschender war für alle seine nächste Bemerkung: „Ich werde auch da sein!"

Wie wir später erfuhren, hatte Stuart unsere Veranstaltung bereits besucht, dabei Schuld in seinem Leben festgestellt und Christus als den möglichen Retter begriffen. Da er aber nicht genau verstand, was in seiner Seele vor sich ging, marschierte er wütend hinaus. Zwei oder drei Abende blieb er weg. Dann kam er wieder. Jedesmal, wenn er auftauchte, reagierte er ähnlich. Einmal drohte er sogar mit der Faust.

Wir näherten uns dem geplanten Abschlußabend unserer dreiwöchigen Veranstaltungsreihe. In der Woche vor dieser Abschlußversammlung sprachen sich angesichts des offensichtlichen Zuspruchs der Bevölkerung manche Ausschußmitglieder dafür aus, die Veranstaltung um einige Tage zu verlängern. Andere hatten Bedenken. Der Chor, die Seelsorger und die anderen Mitarbeiter waren erschöpft, vielleicht riskierten wir ein enttäuschendes Absacken des Interesses. Auch das Budget war ausgeglichen. Alle waren zuversichtlich, daß das Zelt am letzten Sonntag voll sein würde und wir ein großartiges Finale erleben würden.

Sollte die Veranstaltungsreihe fortgesetzt werden? Die Entscheidung konnte nicht allein dem Ausschuß überlassen bleiben. Wir brauchten eine klare Wegweisung Gottes. Grady, Cliff, Bev und ich beteten in der letzten Woche immer wieder zusammen. Schließlich beschlossen wir, dem Beispiel Gideons im Alten Testament zu folgen und Gott um ein unmißverständliches Zeichen zu bitten.

Dieses kam um 4.30 Uhr am nächsten Morgen.

Ich wachte in meinem Hotelzimmer auf, weil das Telefon klingelte. Mit tränenerstickter Stimme bat mich Stuart Hamblen um ein Gespräch. Sofort! Ich weckte Grady und Wilma Wilson; sie gingen mit Ruth in ein anderes Zimmer, um zu beten.

Kaum war ich angezogen, standen auch schon Stuart und seine fromme Frau Suzy vor meiner Tür. Wir redeten und beteten miteinander, und der rauhbeinige Cowboy gab in einem kindlichen Akt des Glaubens sein Leben in die Hände Christi. Anschließend rief er als erstes seinen Vater an, einen Methodistenprediger alter Schule im Westen von Texas. Durchs Telefon konnte ich den alten Mann laut jubeln hören!

Nicht lange danach schilderte Stuart sein überwältigendes Erlebnis in einem Song, der durch ein Gespräch inspiriert war, das er mit John Wayne geführt hatte: „It Is No Secret [What God Can Do] – Es ist kein Geheimnis, was Gott getan hat." Bis heute ist dies eines der Lieder, das die Leute Bev Shea am liebsten singen hören. Kurz darauf schrieb er noch ein weiteres sehr persönliches Lied, „This Ole House": Ich glaube, es war einige Wochen lang die Nummer eins in der landesweit ausgestrahlten Radiosendung *Your Hit Parade*.

Jahre später, als wir wieder in Los Angeles waren, um im Coliseum eine Evangelisation durchzuführen, hatte Stuart Cliff, Grady, Bev und mich zum Frühstück eingeladen. „Billy", sagte Stuart an diesem Morgen, „es ist grauenhaft, daß ständig Flugzeuge über das Stadion fliegen, während du predigst. Ich bin Mitglied im President's Club der Western Airlines und glaube, ich werde den Präsidenten einmal anrufen. Wenn er nichts dagegen unternimmt, hole ich meine alte Longhorn-Knarre hervor und sehe zu, ob ich diese Flugzeuge nicht von hier aus vertreiben kann!"

Noch am selben Abend erzählte ich den Leuten, daß Stuart bereit sei, sein Longhorn-Gewehr herauszuholen, um ein paar der niedrig fliegenden Flugzeuge zu erlegen … als plötzlich am anderen Ende des Stadions ein ohrenbetäubender Knall zu hören war.

„Stuart, bist du das?" rief ich.

Das Publikum brüllte vor Lachen.

In jener Nacht im Oktober 1949 wußten Cliff und ich eindeutig, daß wir Gottes Antwort auf die Frage nach einer Verlängerung der Veranstaltung bekommen hatten. Ganz offensichtlich wollte Gott noch mehr im Leben der Menschen dieser Stadt tun. Wir erklärten dem Ausschuß, die Veranstaltung müsse weitergehen, und der stimmte zu.

Aber wie lange? Während der nächsten Woche – der ersten Verlängerungswoche – hörten wir zu unserer Begeisterung, wie Stuart Hamblen in seiner Radiosendung den Zuhörern erzählte, wie Christus sein Leben verändert hatte. Es wurde zum Tagesgespräch an der ganzen Westküste. Rechtfertigte das eine weitere Verlängerung?

Ein solches Ansteigen des Interesses und der Begeisterung hatten Cliff und ich noch nicht erlebt. In unserer Unsicherheit beschlossen wir, Gott noch einmal um ein Zeichen zu bitten. Wir waren relativ unerfahrene junge Männer (Cliff war viereinhalb Jahre jünger als ich).

Unsere Ehefrauen hatten sich auf unsere unberechenbare Lebensweise eingestellt, doch wir wollten natürlich auch auf ihre Gefühle Rücksicht nehmen. Würde Gott uns einen weiteren klaren Hinweis geben, was wir tun sollten?

Als ich kurz vor der nächsten Versammlung am Zelt eintraf, erwartete mich eine verblüffende Szene. Zum ersten Mal wimmelte es von Reportern und Fotografen. Bisher hatte die Presse so gut wie keine Notiz von den Veranstaltungen genommen. Ich fragte einen der Journalisten, was los sei.

„Sie sind gerade von William Randolph Hearst geküßt worden", antwortete er.

Ich hatte keine Ahnung, wovon der Reporter redete, obwohl der Name mir geläufig war. Hearst war der große Zeitungsmagnat. Ich war dem Mann nie begegnet, doch wie die meisten Amerikaner hatte ich seine Zeitungen gelesen. Der am nächsten Morgen erscheinenden Titelstory über die Veranstaltung im *Los Angeles Examiner* folgte eine weitere am Abend im *Los Angeles Herald Express*. Beide gehörten Hearst und setzten mich in Erstaunen. Die Berichte wurden von den anderen Hearst-Blättern in New York, Chicago, Detroit und San Francisco und dann auch von allen Konkurrenzzeitungen übernommen. Bis dahin hatte vermutlich kein Zeitungsredakteur außerhalb des Dunstkreises von Los Angeles von unserer Veranstaltung auch nur gehört.

So verdutzt ich darüber war – meine Neugier wurde nie befriedigt. Hearst und ich sind uns nie begegnet und haben auch nie miteinander telefoniert oder korrespondiert.

Angeblich hatte er an seine Redaktionen die Anweisung „Puscht Graham" ausgegeben. Zahllose Geschichten kursieren über die Ursache, aber ob überhaupt eine stimmt, weiß ich nicht. Eine faszinierende Version lautete, daß Hearst und sein umstrittener Partner Marion Davies inkognito an einer der Versammlungen teilgenommen hätten. Ich bezweifle das.

Das *Time*-Magazin ließ in seiner Ausgabe vom 14. November 1949 alle rhetorischen Korken knallen: „Der blonde, mit Trompeterlungen begabte William Franklin Graham Jr. aus North Carolina, Pastor der Südlichen Baptisten und gleichzeitig Präsident der Northwestern Akademie in Minneapolis, fasziniert seine riesige Zuhörerschaft von dem Moment an, wo er das Podium betritt. Das Reversmikrofon, das seiner tiefen, weitreichenden Stimme noch mehr Volumen verleiht, erlaubt es ihm, beim Reden über die Bühne zu wandern, sich auf die Zehenspitzen zu stellen, um einem besonderen Aspekt seiner Predigt Nachdruck zu geben, seine Fäuste zu ballen, seinen Finger zum Himmel zu recken und mit ganzem Körpereinsatz seine Worte bis in den hintersten Winkel des Zeltes dringen zu lassen."

Die Presseberichterstattung war erst der Anfang eines Phänomens. Als immer mehr außergewöhnliche Bekehrungsgeschichten an die Öffentlichkeit drangen, gingen die Versammlungen Abend für Abend weiter und zogen immer größere Menschenmengen an. Es ging da etwas vor sich, das auch all das Medienecho nicht erklären konnte. Genauso wenig konnte ich es. Gott mochte Hearst gebraucht haben, um die Versammlungen bekannt zu machen, wie Ruth sagte. Aber alles, was geschah, war allein Gott zuzuschreiben. Ich wußte nur, daß wir einen Weg betreten hatten, von dem es kein Zurück mehr gab.

Ein altgedienter Polizeibeamter aus Medford, Oregon, der zu Beginn der dritten Woche an einer der Veranstaltungen in Los Angeles teilgenommen hatte, schrieb mir kurz nach seiner Rückkehr: „Ich bin froh, daß Sie weitergemacht haben … und ich bete, daß Gott Sie und Ihre gute Arbeit dort weiterhin segnen wird."

Im Nachsatz kam er auf die beigelegte Spende zu sprechen: „Ein kleiner Beitrag, um Ihnen zu helfen – vergrößern Sie das Zelt."

Genau das mußten wir tun. Als der November mit einer weiteren Verlängerung der Evangelisation begann, schrien die Schlagzeilen bis nach Indiana: „LOS ANGELES VON RELIGIÖSER WELLE ÜBERROLLT." Reporter verglichen mich mit Billy Sunday; Gemeindeleiter wurden mit den Worten zitiert, die Kampagne sei „die größte religiöse Erweckung in der Geschichte Südkaliforniens".

Als ich an einem Abend zur Entscheidung für Christus aufrief, bemerkte ich einen Hünen von einem Mann, der mit tränenüberströmtem Gesicht zusammen mit seiner Frau nach vorn kam, um Christus in sein

Leben aufzunehmen. Ich wußte nicht, wer er war, aber ich bat Cliff, die Zuhörer noch eine weitere Strophe des Abschlußliedes singen zu lassen, damit die beiden genug Zeit hätten, um nach vorn zu gelangen. Einige Reporter erkannten ihn, und am nächsten Tag hängten es die Zeitungen an die große Glocke: „EVANGELIST BEKEHRT VERDÄCHTIGEN TONTECHNIKER VAUS."

Jim Vaus war der Elektroniktüftler, der angeblich dem mutmaßlichen Gangster Mickey Cohen als persönlicher Abhörspezialist gedient hatte. Ein paar Tage nachdem er sich für Christus entschieden hatte, besuchte mich Jim.

„Billy, ich habe Mickey Cohen erzählt, was mit mir passiert ist. Anstatt wütend zu werden, sagte er: ,Jim, ich bin froh, daß du das gemacht hast. Ich hoffe, du bleibst dabei.' "

Man hatte einen Killer auf Jim angesetzt, aber offenbar war er nicht von Cohen beauftragt worden.

„Billy, wären Sie bereit, mit Mickey zu reden, wenn ich das arrangieren könnte?" fragte er. „Ich gehe überall hin, um mit jemandem über Christus zu reden", gab ich zurück, ohne zu überlegen.

So schlichen wir uns verabredungsgemäß eines Abends nach der Versammlung durch einen Hinterausgang aus dem Zelt, um der Presse zu entgehen, und verschwanden unbemerkt in Jims Wagen. Auf der Fahrt zum Haus von Mickey Cohen hatte ich gemischte Gefühle – ein bißchen Unsicherheit und Zögern war natürlich dabei, aber auch eine tiefe Unerschrockenheit. Denn ich wußte, daß ich gleich mit einem berüchtigten Gangster über Jesus Christus reden würde.

Als wir vor dem unauffälligen Haus in dem exklusiven Stadtteil Brentwood vorfuhren, sah ich auf der anderen Straßenseite einen Wagen stehen, in dem ein Mann saß.

Als wir in der Einfahrt aus dem Auto stiegen, öffnete Cohen die Tür, um uns zu begrüßen. Ich war überrascht, wie klein er war. Irgendwie erinnerte er mich an Zachäus aus dem Neuen Testament, jenen Zolleinnehmer, der auf einen Baum kletterte, um Jesus über die Köpfe der Menschen hinweg sehen zu können (Lukas 19,1–10). Er bat uns herein.

„Was kann ich Ihnen zu trinken anbieten?" fragte Cohen.

„Ich hätte gern eine Cola", erwiderte ich.

„Gut", sagte er, „ich glaube, ich nehme auch eine."

Er ging selbst, um die Getränke zu holen. Offenbar war sonst niemand im Haus.

Jim erzählte Mickey noch einmal, daß er Christus angenommen habe und nun plane, sein ganzes Leben zu ändern; er schilderte den Frieden und die Freude, die er jetzt empfand.

Anschließend erklärte ich Mickey so konzentriert, wie ich nur konnte, das Evangelium von A bis Z. Während wir uns unterhielten, betete ich innerlich (wie ich es auch während meiner Predigten im Zelt tat), daß Gott mir helfen möge, die richtigen Worte zu finden.

Daraufhin erzählte Mickey ein paar Dinge aus seinem eigenen Leben und erwähnte besonders die guten Werke, die er getan hatte. Obwohl er anderer religiöser Überzeugung sei als ich, sagte er, respektiere er mich und insbesondere den Schritt, den Jim Vaus getan habe. Bevor wir gingen, beteten wir noch miteinander.

„ABHÖRSPEZIALIST UND EVANGELIST VERSUCHEN COHEN ZU RETTEN."

So verkündete es die Schlagzeile einer Zeitung am nächsten Tag. Ohne meine Kenntnis oder Zustimmung war die Geschichte jenes Besuchs an die Presse gedrungen – vielleicht über den Mann, den ich in dem geparkten Wagen auf der anderen Straßenseite gesehen hatte, vielleicht durch einen Reporter, der einen Tip erhalten hatte, vielleicht sogar von Cohen selbst (der in dem Ruf stand, seinem eigenen Bekanntheitsgrad gern Vorschub zu leisten).

Cohen dementierte den Bericht. „Ich glaube, die ganze Sache ist nur ein Publicity-Trick", zitierte ihn eine Zeitung, „und das genau möchte ich vermeiden – Publicity. ... Ich will den Kerl nicht kennenlernen. Dafür habe ich keine Zeit."

Lügen in dieser Größenordnung waren für mich etwas erschreckend Neues, aber ich durfte mich dadurch nicht entmutigen lassen. Ruths Mutter berichtete uns in einem Brief von einem Gebet, das unsere kleine Tochter Gigi für Cohen gesprochen hatte: „Lieber Jesus, danke für die Versammlungen, und lieber Jesus, danke für Mickey Cohen. Mach, daß er gut wird, und mach, daß er Jesus sein Blut in sein Herz tun läßt."

Zu Beginn der fünften Woche änderten wir die Bestuhlung, um dreitausend zusätzliche Stühle unterzubringen. Als auch das nicht mehr ausreichte, drängten sich die Leute bis hinaus auf die Straße. Wir bauten eine Erweiterung, mit der wir die Größe des hundertfünfzig Meter langen

Zeltes verdoppelten. Immer waren Reporter da, um über jede Versammlung zu berichten; das Presseecho war insgesamt positiv.

Die Nachrichtenagentur Associated Press setzte die Evangelisation auf ihr Priorität-A-Fernschreiben, das in die ganze Welt ging. Sowohl *Life* als auch *Time* brachten ausführliche Reportagen. Und natürlich berichtete auch die *Los Angeles Times* (die Hauptkonkurrentin der Hearst-eigenen Zeitungen) ganz groß über die Veranstaltung.

Die Leute kamen aus allen möglichen Gründen zu den Veranstaltungen, nicht nur aus religiösen. Manche waren einfach neugierig. Sie wollten wissen, was da vor sich ging. Andere waren skeptisch und schauten nur herein, um ihre Vorurteile bestätigt zu bekommen. Viele waren verzweifelt über irgendeine Krise in ihrem Leben und hofften auf eine letzte Chance, die Dinge in Ordnung zu bringen. Einige waren sogar, wie wir später erfuhren, von einer Richterin zur Teilnahme verurteilt worden. Die Juristin stand hinter unserer Arbeit und war der Meinung, ein Abend in unserem Zelt könne für einen verurteilten Straftäter vielleicht heilsamer sein als eine Nacht im Gefängnis.

Ein Pastor aus Yucca Valley ließ sich von seiner Gemeinde beurlauben, um nach dem Ende jeder Versammlung die Nachtwache im Zelt zu übernehmen. „Johnny" wollte er von uns genannt werden. Er schlief unter der Bühne, um das Zelt im Auge zu behalten. Eines Nachts hörte er das Rasseln der Kette am Eingang.

„Wer ist da?" rief er.

„Ich bin's nur."

„Was wollen Sie?"

„Ich will nur Jesus finden."

Johnny zögerte nicht lange und führte mit dem Mann auf der Stelle ein Gespräch. Der nächtliche Besucher vertraute danach sein Leben Jesus Christus an.

Inzwischen baten wir Gott um ein weiteres Zeichen. Sollten wir die Versammlungen um eine sechste Woche verlängern? Die Besucherzahlen stiegen immer noch, aber ich wollte den zahlenmäßigen Erfolg nicht zum Maßstab machen, um den Willen Gottes zu erkennen. Ohne seine Wegweisung wollten wir es nicht wagen.

Ein heftiger Sturm näherte sich der Stadt vom Pazifik her. Wenn er die Küste erreichte, so wußten wir, würde von unserem riesigen Zelt und den

Tausenden von Klappstühlen nicht mehr viel übrigbleiben. Also baten wir Gott, den Sturm nicht nach Los Angeles kommen zu lassen, wenn er wollte, daß wir unsere Veranstaltungen fortsetzten. Am nächsten Morgen berichteten die Zeitungen, das Unwetter habe sich zur großen Überraschung der Meteorologen über dem Meer aufgelöst. Voller Hoffnung und Dankbarkeit, aber körperlich erschöpft, gingen wir in die sechste Woche. So viel oder so eindringlich hatte ich noch nie in meinem Leben gepredigt.

Mein Vorrat an Predigten war längst aufgebraucht, ich mußte also jeden Tag eine neue vorbereiten. Das nahm bis zu sechs oder acht Stunden in Anspruch. Immer mehr fehlten mir Illustrationen. Ich hatte keine Zeit, sie einzuarbeiten, obwohl ich wußte, daß sie für einen guten Predigtaufbau notwendig sind.

Ein bekannter Schauspieler, der kein Christ war, gab mir den folgenden Ratschlag mit auf den Weg: „Billy, in Sachen Unterhaltung kannst du es mit uns nicht aufnehmen. Wir kennen alle Tricks. Aber wenn du dich da vorne hinstellst und predigst, was in der Bibel steht, dann bin ich jeden Abend dabei." Diesen Tip versuchte ich zu befolgen.

An zwei oder drei Abenden berichteten Menschen darüber, wie Christus in den letzten Tagen ihr Leben verändert habe. Hinter dem tiefen Eindruck, den ihre Worte hinterließen, spürte ich Gottes Heiligen Geist. Ich erklärte nur noch kurz das Evangelium und lud die Leute ein, Christus in ihr Leben aufzunehmen – und sie kamen nach vorn.

An einem Abend fuhr ein Mann während der Predigt im Taxi vor und stürmte durch den Mittelgang nach vorne. Grady ging mit ihm ins Gebetszelt, und ich lud dazu ein, sich ihnen anzuschließen. Dutzende taten es, obwohl die Predigt noch nicht zu Ende war. Der Mann begann nach dem Gespräch ein Leben als Christ.

Auch wenn die Abendveranstaltung längst vorbei und die Menschenmenge nach Hause gegangen war, kamen noch einzelne Leute ins Zelt. Manche waren einfach nur ziellose Wanderer; andere, die vor Sorgen nicht schlafen konnten, suchten irgend etwas in diesem seltsamen Heiligtum. Johnny, unser Pastor-Nachtwächter, setzte sie alle in die erste Reihe, las ihnen aus der Bibel vor, erklärte ihnen das Evangelium und betete für sie.

Gelegentlich bat ich auch andere, an meiner Stelle zu predigen. T. W. kam zwei- oder dreimal aus Minneapolis, um mich zu vertreten. An einem Abend sprach Bob Pierce, der Gründer der Organisationen „World Vision" und „Samaritan's Purse". Ich stellte sie jeweils vor und kam erst nach ihrer Predigt wieder auf das Podium, um zur Entscheidung für Christus aufzurufen.

Neben der Vorbereitung der Predigten brauchte ich dringend Zeit zum Gebet, um meine eigenen Bürden vor dem Herrn abzulegen und seine Wegweisung zu suchen. Manchmal ging ich schon morgens um fünf Uhr hinüber in Gradys Zimmer und bat ihn, mit mir zu beten. Irgendwann nach der dritten Woche mußte er abreisen, doch Cliff und Bev blieben, um mich zu ermutigen und diese Last so weit wie möglich mit mir zu teilen.

Unter der Leitung eines führenden Lutheraners, Armin Gesswein, fanden überall in Südkalifornien organisierte Gebetstreffen statt, ebenso in anderen Teilen des Landes. Studenten beteten in den christlichen Colleges, Geschäftsleute in ihren Büros, Familien zu Hause, und auch die Gemeinden hielten besondere Gebetsversammlungen ab. „Die mächtigste Kraft in der Welt", wie Frank Laubach das Gebet nannte, brachte den Segen Gottes nach Los Angeles.

Durch die zunehmende Berichterstattung in den Medien erhielt ich eine endlose Flut von Einladungen, oft mußte ich drei oder vier zusätzliche Ansprachen pro Tag halten: auf Bürgerversammlungen, in Gemeinden, auf evangelistischen Abenden in den Villen der Reichen und Berühmten, bei Schulveranstaltungen – und in Dutzenden von Interviews.

Als in den Kinos Wochenschauberichte über die Veranstaltungsreihe gezeigt wurden, erkannten uns die Leute plötzlich auf der Straße. Natürlich hatte wir nicht genügend Mitarbeiter, um mit all den Anrufen, Briefen und Telegrammen fertig zu werden, die uns Tag für Tag lawinenartig überrollten. Das Wort *Burnout* war damals noch nicht in den allgemeinen Wortschatz übergegangen, aber allmählich kam ich diesem Zustand gefährlich nahe.

Vor dem Ende jener sechsten Woche mußte ich Gott nicht fragen, um herauszufinden, ob ich in diesem Tempo weitermachen könnte. Anfangs hatte mich jener Schreiber im *Time*-Magazin in seinem blumigen Stil als mit „Trompeterlungen" und einer „weitreichenden Stimme" ausgestattet beschrieben. In den letzten Wochen jedoch fühlte ich mich oft zu schwach, um hinter dem Rednerpult zu stehen, und das Hin- und Herlaufen auf der Bühne war zum Teil allein deshalb nötig, damit ich nicht umkippte, wenn ich stillstand. Ich hatte sehr abgenommen; meine Augen waren dunkel umrandet. Cliff und Bev (der einmal in der Woche für einen Tag zu seiner Radiosendung zurück nach Chicago pendeln mußte) waren ebenso am Ende ihrer Kräfte wie unsere leidgeprüften Ehefrauen. Billie Barrows arbeitete am Klavier genauso hart wie jeder von uns, und Lorin Whitney spielte unermüdlich die Orgel. Auch Ruth führte jeden Abend bis spät in die Nacht seelsorgerliche Gespräche. Keiner von uns wollte das kleine Seelsorgezelt verlassen, bevor jeder, der mit einer Frage zu uns kam, ein persönliches Gespräch gehabt hatte.

So ausgelaugt ich körperlich, geistig und emotional auch war, erlebte ich doch, daß Gott mich in seiner unerschöpflichen Gnade geistlich immer wieder erfrischte. Ich wollte die Veranstaltungsreihe zwar beenden, aber ich war überzeugt, daß Gott sie fortsetzen wollte. Meine persönlichen Reserven waren verbraucht; ich mußte mich ganz auf den Herrn verlassen, um zu erkennen, was und wie ich predigen sollte. „Gottes Kraft ist in den Schwachen mächtig", schrieb Paulus, „denn wenn ich schwach bin, so bin ich stark" (2. Korinther 12,9-10). Je schwächer mein Körper wurde, so schien es, desto mächtiger gebrauchte Gott meine schlichten Worte.

Doch es gab noch etwas anderes zu bedenken. Ich war immer noch Präsident der Northwestern Akademie, und dieser ganze Einsatz in Los Angeles fiel mit dem ersten Semester des akademischen Jahres zusammen. In Minneapolis fragten sich die Studenten, ob ihr Präsident wohl jemals wieder nach Hause kommen würde. Zeitungsausschnitte wurden an das Schwarze Brett geheftet, um alle auf dem laufenden zu halten, und natürlich beteten sie begeistert für die Veranstaltungen. Dennoch breitete sich im Kuratorium Mißstimmung aus über diesen Präsidenten, der ständig abwesend war. Dr. Rileys Witwe Marie hatte Grund zu zweifeln, ob es eine weise Entscheidung ihres verstorbenen Mannes gewesen war, mich als seinen Nachfolger zu benennen.

Und noch eine andere Sorge bewegte mich: meine Familie und der Preis, den sie persönlich bezahlte, während ich in Los Angeles war. Ruths Schwester Rosa und ihr Mann Don Montgomery kamen in der Abschlußwoche zu uns und brachten Anne mit, die bei ihnen untergebracht war. „Wessen Baby ist das?" fragte ich, als ich das Kind in Rosas Armen sah und meine eigene Tochter nicht erkannte. Und wenn das Baby einschlafen sollte, schrie es nach seiner Tante, nicht nach seiner Mutter.

Doch als die achte Woche in Los Angeles heranrückte, wußten wir alle, daß wir nun langsam aufhören mußten. In dieser Zeit kam Louis Zamperini zum Glauben, jener amerikanische Läufer, der während der Olympischen Spiele 1936 in Berlin eine Hakenkreuzflagge vom Reichstag heruntergezerrt hatte. Später, als Pilot im Zweiten Weltkrieg, wurde er über dem Pazifik abgeschossen und verbrachte vierundsiebzig Tage in einer Rettungsinsel auf dem Meer. Obwohl er ein berühmter Läufer und Kriegsheld war, kehrte er unglücklich, desillusioniert und innerlich zerbrochen nach Hause zurück. Eines Abends kam er mit seiner Frau in unser Zelt in Los Angeles und nahm Christus an. Sein Leben wurde daraufhin verändert.

Endlich, einen Monat später als ursprünglich geplant, ging die Veranstaltungsreihe zu Ende. Am Donnerstag der letzten Woche fand im Hotel Alexandria ein Abschiedsfrühstück mit fünfhundert Pastoren und anderen christlichen Mitarbeitern statt. Eigentlich wollten sie nur *eine* Stunde miteinander verbringen, doch sie blieben vier Stunden, in denen sie gebannt den Berichte von Hamblen, Vaus, Zamperini und Harvey Fritts lauschten, der in einer beliebten Fernsehserie als „Colonel Zack" zu sehen war. In seiner Dokumentation über die Veranstaltung meinte Claude Jenkins, für viele sei dieses Frühstück der geistliche Höhepunkt der Kampagne gewesen.

Am Nachmittag des 20. Novembers, zwei Stunden vor dem Beginn der letzten Versammlung, war das Zelt mit elftausend Leuten gefüllt. Tausende standen draußen auf den Straßen und konnten nicht herein. Hunderte mußten wieder gehen, weil sie von drinnen nichts hören konnten. Mit mir befanden sich vierhundertfünfzig Pastoren auf der Bühne, denen nun die wichtige Aufgabe zufiel, diejenigen zu betreuen, die während der vergangenen Wochen nach vorn gekommen waren.

Für die damalige Zeit waren die statistischen Zahlen überwältigend. Innerhalb von acht Wochen hatten Hunderttausende das Evangelium gehört, und Tausende Christus als ihren Erlöser angenommen; 82 Prozent von ihnen waren noch nicht Mitglied einer Gemeinde gewesen. Weitere Tausende waren nach vorn gekommen, die bereits Christen waren, um eine erneute Hingabe an den Herrn zu bekunden. Jemand rechnete aus, daß wir zweiundsiebzig Versammlungen abgehalten hatten. Ich hatte fünfundsechzig Predigten gehalten und Hunderte evangelistischer Ansprachen vor kleinen Gruppen vorgetragen, die Kurzansprachen im Radio nicht mitgerechnet.

An jenem Abend stiegen T. W., Ruth und ich nach der Abschlußveranstaltung erschöpft in den Fern-Schnell-Zug in Richtung Santa Fe, voller Hoffnung, uns auf der Rückreise nach Minneapolis zwei Tage ausruhen zu können. Der Schaffner und der Gepäckträger begrüßten uns, als wären wir Filmstars. Ein seltsames Erlebnis, glauben Sie mir!

Als wir zusammen zum Beten niederknieten, bevor wir in unsere Schlafkojen stiegen, empfanden wir sowohl Dankbarkeit als auch Furcht. Wir fanden kaum Worte, um dem Herrn zu sagen, wie dankbar wir ihm waren. Aber wir fürchteten auch, unserer Verantwortung in Zukunft nicht gerecht werden zu können. Die Leute erwarteten jetzt so viel von uns.

Als der Zug in Kansas City kurz hielt, erwarteten uns ein paar Reporter. Auch als wir in Minneapolis ankamen, war die Presse zur Stelle und bat um ein Interview. Bis zu diesem Moment war mir letztlich noch nicht bewußt gewesen, wie weitreichend die Wirkung der Kampagne in Los Angeles gewesen war. Das wurde mir erst im Lauf der nächsten Wochen klar. Über Nacht erhofften sich viele von unserem kleinen evangelistischen Team eine landesweite oder gar internationale Erweckung.

Wohin wir uns auch wandten, überall erwartete man, daß wir dort auch so eine Veranstaltung durchführen würden wie in Los Angeles. Sie wußten nicht, daß Gott diesen Segen bewirkt hatte, sondern rechneten uns den Erfolg zu. Ich war immer noch der einfache Landprediger, der sich zuviel auf den Teller gehäuft hatte. Wie auch immer man das bezeichnen sollte, was in Los Angeles geschehen war und was immer daraus werden mochte – es war *Gottes* Handeln.

Inmitten all des Presserummels in Minneapolis kam eine von George Wilsons kleinen Töchtern auf mich zugerannt und reichte mir eine Rose.

„Onkel Billy“, sagte sie, „wir haben für dich gebetet.“

Und natürlich hatten auch meine eigenen beiden kleinen Töchter jeden Abend für mich gebetet! Das rückte alles in die richtige Perspektive. Das war das ganze Geheimnis hinter allem: Gott hatte Gebete erhört.

10

Ein Wirbelwind

War Los Angeles ein Strohfeuer, eine Laune des Zufalls, ein einmaliges Ereignis, hervorgerufen durch bessere Organisation und Werbung? Oder war es mehr? War da ein neuer Hunger nach geistlicher Nahrung? Boston, die nächste Kampagne, die nicht ganz sechs Wochen nach den Veranstaltungen in Los Angeles beginnen sollte, würde es zeigen.

Gespräche über den Einsatz in Boston hatten schon lange vor den Veranstaltungen in Los Angeles stattgefunden. Der Evangelistische Verein, eine Gemeinschaft evangelikaler Pastoren, hatte mich gebeten, am Silvesterabend einen Gottesdienst in der Mechanics Hall zu halten, und Dr. Harold John Ockenga lud mich ein, im Anschluß daran eine Woche lang in der historischen Park Street-Kirche in der Innenstadt von Boston zu predigen.

Obwohl mir Bostons Ruf als intellektuelle und kulturelle Hauptstadt der USA einigen Respekt einflößte, kam mir die Möglichkeit, dort eine Veranstaltungsreihe durchzuführen, wie ein Geschenk Gottes vor.

BOSTON

„EVANGELIST WETTEIFERT MIT SILVESTERSPASS" lautete die Schlagzeile des *Boston Herald* am 30. Dezember 1949. Der zugehörige Bericht führte ein wenig skeptisch aus, ich sei „ein junger Evangelist, der glaubt, morgen abend den ausgelassenen Verlockungen des Silvesterabends mit einer religiösen Veranstaltung im Mechanics Building Konkurrenz machen zu können".

Natürlich verzichtete nicht jeder in Boston auf die traditionellen Silvesterfeiern. Doch bei der ersten Versammlung war der Saal – wider Erwarten – bis auf den letzten Platz gefüllt.

„Obwohl Hotels, Nachtclubs und Bars der Stadt gestern abend überfüllt waren", berichtete der *Boston Sunday Globe*, „füllte die allergrößte Versammlung im Großraum Boston das Mechanics Building, um Pastor Billy Graham, den Streiter für Christus, zu hören …"

Die angekündigten Predigtthemen für das Eröffnungswochenende waren so formuliert, daß sie Interesse weckten: „Wird Gott Amerika verschonen?" – „Müssen wir kämpfen?" – „Die neue Gesellschaftsordnung."

Doch die Leute fanden bald heraus, daß ich in Wirklichkeit nur über *ein* Thema sprach: Gottes rettende Liebe zu den Sündern und die Notwendigkeit persönlicher Buße und Umkehr. Die Themen waren aktuell, doch die grundlegende Botschaft war zeitlos gültig. „Ich bezweifle, daß die Menschheit das Jahr 2000 erleben wird", zitierte mich der *Boston Globe*. „Unser ungezügelter, sündhafter Lebensstil in diesem Land muß ein unerträglicher Gestank in der heiligen Nase Gottes sein."

Ich hatte nicht erwartet, daß unsere Ankunft kontroverse Diskussionen auslösen würde, doch sie tat es. Viele Leute in Boston betrachteten mich als einen Rückschritt in puritanische Zeiten. Einige liberale und unitarische Geistliche meinten, ich würde die Sache der Religion um hundert Jahre zurückversetzen. Worauf ich erwiderte, daß ich tatsächlich die Religion zurückversetzen wolle – allerdings nicht nur um hundert, sondern um neunzehnhundert Jahre, in die Zeit der Apostelgeschichte, als man den Anhängern Christi im ersten Jahrhundert vorwarf, sie stellten das ganze Römische Reich auf den Kopf.

Als die Besucherzahlen anwuchsen, wurde die Veranstaltungsreihe verlängert. Nach zwei Abenden bei Dr. Ockenga verließen wir die Park Street-Kirche und kehrten zurück in die Mechanics Hall, solange sie verfügbar war. Anschließend zogen wir kurzfristig in die Oper um und schlossen dann, am Montag, dem 16. Januar, im Boston Garden ab, der über dreizehntausend Plätze verfügte. Die Zuhörerzahlen wuchsen uns förmlich über den Kopf. Bei manchen Veranstaltungen mußten Tausende abgewiesen werden. Nachdem die ursprünglich geplante Dauer mit letztlich siebzehn Tagen mehr als verdoppelt worden war, gingen uns am Ende schlicht die verfügbaren Versammlungsorte aus.

Die Reaktion auf den Ruf zur Entscheidung in den Gottesdiensten war schier überwältigend und forderte all unsere Kraft. Es hatte vorher keine eigentliche Seelsorgerschulung stattgefunden. Darum mußte unser gesamtes Team – Grady, Cliff, Bev und ich – bei den Einzelgesprächen mithelfen, unterstützt von freiwilligen Helfern, die sich spontan zur Verfügung stellten.

Ermutigend war für uns auch die Reaktion der Katholischen Kirche, die um so bemerkenswerter war, als die bahnbrechenden Entscheidungen des Zweiten Vatikanischen Konzils zur Ökumene noch in ferner Zukunft lagen. „BRAVO BILLY!" lautete eine Schlagzeile des *Pilot*, dem offiziellen Organ der Erzdiözese Boston. „Wir ‚amüsieren' uns nicht über seine Kritiker, zu denen leider auch manche protestantische Geistliche gehören. … Wenn es wirklich der Fall sein sollte, wie manche Leute offenbar meinen, daß die nichtkatholischen christlichen Gemeinschaften von Neuengland in der Auflösung begriffen sind – wir sind keine Fanatiker, die sich darüber freuen."

Sollten wir Boston verlassen oder sollten wir bleiben? Das war die Frage. Nach viel Nachdenken und Gebet beschlossen wir zu gehen. Wären wir sechs Wochen länger geblieben, oder sogar sechs Monate, hätte Gott dann einen so umfassenden Aufbruch nach Neuengland gesandt, wie es bei der großen Erweckung in der Vergangenheit der Fall war? Als unser Zug aus der Stadt der Bohnen und des Kabeljaus rollte, wäre ich beinahe an der nächsten Station wieder ausgestiegen. So viele Türen standen uns in der gesamten Region weit offen, selbst an den angesehenen Universitäten – wir hätten nur hindurchzugehen brauchen.

Doch am Ende fuhr ich weiter nach Toronto, um eine bereits zugesagte Verpflichtung einzuhalten. Eines jedoch war mir klar: So bald wie möglich mußten wir eine weitere Veranstaltung vorbereiten, die über Boston hinaus ganz Neuengland durchdringen sollte.

In meiner Abschlußpredigt in Boston hatte ich erwähnt, daß ich ein Gespräch mit einer Person aus der Unterwelt geführt hätte, deren Namen ich nicht nennen würde. Als wir auf dem Weg nach Toronto in Niagara Falls eintrafen, erwartete mich die Polizei. Auch die Bostoner Zeitungen ließen die Telefone Sturm klingeln. Wie sich herausstellte, hatte am 17. Januar, dem Tag nach der Abschlußveranstaltung, in Boston ein Millionenraub stattgefunden. Die Vertreter des Gesetzes hofften nun, ich wüßte vielleicht etwas darüber. Doch jene Gestalt der Unterwelt, an die ich gedacht hatte, war Jim Vaus von der Westküste gewesen. Das Verhör bot Grady und mir endlich einmal eine Gelegenheit zum Lachen, und das tat gut.

NEUENGLAND

Ende März 1950 tobte unter den fünf Tageszeitungen in Boston ein Auflagenkrieg. Sie suchten sich uns als Schlachtfeld ihres Wettbewerbs aus und schickten uns fünfzehn bis zwanzig Reporter, die uns überall hin begleiteten. Das Magazin *Look* entsandte seinen Chefreporter Lewis Gillenson, um über uns zu berichten. Sowohl die Nachrichtenagenturen United Press International als auch die Associated Press begleiteten uns mit Korrespondenten. Es war lange her, daß Glaubensfragen in Boston soviel Aufmerksamkeit in der Presse erregt hatten.

Ich hatte keine Ahnung, wie ich mich den Reportern gegenüber verhalten sollte. Manchmal äußerte ich mich in meiner Naivität zu innen- oder außenpolitischen Fragen, obwohl mir das als Prediger gar nicht zustand. Doch die Erfahrung lehrte uns, in Zukunft vorsichtiger zu sein.

Einmal bat ich Grady, für mich in Fall River, Massachusetts, zu predigen, weil mich eine Grippe erwischt hatte. Am Nachmittag brachte eine der Bostoner Zeitungen eine Schlagzeile, die wohl auf Gradys Bemühungen zurückzuführen war, deutlich zu machen, daß ich wirklich krank sei:
„GRAHAM VERKÜNDET EVANGELIUM TROTZ TODESGEFAHR.“
Obwohl wir darüber herzlich lachten, nahmen wir die Lektion ernst. Wir mußten uns davor hüten, irgend etwas zu übertreiben.

Am 27. März begann eine intensive, zwanzigtägige Tour durch etwa fünfzehn Städte, oft nur für einen einzigen Veranstaltungsabend. Zusätzlich predigte Grady an einem Dutzend Orten und Cliff samstags mindestens in einem Kindergottesdienst. Grady und Jack Wyrtzen vertraten mich zweimal, als ich krank war, und ich selbst predigte mindestens zwanzigmal. Dazu kamen die ständigen Autofahrten zu den nächsten Einsatzorten und die neuen Komitees, die wir überall kennenlernten. Doch was für große Dinge tat Gott während dieser Veranstaltungsreise durch Neuengland! Von den vielen tausend Leuten, die an den Versammlungen in Kirchen, Schulen und Stadthallen, Sportstadien und Theatern teilnahmen, vertrauten Hunderte ihr Leben Jesus Christus an.

Trotz der oft bitteren Kälte oder des Regenwetters drängten sich in den umliegenden Straßen zahlreiche Menschen, die keinen Platz mehr gefunden hatten, und warteten, bis ich herauskam und ihnen eine kurze Predigt hielt. Polizeieskorten hatten alle Hände voll zu tun, uns durch die Menge zu geleiten.

Von den ganz unterschiedlichen Veranstaltungen, die wir 1950 durchführten, berührten mich am tiefsten diejenigen an den Universitäten von Neuengland – darunter das Massachusetts Institute of Technology, Brown, Harvard, Yale, Amherst, Vassar, Wellesley und die Universität von Massachusetts.

Diese Besuche bewiesen uns, daß viele Studenten bereit waren, sich vorurteilslos mit dem Evangelium auseinanderzusetzen. Zwar kamen viele auch aus Neugier, weil sie solche „Berühmtheiten" wie uns kennenlernen wollten, doch es steckte noch mehr dahinter. Bei vielen entdeckte ich einen tiefen geistlichen Hunger. Die Angst vor dem Atomzeitalter, der moralische Verfall und die geistige Ziellosigkeit, die sich in dem kurz vorher veröffentlichten ersten Kinsey-Report zeigten – das alles brachte viele Studenten dazu, ihr Leben zu hinterfragen und stärker als bisher nach einem geistlichen Fundament zu suchen.

Deshalb verspürte ich den Wunsch, öfter an Universitäten zu sprechen. Denn ich fühlte in diesen Studentenversammlungen stets das Wirken des Heiligen Geistes. Den Anspruch, ein Intellektueller zu sein, erhob ich nicht, schließlich fehlte mir die akademische Ausbildung dazu, jede philosophische Frage beantworten zu können.

Mir war deutlich geworden, daß absolut kein Anlaß bestand, sich in einem akademischen Umfeld für das Evangelium von Jesus Christus zu entschuldigen. Das Evangelium kann sich mehr als behaupten. Nur das Evangelium geht auf die tiefen Fragen des menschlichen Verstandes ein. Und nur das Evangelium befriedigt die tiefe Sehnsucht des menschlichen Herzens. An den meisten Universitäten werde das Evangelium nicht etwa geprüft und dann verworfen, sondern schlicht ignoriert, erklärte mir jemand.

Doch trotz meines Wunsches, mehr Zeit an Universitäten zu verbringen, bekam ich während der nächsten zwei Jahre relativ wenig Gelegenheit dazu. Nach unseren Veranstaltungen in den Jahren 1949 und 1950 gab es geradezu eine Explosion von Einladungen zu Großstadtevangelisationen, die mich unaufhörlich in Bewegung hielten.

Wo sollten wir die Abschlußveranstaltung in Boston abhalten, um all die Menschen aus Neuengland unterzubringen, die angeblich daran teilnehmen wollten? Wir beschlossen, den berühmten Stadtpark Boston Common zu nutzen. Wir nannten die Veranstaltung eine Friedenskundgebung, denn im Fernen Osten zogen sich Kriegswolken zusammen, und wir fanden, *Friede* sei ein Wort, mit dem sich jeder identifizieren könne.

Die Aussicht, dort im Freien zu predigen, ließ mich aus verschiedenen Gründen regelrecht erstarren. Ein großes, freies Gelände im Herzen einer Stadt ist etwas ganz anderes als, sagen wir, ein Stadion oder eine Schulaula. Würden genügend Leute kommen, um eine respektable Zuhörerschaft auszumachen?

Und dann das Problem mit dem Wetter! Ich war mir nie so ganz sicher, wer eigentlich das Wetter kontrolliert. Obwohl wir immer für blauen Himmel beteten, mußte ich oft bei schlimmen Unwettern predigen.

Der Herr sagt uns, daß wir uns um nichts Sorgen machen sollen (Philipper 4,6), aber diese Lektion hat mir schon immer viel zu schaffen gemacht.

Es regnete, als ich an diesem Sonntagmorgen aufstand. Es schüttete wie aus Kübeln! Ich rief das Team in meinem Hotelzimmer zusammen. „Laßt uns beten und Gott um besseres Wetter bitten, wenn es sein Wille ist", drängte ich.

Als wir fertig waren, löste sich meine Anspannung. Ich war innerlich vollkommen ruhig, selbst als mittags die Zeitungen anriefen und fragten, ob wir die Veranstaltung wegen des schlechten Wetters abblasen würden.

„Nein", sagte ich. „Wenn um drei Uhr die Veranstaltung beginnt, wird die Sonne scheinen."

Sie lachten. Meine Freunde auch.

Als um zwei Uhr der erste Choral angestimmt wurde, hörte es auf zu regnen. Eine Stunde später, als ich ans Rednerpult trat, um meine Predigt zu halten, lächelte eine sonnenbeschienene Menschenmenge zu mir herauf – etwa fünfzigtausend Leute, wie die *Boston Post* berichtete.

Ich hatte gelesen, daß George Whitefield dort im Jahr 1740 vor vielen tausend Menschen gepredigt hatte, und das ohne Lautsprecheranlage. Was mußte er für eine Stimme gehabt haben! Übrigens lieh ich mir an jenem Tag Whitefields Thema für meine Predigt aus: „Soll Gott in Neuengland regieren?"

Zu jener Zeit hatte der Protestantismus in Neuengland an Einfluß verloren, teils durch theologische Differenzen innerhalb mancher Denominationen, teils durch den Einfluß unitarischer Gedanken in anderen, teils durch die Stärke der katholischen Kirche. Trotz alledem kamen nicht nur Leute aus evangelikalen Gemeinden zu den Versammlungen, sondern auch eine Reihe katholischer Priester und unitarischer Geistlicher mit einigen ihrer Gemeindeglieder. Angesichts meines begrenzten evangelikalen Hintergrundes war dies eine neuerliche Erweiterung meines ökumenischen Blickwinkels. Ich gewann neue Freunde – Menschen mit ganz unterschiedlichem konfessionellen Hintergrund.

Die Erfahrungen in Kalifornien und Neuengland hatten uns den unwiderlegbaren Beweis geliefert: Tausende von Menschen in unserem Land suchten nach einem Sinn für ihr Leben und waren bereit, das Evangelium zu hören und anzunehmen.

Aber *was* suchten die Leute eigentlich, das sie nicht schon besaßen?

Die Euphorie über die militärischen Siege in Europa und im Fernen Osten hätte bei den meisten von uns ein Gefühl optimistischer Selbstgenügsamkeit auslösen müssen – kaum das geeignete Klima für ein religiöses Erwachen. Statt dessen jedoch steuerten wir auf Angst und Apathie zu. Zum einen fürchteten wir uns vor jenen Atompilzen, die am Horizont der Geschichte über den Geisterstädten Japans schwebten, zum anderen vor dem Roten Stern, der über Osteuropa aufging.

Angesichts dieser doppelten Bedrohung unserer Sicherheit und unseres Glücks: Welchen Sinn hatte da noch unser Leben? Offenbar weder das Gefühl einer nationalen Bestimmung, die uns Auftrieb gegeben hätte, noch ein befriedigendes Bewußtsein persönlicher Identität. Selbst der Korea-Krieg brachte den Menschen nicht jene negative, aber zielgerichtete Belebung des Geistes, den die meisten internationalen Konflikte mit sich bringen. Schon wieder verloren amerikanische Männer und Frauen in Übersee ihr Leben, und nur wenige schienen zu wissen, warum.

Was wir 1950 erlebten, waren die ersten Regungen eines weit um sich greifenden geistlichen Bedürfnisses – Regungen, die dazu beitrugen, dem Evangelium in ungewohntem Maße Gehör zu verschaffen. Desillusioniert und entwurzelt, schienen die Leute bereit zu sein, alles auszuprobieren.

Für mich persönlich war es eine sehr belastende Zeit, weil ich von Natur aus kein tiefschürfender Analytiker war und auch nicht für mich in Anspruch nehmen konnte, die Gabe der Prophetie zu besitzen. Ich konnte lediglich die wesentlichen Aussagen des Evangeliums predigen, wie sie im Neuen Testament offenbart sind und durch die Jahrhunderte von Millionen Menschen erfahren wurden. Die „alte, alte Geschichte von Jesus", wie es der Verfasser eines Chorals einmal ausdrückte – doch nun erregte sie ganz neue Aufmerksamkeit. Vielleicht, weil sie für viele zu einer unbekannten Geschichte geworden war.

II

Für die Zukunft bauen

PORTLAND, FILME, RADIO (STUNDE DER ENTSCHEIDUNG),
DIE BILLY GRAHAM EVANGELISTIC ASSOCIATION,
ATLANTA 1950

Heute, fast ein halbes Jahrhundert später, ist es mir beinahe unmöglich, die ständige Aktivität und Aufregung, die uns während jener Monate nach den Veranstaltungsreihen in Los Angeles und Boston umgab, so intensiv zu schildern, wie wir sie damals erlebten. Manchmal kam es mir fast so vor, als befänden wir uns mitten in einer donnernden Lawine oder einem starken Strudel und könnten uns nur noch festklammern und Gott um Hilfe bitten. Nicht nur die großen Menschenmengen und das öffentliche Echo waren ungewohnt; wir standen darüber hinaus vor einem neuen (und erfreulichen) Problem: einer Flut von Einladungen, die uns drängten, Evangelisationen in vielen großen Städten der USA durchzuführen.

Auf diese Bitten hin gaben wir in der zweiten Hälfte des Jahres 1950 die Zusage zu längeren Veranstaltungsreihen in zwei Städten: Portland, Oregon und Atlanta, Georgia. Von den Auswirkungen dieser Veranstaltungen auf unsere zukünftige Arbeit ahnten wir noch nichts.

PORTLAND

Dreihundert Gemeinden und zahlreiche christliche Persönlichkeiten hatten uns für den Juli 1950 in die Stadt der Rosen im Nordwesten eingeladen.

Während sich der örtliche Rat der Kirchen gegenüber diesem Evangelisten aus dem Süden bedeckt hielt, gebrauchte Gott den Tierarzt Dr. Frank Phillips, um den Weg für uns zu bereiten. 1948 hatte ich eine Woche mit ihm zusammen verbracht und ihn dabei überredet, eine Jugend für Christus-Veranstaltung in Portland zu organisieren. Frank hatte sich so nützlich erwiesen, daß er daraufhin in der Chicagoer Zentrale zum Vizepräsidenten von Jugend für Christus-International ernannt worden war. Aus gesundheitlichen Gründen kehrte er später nach Portland zurück, um die dortige Jugend für Christus-Arbeit zu leiten und unsere Evangelisation vorzubereiten.

Die hölzerne Behelfshalle, die unter viel Eigenleistung von Männern, Frauen und Kindern für 40 000 Dollar errichtet worden war und zwölftausend Menschen Platz bot, erwies sich meist als zu klein: Insgesamt nahmen mehr als eine halbe Million Menschen an der sechswöchigen Evangelisation teil. Etwa neuntausend Besucher, die ein Gespräch mit den Seelsorgehelfern suchten, unterzeichneten die entsprechende Seelsorgekarte, die auch zu einer Entscheidung für Jesus einlud.

Frank kümmerte sich darum, daß auch Minderheiten integriert wurden. Er veranlaßte, daß meine Predigt für Hörgeschädigte in die Gebärdensprache übersetzt wurde – für uns damals etwas ganz Neues. Und einige Teilnehmer der Evangelisation leisteten ihren eigenen Beitrag: Aus Zeitungsberichten erfuhren wir, daß drei taubstumme Teilnehmer die Lieder und die Predigt mit ihren Fingerspitzen an andere Taubstumme weitergaben, die zusätzlich noch blind waren.

Eine weitere Premiere fand in Portland statt: Wir sprachen in getrennten Veranstaltungen für Männer und Frauen über Familienprobleme. Zur ersten Männer-Veranstaltung kamen ungefähr elftausend Teilnehmer. Ich ermahnte sie, den Frauen nicht zu erzählen, was ich gesagt hatte. Aus Neugier (das war natürlich mein Hintergedanke) drängten sich dann dreißigtausend Frauen in der Halle und auf dem umgebenden Zirkusplatz, wo sie über eine Außenlautsprecheranlage zuhören konnten. Die Polizei leitete den Verkehr an den verstopften Straßen vorbei.

An den Veranstaltungen nahmen so viele Eltern teil, daß fünf weitere Zelte errichtet werden mußten, in denen freiwillige Helfer bis zu dreihundert Babys und Kleinkinder betreuten. Weitere freiwillige Helfer lotsten jeden Abend rund dreitausend Autofahrer auf die Parkplätze.

An einem Samstagnachmittag füllten achttausend Kinder die Halle, denen Cliff höchst anschaulich Geschichten aus dem Alten Testament vorspielte – zum Beispiel jene vom aussätzigen Naaman.

Bei der Abschlußveranstaltung im Multnomah-Stadion am 4. September kamen die Gouverneure von Washington und Oregon, um Grußworte an die etwa zweiundzwanzigtausend Besucher zu richten. (Washingtons Gouverneur Arthur Langlie wurde in den folgenden Jahren einer meiner engsten Freunde und knüpfte manche Verbindungen zwischen mir und Eisenhower.) Zwölfhundert Menschen folgten an diesem Tag der Einladung zum Seelsorge-Gespräch.

Eine Statistik zeigt nie die ganze Wahrheit über eine Evangelisation. Ich erwähne diese Zahlen auch nur, weil sie mir in diesem Frühstadium unserer Arbeit die stetig steigende Offenheit der Menschen für das Evangelium bestätigten. Mit jeder neuen Evangelisationserfahrung wuchs in mir die Gewißheit, daß es sich nicht nur um ein Strohfeuer handelte. Gott ließ uns an einem besonderen Wirken seines Heiligen Geistes in Amerika teilhaben. Aufgrund dieser Überzeugung war ich offen für drei Entwicklungen, die plötzlich auf uns zukamen.

FILME

Schon als Student am Wheaton College hatte ich mir gewünscht, daß jemand einmal evangelistische Filme drehen würde. Der einzige christliche Film, den ich je gesehen hatte, war amateurhaft gemacht und konnte kirchenferne Zuschauer kaum ansprechen.

Unseren ersten Schritt auf dieses Neuland machten wir 1950 bei der Evangelisation in Portland. Bob Pierce hatte mir von einem Filmemacher namens Dick Ross erzählt, der ihn auf einer Reise nach China begleitet und darüber einen Dokumentarfilm gedreht hatte, der in Gemeinden sehr gut ankam.

„Du solltest eine deiner Evangelisationen filmen lassen", drängte mich Bob.

Nach einigen Diskussionen bat das örtliche Komitee in Portland Dicks kleine Produktionsfirma *Great Commission Films*, einen Sechzehn-Millimeter-Farbfilm über die Evangelisation zu drehen, der in den Gemeinden des Nordwestens gezeigt werden könnte.

Dicks Firma fusionierte schließlich mit der von uns gegründeten Firma *Billy Graham Films*. (Später änderten wir den Namen in *World Wide Pictures*, weil ich das Gefühl hatte, daß mein Name vielleicht manche Leute davon abhalten könnte, sich die Filme anzuschauen.) Wir errichteten ein Gebäude in Burbank gleich gegenüber von den Walt Disney Studios. *The Portland Story* war die erste von ungefähr zweihundert Filmproduktionen.

Kurz nach Portland unterhielten Dick und ich uns über den Einsatz von Filmen in der evangelistischen Arbeit. „Warum", fragte ich, „verfilmen wir nicht eine fiktive Geschichte für junge Leute – spannend und zum Glauben einladend zugleich?"

Unsere nächste Evangelisation sollte Anfang 1951 in Fort Worth, Texas, stattfinden, und wir beschlossen, dort den Film zu drehen. Die Geschichte handelte von einem Rodeoreiter, der bei dieser Evangelisation zum Glauben kommt. Redd Harper und Cindy Walker waren bereit, in *Mr. Texas* mitzuwirken, den wir mit einem sehr niedrigen Budget drehten. In einem Anfall von Größenwahn mieteten wir für die Weltpremiere die Hollywood Bowl an. Die Arena faßte fünfundzwanzigtausend Personen; weitere fünftausend saßen auf dem Berghang. Im Publikum befanden sich einige der bekanntesten Filmpersönlichkeiten Hollywoods, darunter Cecil B. DeMille, Frank Freeman und Walter Wanger.

Ein paar Monate zuvor hatte mich Frank Freeman, der Präsident der Paramount Studios, zum Mittagessen eingeladen. Seine Frau galt als sehr fromm. Dort lernte ich DeMille kennen, der gerade die Dreharbeiten für die Neuverfilmung seines Klassikers *Die Zehn Gebote* von 1923 vorbereitete. Ebenfalls bei diesem Essen anwesend waren Anthony Quinn, Barbara Stanwyck, Betty Hutton und Bob Hunter, ein leitender Paramount-Mitarbeiter, der als engagierter Christ Kassenwart der reformierten Gemeinde in Hollywood war.

Während des Essens machte Frank mir einen Vorschlag: „Billy, die MGM hat einen Evangelisten namens Clifford unter Vertrag genommen, um in einem ihrer Filme mitzuwirken. Wir von Paramount dagegen finden, daß Ihr Name und Ihre Fähigkeit weitaus besser wären. Denken Sie doch bitte einmal darüber nach, ob Sie nicht einen Film mit uns machen wollen."

Ich sah ihm gerade in die Augen und sagte ihm vor allen anderen, Gott habe mich dazu berufen, das Evangelium zu predigen, etwas anderes komme für mich nicht in Frage. Und dann berichtete ich allen am Tisch von meiner Erfahrung mit Christus.

Auf Jerry Beavans Vorschlag mieteten wir für die Premiere von *Mr. Texas* fünfundzwanzig Suchscheinwerfer, die wir über den Himmel tanzen ließen, um alles zu überbieten, was die Filmmetropole bislang gesehen hatte. Rückblickend steigt mir noch die Röte ins Gesicht über unsere Unverfrorenheit – nicht nur im Blick auf dieses Lichtspektakel, sondern auf das ganze Projekt – und über den weiten Vorsprung, den unser jugendlicher Eifer manchmal vor unserer Sachkenntnis hatte. Als die Vorführung begann, merkten wir, daß die Lautsprecher zu weit vom Publikum entfernt waren; außerdem war der Ton zwischen der zwölf Meter breiten Leinwand und der letzten Sitzreihe in dreihundert Metern Entfernung nicht richtig synchronisiert. Dann ging auch noch der Projektor kaputt.

Ich wollte im Erdboden versinken, so peinlich war das! Hastig winkte ich ein paar Leute vom Team zu mir heran. Inbrünstig beteten wir, Gott möge den Technikern helfen, den Projektor wieder in Gang zu bringen. Nach fünf Minuten lief der Film weiter, und wir konnten uns den Rest ohne weitere Zwischenfälle ansehen. Als ich am Schluß dazu einlud, einen Anfang mit Christus zu machen, kamen zu meiner Verblüffung fünfhundert Leute nach vorn. Die ganze Sache machte uns das Risiko deutlich, Dinge einfach für selbstverständlich zu halten, besonders wenn es um etwas so Komplexes ging wie eine Filmvorführung.

Trotzdem war ich so begeistert über diesen neuen Schritt in unserer Arbeit, daß ich eine Kopie des Films mit nach London nahm, um sie dem großen britischen Filmemacher J. Arthur Rank zu zeigen, den ich bei einem früheren Besuch kennengelernt hatte. Er sah sich die Vorführung geduldig an und meinte dann diplomatisch: „Nun, was Sie zu vermitteln versuchen, wird deutlich. Technisch ist es kein guter Film, aber die Botschaft kommt 'rüber."

Natürlich hatte er recht – der Film ließ viel zu wünschen übrig. Arthur Ranks Kritik ließ in mir den Entschluß reifen, an unsere zukünftigen Filme so hohe qualitative Maßstäbe wie nur möglich anzulegen. Und doch wird *Mr. Texas* bis zum heutigen Tag immer noch in vielen Ländern der Welt gezeigt. Ich bin zahlreichen Menschen begegnet, die durch die Botschaft des Films zu Christus fanden.

RADIO – DIE STUNDE DER ENTSCHEIDUNG

Die zweite Entwicklung hatte ganz direkte Auswirkungen auf den Kern unserer Arbeit.

Einige Monate zuvor hatte ich in Boston im Radio gehört, daß Dr. Walter A. Maier, der große lutherische Theologe und Radioprediger aus St. Louis, nach einem Herzanfall verstorben war. Ich war so erschüttert, daß ich in meinem Hotelzimmer niederkniete und betete, daß Gott jemanden an seinen Platz in der Radioarbeit berufen möge. Damals war das Radio noch das wichtigste Medium, das Fernsehen breitete sich erst ganz allmählich aus. Es gab nur einige wenige evangelikale Sendungen im landesweiten Rundfunk; keine davon schien bei Leuten, die dem Glauben fernstanden, besonders anzukommen. Dr. Maier und Charles Fuller waren buchstäblich die einzigen Prediger im landesweiten Rundfunk.

Als ich im Frühsommer auf einer von Walter Smyth geleiteten Konferenz in New Jersey predigte, hielten Cliff und ich an einer Raststätte zum Mittagessen und wurden von einem hünenhaften, lächelnden Mann begrüßt. Er machte große Augen, als er mich musterte.

„Halleluja!" rief er, während er meine Hand packte und schier das Blut aus ihr herausquetschte. „Was für eine Gebetserhörung! Gerade eben habe ich hier gesessen und gebetet, ich möge Billy Graham begegnen, und schon kommen Sie hereinspaziert! Ich wußte nicht einmal, daß Sie an der Ostküste sind."

Er stellte sich vor als Dr. Theodore Elsner, ein Prediger aus Philadelphia.

„Ich habe da ein großes Anliegen", sagte er. „Es ist eine Botschaft, die, glaube ich, von Gott kommt. Billy, Sie müssen ins landesweite Radio! Wissen Sie, Dr. Maier ist tot, und Sie sind der Mann, den Gott gebrauchen könnte, um Amerika durch das Radio zu erreichen."

Ich wußte nicht, was ich darauf sagen sollte.

Dr. Elsner drängte mich, Kontakt zu seinem Schwiegersohn Fred Dienert und zu Walter Bennett aufzunehmen, einem als Radioagent tätigen Christen. So beeindruckt ich von dieser unverhofften Begegnung auch war – ich setzte mich weder mit Dienert noch mit Bennett in Verbindung. Bald hatte ich die Begebenheit vergessen. Ich war so beschäftigt, daß ich mir nicht vorstellen konnte, mir noch mehr aufzuhalsen.

Ein paar Wochen später sprach ich auf einer Konferenz in Michigan. Zwei gut gekleidete Unbekannte kamen auf mich zu und stellten sich als Fred Dienert und Walter Bennett vor. Ich wußte nicht, ob Dr. Elsner nach unserer Begegnung mit ihnen gesprochen hatte, jedenfalls wollten sie mich für die besagte Radiosendung gewinnen.

Immer noch war ich Präsident der Northwestern Akademie, immer noch aktiv bei Jugend für Christus. Gleichzeitig versuchte ich jedoch, mit der landesweiten Nachfrage nach unseren Evangelisationen Schritt zu halten. Ich sagte Fred und Walter, ich wüßte ihr Interesse zu schätzen, aber für eine Radiosendung hätte ich derzeit einfach keine Kapazitäten mehr frei. Meine engsten Ratgeber – Cliff, Bev und Grady – stimmten mir zu: Ausgeschlossen!

Doch nun, in Portland, standen diese beiden hartnäckigen Herren erneut bereit, um mit mir zu reden. Fünf Minuten meiner Zeit, behaupteten sie, mehr wollten sie nicht. Ihre Nachstellungen brachten mich so aus der Fassung, daß ich bisweilen den Lastenaufzug im Hotel nahm, um ihnen aus dem Weg zu gehen. Schließlich bat ich Grady, den beiden unsere Absage mitzuteilen. *Lassen Sie mich in Ruhe,* lautete meine Botschaft.

Doch als ich eines Abends aus dem Hotel kam, standen sie wieder da.

„Wir möchten uns verabschieden", meinten sie. „Wir reisen heute abend nach Chicago ab."

„Also gut, meine Herren", sagte ich lachend, „sollte ich heute noch vor Mitternacht eine Spende über fünfundzwanzigtausend Dollar für eine Radiosendung bekommen, dann werde ich das als eine Antwort auf Ihre Gebete auffassen. Ich wäre dann bereit, eine Radiosendung für die USA zu machen."

Der Gedanke erschien ihnen so absurd, daß sie in mein Gelächter einstimmten, bevor sie sich auf den Weg zum Flughafen machten.

Zu der Versammlung an jenem Abend kamen mehr als siebzehntausend Leute. Kurz bevor ich meinem Freund Bob Pierce für einen kurzen Bericht über seine Fernostreise das Mikrophon übergab, erzählte ich den Leuten von Walters und Freds Anliegen, das Evangelium über das Radio zu verbreiten, und von der Fünfundzwanzigtausend-Dollar-Bedingung, die ich gestellt hatte. Die Zuhörer lachten mit mir über den Scherz. Nach Bobs Bericht hielt ich meine Predigt und rief dann zur Entscheidung für Christus auf.

Hinterher schauten in meinem kleinen abgeteilten Raum in der Halle eine Reihe Leute vorbei, um mich zu begrüßen. Etliche von ihnen sagten, sie glaubten, Gott erwarte von ihnen, uns dabei zu helfen, in die Rundfunkarbeit zu gehen. Nach und nach sammelten sich Geldscheine, Schecks und Schmuckstücke. Ich konnte es nicht fassen!

„Billy", sagte Frank Phillips, als alle gegangen waren, „die Leute haben uns heute abend vierundzwanzigtausend Dollar für die Radioarbeit gegeben!"

Ihr Zutrauen und ihre Großzügigkeit trieben mir die Tränen in die Augen. Aber war das Gottes Antwort? Es fehlten tausend Dollar. Vielleicht hatte ja der Teufel uns das viele Geld zugeschoben, um uns in die Irre zu führen. Wir einigten uns, mit niemandem über die Spenden zu sprechen, und gingen essen.

Wir hatten uns angewöhnt, erst nach den Veranstaltungen zu essen. An diesem Abend gingen wir in ein kleines japanisches Restaurant auf der anderen Straßenseite. (Ruth arbeitete immer noch daran, meinen Geschmack an der fernöstlichen Küche zu kultivieren.) Gegen halb zwölf kehrten wir in unser Hotel zurück.

„Post für Sie, Mr. Graham", sagte der Nachtportier.

Die beiden Briefe waren zwei Tage zuvor abgestempelt und stammten von Menschen, die ich kaum kannte – von den Geschäftsleuten Howard Butt und Bill Mead. Beide schrieben mir, sie glaubten, daß wir eine Radiosendung machen sollten, und wollten die ersten sein, die etwas dazu beitrugen. Jeder hatte einen Scheck über fünfhundert Dollar beigelegt!

Benommen senkte ich den Kopf und sprach ein stilles Gebet. Ich war so überwältigt, daß ich nicht klar denken konnte. Dieses Geld war eindeutig von Gott gekommen. Als ich mich dann zum Aufzug wandte – wen sah ich da im Foyer stehen? Walter und Fred! Sie waren schon am Flughafen gewesen, sagten sie, aber irgend etwas habe sie davon abgehalten, die Maschine zu besteigen.

Ich legte jedem der beiden eine Hand auf die Schulter. „Planen Sie uns für mindestens dreizehn wöchentliche Sendungen ein", sagte ich. „Gott hat auf Ihre Gebete geantwortet. Wir haben die fünfundzwanzigtausend Dollar. Wir wollen den Glaubensschritt wagen."

Das letztere war vollkommen ernst gemeint, denn die Gesamtkosten würden etwa siebentausend Dollar pro Woche, also einundneunzigtausend

Dollar betragen – eine astronomische Summe, die nirgends in Sichtweite war. Jedenfalls nicht in *meiner* Sichtweite.

Walter und Fred trafen an einem Samstag in New York ein, um den Vertrag abzuschließen, erreichten aber im Büro von ABC (American Broadcasting Company) nur einen untergeordneten Angestellten. Er informierte sie, der ABC-Vorstand habe gerade eine Entscheidung getroffen, keine weiteren religiösen Sendungen mehr zuzulassen.

Walter und Fred protestierten nachdrücklich: „Sie haben es uns versprochen. Wir haben diesem jungen Mann, Billy Graham, garantiert, daß er einen Sender hat. Wenn Sie jetzt Ihre Meinung ändern, ist das sehr unfair uns gegenüber. Setzen Sie sich mit dem Vorstand in Verbindung."

„Das ist unmöglich", sagte der Mann. „Die sind alle beim Golfspielen."

„Dann sagen Sie auf dem Golfplatz Bescheid."

„Das kann ich nicht machen", erwiderte er stur. „Sie werden bis Montag warten müssen."

„Wir werden *nicht* am Montag wiederkommen", erklärten die beiden mit Nachdruck. „Wir werden hier sitzenbleiben, bis die Sache geklärt ist."

Als er ihre Entschlossenheit sah, erreichte der Mann schließlich eines der Vorstandsmitglieder am achtzehnten Loch und erklärte die Situation. Die Entscheidung des Vorstandes wurde auf der Stelle rückgängig gemacht. *Die Stunde der Entscheidung* war gerettet.

Mitte August unterzeichneten wir einen Vertrag mit der American Broadcasting Company, dreizehn wöchentliche Sendungen für ihr landesweites Netz zu produzieren. Der Starttermin lag während unserer bevorstehenden Evangelisation in Atlanta.

Dies war der Beginn meiner lebenslangen Freundschaft mit Walter und Fred. Die Walter-Bennett-Agentur kümmerte sich um alles, nicht nur am Anfang, sondern über die Jahre hinweg. Walter verstand sich als geschickter Geschäftsmann darauf, gute Verträge für uns auszuhandeln. Fred war Walters Partner, er kümmerte sich persönlich um die gesamte Werbung und andere Angelegenheiten im Zusammenhang mit Radio und Fernsehen, aber auch um die Zusammenarbeit mit meinem Verlag. Er und seine Frau Millie kamen uns – Ruth und mir – auch persönlich näher. Wir verbrachten viele Jahre lang unseren Urlaub gemeinsam. Fred ist jetzt bei unserem himmlischen Vater, aber ich vermisse ihn noch heute.

Als wir unsere Radiosendungen planten, riet man uns zu einem volkstümlichen, lockeren Stil. Doch ich hörte mir die Leute an, die damals die höchsten Einschaltquoten hatten – Nachrichtensprecher wie Walter Winchell, Drew Pearson und Gabriel Heater oder wie der verstorbene Dr. Maier, den ich sehr bewundert hatte, und stellte fest: Alle vier sprachen schnell und eindringlich. Das paßte zu meinem eigenen persönlichen Stil.

Von Anfang an wollte ich aktuelle Beispiele aus dem nationalen und internationalen Zeitgeschehen sowie aus sozialen Problemfeldern einbringen. Dann wollte ich die Bibel auf diese Themen hin befragen und mich auf eine direkte Darstellung des Evangeliums mit einem klaren Aufruf zur Entscheidung konzentrieren. Eine Weile hatte ich sogar einen Fernschreiber bei uns zu Hause stehen, um stets über die neuesten Nachrichten auf dem laufenden zu sein.

Die Zuhörerreaktionen bestätigten uns, daß wir ein Bedürfnis im Leben der Menschen ansprachen. Innerhalb von zwei Jahren erhielten wir drei- bis viertausend Briefe pro Woche. Aus dieser Korrespondenz entstand unsere Adressenliste. Schon bald trugen die Sendungen sich selbst, so daß wir über die Finanzen nicht viele Worte zu verlieren brauchten. Ab 1954 wurde *Die Stunde der Entscheidung* auch über NBC ausgestrahlt, so daß sie insgesamt über achthundert Stationen zu hören war; Auslands- und Kurzwellensender nicht eingerechnet.

NBC hatte eigentlich den Grundsatz, christlichen Sendungen keine Sendezeit einzuräumen. Doch aufgrund persönlicher Beziehungen zum Gründer und Präsidenten, General David Sarnoff, machte die Rundfunkgesellschaft bei mir eine Ausnahme. Ich hatte ihn, anscheinend rein zufällig, auf Hawaii kennengelernt.

Auf dem Schiff, das uns Anfang 1953 aus Japan und Korea zurückbrachte, hatten wir einen jüdischen Geschäftsmann namens Jack Lewis kennengelernt. Er lud uns zu einer Party ein, auf der eine Frau einen Hula-Tanz vorführte. Als sie erfuhr, wer ich war, entschuldigte sie sich, da sie befürchtete, meine Gefühle verletzt zu haben. Ich sagte ihr, als Hawaiibesucher wisse ich, daß der Hula Teil der alten Kultur der Inseln sei. Wie sich herausstellte, war sie die Frau des Besitzers der Morgenzeitung von Honolulu. Nach unserer Ankunft auf den Inseln lud sie mich zum Abendessen nach Hause ein. General Sarnoff und seine Frau waren ebenfalls dort und erboten sich später, mich mit ins Hotel zurückzubringen. Unterwegs fragte mich der General: „Gibt es irgend etwas, das ich für Sie tun kann?"

„Ja, Sir." Ich merkte ihm seine Verblüffung über meine rasche Antwort an. „Ich würde gerne meine Radiosendung über NBC ausstrahlen."

„Ich werde sehen, was ich tun kann", sagte er.

Und er hielt Wort. Bald darauf sendeten wir jeden Sonntagabend über NBC.

DIE BILLY GRAHAM EVANGELISTIC ASSOCIATION

Grady Wilson und ich hatten ein Problem. Unter seinem Bett im Hotel in Portland, Oregon, stand ein Schuhkarton mit fünfundzwanzigtausend Dollar.

Was sollten wir mit diesem Geld machen? Bisher waren die Kollekten bei unseren Evangelisationen stets von den örtlichen Organisatoren einge-sammelt und auf ein eigens eingerichtetes Konto eingezahlt worden. Doch das Geld in diesem Schuhkarton war für einen Zweck gesammelt worden, der nichts mit der Evangelisation in Portland zu tun hatte und deshalb auch nicht auf das örtliche Konto des Organisationsausschusses gehörte. Es war für die Radioarbeit bestimmt, wie ich es den Leuten am Abend gesagt hatte.

Das Geld mußte sofort auf die Bank gebracht werden. Natürlich hätte jeder von uns das Geld auf sein eigenes Konto einzahlen können, aber dann hätten wir für die volle Summe Einkommensteuer zahlen müssen.

Das eigentliche Problem war, wie uns jetzt klar wurde, daß wir keine offizielle Organisationsform hatten. Man kannte uns einfach als die Graham-Barrows-Evangelisationen, aber wir hatten nie einen eigenen Verein gegründet oder unter diesem Namen ein Bankkonto eröffnet. Wir hatten noch nicht einmal so etwas wie einen Vorstand. Wenn wir nun landes-weit auf Sendung gingen, würden die Leute uns vermutlich weitere Spen-den schicken, um mehr Sendezeit zu kaufen. Spätestens dann würden wir es mit immer mehr Spendern und noch größeren Summen zu tun haben.

Hin und wieder hatten wir schon davon gesprochen, für unsere Arbeit eine eigene gemeinnützige Organisation zu gründen. George Wilson, unser Geschäftsführer in der Northwestern Akademie, hatte bereits bei einem Anwalt erste Erkundigungen eingeholt. Ich rief George von Port-land aus an und erzählte ihm von unserem dringenden, wenn auch erfreulichen Problem. Er schlug eine offizielle Vereinsgründung vor und reichte kurzfristig in Minnesotas Hauptstadt St. Paul die notwendigen Dokumente zur Gründung der Billy Graham Evangelistic Association (oft abgekürzt BGEA) ein.

Trotz meines heftigen Protestes hatte George auch den Namen festgelegt. Mindestens ebenso heftig argumentierte er, daß die neue Organisation meinen Namen als Erkennungszeichen tragen müsse, da ich der leitende Evangelist sei. Heute, siebenundvierzig Jahre später, wünschte ich immer noch, daß mein Name nicht so in den Blickpunkt gerückt wäre. Es ist Gottes Organisation, nicht meine, und wenn wir diese Tatsache aus den Augen verlieren, wird Gott seinen Segen von unserer Arbeit abziehen.

Die Vereinsgründungspapiere erforderten eine Zielformulierung. George faßte sie in schlichte, eindeutige Worte: „Das Evangelium des Herrn Jesus Christus mit allen verfügbaren Mittel zu verbreiten und bekannt zu machen." Das war bis dahin – und ist bis heute – unser Ziel.

Die ersten Vorstandsmitglieder waren Cliff Barrows, Grady Wilson, George Wilson und ich; ein paar Jahre später kam noch Bev Shea dazu. George mietete in einem Gebäude gegenüber der Northwestern Akademie siebenundfünfzig Quadratmeter Büroräume an, mehr, als der neue Verein voraussichtlich je benötigen würde. Die Buchhalterin Mary Cook wurde unsere erste Angestellte. Sie und ihr Mann waren aus Portland nach Minneapolis gezogen, um bei der Northwestern Akademie zu arbeiten.

Ich rief Walter Bennett in Chicago an und bat ihn, als unser Agent Sendezeit zu kaufen. Dann fragte ich ihn, ob er mit Fred Dienert nach Minneapolis fahren könne, um sich mit George zusammenzusetzen und unserem neuen Verein organisatorisch auf die Beine zu helfen.

Fast unmittelbar nach der ersten Sendung, die über die Evangelisation in Atlanta am 5. November 1950 berichtete, gingen die ersten Briefe und Spenden im Büro in Minneapolis ein – obwohl wir in der Sendung nicht ein Wort über die Finanzierung verloren hatten. Innerhalb weniger Wochen hatten wir täglich Hunderte von Briefen zu bearbeiten, die jeweils ein Dankschreiben und, wenn sie eine Spende enthielten, eine Quittung erforderten.

Unsere Sendungen liefen am Sonntag nachmittags um drei Uhr. Regelrecht leergefegt seien die Straßen um diese Zeit in manchen Städten, hörten wir von der Polizei, weil alle sich zu Hause Billy Graham anhörten.

Bald darauf kündigte George bei der Northwestern Akademie, um vollzeitlich als Geschäftsführer für die BGEA, die Billy Graham-Gesellschaft, zu arbeiten. Auch unsere erste Sekretärin, Lorrayne Edberg, stieß bald zu uns. Später begann eine frühere Studentin der Northwestern Akademie, Esther Hawley LaDow, für uns zu arbeiten. Bis zu ihrem Eintritt in den Ruhestand vier Jahrzehnte später arbeitete sie in hervorragender Weise als Georges Chefassistentin, aber sie war auch noch in anderen Funktionen tätig. Meine eigene persönliche Sekretärin von der Northwestern Akademie, Luverne Gustavson, war nicht nur eine gute Organisatorin, sondern auch sehr missionarisch eingestellt. Sie stieß wenig später zur Billy Graham-Gesellschaft.

Soweit man es aus den Zahlen rückschließen kann, war Portland eine erfolgreiche Evangelisation. Wie der Herr zu den alten Israeliten sagte: „Denn ich allein weiß, was ich mit euch vorhabe" (Jeremia 29,11). Und: „Denn wie der Himmel die Erde überragt, so sind auch meine Wege viel höher als eure Wege und meine Gedanken als eure Gedanken" (Jesaja 55,9). Diese prophetische Botschaft bezog sich in ganz besonderer Weise auf Portland. Am Ende der Evangelisation sprach ich vor dem dortigen Presseclub.

„Vielleicht ist das die letzte Erweckung, die Gott Portland schenkt", sagte ich zu den Journalisten. „Ich gehe davon aus, daß eine Stadt im Laufe einer Generation nur sehr wenige Male von einer umfangreichen Erweckung erfaßt wird. Und ich habe ernsthafte Zweifel, ob das alte Amerika noch eine weitere Generation überdauern wird, falls unser Volk nicht eine Hinwendung zu Christus vollzieht. Und das gilt natürlich ebenso für Portland."

ATLANTA

Vom kühlen Nordwesten fuhren wir im Sommer 1950 nach Minneapolis, um einige Großveranstaltungen durchzuführen. Im Spätherbst ging es dann nach Atlanta, der Stadt, von der Dwight L. Moody gesagt hatte, sie sei „schwerer für Gott aufzubrechen als ein harter Kieselstein".

Eine Katastrophe ereignete sich am 26. Oktober. Ein Bewaffneter erschoß den Generalsekretär der CVJM-Zentrale in der Luckie Street und flüchtete sich dann in unser Evangelisationsbüro, das sich im selben Gebäude befand. Dort befahl er unseren beiden jungen Sekretärinnen, die Polizei zu rufen und niemanden sonst an ihn heranzulassen. Er würde sonst wieder Gebrauch von seiner Waffe machen. Wir waren alle dankbar, daß der Vorfall ohne weiteres Blutvergießen endete. „TODESSCHÜTZE BEDROHT REPORTER IN GRAHAMS BÜRO", lautete am nächsten Tag die Schlagzeile im *Atlanta Journal*.

Am Tag nach der Abschlußveranstaltung am 10. Dezember illustrierte eine andere Tageszeitung ihren Artikel mit zwei Fotos. Das erste zeigte mich, wie ich mit einem strahlenden Lachen winkend in einen Wagen stieg, um nach South Carolina abzureisen. Auf dem anderen sah man zwei Ordnungshelfer der Veranstaltung und einen Polizisten, beladen mit vier dicken Geldsäcken, die sie kaum umfassen konnten. „„LIEBESOPFER' FÜR GRAHAM BEI SCHLUSSGOTTESDIENST GESAMMELT", lautete die Bildunterschrift.

Ich war entsetzt über die versteckte Andeutung. Hatte ich eine Schafherde geschoren? Diesen Eindruck konnte man leicht gewinnen.

Eine unserer Maßnahmen gegen finanziellen Mißbrauch hatten wir bereits öffentlich bekannt gemacht. Der Reporter Morgan Blake, der aktiv bei der Evangelisation mitarbeitete, hatte einen detaillierten Bericht über unseren Abrechnungsmodus veröffentlicht, um das Gerücht zu entkräften, ich hätte als Bedingung für mein Kommen eine Garantiesumme von hunderttausend Dollar verlangt. Er berichtete, wie alle Kollekten sofort in die Fulton National Bank transportiert wurden, wo das Geld am nächsten Morgen gezählt und auf das Konto des örtlichen Evangelisationskomitees eingezahlt wurde.

Die anderen Teammitglieder erhielten aus diesen Geldern ein Honorar, doch Cliff und ich bekamen persönlich nichts außer der Erstattung unserer Ausgaben für Unterkunft und Verpflegung während des Aufenthaltes in Atlanta. Statt dessen erhielten wir, wie es in der evangelistischen Arbeit immer üblich gewesen war, ein sogenanntes „Liebesopfer", das beim Abschluß der Evangelisation für uns eingesammelt wurde. Davon erhielt ich sechzig und Cliff vierzig Prozent.

Ich war in Verlegenheit, als die Kollekte in Atlanta höher ausfiel als das durchschnittliche Jahreseinkommen eines Pastors. Ruth und ich gaben etwa ein Drittel unseres Anteils als Spende. Mit dem Rest finanzierten wir den Umbau unseres Hauses und kauften ein Stück Waldland in den Bergen, wo wir heute leben.

Auf der Rückfahrt nach Montreat schwor ich mir, daß es nie wieder zu einem solchen Mißverständnis kommen sollte. Wir mußten einen anderen Weg finden, als unseren Lebensunterhalt durch „Liebesopfer" zu finanzieren. Cliff stimmte mir zu.

Ich nahm Kontakt zu einem erfahrenen, älteren Freund auf, Dr. Jesse M. Bader, der in dem ehemaligen amerikanischen Rat der Kirchen Sekretär für Evangelisation gewesen war. „Sie haben doch für Ihre Arbeit einen Verein gebildet", sagte er. „Also lassen Sie sich vom Vorstand als bezahlter Angestellter auf die Gehaltsliste setzen." Das Gehalt, riet er, sollte dem eines typischen Pastors einer normalen Großstadtgemeinde entsprechen.

Wir folgten diesem Vorschlag und haben uns seither stets daran gehalten.

12

Der General, der Präsident wurde

Präsident Dwight D. Eisenhower

Wir schrieben das Jahr 1952, und ich befand mich auf der fernliegendsten Mission, die ich mir nur vorstellen konnte.

Nicht lange zuvor hatte ich mit einem Freund aus Fort Worth, Texas, zu Abend gegessen – dem Ölbaron Sid Richardson, den ich freundschaftlich Mr. Sid nannte. Wir hatten über die möglichen Kandidaten für die Präsidentschaftswahl 1952 gesprochen, und Mr. Sid hatte mich gedrängt, Kontakt zu General Dwight D. Eisenhower aufzunehmen. Ich sollte ihn ermutigen, sich zur Wahl zu stellen. Während Eisenhowers kurzer Amtszeit als Präsident der Columbia University hatte er sich bei Ansprachen als konservative Persönlichkeit zu erkennen gegeben, doch niemand wußte, welcher Partei er zuneigte. Man munkelte, Harry Truman hoffe, er werde für die Demokraten antreten.

Trotz des Vertrauens, das Mr. Sid mir und meinen Fähigkeiten entgegenbrachte, machte ich mir keine Illusionen, Eisenhower etwa davon überzeugen zu können, in den Ring zu treten. Schließlich hatte er beide Parteien seit Jahren wissen lassen, er sei nicht daran interessiert. Und ich wiederum wollte mich nicht auf politische Nebengeleise begeben! Obwohl ich eingeschriebenes Mitglied der Demokraten war (eine Art Geburtsrecht in meiner Heimat), stimmte ich immer für den Kandidaten und nicht für die Partei.

Das schrieb ich auch Mr. Sid in einem Brief, den er an Eisenhower in das Oberste Hauptquartier der Alliierten (SHAPE) in Frankreich weiterleitete. Ich betonte in meinem Schreiben, Amerika brauche einen Mann wie den General als Präsidenten. „Das amerikanische Volk will einen Präsidenten, der Ehrlichkeit, Integrität und geistliche Vollmacht mitbringt", schrieb ich an Mr. Sid. „Ich glaube, daß General Eisenhower diese Eigenschaften besitzt. Hoffentlich können Sie ihn überzeugen, seinen Hut in den Ring zu werfen."

Am 8. November 1951 schrieb mir Eisenhower eine freundliche Antwort auf die Argumente, die ich vorgebracht hatte, blieb jedoch bei seiner Weigerung. Einen Monat später schrieb ich zum ersten Mal direkt an ihn. Ein Bezirksrichter, teilte ich ihm mit, habe mir anvertraut, daß wir, falls Washington nicht in den nächsten zwei oder drei Jahren gründlich ausgekehrt würde, auf eine Zeit des Chaos zusteuerten. Das könnte unseren Untergang bedeuten. „Manchmal frage ich mich, wer uns wohl als erster besiegen wird – die Barbaren, die von außen gegen unsere Tore hämmern, oder die Termiten der Unmoral, die uns von innen zu zerstören versuchen."

Dann versicherte ich ihn meiner Gebete. „Gott möge Sie in der größten Entscheidung Ihres Lebens leiten. Von dieser Entscheidung könnte durchaus das Geschick der westlichen Welt abhängen."

Untertreibung konnte man mir wirklich nicht vorwerfen. Ich sagte ihm sogar vorlaut, ich sei „seit dem Ende des Zweiten Weltkrieges sechsmal in Europa gewesen, und ich verstehe Ihr Dilemma sehr gut". Damals scheute ich mich nicht, das amerikanische Außenministerium für seine vielen Fehler öffentlich zu kritisieren. Wie töricht und anmaßend erscheint mir das heute!

Später hörte ich, Eisenhower habe zu Mr. Sid gesagt: „Das war der verdammteste Brief, den ich je bekommen habe. Wer ist dieser junge Kerl?"

„Ich schicke ihn vorbei, damit Sie ihn kennenlernen können", erwiderte Mr. Sid.

Indessen verstärkte Eisenhowers Brief nur noch meinen Wunsch, gerade *ihn* ins Weiße Haus einziehen zu sehen – egal für welche Partei. Mut machte mir, daß er mich aufforderte, mich „weiter für so altmodische Tugenden wie Integrität, Anstand und Aufrichtigkeit im öffentlichen Leben einzusetzen". Er fuhr fort: „Ich begrüße Ihre Bemühungen, für hohe moralische Maßstäbe einzutreten und uns an das kostbare Vorrecht der Freiheit in unserem politischen, ökonomischen und christlichen Leben zu erinnern."

Ich fand, daß es ein Glück für unser Land wäre, wenn wir ein Staatsoberhaupt hätten, das für solche Grundsätze eintritt. Darum freute ich mich sehr, als Mr. Sid ein Treffen mit General Eisenhower in Europa arrangierte.

Anfang 1952, kurz nach der Evangelisation in Washington, reiste ich mit dem Schiff nach Europa. Unsere erste Station war England, wo Ruth und ich, Cliff, Billie und T. W. auf Einladung der britischen Evangelischen Allianz mit britischen Pastoren Gespräche über eine mögliche Evangelisation führten. Weiter ging es nach Deutschland, um auch dort Möglichkeiten für Einsätze zu erkunden. Dann – inzwischen war es März geworden – fuhren wir nach Paris.

Als unser Taxi vor dem Hauptquartier der Alliierten vorfuhr, war ich gespannt. Während Cliff und unser Freund Bob Evans auf mich warteten, wurde ich von einem Adjutanten an mehreren Wachtposten vorbei ins Büro des Kommandeurs der Alliierten Streitkräfte eskortiert.

General Eisenhower begrüßte mich mit einem breiten Lächeln und einem Händedruck. Er sah jünger aus, als ich erwartet hatte – und bodenständiger. Obwohl er Uniform trug, sah sein Büro eher wie das eines Firmenchefs aus, mit Wandvertäfelungen, einem Schreibtisch aus Walnußholz und einem grünen Teppichboden, der zu seinem Sessel paßte. (Die Columbia University hatte sowohl den Schreibtisch als auch den Sessel aus seinem Büro in New York herübergeschickt.)

Wir sprachen über unseren gemeinsamen Freund Sid Richardson. Mr. Sid stelle mich oft Leuten vor, von denen er meine, daß ich sie kennenlernen solle, erklärte ich.

Der General erzählte mir von einigen religiösen Erfahrungen, die er als Junge gemacht hatte. Seine Eltern hatten zu den „River Brethren" gehört, einer kleinen, glaubensstarken Gemeinschaft, die der mennonitischen Tradition entstammte. Sie hatten das Neue Testament in der griechischen Originalsprache gelesen und ihre Söhne dazu angehalten, Bibelpassagen auswendig zu lernen, wie es auch meine Eltern mich gelehrt hatten.

Er erkundigte sich nach der Evangelisation in Washington und der Botschaft, die ich dort verkündigt habe. Mir gefiel diese Frage. Die meisten Menschen meinen, sie wüßten ohnehin, worüber ein Prediger rede, doch der General wollte mehr wissen. Ihn interessierte der Inhalt meiner Verkündigung. Aufmerksam hörte er mir zu und gestand dann, daß er und seine Frau Mamie nur selten an Militärgottesdiensten teilgenommen hätten, noch nicht einmal in der Kriegszeit.

Wir sprachen über den Korea-Krieg und das weltweite Vorrücken der Kommunisten. Und natürlich sprachen wir auch über die Wahl, die im November bevorstand.

„General Eisenhower", sagte ich, „so sehr ich auch persönlich hinter Ihnen stehe – in der Öffentlichkeit möchte ich mich nicht politisch äußern – auch dann nicht, wenn es Ihnen nutzen würde."

„Ich bin froh, daß Sie das sagen", antwortete er. „Das würde ich auch nicht von Ihnen erwarten."

In den mehr als zwei Stunden, die wir miteinander sprachen, deutete er nicht ein einziges Mal an, daß er kandidieren werde. Dennoch verließ ich ihn mit dem Gefühl, dem künftigen Präsidenten der Vereinigten Staaten begegnet zu sein.

Vier Monate später benannte der Parteikongreß der Republikaner General Eisenhower als Kandidaten und Senator Richard Nixon als Anwärter auf das Amt des Vizepräsidenten. Zu meiner Überraschung erhielt ich einen Anruf von Frank Carlson, einem Senator aus Kansas, den ich während unserer Evangelisation in Washington kennengelernt hatte; er sagte mir, General Eisenhower wünsche mich zu sehen. Erstaunt reiste ich nach Chicago, um mich im Hotel Blackstone mit ihm zu treffen. Offenbar hatte Carlson Eisenhower auf den Gedanken gebracht, ich könne seinen Wahlkampfreden einen christlichen Aspekt hinzufügen.

„Wären Sie dazu bereit?" fragte Eisenhower.

„Natürlich möchte ich gern für Sie tun, was ich kann", sagte ich, „aber wie ich Ihnen schon im Frühjahr sagte, muß ich darauf achten, daß ich nicht meine politischen Auffassungen öffentlich äußere oder mich in parteipolitische Auseinandersetzungen verwickle."

„Das verstehe ich", sagte er. „Aber wären Sie bereit, sich mit mir im nächsten Monat in Denver zu treffen? Planen Sie ein paar Tage ein."

Im August kamen wir in Denver zu mehreren Besprechungen zusammen. Während dieser Sitzungen nannte ich ihm eine Reihe von Bibelstellen, von denen ich glaubte, daß sie ihm eine Hilfe sein könnten. Einmal nannte ich ihn geistesabwesend „Herr Abgeordneter". Sofort bemerkte ich meinen Fehler und verbesserte mich mit „Herr Senator". Als ich endlich bei „Herr General" angekommen war, lachte er aus vollem Hals, und ich war knallrot angelaufen.

„Warum nennen Sie mich nicht einfach Ike", sagte er, aber das brachte ich nie fertig. Für mich war er „Mr. President", solange er im Amt war; ansonsten „Herr General".

Ich respektierte seinen Wunsch, einen christlichen Aspekt in seinen Wahlkampf einzubringen. Und irgendwann kam dann der Augenblick, daß ich das Gefühl hatte, ich dürfte ihn nach seinem persönlichen Glauben fragen. „Herr General, achten Sie auch heute noch die Glaubensinhalte, die Vater und Mutter Ihnen vermittelt haben?" fragte ich.

„Ja", sagte er und fügte leise hinzu: „Aber ich habe mich weit davon entfernt."

Frank und frei stellte ich ihm noch einmal die Hauptaussagen des Evangeliums vor und erläuterte ihm die Botschaft, die ich predigte. Wie er mir sagte, sei er schon früh von der Kirche enttäuscht worden, weil manche Prediger sich anstatt um geistliche Dinge nur noch um rein soziale oder säkulare Fragen kümmerten.

„Offen gesagt, glaube ich nicht", sagte ich, „daß das amerikanische Volk sehr glücklich mit einem Präsidenten wäre, der zu keiner Gemeinde gehört noch zumindest eine besucht."

„Sobald die Wahl vorbei ist, werde ich mich einer Gemeinde anschließen", sage er. „Aber ich werde es nicht tun, nur um gewählt zu werden. Ich will die Kirche nicht für politische Zwecke mißbrauchen."

„An welche Denomination denken Sie?" fragte ich.

„Darüber habe ich schon nachgedacht", sagte er. „Reformiert, glaube ich, da Mamie Presbyterianerin ist. Kennen Sie gute reformierte Gemeinden in Washington?"

Ich empfahl ihm einige, darunter die National Presbyterian-Gemeinde, deren Pastor Militärkaplan an der europäischen Front gewesen war. Er notierte sich den Namen. Im Laufe unserer Begegnungen in Denver schenkte ich ihm eine in rotes Leder gebundene Bibel mit einer persönlichen Widmung auf dem Vorsatzblatt. In späteren Jahren war in manchen Artikeln zu lesen, der Präsident habe stets eine rote Bibel auf seinem Nachttisch liegen.

Als Eisenhower im November die Wahl gewonnen hatte, wurde ich von der Presse gebeten, vor Wochenschau-Kameras für den neugewählten Präsidenten zu beten. Es waren erst zwei Jahre seit dem Truman-Fiasko vergangen, als Fotografen mich aufgefordert hatten, auf dem Rasen des Weißen Hauses zu beten. Ich stimmte zu, achtete jedoch sehr darauf, nichts von den privaten Gesprächen zwischen Eisenhower und mir wiederzugeben. Doch ich war gerne bereit, darum zu beten, daß dem neuen Präsidenten Weisheit, Zuversicht, Stärke, Demut und eine tiefe Abhängigkeit von Gott geschenkt würden. Dann forderte ich die Amerikaner auf, zu ihm zu stehen und ebenfalls für den Präsidenten zu beten.

Kurz nach der Wahl wurde ich zu einer besonderen Auslandsreise eingeladen, so daß ich General Eisenhower bis zu seiner Amtseinführung nicht mehr treffen konnte.

Seit Monaten hatte ich Briefe von Missionaren, Kaplänen, GIs und führenden koreanischen Christen erhalten, in denen ich gebeten wurde, nach Korea zu kommen. Auch Bob Pierce, der Gründer von World Vision, drängte mich zu der Reise. Der Krieg war im vollen Gange, doch so sehr ich den Bitten auch nachkommen wollte, es schien mir unmöglich. Zu dieser Zeit war unser Terminkalender beinahe zwei Jahre im voraus nahezu ausgebucht – und ich hatte Skrupel, bereits fest vereinbarte Veranstaltungen abzusagen.

Das Jahr 1952 war ohnehin schon das anstrengendste in meiner bisherigen Tätigkeit gewesen. Wir hatten mehr Evangelisationen und Veranstaltungen durchgeführt, und ich hatte mehr Predigten gehalten als je zuvor. Wir arbeiteten mit den Medien – Radio, Fernsehen und Film –, und ich schrieb sogar an einem Buch.

In meinem Terminkalender standen für November und Dezember eine Evangelisation in Albuquerque und eine Reihe von Fernsehsendungen in Hollywood auf dem Programm. In den letzten beiden Dezemberwochen hoffte ich, mich mit meiner Familie in den Bergen von North Carolina entspannen zu können. Wo sollte da noch eine Reise nach Korea Platz finden?

Vor den Veranstaltungen in Albuquerque begleitete Ruth mich nach Florida, um ein paar Tage für uns allein zu haben. Als wir uns in einem kleinen Hotelzimmer einrichteten, wandte ich mich plötzlich an sie. „Liebling, wie würdest du darüber denken, wenn ich nach Korea fahren würde, um Weihnachten mit unseren Soldaten zu verbringen?"

Da Ruth in China geboren war und in Korea die High School besucht hatte, kannte und liebte sie Land und Leute. „Das wäre wunderbar", sagte sie, ohne zu zögern.

„Aber der Gedanke fällt mir schwer, Weihnachten nicht zu Hause zu sein", sagte ich.

„Das schaffen wir schon", versicherte sie mir.

Nachdem ich wußte, daß sie hinter mir stand, bat ich Bob Pierce und Grady Wilson, die Vorbereitungen zu treffen. Nur wir drei würden die Reise machen. Gleich nach der Evangelisation würden wir von Albuquerque nach Honolulu fliegen, um uns ein paar Tage auszuruhen, bevor wir den langen, strapaziösen Weiterflug in den Fernen Osten antraten.

Grady erzählte uns, der Arzt habe ihm Tabletten verschrieben, damit er im Flugzeug schlafen könne. Irgendwie bekam Ruth – die keine Gelegenheit auslassen konnte, jemandem einen Streich zu spielen – diese Schlaftabletten in die Hände. Sie ersetzte sie durch leere Kapseln, die sie sich in der Apotheke besorgt hatte, und füllte sie mit scharfem Senfpulver. Bob und mich weihte sie in den Plan ein.

Grady griff erst nach den Tabletten, nachdem wir Honolulu verlassen hatten und auf dem Weg nach Tokio waren, unserer nächsten Station. Wir legten uns auf die Spezialbetten in der Boeing Stratocruiser. Grady fragte Bob und mich, ob wir eine von seinen Schlaftabletten wollten. Wir sagten beide ja und taten so, als ob wir sie einnähmen.

Als die Nacht etwa halb um war, lag Grady immer noch wach.

„Kannst du nicht schlafen?" flüsterte ich.

„Ich habe so schreckliches Sodbrennen", jammerte er. „Ich habe gerade noch eine Schlaftablette genommen, die erste hat nicht gewirkt!"

Unsere erste Station war Japan. Nie werde ich den Anblick der schönen Küstenlandschaft aus der Luft vergessen. Dies war ein Teil jener Welt, die meine Frau so gut kannte und von der sie mir so viel erzählt hatte. Wir trafen mit einigen Stunden Verspätung ein. Doch als wir aus dem Flugzeug stiegen, begrüßte uns eine Gruppe mit englischen christlichen Liedern und einem Transparent: „WILLKOMMEN IN JAPAN, BILLY GRAHAM!"

Der notwendige Papierkram, der uns die Einreise in das Kriegsgebiet ermöglichen sollte, war monumental. Doch zu unserer Freude stellten wir fest, daß uns das amerikanische Militär voll unterstützte. Ich war erst zwei oder drei Tage in Tokio, als ich eine Einladung zu einem Treffen mit General Mark Clark erhielt, dem Kommandeur der UN- und US-Streitkräfte im Fernen Osten. Er begegnete mir so warmherzig und freundlich, daß ich mich sofort wohl fühlte. Wie er sagte, hatte er über unsere Arbeit schon einiges gelesen und gehört.

„Ich möchte Ihnen den Feldrang eines Generalmajors verleihen. Wenn

Sie nach Korea kommen, sollen Sie alle militärischen Einrichtungen aufsuchen, soweit es Ihre Zeit zuläßt. Ich werde dafür sorgen, daß Sie alles bekommen, was Sie brauchen."

Er rollte uns regelrecht einen roten Teppich aus, sorgte für Transport, Unterbringung und Zugang zu jedem Ort, den wir besuchen wollten. Das erwies sich als große Hilfe in diesem schwierigen Gebiet. Während die Missionare die Versammlungen für uns organisierten, war es oft das Militär, das uns die Lautsprecheranlagen, Bühnen und Transportmittel zur Verfügung stellte.

Ich hörte gerüchteweise, daß vor Jahren der Tenno (der japanische Kaiser) General Douglas MacArthur das erstaunliche Angebot gemacht habe: „Ich werde Japan zu einer christlichen Nation machen."

MacArthur soll einen oder zwei Tage lang darüber nachgedacht haben, bevor er antwortete: „Nein, denn dann wäre Japan nicht wirklich christlich. Die Leute müssen freiwillig zu Christus kommen."

Statt durch den Tenno das Christentum zur offiziellen Staatsreligion erklären zu lassen, soll General MacArthur daraufhin einen Hilferuf in die USA gesandt haben: Schickt zehntausend Missionare und zehn Millionen Bibeln! Die amerikanischen Gemeinden, so hieß es, hätten den Appell mit vielleicht tausend Missionaren und zwei oder drei Millionen Bibeln beantwortet.

Jahre später, als ich General MacArthur in seiner Suite im New Yorker Hotel Waldorf-Astoria besuchte, bestätigte er mir die Geschichte. Was wäre wohl geschehen, wenn MacArthur das Angebot des Kaisers angenommen hätte?

Auf einem Bankett in Tokio sprach ich vor siebenhundertfünfzig Missionaren. Es war, wie einige sagten, die größte Zusammenkunft von Missionaren im Einsatzgebiet, die je stattgefunden hatte. Selten habe ich mich so fehl am Platz gefühlt wie hier. Denn diese Leute waren die wahren Kämpfer für das Kreuz Jesu. Sie hatten ihre Heimat, Freunde und Verwandte verlassen, um in vorderster Linie für das Evangelium einzutreten. Durch ihr Vorbild sprach Gott zu mir, und ich war nach dieser Begegnung sicherlich nicht mehr derselbe.

Die Missionare waren müde und entmutigt und hatten es bitter nötig, wieder einmal zu lachen. An jenem Abend erzählte ich ihnen von dem Streich mit den Schlaftabletten, den Ruth Grady gespielt hatte. Sie fielen vor Lachen beinahe von den Stühlen. Grady, der am Kopf der Tafel saß, hörte die Geschichte zum ersten Mal. Sein Gesicht nahm nacheinander mehrere Rotschattierungen an; diesmal schien ihn sein Sinn für Humor im Stich zu lassen. Doch als er Ruth später in den USA wiedersah, mußte auch er lachen; es sei das erste Mal gewesen, meinte er, daß er ein Senfpflaster innerlich angewendet habe.

Meine erste Begegnung mit amerikanischen GIs fand in einem Krankenhaus in Tokio statt. Ich war tief bewegt, als ich die Verwundeten sah. Wir sprachen mit Männern, deren Wirbelsäule zerschmettert worden war und die nun ihr Leben lang gelähmt waren. Anderen war der Schädel aufgespalten worden. Einer hatte beide Augen, einen Arm und ein Bein verloren, und dennoch begrüßte er mich mit einem Lächeln. Diese tapferen Männer werde ich nie vergessen.

Dann brachen wir nach Korea auf. Die Sonne ging gerade unter, als wir uns der Küstenlinie näherten. Jetzt begriff ich, warum Korea die „Schweiz des Fernen Ostens" genannt wurde; die Berggipfel waren schneebedeckt. Kleine Dörfer mit strohgedeckten Häusern reflektierten das rötliche Licht der Abendsonne. Ein friedliches Bild. Erst als wir gelandet waren und all die Befestigungsanlagen, die Verwüstungen und die Armut sahen, erkannten wir das enorme Ausmaß der Kriegseinwirkungen.

Mein erster Kontakt zu Koreanern ließ mich verstehen, warum meine Frau sie so sehr liebte. Sie lächelten, auch wenn es wenig Grund zum Lächeln gab. Für die kleinste Freundlichkeit waren sie zutiefst dankbar.

Während der nächsten beiden Wochen reiste ich unter militärischem Geleit und mit Hilfe militärischer Transportmittel durch ganz Korea. Ich predigte, sah, wie die Koreaner in ihren Städten und Dörfern lebten, und traf mich mit den amerikanischen GIs, die uns in diesem Konflikt repräsentierten. Überall herrschte Verzweiflung, Furcht und Wut. Und doch waren alle Veranstaltungen – die provisorisch organisierten in der Nähe der Kampfgebiete, aber auch die größeren Treffen in den Städten – voll besetzt mit eifrigen Zuhörern. Viele Hunderte nahmen die Einladung an, Christus ihr Leben anzuvertrauen.

Bald schon hatten wir die koreanischen Kinder in unser Herz geschlossen. Bei den Straßenversammlungen in Pusan, der südlichsten Stadt Koreas, saßen jeden Abend drei- oder vierhundert Kinder ganz vorn. Von meinem Sitzplatz auf der Bühne aus zwinkerte ich ihnen während des Vorprogramms lächelnd zu. Kichernd hielten sie sich dann die Hände vor den Mund. In den Kinderkliniken und Waisenhäusern sahen wir Babys auf dem Boden schlafen.

Eines Abends mußten wir einen weiten Weg durch knöcheltiefen Schlamm zurücklegen, um den „Leuchtturm" zu erreichen, ein Heim für blinde Kinder. Unvergeßlich ist mir der kleine, blinde Bursche, der zur Begrüßung auf englisch „Gott ist die Liebe" für uns sang.

In einer theologischen Ausbildungsstätte am Stadtrand von Pusan kauerten die Seminaristen in kalten, unbeheizten Klassenzimmern, in denen sie zehn bis zwölf Stunden am Tag studierten, aßen und die Nacht über schliefen. Das intensive Gebet war das besondere Kennzeichen dieser Gläubigen.

Jung und neu in der internationalen Szene, wie ich war, notierte ich so manche unschmeichelhafte Bemerkung in meinem Tagebuch: „Ich bin sicher, daß manche unserer Führer einmal vor Gott, dem Allmächtigen, Rechenschaft ablegen müssen für das schreckliche Leiden und Sterben in diesem Land. Jeder Soldat, den wir verloren haben, jeder Zivilist, der gestorben ist oder ermordet wurde, ist die Folge der skandalösen Entscheidung der Männer, die uns in den geheimen Übereinkünften der Friedensverhandlungen verraten und verkauft haben."

Nie war ich so erschöpft wie hier. Ich schlief, während in der Nähe heftig geschossen wurde; ich schlief während einer holperigen, lauten Zugfahrt durch feindliches Gebiet, und trotzdem kam es mir die ganze Zeit über so vor, als lebte ich vom Adrenalin. Auf dem Weg von Pusan nach Seoul saßen wir in einem Waggon, der sich zwischen zwei offenen Pritschenwaggons voller Soldaten befand. Man sagte uns, wir sollten unser Gepäck um uns herum auftürmen, da die Guerillas auf alles schössen, was sich bewegte. Erst ein paar Tage zuvor waren einem Reporter, der durch diese Gegend reiste, im Schlaf die Finger abgeschossen worden!

Ein Höhepunkt der Reise war der Abend, als ich vor zweitausendfünfhundert Menschen in der riesigen und schönen, aber unbeheizten Young Nak-Kirche in Seoul predigte. Viele GIs erhielten eigens Urlaub von der Front, um dabei zu sein. Nie werde ich den Anblick vergessen, wie amerikanische Soldaten und Koreaner Seite an Seite nach vorn kamen, um die Einladung zu einem Leben mit Christus anzunehmen. Koreanische Pastoren ergriffen in ihrer demütigen, herzlichen Art meine Hand und dankten uns unter Tränen, daß wir gekommen waren, um sie zu ermutigen.

Bei meiner ersten Predigt an der Front stand ich auf einer neu errichteten, mit einem Gemälde ausstaffierten Bühne. Das Bild hatte ein vierzig Meilen entfernt stationierter Soldat geschaffen. Einige Kameraden hatten das Bild (Christus, wie er über einem erschöpften Soldaten wacht) in der Nacht zu uns gebracht, und so stand es neben mir, während ich predigte. An diesem Abend benutzte ich keine Scherze oder Geschichten, um das Eis zu brechen. Ich kam ohne Umschweife auf das Evangelium, und Hunderte reagierten. Ich konnte den Geist Gottes bei dieser Versammlung förmlich spüren. Männer aller Dienstgrade, viele von ihnen unter Tränen – und das waren zähe, hartgesottene Männer! –, kamen nach vorn, um Christus in ihr Leben aufzunehmen.

In den Lazaretten bekamen wir noch mehr von den grauenhaften Auswirkungen des Krieges zu Gesicht. Auf dem Weg zu einem Lazarett saß Grady in einem Hubschrauber und ich in einem anderen. General Jenkins, der uns eskortierte, erlegte von der Maschine aus einen wilden Keiler und gab die Fundstelle über Funk an seinen Messeunteroffizier durch, damit wir das Wildschwein zum Abendessen verspeisen könnten. Doch bevor wir landeten, wurden wir vom Boden aus mit Flak-Geschützen angegriffen. Die Hubschrauberpiloten mußten niedrig fliegen und uns hinter Bäumen und Bergkämmen in Deckung bringen. Eigentümlicherweise hatte ich überhaupt keine Angst. Ich dachte keinen Augenblick daran, daß dies das Ende für mich sein könnte. Je gefährlicher es wurde, desto mehr hatte ich manchmal das Gefühl, etwas für Gott zu tun.

In einem Basislager sprach ich vor den Offizieren. Dann fuhren wir im Mondlicht mit dem Jeep zwei oder drei Meilen weit ins nächste Lager. Das Paßwort an diesem Tag lautete „Christmas Card", wie ich später erfuhr. Wenn ein Wachtposten „Christmas" sagte, mußte man „Card" antworten. Diese Paßwörter wurden jeden Tag geändert. Als wir unterwegs von Wachtposten angehalten wurden, stellte der uns begleitende General bestürzt fest, daß er das Paßwort vergessen hatte! Die Posten richteten ihre Gewehre auf ihn, strahlten ihm mit der Taschenlampe ins Gesicht und verlangten unsere Ausweise. Er hatte alle Mühe, sie davon zu überzeugen, daß er der war, der er zu sein behauptete.

Es waren knapp null Grad. Wir waren dankbar für die Kleidung, die uns das Militär zur Verfügung gestellt hatte: dicke Handschuhe, schwere Stiefel, Militärmützen mit dem Kaplanskreuz und sogar warme Unterwäsche.

In einem Feldlazarett etwa eine Meile hinter der Front gingen wir am Heiligabend von Bett zu Bett, überbrachten Grüße und versuchten, den Verwundeten Lebensmut zuzusprechen. Ein junger Mann war so zerfleischt, daß er mit dem Gesicht nach unten in einem Gestell aus Stahl und Leinwand liegen mußte. Ein Arzt flüsterte mir zu: „Ich bezweifle, daß er je wieder laufen wird."

„Mr. Graham, dürfte ich Ihr Gesicht sehen?" bat der junge Mann. „Wir haben alle für Sie gebetet und uns auf Ihr Kommen gefreut. Leider werde ich bei dem Gottesdienst nicht dabeisein können."

Ich legte mich unter ihn auf den Fußboden und sah ihm in die Augen, immer noch benommen von seinem Schicksal. Dann betete ich mit ihm.

„Sir", sagte der junge Mann dann zu General Jenkins, der mich begleitete, „ich habe für Sie gekämpft, aber ich habe Sie noch nie gesehen. Könnte ich auch Ihr Gesicht einmal sehen?"

Der General kniete nieder, kroch unter das Bett und redete mit dem jungen Mann.

Als wir aus diesem Lazarett voller blutender, zerschlagener, sterbender Männer hinaus in die frische, klare, klirrend kalte Luft des Heiligabends traten, fühlte ich mich trauriger und älter als je zuvor. Die Not und das Leid – nicht nur hier in Asien, sondern in der ganzen Welt – lagen mir schwer auf der Seele.

Bei einem unserer Weihnachtsgottesdienste lernte ich Major John Eisenhower kennen, den Sohn des designierten Präsidenten, und ließ mich mit ihm fotografieren. Er war ein liebenswürdiger junger Mann, der unseren Besuch sehr zu schätzen wußte. Sein Vater war erst kürzlich hier gewesen.

Seinem Vater teilte ich von Korea aus in einem Telegramm mit, daß ich mich nach meiner Rückkehr gerne mit ihm treffen würde. Eisenhower lud mich ein, ihn fünf Tage vor seiner Amtseinführung im Hotel Commodore in New York City zu besuchen – und auch Bilder von seinem Sohn mitzubringen.

Am 25. Dezember endete unser Korea-Besuch. Bald nach meiner Rückkehr machte ich mich auf den Weg nach New York zu dem Treffen mit Eisenhower. Nachdem ich ihm über die Reise berichtet hatte, kam er zum eigentlichen Grund für unser Treffen. „Ich würde gern in meiner Antrittsrede einen oder zwei Abschnitte aus der Bibel zitieren."

Ich schlug ihm mehrere Stellen vor, darunter auch die dann verlesene (2. Chronik 7,14): „Wenn dieses Volk, das meinen Namen trägt, seine Sünde bereut, von seinen falschen Wegen umkehrt und nach mir fragt, dann will ich ihnen vergeben und ihr Land wieder fruchtbar machen."

Während wir uns unterhielten, trat der General ans Fenster und blickte hinaus auf die Stadt. „Ich glaube, einer der Gründe meiner Wahl war die Hoffnung, daß ich mithelfe, dieses Land geistlich zu führen", sagte er. „Wir *brauchen* eine geistliche Erneuerung."

Ich stimmte ihm aus ganzem Herzen zu und schlug vor, er solle als eine der ersten Amtshandlungen einen nationalen Gebetstag ausrufen. Das wollte er tun.

Vor seiner feierlichen Amtseinführung am Capitol bat Eisenhower, seinen Amtsantritt mit einem Gottesdienst zu beginnen. Ich merkte, daß er geistlich gereift war – und doch staunte ich ebenso wie alle anderen, als er zum Abschluß seiner Antrittsrede ein selbstverfaßtes Gebet vorlas. Natürlich war es Tradition, bei dieser Gelegenheit den einen oder anderen Geistlichen ein offizielles Gebet sprechen zu lassen. Doch diesmal sprach der Präsident selbst sein eigenes Gebet.

Hinterher wurde behauptet, ich hätte das Gebet für ihn geschrieben oder zumindest dabei geholfen. Dabei hatte ich nicht einmal gewußt, daß er so etwas plante, und es ärgerte mich, daß diese Gerüchte nicht verstummen wollten.

Jahre später schrieb mir Mamie Eisenhower: „Bitte vergeuden Sie keinen weiteren Gedanken an diesen Zeitungsbericht. Natürlich habe ich persönlich gesehen, wie Ike sein eigenes kleines Gebet schrieb – warum sollten wir uns also darum scheren, was andere Leute sagen?"

Kaum hatte Eisenhower sein Amt angetreten, da bewies er, daß er zu seinem Wort stand. Er rief einen nationalen Gebetstag aus und schloß sich der National Presbyterian-Kirche an. Dieser Gemeindebeitritt war kein bloßes Ritual. Vor seiner Aufnahme in die Gemeinde besuchte er die vorgeschriebene religiöse Unterweisung, wo er die Grundlagen kennenlernte

– was es heißt, ein Christ und Reformierter zu sein. Am Tag seiner Taufe sang die Gemeinde „Welch ein Freund ist unser Jesus"; später äußerte Eisenhower gegenüber Bev Shea einmal, dies sei sein Lieblingschoral.

Meine offiziellen Begegnungen mit Präsident Eisenhower waren stets freundlich und herzlich, doch sie waren auch größtenteils formeller Natur. Ich bin zum Beispiel nie in die Privaträume des Weißen Hauses eingeladen worden. (Vizepräsident Nixon übrigens auch nicht.) Unsere Treffen fanden immer im Oval Office statt. Allerdings spielten wir hin und wieder zusammen Golf.

Eines Tages spielten Grady Wilson und ich Golf mit Richard Nixon im Burning Tree Country Club in der Nähe von Washington. Wir hörten, daß der Präsident mit seinen Partnern vor uns auf dem Parcours sei. Als ich hinterher im Clubhaus unter der Dusche stand, kam Grady hereingeschossen. „Der Präsident will dich sprechen!"

Ich stieg aus der Dusche und hüllte mich notdürftig in ein Handtuch. Gleich darauf stand ich tropfnaß da und unterhielt mich eine Weile mit dem Präsidenten der Vereinigten Staaten. Dieser – mit Frack und weißer Fliege – war gerade auf dem Weg zu einem Staatsbankett.

„Sie dürften wohl der einzige Prediger in der Geschichte sein, der so lässig gekleidet mit dem Präsidenten und dem Vizepräsidenten der Vereinigten Staaten geredet hat", schmunzelte Nixon später auf dem Rückweg in die Stadt.

Golf war für mich nicht nur eine Entspannung, sondern es gab mir auch die Gelegenheit, auf unkomplizierte, natürliche Art das Evangelium weiterzugeben. Wenn ich mit dem Präsidenten spielte, fanden wir auch auf der geistlichen Ebene näher zueinander. Ich staunte über die Intensität seines wachsenden Glaubens, den er auch in konkrete politische Maßnahmen umsetzte.

Ein Beispiel dafür waren die Bürgerrechte. Eisenhower sah die Notwendigkeit eines entschlossenen Handelns, um die Rassendiskriminierung zu beenden. Im September 1957 flammte in Little Rock eine Krise auf, als Gouverneur Orval Faubus Truppen der Nationalgarde heranzog, um schwarze Kinder am Besuch öffentlicher Schulen zu hindern. Eisenhower hatte sich zu dieser Zeit bereits eine sorgfältig überlegte Meinung gebildet – teilweise aufgrund des Busboykotts von Montgomery, Alabama, im Jahr 1955.

Er und ich redeten und korrespondierten über das Problem. Seine Anordnung, in den bewaffneten Streitkräften jede Rassentrennung aufzuheben, ließ keinen Zweifel daran, auf welcher Seite er stand. Die ganze Nation brauchte Heilung.

Ich erwartete von den Pastoren, daß sie die Führungsrolle übernahmen. Da ich mich von Anfang an gegen rassengetrennte Sitzplätze bei unseren Evangelisationen gewandt hatte, wußte Eisenhower, daß ich mit meinen Möglichkeiten aktiv war. Bevor er Bundestruppen nach Little Rock entsandte, um dem Gesetz Nachdruck zu verschaffen, rief er mich in New York an – wir hatten gerade die Evangelisation im Madison Square Garden durchgeführt –, um meine Meinung zu hören.

„Ich glaube, Sie haben keine Alternative", sagte ich. „Der Diskriminierung muß sofort Einhalt geboten werden."

Eine Stunde später rief Richard Nixon an und stellte mir dieselbe Frage. Mancher könnte sagen, daß ich den Präsidenten damit in einer politischen Angelegenheit beraten habe. Ich sehe es jedoch nicht so. Er hielt es für richtig, mich nach meiner Meinung zu fragen, wobei er sicherlich auch den Rat seiner anderen Ratgeber einholte. Ich hoffe, er fühlte sich zumindest durch das Wissen ermutigt, daß ich im Gebet hinter dieser schicksalhaften Entscheidung stand.

Meine festen Überzeugungen zur Rassenintegration wurden ganz praktisch auf die Probe gestellt, als ich kurz darauf von der Pastorenvereinigung in Little Rock um Hilfe gebeten wurde, die Stadt zu einen. Ich sollte im großen War Memorial-Stadion predigen.

Ich rief meinen alten Freund Brooks Hays an, den Kongreßabgeordneten aus Arkansas, und bat ihn um seinen Rat.

„Man sollte in solchen Dingen nichts überstürzen", riet er. „Tu es, aber warte noch ein Jahr."

Ich befolgte seinen Rat. Im September 1959 ging ich nach Little Rock, um dort zu predigen. Im Jahr davor hatte ich vor einer rassenintegrierten Zuhörerschaft in Clinton, Tennessee, gepredigt. Senator Estes Kefauver und der Kolumnist Drew Pearson hatten mich aufgefordert zu kommen. Ich sagte mein Kommen zu, wenn sie sich mit mir auf das Podium setzen würden. Der dortige „Weiße Bürgerrat" hatte zuvor schweres Geschütz gegen mich und die Veranstaltung aufgefahren. Einigen Berichten zufolge hatten sie sogar verlauten lassen, daß ich die Stadt niemals lebend verlassen würde. Das hatte mich überzeugt, daß mein Kommen richtig und nötig war.

Auch in Little Rock bestand ich auf einem gleichberechtigten Zugang zu allen Plätzen für Schwarze wie Weiße. Das hätte der Funke an der Zündschnur eines Pulverfasses werden können, aber an diesem Abend fand keine Explosion statt. Das Stadion war voll besetzt mit einer durch und durch gemischten Zuhörerschaft aus Schwarzen und Weißen. Auch Gouverneur Orval Faubus kam, aber er konnte keinen Sitzplatz finden. Schließlich setzte er sich ganz hinten auf die Stufen des Stadions.

DAS GEBETSFRÜHSTÜCK DES PRÄSIDENTEN

Während Eisenhowers Amtszeit waren einige von uns an der Gründung des Presidential Prayer Breakfast, wie es damals genannt wurde, beteiligt (heute National Prayer Breakfast – Nationales Gebetsfrühstück). Und so fing die ganze Sache an:

Anfang der fünfziger Jahre lernte ich in Portland, Oregon, einen bemerkenswerten Mann namens Abraham Vereide kennen. Er erzählte mir von regelmäßigen Gebetstreffen für Geschäftsleute, die er in Seattle organisiert habe. Als wir ein Jahr später zu unserer Evangelisation nach Seattle kamen, erschien Vereide jeden Abend bei der Versammlung. Vor und nach jeder Veranstaltung kam er zu mir und erzählte mir von seinem dringenden Wunsch, führende Politiker mit dem Evangelium zu erreichen. Einige Male besuchte er mich sogar in meinem Hotelzimmer und berichtete mir von seinem Plan, ein jährliches Gebetsfrühstück mit dem Präsidenten zu veranstalten.

Ich bestärkte ihn in seinem Vorhaben und half ihm, als die Pläne Gestalt annahmen, Präsident Eisenhower zur Teilnahme zu bewegen. Der Präsident reagierte äußerst widerstrebend. Eine Einladung, die ihm Senator Frank Carlson übermittelte, lehnte er sogar rundheraus ab. Als ich ihn daraufhin noch einmal aufsuchte, lehnte er ebenfalls ab, versprach mir aber, noch einmal nachzudenken. Schließlich teilte er Senator Carlson mit, er würde zu dem ersten Treffen kommen, könne aber nicht versprechen, auch an späteren Treffen teilzunehmen. Er wolle keinen Präzedenzfall schaffen.

Bei einem früheren Treffen mit Eisenhower in Denver hatte er mich dem Hotelmagnaten Conrad Hilton vorgestellt. Diese Begegnung war ein Geschenk des Himmels: Hilton unterstützte mehrere Jahre lang finanziell das Gebetsfrühstück in Washington; danach übernahm Bill Jones die finanzielle Verantwortung. Die treibende Kraft jedoch war stets Abraham Vereide, später unterstützt von Dr. Richard Halverson, dem angesehenen Senatskaplan, und Doug Coe.

Bei nahezu allen der ersten fünfzehn Gebetsfrühstücke hielt ich die Hauptansprache. Ich nutzte die Gelegenheit, das Evangelium zu predigen und sogar einen klaren Ruf zur Entscheidung für Christus auszusprechen.

Eisenhowers Glaube blieb nicht unangefochten. Körperlich gesehen, machten ihm unter anderem Herzprobleme und ein Schlaganfall zu schaffen. Doch Gott erhielt sein Leben, und ich denke, daß Eisenhowers Glaube durch diese Erfahrungen vertieft wurde. Nachdem ein Teil seiner ersten Amtsperiode verstrichen war, gab es auch Momente, in denen er intensiv über seinen geistlichen Zustand nachdachte. Im August 1955 wurde ich an einem späten Sonntagabend in einem Washingtoner Hotel durch einen Anruf geweckt.

„Billy, es war schrecklich schwierig, Sie ausfindig zu machen", sagte Sid Richardson. „Der Präsident möchte Sie sprechen, aber das Weiße Haus konnte Sie nicht finden. Ich werde dort Bescheid sagen, wo Sie zu finden sind."

Am nächsten Morgen erhielt ich die Nachricht, ein Wagen werde mich abholen und zur Farm des Präsidenten nach Gettysburg bringen. Ich hatte gehofft, an diesem Tag frühzeitig nach Charlotte fliegen zu können, um ein wenig mit meinen Eltern zusammenzusein, bevor ich an diesem Abend dort sprechen mußte. Ich rief sie an, um ihnen meine geänderten Pläne mitzuteilen. Was wollte Präsident Eisenhower nur von mir? Auf der ganzen Fahrt betete ich, daß Gott mir helfen möge, das Richtige zu sagen.

Als ich ankam, öffnete mir der Präsident selbst die Wagentür. Zuerst schien es, als ginge es nur um ein geselliges Beisammensein. Wir aßen zu Mittag, ohne viel zu reden, und gingen dann nach oben, um mit Mamie zu beten, die krank im Bett lag. Anschließend fragte er mich, ob ich Lust hätte, mir das berühmte Schlachtfeld von Gettysburg anzusehen.

Ich erzählte ihm, daß meine beiden Großväter dort gekämpft hätten.

„Wissen Sie, zu welcher Gruppe sie gehörten – North oder South Carolina?"

Ich rief von seinem Haus aus meine Mutter an, und sie sagte mir, zu welcher Kompanie ihr Vater Ben Coffey gehört hatte. Daraufhin brachte Eisenhower mich zu der Stelle, wo diese Kompanie seiner Meinung nach gekämpft haben könnte.

Als wir das Schlachtfeld erreichten, stiegen wir vom Auto in einen Golfwagen um. Einige Geheimdienstagenten folgten uns in einem zweiten Golfwagen. Präsident Eisenhower saß am Steuer und erklärte mir die Umgebung. Als gründlicher Kenner des Bürgerkrieges wies er mich auf Dinge hin, von denen ich keine Ahnung gehabt hatte.

Zurück im kleinen Wohnzimmer seines Hauses ging er vor dem Kamin auf und ab. Ich spürte, daß ich bald den wahren Grund für meinen Besuch erfahren würde.

„Billy, glauben Sie an den Himmel?" fragte er.

„Ja, Sir, das tue ich."

„Nennen Sie mir Ihre Gründe dafür."

Mit aufgeschlagenem Neuen Testament gab ich dem Präsidenten eine Führung durch die Bibelstellen, die von dem zukünftigen Leben in der Ewigkeit sprechen.

„Woher weiß man, ob man in den Himmel kommt?" fragte er.

Noch einmal erklärte ich ihm das Evangelium, wie ich es schon bei früheren Gelegenheiten getan hatte. Ich spürte, daß er Zuversicht schöpfte aus jener so oft mißverstandenen Botschaft, daß wir allein aus Gnade durch den Glauben an Christus gerettet werden – und nicht durch irgend etwas, das wir für uns selbst tun könnten.

Schließlich sagte ich dem Präsidenten, daß ich am Abend in Charlotte zu sprechen hätte. Falls ich mein Flugzeug in Washington nicht erreichte, müßte ich wenigstens anrufen und den Termin verschieben.

„Sie können in meiner Dienstmaschine direkt nach Charlotte fliegen", bot er mir an. Dankbar akzeptierte ich. Doch nach diesem aufregenden Tag vergaß ich in der Eile des Aufbruchs, die Toilette aufzusuchen. Erst in der Luft bemerkte ich ein dringendes Bedürfnis. An Bord der kleinen Maschine gab es jedoch keine dementsprechende Örtlichkeit. Verzweifelt bat ich den Piloten, für ein paar Minuten in Greensboro zu landen, hundert Meilen nördlich von Charlotte. Er tat es – und mir schien, als ob jede einzelne Person auf dem kleinen Flugplatz mich erkannte, als ich über das Gelände eilte!

Als ich zurück aufs Flugfeld kam, mußte ich etlichen Leuten die Hand schütteln, bevor ich wieder in die Maschine steigen konnte. Dieser unumgängliche Abstecher verschaffte mir die rechte Demut für die abendliche Ansprache!

Wenig später erlitt Präsident Eisenhower einen Herzanfall, von dem er sich erst allmählich wieder erholte. Hatte er seine Erkrankung vorausgeahnt und deshalb nach dem Himmel und der Ewigkeit gefragt?

Er wußte auch um eine andere Wahrheit, die nicht viele Leute verstehen. Der Friede zwischen den Völkern hängt von dem guten Willen zwischen einzelnen Menschen ab. Dieses Empfinden drückte er Jahre später, 1968, auf sehr persönliche Weise aus. Ich hatte ihn gerade wieder einmal im Walter Reed-Militärhospital besucht.

„Billy, ich möchte, daß Sie mir einen Gefallen tun", sagte er. „Nixon und ich hatten Differenzen. Es gab Mißverständnisse, zumindest auf meiner Seite. Jetzt wird er Präsident, und mein Enkel wird seine Tochter heiraten. Ich möchte mit ihm ins Reine kommen, und ich glaube, Sie könnten mir dabei helfen."

„Ich werde mein Bestes tun, Sir", versprach ich.

Näheres über ihre Differenzen sagte Eisenhower nicht, doch ich glaubte, einiges davon zu erraten. Ein wunder Punkt war jenes Zögern Eisenhowers, Nixon 1960 in seinem Wahlkampf gegen Kennedy zu unterstützen.

„Ich würde Nixon gerne sehen, wenn er bereit ist, zu mir zu kommen. Würden Sie ihn darum bitten?"

Am selben Abend war ich in Nixons Wohnung in New York zum Abendessen eingeladen. Beim Steak vor dem Kamin richtete ich ihm Eisenhowers Bitte aus.

„Ich rufe ihn gleich morgen früh an und fahre hin", sagte Nixon.

Einzelheiten über ihre Versöhnung habe ich nie erfahren, aber ich zweifle nicht daran, daß sie stattfand.

Nicht lange danach, im Dezember 1968, sprach ich noch einmal im Krankenhaus unter vier Augen mit Eisenhower. Unser Gespräch war so vertraulich und heilig, daß ich bis nach seinem Tod kein Wort darüber verlor. Erst dann bat ich Mamie um die Erlaubnis, darüber sprechen zu dürfen. Sie erlaubte es gern.

Man hatte mir gestattet, zwanzig Minuten bei ihm bleiben zu dürfen.

Nachdem diese Zeit bereits um zehn Minuten überschritten war, bat er den Arzt und die Schwestern, uns zu verlassen. Zwischen Infusionsschläuchen, auf einen Berg von Kissen gestützt, ergriff er meine Hand und sah mir in die Augen. „Billy, Sie haben mir bereits gesagt, wie ich die Gewißheit haben kann, daß meine Sünden vergeben sind und ich in den Himmel komme. Würden Sie es mir noch einmal sagen?"

Ich holte mein Neues Testament hervor und las ihm noch einmal die vertrauten Bibelverse vor, die kostbaren Verheißungen Gottes über das ewige Leben. Dann sprach ich ein kurzes Gebet. Die ganze Zeit über hielt er meine Hand fest.

„Danke", sagte er. „Ich bin bereit."

Ich wußte, daß es so war. Als ich aufstand, um zu gehen, lächelte er und winkte mir zu.

„Billy, werden Sie wieder unsere Jungs in Vietnam besuchen?" fragte er.

„Ja, Sir", erwiderte ich.

„Tun Sie mir einen Gefallen und sagen Sie ihnen, daß hier ein alter Landser sitzt, der für sie betet."

„Das werde ich, Herr General."

Als ich wenige Monate später im Büro des israelischen Außenministers Abba Eban saß, teilte man mir mit, Eisenhower sei in Washington gestorben. Ich nahm die nächste verfügbare Maschine nach New York und rief Präsident Nixon in Washington an. Er sagte mir, Mamie Eisenhower wünsche mich zu sehen.

In einem Hotel in Washington, in dem sie ausländische Gäste empfing, hieß Mamie mich herzlich willkommen. Ich habe nie verstanden, warum sie mich in diesem Augenblick dort haben wollte anstatt eines hohen Regierungsvertreters oder eines ihrer Angehörigen, aber es war eine Ehre für mich, daß ich sie trösten durfte.

Dwight Eisenhower war einer der großen Männer unserer Geschichte, und es war etwas ganz Besonderes für mich, ihn persönlich zu kennen.

13

Durchbruch in Großbritannien

LONDON 1954

„Labour-Abgeordneter kündigt Unterhaus-Antrag an, dem amerikanischen Evangelisten Billy Graham die Einreise nach England zu verweigern. Graham mische sich unter dem Deckmantel des christlichen Glaubens in die britische Politik ein."

Zwei Tage vor unserem Einlaufen in Southampton, England, empfing der Kapitän der SS *United States* diese Meldung über Funk. Der Erste Steward brachte mir eine Kopie. Ich war nur dankbar, daß der Kapitän sie nicht in das tägliche Nachrichtenblatt aufgenommen hatte, das an alle Passagiere verteilt wurde.

Die Nachricht war klar und eindeutig, aber auch rätselhaft. Würde eine der wichtigsten Evangelisationen, die wir bisher geplant hatten, schlicht daran scheitern, daß wir nicht einmal das Schiff verlassen durften? Wir gingen auf die Knie und beteten.

Menschlich gesehen, hatten wir alles in unserer Macht stehende getan, um uns auf die Evangelisation vorzubereiten. Doch wir wußten auch, daß Satan eine solche Mission nicht widerstandslos hinnehmen würde. Wurde uns jetzt, wo wir schon auf der Schwelle standen, die Tür vor der Nase zugeschlagen?

Vielleicht war bisher keine Entscheidung in unserer Arbeit so schwierig gewesen wie diese: die Entscheidung, eine Evangelisation in jener Stadt abzuhalten, die zu der Zeit als größte Stadt der Welt galt: London. Wie war es dazu gekommen?

Seit unserem ersten Besuch 1946 und 1947 mit Jugend für Christus hatte Großbritannien einen besonderen Platz in meinem Herzen. Hier hatten – durch die Verkündigung von Männern wie Whitefield und Wesley – in der Vergangenheit große Erweckungen stattgefunden. Auch Dwight L. Moody hatte in der zweiten Hälfte des 19. Jahrhunderts einen bemerkenswerten Dienst in der britischen Hauptstadt geleistet.

Daß Gott uns bei früheren Besuchen manche Türen geöffnet hatte, kam noch hinzu. Während jener ausgedehnten Reise 1946 und 1947 hatten wir in Birmingham hundert führende Persönlichkeiten aus verschiedenen Kirchen und Gemeinden zusammengerufen. Aus dieser viertägigen Konferenz war der britische Zweig von Jugend für Christus entstanden.

Das Aufsehen, das unsere Versammlungen 1949 in Los Angeles erregt hatten – wie auch der Dokumentarfilm über uns, der in Großbritannien weithin bekannt war –, hatte das Interesse vieler britischer Christen geweckt.

Während der Evangelisation in Washington, im Januar und Februar 1952, hatten zwei prominente britische Christen – der eine ein Geistlicher, der andere ein zukünftiges Parlamentsmitglied – die Versammlungen besucht. Bei einem Treffen hatten wir die Möglichkeit einer Evangelisation in London erörtert. Einige Wochen später sprach ich vor einer Versammlung von mehr als siebenhundertfünfzig britischen Geistlichen in der Konferenzhalle des Church House in Westminster. Diese Versammlung stand unter der Schirmherrschaft der britischen Evangelischen Allianz. Mich hatte man gebeten, über unsere Evangelisationsarbeit in den Vereinigten Staaten zu sprechen.

Auf dem nachfolgenden Empfang waren führende christliche Persönlichkeiten zugegen: der Bischof von Barking, Hugh R. Gough (der spätere Erzbischof von Sydney); Dr. D. Martyn Lloyd-Jones, einer der bekanntesten Prediger Großbritanniens; General Sir Arthur Smith, Kommandant der Streitkräfte, die London während des Blitzkrieges verteidigt hatten, und späterer Vorsitzender der Evangelischen Allianz; Reverend Colin Kerr, Pfarrer der St. Paul's Kirche am Portman Square und Pfründner der St. Paul's Kathedrale, den ich bereits 1946 kennengelernt hatte.

Etwa neunzig Minuten lang schilderte ich das neue Interesse an Evangelisation und Evangelium, das wir in Amerika festgestellt hatten. Dazu stellte ich einige der uns leitenden Grundsätze vor, so zum Beispiel unsere

Absicht, *mit* den Gemeinden und nicht neben ihnen her zu arbeiten. Am meisten beeindruckte meine Zuhörer aber offenbar meine ehrliche Erörterung der Hauptkritikpunkte, die gegen die Massenevangelisation vorgebracht wurden – wie etwa eine befürchtete Überbetonung der Finanzen oder die Gefahr, daß falsche Emotionen geschürt werden und daß die neubekehrten Christen nicht an ihrem Glauben festhalten. Jeden dieser Punkte stellte ich so offen wie möglich dar und beschrieb dann, mit welchen Mitteln wir uns bemühten, sie zu überwinden.

Mein Vortrag wurde später von der Evangelischen Allianz gedruckt und in ganz Großbritannien verbreitet. Das Ergebnis war eine vorläufige Einladung, irgendwann im Laufe des Jahres 1954 Versammlungen in London abzuhalten. Ruth begleitete mich zu diesen Versammlungen nach England. Das war ein besonderer Ansporn für mich.

1952 war ein Höhepunkt der Reise mein Auftritt als Gastredner neben dem britischen Evangelisten Tom Rees in der Royal Albert Hall. Da die Versammlung von der BBC und dem in Köln beheimateten Militärsender BFBS aufgezeichnet wurde, enthielt das Programmheft einige detaillierte Anweisungen des Aufnahmeleiters an die Zuhörer im Saal: „Die Choräle sollen nicht schleppend gesungen werden. Alle mitsingenden Besucher, besonders die auf der Empore, werden dringend gebeten, ihr Tempo nicht an der Orgel oder am Chor zu orientieren, sondern den Dirigenten zu beachten."

Noch im selben Jahr reisten John Cordle und F. Roy Cattell, der Generalsekretär der Evangelischen Allianz Großbritanniens, in die Vereinigten Staaten, um mir die Annahme ihrer Einladung zu einer Evangelisation nochmals nahezulegen. Mich beeindruckte, wie stark sie die geistliche Not in England empfanden; beredsam schilderten sie mir die sozialen und geistlichen Probleme, die dort seit dem Krieg bestanden.

Einige unserer Gespräche fanden in Ruths Krankenhauszimmer in Asheville statt, wo wir die Ankunft unseres vierten Kindes erwarteten. Ich liebte meine drei Töchter – Anne, Gigi und Bunny – von ganzem Herzen, doch wir hofften und beteten, daß es diesmal ein Junge werden würde. Als Ruths Wehen intensiv einsetzten, brachte eine Krankenschwester sie in den Kreißsaal. Ich setzte meine Besprechung mit den beiden Männern fort.

Zwei Stunden später kam eine andere Schwester herein und teilte mir mit, daß wir einen Sohn bekommen hätten. Ich war überglücklich, hatte aber gleichzeitig ein furchtbar schlechtes Gewissen, weil ich nicht bei Ruth gewesen war. Wir gaben unserem Sohn den Namen William Franklin Graham III; später nannten wir ihn nur noch Franklin.

Ich war so aufgeregt, daß ich schon draußen auf dem Flur London und unsere britischen Besucher völlig vergessen hatte! Später teilte ich ihnen in einem langen Brief mit, daß ich die Einladung zu der Evangelisation in London annehmen wolle. Sie sollte am 1. März 1954 beginnen.

Unsere Werbepläne für die Londoner Veranstaltung verblüfften die Organisatoren. Ich war überzeugt, daß in einer Metropole wie London eine massive Öffentlichkeitsarbeit nötig sei. Sonst würden alle Werbemaßnahmen im Wust der übrigen Werbung untergehen. Wir setzten 50.000 Dollar als Budget an, eine nie dagewesene Summe.

In den Monaten vor der Evangelisation wurden im Großraum London Tausende von Plakaten geklebt und Hunderttausende von Handzetteln verteilt. Um der Einfachheit und Klarheit willen war auf ihnen nur mein Bild mit dem Slogan „HÖRT BILLY GRAHAM" zu sehen. In ganz England und überall in der Welt beteten Menschen für den Erfolg der Veranstaltung.

Ein Ansporn für uns war, daß wir uns die Harringay-Arena sichern konnten, ein überdachtes Stadion mit zwölftausend Sitzplätzen im Norden von London. Normalerweise fanden dort Windhundrennen, Hockeyspiele, Boxkämpfe und Zirkusvorstellungen statt. Obwohl sie eher wie ein Stall wirkte und wenig Glanzvolles zu bieten hatte, schien diese Arena das am besten geeignete Gebäude zu sein. Als die Verwaltung anbot, uns die Arena für maximal drei Monate zur Verfügung zu stellen, erschraken selbst unsere eifrigsten Unterstützer. Die meisten glaubten, drei oder vier Wochen seien das Höchste, worauf wir uns einlassen könnten.

Selbst nachdem das Londoner Organisationskomitee die Option auf die drei Monate angenommen hatte, konnte es sich immer noch nicht recht an den Gedanken gewöhnen, eine so riesige religiöse Veranstaltungsreihe vorzubereiten und Tausende von Pfund zu investieren. Wer konnte es ihnen verdenken?

Etwa um diese Zeit kam ein bekannter britischer Christ auf dem Rückflug von Afrika beim Absturz eines Linienflugzeuges ums Leben. Man hatte bereits einen Willkommensempfang für ihn organisiert und Hunderte von Pfund dafür ausgegeben. Leider konnten die Auslagen nicht erstattet werden. Was wäre, fragte das Londoner Komitee bei uns an, wenn etwas Ähnliches mit Billy Graham geschähe? Würden dann die Zehntausende von Pfund, die bereits für Werbung und die Reservierung der Arena ausgegeben worden waren, verloren sein?

Jerry Beavan (der stellvertretende Leiter der Evangelisation) antwortete, um solche Probleme machten wir uns niemals Sorgen, und ermunterte sie, fest daran zu glauben, daß Gott uns durchtragen werde. Doch seine Worte genügten nicht. Das Komitee machte sich weiterhin Sorgen. Die Vorbereitungen kamen an einen toten Punkt.

Dann empfahl der Pfarrer Arthur Goodwin-Hudson den für Lloyd's arbeitenden jungen Versicherungsagenten John Mercer. Mit Hilfe seiner Kontakte und seines Überredungsgeschicks schaffte es Mercer, einen Vertrag aufzusetzen, wie er unseres Wissens noch nie verfaßt worden war: Er entwickelte eine Versicherungspolice, die das rechtzeitige Erscheinen einer Person zu einer bestimmten öffentlichen Veranstaltung absicherte. Die Prämie war hoch, aber das Organisationskomitee schöpfte neuen Mut aus dem Wissen, daß es finanziell abgesichert war. Mit neuer Begeisterung stürzte es sich in die Vorbereitung der Evangelisation.

Die Londoner Versammlungen wurden von Roy Cattell organisiert. Einige Monate vorher bat ich Jerry, hinüberzureisen und Mr. Cattell bei den Vorbereitungen zu helfen. Willis Haymaker begleitete ihn, um die weltweite Gebetsunterstützung zu organisieren. Dawson Trotman und Lorne Sanny reisten nach England, um Seelsorgeschulungen durchzuführen. Wöchentlich gingen Briefe zwischen dieser Vorhut und dem Team zu Hause hin und her, und fast jede Woche telefonierte ich mit Jerry in London, um die letzten Neuigkeiten zu erfahren, Entscheidungen zu treffen und Vorschläge und Ideen beizusteuern.

Was die finanzielle Seite anging, so wußten wir einige Wochen vor unserer Abreise, daß wir nicht genügend Reserven oder Unterstützungszusagen besaßen. Darum bat ich alle Teammitglieder, die nach London gingen – mich selbst eingeschlossen –, während der nächsten Wochen nur für ihre Spesen und ein wöchentliches Honorar von fünfzig Dollar zu arbeiten. Ohne Ausnahme waren alle einverstanden. Bevor wir uns Anfang 1954 nach London einschifften, unternahmen wir eine mehrtägige Vortragsreise durch die Westküstenstädte Seattle, Portland und Hollywood, teilweise, um Gelder für die bevorstehenden Veranstaltungen in Großbritannien zu sammeln und zur Gebetsunterstützung für dieses Projekt aufzurufen.

Als ich Anfang Februar in Washington, D.C., war, gab Senator Alton Lennon aus North Carolina im Vandenburg-Raum des Senats einen Mittagsempfang für mich. Vor den anwesenden Senatoren und Kongreßabgeordneten berichtete ich über unsere anstehende Evangelisation in London. Dann erkundigte ich mich nach der etwaigen Möglichkeit, daß je ein Senator der Demokraten sowie der Republikaner uns am Eröffnungsabend die Grüße des US-Senats überbringen könnten. Zuerst ein wenig überrascht von meiner Bitte, wurde dann beschlossen, daß die Senatoren Stuart Symington und Styles Bridges diese Aufgabe übernehmen würden.

In dieser Zeit war ich nur selten zu Hause in Montreat. Ruth riet mir beharrlich, vor allem geistlich aufzutanken bei meinen Vorbereitungen. Wir beide glaubten, daß Gott mir die Botschaft geben und mich während meiner Predigten aus meinem Wissen schöpfen lassen würde. Wir hatten entdeckt, welche Predigten die wirksamsten waren: Predigten, die aus Herz und Verstand kamen, die nicht nur erfüllt waren vom Geist Gottes, sondern auch vom vielen Lesestoff. So wählte ich jedes Predigtthema sorgfältig aus, informierte mich umfassend, schrieb mich leer und las mich wieder voll.

Wenn ich nicht arbeitete oder mit der Familie zusammen war, wanderte ich stundenlang über die Bergpfade in der Nähe meines Hauses, um mich körperlich in Form zu bringen. Reisen war schon immer eine Strapaze für mich gewesen. Also wanderte ich und betete dabei unaufhörlich, daß Gottes Wille in London geschehen möge.

Und doch hatte ich auch Angst. In meinem ganzen Leben war ich noch nie mit einem solchen Gefühl der Unzulänglichkeit an eine Sache herangegangen wie an die Evangelisation in London. Wenn nicht Gott das Werk tat, dann konnte es nicht getan werden. Aber war ich nicht, wie manche Kritiker meinten, mit fünfunddreißig Jahren zu jung für so eine überwältigende Aufgabe? Sicher, fand ich, aber ich wußte auch, daß ich nur das tat, was Gott mir aufgetragen hatte. Innerlich kreiste ich oft um die Frage: Für wen hältst du dich eigentlich? Aber dann erinnerte mich Gott daran, daß ich viel mehr nach ihm selbst fragen sollte, dem allmächtigen Gott.

Als Ruth und ich nach New York fuhren, um an Bord der SS *United States* zu gehen, setzte ich für die Medien ein tapferes Lächeln auf, doch im stillen mußte ich mir die geistliche Grundwahrheit ins Gedächtnis rufen, die ich schon vor langer Zeit gelernt hatte: daß ich in meiner Schwachheit stark werde durch die Gnade Gottes.

Vor der Abreise besuchte ich noch meinen Freund Henry Luce von *Time* und *Life*, um ihn um Rat zu bitten. Er sagte: „Wenn Sie auch nur einen Zoll Berichterstattung im *Daily Mirror* oder einer der anderen Londoner Tageszeitungen bekommen können, so wird das viel helfen."

In England ging bereits die düstere Prognose um, die Evangelisation werde ein Reinfall. Die Briten hielten nicht viel von Amerikanern, die über den Teich kamen, um sie zu retten. Schon früher hatten schillernde amerikanische Persönlichkeiten sie nicht sonderlich beeindruckt. „Billy Graham wird in London auf die Nase fallen", schrieb ein Redakteur. „Billy Graham wird mit eingekniffenem Schwanz in die USA zurückkehren", äußerte sich recht hämisch ein Bischof.

Im Februar schrieb der *Daily Worker*, das Organ der britischen Kommunistischen Partei, unter der Schlagzeile ATOMBOMBEN-EVANGELIST: „Billy Grahams Aufenthalt hier dürfte uns Gelegenheit zu stiller Heiterkeit geben."

Und weiter hieß es in dem Artikel. „Er wird uns überzeugen wollen, daß der Sieg des Friedefürsten um so sicherer wird, je mehr Atombomben Amerika anhäuft."

Die Evangelisation wurde von rund tausend Gemeinden im Großraum London getragen, davon gehörten zwei Drittel zur anglikanischen Staatskirche. Viele Pastoren beteiligten sich vermutlich nur widerwillig. Sie erwarteten nicht viel Gutes und beteten, daß kein bedeutender Schaden entstehen möge. Der Gottesdienstbesuch in Großbritannien hatte einen Jahrhunderttiefpunkt erreicht, und es gab wenig Anzeichen für den religiösen Aufschwung, der sich in den USA bereits zeigte.

Zurück an Bord der SS *United States* . . .

Jeden Morgen traf sich unsere kleine Reisegruppe – Grady Wilson, Dawson Trotman (der schon zuvor zu Seelsorgeschulungen in England gewesen war), Dr. Paul Rees (Pastor der Bundesgemeinde in Minneapolis), Paul Maddox, Dr. und Mrs. Wade Freeman, Ruth und ich – zum Gebet und Bibelstudium. Jeden Nachmittag marschierten Ruth und ich ums Deck; ich fühlte mich körperlich besser als jemals zuvor.

Am Sonntag morgen predigte ich auf Einladung des Kapitäns in einem Gottesdienst für die Passagiere, wobei das Schiff so schaukelte, das ich mich an der kleinen Kanzel und dem Mikrofon festhalten mußte. Die meisten Passagiere und ein Großteil der Mannschaft kamen und füllten den Ballsaal bis auf den letzten Platz. Am nächsten Morgen traf die erwähnte Nachricht über den Versuch des Unterhausabgeordneten ein, mir die Einreise nach England zu verweigern.

Einige Stunden später erfuhr ich weitere Einzelheiten – und die klangen nicht sehr ermutigend. Zwei Tage zuvor hatte der Journalist Hannen Swaffer im *London Daily Herald* unter der riesigen Schlagzeile „ENTSCHULDIGE DICH, BILLY – ODER BLEIB WEG!" geschrieben, ein in Amerika verbreiteter Kalender der Billy Graham-Gesellschaft enthalte in einem Gebetsaufruf für die Londoner Evangelisation die folgende Aussage: „Was Hitlers Bomben nicht geschafft haben, hat der Sozialismus mit all seinen Übeln binnen kurzem fertig gebracht."

Dies sei, meinte er, eine unverschämte Beleidigung der Labour-Partei und ihrer vierzehn Millionen Anhänger. „Billy Graham hat uns übel verleumdet, als es sonst irgend jemand seit dem Krieg gewagt hat", schrieb er. „Es ist eine niederträchtige Lüge, und ich fordere den Bischof von Barking auf, sich von all diesem ignoranten Unsinn zu distanzieren, bevor der von ihm geförderte Big-Business-Evangelist seine Evangelisation eröffnet . . . Und ich fordere ihn auf, Billy Graham zur Buße zu rufen, bevor er die Unverschämtheit besitzt, uns bekehren zu wollen!"

Sofort sprang der Aufruf auf die Titelseiten der anderen Londoner Zeitungen über. Diese Medienaufmerksamkeit besaß ihre eigene traurige Ironie: Bisher hatten die britischen Zeitungen kaum eine Zeile über die bevorstehende Veranstaltung verloren, obwohl schon seit geraumer Zeit Christen im gesamten Commonwealth und in den Vereinigten Staaten für den Erfolg der Evangelisation beteten.

Hektisch besprach ich mich über Funktelefon mit Jerry in London und nahm Kontakt zu unserem Büro in Minneapolis auf, um mir Klarheit über die Fakten zu verschaffen. Allmählich ergab sich ein Bild. Offenbar war der Text der Broschüre, die zur Fürbitte und zur finanziellen Unterstützung für die Londoner Evangelisation aufrief, in den USA von jemand verfaßt worden, der nicht viel über Großbritannien wußte. In den Druckfahnen war tatsächlich das Wort *socialism* verwendet worden (wenn auch nur mit kleinem *s*; die Zeitung hatte das in ein großes *S* geändert, wodurch das Wort konkret auf die Labour-Partei bezogen wurde). Doch als einer unserer britischen Unterstützer einen Korrektur-Abzug zu sehen bekam, entdeckte er sofort das mögliche Mißverständnis und änderte das Wort in *Säkularismus* um. Leider hatte die Druckerei aufgrund einer Verwechslung dann doch die unkorrigierte Version verwendet. Obwohl nur zweihundert Broschüren gedruckt worden waren, bevor der Fehler entdeckt und korrigiert wurde, geriet – wie, habe ich nie herausgefunden – eine davon in die Hände von Mr. Swaffer.

Sobald wir die Fakten kannten, gab Jerry eine Presseerklärung heraus. George Wilson und ich übernahmen die volle Verantwortung, entschuldigten uns telegrafisch bei den Parlamentsmitgliedern, versuchten den Fehler zu erklären und äußerten unser Bedauern über das durch uns verursachte Mißverständnis.

Als die *United States* kurz im französischen Le Havre anlegte, stürmte eine Schar Reporter und Fotografen das Schiff und umringte uns. Ich bemühte mich, so vorsichtig und freundlich wie möglich zu sein, und versprach, das ganze Problem geradezurücken, sobald ich in England einträfe.

Einer der Journalisten war Reporter des *London Daily Herald*, und ich bat ihn, seinem Kollegen Hannen Swaffer herzliche Grüße von mir auszurichten. Swaffer, der Spiritist (und offenbar ein erbitterter Gegner des Christentums) war, ließ sich nicht erweichen. Doch der empörte Labour-Abgeordnete, Mr. Geoffrey de Freitas, nahm unsere Entschuldigung an. Ein paar Tage später traf ich mich mit ihm und einigen seiner Kollegen, um mich persönlich zu entschuldigen.

Bei unserer Ankunft in Southampton ging ein Kahn voller Pressevertreter – fünfundzwanzig Reporter und ein Dutzend Fotografen – längsseits unseres Linienschiffes. Zweifellos waren sie hinter meinem Skalp her. Mit an Bord befand sich auch eine bekannte Filmschauspielerin, aber ich glaube, sie wurde nur von einem Reporter interviewt. Uns blieb nichts übrig, als um Weisheit zu beten und so höflich und zuvorkommend wie möglich zu sein.

Natürlich stellten die Reporter Fragen zu dem Aufruhr mit dem Kalender, aber ihre Neugier ging weit über dieses Thema hinaus. So wollten sie zum Beispiel wissen, ob ich einen besonderen Wasserkrug für Taufen bei mir trage. Und sie machten großes Aufheben darum, daß ich nicht den Halskragen eines Geistlichen trug, sondern eine rotgemusterte (!) Krawatte.

Viele Reporter umringten auch meine Frau und wollten wissen, ob sie Make up trage. Einer von ihnen vertraute Ruth seine Enttäuschung an: „Wir hatten grellbunte, handbemalte Krawatten, auffällige Socken und eine Art Massenhysterie erwartet, aber Ihr Mann ist ja ein ganz gewöhnlicher Bursche."

Als wir an Land gingen, standen wir vor laufenden Fernsehkameras.

„Wer hat Sie eigentlich zu uns eingeladen?"

„Meinen Sie nicht, daß Sie in Ihrem eigenen Land dringender gebraucht werden?"

„Was wollen Sie im Hinblick auf Rußland unternehmen?"

Die normalen Leute in Großbritannien hingegen waren herzlich und gastfreundlich. Als wir durch den Zoll gingen, begrüßte uns ein Beamter. „Willkommen in England, und viel Glück, Sir", wünschte er. „Wir brauchen Sie." Seinen herzhaften Händedruck werde ich nie vergessen.

Vor der Zollabfertigung erwartete uns eine größere Menschenmenge aus Südengland.

„Ich bete für Sie, Sir", sagte ein Hafenarbeiter.

„Gott segne Sie", rief ein Soldat.

Es war großartig, das aus London angereiste Team zu sehen. Sie kehrten sofort in die Hauptstadt zurück; und als sie gegen halb acht dort ankamen, prangten unsere Bilder bereits auf den Titelseiten der Abendzeitungen. Was immer uns in den kommenden Tagen erwartete – zumindest wußten wir, daß die britische Presse uns nicht mehr ignorierte!

Die Nacht verbrachten Ruth und ich mit Grady Wilson und Paul Rees (die während der Evangelisation an verschiedenen Orten im Raum London predigen wollten) nicht weit von Southampton im Haus unseres alten Freundes Oliver Stott. Als wir am nächsten Tag in unser Zugabteil dritter Klasse stiegen, um nach London zu fahren, hatte der Schaffner ein freundliches Wort für mich: „Ich habe nicht viel mit dem Glauben am Hut", meinte er, „aber ich könnte ein bißchen davon gebrauchen."

Unser Team traf sich zum Bibellesen und Beten. Viele unserer Unterstützer hatten uns wegen der schlechten Presse bereits den Rücken gekehrt. Die Lage schien ernst. Wer noch zu uns stand, mußte heftige Tiraden seitens der Presse und von Pastorenkollegen befürchten. Worauf mußte ich mich einstellen?

Als wir am Waterloo-Bahnhof ankamen, waren wir überwältigt, wie viele

Menschen sich zu unserem Empfang dort eingefunden hatten. Die Zeitungen berichteten am nächsten Tag, dies sei die größte Menschenmenge seit der Ankunft von Mary Pickford und Douglas Fairbanks 1924 gewesen. Eine Schlagzeile lautete: „FILMSTARS – ALSO WARUM NICHT BILLY?"

Das Gedränge war besorgniserregend; wir fürchteten, schier zerquetscht zu werden. Immer wieder hallte ein „Gott segne Sie! Willkommen in England!" durch die Luft. Und dann stimmte die Menge einen Choral an.

Gleich vor dem Bahnhof stürzte sich wieder die Presse auf uns. Einer der Reporter wollte wissen, ob diese riesige Menge am Waterloo-Bahnhof nicht als religiöse Fanatiker einzuschätzen seien.

„Nein. Es sei denn, Sie betrachten auch einige der führenden britischen Kirchenleute, Generäle und Parlamentsabgeordneten und all die Christen, die für unsere Versammlungen gebetet haben, als Fanatiker."

Auch Ruth war von Reportern umringt, die ihr Fragen stellten.

„Ist es schwer, mit Ihrem Mann zu leben?"

„Müssen Sie ihn mit Samthandschuhen anfassen?"

„Macht es Sie nicht manchmal eifersüchtig, wieviel Aufmerksamkeit Ihr Mann genießt?"

Wir brauchten zwanzig Minuten für die hundert Meter vom Bahnhof zu den wartenden Autos. Wäre nicht Donn Moomaw vorausgegangen, ein ehemaliger American-Football-Star von der Universität von Süd-Kalifornien, der als Evangelisationshelfer mitgereist war – wir hätten es wohl kaum geschafft!

Wir wohnten im Hotel Stratford Court, ganz in der Nähe der Oxford Street – vermutlich das kleinste und billigste Hotel in London. Wir hatten es bewußt ausgewählt, um auch hier jeder Kritik vorzubeugen, wir würden verschwenderisch auftreten.

Den einzigen Luxus, den wir in London genossen, verdankten wir der Ford Motor Company. Sie stellte uns für unseren Aufenthalt in Großbritannien zwei kleine Autos mit Fahrern zur Verfügung. Zu verdanken hatten wir diese Schützenhilfe unserem Freund Horace Hull, einem Automobilhändler aus Memphis, und dem Ford-Vizepräsidenten Ernie Breech. Er hatte unsere Veranstaltung in Detroit zusammen mit seinen Top-Managern besucht und uns anschließend in sein Haus eingeladen, um uns näher kennenzulernen.

Nachdem sich die Menschenmenge vor dem Stratford Court zerstreut hatte und die Reporter gegangen waren, traf sich das Team zu einer internen Sitzung. Ich sprach ein wenig darüber, wie wir uns als Amerikaner in Großbritannien verhalten sollten. Auch General Wilson-Haffenden, der Vorsitzende des Evangelisationskomitees, sagte ein paar Worte. Dann sprachen wir über einen am selben Tag erschienenen Zeitungsartikel im *London Daily Herald*, der auf äußerst unfreundliche Weise den Bischof von Barking kritisierte. „Wie kann nur ein Bischof der Kirche von England einen Evangelisten wie Billy Graham unterstützen?" fragte der Redakteur Hannen Swaffer in diesem Beitrag.

Wir hatten gerade beschlossen, für den Bischof zu beten, als die Tür aufging und er selbst hereinkam.

„Machen Sie sich nicht die Mühe, für den Bischof zu beten", sagte General Wilson-Haffenden. „Der ist genau da, wo Christus ihn haben will. Krempeln Sie lieber die Ärmel hoch und beten Sie für Hannen Swaffer!"

„Machen Sie sich keine Sorgen um mich, Billy", stimmte der Bischof zu. „Wenn die Zeitungen aus Ihnen einen Narren um Christi willen gemacht haben, dann will ich nur zu gern mit Ihnen wie ein Narr erscheinen."

Trotz all meiner Besorgnis war ich mir Gottes Gegenwart gewiß. Wir hörten, daß achthundert treue Christen die gesamte Nacht in einem unbeheizten Gebäude auf den Knien für die Evangelisation gebetet hatten.

Für den nächsten Morgen war eine Pressekonferenz in der Central Hall in Westminster anberaumt. Ungefähr hundertfünfzig Journalisten und Fotografen drängten sich um die besten Plätze. „Das ist eine der größten Pressekonferenzen der letzten Jahre", verriet mir ein Mitglied des Komitees. Ich hatte eine Erklärung vorbereitet, warum wir nach Großbritannien gekommen seien.

„Ich bin gekommen, um Christus zu predigen", sagte ich. „Wahrscheinlich fragen Sie mich jetzt: ‚Glauben Sie, dies ist eine Botschaft, die wir in Großbritannien brauchen?' Und darauf muß ich antworten: ‚Diese Botschaft braucht die ganze Welt!' Ich rufe auf zu einer Erweckung, die Männer und Frauen in ihre Büros und Geschäfte zurückkehren läßt, um im Alltag gemäß der Lehre Christi zu leben. Ich predige kein Evangelium der Verzweiflung, sondern das Evangelium der Hoffnung – Hoffnung für den einzelnen, für die Gesellschaft und für die Welt."

Nach der Erklärung stellte man mir viele Fragen – von meiner persönlichen Meinung über Senator Joseph McCarthy bis hin zu der Frage, ob ich an die Hölle glaube oder nicht. Bei jeder Frage betete ich darum, daß Gott mir die richtige Antwort schenken möge.

An jenem Abend trugen Ruth und ich zum ersten Mal in unserem Leben formelle Abendgarderobe. „Um Abendgarderobe und Galauniform wird gebeten", hatte es auf der eleganten Einladung geheißen. Lord und Lady Luke of Pavenham gaben uns zu Ehren ein Essen im Hotel Claridge's. Einige der Gäste trafen im Rolls-Royce ein; wir waren froh, in unserem kleinen Ford vorfahren zu können. Bevor wir wußten, wie uns geschah, schüttelten wir Hände und stellten uns vor.

Vor diesem Abend war ich unseren Gastgebern noch nicht begegnet. Als ich Lord Luke vorgestellt wurde, war ich überrascht, einen jungen, freundlichen und gutaussehenden Mann vor mir zu sehen. Als ich ihm erzählte, mir einen englischen Lord als alten Mann mit langem Bart vorgestellt zu haben, lachte er herzlich. Er nahm mir sofort meine Befangenheit in dieser erlauchten Gesellschaft.

Am nächsten Tag sprach ich auf einem Mittagsempfang vor tausend Pastoren. Wer bezahlte dafür? Sid Richardson – der uns bisher noch nie Geld gegeben hatte. Er hatte mir einen Scheck und dazu die folgende Nachricht geschickt: „Ich bin froh, daß Sie nach England gehen. Die Leute da drüben trinken gern – hier ist etwas Geld zum Bewirten."

Der Scheck war auf fünfundzwanzigtausend Dollar ausgestellt! Wir benutzten Mr. Sids Spende, um diese und weitere ähnliche Zusammenkünfte zu finanzieren.

An diesem Abend war ich Ehrengast im Unterhaus. Der Presserummel um jenen unglückseligen Kalender hatte viel Interesse angefacht. Jetzt wollte jeder einen Blick auf diesen ausländischen Eindringling werfen. Henry Luce hatte mir bekanntlich nahegelegt, mich um eine kurze Berichterstattung in der Zeitung zu bemühen – doch an die bisher geerntete Art von Berichterstattung hatte er gewiß nicht gedacht. Nun bescherte uns der ganze Trubel um den Kalender-Fehldruck – durch Gottes Vorsehung – viel mehr Publicity, als wir uns je hätten träumen lassen. Ich konnte kaum den Montag erwarten, an dem die Evangelisation endlich beginnen würde.

Zwischenzeitlich machte mir jedoch eine Erkältung sehr zu schaffen, und ich bemühte mich, zwischen meinen Auftritten und Verpflichtungen genügend Ruhe zu bekommen, um rechtzeitig zur eigentlichen Evangelisation meine Stimme wieder zu haben. Der ungarische Hausdiener in unserem Hotel gab mir in seinem gebrochenen Englisch einen Rat: „Dr. Graham, lassen Sie Tag und Nacht Fenster auf, auch wenn kalt."

Es war ohnehin nicht besonders warm in dem Hotel. Also folgte ich seinem Rat und ließ die Fenster offenstehen – und schon bald ging es mir besser.

Am Sonntag besuchte das ganze Team einen Gottesdienst. Dafür hatten wir die Kirche All Souls am Langham Place ausgesucht. Bisher hatten wir nie von dieser Gemeinde gehört, und auch den Pfarrer, John Stott, kannten wir noch nicht. Später wurde er einer meiner besten Freunde.

Selbst heute, nach gut vierzig Jahren, haften die Erinnerungen an jenen 1. März 1954 – ein Montag – tief in meinem Gedächtnis. Es war vielleicht einer der denkwürdigsten Tage meiner gesamten Tätigkeit. Ich hatte mir den Tag im Terminkalender freigehalten und verbrachte ihn betend und lesend in meinem Zimmer. Es schien eine Menge Interesse und Unterstützung für unsere Evangelisation zu geben, doch der Presserummel und die Auseinandersetzung hatten mir tiefe Zweifel eingeflößt, ob tatsächlich Besucher zu der Veranstaltung kommen würden. Und *wenn* sie kamen, würden sie auch positiv auf meine Predigt reagieren? Am Nachmittag bekam ich Kopfschmerzen. Dann kam ein Anruf, den ich nicht gebrauchen konnte.

Senator Symington informierte mich, er und Senator Bridges seien wie geplant in London, hätten sich jedoch entschlossen, nicht mit mir auf dem Podium zu erscheinen. „Es könnte mißverstanden werden", sagte er, „wenn wir Ihre Versammlungen vom Podium aus unterstützen. Ich glaube, wir sollten lieber nicht kommen. Wir haben für heute abend eine Einladung zum Essen mit Außenminister Anthony Eden angenommen und werden Sie vielleicht bei einer anderen Veranstaltung noch sehen."

Ich war enttäuscht, verstand aber seine Position und sagte ihm das auch. Später erfuhr ich, daß der amerikanische Botschafter Aldrich darauf hingewiesen hatte, daß es vielleicht keinen guten Eindruck mache, wenn sie teilnähmen. Nach dem Wirbel um unseren Kalender-Fauxpas konnte ich nachvollziehen, daß der US-Senat – und der amerikanische Botschafter in Großbritannien – sich zumindest für den Augenblick ein wenig von uns distanzieren wollten.

Eine Zeitung schrieb über jenen ersten Veranstaltungstag, ich verfüge über „alle Tricks des modernen Demagogen". „Nur das Volk scheint für Billy zu sein", kommentierte eine andere Zeitung und erweckte den Eindruck, als seien wir von der Regierung, den verantwortlichen Leuten und der Geistlichkeit im Stich gelassen worden.

Als ich nach dem Anruf von Senator Symington den Hörer auflegte, sank ich niedergeschlagen auf die Knie. „Herr", betete ich, „ich kann die ganze Sache nur dir anbefehlen. Ich weiß, daß dein Wille geschehen wird. Es liegt nicht in meiner Hand."

Ein paar unruhige Stunden später rief Jerry aus der Harringay-Arena an. Er klang niedergeschlagen, und mittlerweile verzweifelte ich selbst fast. Vor dem Fenster gingen Graupelschauer nieder, und ich fragte ihn, ob das Wetter dort genauso schlecht sei.

„Ich fürchte ja", sagte er. „Bisher sind nur einige wenige Leute gekommen. Dabei sollte die Arena um diese Zeit halb voll sein."

Ich seufzte. „Was ist mit der Presse?"

„Oh, die sind da", erwiderte er. „Im Augenblick sieht es so aus, als ob mehr von denen da sind als von uns. Sie machen Fotos von den leeren Sitzplätzen."

In tiefster Seele war ich bereit, zum Gespött der Leute zu werden ... wenn Gott das so wollte. Aber die Aussicht war schreckenerregend.

Eine halbe Stunde später rief Jerry erneut an und sagte, es seien jetzt etwa zweitausend Leute in der riesigen Arena. Zehntausend Plätze waren also noch frei.

„Was denkst du?" fragte ich.

„Sieht so aus, als ob wir erledigt sind", erwiderte er.

Als es Zeit wurde, das Hotel zu verlassen, knieten Ruth und ich nieder und beteten noch einmal miteinander. Vor mir sah ich, wie Leute in aller Welt für uns beteten. Zum ersten Mal erhellte sich meine düstere Stimmung, und ich faßte wieder Vertrauen, daß Gott sich verherrlichen würde, was immer auch an diesem Abend geschah.

Während der halbstündigen Fahrt zur Arena saßen Ruth und ich Hand in Hand im Wagen. Sonst waren wir oft in Verkehrsstaus geraten, doch an diesem Abend kamen wir sehr gut durch. Wir sahen weder Auto- noch Menschenschlangen.

„Liebling", sagte ich zu ihr, „laß uns gehen ... Und laß uns daran glauben, daß Gott einen Zweck damit verfolgt."

Als wir die Tür erreichten, kam uns Willis Haymaker entgegengerannt. „Die Arena ist gerammelt voll!"

„Was soll das heißen, gerammelt voll? Wir haben unterwegs kaum jemanden gesehen."

„Der Haupteingang ist auf der anderen Seite. Die Leute kamen größtenteils aus dieser Richtung. Bis zum Platzen voll ist die Arena! Und Hunderte von Leuten stehen noch draußen."

Als ich in ein kleines Büro trat, um meine letzten Vorbereitungen zu treffen, standen plötzlich die Senatoren Symington und Bridges vor mir!

„Billy, wir konnten Sie nicht im Stich lassen", sagte Senator Symington und schüttelte mir die Hand. „Der Außenminister hatte Verständnis und hat uns entschuldigt."

Das einzige Problem waren die Reporter und Fotografen. Als wir auf dem Podium standen, bemerkte ich, daß die ersten zwei oder drei Sitzreihen mit Pressevertretern gefüllt waren. Viele von ihnen hatten sich noch gar nicht gesetzt. Ich mußte an die Geschichte von Zachäus denken, jenem Zolleinnehmer, der vor lauter Menschen Jesus nicht sehen konnte. Würde die Presse anderen im Weg sein? Doch dann kam ich zu dem Schluß, daß nichts schlimmer wäre als Apathie und Gleichgültigkeit. Schließlich verdankten wir den Journalisten einen Großteil des öffentlichen Interesses. Da mußte man ihr auffälliges Gebaren in Kauf nehmen.

Ich berichtete den Zuhörern, überall in der Welt würden Gebetsgruppen an dieser Versammlung in London Anteil nehmen – allein in Indien seien es fünfunddreißigtausend Gruppen, hatten wir gehört. *Das* war eine Nachricht wert! All unsere Vorbereitung, Werbung und Organisation und selbst meine Predigten: So wichtig diese Dinge waren – verglichen mit der Macht des Gebets waren sie bedeutungslos. Wir standen mitten in einem geistlichen Kampf, und wir brauchten das Gebet um Gottes Eingreifen. Deshalb fanden während der gesamten Evangelisation an verschiedenen Orten in London regelmäßig Gebetsnächte statt.

Unsere beiden Senatoren sprachen ihre Grußworte, und wir hörten uns einige sehr schöne Musikbeiträge an.

„Soll ich bereits am ersten Tag die Menschen einladen, ihr Leben Gott anzuvertrauen?" fragte ich den neben mir sitzenden Bischof von Barking.

„Selbstverständlich!" meinte er und klopfte mir beruhigend auf die Hand.

Dann predigte ich über das Thema „Ist Gott von Bedeutung?" Fast zweihundert Menschen – aus allen Schichten der Gesellschaft – kamen anschließend auf meine Einladung hin nach vorn. Die emotionslosen Briten, wie die Zeitungen sie genannt hatten, ließen ihren Tränen freien Lauf, als sie sich Christus anvertrauten. Ein Beobachter bemerkte später, wie sehr ihm das Knarren der Schuhe auf dem Holzfußboden aufgefallen sei.

Der Fotograf Carl Myders vom *Time*-Magazin kam mit seiner Kamera mit in den Seelsorgeraum, wo Dutzende von Helfern den Nachvorngekommenen halfen, Christus im Gebet in ihr Leben aufzunehmen. Als Myders merkte, was da vor sich ging, wich er zurück. „Das ist kein Ort für einen Fotografen; das ist zu persönlich und heilig", sagte er.

Während die Graupel in Schnee überging und die öffentlichen Verkehrsmittel lahmlegte, überlegten wir, was der zweite Abend wohl bringen würde. Zu unserer großen Erleichterung erschienen mehr als zehntausend Menschen. Darunter waren tausend Chorsänger, die unter Cliffs Leitung traditionelle Choräle und die Lieblings-Gospelsongs der Briten sangen.

In den Vereinigten Staaten hatte es gerade im Repräsentantenhaus eine Schießerei gegeben, bei der zwei Kongreßabgeordnete verwundet worden waren. Ich bat um ein besonderes Gebet für sie. Dieser Vorfall bot den Hintergrund für meine Predigt über die Allgegenwart der menschlichen Sünde und die Tatsache, daß wir alle Gottes Vergebung brauchen.

Selbst meine Kritiker aus der Geistlichkeit konnten an diesem Thema und der Reaktion, die es hervorrief, schwerlich etwas aussetzen. In den folgenden Tagen erhielten wir Schützenhilfe aus allen möglichen Richtungen. Der weltberühmte Methodistenpastor Dr. Leslie Dixon Weatherhead schrieb einen wohlwollenden Zeitungsartikel über seine Eindrücke von der ersten Evangelisationswoche. Er versprach, für uns zu beten, und forderte die Kritiker auf, die Gottesdienste zu besuchen und „vorurteilsfrei zu hören".

Am ersten Samstag war die Arena eine Stunde vor Beginn der Veranstaltung zum Bersten gefüllt. Ich ging hinaus und sprach zu der Menge vor den Toren. Die Polizei schätzte, daß dreißig- bis fünfunddreißigtausend Leute noch Einlaß begehrten. Allein aus Wales seien tausend Leute angereist, hieß es. Von da an führten wir an den Wochenenden zwei Veranstaltungen täglich durch, um dem Ansturm gerecht zu werden.

Am Ende des ersten Monats war die Evangelisation so bekannt, daß die

Arena jeweils eine halbe bis zwei Stunden vor Beginn bereits voll besetzt war. Auf einmal kamen auch die „oberen Zehntausend" der Stadt; Bischöfe setzten sich mit auf das Podium. Auch die Zeitungen waren uns freundlicher gesinnt und unterstützten die Veranstaltung. William Hickey vom *London Daily Express* schrieb eine der ersten wohlmeinenden Kolumnen. Gott wirkte – und wir konnten nur staunen.

Verschiedentlich hatte ich Gelegenheit, im britischen Rundfunk zu sprechen. Aber auch französische, italienische und andere europäische Zeitungen, Fernsehstationen und Radiosender zeigten Interesse. Berichte über die Evangelisation liefen um die ganze Welt. Die Nachrichtenagentur Associated Press sandte täglich zwei Berichte in die USA, und Eugene Patterson von United Press war einzig dazu abgestellt, über unsere Veranstaltungen zu schreiben.

In unserem Londoner Büro trafen Einladungen aus ganz England ein: Ich sollte vor dem Vorstand von Lloyd's sprechen; Mr. Astor, Aufsichtsratsvorsitzender der Londoner *Times*, lud mich zum Mittagessen mit seinen Redakteuren ein; und Hugh Cuttlepp, der Chefredakteur des Londoner *Daily Mirror*, zum Mittagessen im Hotel Brown's. Ganz London schien auf einmal das Evangelium hören zu wollen. Bis zum Ende der Evangelisation erreichten wir schätzungsweise zwei Millionen Menschen.

Mit den Geschichten, die wir über Leute hörten, deren Leben durch Christus verändert wurde, ließe sich ein ganzes Buch füllen. Wiederholt bin ich in verschiedenen Teilen der Welt Menschen begegnet, die in jenen Tagen zu Christus fanden und ihm bis heute dienen, viele davon als engagierte Laien. Als wir 1966 wieder nach London kamen, um eine Evangelisation im Earls Court durchzuführen, saßen an einem Abend zweiundfünfzig anglikanische Pastoren mit uns auf dem Podium, die alle während der Harringay-Versammlungen zwölf Jahre zuvor zum Glauben gefunden hatten.

Viele Geschichten ließen sich erzählen von Menschen, deren Leben durch die Kraft Christi verändert wurde. Eines Abends bemerkte ein Freund von uns zwei Männer, die sich in eine der hinteren Reihen setzten. Offenbar kannten sie sich nicht, aber schon nach wenigen Minuten waren sie sich lautstark über zwei Dinge einig geworden: Sie mochten keine Amerikaner, und ganz besonders mochten sie keine amerikanischen Evangelisten. Sie wollten sich nur die „Show" ansehen, wie sie sagten, um sich dann darüber lustig zu machen. Doch zu beiden sprach der Heilige Geist. Als die Einladung ausgesprochen wurde, wandte sich der eine der beiden an den anderen und sagte: „Ich gehe nach vorn."

Der andere erwiderte: „Ich auch. Und hier haben Sie Ihre Brieftasche wieder – ich bin ein Taschendieb."

Als die Mietzeit für die Harringay-Arena abgelaufen war – die zwölf Wochen waren vorbei –, mußten wir die Londoner Evangelisation beenden. Ich war mit den Kräften am Ende; in den drei Monaten hatte ich dreißig Pfund abgenommen. Auch die anderen Teammitglieder waren völlig erschöpft. Bev hatte jeden Abend gesungen; Cliff Abend für Abend die Musiker und den Chor geleitet. Das Tempo, in dem wir arbeiteten, war zermürbend, und doch empfanden wir mitten in all der Hektik die Freude, genau da zu sein, wo wir sein sollten, das zu tun, was wir tun sollten – und zu erleben, wie Gott unser Bemühen segnete.

Die letzte Versammlung wollten wir am Samstag, dem 22. Mai, im Wembley-Stadion stattfinden lassen, das hunderttausend Sitzplätze bot. An der Harringay-Arena mußten so viele Leute abgewiesen werden, daß wir Reservierungen von Gruppen entgegennahmen, die sichergehen wollten, die letzte Veranstaltung miterleben zu können. Aber würden tatsächlich hunderttausend Leute zu einer einzigen Veranstaltung kommen?

Schon bald wußten wir: Wembley würde die Menschenmassen nicht fassen können, die kommen wollten. Also mieteten wir zusätzlich das White-City-Stadion an, den zweitgrößten Veranstaltungsort der Stadt. Dort würden wir eine zweistündige Versammlung abhalten und dann mit dem Team im Bus zum großen Finale im Wembley-Stadion fahren.

Allein im White-City-Stadion hatten wir eine unserer größten Zuhörerschaften überhaupt: fünfundsechzigtausend Menschen. Als wir hinterher aufbrechen wollten, sagte man uns, daß die Straßen rund ums Wembley-Stadion schon jetzt verstopft seien. Wir sollten lieber einen Hubschrauber nehmen. Doch das zu organisieren blieb keine Zeit. Wir stiegen in einen Bus und bahnten uns mit Hilfe der Polizei einen Weg durch den Verkehr. Eine halbe Stunde vor Beginn der Veranstaltung wurden die Tore von Wembley geschlossen; alle hunderttausend Plätze waren besetzt. Jemand führte mich zu einem hohen Aussichtspunkt, von dem aus ich das ganze Stadion überblicken konnte. Es war überwältigend!

Für einen flüchtigen Moment war ich in Versuchung, von meinem gewählten Predigtthema „Entscheide heute, wem du dienen willst" abzuweichen. Bei so vielen Würdenträgern, Prominenten und Intellektuellen im Publikum – Prinzessin Marina, die Mutter des gegenwärtigen Herzogs von Kent (damals noch Herzogin von Kent), saß mit ihren Gästen in der Königlichen Loge – fragte ich mich, ob ich nicht versuchen sollte, mich gelehrt und akademisch zu geben. Doch dann rief ich mir in Erinnerung, daß ich nicht versuchen durfte, irgendwelchen Eindruck zu machen.

Beim Blick auf die riesige Menschenmenge bemerkte ich auf dem Fußballfeld eine größere Bewegung. Die Tore waren wieder geöffnet worden, und weitere zweiundzwanzigtausend Menschen durften hereinstürmen und sich auf den „heiligen Rasen" setzen – Schulter an Schulter bei eisigen Temperaturen unter einem schwarzen Himmel!

Während Cliff den großen Chor dirigierte, prasselte Graupel in die Gesichter von Sängern und Zuhörern. Im ganzen Stadion wurden Zehntausende von Schirmen aufgespannt. Ich rechnete schon halb damit, daß nun ein Massenexodus beginnen würde, doch niemand rührte sich vom Fleck. Irgend etwas schweißte uns zusammen – während wir uns mit eingezogenen Schultern gegen die Elemente stemmten, durch den strömenden Regen blinzelten und der Musik lauschten. Bev sang, und dann hielt ich meine Predigt in aller Schlichtheit. Sobald ich begonnen hatte, war ich dankbar, daß ich nicht der Versuchung nachgegeben hatte, etwas sein zu wollen, das ich nicht war.

Etwa zweitausend Leute wateten durch den Schlamm, um die Einladung zu einem Leben mit Christus anzunehmen. Der Erzbischof von Canterbury sprach den Schlußsegen, und die Menschen sangen „O Gott, dir sei Ehre".

Als wir die Bühne verließen, bemerkte der Erzbischof zu Grady: „So etwas werden wir vielleicht erst wieder im Himmel erleben."

Grady, der so bewegt war, daß er das ganze Protokoll vergaß, umarmte Dr. Fisher. „Das ist wahr, Bruder Erzbischof!" stammelte er.

Nach dem Ende der Veranstaltung gingen wir in eine Lagerhalle, wo wir viele der örtlichen Komiteemitglieder und Ehrengäste begrüßten und uns von allen verabschiedeten. Dann eskortierte uns die Polizei durch die Menge zum Bus, der inzwischen von Tausenden von Menschen umringt war, die uns Dankesworte zuriefen und Choräle sangen.

Während der Bus sich langsam seinen Weg durch die Menge bahnte, stand ich auf und bat das Team, mit mir zusammen Gott für alles zu danken, was er getan hatte. Bev sang leise ein Loblied.

Das Team stimmte ein, und wir sangen, während der Bus sich durch die rufenden, winkenden Menschen schlängelte. Diesen Abschied habe ich nie mehr vergessen.

Gegen Ende der Evangelisation bemerkte Pfarrer Frank Martin, der eine regelmäßige Kolumne in der *Sunday Graphic* schrieb, er habe drei der Versammlungen besucht und daraus zwei faszinierende Schlußfolgerungen gezogen: „Erstens: daß der christliche Glaube eine lebendige, kraftvolle Sache ist. Und zweitens: daß der christliche Glaube warmherzig, persönlich und belebend sein kann."

Meine evangelistische Methode fand er schlicht, aber nicht langweilig. Offensichtlich war er nicht gerade einer unserer begeisterten Unterstützer, doch ich war tief berührt von seinem letzten Satz: „Danke, Billy. Sie haben uns mächtig gut getan. Kommen Sie bald wieder!"

In seinem Bericht für ein US-Magazin listete Paul Rees sechs Faktoren auf, die seiner Meinung nach zu der historischen Wirkung der Londoner Evangelisation beigetragen hatten: die Macht des Gebets, die Vollmacht des Wortes Gottes, die Wirksamkeit von Organisation und Werbung, die günstigen Auswirkungen der Teamarbeit, die Verbindung zu den örtlichen Gemeinden und das geistliche Vakuum, das darauf wartete, gefüllt zu werden.

Am Dienstag, dem 25. Mai, wollten wir abends zu einem Kurzurlaub nach Schottland abreisen. Am Morgen desselben Tages erhielt ich unerwartet einen Anruf von John Colville, dem Sekretär Winston Churchills.

„Würde es Ihnen passen, morgen hier mit Mr. Churchill zu Mittag zu essen?" fragte er.

„Ich fühle mich geehrt", sagte ich, „aber das ist mir leider nicht möglich. Wir reisen heute abend nach Schottland."

Eine Einladung von Winston Churchill auszuschlagen – das zeigte, wie erschöpft ich war!

Eine halbe Stunde später klingelte erneut das Telefon. „Könnten Sie sich vielleicht schon heute mittag mit Mr. Churchill treffen?" fragte Colville. „Er ist um zwölf Uhr dreißig zum Mittagessen mit dem Herzog von Windsor verabredet, der von Paris herübergeflogen kommt, aber vorher kann er Sie empfangen."

Mir blieb kaum Zeit, um nervös zu werden. Viel später erfuhr ich aus Colvilles eigenen Aufzeichnungen, daß Churchill selbst nervös wegen des Treffens gewesen sei. Offenbar war der Premierminister im Zimmer auf und ab gewandert und hatte gefragt: „Worüber unterhält man sich nur mit einem Evangelisten?"

Als ich in Downing Street No. 10 eintraf, erinnerte mich Colville diskret daran, daß der Premierminister genau zwanzig Minuten Zeit für mich habe, nicht länger. Man führte mich in ein großes, schwach beleuchtetes Besprechungszimmer. Churchill erhob sich aus seinem Sessel und schüttelte mir die Hand. Mir war nicht bewußt gewesen, wie klein er war; ich überragte ihn um ein gutes Stück. In der Hand eine kalte Zigarre, deutete er auf einen Stuhl, und ich setzte mich neben ihn. Offenbar sollte es ein Gespräch unter vier Augen sein. Auf einem Tisch neben ihm lagen die drei Londoner Nachmittagszeitungen ausgebreitet.

„Nun", sagte er mit der markanten Stimme, die ich so oft im Radio und in der Wochenschau gehört hatte, „zunächst möchte ich Ihnen zu der gewaltigen Zuhörerschaft gratulieren, die Sie hier gefunden haben."

„Hm, also, dahinter steckt eigentlich Gott. Ganz sicher."

„Mag sein", erwiderte er und sah mich aus zusammengekniffenen Augen an. „Aber selbst wenn ich Marilyn Monroe hierherbrächte und wir beide zusammen im Wembley-Stadion auftreten würden, kämen bestimmt nicht so viele Leute."

Ich malte mir dieses Schauspiel aus und mußte lachen.

„Sagen Sie mir, Pastor Graham, weshalb war die Harringay-Arena Abend für Abend bis auf den letzten Platz besetzt?"

„Ich glaube, der Grund ist das Evangelium von Christus", antwortete ich, ohne zu zögern. „Die Leute sehnen sich danach, ein Wort aus der Bibel zu hören. Sicherlich haben am Sonntag nahezu alle Pfarrer dieses Landes treu verkündigt, was in der Bibel steht, aber ich glaube, viele von ihnen stehen nicht mehr hinter dieser Botschaft." (Ich hatte gehört, daß Mr. Churchill nach seiner Zeit als Kriegsberichterstatter in Südafrika in einem Buch geäußert hatte, er glaube daran, daß die Bibel von Gott inspiriert sei.)

„Ja", seufzte er. „Die Dinge haben sich sehr verändert. Sehen Sie sich diese Zeitungen an – voll von Mord und Krieg und dem, was die Kommunisten vorhaben. Wissen Sie, es könnte sein, daß die Welt eines Tages von den Kommunisten beherrscht wird."

Ich war seiner Meinung, wagte aber nicht, mich zur Weltpolitik zu äußern. Also nickte ich nur, und er fuhr fort: „Ehrlich gesagt, ich habe keine Hoffnung. Ich sehe keine Hoffnung für die Welt."

„Es sieht sehr finster aus", stimmte ich zögernd zu. Ich wollte mich nicht noch einmal so taktlos benehmen wie vor ein paar Jahren gegenüber Präsident Truman, als ich im Laufe unseres Gesprächs zu direkt auf das Thema Glauben zugesteuert war. Wir unterhielten uns ausgiebig über die Weltlage, und dann, wie auf ein Stichwort, sah mir der Premierminister in die Augen.

„Ich bin ein Mensch ohne Hoffnung", sagte er düster. „Haben Sie Hoffnung?"

Vielleicht meinte er damit nur die Weltpolitik, doch für mich hörte es sich an wie ein persönlicher Hilferuf. In den Notizen, die ich mir hinterher machte, hielt ich fest, daß er nicht weniger als neunmal von Hoffnungslosigkeit sprach. Seine gelegentlichen depressiven Phasen sind inzwischen bekannt. Damals wußte ich nichts davon.

„Sind Sie ohne Hoffnung im Blick auf Ihre eigene Seele?"

„Darüber denke ich sehr viel nach", erwiderte er.

Ich hatte mein Neues Testament bei mir. Weil uns nur ein paar Minuten blieben, erklärte ich kurz und bündig den Weg der Errettung durch Christus. Ich erwartete Anzeichen von Irritation oder Verärgerung, doch er schien offen für meine Worte zu sein, wenn nicht gar begeistert. Ich sprach auch über Gottes Plan für die Zukunft der Welt, einschließlich der Wiederkunft Christi. Bei dieser Aussicht schien sein Blick sich aufzuhellen.

Pünktlich um zwölf Uhr dreißig klopfte Colville: „Sir Winston, der Herzog von Windsor ist zum Mittagessen eingetroffen."

„Er soll warten!" knurrte Churchill, winkte Colville hinaus und wandte sich mir wieder zu. „Machen Sie weiter."

Ich redete noch etwa fünfzehn Minuten; dann fragte ich ihn, ob ich beten dürfe.

„Gewiß", sagte er und erhob sich. „Ich wäre Ihnen dankbar."

Ich betete für die schwierigen Situationen, mit denen der Premierminister täglich konfrontiert war, und bekannte, daß Gott die einzige Hoffnung für die Welt und für jeden einzelnen von uns ist.

Der Premierminister dankte mir und brachte mich zur Tür. Als wir uns die Hände schüttelten, beugte er sich zu mir. „Unsere Unterhaltung ist vertraulich, nicht wahr?"

„Ja, Sir", sagte ich. Schon nach dem Fiasko mit Truman hatte ich beschlossen, nie wieder ein Staatsoberhaupt zu seinen Lebzeiten zu zitieren.

Welche Auswirkungen hatte die Veranstaltung in der Harringay-Arena?

Vor allem anderen verließen wir London in dem Bewußtsein, daß Tausende von Menschen durch die lebensverändernde Botschaft von Jesus Christus angerührt worden waren. Wir wußten, daß auch bei denen, die während der Versammlungen keine Entscheidung für Jesus getroffen hatten, ein Same gelegt worden war, der zu Gottes Zeitpunkt seine Frucht tragen würde.

Zweitens verließen wir London mit der Gewißheit, daß die Gemeinden gestärkt worden waren. Nicht nur, weil neue Christen hinzugekommen waren, sondern vor allem, weil sie gemeinsam an Gottes Wirken in ihrer Stadt teilgenommen und einen neuen Blick für sein Handeln bekommen hatten. Ein paar Jahre später äußerte Maurice A. P. Wood, der Leiter eines theologischen Seminars in der Nähe von London, die Mehrzahl seiner Studenten seien entweder Seelsorgehelfer während der Billy-Graham-Evangelisation gewesen oder in dieser Zeit zum Glauben gekommen.

Was der Erzbischof von Canterbury nach unserer Abreise in einem Brief in der Kirchenzeitung schrieb, berührte mich tief: „Daß der Segen des Heiligen Geistes auf dieser Evangelisation lag, kann nicht bezweifelt werden. Der missionarische Einsatz hat zweifellos eine Vielzahl von Menschen in Christus neue Kraft und Hoffnung finden lassen und viele für ihn gewonnen; und dafür ist Gott zu preisen. Er hat dem evangelistischen Anliegen einen neuen Impuls verliehen, für den alle Gemeinden Gott dankbar sein können."

Und er fügte im Blick auf die Gemeinden hinzu: „Während wir Gott für all das danken, was so viele empfangen haben, müssen die Gemeinden daraus etwas lernen: Wie oft übersehen sie den eigentlichen Anfang. Sie erwarten von den Menschen, daß sie die Lehrsätze der Kirche verstehen, bevor sie auch nur die Buchstaben des christlichen Alphabets gelernt haben. Das ist der klassische Fehler des eifrigen Lehrers. Dr. Graham hat uns beigebracht, in unserer Evangelisation wieder ganz vorn anzufangen und in der Kraft des Heiligen Geistes von Sünde und Gerechtigkeit und vom Gericht zu sprechen."

Drittens weiteten die Londoner Versammlungen unseren Blick für Gottes Handeln in einer Großstadt. Ich wußte natürlich, daß es für Gott keine Grenzen gab. Und doch fragte ich mich manchmal, ob nicht die Herausforderungen und Probleme der großen Städte einfach zu gewaltig seien, als daß evangelistische Großveranstaltungen spürbare Auswirkungen zeigen könnten.

Es gab noch eine vierte Auswirkung von Harringay, wenn wir auch zu der Zeit noch nichts davon merkten. Wenn unsere Veranstaltung 1949 in Los Angeles ein wichtiger Wendepunkt für unsere Arbeit in den USA gewesen war, so zeigte die Londoner Evangelisation von 1954 für uns dieselbe Wirkung auf dem internationalen Parkett.

Die Nachrichten über die Ereignisse in der Harringay-Arena liefen wie ein Lauffeuer um die Welt. Christen wurden zu der Erkenntnis gebracht, daß es keinen hoffnungslosen Ort auf dieser Erde gibt, weil Gott immer präsent ist. Als uns von allen Kontinenten Einladungen zu Evangelisationen erreichten, da wußten wir, daß wir unseren Dienst nicht mehr nur auf die englischsprachige Welt beschränken konnten.

14

Auf dem Weg durch Europa

Europäisches Festland, Schottland, Cambridge 1954-1955

Gleich nach der Londoner Abschlußveranstaltung am 22. Mai 1954 fuhren wir zur Erholung nach Glasgow, um mit den dortigen Pastoren über eine eventuelle Evangelisation im folgenden Jahr zu sprechen. Dann schifften Cliff, Grady, Jerry und ich uns im englischen Tilbury nach Schweden ein. Dort verbrachten wir einen kurzen, aber erholsamen Urlaub, bevor eine neue, intensive Veranstaltungsreihe auf dem europäischen Festland begann. Selten habe ich mich so erleichtert und entspannt gefühlt wie auf jenem Schiff. Ein schwedisches Studentenorchester spielte und sang skandinavische Volkslieder. Es waren herrliche Tage.

IN EUROPA VON ORT ZU ORT

Jerry Beavan und Bob Evans, ein Freund aus Wheatoner Tagen, der einige Jahre zuvor die „Greater Europe Mission" gegründet hatte und Europa wie seine Westentasche kannte, hatte eine Reihe relativ bescheidener Veranstaltungen – größtenteils eintägige Kundgebungen – in einigen europäischen Großstädten geplant. Sie standen zumeist unter der Schirmherrschaft der neugegründeten Europäischen Evangelischen Allianz. Doch durch die aufsehenerregenden Nachrichten aus London wurde alles anders. Die bisher gemieteten Säle konnten die nun erwarteten Besucherzahlen nicht fassen. Praktisch ohne Vorwarnung mußten die Veranstalter wesentlich größere Räumlichkeiten finden.

Helsinki

Unsere Wirbelwind-Tour durch Europa begann in Helsinki am 16. Juni. Erstaunt sahen wir mehrere tausend Leute am Hafen stehen und uns mit Taschentüchern zuwinken. Meine Grußworte wurden über Radio ins ganze Land übertragen. Der lutherische Bischof von Helsinki, E. G. Gulin, stand voll hinter uns, wenn auch die lutherische Staatskirche nicht offiziell beteiligt war.

An diesem Abend war die Messehalle von Helsinki überfüllt. Am nächsten Abend – an dem die Sommersonne fast so hell schien wie zur Mittagszeit – nahmen dreißigtausend Menschen an unserer Versammlung im Olympiastadion teil, angeblich die größte religiöse Versammlung, die in Finnland je stattgefunden hatte. Einigermaßen nervös sang George Beverly Shea auf Finnisch; die zungenbrecherischen Worte hatte er sich von einem örtlichen Pastor in phonetischer Schreibweise aufschreiben lassen. Es gelang ihm so gut, daß er es sich bei vielen späteren Evangelisationen zur Gewohnheit machte, in der Landessprache zu singen.

Stockholm

Weiter ging es nach Stockholm.

Während eines Zwischenaufenthaltes in Göteborg auf dem Weg nach Finnland hatte mich ein Reporter gewarnt: „Bei Ihnen in Amerika denken viele Leute, wir Schweden seien Christen, nur weil fast alle getauft sind. In Wirklichkeit sind wir unter der Oberfläche zutiefst heidnisch. Sie werden bei uns wenig Widerhall finden."

Wenige Tage später, nach unseren Veranstaltungen in Helsinki, füllte eine riesige Menschenmenge – die Schätzungen der Presse schwankten zwischen fünfundvierzigtausend und hunderttausend – den Skansen-Park, ein offenes Gelände in Stockholm. Die Versammlung wurde vom landesweiten Rundfunk live übertragen. Eine zweite Veranstaltung gab es am nächsten Abend im großen Sportstadion der Stadt, bei der viele wegen Platzmangels abgewiesen werden mußten. Die Reaktionen ermutigten uns, obwohl wir tatsächlich merkten, daß die Säkularisation im Herzen und Denken der Schweden feste Wurzeln geschlagen hatte.

Kopenhagen

Am 21. Juni flogen wir von Stockholm nach Kopenhagen. Eine Nachmittagsveranstaltung für Geistliche in der Kathedrale zog zweitausend Leute an. Angesichts der wenigen Aktiven im Gemeindeleben wußte ich, daß viele dänische Pastoren sehr entmutigt sein mußten. Ich wies sie auf den biblischen Auftrag zur Evangelisation und auf den geistlichen Hunger hin, den wir erlebten, wo immer wir hinkamen. Ich selbst war enttäuscht über die passive Haltung, die ich bei vielen Geistlichen in Europa bemerkt hatte. Darum forderte ich meine Zuhörer auf, offensiver mit dem Evangelium an die Öffentlichkeit zu gehen.

„Es liegt an Ihnen, das Evangelium hinaus zu den Menschen auf der Straße zu tragen, statt in Ihren Kirchen vor leeren Sitzplätzen darauf zu warten, daß die Leute zu *Ihnen* kommen!"

Am Abend strömten fünftausend Menschen in den größten Saal der Stadt; mehrere tausend weitere in verschiedenen Kirchen und in einer nahegelegenen Tennisarena waren durch eine Tonübertragung mit der Veranstaltung verbunden. Anschließend brachte mich das örtliche Komitee zu einer weiteren Versammlung, die für Mitternacht anberaumt war, diesmal auf einem offenen Gelände, das sonst als Gemüsemarkt diente. Trotz der späten Stunde und des Regens kamen noch einmal fünfzehntausend Menschen, um stehend das Wort Gottes zu hören. Am Ende der Predigt bat ich alle, die ihr Leben Christus anvertrauen wollten, mit ihren Taschentüchern zu winken. Es sah wie ein Meer voller weißer Schaumkronen aus. Wir luden die Leute in eine nahegelegene Kirche ein, wo die Seelsorgehelfer mit etwa tausend von ihnen Gespräche führten und beteten.

Amsterdam

Am nächsten Tag, dem 22. Juni, flogen wir nach Amsterdam, wo Jerry und Bob ein volles Programm geplant hatten. In den acht Stunden, die unser Aufenthalt dauern sollte, fand ein großes Pastorentreffen, eine Pressekonferenz und eine öffentliche Veranstaltung im Olympiastadion statt. Im Gegensatz zu anderen weitaus weltlicheren Gegenden in Europa war das Gemeindeleben in Holland immer noch relativ lebendig, besonders bei den verschiedenen reformierten Gemeinden.

In den Wochen zuvor waren wir in der holländischen Presse abwechselnd attackiert und verteidigt worden. Die engagierten Kommentare spiegelten etwas von der theologischen Meinungsvielfalt innerhalb der Kirchen wider. Ein liberaler Pastor nannte unsere geplante Versammlung einen „gräßlichen religiösen Zirkus". Und ich sei „primitiv", weil ich die Bibel als das Wort Gottes auffaßte. Andere traten ihm entgegen, darunter der angesehene Theologe G. C. Berkouwer, Professor für Systematische Theologie an der Freien Universität Amsterdam. Während meines Aufenthaltes traf ich auch Willem Visser 't Hooft wieder, der sich einige Jahre zuvor bei der Gründung des Ökumenischen Rates der Kirchen so freundlich meiner angenommen hatte. All dies lenkte die öffentliche Aufmerksamkeit auf unseren kurzen Besuch und brachte vermutlich um so mehr Leute in die öffentliche Veranstaltung – und zu Christus.

In dem Stadion waren alle vierzigtausend Plätze besetzt. Der Chor, den Cliff Barrows leitete, bestand aus zweitausendvierhundert Sängerinnen und Sängern. Dan Piatt, der europäische Leiter der Navigatoren, hatte tausend Seelsorgehelfer geschult. (Die Navigatoren sind eine während des Zweiten Weltkrieges von Dawson Trotman gegründete Organisation, die ursprünglich amerikanische Soldaten in „persönlicher Evangelisation" und „Jüngerschaft" schulte. Die von ihnen entwickelten Methoden, Menschen evangelistisch zu schulen und jungen Christen beim geistlichen Wachstum zu helfen, haben unsere eigenen Seelsorgeschulungen und Nacharbeitsprogramme in den folgenden Jahren entscheidend geprägt.) Doch selbst nach dieser Schulung waren die Seelsorgehelfer auf das überwältigende Echo nicht vorbereitet. Aber sie taten, was sie konnten, und ermutigten diejenigen, die eine Entscheidung für Christus trafen, durch Gebet, Bibelstudium und Anschluß an eine christliche Gemeinde im Glauben zu wachsen.

Jede dieser Versammlungen in Skandinavien und Holland machte uns deutlich, daß etwas Außergewöhnliches im Gange war – etwas, das sich nicht allein durch Publicity oder Neugier erklären ließ. Millionen Menschen in Europa galten als religiös bindungslos – obwohl überall dort, wo es eine Staatskirche gab, gewisse Kenntnisse über Gott und biblische Geschichten vorausgesetzt werden konnten. Dennoch staunten wir immer wieder darüber, wie viele Menschen einen enormen geistlichen Hunger hatten und offen für das Evangelium waren.

Frankfurt, Düsseldorf und Berlin

Am 23. Juni reisten wir weiter nach Deutschland. Uns begleitete der Industrielle John Bolten. Er war in Deutschland geboren worden und hatte 1950, während unserer Veranstaltungen in Boston, einen neuen Anfang mit Christus gemacht. Genau ein Jahr vor unseren Versammlungen in Deutschland war etwas geschehen, das der von mir gepredigten Botschaft eine zusätzliche Schärfe verlieh.

1953 hatte John während einer evangelistischen Veranstaltungsreihe in der Cotton Bowl in Dallas mitgearbeitet. An einem Abend schien es meiner Predigt an geistlicher Tiefe oder Kraft zu fehlen, obwohl eine Reihe von Leuten auf meine Einladung hin nach vorn kamen. Nach der Versammlung gingen John und ich spazieren, und er sprach mich darauf an.

„Billy", sagte er, „du hast nicht über das Kreuz gesprochen. Wie soll jemand Christ werden, ohne wenigstens einen Blick auf das Kreuz geworfen zu haben, an dem der Herr für uns starb? Du mußt über das Kreuz predigen, Billy. Du mußt über das Blut predigen, das dort für uns vergossen wurde. Es gibt keine andere Stelle in der Bibel, von der solche Kraft ausgeht, als wenn wir über das Kreuz reden oder predigen."

Zuerst widersprach ich ihm. Das Kreuz und seine Bedeutung kamen doch in den meisten meiner Predigten vor. Aber in jener Nacht konnte ich nicht schlafen. Und bevor der Morgen kam, wußte ich, daß er recht hatte. Ich verpflichtete mich selbst, nie wieder zu predigen, ohne das Evangelium so vollständig und klar wie möglich zu erklären. Der Opfertod Christi am Kreuz und seine Auferstehung von den Toten – als Voraussetzung zu unserer Rettung – sollte nun immer ganz im Mittelpunkt meiner Predigten stehen.

Zurück nach Deutschland . . .

Unser Besuch im Jahr 1954 löste eine wahre Flut von Presseberichten und Reportagen in den deutschen Medien aus – zum Teil wohlwollend, zum größeren Teil jedoch sehr kritisch. Eine Zeitung titulierte mich als „Maschinengewehr Gottes". Die DDR-Presse überschlug sich geradezu mit Angriffen, ich sei ein Lakai des amerikanischen Kapitalismus, ein Werkzeug habgieriger texanischer Ölmagnaten, ein Spion des militärischen Geheimdienstes.

Die Veranstaltungen begannen mit einem Gottesdienst für Angehörige der US-Armee in Frankfurt. Eine ausgesprochen hübsche *Spiegel*-Reporterin, ungefähr fünfunddreißig Jahre alt, trat John und mir in den Weg und hatte nur eine einzige Frage.

„Mr. Graham, wie denken Sie über Sex?"

„Sex ist die wunderbarste Sache auf dieser Erde", erwiderte ich, „solange Gott dabei ist. Wenn der Teufel sich einmischt, wird Sex zur schrecklichsten Sache auf der Welt."

Sie notierte sich meine Antwort, die sie sichtlich aus der Fassung zu bringen schien, dann wandte sie sich rasch ab, ohne sich auch nur zu bedanken. Ich weiß nicht, ob dieses kurze Interview je abgedruckt wurde.

Am folgenden Abend hielten wir einen öffentlichen Gottesdienst, unseren ersten vor einer rein deutschen Zuhörerschaft. Etwa vierunddreißigtausend Menschen kamen im Düsseldorfer Rheinstadion zusammen. Die örtlichen Organisatoren hatten mit keiner allzugroßen Resonanz gerechnet, deshalb hatten sie es nicht für nötig gehalten, Schulungen für Seelsorgehelfer und Ordner durchzuführen. Nachdem ich zur Entscheidung aufgerufen hatte, wurden in aller Eile ein paar gläubige Air-Force-Angehörige von der nahegelegenen US-Basis herbeigerufen, um für Gespräche bereitzustehen. Etwa doppelt so viele Leute baten um ein Gespräch, als Plätze im Gesprächsraum vorhanden waren.

Es war Mitternacht, als wir endlich zurück in unser Hotel kamen. Gegen zwei Uhr morgens mußte ich Jerry Beavan und Bob Evans anrufen und um Hilfe bitten. Sie kamen sofort und fanden mich im Bad, wo ich mich vor Schmerzen auf dem Boden wälzte. Litt ich an einer Vergiftung? Ich fühlte mich, als ob ich sterben mußte. John, der in der Nähe von Düsseldorf geboren war, holte einen ortsansässigen Arzt aus dem Bett (der, wie sich herausstellte, Christ war und am Abend die Veranstaltung besucht hatte). Er gab mir eine schmerzstillende Spritze und brachte mich am nächsten Morgen zu einem Facharzt.

Die Röntgenaufnahme zeigte einen Nierenstein. Die Schmerzen hielten an, und die Ärzte bestanden auf einer gründlichen Untersuchung im Krankenhaus. Unmöglich, dachte ich … Unsere Evangelisation im Berliner Olympiastadion stand bevor – ein Ort, an dem vor gut einem Jahrzehnt Hitlers demagogische Reden die Herzen und Köpfe seiner Anhänger in Brand gesetzt hatten. Ich sagte den Ärzten, daß ich in Berlin predigen würde – und wenn man mich auf einer Bahre hintragen müßte!

Weitere angebotene Schmerzmittel lehnte ich ab. Schließlich wollte ich nicht durch Medikamente beeinflußt sein, wenn ich in Berlin predigte.

„Warum tut Gott mir das an? Oder ist es Satan?" fragte ich John, als er abends an meinem Bett saß. „Ich verstehe das nicht."

Noch während wir redeten, kam mir der Gedanke, daß Gott mich vielleicht dazu bringen wollte, daß ich mich ganz auf ihn verließ und nicht auf mich selbst, so daß er allein alle Ehre bekam. Ich erinnerte mich an das, was Gott zu Jesaja gesagt hatte: „Um meinetwillen will ich euch jetzt retten, nur um meinetwillen! Nein, die Ehre, die mir zusteht, teile ich mit keinem anderen" (Jesaja 48,11).

Im Gegensatz zu den Organisatoren bei anderen Stationen unserer Veranstaltungsreihe hatte das örtliche Komitee in Berlin in sechsmonatigen Vorbereitungen alle Einzelheiten geregelt. Otto Dibelius, der evangelische Bischof von Ost- und West-Berlin, unterstützte die Veranstaltung nachdrücklich. Tausende von Plakaten hingen überall in der Stadt.

Trotz eines ergiebigen Dauerregens strömten achtzigtausend Leute in das Stadion – die größte Zusammenkunft nach dem Krieg, wie man uns damals sagte. Aus der Kollekte, die eine große Summe in Ost-Mark enthielt, konnten wir entnehmen, daß rund ein Viertel der Besucher aus der DDR gekommen war.

Ich begann meine Rede mit einer Anspielung auf Hitlers Auftritte in demselben Stadion: „Hier haben schon andere gestanden und zu Ihnen gesprochen", sagte ich. Dann hob ich meine Bibel hoch. „Jetzt wird Gott zu Ihnen sprechen." Dann predigte ich über Jesu Gleichnis von dem reichen jungen Mann.

Wegen der Sicherheitsvorschriften im Stadion konnten wir die Leute nicht nach vorn zum Podium bitten. Fünf Tage später erhielten wir während unserer Atlantiküberfahrt per Funktelefon eine Nachricht aus Berlin: Sechzehntausend Deutsche hatten die Seelsorgekarten ausgefüllt, die auch zu einer Entscheidung für Jesus aufriefen. Für eine so große Zahl war das Nacharbeitsprogramm unter Leitung von Peter Schneider vom Berliner CVJM nicht vorgesehen. Daraufhin organisierte er eine Reihe von Veranstaltungen in Gemeinden in ganz Berlin, um all denen, die einen Anfang mit Christus gemacht hatten, zu einer soliden biblischen Grundlage zu verhelfen.

Wie er später entdeckte, waren sich viele von ihnen unklar über die

Bedeutung ihrer Entscheidung für Christus. Der Gedanke, eine persönliche Glaubensentscheidung zu treffen, war den Deutschen aufgrund ihres landeskirchlichen Hintergrunds fremd. Doch viele vollzogen noch während der Nachtreffen eine bewußte Hinwendung zu Christus – darunter auch Peter Schneiders spätere Frau Margot.

Paris

Die nächste Station war Paris. Da bereits für das folgende Jahr eine Großevangelisation geplant war, hielten wir jetzt keine öffentlichen Versammlungen ab. Statt dessen trafen wir uns mit den Pastoren, um die kommenden Veranstaltungen vorzubereiten.

Als wir auf diese turbulente zweiwöchige Tour quer durch Europa zurückblickten, waren wir einfach überwältigt von der Resonanz, die wir fast überall erlebt hatten – eine Resonanz, die wir nur Gott zuschreiben konnten. Bei Millionen von Europäern hatten die niederschmetternden Verwüstungen des Krieges und die Erfahrung, daß weder Humanismus noch Rationalismus das größte Gemetzel der Geschichte hatten verhindern können, zu einer neuen Offenheit für Christus geführt. Wir verließen Europa mit dem festen Vorsatz, diesen Teil der Welt nun zu einem unserer wichtigen Arbeitsgebiete zu machen.

SCHOTTLAND – UND NEUE ZIELE

Wir brauchten nicht lange auf unsere Rückkehr zu warten.

Nach weniger als einem Jahr – in dem wir hauptsächlich ausgedehnte Evangelisationen und andere Veranstaltungen in den USA durchführten – kamen wir erneut nach Europa, diesmal nach Schottland. Eingeladen hatte uns ein Komitee für die Aktion „Tell Scotland", die von der Kirche unterstützt wurde. Wegen dieser Einladung hatte es hitzige Debatten gegeben – sowohl in der Presse als auch in der Generalversammlung der *Kirche von Schottland*. Diese sprach sich schließlich für die Aktion aus und übertrug dem in Schottland sehr angesehenen Tom Allan die Leitung. Die meisten Versammlungen sollten in Glasgow stattfinden, einzelne Veranstaltungen jedoch auch in anderen Großstädten.

Am 12. März 1955 legte in New York das französische Linienschiff

Liberté ab – mit uns an Bord. Angesichts der anstrengenden Tage, die vor uns lagen, war ich dankbar für die geruhsame Schiffsreise. Meist frühstückte ich im Bett, traf mich um elf mit den anderen Teammitgliedern zum Gebet, arbeitete dann bis gegen vier, um mir anschließend an Deck etwas Bewegung zu verschaffen.

Der Kapitän lud mich ein, am Sonntag im Theatersaal des Schiffs zu predigen. Durch die internationale Berichterstattung über unsere Arbeit war ich vielen an Bord einigermaßen bekannt – das war vielleicht mit ein Grund, warum das Theater an diesem Vormittag voll besetzt war. Unser Kollege Howard Butt, der als Millionär aus Texas vorgestellt wurde, sprach mit der Gemeinde das Vaterunser, verwirrte jedoch alle, als er eine Zeile vergaß. Hinter erklärte er mir lächelnd, er wisse ja, daß ich immer unter Zeitdruck stehe, und er habe sich gedacht, daß eine gekürzte Version mir vielleicht eine Hilfe sei!

Früh morgens um sechs erreichten wir Plymouth. Als das Begleitschiff, das uns an Land bringen sollte, vom Dampfer ablegte, klang uns die Melodie von „Laßt mich's erzählen Jesus zur Ehr" entgegen. Viele Menschen waren an diesem Tag früh aufgestanden und warteten in der kalten Morgenluft, um uns zu begrüßen. Doch bevor wir das Begleitschiff verlassen konnten, stürmte auch schon die Presse an Bord. Man stellte mir alle möglichen Fragen, was ich von der Wasserstoffbombe halte bis hin zu meiner Meinung über Prinzessin Margaret. Die Zeitungsberichte fielen recht positiv aus – viel freundlicher als ein Jahr zuvor.

Jerry machte sich Sorgen im Blick auf die Veranstaltungen in Schottland. Manche Stimmen waren zu hören, daß die Evangelisation so überorganisiert und übermäßig beworben worden sei, daß die Versammlungen den Erwartungen vielleicht nicht gerecht werden könnten. Zumindest hatte die Debatte über unser Kommen viele Menschen aus ihrer Gleichgültigkeit gerissen. Nicht so gut war dagegen, daß Lorne Sanny von einer Grippe gepackt worden war, Bev Shea sich nur flüsternd verständigen konnte und Willis Haymaker an einer Kehlkopfentzündung litt.

Zum Abendessen in London hatte uns der Parlamentsabgeordnete Joynson-Hicks eingeladen, der als britischer Anwalt für mehrere Filmgesellschaften aus Hollywood tätig war. Er und seine Frau waren großartige Gastgeber: Sie gönnten unserem zitternden Texaner Howard Butt sogar ein heißes Bad – eine Rarität in England! Nur die Schuhe auszuziehen und die Füße dem brennenden Kamin entgegenzustrecken vermittelte Howard einfach nicht genug Wärme.

In London kamen viele alte Freunde an den Bahnhof, um uns bei unserer Abreise nach Glasgow zu verabschieden. Als ein kleines Mädchen von etwa sieben Jahren – so alt wie unsere Anne – mir zuwinkte, bekam ich einen Kloß im Hals und mußte an meine Kinder zu Hause denken. Ein Bild von Gigi, wie sie mir in Montreat einen Abschiedskuß gab, war in allen britischen Zeitungen abgedruckt und von so manchem warmherzigen Kommentar begleitet worden.

Die Fotografen und Reporter wurden allmählich lästig. Als mich einige Reporter im Zug nach Glasgow auf dem Gang interviewen wollten, sagte ich nur „Gute Nacht" und schloß die Abteiltür.

Vor dem Schlafen wollte ich noch beten. Im Pyjama kniete ich nieder und betete für die Veranstaltungen in Glasgow, besonders für die Pressekonferenz am nächsten Tag; ich bat den Herrn, mir Weisheit zu schenken. Immer wieder ging mir ein Vers durch den Sinn: „Und er weidete sie mit aller Treue und leitete sie mit kluger Hand" (Psalm 78,72). Ich betete auch, daß der Herr mir Ruhe verschaffen möge; ich hatte während der letzten Nächte schlecht schlafen können und war müde. Kaum war ich ins Bett gekrochen, schlief ich auch schon fest ein.

Um halb sieben am nächsten Morgen weckte mich der Schaffner mit einer Tasse Tee. Als unser Zug im ersten schottischen Dorf-Bahnhof hielt, begrüßte uns eine Schar von Leuten mit Chorälen. Ich stieg aus dem Bett, zog meinen Mantel über und schaute aus dem Fenster. Alle lachten, als ich ihnen sagte, daß ich leider nicht hinauskommen könne, weil ich nicht angezogen sei. Während der nächsten zwei Stunden bis Glasgow sah ich weitere Leute an den Bahnhöfen stehen, die uns zuwinkten und sangen. Offenbar hatten die Zeitungen genau berichtet, in welchem Zug wir saßen. Sie waren „Engel, ohne es zu wissen", dachte ich. Bestimmt hatte Gott sie gesandt, um mich aufzumuntern.

Unter vielen schottischen Christen regte sich seit zwei Jahren ein neuer Eifer, das Evangelium weiterzugeben. Unsere Schottland-Evangelisation, die am 21. März 1955 begann, diente im wesentlichen dazu, die Ernte einzubringen, die diese treuen Christen ausgesät hatten.

Vor der Veranstaltungsreihe sollte ich auf einer Theologenkonferenz vor Geistlichen, Professoren und Theologiestudenten sprechen. Das flößte mir einigen Respekt ein. Darum bat ich Dr. John Sutherland Bonnell, den angesehenen, in Schottland geborenen Pastor einer reformierten Kirchengemeinde in New York, mich zu begleiten. Als er den gefüllten Saal betrachtete, beugte er sich zu mir herüber und flüsterte: „Dies ist vermutlich die größte Versammlung theologischer Denker in der modernen schottischen Geschichte." Diese Bemerkung trug auch nicht gerade dazu bei, daß ich mich entspannen konnte!

Die eigentlichen Versammlungen fanden in der Kelvin Hall in Glasgow statt. Ich freute mich, als ich das alte Stadtmotto las, das über dem Eingang eingemeißelt war: *Möge Glasgow blühen durch die Predigt des Wortes und das Lob Seines Namens.*

Einige schottische Gemeindeleiter hatten mir davon abgeraten, bei den Versammlungen die Zuhörer einzuladen, nach vorn zu kommen. Schotten sei diese Tradition nicht vertraut; außerdem seien sie viel zu reserviert, um so etwas zu tun.

Am ersten Abend war die Kelvin Hall bis auf den letzten Platz gefüllt. Ursprünglich konnte sie acht- bis neuntausend Personen aufnehmen, doch seit ihrer Renovierung paßten noch einige Tausend mehr hinein. Ich empfand eine große innere Nähe zu den Zuhörern, die ich nur der Kraft des Heiligen Geistes zuschreiben konnte. Doch als ich am Ende meiner Predigt zur Entscheidung aufrief, rührte sich kein Mensch von der Stelle. Meine Ratgeber hatten also recht gehabt! Mit gesenktem Kopf stand ich da und betete. Doch als ich wieder aufblickte, strömten die Leute durch die Gänge nach vorn, manche mit Tränen in den Augen.

Wir blieben sechs Wochen in Glasgow. Unterdessen nutzten wir jede Gelegenheit, auch diejenigen zu erreichen, die nicht zu den Hauptveranstaltungen kommen würden. Zum Beispiel predigten wir vor Tausenden von Stahl- und Hafenarbeitern in der John-Brown-Werft. Ob in den Mühlen und Fabriken oder in den Häusern der Reichen – überall fanden Versammlungen statt. Auf die Schotten machte besonders Howard Butt großen Eindruck – wie er als reicher texanischer Geschäftsmann ein klares Bekenntnis zu Christus ablegte.

In Schottland unterstützten uns etliche Prominente, die uns Zugang zu den gesellschaftlichen Kreisen und zur Geschäftswelt vermittelten. Der Parlamentsabgeordnete John Henderson begleitete uns überall hin und wurde ein guter Freund. Hugh Fraser, der Begründer der britischen Kaufhauskette „House of Fraser", unterstützte uns, indem er in seinem Haus Zusammenkünfte mit anderen Geschäftsleuten arrangierte.

Ich erinnere mich an so manche originelle Begebenheit während unserer Zeit in Schottland. Nach der Evangelisation in Glasgow bat man mich, vor der einmal jährlich tagenden Generalversammlung der Kirche von Schottland zu sprechen. Leider hatte ich vergessen, aus London die für diesen förmlichen Anlaß passende Kleidung mitzubringen. Da der fragliche Tag ein Feiertag war, konnte Paul Maddox nirgends ein Geschäft für Abendkleidung ausfindig machen, das geöffnet hatte. In meiner Not rief ich schließlich Hugh Fraser an, der eigens für uns eines seiner Kaufhäuser öffnen ließ.

Ruth und ich nahmen als Gäste des Herzogs von Hamilton an einem festlichen Abendessen teil, das im Bankettsaal der schottischen Königin Maria im Palast Holyroodhouse in Edinburgh stattfand. Fast jeder, dem ich an diesem Abend begegnete, schien ein Lord oder eine Lady zu sein.

„Euer Gnaden", sagte ich zu einem gutaussehenden jungen Mann mit schwarzer Fliege und Smoking, „ich glaube, wir sind uns noch nicht begegnet."

„Nein, Sir, das sind wir nicht", meinte er leicht amüsiert. „Ich bin heute abend Ihr Kellner."

Ich war dennoch erfreut, ihn kennenzulernen, und das versicherte ich ihm.

„Und es wird Sie vielleicht interessieren, Sir", fügte er hinzu, „daß die Anrede *Euer Gnaden* nur Herzögen und Erzbischöfen vorbehalten ist."

Wir nutzten jede Gelegenheit, um vor allen möglichen gesellschaftlichen Gruppen zu sprechen, wobei mir die Arbeiter besonders wichtig waren, weil sie nach meinem Empfinden von den Kirchen häufig vernachlässigt wurden.

Mein Mitarbeiter Joe Blinco stammte aus der britischen Arbeiterschicht und kannte darum die Umgangssprache der Arbeiter. Er begleitete mich auf alle möglichen Versammlungen. Allerdings ließ er sich sehr leicht zu Temperamentsausbrüchen hinreißen. Einmal schrie er auf einer turbulenten Arbeiterversammlung wütend: „Na schön, dann *geht* doch zum Teufel!"

Mehr als bei früheren Versammlungen kamen in Glasgow auch kirchenferne Leute. Dies lag teilweise an dem „Andreas-Programm". Obwohl dieser Teil des Vorprogramms schon bei anderen Evangelisationen angewendet worden war, hatten es Lorne Sanny und Charlie Riggs für Glasgow noch erheblich verbessert. Den Namen hatten wir von dem Jünger Andreas im Neuen Testament entliehen, der seinen Bruder Simon Petrus zu Christus führte (vgl. Johannes 1,40-42). Durch dieses Programm wurden Christen ermutigt, gezielt für ihre Freunde zu beten, die dem Glauben fernstanden, und sie mit zu den Versammlungen zu bringen. Auch die Auswahl und Schulung unserer Seelsorgehelfer wurde von Lorne und Charlie effektiver gestaltet.

Das Echo übertraf unsere kühnsten Erwartungen. D. P. Thomson, ein Evangelist der Kirche von Schottland, organisierte für uns Veranstaltungen an siebenunddreißig Orten. Dorthin wurden während der Osterwoche die Versammlungen aus der Kelvin Hall via Telefonleitung übertragen. Später nahmen allein über tausend Personen an den Nacharbeitskursen zu diesen Veranstaltungen teil.

Die Evangelisation blieb nicht auf Schottland beschränkt. Am Karfreitag übertrug die BBC sowohl im Radio als auch im Fernsehen eine speziell vorbereitete Predigt über die Bedeutung des Kreuzes. Die Sendung fand, wie es später hieß, das zahlenmäßig größte Publikum seit der Krönung der Königin.

Später erfuhren wir, daß auch die Königin selbst sich die Sendung angesehen hatte. Zwei oder drei Tage später suchte mich einer ihrer Kuriere auf und übermittelte eine Einladung, in der Woche nach der Evangelisation in London auf Schloß Windsor zu predigen. Allerdings, so betonte er, müsse dieser Termin vertraulich behandelt werden, sonst werde er abgesagt. Nur Ruth erfuhr davon.

Während dieser gesegneten, aber anstrengenden Zeit waren die Briefe an Ruth so etwas wie mein „Sicherheitsventil". Ihr gegenüber konnte ich mein Innerstes offenlegen wie kaum einem anderen Menschen. Mich schmerzten die harten Attacken manch christlicher Fundamentalisten. Ruth gegenüber machte ich keinen Hehl daraus, wie ich darüber dachte: „Manche der Dinge, die sie sagen, sind reine Hirngespinste ... Ich habe nicht vor, mich an ihrer Schlammschlacht zu beteiligen und mich auf endlose Debatten und Diskussionen einzulassen. Wir sind zu sehr damit beschäftigt, Menschen für Christus zu gewinnen und beim Bau der Gemeinde Jesu zu helfen, als daß wir uns damit aufhalten könnten, uns mit diesen geltungssüchtigen Leuten herumzustreiten."

Im selben Zusammenhang fuhr ich fort: „Wenn ein Mensch die Gottheit Christi akzeptiert und nach bestem Wissen für Christus lebt, dann werde ich mit ihm Gemeinschaft in Christus haben. Wenn dieser extreme Fundamentalismus von Gott wäre, dann hätte er schon vor langer Zeit die Erweckung bringen müssen. Statt dessen hat er nur Auseinandersetzungen, Spaltungen und Streit gebracht – und starre, tote Gemeinden.“

Daß ich in einer christlichen Arbeit stand, machte es mir, menschlich gesprochen, nicht leichter, von Ruth und den Kindern getrennt zu sein. Gleich nach meiner Ankunft in Schottland schrieb ich ihr einen sehnsüchtigen Brief, der sie vielleicht ebenso sehr bedrückte, wie er ihr, hoffe ich, gefallen hat: „Du ahnst nicht, wie einsam es ohne Dich ist! Wenn ich über meine Predigt heute abend nachdenke, würde ich alles dafür geben, daß Du hier wärst und ich mit Dir darüber reden könnte. Du bist die einzige, die mein Dilemma wirklich versteht, mein Thema zu finden. Dein Rat ist der einzige, dem ich wirklich traue. Du hast keine Ahnung, wie oft ich schon auf Deinen Rat gehört habe. Es war, als ob er direkt vom Herrn käme. Während des letzten Jahres habe ich gelernt, mich weitaus stärker auf Dich zu stützen, als Dir klar ist. Ich zähle die Tage, bis Du kommst.“

Ich muß wohl meine Gefühle für Ruth schlecht verheimlicht haben. Schottische Reporter fragten mich, wie viele Briefe ich von ihr bekommen würde und wie oft ich ihr geschrieben hätte. Sie wollten sogar wissen, ob sie Parfüm auf ihre Briefe an mich träufelte.

„Beeile Dich und komm herüber“, schrieb mein Mitarbeiter Lee Fisher an Ruth. „Bill ist kurz vor dem Verschmachten. Er versucht zwar, sich gelassen zu geben, aber er freut sich wie närrisch auf Dein Kommen.“

Meine Freude war natürlich riesengroß, als Ruth – zusammen mit Gigi – herüberkam, um während der letzten zwei Evangelisationswochen bei mir zu sein. Ich war erst einen Monat von zu Hause weg – aber mir kam es vor wie ein Jahr. Gigi war mit ihren neun Jahren inzwischen alt genug, um eine Auslandsreise schätzen und verkraften zu können. Sofort schwärmte sie für unseren schottischen Chauffeur. Zum ersten Mal mußte ich gleichzeitig als Evangelist und Vater auftreten.

In jenen letzten Wochen wurden die Versammlungen über Telefonleitungen an die verschiedensten Orte auf den britischen Inseln übertragen. Die Kelvin Hall war bis auf den letzten Platz besetzt, als dort am Donnerstag abend die letzte Versammlung stattfand; weitere sechstausend hörten draußen über Lautsprecher zu. Am Samstag drängten sich dann hunderttausend Menschen sitzend und stehend bis in den letzten Winkel des Hampden Park, Glasgows größtem Fußballstadion.

Dr. Tom Rees brachte es auf den Punkt: „London brach das Eis; Glasgow schwamm in einer wärmeren Strömung."

Im Hampden Park und anderswo war die St. John Ambulanz-Brigade als Sanitätsdienst im Einsatz. Erhielten sie während meiner Predigt einen Notruf, bargen sie die betreffende Person und brachten sie zur Unfallstation, die sich unter der Bühne befand. An einem Abend schienen besonders viele Leute angeschlagen. Grady ging hinunter, um eine etwaige Ursache herauszufinden. Dabei stellte er fest, daß die erste Wiederbelebungsmaßnahme der Sanitäter aus einem Schluck Brandy bestand. Grady behauptete steif und fest, während er unten war, habe sich eine Frau gleich dreimal hintereinander einliefern lassen!

Während unserer sechs Wochen in Glasgow und bei den Einzelveranstaltungen in Aberdeen und Inverness errichten wir eine halbe Million Menschen mehr als die zwei Millionen, die wir in den zwölf Wochen in London angesprochen hatten. Und während in London etwa achtunddreißigtausend Menschen auf die Einladung des Evangeliums reagierten, waren es in Schottland über zweiundfünfzigtausend. Solche astronomischen Zahlen machen ein wenig benommen; sie werden erst richtig eindrucksvoll, wenn man die Geschichten einzelner Menschen erfährt.

Wie etwa die der Frau, die ihrem Friseur erzählte, sie verdanke ihre neue Dauerwelle Billy Graham. Ihr Mann brachte nämlich, nachdem er sich während der Evangelisation bekehrt hatte, sein ganzes Gehalt nach Hause. Früher hatte er einen großen Teil davon in Kneipen gelassen.

Manchmal erfahren wir erst viel später von den Auswirkungen einer Evangelisation. Im Jahr 1991, fast vierzig Jahre nach dieser Veranstaltungsreihe, kam ich erneut nach Schottland, um in mehreren Städten Vorträge zu halten. Zwei Jahre später, 1993, sprach ich über eine Satellitenfernsehverbindung aus den USA zu einem theologischen Seminar. Im Vorlesungssaal wurde ich von Pfarrer Hugh Wiley, dem Moderator der Kirche von Schottland, vorgestellt. In seiner Einleitung erzählte er, wie er 1955 versucht habe, mich persönlich in der Kelvin Hall zu hören. Es habe dann aber nur für den Besuch einer Standleitungsübertragung gereicht. Aufgrund der damaligen Predigt habe er den Glauben seiner Eltern an

Christus deutlicher begriffen – und auch, daß er selbst auf den Anspruch Jesu Christi reagieren müsse. Das habe schließlich zu seiner Berufung in den vollzeitlichen Dienst der Kirche geführt.

Kurz nach den Veranstaltungen in Glasgow hielten wir eine weitere Evangelisation im Londoner Wembley-Stadion ab. Es regnete jeden Abend, nur nicht am letzten. Der war dafür der kälteste des Jahres!

In den folgenden Monaten reisten wir noch durch Westdeutschland. Veranstaltungen fanden jeweils in den großen Fußballstadien von Frankfurt, Wiesbaden, Kaiserslautern, Mannheim, Stuttgart, Nürnberg, Dortmund und Darmstadt statt, wo ich Martin Niemöller begegnete, jenem bedeutenden Mann des Widerstandes gegen das Nazi-Regime.

Weitere Veranstaltungen führten uns nach Oslo in Norwegen, Göteborg in Schweden, Århus in Dänemark und Rotterdam in den Niederlanden. Außerdem besuchte ich Zürich, Stockholm und Kopenhagen. Vor meiner Rückkehr in die Vereinigten Staaten predigte ich in einem Gottesdienst der amerikanischen Militäreinrichtung im französischen Verdun und sprach zum ersten Mal vor der baptistischen Weltallianz, die in England tagte.

UNIVERSITÄT CAMBRIDGE 1955

Nach der Londoner Evangelisation 1954 wurden wir zu einer achttägigen Veranstaltungsreihe an der Universität Cambridge eingeladen. Sie stand unter der Schirmherrschaft der CICCU, einer christlichen Studentenorganisation, der achthundert der insgesamt achttausend Studenten der Universität angehörten. Nach intensivem Gebet nahmen wir die Einladung für den November 1955 an.

Unerwarteterweise löste die Einladung eine heftige Kontroverse aus, und das in der *Times*. Zwischen dem 15. und 27. August druckte das Blatt achtundzwanzig Leserbriefe über die geplante Veranstaltung ab. Das Interesse an diesem Thema war so stark, daß die Zeitung jene Briefe später sogar als Sonderdruck herausgab. Ausgelöst wurde das Ganze durch einen Leserbrief eines anglikanischen Geistlichen aus Durham, H. K. Luce.

„Der in letzter Zeit zunehmende Fundamentalismus unter Universitätsstudenten muß all denen Sorge bereiten, die in der theologischen

Ausbildung tätig sind", schrieb er. „Ist es nicht an der Zeit, unseren christlichen Führungspersönlichkeiten deutlich zu machen, daß sie, auch wenn sie Dr. Grahams Aufrichtigkeit und persönliche Ausstrahlung respektieren oder gar bewundern, nicht annehmen können, daß der Fundamentalismus gebildeten Männern und Frauen in dieser Welt des Zwanzigsten Jahrhunderts irgend etwas anderes als Desillusionierung und Unheil bringen wird?"

Die Angelegenheit wurde dadurch erschwert, daß es den Leitern der CICCU gelungen war, für die Veranstaltungen die Universitätskirche Great St. Mary's zur Verfügung gestellt zu bekommen. „Das bedeutet nicht, daß die Universitätskirche fundamentalistische Ansichten befürwortet", schrieb der Pfarrer der Kirche, Mervyn Stockwood, an die *Times*.

Mervyn und ich wurden später trotz unserer theologischen Differenzen gute Freunde. Doch während der nächsten zehn Tage hagelte es bei der *Times* kontroverse Zuschriften für die Leserbriefseite. Einige angesehene Theologen und Gelehrte, darunter auch einige Universitätsdozenten, verteidigten die Veranstaltungen mit Nachdruck; andere beklagten sie ebenso nachdrücklich. Wieder andere versuchten, die genaue theologische Bedeutung des Begriffs *fundamentalistisch* zu definieren, der in Großbritannien nicht ganz den negativen Beiklang hatte wie in Amerika oder Deutschland. In England verstand man darunter im Grunde jemanden, der sich an die wesentlichen überlieferten Aussagen des christlichen Glaubens hielt, wie er in der Bibel beschrieben wird.

„Unterschätzt Kanonikus Luce nicht die Intelligenz der Studenten", schimpfte ein Schreiber, „die doch, so sollte man annehmen, alt genug sind, um erworbenes Wissen zu prüfen und sich ihre eigene Meinung zu bilden?"

Ende August schrieb ich in einem Brief an meinen verläßlichen Freund John Stott, den Pfarrer der Kirche All Souls in London, all meine Zweifel nieder. Er hatte als Student in Cambridge in zwei Fächern (moderne Sprachen und Theologie) mit Auszeichnung abgeschlossen. „Ich mache mir große Sorgen um unseren Einsatz in Cambridge in diesem Herbst", schrieb ich unverhohlen. „Ich erinnere mich nicht, daß ich mich jemals für einen Einsatz so ungeeignet und völlig unvorbereitet gefühlt hätte. Wenn ich meine Predigten überprüfe, halte ich meine Vorträge für flach und nichtssagend. Dieser mangelnde Tiefgang hat mich so niedergedrückt, daß ich meine Zusage am liebsten zurückgezogen hätte; doch da die Pläne schon so weit gediehen sind, ist es vielleicht am besten, die Sache zu Ende zu führen ... Aber ich bete darum, daß der Heilige Geistes mich führt ..."

Eine Abschrift meines Briefes an John Stott ging an einen anderen engen Freund und Unterstützer, Hugh Gough, den Bischof von Barking, der selbst ein Cambridge-Mann war. Hastig schrieb er mir einen ermutigenden Brief von dem Schiff, mit dem er gerade aus Kanada heimreisen wollte: „Ich verstehe Deine Befürchtungen wegen Cambridge gut. Aber, Billy, mach Dir keine Sorgen. Gott hat den Weg so wunderbar freigemacht; er hat Dich dazu berufen, also wird alles gut werden ... Sieh diese Leute nicht als Intellektuelle. Appelliere an ihr Gewissen. Sie sind Sünder, die einen Erlöser brauchen. Auf die Sündenerkenntnis kommt es an, nicht auf die intellektuelle Überzeugungskraft. Viele Prediger scheitern an diesem Punkt, wenn sie an Universitäten sprechen. Also, Billy, halte Dich an die wunderbar klare, einfache Botschaft, die zu predigen Gott Dich befähigt hat."

Trotz seiner Ermahnung stellte ich das Evangelium in allen acht Vorträgen sorgfältig in einen intellektuellen Rahmen.

Gerüchte machten sich breit, daß die traditionelle Rivalität zwischen Oxford und Cambridge einige Oxforder Studenten dazu veranlassen könnte, mich zu kidnappen. Der Tag, an dem ich in Cambridge ankommen sollte – Samstag, der 5. November 1955 – war Guy-Fawkes-Tag, der Feiertag zum Gedenken an die vereitelte „Pulververschwörung" von 1605, als Katholiken planten, das Parlament in die Luft zu sprengen und den König zu töten. In ganz England wurde dieser Feiertag damit begangen, daß man eine Strohpuppe von Guy Fawkes verbrannte; die Kinder sammelten „Pennies für den Guy", und ein großes Feuerwerk wurde veranstaltet. Meine Entführung würde den Festlichkeiten noch den letzten Glanz verleihen ...

Also wurde mit Hilfe einiger Mitglieder der Studenten-Organisation ein Plan ausgeheckt, der eine solche Entführung verhindern sollte. Offenbar hatten sie eine Art Mini-Scotland-Yard organisiert, um mich auf Schritt und Tritt zu bewachen. Obendrein machten sie sich einen Spaß daraus: Einer von ihnen war als Sherlock Holmes verkleidet, ein anderer als Dr. Watson.

Am festgesetzten Tag holte mich Lord Luke, den ich 1954 in London kennengelernt hatte, ab und brachte mich in ein Dorf in der Nähe von Cambridge. Dort stieg ich in den unauffälligen Wagen der Studenten um und wurde über Nebenstraßen in die Stadt gefahren. In einer bestimmten Straße sollten wir Ausschau nach einem Proktor halten (einem schwarzgekleideten und Melone tragenden Universitätsbediensteten, der für Disziplin zu sorgen hatte). Wenn er nach rechts winkte, gab es Ärger, und wir sollten geradeaus weiterfahren. Winkte er nach links, konnten wir direkt zur Aula fahren, wo ich mit den Leitern der Colleges zusammentreffen sollte. Als wir ihn gefunden hatten, winkte er nach links, und ich erreichte ohne weitere Behelligung die traumhaft schön gelegene Universität.

Am Samstag sprach ich nachmittags vor den ranghöheren Mitgliedern der Universität und abends vor den Mitgliedern der Studentenorganisation. Unter den Professoren, mit denen ich an diesem Tag privat zusammentraf, war auch C. S. Lewis. Zehn Jahre zuvor hatte er viele Leute in England und Amerika mit seinem bemerkenswerten kleinen Buch *Dienstanweisung für einen Unterteufel* fasziniert.

John Stott war es ein großes Anliegen, daß ich Professor Lewis kennenlernte, und er begleitete mich. Damals war Lewis weltweit noch nicht so bekannt, wie er es später wurde (besonders nach seinem Tod 1963). Doch ich hatte die *Dienstanweisung* gelesen, und Ruth und ich lasen später die *Narnia*-Geschichten.

Wir trafen uns im Speisesaal seines Colleges St. Mary Magdalene's und unterhielten uns eine gute Stunde lang. Ich hatte befürchtet, aus Scheu vor diesem brillanten Kopf keinen Ton herausbringen zu können. Doch er nahm mir sofort jede Befangenheit. Ich fand ihn nicht nur intelligent und scharfsinnig, sondern auch freundlich und großzügig; unsere Versammlungen schienen ihn wirklich zu interessieren. „Wissen Sie", sagte er, als wir uns trennten, „Sie haben viele Kritiker, aber ich bin noch keinem Ihrer Kritiker begegnet, der Sie persönlich gekannt hätte."

Während der ersten drei Abende, die am Sonntag, dem 6. November, begannen, fühlte ich mich auf dem Podium wie in einer Zwangsjacke. Die Kirche Great St. Mary's war zum Bersten gefüllt mit Studenten in ihren akademischen Roben; auch zwei andere Kirchen, in die das Programm über Lautsprecher übertragen wurde, waren bis auf den letzten Platz besetzt. Ein Viertel aller Studenten in Cambridge war an jedem der Abende anwesend und hörte aufmerksam zu, doch die geistlichen Auswirkungen schienen gering zu sein.

Dann kniete ich in der Stille meines Hotelzimmers nieder und wandte mich mit einem tiefen Gefühl des Versagens und meiner Hilflosigkeit an Gott. Es entsprach einfach nicht meinen Fähigkeiten, die intellektuelle Seite des Evangeliums zu präsentieren. Das wußte ich. Was diese Studenten brauchten, war ein klares Verständnis der schlichten Wahrheit des Evangeliums: daß wir durch die Sünde von Gott getrennt sind, daß Christus uns Vergebung und neues Leben bietet und daß wir durch ihn eine Hoffnung haben.

Am Mittwoch abend schließlich warf ich meine vorbereitete Ansprache weg. Statt dessen hielt ich eine schlichte Evangeliumspredigt über die Bedeutung des Kreuzes Christi. An diesem Abend blieben mehr als vierhundert Studenten zurück, um ihr Leben Christus anzuvertrauen. (Auf Anraten der CICCU-Studenten bat ich diejenigen, die Christus in ihr Leben aufnehmen wollten, nach dem Ende der Veranstaltung zurückzubleiben.) Für den Rest der Woche bemühte ich mich, so schlicht und doch so direkt wie möglich zu sein. Die Resonanz setzte uns immer wieder in Erstaunen. Viel Freude machten mir auch die offenen Diskussionen, bei denen die Studenten freimütig alle möglichen Fragen stellten.

Jener Einsatz in Cambridge, bei dem uns John Stott, Tom Allen und weitere dreißig Theologen unterstützten, öffnete mir die Augen und ebenso das Herz für die Möglichkeiten der Evangelisation an Universitäten. Gleich danach fuhren wir nach Oxford, wo unser zunächst nur für wenige Tage geplanter Besuch auf eine Woche ausgedehnt wurde.

Die 1955 in Übersee verbrachten Monate ließen in mir die Überzeugung reifen, daß unsere Arbeit von nun an weltweit erfolgen mußte. Aber konnten evangelistische Großveranstaltungen auch in jenen Ländern durchgeführt werden, in denen die großen nichtchristlichen Religionen beheimatet waren? Diese Frage ließ sich nur beantworten, indem wir es versuchten.

Am 15. Januar 1956 machten wir uns auf den Weg nach Indien.

VIERTER TEIL

1956-1967

Bis an die Enden der Erde

15

Nach Asien

Während des Korea-Krieges hatten wir schon einmal Japan und Korea bereist. Damals waren die meisten unserer Veranstaltungen für die dort stationierten UN-Truppen, insbesondere für die Amerikaner, bestimmt gewesen. Die Kriegsverwüstungen und die Armut in Korea hatten mich sehr berührt, aber ich war fasziniert von der asiatischen Kultur – obwohl ich wußte, daß wir nur einen winzigkleinen Einblick in die Vielfalt und den Reichtum des asiatischen Lebens bekommen hatten. Nun, als das Jahr 1955 seinem Ende zuging, bereiteten wir uns auf eine umfangreiche Reise zu den faszinierenden Völkern jener Region vor.

INDIEN

„Billy Graham stürmte durch Indien wie Gabriel in einem Gabardine-Anzug." So beschrieb mich das *Time*-Magazin in seiner Ausgabe vom 13. Februar 1956.

Es war schön, in Mr. Luces Zeitschrift etwas über mich zu lesen, aber das Foto der Associated Press gefiel mir noch besser: Es zeigte mich auf dem Rücken eines Elefanten, wo ich mich – alles andere als engelhaft – ängstlich an der zähen Haut hinter den riesigen Schlappohren festklammerte.

Seit Jahren, eigentlich schon seit meinem Anthropologiestudium in

Wheaton, hatte mich Indien mit seinen damals über 400 Millionen Menschen und der so vielfältigen Kultur fasziniert. Und ich hatte gebetet, daß Gott uns eines Tages eine Tür zu diesem Land öffnen möge.

Während der einwöchigen Evangelisation im Londoner Wembley-Stadion im Mai 1955 nahmen in meinen Gedanken Pläne für eine ausgedehnte Veranstaltungsreihe in Indien Gestalt an. Zwischen fünfzig- und sechzigtausend Londoner machten sich jeden Abend auf den Weg ins kühle Wembley-Stadion, obwohl es an fünf der sieben Abende in Strömen goß – vom Wetter her gesehen eine unserer trostlosesten Evangelisationen überhaupt.

An einem dieser regnerischen Vormittage frühstückte ich mit Jack Dain im Hotel Kensington Palace. Jack, früher Missionar in Nordindien und während des Krieges Offizier in einem indischen Gurkha-Regiment, war nun als Übersee-Sekretär für die Evangelische Allianz in London tätig. Später wurde er von der Anglikanischen Kirche zum Bischof einer australischen Diözese berufen. Ihm erzählte ich, daß ich kürzlich eine Einladung der großen protestantischen Denominationen in Indien zu einer Veranstaltungsreihe erhalten habe.

Jack nahm seine Serviette – keiner von uns hatte Papier bei sich – und zeichnete rasch eine Karte von Indien, auf der er sechs über das Land verteilte Städte markierte, die er für die strategisch besten Orte für unseren Besuch hielt: Bombay, Madras, Kottayam, Palamcottah, Neu-Delhi und Kalkutta. Jede dieser sechs Städte hatte, wie er mir erklärte, einen kleinen, etablierten christlichen Bevölkerungsanteil, der sich um die Vorbereitungen und die Nacharbeit kümmern konnte.

Kurz bevor ich von den USA nach Indien aufbrach – und gerade ein halbes Jahr nach jenem Treffen mit Jack – klärte mich US-Außenminister John Foster Dulles über die Beziehungen zwischen den Vereinigten Staaten und Indien auf. Er wollte mir deutlich machen, daß nach seiner Interpretation der Indienbesuch der Sowjetführer Chruschtschow und Bulganin zwei Monate zuvor einzig und allein den Zweck gehabt habe, eine engere Verbindung zwischen Indien und dem kommunistischen Block herzustellen.

Am 15. Januar 1956 machten wir uns mit einem kleinen Team von New York aus auf den Weg nach Indien. Uns begleitete auch George Burnham, ein christlicher Zeitungsreporter aus Chattanooga, der sich selbst als

„Ex-Alkoholiker" bezeichnete. Sechshundert Zeitungen hatten Georges Berichte gebucht. Später schrieb er auch ein Buch über diese Reise.

Zwei Tage brauchten wir mit dem Flugzeug für die achttausend Meilen bis nach Indien. Grady Wilson, Jerry Beavan und John Bolten begleiteten mich. Während einer Zwischenlandung in Athen unterhielten wir uns über den Besuch des Apostels Paulus in jenem antiken Zentrum der Kultur und Philosophie. Wir erinnerten uns an den originellen Einstieg, den der Apostel für seine Rede auf dem Areopag gewählt hatte, um eine Brücke zu seinen heidnischen Zuhörern zu schlagen und dem Evangelium Gehör zu verschaffen.

„Billy", sagte John, „wir sind auf dem Weg nach Indien, einem Land, das keine Vorstellung von Gott hat. Du wirst dir etwas einfallen lassen müssen, um dich dem Denken der Leute anzupassen, denn sie wissen nichts über die Bibel oder über Gott. Hast du schon eine Idee?"

Zugegebenermaßen hatte ich diese Idee noch nicht. Deshalb schlug ich vor, daß wir intensiv für diese Angelegenheit beteten.

Kurz nach dem Start von unserer nächsten Zwischenstation Kairo – inzwischen waren wir seit dreißig Stunden unterwegs – überflogen wir den Berg Sinai, wo Gott Mose die Zehn Gebote übergeben hatte. In der Ferne konnten wir Israel sehen, wo Jesus geboren war und gelebt hatte. Plötzlich kam mir der Gedanke: Jesus ist genau an dem Punkt der Welt geboren, wo sich die drei großen Kontinente Asien, Afrika und Europa überschneiden.

Das war die Antwort auf unser Gebet um einen Zugang zu den Menschen in Indien.

„Ich bin nicht hier, um Ihnen von einem Amerikaner oder Briten oder Europäer zu erzählen", sagte ich überall, wo wir hinkamen. „Ich bin hier, um Ihnen von einem Mann zu erzählen, der in Ihrem Teil der Welt geboren wurde, in Asien. Er wurde genau dort geboren, wo Asien, Afrika und Europa sich begegnen. Seine Haut war mit Sicherheit dunkler als meine, und er kam, um uns zu zeigen, daß Gott alle Menschen liebt. Er liebt die Menschen in Indien, und er liebt Sie."

Wir konnten die Augen der Menschen aufleuchten sehen, als sie erkannten: Das Christentum ist nicht nur für die Europäer oder die Weißen da. Nein, Christus ist für alle gekommen.

Bei meiner Rückkehr in die Vereinigten Staaten reiste ich über Washington und berichtete Präsident Eisenhower und Vizepräsident Nixon über die Einzelheiten meines Indien-Besuchs. Dabei erwähnte ich, daß alle indischen Zeitungen auf ihrer Titelseite über Chruschtschows Geschenk an den indischen Präsidenten Nehru berichtet hatten: ein herrliches weißes Pferd. Als jedoch Außenminister John Foster Dulles Indien 50 Millionen Dollar offerierte, war das nur eine kleine Meldung im Innenteil wert. Ich hatte den Eindruck, daß der durchschnittliche Inder sich von 50 Millionen Dollar einfach keinen Begriff machen konnte, während er ein weißes Pferd ohne weiteres verstand und zu schätzen wußte. Darum schlug ich dem Präsidenten vor, nicht nur Weizen nach Indien zu liefern, sondern auch einen auffälligen weißen Zug, der das Getreide von einem Ende Indiens zum anderen transportieren würde, damit die Leute wußten: Hier kommt ein Geschenk aus den USA.

„Reden Sie mit Dulles darüber", sagte der Präsident. Das tat ich, aber es wurde nichts aus meinem Vorschlag. Dennoch nahm sich Dulles die Zeit, um Einzelheiten über unseren Besuch in Asien sowie meine Eindrücke über Indien und Nehru zu hören.

Seit jener ersten Reise sind wir wiederholt nach Indien und in andere Teile Asiens zurückgekehrt. Viele dieser Reisen sind mir noch frisch im Gedächtnis, als hätten sie erst gestern stattgefunden, wenn ich auch nicht alle Einzelheiten auf diesen Seiten berichten kann.

Zum Beispiel erinnere ich mich an den Abschlußgottesdienst unserer Evangelisation in Seoul 1973. Über eine Million Menschen drängten sich auf dem Yoido Plaza auf einer Insel im Fluß Han; die größte Zuhörerschaft, die wir je mit einer einzigen Live-Veranstaltung erreichten. (Diese Zahl war keine Schätzung; die Leute waren in Quadraten gruppiert und daher leicht zu zählen; außerdem fand eine elektronische Zählung statt.)

Mein Übersetzer, Billy Kim, hatte gerade seinen Abschluß am Bob Jones College gemacht und einen Brief von Dr. Bob erhalten, in dem er davor gewarnt wurde, mich zu übersetzen. Man werde ihm in diesem Fall seine Unterstützung aus Amerika streichen. Billy Kim tat es trotzdem. Er habe noch nie ein koreanisches Publikum so still und aufmerksam erlebt, sagte er anschließend.

Und ich erinnere mich an unsere Besuche in Taiwan und Hongkong, die im Abstand von wenigen Wochen Ende 1975 stattfanden. Henry Holley, der Direktor unserer Arbeit in Asien, organisierte beide Evangelisationen trotz großer logistischer Schwierigkeiten meisterhaft. Unser nächster Besuch in Hongkong 1990 wurde über Satellit und Video in mehr als dreißig Länder Asiens übertragen und in achtundvierzig Sprachen übersetzt. Auch die späteren Evangelisationen in Manila (1977), Singapur (1978) und Japan (1980, 1994) sind mir noch in lebhafter Erinnerung.

NOCH EINMAL INDIEN

Eine Reise nach Indien im Jahre 1972 verdient – aus verschiedenen Gründen – mehr als eine beiläufige Erwähnung.

Auf Bitten des amerikanischen Konsuls in Neu-Delhi hatte Präsident Nixon mich persönlich gebeten, Kontakt zu Premierministerin Indira Gandhi aufzunehmen. Unter anderem sollte ich mich erkundigen, welche Erwartungen sie an einen neuen US-Botschafter stellen würde. Nixon bat mich, auf jede Einzelheit zu achten – die Bewegungen ihrer Hände, ihren Gesichtsausdruck, ihre Augen.

„Nach dem Gespräch", sagte er zu mir, „gehen Sie in die amerikanische Botschaft und diktieren Ihren Bericht an mich."

Und so sprach ich bei meinem Besuch in der indischen Hauptstadt mit Frau Gandhi über den zukünftigen amerikanischen Botschafter. Er solle etwas von Ökonomie verstehen, erklärte mir die Premierministerin daraufhin, er solle beim Präsidenten Gehör finden und Einfluß im Kongreß haben. Entsprechendes berichtete ich dem Präsidenten. Später ernannte er Daniel Patrick Moynihan zum Botschafter. Ob mein Bericht tatsächlich die Entscheidung beeinflußt hat, habe ich nie erfahren.

Das eigentliche Ziel unserer Indienreise war Nagaland, eine abgelegene Gegend im bergigen, dschungelbewachsenen Nordosten des Landes, nahe der burmesischen Grenze. In dieser Gegend lebten ein Dutzend verschiedener Volksgruppen, die jeweils einen eigenen Dialekt sprachen und in ihrer Vergangenheit als Kopfjäger bekannt gewesen waren. Spannungen unter den Stämmen in Nagaland und eine bewaffnete, die Unabhängigkeit anstrebende Guerilla-Bewegung machten dieses Gebiet zu einer höchst instabilen Provinz. Während der Evangelisation, die unser Mitarbeiter

Akbar Abdul Haqq fünf Jahre zuvor in Kohima, der größten Stadt (und Hauptstadt) Nagalands durchgeführt hatte, waren drei Leute bei einem Anschlag auf den obersten Repräsentanten der indischen Regierung getötet worden.

Nur sehr wenige Ausländer erhielten von den Behörden die Erlaubnis, das Krisengebiet zu besuchen. Andererseits lebte in Nagaland eine der größten christlichen Bevölkerungsgruppen Indiens. Mehr als die Hälfte der fünfhunderttausend Einwohner waren zu dieser Zeit Christen. Im November 1972 – zum 100. Jahrestag der Ankunft baptistischer Missionare in Nagaland – waren wir eingeladen, an den Feierlichkeiten in Kohima teilzunehmen.

Fast wie durch ein Wunder erteilte uns die indische Regierung in Neu-Delhi die Erlaubnis, Ende November nach Nagaland zu reisen. Doch als wir auf dem Hinflug Zwischenstation in Bangkok machten, erreichte uns die Nachricht von neuen Guerilla-Aktivitäten. Mehrere Soldaten waren in einem Hinterhalt getötet worden.

Widerwillig beschloß ich, die Reise abzusagen. Ich befürchtete, die Menschenmengen bei einer solchen Feier würden den Guerillas eine allzu verlockende Zielscheibe bieten. Auch andere drängten mich zu der Absage: ich könne leicht selbst das Ziel eines Anschlags werden – ein Gedanke, mit dem ich mich bisher kaum befaßt hatte. Wenige Tage vor unserer geplanten Ankunft in Kohima bat ich Walter Smyth, in Neu-Delhi die Absage in einer Presseerklärung zu veröffentlichen.

Als die Nachricht unsere Gastgeber erreichte, waren sie tief betroffen. Tausende von Christen, die sich bereits in Kohima versammelt hatten, wurden zum Gebet aufgerufen. Die meisten hatten eine mehrtägige Fußreise zurückgelegt und sich Lebensmittel und Schlafmatten mitgebracht.

Früh am nächsten Morgen klopfte es beharrlich an der Tür meines Hotelzimmers in Bangkok. Draußen standen zwei Männer. Einer war ein Gemeindeglied aus Nagaland, Lhulie Bizo, der sich gerade in Bangkok aufhielt; der andere war ein früherer amerikanischer Missionar in Nagaland, Neal Jones. Sie drängten mich sehr, doch nach Kohima zu kommen. Durch meine Absage würden die Gemeinden einen großen geistlichen Schaden erleiden. Ich solle mich darauf verlassen, daß Gott für die Sicherheit der Versammlungen sorgen werde.

Wir kamen zu der Überzeugung, daß Gott diese Männer gesandt hatte. Deshalb beschlossen wir, bei den ursprünglichen Reiseplänen zu bleiben, und flogen am Nachmittag nach Kalkutta weiter, um letzte Einzelheiten zu organisieren.

Am Flughafen empfing mich der amerikanische Konsul. Gemeinsam fuhren wir zu dem Heim, in dem sich Mutter Teresa und ihre Mitschwestern um die Sterbenden Kalkuttas kümmerten. Nicht nur ihre Arbeit, sondern auch ihre Demut und christliche Liebe bewegten mich tief. Am Abend zuvor habe sie fünf sterbende Menschen in ihren Armen gehalten, erwähnte sie, und ihnen von Gottes Liebe erzählt, während sie starben. Als ich sie fragte, warum sie all das tue, deutete sie nur schweigend auf das Kreuz an der Wand.

Von Kalkutta aus flogen Cliff, Tedd Smith, der Sänger Archie Dennis, Charlie Riggs, T. W. Wilson und ich weiter nach Dimapur. Von dort aus ging es drei weitere Stunden über verschlungene, staubige Bergstraßen voller Schlaglöcher hinauf nach Kohima. Wir fuhren im Konvoi, mit schwerbewaffneten Soldaten vor und hinter uns. Das bei den Guerillas als Deckung beliebte Buschwerk am Straßenrand war bereits von Christen entfernt worden. Erst vor einer oder zwei Wochen war gerade auf dieser Straße ein tödlicher Hinterhalt gelegt worden.

Die gut zweitausend Meter hoch gelegene Hauptstadt Kohima mit ihren dreißigtausend Einwohnern war nur mit dem Auto oder dem Hubschrauber zu erreichen. Die Landschaft strotzte vor Vegetation, in der man Bananenstauden, Schlangen und bengalische Tiger finden könnte, hieß es – alles, was zu einem richtigen Dschungel dazugehört.

Als wir ungefähr drei oder vier Meilen vor Kohima um eine Kurve bogen, sahen wir plötzlich eine riesige Menschenmenge vor uns – Zehntausende säumten die Straßen, um uns willkommen zu heißen. Sie winkten und klopften gegen die Fenster unseres Wagens. Ich stieg aus und fing an, den Leuten die Hände zu schütteln. Doch dann wurde ich von anderen Händen, nämlich denen der Polizisten, gepackt und zurück in den Wagen gezogen; die Offiziere glaubten mich in großer Gefahr.

Als wir wenige Stunden später auf dem als Versammlungsort geplanten Fußballfeld eintrafen, waren bereits neunzigtausend Menschen dort. Tausende warteten noch draußen. Sie setzten sich – nach Sprachgruppen getrennt – in den Bereich des Stadions, auf den der Lautsprecher ihres

Übersetzers ausgerichtet war. Während ich sprach, machte ich nach jedem Satz eine Pause. Dann folgte ein scheußliches Lärmspektakel, weil siebzehn Megaphone gleichzeitig losdröhnten – jedes in einem anderen Dialekt.

Nach der Veranstaltung wurden wir in ein Regierungsgebäude gebracht, in dem wir die Nacht verbringen sollten. Der Ministerpräsident von Nagaland gab ein Abendessen für uns. Bei diesem Essen wurde das Programm des nächsten Tages durchgesprochen.

„Am frühen Morgen haben wir eine Bibelarbeit", sagte er. „Natürlich wäre es schön, wenn Sie diese leiten. Aber da Sie während des Tages noch einige andere Termine haben, verstehen wir es natürlich, wenn Sie lieber einen Ihrer Mitarbeiter schicken wollen."

„Vielleicht könnten Charlie oder Cliff die Bibelarbeit übernehmen", erwiderte ich. „Übrigens, wie viele Leute erwarten Sie?"

„Ungefähr hunderttausend", kam prompt die Antwort.

„Also . . . Ich glaube, diese Versammlung übernehme ich doch selbst", brachte ich mühsam heraus.

Als man Charlie, Cliff und mir unsere Zimmer in dem Regierungsgebäude zeigte, wurde uns Nihuli vorgestellt. Er sollte sich um unser Gepäck kümmern, uns Tee bereiten und alles andere erledigen, was notwendig war.

Als er nach unseren Schuhen griff, um den Schlamm abzuputzen, protestierte ich. „Das können wir doch selbst machen."

„Nein, bitte, lassen Sie es mich machen", erwiderte er.

Während er die Schuhe putzte, fragte ich ihn nach dem Gottesdienst am frühen Morgen. Besonders erkundigte ich mich danach, wer die Veranstaltung geleitet habe, bevor ich dazukam.

Er antwortete nicht. Als ich weiter in ihn drang, gab er schließlich zu, daß er selbst diese riesige Menschenmenge in der Bibel unterwiesen habe. Der Mann, der gerade meine Schuhe putzte, erteilte mir eine tiefe Lehre in Sachen Demut, Dienstbereitschaft und Fürsorge, wie Christus sie uns vorgelebt hat. Das habe ich nie vergessen.

Als ich an diesem Abend zu Bett ging, hörte ich bereits, wie sich die Menge in der Dunkelheit versammelte und betete.

Am nächsten Morgen sah ich vom Podium aus viele Leute in ihrer Stammestracht. Ihre Gesichter waren unterschiedlich geschminkt, und in den Händen hielten sie Lanzen und Gewehre. Manche waren zu Fuß zwei Wochen lang von Nepal und China hergewandert, um mich zu hören.

Auch Charlie, T. W. und Cliff halfen bei der Leitung der Bibelarbeiten. Während des Gottesdienstes am Mittwochmorgen fielen in der Nähe plötzlich Schüsse. Wir ahnten, daß unsere Aufenthaltserlaubnis bald zurückgezogen werden würde.

Bei einem Schlußempfang am Abend im Haus des Ministerpräsidenten probierten wir die örtlichen Delikatessen. Cliff bat um einen Nachschlag von der Vorspeise.

„Was ist das für Fleisch?" fragte er neugierig.

„Hundefleisch."

„Und das da?" Er deutete auf eine Platte.

„Gebratene Hornissen."

„Ach so", nuschelte er, nun ein wenig blaß. Danach schob Cliff das Essen nur noch auf seinem Teller hin und her.

Frau Gandhi versicherte mir, unsere Reise mit großem persönlichen Interesse zu verfolgen. Sie hatte uns auch vor einigen konkreten Gefahren gewarnt. Nach dem Ende unserer Versammlungen ließ sie uns von zwei Hubschraubern abholen. Weil daheim, in den Vereinigten Staaten, unser traditionelles Erntedankfest gefeiert wurde, hielt man an Bord kaltes Huhn für uns bereit. Die Hubschrauber russischer Herstellung hatten mitten in der Kabine einen riesigen, kanonenofenähnlichen Treibstofftank. Als wir abhoben, vibrierte die Maschine schrecklich; offenbar liefen die Rotorblätter nicht richtig synchron. Der Pilot, dessen Oberlippe ein ausladender Schnurrbart zierte, bemerkte meinen nervösen Blick.

„Wir werden den dichtesten Dschungel Indiens überfliegen, Dr. Graham", sagte er schmunzelnd. „Dort unten gibt es jede Menge Tiger. Vielleicht bekommen Sie sogar einen davon zu sehen. Aber keine Sorge, wir bringen Sie schon sicher zurück."

Während wir über eines der unwegsamsten Dschungelgebiete der Welt hinwegholperten, dankte ich Gott innerlich dafür, daß er uns am Leben dieser bemerkenswerten Menschen Anteil haben ließ. Wie dankbar waren wir, als einige Jahre später ein Friedensabkommen wenigstens eine gewisse Ruhe in der Region einkehren ließ.

In Dimapur stiegen wir in ein Flugzeug nach Neu-Delhi. Kaum hatten wir die Flughöhe erreicht, da bat mich der Pilot ins Cockpit. Als ich eintrat, drehte er sich um und küßte mir die Hand. Als Hindu betrachtete er mich offenbar als heiligen Mann und wollte mir seinen Respekt erweisen. Er wies mich darauf hin, daß es ein schöner Abend sei und wir den Mount Everest sehen könnten. „Er liegt zwar nicht direkt auf unserer Route", sagte er, „aber wenn Sie ihn gerne sehen möchten, können wir etwas näher dort vorbeifliegen."

Ich nahm sein Angebot gern an.

Der Pilot machte einen Umweg von zweihundert Meilen, um mir pünktlich zum Sonnenuntergang den höchsten Berg der Welt zu zeigen. Ein überwältigender Anblick – obwohl ich nicht sicher war, welcher der vielen Gipfel eigentlich der Mount Everest war. Dann schwenkte er scharf ab und ging wieder auf Kurs nach Neu-Delhi.

IRAN

Auf dem Rückflug in die USA legten wir einen Zwischenstop in der iranischen Hauptstadt Teheran ein, um mit dem Schah zusammenzutreffen. Als ich anschließend vor dem Hotel aus dem Wagen stieg, umringte mich eine Gruppe wütender Studenten. Warum, wollten sie wissen, hatte ich, ein bekannter Christ, den Schah aufgesucht? Ich wußte nicht viel über die religiösen Verhältnisse im Iran. Was ich jedoch wußte, war, daß es außer dem Islam auch immer noch einige Nestorianer im Land gab, Reste einer viele Jahrhunderte alten Form des Christentums.

„Dies ist ein islamisches Land, und wir werden einen islamischen Staat daraus machen", riefen die Studenten. „Der Schah steht uns im Weg, und hinter dem Schah steht Amerika."

Ich sagte ihnen, der Schah sei so freundlich gewesen, mich einzuladen, falls ich mich jemals im Iran befände. Auf eine Debatte mit ihnen ließ ich mich jedoch nicht ein. Ich verstand nicht genug von ihrer politischen Situation, um mich auch nur auf eine Diskussion einzulassen. Immerhin konnte ich ihnen etwas über das Persien der biblischen Zeit sagen, besonders über Königin Esther. Schließlich beruhigten sie sich und verließen das Hotel. Doch durch sie wurden mir zum ersten Mal die Spannungen in diesem Land bewußt, und wieder einmal wurde mir klar, wie schwierig es für einen Besucher ist, die politischen Verhältnisse eines anderen Landes zu durchschauen.

Später, während eines Besuchs in Washington, klopfte es spätabends an der Hotelzimmertür. Es war Daniel Patrick Moynihan.

„Ich wollte mich bedanken, daß Sie mich zum Botschafter in Indien haben ernennen lassen", sagte er.

„Ich habe Sie nicht ernennen lassen", wandte ich ein. „Ich habe nur eine Nachricht von Mrs. Gandhi an Mr. Nixon weitergegeben."

„Ich bin sicher, daß Sie mich haben ernennen lassen", beharrte Moynihan. „Ich bin Katholik", fuhr er fort, „aber würden Sie trotzdem mit mir beten?"

Ich war schon im Pyjama; trotzdem gingen wir beide auf die Knie, und ich betete mit ihm, daß Gott ihn in seiner neuen Aufgabe leiten und ihm helfen möge.

16

Die Macht des gedruckten Wortes

Bob Pierce erzählte mir, seine Organisation World Vision habe eine Zeitschrift gegründet, um über ihre Arbeit zu informieren und zum Gebet zu ermutigen. „Dadurch hat sich unser Spendenaufkommen nahezu verdoppelt", berichtete er und fügte hinzu, wenn Menschen regelmäßig über die Arbeit einer Organisation unterrichtet würden, seien sie eher bereit, sie mit ihren Gaben und Gebeten zu unterstützen.

„Billy, so etwas würde deine Arbeit ungemein erleichtern", versicherte er mir.

Mir schwebte eher eine andere Art von Zeitschrift vor. Kein „Hausorgan", um für finanzielle Unterstützung zu werben, sondern ein Blatt, das klare evangelistische und geistliche Artikel enthielt. Aber wir waren mit so vielen anderen Dingen beschäftigt, daß ein solches Magazin ganz einfach über unsere Kräfte ging. Außerdem gab es bereits viele gute Zeitschriften.

George Wilson war noch aus anderen Gründen gegen die Idee. Eine Zeitschrift erforderte neue Mitarbeiter mit journalistischen Kenntnissen und brächte erhebliche Kosten mit sich.

Als jedoch Mitte der fünfziger Jahre die Pläne für die Zeitschrift *Christianity Today* Gestalt annahmen, dachte ich immer häufiger über ein neues Magazin nach. Ich hatte den Eindruck, daß wir *zwei* Zeitschriften brauchten: eine mit einem intellektuell höheren Niveau für Theologen und gebildete Laien – und eine Zeitschrift für jedermann. Sie sollte Artikel mit evangelistischem Schwerpunkt enthalten, Bibelarbeiten, Berichte von

Menschen, die zum Glauben kamen, sowie Nachrichten über unsere Evangelisationen.

Im April 1958 führten wir gerade eine siebenwöchige Evangelisation im Cow Palace in San Francisco durch. *Christianity Today* hatte Sherwood Wirt, einen dort ansässigen reformierten Pastor und früheren Journalisten als Berichterstatter beauftragt. Woody, wie wir ihn alle bald nannten, war früher theologisch liberal eingestellt, jedoch einige Jahre zuvor zu einem engagierten Evangelikalen geworden. Er hatte an der Universität Edinburgh promoviert und Erfahrungen als Militärgeistlicher und Studentenpfarrer gesammelt. Sowohl seine schriftstellerischen Fähigkeiten als auch seine ruhige, ausgewogene Art beeindruckten mich. Zu meiner großen Freude nahm er unser Angebot an, der Chefredakteur der neuen Zeitschrift zu werden.

Wir zogen mehrere Titel in Erwägung, unter anderem *World Evangelism*, doch schließlich schlug George Wilson den Namen *Decision* (Entscheidung) vor. Und dabei blieb es. Die *Decision* startete im November 1960 mit einer Auflage von 299.000 Exemplaren.

„Diese Zeitschrift hat ein doppeltes Ziel", schrieb ich in der ersten Ausgabe. „Wir wollen Christen geistliche Nahrung bieten, und wir wollen evangelistische Artikel veröffentlichen, um Menschen, die Christus noch nicht kennen, für ihn zu gewinnen."

Bei diesen Zielen sind wir seither geblieben.

Noch vor Ablauf eines Jahres gaben wir separate Ausgaben für Australien und England heraus. 1962 überschritt die Auflage die Millionenmarke. George berichtete, zeitweise gingen täglich zehntausend Abonnementbestellungen ein. Während der nächsten Jahre kamen mehrere fremdsprachige Ausgaben sowie eine Ausgabe in Blindenschrift hinzu. Die deutsche Ausgabe der *Decision* erschien 1963 unter dem Namen *Entscheidung*. Als die amerikanische Ausgabe der *Decision* ihren zehnten Geburtstag feierte, hatte die Auflage bereits vier Millionen überschritten. Ein Nebenprodukt der Zeitung war die *Christliche Autoren-Schule*, die Woody 1963 gründete, um angehende Schreiber durch intensive Workshops zu schulen.

Woody blieb Chefredakteur, bis er sechzehn Jahre später in den Ruhestand ging. Sein Nachfolger Roger Palms trat – im Hinblick auf die journalistische als auch die geistliche Qualität – in Woodys Fußtapfen.

Die Zeitschrift wird nicht nur an Einzelpersonen verschickt. Im Laufe der Jahre sind oft ganze Pakete in Gefängnisse, Krankenhäuser oder zu Missionsgruppen in Übersee gegangen. Die Rückmeldungen, die wir bekamen, überzeugten uns, daß sie genau den Bedürfnissen der Menschen entsprach.

Uns sind viele Geschichten zu Ohren gekommen, wie Gott die *Decision* auf höchst ungewöhnliche Weise gebraucht hat. Einige Leute benutzten zum Beispiel einzelne Seiten als Einpackpapier für kleine Geschenke, die sie in Länder schickten, in denen christliche Literatur verboten war.

Da wir gerade von zerknittertem Papier sprechen, muß ich auch von dem elegant gekleideten Herrn berichten, der eines Tages in unserem Londoner Büro erschien und seine Geschichte erzählte: Er hatte als Bankdirektor gearbeitet, bis er sein Leben durch Alkoholmißbrauch ruinierte. Er verlor seine Familie und seine Stellung und landete schließlich als Obdachloser auf der Straße. Als er eines Tages eine Abfalltonne nach etwas Eßbarem durchwühlte, fand er ein zerlesenes Exemplar der *Decision*. Die Titelgeschichte weckte sein Interesse. Er las die Zeitschrift von vorn bis hinten durch und vertraute daraufhin sein Leben Christus an. Nun, ein Jahr später, war er mit seiner Familie ausgesöhnt und arbeitete wieder in einer Bank.

Als George Wilson diese Geschichte hörte, schlug er grinsend vor, wir sollten die *Decision* doch in alle Mülltonnen stecken!

17

Marathon in Manhattan

Während eines Kurzurlaubs nach der Pariser Evangelisation im Juni 1955 spielten Grady und ich eine Runde Golf auf einem Platz in der Nähe von Versailles. Er sah auf seine Uhr. Da wir einen Termin in Paris hatten und es schon spät war, brachen wir unser Spiel ab, eilten zurück in die Garderobe und zogen uns um. Als wir hinaus zum Wagen rannten, hörte ich jemand meinen Namen rufen.

„Dr. Graham, ich habe Sie gestern im Fernsehen gesehen", sagte der Mann. „Meine Frau und ich waren sehr interessiert. Ich spiele Golf, und wir sind nur zu zweit. Möchten Sie und Ihr Freund sich uns nicht anschließen?"

„Sir, das würde ich sehr gern", erwiderte ich.

Es war der Herzog von Windsor. Damals war kaum ein Gesicht in der Öffentlichkeit so bekannt wie seines, da er auf den britischen Thron verzichtet hatte, um die Amerikanerin Mrs. Simpson zu heiraten. Außerdem stand er in dem Ruf, ein ziemlich unstetes Leben zu führen. Unwillkürlich fragte ich mich, ob das stimmen könne.

„Aber leider habe ich eine Verpflichtung in der Stadt", fügte ich hinzu. „Erlauben Sie mir anzurufen. Vielleicht kann ich den Termin noch verschieben."

Ich rief Bob Evans an und erfuhr, daß sich an meinem Termin nichts mehr ändern ließ. Als ich zurückging, um mich bei dem Herzog zu entschuldigen, reichte mir jemand ein Telegramm, das an den Golfclub weitergeleitet worden war. Es stammte von George Champion, dem Vizepräsidenten der Chase Manhattan Bank, der die Abteilung Evangelisation beim Protestantischen Rat in New York leitete. Der Rat hatte sich dafür ausgesprochen, uns zu einer Evangelisation in New York im Sommer 1957 einzuladen.

Keine andere Stadt in Amerika – vielleicht sogar in der ganzen Welt – stellte eine so große Herausforderung an eine Evangelisation dar. Mein alter Freund Jesse Bader von der Abteilung Evangelisation des Nationalen Rates der Kirchen hatte einmal gesagt: „Evangelistische Arbeit in New York ist wie Bohren in Granit."

In einem Schreiben an die Freunde, die unsere Arbeit unterstützten, räumte ich ein: „Menschlich gesehen ist New York die Stadt in der westlichen Hemisphäre mit den schlechtesten Voraussetzungen für eine erfolgreiche Evangelisation."

Ein Grund, warum New York so schwierig sein würde, war seine ungeheuer vielfältige Bevölkerungsstruktur, zu der etwa sechzig große ethnische Gruppen gehörten. Die Protestanten stellten mit ihren 7,5 Prozent Bevölkerungsanteil eine winzige Minderheit dar, wobei viele auch nur nominell dem christlichen Glauben anhingen. Umfragen hatten ergeben, daß sich 58 Prozent der New Yorker als überhaupt keiner Religion zugehörig einstuften.

New York war in bezug auf Geschäfte, Finanzen, Medien und Unterhaltung der Nabel des ganzen Landes. Hier befand sich außerdem das Hauptquartier der erst ein Jahrzehnt zuvor gegründeten Vereinten Nationen. Alles, was in New York passierte, hatte buchstäblich Auswirkungen auf die ganze Welt. Wenn New York mit dem Evangelium von Jesus Christus erreicht werden könnte, dann würde das in vielen anderen Städten ebenfalls zu spüren sein. Dann würde „diese Stadt zu einer Bühne, von der aus wir das ganze Land, die ganze Welt mit dem Evangelium erreichen können", sagte ich später in einer Predigt während jener Evangelisation.

Das war aus meiner Sicht auch ein biblisches Muster für die evangelistische Strategie. Der Apostel Paulus predigte an vielen Orten, die teilweise recht unbedeutend waren. Doch unter der Leitung des Heiligen Geistes konzentrierte er sich vor allem auf die großen Städte des Römischen Reiches. Denn er spürte, welch enorme Wirkung von ihnen ausging. An die Christen in Rom schrieb er, „daß man von euerm Glauben überall in der Welt nur Gutes hört" (Römer 1,8).

„Niemandem, der die Bibel auch nur oberflächlich liest, kann entgehen, daß Gott ein besonderes Interesse an Städten hat", schrieb ich kurz vor der Evangelisation in der Zeitschrift *This Week*. „Seine Liebe zu Ninive veranlaßte ihn, den Propheten Jona zu schicken, um die Stadt vor ihrer bevorstehenden Zerstörung zu warnen. Christus weinte über Jerusalem."

Jack Wyrtzen, der in New York eine umfangreiche evangelistische Arbeit unter Jugendlichen leitete, drängte mich schon seit Jahren, nach New York zu kommen. Schon zweimal, 1951 und 1954, hatte ich entsprechende Einladungen abgelehnt. Mit dieser Einladung jedoch war es etwas anderes; sie wurde von einer viel breiteren gemeindlichen Basis unterstützt als die früheren.

Der offizielle Veranstalter war ein unabhängiges Komitee aus Pfarrern und Laien, das vom Protestantischen Rat von New York eingesetzt worden war und einen Querschnitt der Kirchen und Institutionen der Stadt repräsentierte. Der Rat vertrat etwa siebzehnhundert Gemeinden im Großraum New York; außerdem beteiligten sich noch zahlreiche weitere Gemeinden, die nicht dem Rat angehörten.

Gänzlich unerwartet gelang es uns, für die Sommermonate 1957 den Madison Square Garden zu reservieren. Die Evangelisation selbst sollte am 15. Mai beginnen und am 30. Juni enden, so hatten wir es geplant.

Ich war mir nicht sicher, ob wir eine solche Anstrengung organisatorisch bewältigen konnten. Eine derjenigen, die für die Leitung der Evangelisation in Betracht kam, war Betty Lowry aus Minneapolis, eine höchst engagierte und kompetente Frau. Sie hatte fast ganz allein unsere Evangelisation in Oklahoma City im Juni 1956 geleitet; doch leider konnte sie das Projekt aus gesundheitlichen Gründen nicht übernehmen. Statt ihrer übernahm Jerry Beavan diese Aufgabe. Ich war zuversichtlich, daß seine Erfahrungen aus London und anderen Städten von unschätzbarem Wert sein würden. Doch Anfang 1957 – weniger als vier Monate vor dem Beginn der Evangelisation – verließ Jerry aus persönlichen Gründen die Billy Graham-Gesellschaft.

Plötzlich fiel mir die Aufgabe zu, die Evangelisation buchstäblich am Telefon zu organisieren. Statt zwei- oder dreimal in der Woche mit den Mitarbeitern vor Ort über die Vorbereitungen zu sprechen, wie ich es normalerweise bei Evangelisationen tat, hing ich nun jeden Tag am Telefon.

Mein erster Gedanke nach Jerrys Weggang war, Betty Lowry nochmals zu bitten; doch Roger Hull überredete mich, statt dessen Charlie Riggs damit zu beauftragen. Charlie, der vor seiner Hinwendung zu Christus ein hartgesottener Gelegenheitsarbeiter auf den Ölfeldern von Pennsylvania gewesen war, hatte bei den Navigatoren mitgearbeitet und war stark an unseren eigenen Schulungen für Seelsorgehelfer beteiligt.

Roger kannte Charlie recht gut und respektierte nicht nur sein Organisationstalent und seinen Sinn fürs Praktische, sondern auch seine geistliche Haltung. „Er kennt die Bibel, und er kennt den Herrn. Charlie Riggs ist unser Mann", sagte Roger mit Nachdruck. „Wenn sich in New York irgend etwas für Gott tun soll, dann nur durch das Gebet. Und Charlie Riggs ist ein Mann des Gebets."

Charlie selbst meinte später, es sei „nicht gerade mein Ding" gewesen. Aber er übernahm die Aufgabe bereitwillig und machte seine Sache großartig.

Probleme ganz anderer Art ergaben sich aus dem Widerstand, der sich gegen unsere Veranstaltung in New York regte. „Die Billy-Graham-Kampagne wird sich weiterdrehen", grollte eine liberale Zeitschrift, „und ein Publikum, das sich mit Freuden in die Gefangenschaft der eigenen Gefühle begibt, reckt sich dem großen Auftritt entgegen – ob nun der Heilige Geist dabei ist oder nicht."

Besser durchdacht war der Einwand, den einer der führenden liberalen Theologen des Landes vorbrachte, Dr. Reinhold Niebuhr vom Union Theological Seminary in New York. Ich schätzte seinen Einsatz für soziale Belange, konnte seiner abschätzigen Haltung gegenüber der Evangelisation jedoch nicht zustimmen. In der Zeitschrift *Life* bezeichnete er mich als „offensichtlich aufrichtig", fügte jedoch hinzu, die Botschaft, die wir predigten, sei zu einfach für das Atomzeitalter mit seinen großen moralischen Verworrenheiten. Er schrieb: „Graham gibt mit seiner christlichen Evangelisation noch weniger komplexe Antworten, als sie je zuvor jemand gegeben hat."

Ich ließ verlauten, daß ich gern mit Dr. Niebuhr zusammentreffen würde, aber er weigerte sich rundheraus, mit mir zu sprechen.

Widerstand regte sich auch aus den Reihen der Katholiken und Juden, obwohl ich deutlich gemacht hatte, daß ich nicht nach New York komme, um andere Traditionen anzugreifen oder deren Anhänger abzuwerben. Mein einziges Ziel sei, das Evangelium von Jesus Christus zu predigen, wie

Das junge Paar beim Picknick, nahe Montreat.

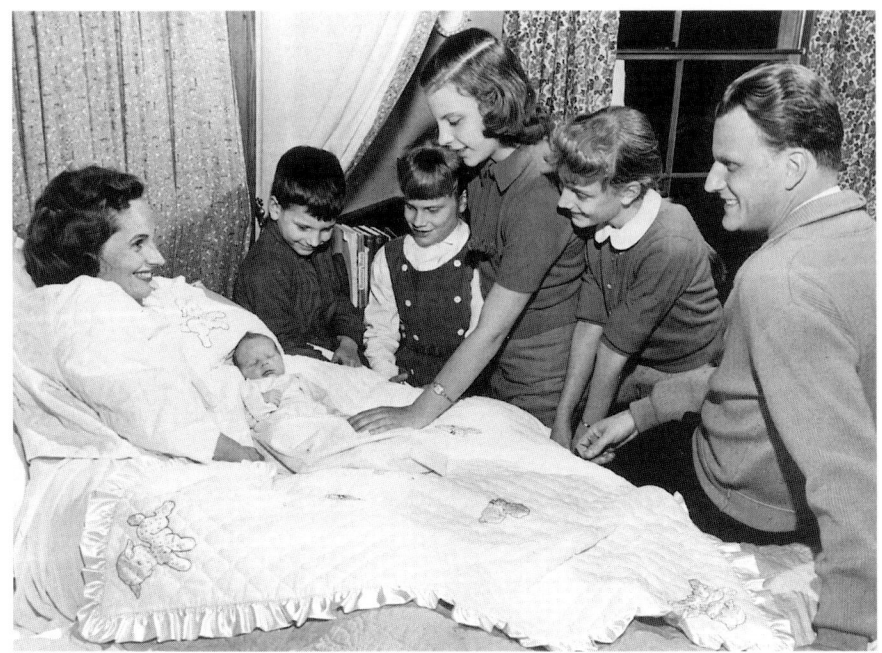

Ruth im Wochenbett mit Nelson Edman Graham (Ned). Die anderen Familienmitglieder *(von links)*: Franklin, Bunny, Gigi, Anne und Billy (1958).

Abschied von Ruth und Bunny, um auf eine weitere Veranstaltungsreise zu gehen. Mitte der 50er Jahre dauerten diese Reisen manchmal mehrere Monate.

Mit meinen Söhnen Ned (*links*) und Franklin im Garten (1965).

Von links: Gigi, Anne, Bunny, Ruth und ich auf unserer Terrasse mit Belsazar, unserem großen Pyrenäenhund.

Sport und Spiel als Entspannung. Während ich den Baseballschläger als Linkshänder nutze, spiele ich Golf als Rechtshänder.

Unsere im Herbst 1949 in Los Angeles stattfindende Veranstaltung weckte erstmals die Aufmerksamkeit der überregionalen Presse.

Zehntausende Zuhörer auf dem Times Square in New York. Die Veranstaltung fand am 1. September 1957 im Rahmen der 16-wöchigen Großstadtevangelisation statt.

rechts: Reges Presseinteresse vor Downing Street No. 10 nach meinem Besuch bei Premierminister Winston Churchill im Anschluß an unsere mehrwöchige Großveranstaltung 1954 in London.

oben: Während einer Predigt in Harlem, New York, am 1. August 1957.

rechts: Mit meinem deutschen Übersetzer Peter Schneider 1966 in Berlin.

unten: Abschlußversammlung der Veranstaltungswoche vom 26. September bis 2. Oktober 1960 in Berlin. Rund 100 000 Zuhörer aus Ost- und Westberlin treffen sich vor dem Reichstaggebäude. Gut eine Woche später war kein freier Übergang zwischen Ost und West mehr möglich.

Mit Präsident Eisenhower und seiner Gattin in der nationalen reformierten Kirche in Washington, D.C. *Rechts:* Reverend E. L. R. Elson, der Gemeinde-pfarrer.

Weihnachten 1952. Vor dem Gottesdienst mit amerikanischen Soldaten in Korea wird mir eine schußsichere Weste angelegt.

Das Mitarbeiter-Team 1953. *Vorne links:* George Beverly Shea, Billy Graham, Cliff Barrows. *Hinten:* Grady Wilson, Paul Michelson, Tedd Smith, Lorne Sanny.

Live aus Atlanta, Georgia: Die erste Radiosendung der „Stunde der Entscheidung" am 5. November 1950.

Vorbereitungen für die erste Radiosendung der „Stunde der Entscheidung". *Von links:* George Wilson, Walter Bennett, Fred Dienert.

Die Evangelisten der BGEA 1964. *Vorne links:* Grady Wilson, Joe Blinco, Howard Jones, John Wesley White, Akbar Abdul-Haqq. *Hinten:* Roy Gustafson, Billy Graham, T. W. Wilson, Leighton Ford, Ralph Bell.

Im Gespräch mit meinem Schwiegervater und Mentor, Dr. L. Nelson Bell (1972).

es in der Bibel dargestellt wird, und Männer und Frauen aufzurufen, ihm ihr Leben anzuvertrauen.

Während der Evangelisation traf ich mit verschiedenen jüdischen Gruppen und Repräsentanten zusammen. Einer davon war Rabbi Marc Tanenbaum, mit dem mich seither eine tiefe Freundschaft verbindet. Seine Ratschläge, die er mir im Lauf der Jahre als Angehöriger des American Jewish Committee gegeben hat, und seine persönliche Herzlichkeit haben mir viel bedeutet. Viele Leute mit jüdischem Hintergrund kamen zu den Versammlungen im Madison Square Garden, und einige erklärten öffentlich ihren neuen Glauben an Jesus als ihren Messias.

Die meines Wissens einzige deutliche Ablehnung von katholischer Seite zeigte sich in dem Artikel einer kleinen Zeitschrift. Der Autor, Mitarbeiter einer katholischen Gesundheitsorganisation, schrieb: „Katholiken ist es nicht erlaubt, an protestantischen Gottesdiensten teilzunehmen."

Im weiteren Verlauf stellte er die These auf, für treue Katholiken sei „Billy eine Gefahr".

Eine solche Aussage klingt schroff angesichts der heutigen Beziehungen zwischen Protestanten und Katholiken. Aber vor vier Jahrzehnten sah die Situation noch ganz anders aus. Die neue Qualität der Beziehungen, die durch das Zweite Vatikanische Konzil eingeleitet wurden, lag noch Jahre in der Zukunft, und man muß gerechterweise zugeben, daß viele Protestanten ebenso starke antikatholische Ansichten vertraten.

Für mich war die zentrale Frage immer Christus und unser Glaube an ihn, nicht unsere Loyalität gegenüber einem kirchlichen System – so wichtig eine Gemeinde auch für unser geistliches Wachstum und unseren Dienst ist.

Doch die Äußerungen erregten Aufsehen, gerade weil sie nahezu der einzige Kommentar aus katholischer Quelle zu der Evangelisation war. Kein hochstehendes Mitglied der katholischen Hierarchie äußerte sich ablehnend zu der Veranstaltung, und ich vermute, daß viele Katholiken über meine Freundschaft mit vielen führenden Leuten ihrer Kirche Bescheid wußten. Kardinal Cushing aus Boston war mir besonders freundlich begegnet. Nach einem früheren Treffen hatte er trocken der Presse gegenüber bemerkt, wenn er ein halbes Dutzend Billy Grahams hätte, würde er sich keine Sorgen um die Zukunft seiner Kirche mehr machen! Viele Katholiken kamen zu den Versammlungen, und etliche gingen nach vorn, um ihr Leben persönlich in die Hände Christi zu legen.

Besonders schmerzlich empfand ich den Widerstand einiger bekannter protestantischer Fundamentalisten. Die meisten von ihnen kannte ich persönlich – und auch wenn ich nicht in allen Einzelheiten mit ihnen übereinstimmte, bewunderte ich sie doch und respektierte ihren Einsatz für Christus. Viele von ihnen hatten in den ersten Jahren unseres öffentlichen Dienstes zu unseren stärksten Befürwortern gehört. Ihre Angriffe jetzt taten ungemein weh – zumal ich sie nicht als Einwände von Leuten abtun konnte, welche die Grundaussagen des christlichen Glaubens ablehnten oder gegen Evangelisation in jeder Form waren. Ihre Schroffheit und Lieblosigkeit machten mich traurig und erschienen mir weit entfernt vom Geist Christi.

Das Kernproblem dabei war, daß die Evangelisation auf der Zusammenarbeit mit dem Protestantischen Rat von New York beruhte. Dieser Rat, so meinten diese Fundamentalisten, schließe viele Gemeinden und Geistliche ein, die theologisch liberal eingestellt seien und wichtige Elemente der biblischen Botschaft verleugneten.

Es war natürlich nicht das erste Mal, daß sich Einwände gegen meine zunehmend ökumenische Haltung erhoben. Ich setzte mich im persönlichen Bibelstudium und im Gebet mit dieser Kritik auseinander, aufrichtig bereit, meine Haltung zu ändern, wenn ich im Unrecht wäre. Doch ich kam zu dem klaren Schluß, daß Gott uns in eine andere Richtung führte. Auch Ruth dachte intensiv über die ganze Frage nach; wir sprachen und beteten oft darüber. Sie kam zu der gleichen Schlußfolgerung wie ich.

Meine Beschäftigung mit den großen Evangelisten der Geschichte zeigte mir, daß dieses Problem nicht neu war. Jeder von ihnen – von Whitefield und Wesley bis zu Moody und Sunday – hatte mit ähnlicher Kritik zu kämpfen, sowohl von rechts als auch von links.

Zu Beginn unserer Arbeit hatte ich versucht, auf derartige Angriffe jedesmal zu antworten, doch schließlich sah ich ein, daß mir nichts anderes übrigblieb, als sie einfach zu ignorieren. Die Kritiker zeigten keine Neigung, ihre Meinung zu ändern, und ich hatte überhaupt keine Zeit, mich mit solchen Streitigkeiten aufzuhalten. In einem Brief, den ich 1955 an Carl McIntire schrieb, um ihm auf einen gegen unsere Arbeit gerichteten Artikel zu antworten, gestand ich: „Ich war recht verärgert und ging auf die

Knie, um Gott zu bitten, mir Liebe ins Herz zu geben. ... Lieber Freund, wenn Sie sich vom Geist Gottes geführt sehen, Ihre Angriffe gegen mich fortzusetzen, dann seien Sie beruhigt. Ich werde mich nicht mehr mit Ihnen auseinandersetzen, aber auch nicht gegen Sie vorgehen. Meine Berufung sehe ich einzig darin, Jesus Christus ins Gespräch zu bringen und den Menschen sein Wort zu predigen."

Ein Jahr vor den Versammlungen in New York hatte einer unserer Mitarbeiter, Dr. Ralph Mitchell, eine ausgedehnte Diskussion mit Bob Jones. Dabei gewann er die Überzeugung, daß Jones seinen Standpunkt, unsere Arbeit sei nicht von Gott, niemals ändern würde. Ralph schrieb mir dazu: „Du darfst Dir über solche Kritiker nicht zu viele Gedanken machen. Dennoch ist es eine neuerliche Herausforderung an uns alle, noch viel mehr zu beten."

Dem stimmte ich von ganzem Herzen zu, und ich bat Gott, uns davor zu bewahren, daß wir uns durch solche Kritiker von seiner Arbeit abhalten ließen. Gelegentlich versuchte mein Schwiegervater Dr. Bell, auf solche Attacken zu antworten. Aber der Erfolg war gering. Oft kam ich mir vor wie Nehemia beim Wiederaufbau der Stadtmauern von Jerusalem. Als seine Gegner ihn aufforderten, die Arbeit einzustellen und nochmals das Projekt zu diskutieren, antwortete er jeweils, er sei zu beschäftigt (siehe Nehemia 6,1–4).

Ich vertrat den Standpunkt, daß wir mit jedem zusammenarbeiten sollten, der mit uns zusammenarbeiten *wollte*. Unsere Botschaft war klar: Christus allein ist der Weg zur Errettung. Wenn also jemand, der theologisch anders dachte als wir, dennoch bereit war, uns bei einer Evangelisation zu unterstützen, dann war er es, der seine persönlichen Überzeugungen kompromittierte, und nicht wir.

Doch je lauter sich der Widerstand regte, desto entschlossener standen uns die Gemeinden in New York zur Seite. Gott hat eben seine eigene Art, wie er unsere Probleme zu seinem Vorteil wendet.

Nach einer einmonatigen Evangelisation in Louisville, Kentucky, nahm ich bis zu den Veranstaltungen in New York im folgenden Mai nur noch einzelne Redeverpflichtungen an. Die große Ausnahme war eine Veranstaltungsreihe an der Yale-Universität, deren langjähriger Kaplan Sidney Lovett mich für vier Abende im Februar eingeladen hatte.

Wie viele der älteren Colleges und Universitäten in Amerika war auch

Yale ursprünglich eine christliche Einrichtung. Einer ihrer ersten Präsidenten, Timothy Dwight, war eine angesehene christliche Persönlichkeit. Wie ich hörte, waren in den ersten hundert Jahren ihres Bestehens etwa 40 Prozent der Absolventen in den kirchlichen Dienst gegangen. Inzwischen war dieses tiefe geistliche Erbe freilich weitgehend vergessen.

Ähnlich, wie wir es in Cambridge gehalten hatten, waren an unseren Versammlungen an der Yale-Universität eine Reihe weiterer Redner beteiligt, darunter Dr. Samuel Shoemaker, der Pfarrer der Episkopalkirche in Pittsburgh, und Reverend Robert Raines, Sohn eines methodistischen Bischofs in Indiana. Jeden Abend besuchte ich nach der Hauptveranstaltung verschiedene Studentengruppen auf dem Campus, um manchmal bis nach Mitternacht Fragen zu beantworten.

Eines Tages lud mich der Leiter des Fachbereichs Psychologie zu einem Mittagessen mit etwa zwanzig Fachstudenten ein. Sie alle saßen mit ihren Lunchpaketen auf der einen Seite des Raumes, ich auf der anderen. Anfangs kam ich mir vor wie ein Patient bei der psychologischen Untersuchung! Sie interessierten sich besonders dafür, was ich unter *Bekehrung* verstand; und zu unserer beiderseitigen Überraschung zeigte sich eine weitgehende Übereinstimmung zwischen uns – zumindest, was die positive psychische Wirkung einer echten Bekehrung betraf.

Thomas Ruhm, der für die Studentenzeitschrift *Ivy Magazine* schrieb, äußerte Zweifel, ob meine Erfahrungen in Oxford und Cambridge mich „auf die in Yale allgemein kultivierte Gleichgültigkeit gegenüber dem christlichen Glauben" vorbereitet haben. Kaplan Lovett freilich berichtete später, daß sein Büro Nacharbeitskontakte zu dreihundert Studenten habe, die zu den Nachtreffen zurückgeblieben waren.

Die Versammlungen in Yale bereiteten mich auf unvorhergesehene Weise auf die Evangelisation in New York vor. Das geschah zum einen durch Menschen, die ich in New Haven kennenlernte und die in New York arbeiteten oder dort einflußreiche Kontaktpersonen hatten – Menschen, die sich mit ihrer Unterstützung hinter die Evangelisation stellten.

Das andere war die Bemerkung eines Studenten, die mir wieder deutlich machte, wie wichtig absolute Klarheit bei der Verkündigung des Evangeliums ist: „Pastor Graham, wir hören eine Menge darüber, was Christus für uns getan hat, wie wertvoll die christliche Religion ist und was die persönliche Errettung bedeutet. Aber keiner sagt uns, *wie* wir Christus finden können." Als die New Yorker Evangelisation näherrückte, war ich mehr denn je entschlossen, diesen Punkt klar und unmißverständlich herauszustellen.

Natürlich verbrachte ich in den Monaten vor der Evangelisation viel Zeit beim Bibelstudium. Doch ich wußte auch, daß ich Erholung und Bewegung brauchte, um mich körperlich auf die anstrengenden Wochen vorzubereiten. Und so entspannte ich mich guten Gewissens in der Frühlingssonne und genoß die Zeit mit Ruth und den Kindern.

„Ich werde die Kinder während der nächsten Wochen vermissen", notierte ich in meinem Tagebuch. „Dieser Berggipfel ist mir sehr lieb geworden, und nichts würde mir mehr gefallen, als wenn der Herr sagen würde, daß ich für den Rest meines Lebens hierbleiben soll. Ich habe nicht von Natur aus das Bedürfnis, hinaus in den Kampf zu ziehen. Es ist so friedlich und ruhig hier. Aber die Pflicht ruft. Ich muß die ,Waffenrüstung Gottes' anlegen und dem ,Feind' entgegenziehen."

Einen Großteil dieser Zeit widmete ich der geistlichen Vorbereitung mit Gebet und Bibellesen. Ich sprach mit Ruth und Mitgliedern unseres Teams (wie auch einigen anderen Leuten) über die Aufgabe, die vor uns lag. Wir wußten, daß Millionen von Christen in aller Welt bereits für die Versammlungen in New York beteten. Das verschaffte mir einen tiefen Frieden – trotz aller Unsicherheit.

„Viele Freunde haben vorausgesagt, daß die New Yorker Evangelisation ein Mißerfolg werden könnte", schrieb ich in mein Tagebuch. „Aus menschlicher Sicht und nach menschlicher Einschätzung kann sie mißlingen. Trotzdem bin ich angesichts der Gebete von Millionen sicher, daß sie in den Augen Gottes und nach himmlischen Maßstäben kein Mißerfolg werden wird. Gott wird zum Zuge kommen." Dann fügte ich hinzu: „Ich habe über diesen Auftrag mehr gebetet und über die Stadt New York mehr Tränen vergossen als über irgendeine andere Stadt, die wir je besucht haben. Nun liegt alles in Gottes Händen."

Die Zeit für den Aufbruch nach New York rückte rasch näher. Dorothy Kilgallen, eine landesweit bekannte Klatschkolumnistin und Fernsehmoderatorin, hatte schon seit einiger Zeit um ein Interview mit Ruth und mir gebeten. Manche meinten, sie würde vordergründig nett sein, uns dann aber in ihren Veröffentlichungen in der Luft zerreißen. Trotzdem luden wir sie nach Montreat ein. Sie verbrachte mehrere Tage in unserem Haus und stellte ausgiebig Fragen.

Ihre Artikel setzten dann alle in Erstaunen – so deutlich ließen sie ihre Sympathie durchblicken. Die Hearst-Zeitungen brachten ihre Reportage als fünftägige Fortsetzungsgeschichte. „Für Billy Graham", schrieb sie etwa in der zweiten Folge, „ist der Himmel ein klar definierter Ort, wie Chicago. Er kann ihn zwar nicht auf der Landkarte vorzeigen, aber er weiß, daß es dort Tore aus Perlen und Straßen aus purem Gold gibt. Und er ist so sicher auf dem Weg dorthin, als ob die Fahrkarte schon in seiner Tasche knistert."

Als Folge dieser Artikelserie waren wir in New York pressemäßig präsent, bevor wir überhaupt dorthin aufgebrochen waren.

Vor der Abreise – wir würden beide nach New York fahren, allerdings getrennt aufbrechen – machten Ruth und ich einen langen Spaziergang. Wir wollten nach unseren vier Schafen sehen, uns ins Gras setzen, reden, uns Bibelstellen in Erinnerung rufen und zusammen beten.

Als ich am 9. Mai in den Zug nach New York stieg – Ruth wollte später nachkommen –, fühlte ich mich körperlich und geistlich so gestärkt wie schon lange nicht mehr.

Auf dem Weg nach New York machte unser Team in Washington Station, um mit Präsident Eisenhower zusammenzutreffen. Während Grady und ich in einem Empfangszimmer warteten, kam ein Reporter von *Newsweek* auf uns zu. Er berichtete, seine Zeitschrift habe in dieser Woche ursprünglich eine von ihm geschriebene Titelstory über den Präsidentenberater Sherman Adams bringen wollen. Aber – bemerkte er mit leichtem Grinsen – die Redaktionsleitung habe die Story hinausgeworfen, um statt dessen über uns und die New Yorker Evangelisation zu berichten.

Präsident Eisenhower begrüßte mich mit „Hallo, mein Freund" und hörte sich aufmerksam eine halbe Stunde lang meine Pläne für die Versammlungen im Madison Square Garden an. Es wäre wunderbar, meinte er, wenn die Leute in aller Welt lernen könnten, einander zu lieben. Ich stimmte zu und äußerte meine Überzeugung, daß Menschen nur dann wirklich lieben könnten, wenn sie ihr Leben für die Liebe und die verändernde Kraft Christi öffneten. Dem stimmte er von ganzem Herzen zu. Als ich ging, rief er mich noch einmal zurück, um ein gemeinsames Foto machen zu lassen. Auf diese Weise, glaube ich, wollte er indirekt seine Unterstützung für unsere Arbeit bekunden. Auch mit Vizepräsident Nixon fand ein kurzes Gespräch statt, in dem er ebenfalls seine Unterstützung für unsere Veranstaltungen bekräftigte.

Am nächsten Morgen standen Paul Maddox, Grady und ich um vier Uhr dreißig auf. Ruth sollte mit dem Frühzug aus Asheville kommen, und wir wollten am Bahnhof zusteigen. Doch der Zug hatte Verspätung. Als er endlich kam, stellte sich heraus, daß Ruth schon um zwei Uhr aufgestanden war. Sie hatte die Nacht mit Bibellesen und Beten verbracht. Wir schliefen beide fest ein, bis uns Paul Maddox etwas Toast und Kaffee ins Abteil brachte. Ein letztes bißchen Ruhe vor dem Sturm.

Mit vierzig Minuten Verspätung trafen wir in New York ein.

Als wir uns einen Weg durch den Bahnhof bahnten, winkten uns viele Leute zu. Ein Mann rief: „Gott segne Sie, Billy!" Ein anderer packte mich am Arm und flüsterte mir ins Ohr: „Wir brauchen Sie hier dringend!" Wieder ein anderer meinte: „Ich bin Katholik, aber wir stehen hinter Ihnen."

Als wir endlich unser Hotel erreichten, wurden wir von zwanzig geduldig wartenden Reportern empfangen. „Das Verhalten der Presse hat sich gegenüber früheren Zeiten merklich verändert", notierte Ruth in ihrem Tagebuch. „Sie sind respektvoller, freundlicher. Ob das so bleibt oder nicht, weiß ich nicht – aber ich danke Gott dafür, solange es so ist."

An diesem Abend wurde ich von Walter Cronkite für seine CBS-Nachrichtensendung interviewt, die am folgenden Abend ausgestrahlt werden sollte. Er war ein liebenswerter Gastgeber, und das Interview in einem Zimmer mit Blick auf den Times Square machte richtig Spaß. Dabei stellte er genau die Art von Fragen, die ich so gerne beantworte: über unsere Arbeit, unsere Ziele und was wir New York zu bieten hätten.

Anschließend zeigte die Nachrichtenredaktion uns einige Aufnahmen, die sie rund um Times Square und Broadway gefilmt hatte. Walter bat mich, die Szenen zu kommentieren. Ich sagte, daß Tausende enttäuschter und verwirrter Menschen jene Wirklichkeit finden könnten, nach der sie suchten, wenn sie ihr Leben Christus anvertrauten.

Für mich war jede Begegnung mit den Medien eine willkommene Gelegenheit, um das Evangelium zu verbreiten. Aber natürlich konnten wir diese Gelegenheiten nicht selbst herbeiführen. Einen Öffentlichkeitsreferenten oder eine Pressestelle gab es in unserer Organisation nicht. Betty Lowry betreute ganz allein den „Presseraum" der Evangelisation, wenn man ihn überhaupt so nennen konnte, und versorgte alle Besucher mit Kaffee. In New York verbrachte ich mehr Zeit auf den Knien im Hinblick auf die Medien als auf irgend etwas anderes, einschließlich meiner Predigten. Die Zahl der Leser von Zeitungen und Magazinen würde weitaus höher sein als derjenigen, die mich persönlich sprechen hörten. Ich betete, daß der Heilige Geist unsere Aussagen der Presse verständlich machen sollte und die Berichterstattung Christus verherrlichen möge.

Am nächsten Morgen, einem Sonntag, besprach ich nach dem Frühstück mit Ruth zwei Tonbänder. Das eine Band ging per Flugzeug zu einer Gruppe von Pastoren nach Los Angeles, die sich bei einem Treffen am Dienstag meinen Bericht über die Aussichten für New York anhören wollten. Das andere ging als Interview für eine Radio-Kooperation von etwa zweihundertfünfzig Sendern in den mittleren Westen. Nach der Aufnahme besuchten Lorne Sanny, Mel Dibble, Ruth und ich den Gottesdienst in der Baptisten-Gemeinde gegenüber der Carnegie Hall, um John Wimbish predigen zu hören.

Am Abend begab ich mich ziemlich zögernd zu einem Termin in der *Steve Allen Show*. Hatte ich in einer solchen Unterhaltungssendung überhaupt etwas zu suchen? Nun, über NBC-TV konnte ich mit einem Publikum von etwa vierzig Millionen Menschen rechnen. Also trat ich mit den anderen Gästen vor die Kameras: der Sängerin Pearl Bailey, dem Schauspieler Dean Jones und der Schauspielerin Tallulah Bankhead.

Miss Bankhead war äußerst warmherzig. „Ich habe mich schon lange darauf gefreut, Sie einmal kennenzulernen", sagte sie und bat Ruth und mich, sie auf eine Tasse Tee in ihrer Wohnung zu besuchen. Zu den Versammlungen wolle sie so oft wie möglich kommen, kündigte sie an – „und ganz bestimmt zur Premiere!" Das klang fast, als seien wir eine der Theaterattraktionen der Stadt.

Pearl Bailey sagte dasselbe, als sie uns begrüßte. Ihr Vater sei Pastor, erfuhren wir, und Gott sei ihr Agent; sie glaube an das Gebet und an die Bibel. Im Gespräch merkte ich, daß viele dieser Leute auf der Suche nach einem tieferen Sinn in ihrem Leben waren.

Dann, mitten unter all den Berühmtheiten, griff jemand nach meinem Arm. „Gott segne Sie", sagte ein Regieassistent. „Ich bin auch Christ. Wir sehen uns am Mittwoch abend."

Nach der Sendung stießen zwei Männer vom *Life*-Magazin zu uns – der Reporter Dick Billings und der Fotograf Cornell Capa, der uns davon erzählte, wie er ein Jahr zuvor seine inzwischen berühmt gewordenen Fotos in Ecuador geschossen habe. Damals waren fünf amerikanische Missionare von Mitgliedern des entlegenen Auca-Indianerstammes getötet worden. Die beiden Journalisten nahmen mich mit auf einen Spaziergang, diesmal zur Abwechslung über den Times Square, und wir ließen uns einige Hot dogs schmecken.

Die nächsten beiden Tage waren nahezu pausenlos mit Medienterminen ausgefüllt. Als erstes kam Bill Leonards Fernsehmagazin *Eye on New York*, für das wir fünf Berichte hintereinander drehten, die an jedem Tag dieser Woche ausgestrahlt wurden. Um elf Uhr an diesem Vormittag war ich bei John Cameron Swayze im ABC-TV. Um zwei fand ein Interview mit Sidney Fields statt, einem Kolumnisten vom *New York Mirror*. Selbst als sich nachmittags um halb fünf das Evangelisationskomitee traf, ließen Fotografen von *Look*, *Life* und *Ebony* ihre Kameras aufblitzen.

Der Dienstag lief ebenso ab wie der Montag. Wir begannen mit einer fünfundvierzigminütigen Radiosendung mit Martha Deane, die von der *New York Times* unterstützt wurde. Um zwölf trafen Ruth und ich im Hotel Waldorf-Astoria ein, wo uns Tex und Jinx McCrary für ihre landesweit ausgestrahlte NBC-Fernsehsendung interviewten. Sie erlaubten mir sogar, am Ende eine Kurzpredigt zu halten.

Unter den Presseleuten, denen wir in jenen ersten Tagen in New York begegneten, war auch eine hübsche indische Journalistin. Sie fragte Ruth, warum ich nicht im Süden bleibe und gegen den Rassismus kämpfe. Ruth versicherte ihr, daß es dieses Problem überall gebe – und mußte sich auf die Zunge beißen, um nicht nachzufragen, was die Journalistin denn gegen das Kastensystem in ihrer Heimat unternehme.

Die ständige Präsenz der Presse war für Ruth, die eher öffentlichkeitsscheu ist, schwer zu ertragen. Schon fünf Monate vor der Evangelisation hatte sie über diese Belastung geschrieben: „Es ist albern, über das Medieninteresse zu jammern. Mag sein, daß es ein Kreuz ist. Mag sein, daß es eine Chance ist. Mag sein, daß es beides ist. Unser tiefster Herzenswunsch ist, daß *Er* in allem verherrlicht wird und sein Ziel erreicht."

Und doch: Wir hatten beide begriffen, wie wichtig die Medien sind. In meinem Tagebuch notierte ich: „Seltsam, wie man sich an die Publicity gewöhnt. Früher war mir dieses Eindringen in unsere Privatsphäre entsetzlich zuwider; doch inzwischen haben wir gelernt, damit zu leben und alles in Gottes Hand zu legen. Freilich ist mir auch klar, daß dieselbe Presse, die uns bekannt gemacht hat, uns über Nacht ruinieren könnte."

Am Dienstag abend, nach einem Einsegnungsgottesdienst für das Team und die Mitarbeiter, hatte ich eigentlich vor, möglichst viele der während der ganzen Nacht stattfindenden Gebetstreffen zu besuchen. Doch weil ich so erschöpft war, beschloß ich, ins Hotel zurückzukehren. Dort stieß ich wieder auf Billings und Capa, die noch weitere Bilder für den Bericht im nächsten *Life*-Magazin haben wollten. Also ging es wieder hinaus. Während ich im Regen den Broadway entlang spazierte, machten sie Fotos. Vierundzwanzig Straßen weiter waren wir wieder bei der Baptisten-Gemeinde angelangt, wo neben anderen Journalisten ein Fotograf von der Zeitschrift *Match* wartete. Er war extra aus Paris herübergeflogen, um über die Evangelisation zu berichten. Auch aus Schweden, Holland und Australien waren Reporter gekommen.

Ich schilderte den Spaziergang später in meinem Tagebuch: „Ich hätte mir nie träumen lassen, daß einmal ein Tag kommen würde, an dem ein Prediger in gewöhnlicher Kleidung durch jede beliebige Straße in New York gehen kann und jeder ihn erkennt. Das hat Gott möglich gemacht. Die Verantwortung ist so überwältigend, daß ich mich kaum entspannen kann. Ständig quält mich die Sorge, ich könnte mit einem falschen Schritt Christus in Mißkredit bringen."

Auch der Mittwoch, an dessen Abend die Evangelisation eröffnet werden sollte, brachte keine Erleichterung. Nach dem gemeinsamen Frühstück und der Andacht mit Ruth auf unserem Zimmer fuhr mich George Wilson in die NBC-TV-Studios zu einem Auftritt bei Dave Garroway. Im Studio kam mir ein anderer Gast entgegen – die Schauspielerin Gloria Swanson. Wir unterhielten uns etwa eine halbe Stunde lang intensiv, und sie versprach, zu den Versammlungen zu kommen. Beim Interview, das dann aufgezeichnet wurde, stellte mein alter Freund Dave Garroway Fragen, die direkt zum Evangelium führten.

Als wir am Abend die Stufen hinunter in die Arena des alten Madison Square Garden stiegen, mußten wir ein Blitzlichtgewitter der Pressefotografen durchqueren. Still betete ich unaufhörlich: „O Gott, laß es zu deiner Ehre sein. Ich will nicht mich selbst in den Mittelpunkt stellen."

Jene erste Versammlung wird mir stets als einer der Höhepunkte meines Dienstes in Erinnerung bleiben. Soweit ich es im Scheinwerferlicht erkennen konnte, waren die neunzehntausendfünfhundert Plätze der Arena besetzt. Cliff hatte großartige Arbeit bei der Schulung des fünfzehnhundertköpfigen Chores geleistet. Auch Bev war in Hochform, als er einen unserer Lieblingschoräle sang: „Du großer Gott ... wie groß bist du!" Später rechnete er aus, er müsse das Lied während der Evangelisation wohl neunundneunzigmal gesungen haben. Bei einem anderen Lied kamen ihm angesichts der dichtgedrängten Menge im Madison Square Garden doch Zweifel an der Richtigkeit seiner Liedwahl: Er sang „Allein komme ich in den Garten".

„Wir wollen Ihnen keine Show bieten", sagte ich bei der Begrüßung der Zuhörer. „Wir glauben, daß hier heute abend viele Leute sitzen, die in ihrem Herzen hungrig sind. Ihr ganzes Leben lang haben sie nach Frieden und Freude, Glück und Vergebung gesucht. Ich möchte Ihnen sagen, daß Sie noch an diesem Abend in Christus all das finden können, wonach Sie gesucht haben. Er kann Ihnen diesen tiefen, inneren Frieden ins Herz geben. Er kann Ihnen jede Sünde vergeben, die Sie je begangen haben. Vergessen Sie mich als den Redner. Hören Sie nur auf die Botschaft, die Gott Ihnen durch das, was heute abend gesagt wird, übermitteln will."

Dann sprach ich über Gottes Ruf zur Buße und zum Glauben und legte dabei das erste Kapitel des Propheten Jesaja zugrunde. Als ich später zur Entscheidung für Jesus aufrief, kamen siebenhundertvier Zuhörer nach vorn.

Allen voran ging Jack Lewis, den Jerry und ich ein Jahr zuvor an Bord eines Schiffes kennengelernt hatten. Jack war ein prominenter jüdischer Geschäftsmann, dessen überschwengliche Freude über seinen neugefundenen Glauben während der folgenden Wochen das ganze Team ansteckte. Begleitet wurde er an diesem Abend von einem jungen, in Fürth geborenen Studenten namens Henry Kissinger, der im Laufe des Sommers noch mehrmals zu den Versammlungen kam.

Spätabends nach der ersten Versammlung hatte ich kaum noch Energie, um etwas in mein Tagebuch zu schreiben. Ich notierte nur einen kurzen Eintrag: „Wann haben wir in unserer Generation schon einmal solche Möglichkeiten erlebt? Das sollte allen Christen Anlaß zur Freude geben. Mich hat es sehr gedemütigt. Die Presse war heute bemerkenswert. Fast jede Zeitung brachte auf der Titelseite Berichte über die Veranstaltung und das heutige Programm."

Mein Adrenalinspiegel war am Anschlag, aber gleichzeitig war ich erschöpft. Ruth entging das nicht. „Ich weiß nicht, wann ich ihn schon einmal so müde gesehen habe", schrieb sie nach der ersten Versammlung in ihr Tagebuch. „Sein Terminplan ist zu voll!"

Als ich am Abend den Madison Square Garden betreten hatte, waren mir als erstes dreihundert Pressevertreter und mehrere Wochenschaukameras aufgefallen. Ich wußte, daß meine Ansprache in alle Welt hinausgetragen werden würde.

Am nächsten Morgen widmete die *New York Times* dem Eröffnungsgottesdienst drei Seiten und druckte meine Predigt Wort für Wort ab. Die anderen fünf Tageszeitungen berichteten ebenfalls ausführlich. Auch die meisten ihrer Kolumnisten befaßten sich mit der Veranstaltung. Dr. Bonnell meinte, so etwas habe er in seinen dreiundzwanzig Jahren in New York noch nicht erlebt.

Das *Journal-American* brachte eine Karikatur, die einen Boxring im Madison Square Garden zeigte (der ja tatsächlich ein beliebter Austragungsort für Weltmeisterschaftskämpfe war). Auf der Zeichnung saß der Teufel in einer Ecke – geschlagen, zerzaust und entmutigt. Um ihn wieder auf die Beine zu bringen, verabreichten seine Betreuer ihm eine Flasche Whiskey mit dem Etikett „Old Nick". Ich war als großer, starker, muskulöser Preisboxer dargestellt – welch ein Triumph der Phantasie! –, der die erste Runde gewonnen hatte. Untertitelt war die Karikatur mit: „Und heute abend wartet er auf Satans Gegenangriff!"

Am zweiten Abend sank die Zuhörerzahl auf ungefähr vierzehntausend. Dies war bei fast jeder Evangelisation der Fall, doch es waren immerhin noch mehrere Tausend Leute mehr als am zweiten Abend in London. Das machte uns Mut. Bis zum Ende der Woche jedoch war der Madison Square Garden wieder überfüllt, und Hunderte mußten noch abgewiesen werden. Als der Andrang immer mehr zunahm, predigte ich zusätzlich zu der Hauptveranstaltung auch vor den Leuten, die geduldig draußen auf der Kreuzung 49th Street und 8th Avenue warteten. Weil sich allein dort draußen bis zu achttausend Menschen versammelten, ließen wir eine kleine Bühne bauen, auf der Bev singen und ich predigen konnte.

Die Berichterstattung in den Zeitungen blieb weiterhin positiv. Ausführliche Berichte und Auszüge aus den Predigten wurden von den meisten Zeitungen und Nachrichtendiensten innerhalb und außerhalb der

Stadt abgedruckt. Der *New York Herald Tribune* räumte mir jeden Tag eine Kolumne auf der Titelseite ein, in der ich schreiben konnte, was ich wollte.

Die Nachrichtenagentur Associated Press verbreitete von Anfang an zwei Berichte pro Tag über die Evangelisation. Der zuständige Reporter war der von einem Assistenten unterstützte George Cornell. Als Cornell eines Abends seinen Stift niederlegte und selbst nach vorn kam, wollte ihn sein zuständiger Redakteur von der Berichterstattung suspendieren. „Sie sind an dieser Sache zu nahe dran und können nicht objektiv schreiben", behauptete er.

Ich schrieb an einige befreundete Zeitungsherausgeber, wenn ihre Redakteure Berichte anforderten, würde die Associated Press sie sicherlich liefern. Und genauso kam es.

Normalerweise führten wir an Sonntagen keine Evangelisationsveranstaltungen durch. In New York machten wir eine Ausnahme, denn hier gab es nur in sehr wenigen Gemeinden sonntags abends Gottesdienste. Nachdem wir mehrere Wochen lang jeden Abend eine Veranstaltung gehabt hatten, mußten wir unseren Teammitgliedern einen Ruhetag gönnen. Von da an pausierten wir montags.

Am ersten Sonntag – dem fünften Tag der Evangelisation – nahm Bürgermeister Robert Wagner nachmittags Erling Olsen (vom Organisationskomitee) und mich im Cabriolet mit nach Brooklyn. Etwa vierzigtausend Amerikaner norwegischer Abstammung waren zur Feier des norwegischen Unabhängigkeitstags zusammengekommen und bevölkerten in farbenfrohen Trachten den Leif Eriksson Square. Als ich zu ihnen sprach, hoben Hunderte ihre Hände, um damit anzuzeigen, daß sie ihr Leben Jesus Christus anvertrauen wollten. Dies war die erste von mehreren Großveranstaltungen, die wir in der ganzen Stadt abhielten. Allein während einer Mittagsversammlung auf der Wall Street blockierten schätzungsweise dreißigtausend Zuhörer den Verkehr.

Wir wollten die Menschen in ihrem Lebensumfeld erreichen – denn wir wußten, viele von ihnen würden nie zu einer unserer Evangelisationen kommen.

Der begabte schwarze Pastor Howard Jones aus Cleveland stieß etwa in dieser Zeit zu unserem Team und hielt ebenfalls Dutzende von Versammlungen im Großraum der Metropole ab. Als ein Kritiker behauptete, es würden nur sehr wenige Schwarze an den Versammlungen teilnehmen, ließ Dan Potter eine sehr sorgfältige Untersuchung anstellen und kam zu dem Ergebnis, daß die Proportionen fast genau den demographischen Verhältnissen in der Stadt entsprachen. Dennoch wollten wir noch mehr tun, um Schwarze zur Teilnahme zu ermutigen.

An einem Abend sprach mein Freund Dr. Martin Luther King jr. ein bewegendes Eröffnungsgebet. Auf meine Bitte hin gab er uns bei einer Teamrüstzeit während der Evangelisation tiefe Einblicke in die Rassensituation in Amerika.

Bei allen Veranstaltungen hatte Willis Haymaker gesonderte Sitzblöcke für Sehbehinderte, Hörgeschädigte oder Rollstuhlfahrer eingerichtet. Willis' Herzlichkeit, seine Gebete und seine Frömmigkeit trugen wie kaum etwas anderes zu der guten Atmosphäre der Veranstaltung bei.

Allmählich entwickelte sich in diesen Tagen eine gewisse Routine: Frühmorgens erschienen meistens Charlie oder Cliff in meinem Hotelzimmer, um mit mir den Terminplan für den Tag durchzugehen. Oft sprach ich neben der Abendveranstaltung noch bei drei oder vier weiteren Anlässen. Da in New York ständig unzählige Konferenzen stattfanden, wurde ich oft zu Veranstaltungen eingeladen. Die Möglichkeiten schienen grenzenlos zu sein. Unser Team – unterstützt von einer Anzahl bekannter Pastoren, darunter Paul Rees, Tom Allan und Samuel Shoemaker – wurde nahezu überall eingeladen. Einige von uns, besonders Grady, schienen rund um die Uhr auf den Beinen zu sein.

Im Hotel Waldorf-Astoria nahmen Ruth und ich an einem Vatertagsempfang teil. Ich sollte als „Vater des Jahres" im Bereich Religion geehrt werden. Dort lernte ich Mickey Mantle kennen, den großen Baseballspieler. Ich setzte mich neben ihn, und wir unterhielten uns lebhaft.

An einem anderen Tag aßen wir mit Dr. Norman Vincent Peale und seiner Frau Ruth zu Mittag. Seine Bücher und Vorträge über die „Kraft des positiven Denkens" hatten ihn bei einem Millionenpublikum bekannt gemacht. Frau Peale leitete die Frauengebetsgruppen für die Evangelisation, von der Dr. Peale sehr angetan war. Obwohl wir in unserer Verkündigung unterschiedliche Schwerpunkte setzten, lernte ich ihn als einen gläubigen Mann kennen, dem es am Herzen lag, daß Männer und Frauen ihr Leben Christus anvertrauten.

Ein weiterer denkwürdiger Empfang fand in Long Island im Haus von

Jane Pickens Langley statt, der Gattin des Präsidenten der New Yorker Börse. Der Bankier E. F. Hutton ließ Ruth und mich in seiner Limousine mit Chauffeur abholen, ebenso meine Schwester Jean und ihren Mann Leighton Ford, den sie 1953 geheiratet hatte. Frau Langley hatte etwa fünfzig Gäste zu dem Mittagessen geladen, etwa hundertfünfzig weitere nahmen anschließend an einer Versammlung draußen auf der weiten Rasenfläche teil. Das Haus selbst war ein sehr gepflegtes Gebäude aus der amerikanischen Gründerzeit.

Der Empfang war ein regelrechtes Who's Who der New Yorker Gesellschaft mit vielen renommierten Namen auf der Gästeliste. Wir aßen im Freien und begaben uns dann zu der Rasenfläche, wo für die Gäste Stühle aufgestellt worden waren.

Bis zu diesem Augenblick war mir nicht klar gewesen, daß ich dort sprechen sollte … Also erklärte ich in ungefähr fünfundzwanzig Minuten, was ein Evangelist ist und warum wir die Einladung nach New York angenommen hatten. Ich sprach dann noch über die Bedeutung des Evangeliums und beantwortete mehr als eine halbe Stunde lang Fragen über alles mögliche, von der Finanzierung der Evangelisation bis hin zur Bedeutung der Person Jesu Christi. Zwei Zuhörer verrieten mir anschließend, sie seien bereits im Madison Square Garden nach vorn gegangen.

An diesem Abend fand unsere Versammlung ausnahmsweise im Tennis-Stadion Forest Hills im Stadtteil Queens statt. Ich begab mich direkt von den Langleys aus dorthin. Doch als die Versammlung begann, merkten wir, daß sich das Stadion direkt unter der Einflugschneise für den Flughafen LaGuardia befand. Erling Olsen rief sofort den Kontrollturm an. Bis ich mit meiner Predigt an der Reihe war, hatte man die Einflugschneise so weit verlagert, daß alles zu verstehen war.

Nachmittagstermine lehnte ich in der Regel ab. Denn zu dieser Zeit saß ich gewöhnlich im Bett und konzentrierte mich auf die abendliche Predigt. Es war mir zu einer guten Gewohnheit geworden, daß ich mich vor jeder Versammlung zwei Stunden hinlegte, um mich auszuruhen, nachzudenken und zu beten. Etwa eine Stunde, bevor ich aufbrechen mußte, aß ich ein Sandwich und trank eine Tasse Tee.

Wer selten gepredigt oder öffentlich gesprochen hat, ahnt vielleicht nicht, wie anstrengend und zermürbend das sein kann – körperlich, emotional und geistlich. In New York verließ ich das Podium oft schweißgebadet, und im Hotelzimmer fiel ich meist nur noch ins Bett. Mit meinem Vorsatz, täglich Tagebuch zu führen, war es bald vorbei: Die letzten beiden Eintragungen liegen zwei Wochen auseinander; danach gab ich es ganz auf.

Kurz nach dem Beginn der Evangelisation übernahmen Mitglieder unseres Teams die Ansprachen im Seelsorgeraum, in dem sich diejenigen trafen, die eine Entscheidung für Jesus getroffen hatten. Normalerweise komme ich gern selbst mit diesen Menschen zusammen, aber hier spürte ich, daß ich mit meinen Kräften haushalten mußte.

Das in mancher Hinsicht wichtigste Ergebnis jener ersten Wochen im Madison Square Garden war unsere Entscheidung, die Gottesdienste an den Samstagabenden über den Fernsehsender ABC live zu übertragen. Mein alter Freund Charles Crutchfield aus Charlotte, der den dort ansässigen Lokalsender leitete, hatte uns dazu gedrängt. Leonard Goldenson von der ABC, der uns einige Jahre zuvor bei der *Stunde der Entscheidung* geholfen hatte, war an vier Übertragungen bis zum geplanten Ende der Evangelisation am 30. Juni interessiert.

Die Kosten schienen astronomisch zu sein – 50.000 Dollar pro Woche! Doch wir hatten den Eindruck: Gott will, daß wir diesen Glaubensschritt tun und ihm vertrauen, daß sich genügend Leute an der Kostendeckung beteiligen. Das New Yorker Komitee stand dem Experiment skeptisch gegenüber. Doch ich rief meinen Freund J. Howard Pew an, der sich – wenn auch widerstrebend – bereit erklärte, nötigenfalls für die Hälfte der Summe zu bürgen. Wir unterschrieben den Vertrag.

Die New Yorker Evangelisation war nicht unser erster Fernseh-Versuch. Er ist jedoch eng verbunden mit Mel Dibble. Der Sohn einer Dozentin an einem theologischen Seminar moderierte jeden Samstagabend in Cincinatti eine landesweit ausgestrahlte Fernsehshow.

Während einer früheren Evangelisation in Cincinatti wollten Mel und seine Frau Ruth zusammen mit einem Freund die Veranstaltung besuchen, doch es war alles bis auf den letzten Platz besetzt. Als sie sich zum Gehen wandten, ging eine Bühnentür auf. Jemand erkannte Mel und rief ihn mit seinem Künstlernamen Mel Martin an. Er holte die ganze Gruppe herein und setzte Mel auf den Platz hinter Dr. Donald Grey Barnhouse direkt auf dem Podium. Das war Mel höchst peinlich. Am Ende der Versammlung fragte Barnhouse Mel nach seiner Haltung zum Glauben, doch Mel wollte sofort gehen.

Aber Barnhouse überredete Mel und seine Frau, noch mit in unser Hotel zu kommen. Als die drei dort ankamen, waren Grady und ich bereits im Schlafanzug. Trotzdem unterhielten wir uns, und Mel begriff, daß er die Vergebung Christi brauchte. Aber dann sagte er, er müsse jetzt gehen.

Ich ließ nicht locker: „Gott liebt Sie und hat ein Ziel und einen Plan für Ihr Leben, aber Sie müssen ihm Ihr Leben anvertrauen." Das überzeugte Mel, und er übergab sein Leben Christus.

Der sonst eher zurückhaltende Dr. Barnhouse war so gerührt, daß er Mel packte und umarmte, bis der vor Schmerzen aufschrie – der Füllfederhalter in seiner Tasche hatte sich zwischen seine Rippen gebohrt!

Während der New Yorker Evangelisation moderierte Mel nun mit anderen Teammitgliedern eine fünfzehnminütige Spätsendung. Am Ende jeder Ausstrahlung wurden die Zuschauer eingeladen, sich telefonisch zu melden. Für die Anrufer waren dreizehn oder vierzehn Telefonleitungen geschaltet, auf denen jeweils bis zwei oder drei Uhr morgens Anrufe eingingen. Oft mußten die Teammitglieder sogar die ganze Nacht aufbleiben, um die Anrufe entgegenzunehmen. Nach den ersten beiden Veranstaltungswochen gab Cliff Barrows in der *Stunde der Entscheidung* bekannt, hundertfünfzig Personen hätten erklärt, daß sie durch die Telefonseelsorge ihr Leben Christus anvertraut haben.

„Natürlich wissen wir, daß sich nicht alle Lebensprobleme durch ein einziges Telefongespräch lösen lassen", sagte Betty Lowry nach der ersten Woche gegenüber dem *Journal-American*. „Aber wir kennen Fälle, in denen wir helfen konnten."

Cliff war als wahrer Wirbelwind nicht nur jeden Abend als Chorleiter und spritziger Moderator im Einsatz, er leitete auch die *Stunde der Entscheidung*.

Am 1. Juni strahlten wir unsere erste ABC-Übertragung aus. Dabei mußten wir gegen zwei der beliebtesten Fernsehsendungen antreten, die *Perry Como Show* und die *Jackie Gleason Show*. Überrascht nahmen die Sender die Einschaltquoten zur Kenntnis, die ein paar Tage später eingingen. Der *Herald Tribune* schrieb, die Sendung habe „der ABC die bisher höchste Quote für den Zeitraum während der Shows von Como und Gleason beschert". Dazu wurde ein ABC-Vertreter zitiert: „Die Quote bedeutet, daß ungefähr 6,5 Millionen Zuschauer sich Dr. Graham angesehen haben – genug, um den Madison Square Garden ein ganzes Jahr lang jeden Tag zu füllen."

Die Zuschauerreaktionen ließen nicht lange auf sich warten. „Wir bekommen immer noch im Schnitt zehntausend Briefe am Tag", schrieb ich im Juli, nachdem die Sendungen seit einigen Wochen liefen, an Dr. Bonnell. „Viele Pastoren berichten, daß neue Leute in ihren Gemeinden auftauchen und der Gottesdienstbesuch im Juli plötzlich höher ist als je zuvor."

Von Anfang an gingen mehr als genug Spenden ein, um die Kosten zu decken, obwohl wir in der Sendung nur kurz erwähnt hatten, daß wir Geld für die Fortsetzung der Ausstrahlung brauchten.

Insgesamt strahlten wir vierzehn Live-Sendungen aus, da die Evangelisation verlängert wurde, und erhielten allein in der ersten Woche fünfunddreißigtausend positive Zuschriften. Darunter waren auch welche von Zuschauern, die zu Hause in ihrem Wohnzimmer eine Entscheidung für Christus getroffen hatten.

„Allmählich glaube ich, daß der ganze Sinn der Versammlungen im Madison Square Garden in diesen Fernsehsendungen liegen könnte", schrieb ich ein paar Tage nach der ersten Ausstrahlung in mein Tagebuch. „Der Madison Square Garden ist eine Plattform, von der aus man ganz Amerika erreichen kann."

Ursprünglich war der Abschluß der Evangelisation für den 30. Juni angesetzt worden. Doch da das Stadion fast jeden Abend überfüllt war, beschloß das Komitee kurzfristig eine dreiwöchige Verlängerung mit einer Abschlußveranstaltung am 20. Juli im Yankee-Stadion. Für mich war das keine leichte Entscheidung, denn ich war nach den ersten sechs Wochen körperlich bereits am Ende meiner Kräfte. Und weil mir die Predigten ausgegangen waren, mußte ich jeden Tag eine neue vorbereiten.

An manchen Abenden saß ich auf dem Podium und betete im stillen: „O Gott, *du* mußt es machen. Ich kann es nicht. Ich *kann* es einfach nicht."

Und wenn ich dann aufstand, kamen plötzlich die Worte – Gott gab mir Kraft und geistliche Vollmacht auf eine Weise, die sich mit menschlichen Begriffen nicht erklären läßt.

Den Abschlußgottesdienst im Yankee-Stadion werde ich nie vergessen. Hunderttausend Menschen drängten sich im Stadion, weitere zwanzigtausend standen draußen vor den Toren. Mit vierunddreißig Grad Celsius draußen und vierzig Grad auf dem Podium herrschte eine kaum erträgliche Hitze – ich begreife heute noch nicht, wie sich dabei irgend jemand konzentrieren konnte, einschließlich meiner selbst. Zum ersten Mal nahm ein führender Politiker des Landes an einer unserer Evangelisationen teil: Vizepräsident Nixon saß mit uns auf dem Podium und überbrachte ein Grußwort von Präsident Eisenhower.

Erneut standen wir vor der Entscheidung, ob wir die Veranstaltungsreihe noch einmal verlängern sollten oder nicht. Einige Mitglieder des Komitees fanden, wir sollten aufhören. Das Yankee-Stadion war ein würdiger Abschluß; alles weitere würde demgegenüber abfallen. Andererseits kamen immer noch jeden Abend Hunderte von Menschen nach vorn. Dan Potter meinte zu Charlie Riggs: „Wie können wir aufhören, wenn jeden Abend eine ganze Gemeinde ins Reich Gottes eintritt?"

„Gegen eine Fortsetzung sprechen einerseits der Höhepunkteffekt, andererseits die Gefahr, unseren Ruf zu verlieren", erklärte ich dem Komitee. „Aber erinnern wir uns an das Pfingstereignis. Es war ein gewaltiger Höhepunkt, doch anschließend setzten die Anhänger Jesu ihre Predigttätigkeit fort, bis sie aus der Stadt gejagt wurden. Golgatha war der größte Höhepunkt in unserer Geschichte, aber Gott hörte dort nicht auf. Unser Ruf sollte in dem Zusammenhang überhaupt keine Rolle spielen. Christus scherte sich absolut nicht um seinen Ruf."

Nach vielen Gebeten sprach sich das Komitee für eine Fortsetzung aus.

„Trotzdem war ich etwas unsicher, wenn ich an die Fortsetzung dachte. Doch ich fand auch in meinen Gebeten keinen Frieden, wenn ich daran dachte, die Veranstaltung zu beenden. Ich bin jedoch sicher, daß die Zuhörerzahlen dramatisch sinken werden", schrieb ich ein paar Tage später an George Champion. „Aus einem mir unbekannten Grund glaube ich jedoch ganz einfach: Der Herr möchte, daß wir weitermachen."

Wie sich herausstellte, traf meine Prophezeiung nicht ein; die Zuhörerzahlen im Madison Square Garden blieben fast konstant auf gleicher Höhe. Als der nächste Endtermin näherrückte, entschloß sich das Komitee ohne langes Hin und Her zur Fortsetzung, solange der Madison Square Garden zur Verfügung stand – nämlich bis zum Labor-Day-Wochenende Anfang September.

So viele Leute kamen nach vorn, daß wir die Zahl der ausgefüllten Nacharbeitskarten nicht bewältigen konnten. Bob Root, ein früherer Oberst der Air Force, organisierte diesen Teil der Arbeit neu, indem er sich hauptsächlich auf die Mitarbeit von freiwilligen Helfern stützte. Seine äußerst effektive Methode übertrugen wir auf alle späteren Evangelisationen.

Eine Veranstaltungsreihe von dieser Größenordnung brachte ihre ganz eigenen Probleme mit sich – schwierige und heitere.

Während der ersten Wochen mußten wir in der Presse vor falschen „Evangelisations-Mitarbeitern" warnen, die in einigen Stadtteilen von Haus zu Haus gingen, um Spenden zu sammeln. Wir haben niemals bei irgendeiner Evangelisation auf diese Weise Geld gesammelt, sondern uns stets darauf verlassen, daß das örtliche Komitee die nötigen Mittel aufbrachte.

An einem anderen Abend fand ein Hausmeister einige Stunden vor Beginn der Veranstaltung einen Drohbrief mit einer Bombenwarnung. Die sofort gerufene Polizei durchsuchte den Madison Square Garden ohne jedes Ergebnis.

Einmal drangen nachts Einbrecher ins Evangelisationsbüro ein und stahlen etwa 2.000 Dollar – für uns eine neue Erfahrung, auf die wir lieber verzichtet hätten.

An einem anderen Abend pöbelte mitten in der Veranstaltung ein Betrunkener los. Grady und Leighton Ford sprangen vom Podium auf. Um so schnell wie möglich zu seinem Sitzblock zu gelangen, verließen sie die Halle über einen Notausgang und fanden sich plötzlich ausgesperrt auf einer Feuertreppe hoch über den Straßen von New York. Irgendwann hörte ein Ordner schließlich, wie sie gegen eine Tür hämmerten, und öffnete ihnen. Nun konnten sie den armen Betrunkenen erreichen und überreden, mit ihnen den Saal zu verlassen.

Als Grady und Leighton wieder hereinkamen, stand ein anderer Mann mit wirrem Blick und einem Dutzend Bibeln in der Hand im Gang und behauptete, Gott habe ihm gesagt, er solle an diesem Abend anstelle von Billy Graham predigen. Es dauerte einige Zeit, bis sie ihn davon überzeugt hatten, daß er da wohl etwas falsch verstanden habe; vielleicht, meinten sie, sollte er am nächsten Abend predigen. Der Mann ging zufrieden weg und kam meines Wissens auch nicht zurück.

Der tatsächliche Abschluß der New Yorker Evangelisation war die riesige Sonntagabendkundgebung auf dem Times Square am 1. September. Die Polizei hatte alle Straßen ringsum gesperrt, um genügend Platz für die Zuhörer zu schaffen. Zur Predigt griff ich die Themen auf, die ich auf den

Ankündigungstafeln der Broadway-Theater gelesen hatte, und verglich sie mit Worten aus dem Evangelium.

Es war eine riesige Menschenmenge. Erste Schätzungen der Nachrichtenagenturen sprachen von zweihunderttausend Menschen. Auch der Radiokommentator Paul Harvey nannte diese Zahl in seiner Sendung. Als ich zurück ins Hotel kam, rief ich einen befreundeten Journalisten an und bat ihn um seine Schätzung. Eher um die fünfundsiebzigtausend, meinte er, und das entsprach in etwa meiner Schätzung. Das *Life*-Magazin zählte die Menschen auf den Fotos der Bildreporter aus und kam auf sechzigtausend, übersah freilich, wie die Redaktion später richtigstellte, eine Straße voller Zuschauer.

Die Veranstaltung war – unabhängig von der genauen Teilnehmerzahl – ein würdiger Abschluß für die bis heute längste von uns je veranstaltete Evangelisation. Insgesamt kamen während der sechzehn Wochen mehr als zwei Millionen Menschen zu den New Yorker Veranstaltungen, und mehr als einundsechzigtausend machten einen Anfang im Glauben an Jesus Christus (nicht eingerechnet die fünfunddreißigtausend, die diese Entscheidung aufgrund der Fernsehübertragungen getroffen hatten und uns das schrieben). Anderthalb Millionen Briefe überfluteten unser Büro allein als Reaktion auf die Fernsehsendungen in Minneapolis – woraufhin George Wilson unseren Mitarbeiterstab und seine Ausstattung im Schnellverfahren erweiterte.

Was wurde erreicht?

Oberflächlich gesehen blieb der „Big Apple" New York natürlich unverändert, wie ich gegenüber der Presse ohne Umschweife einräumte. Doch unterhalb der Oberfläche waren viele Menschen von der Botschaft des Kreuzes berührt worden. Jede Bewertung mußte die zahllosen Menschen einbeziehen, die durch eine Begegnung mit dem lebendigen Christus verändert worden waren. Berichte über dramatische Bekehrungen nahmen buchstäblich kein Ende.

Eines Abends stand eine schlicht gekleidete Frau im Seelsorgeraum – tränenüberströmt – und bat Christus, in ihr Leben zu kommen. Als die Seelsorgehelferin sie fragte, ob es noch irgend etwas zu bereden gebe, gab sie zu, daß sie panische Angst vor ihrem Sohn habe. „Er trinkt sehr viel", erklärte sie, „und ich habe Angst, daß er mich schlägt, wenn er hört, daß ich Christ geworden bin."

Bevor die Seelsorgehelferin darauf antworten konnte, rief eine Stimme in der Nähe: „Es ist schon gut, Mama. Ich bin auch hier."

Bei einer Veranstaltung suchten neben Hunderten von anderen Zuhörern ein Priester und eine Prostituierte ein seelsorgerliches Gespräch.

An einem anderen Abend entschied sich Jimmy Karam aus Little Rock, Arkansas, für Christus. Wegen seines aktiven Widerstandes gegen die Bürgerrechtsbewegung war sein Bild sogar schon im *Life*-Magazin abgedruckt worden. Doch sein Leben veränderte sich, als die Liebe Christi den Zorn aus seinem Herzen vertrieb.

Eine französische Diplomatengattin schrieb uns Tage, nachdem sie nach vorn gekommen war: „Diese Freude, diese Begeisterung über Christus! Ich wußte einfach nicht, daß man so glücklich sein kann."

Ein wohlhabender New Yorker nahm Christus an und brachte jeden Tag seine zwanzig bis vierzig Abendessensgäste mit zu der Veranstaltung.

Das *Wall Street Journal* berichtete, während der Evangelisation sei ein dramatischer Anstieg verkaufter Bibeln zu verzeichnen gewesen. Außerdem, so erwähnte die Zeitung, hätten vier Barkeeper ihren Urlaub vorziehen müssen, da in ihrem Lokal in der Nähe des Madison Square Gardens gähnende Leere geherrscht habe.

Die schwarze Schauspielerin und Sängerin Ethel Waters schlich sich eines Abends unauffällig in die Versammlung und erneuerte ihre Lebensentscheidung für Christus. Als Cliff von ihrer Anwesenheit hörte, bat er sie um ein Solo. Dann schloß sie sich dem Chor an. Wie Ethel hinterher oft erzählte, mußte wegen ihres beträchtlichen Umfangs die Armlehne zwischen zwei Stühlen entfernt werden, damit sie sich setzen konnte. So saß sie für den Rest der Evangelisation Abend für Abend anonym mitten im Chor. Später wurde sie mit ihren Liedern zu einem Höhepunkt auf vielen unserer Evangelisationen.

Selbst nach dem Abschluß der Evangelisation hörten wir, daß immer noch Leute zu Christus fanden. Manchmal braucht ein ausgestreuter Same lange, bis er aufgeht und sprießt.

So wie bei jenem Veranstaltungsteilnehmer, der völlig unbeeindruckt den Madison Square Garden wieder verließ. Einige Wochen später besuchte er ein Rodeo in derselben Arena. Während dieser Veranstaltung erinnerte ihn der Heilige Geist an das, was er damals gehört hatte. Mitten in dem Rodeo neigte der Mann still seinen Kopf und vertraute sein Leben Christus an.

Überwältigt von dem, was er im Seelsorgeraum miterlebt hatte, fragte sich der südafrikanische Theologiestudent Michael Cassidy, ob so etwas auch anderswo geschehen könnte. Einige Jahre später, nach seinem Theologiestudium, gründete er eine eigene Organisation, um Afrika für Christus zu erreichen. Gott hat durch seine evangelistische Tätigkeit viel bewirkt.

Gleichzeitig wurde durch die New Yorker Evangelisation ein Engpaß in unserer Arbeit deutlich. Leider versäumten es viele Gemeinden, sich um die neuen Christen zu kümmern und ihnen bei den ersten Schritten im Glauben zu helfen. Einige Monate später verbrachte Robert Ferm – der mir zusammen mit seiner Frau Lois viele Jahre lang mit Recherchen und Kontaktanbahnungen zu Pastoren sachkundig zur Seite stand – einen Monat in New York und befragte Pastoren und Leute, die zu Christus gefunden hatten. Dabei stellte er fest, daß mindestens fünfundsiebzig Prozent der neuen Christen keinen persönlichen Kontakt zu einer Gemeinde gefunden hatten. Mehr als ein Brief oder ein Anruf waren nicht gekommen, wenn überhaupt. Trotzdem hielten die meisten erstaunlicherweise immer noch an ihrem Glauben fest.

Bei unseren späteren Evangelisationen bemühten wir uns verstärkt um die Nacharbeit. Wir suchten insbesondere nach Wegen, um die Gemeinden zu schulen, sich den Chancen und Herausforderungen durch die neuen Christen zu stellen.

New York zeigte auch unvorhergesehene Auswirkungen auf unsere eigene Arbeit. Im Fernsehen hatten schätzungsweise sechsundneunzig Millionen Menschen zumindest eine der Versammlungen im Madison Square Garden miterlebt. Gott hatte uns die Tür zu einem neuen Medium geöffnet. Was folgte, war eine Flut von breit unterstützten Einladungen in andere Großstädte, darunter Chicago.

Auch an mir persönlich gingen die Versammlungen nicht spurlos vorüber. Ich wußte jetzt, daß keine Stadt und keine Gegend – so schwierig sie auch erscheinen mochte – für die Verkündigung durch sogenannte Großevangelisationen völlig verschlossen war. Aber auch körperlich forderte mir New York einen Tribut ab. Ich war mindestens zwanzig Pfund leichter und absolut ausgelaugt, als ich die Stadt verließ. In späteren Jahren sagte ich oft, daß mir während der New Yorker Evangelisation körperlich etwas verloren gegangen sei, das ich nicht wiedergefunden habe. Nie wieder haben wir eine so ausgedehnte Veranstaltungsreihe durchgeführt.

Meine Erschöpfung war nicht nur auf den vollen Terminkalender zurückzuführen. Ein ebenfalls als Evangelist tätiger Arzt erklärte mir, die härteste menschenmögliche Arbeit sei die evangelistische Predigt. Ob das stimmt, wage ich nicht einzuschätzen. Aber ich weiß, daß evangelistisches Predigen einen Menschen körperlich und emotional auslaugt. Bei mir liegt das einerseits an meinem ständigen Drängen auf eine Entscheidung. Belastend empfinde ich auch die große Verantwortung, die man trägt, wenn man von Dingen spricht, die Konsequenzen für die Ewigkeit haben. Ich fürchte mich stets davor, die Botschaft nicht klar genug oder etwa mißverständlich zu sagen.

Von dem Moment an, wo ich aufstehe, um zu einer größeren Menschenmenge zu sprechen, denke ich an den einzelnen, dessen Leben durch Trauer oder Alkohol oder familiäre Probleme belastet ist. Diesem Menschen möchte ich die Hoffnung des Evangeliums so klar wie möglich vor Augen stellen. Manchmal suche ich mir einen offensichtlich besonders niedergeschlagenen Zuhörer im Publikum aus und predige dann direkt zu diesem Menschen.

Predigen stellt uns in eine geistliche Auseinandersetzung mit den Kräften des Bösen. Meine absolute Hilflosigkeit ist mir dabei zutiefst bewußt. Nur der Heilige Geist kann in die Köpfe und Herzen derer vordringen, die noch ohne Christus leben. Wenn ich die Bibel auslege, dann weiß ich, daß da noch eine andere Stimme zu den Leuten spricht, und das ist die Stimme des Heiligen Geistes. Oft denke ich an das Gleichnis Jesu vom Sämann (siehe Markus 4,1-20). Es macht mir klar, daß ich nur Samen ausstreue. Gott – und nur Gott – kann bewirken, daß aus diesem Samen Frucht erwächst.

Noch mehrere Male kehrten wir in späteren Jahren nach New York zurück. Unsere Evangelisation 1970 im Shea-Stadion erreichte vor allem die Stadtteile außerhalb Manhattans. Eine Veranstaltungsreihe auf Long Island und den Meadowlands in New Jersey in den Jahren 1990 und 1991 zog zahlreiche Menschen aus der Stadt selbst und dem umliegenden Großraum an. 1991 versammelten sich eine Viertelmillion Menschen zu einer evangelistischen Kundgebung im Central Park. Dies war die größte Zuhörerschaft, vor der wir jemals in Nordamerika sprachen. Bei der Rückfahrt zum Hotel entdeckte eines meiner Enkelkinder Händler am Straßenrand, die T-Shirts mit der Aufschrift „Billy Blessed Us" („Billy hat uns gesegnet") verkauften. Das mag so sein – aber nur durch Gottes Gnade.

18

In alle Welt

Als während unserer New Yorker Evangelisation 1957 die Menschen nach vorn strömten, betete ich immer wieder um zwei Dinge.

Erstens: „Herr, erhöre die vielen Gebete der Menschen, die zu dir kommen – und laß nicht mich die Ehre dafür einheimsen."

Und zweitens: „Ich nehme gern jegliche Erschöpfung, Krankheit und was auch immer in Kauf für diesen einen Abend, damit du diese Menschen für dich gewinnst."

Am Ende dieser Evangelisation mußte ich mich ernsthaft mit der Frage auseinandersetzen, ob ich jemals eine weitere große Evangelisation würde durchstehen können – rein körperlich gesehen.

Doch die Berichte über diese Evangelisation hatten anderswo die Christen zum Gebet angespornt und Hoffnungen geweckt. Noch vor dem Ende der New Yorker Veranstaltung lagen uns über hundert neue Einladungen vor. Alles, was wir tun konnten, war, Gott um Kraft und Weisheit zu bitten, seinen Willen zu erkennen.

AUSTRALIEN

Eine Einladung erregte mein besonderes Interesse. Aus einem mir unverständlichen Grund – obwohl ich glaubte, daß es der Heilige Geist war, der mich dazu trieb –, empfand ich den dringenden Wunsch, den fernen Kontinent Australien zu besuchen.

Während unserer Londoner Evangelisation 1954 war mir die geistliche Not in Australien nachdrücklich bewußt geworden – nicht zuletzt durch die Kontakte mit einigen australischen Kirchenvertretern. Ende 1955 besuchte uns während einer Evangelisation in New Jersey der australische Evangelist Harold Whitney. Anschließend reiste er durch England und Schottland und recherchierte die Auswirkungen unserer damaligen Evangelisationen. Als Ergebnis seiner Untersuchungen drängte er seine australischen Amtskollegen, uns im Rahmen der Aktion „Tell Australia" auf den fünften Kontinent einzuladen.

Noch stärker beeinflußte mich aber die nachhaltige Unterstützung des anglikanischen Erzbischofs von Sydney, Howard Mowll. Ich hatte ihn 1954 bei den Versammlungen des Weltrates der Kirchen in Evanston, Illinois, kennengelernt, an denen ich als Beobachter teilnahm. Ohne Frage war er in seiner Leitungsfunktion einer der hervorragendsten Christen, der mir je begegnet ist. In Australien genoß er bei allen Denominationen großen Respekt. Leider starb er 1959 kurz vor Beginn unserer Veranstaltungen.

Erzbischof Mowll organisierte 1955 die vorläufige Einladung, die von einer breiten Basis der Geistlichkeit unterstützt wurde. Im Juli 1957 folgte dann ein eindringlicher persönlicher Brief. Daraufhin bat ich Jerry Beavan, sich in Australien und Neuseeland ein Bild von der Situation vor Ort zu machen.

Jerry kehrte mit einer Reihe offizieller Einladungen zurück: aus Melbourne, Sydney, Adelaide, Canberra, Perth und Brisbane – den Städten, in denen mindestens die Hälfte der australischen Bevölkerung lebte. Auch nach Neuseeland hatte man uns eingeladen. Jerry verschwieg aber auch nicht die möglichen Hindernisse für eine Evangelisation in jenem Teil der Welt. Doch als wir zusammen beteten und die Situation analysierten, spürten wir, daß Gott uns dorthin schickte.

Also übersiedelten Jerry und unser Mitarbeiter Bill Brown im Mai 1958 nach Sydney, um die Vorbereitungen dort zu leiten. Walter Smyth, ein früherer Direktor von Jugend für Christus in Philadelphia und jetziger Leiter unseres Filmvertriebs, zog im Frühsommer 1958 nach Melbourne. Die Termine für die Versammlungen in Australien und Neuseeland wurden in die Zeit von Februar bis Juni 1959 gelegt. Es sollte die längste Veranstaltungsreihe werden, die wir je außerhalb der Vereinigten Staaten gehalten haben.

Ich wußte im voraus, daß mir diese Reise sehr schwer fallen würde. Ruth konnte wegen der großen Entfernung und unserer wachsenden jungen Familie nicht einmal zeitweise bei uns sein. Ned, unser fünftes Kind, war Anfang des Vorjahres geboren. Es war die einzige Geburt, bei der ich dabei sein durfte. Natürlich hatte ich schon bei der Geburt von Tieren zugesehen, aber die Geburt eines Kindes war eine einzigartige, bewegende Erfahrung für mich. Als der Arzt mir sagte, daß es ein Junge sei, betete ich, daß er zu einem Mann Gottes heranwachsen würde. Der Gedanke, Ned und die anderen Kinder fünf oder sechs Monate lang allein zu lassen, war fast nicht zu ertragen.

Cliff stand vor genau derselben Situation. Da er und Billie ihr Leben dieser Arbeit gewidmet hatten, war er bereit, mich auf der langen Reise zu begleiten. Und doch: Die Trennung von seiner Familie war ein schweres Opfer.

Noch keine Evangelisation war bisher so gründlich vorbereitet worden. Wir schöpften nicht nur aus unseren Erfahrungen des letzten Jahrzehnts, sondern auch aus den Ideen der australischen Veranstalter. Noch nie hatten wir zum Beispiel so viele Nachbarschafts-Gebetstreffen organisiert – allein in Sydney waren es fünftausend.

Arbeitskreise entstanden, die sich jeweils um ganz bestimmte Bevölkerungsgruppen kümmerten: Ärzte, Gewerkschafter, Studenten ... bis hin zu den australischen Aborigenes und den neuseeländischen Maoris. Christliche Sozialarbeiter bildeten spezielle Seelsorgeteams, um Menschen mit sozialen oder psychischen Problemen zu helfen. Australien entwickelte sich gerade zu einem beliebten Einwanderungsziel für Leute aus nichtenglischsprachigen Ländern. Diesen Neu-Australiern boten wir in allen Städten Simultanübersetzungen via Kopfhörer an.

Die australischen Pastoren bestanden auf speziell geschulten Seelsorgehelfern für Kinder und verlangten ein eigenes Kinder-Nacharbeitsmaterial. Nur widerstrebend ließen sich unsere Seelsorgeleiter darauf ein, da sie ohnehin sehr überlastet waren. Doch wie fast alles, was wir in Australien ausprobierten, wurden diese Materialien zur Standardausrüstung bei unseren späteren Evangelisationen.

Ein wichtiges Element bei den Veranstaltungen in Australien waren Telefonschaltungen, mit denen wir Hunderte entlegener Ortschaften und Siedlungen erreichten. Etwa 650.000 Menschen besuchten Versammlungen in Kirchen und Theatern, in Schlafbaracken auf riesigen Viehzucht-Farmen, die über solche Leitungen mit einer Tonübertragung versorgt wurden. Wir wissen allein von fünfzehntausend Menschen, die auf diesen Veranstaltungen ihr Leben Jesus anvertrauten.

Das Hauptproblem im Vorfeld dieser Evangelisation war mein Bekanntheitsgrad. Mein Name war den meisten Australiern höchstens vage geläufig; kaum jemand kannte die Inhalte unserer Botschaft. Deshalb baten uns die örtlichen Veranstalter, landesweit die *Stunde der Entscheidung* auszustrahlen. Zusätzlich führten wir im ganzen Land die Dokumentarfilme vor, die wir in London und New York gedreht hatten.

Kurz vor der Abreise nach Australien spielten Grady und ich eine Runde Golf. Ihm fiel auf, daß ich ständig daneben schlug – ich meine, noch häufiger als sonst. Da bemerkte ich auch selbst, daß mit meinen Augen etwas nicht stimmte: Blickte ich zu Boden, schien er gewellt oder gewölbt zu sein. Plötzlich durchzuckte ein scharfer Schmerz mein linkes Auge, und mein linkes Gesichtsfeld war eingeschränkt.

Die Ärzte diagnostizierten ein sogenanntes „angiospastisches Ödem der Macula", ein Symptom, das eindeutig auf Streß und Überarbeitung zurückzuführen sei. Ließ ich die Sache nicht in Ruhe ausheilen, warnten sie mich, bestehe die Gefahr einer dauerhaften Erblindung.

So waren wir gezwungen, den Beginn des Australienbesuchs um zwei Wochen zu verschieben. Wir versuchten, alle Termine so gut wie möglich umzulegen. Trotz der geänderten Pläne spürten wir Gottes Wirken in der ganzen Situation. Allmählich besserte sich meine Sehfähigkeit wieder, obwohl sie im linken Auge immer noch nur bei dreißig Prozent lag, als wir in Australien ankamen. Auf Anweisung meiner Ärzte beschränkte ich meinen Terminplan auf die Hauptveranstaltung und höchstens einen oder zwei zusätzliche Termine pro Tag.

Melbourne
Trotz der Begeisterung des örtlichen Veranstalters unter Leitung des Dekans der anglikanischen Kathedrale, Dr. Stuart Barton Babbage, blieben Walter und einige andere unserer Mitarbeiter skeptisch. In der konservativen Stadt Melbourne mit ihrer reichen Bildungs- und Kulturtradition, so befürchteten sie, würden wir auf Gleichgültigkeit oder gar Widerstand stoßen. Nur wenige Jahre zuvor mußte hier ein anderer amerikanischer

Evangelist nach heftigem Gegenwind seine gesamte Veranstaltungsreihe abbrechen.

Nach unserer ersten Versammlung am 15. Februar war jedoch offenkundig: Die Prognose des Melbourner Komitees hatte gestimmt. Sowohl das überdachte Stadion als auch der mitgemietete provisorische Anbau waren zum Bersten gefüllt. Weitere Tausende Besucher standen draußen im Regen – nach der Hauptveranstaltung ging ich hinaus, um zu ihnen zu sprechen. Wie in New York wurde es zur Regel, zweimal zu predigen – einmal vor den Leuten im Stadion und einmal vor denen, die draußen standen.

Die unverblümten, aber herzlichen Worte des bekannten Melbourner Zeitungskolumnisten Eric Baume taten gut: „Was ist der Unterschied zwischen Dr. Billy Graham und manchen unserer hiesigen Erweckungsprediger? Er beleidigt niemanden; er ermahnt alle. Man sieht ihm am Gesicht an, was für ein mitfühlendes Herz in ihm schlägt. Und ich als Nichtchrist – wenn auch überzeugter Theist – werde kein Wort gegen ihn dulden … Ich persönlich kann nicht alles, was er predigt, akzeptieren. Aber das hält mich nicht davon ab, ihm zu danken, daß er nach Australien gekommen ist."

Schon bald stellte sich heraus, daß unser Stadion dem Besucheransturm nicht gewachsen war. Nach fünf Tagen zogen wir in die Sidney Myer Music Bowl um, ein wunderschönes Amphitheater mit einem dramatischen Orchesterpavillon aus Aluminium, der etwa so aussah wie ein riesiger Drachenfluggleiter. Zehntausende von Menschen konnten unter freiem Himmel auf dem Hang sitzen – und bis zu siebzigtausend taten es auch.

Unter Cliffs Regie wurden unsere Versammlungen auch im Fernsehen übertragen. Am Ende blendeten wir eine Telefonnummer für seelsorgerliche Gespräche ein. Nach der zweiten Übertragung legten gut zehntausend Anrufer die Melbourner Telefonschaltzentrale lahm. Hunderte erklärten, zum Glauben an Christus gefunden zu haben. Das Angebot der Telefonseelsorge in Verbindung mit Fernsehübertragungen wurde später zu einem regelmäßigen Bestandteil unserer Evangelisationen in den USA.

Doch nach wenigen Tagen mußten wir die Halle wieder räumen; sie war bereits für das jährliche Moomba-Festival der Stadt gebucht. Der einzige noch verfügbare Platz war das Landwirtschaftliche Ausstellungsgelände am Stadtrand. Dr. Babbage schilderte sie später anschaulich als

„die wohl unpassendste Umgebung für die Verkündigung, die man sich hätte einfallen lassen können ... Die verstärkte Lautsprecherstimme hallte wie eine Echomaschine über die windschiefen Tribünen hinweg. An manchen Abenden mischte sich der schweflige Rauch rangierender Lokomotiven auf den nahegelegenen Vieh-Verladebahnhöfen mit dem Gestank der angrenzenden Schlachthäuser zu einer Dunstwolke, die schwer über der Arena hing."

Zu dieser trostlosen Umgebung gesellte sich noch eine für diese Jahreszeit ungewöhnliche Kälte mit heftigen Regenfällen, so daß sich die ganze Gegend in einen Sumpf verwandelte.

Und doch kamen die Menschen – bis zu fünfundzwanzigtausend pro Abend. Als die vierwöchige Evangelisation zu Ende ging, hatten über eine halbe Million Menschen die Veranstaltungen in Melbourne besucht, und zweiundzwanzigtausend waren auf die Einladung hin, Jesus in ihr Leben aufzunehmen, nach vorn gekommen.

Der Abschlußgottesdienst fand auf dem Melbourner Kricketgelände statt, einer riesigen Anlage, die für die Olympischen Spiele von 1956 erweitert worden war, so daß 105.000 Menschen Platz fanden. Zwei Stunden vor Beginn fragte ich die auf der Ehrentribüne versammelten Direktoren des Kricketgeländes nach ihrer Einschätzung der zu erwartenden Besucherzahl. Sie rechneten mit fünfzigtausend. Wenig später kam eine Nachricht vom Manager des Geländes, die Anlage werde voll besetzt sein. Als alle Sitzplätze belegt waren, meldete er, draußen stünden noch Tausende von Besuchern und begehrten Einlaß. Daraufhin trafen die Direktoren spontan eine nie dagewesene Entscheidung: Sie öffneten die Tore und ließen die Leute auf den „heiligen" Kricketrasen kommen, den sonst nur die Spieler betreten durften. Nach der letzten Schätzung waren es 143.750 Menschen – nicht nur ein Rekord für das Stadion, sondern auch die größte Zuhörerschaft, vor der ich bisher je gesprochen hatte.

Tasmanien und Neuseeland

Nach Melbourne folgten einige kurze Aufenthalte in Tasmanien und Neuseeland. In Hobart, der Hauptstadt von Tasmanien, verloschen nach einem Stromausfall die Scheinwerfer. Das Podium war kaum noch zu sehen, und ich spürte, wie die Leute unruhig wurden. Am Predigtbeginn erzählte ich, wie köstlich mir die tasmanischen Äpfel geschmeckt hätten. Die Unruhe hielt an. Da stieg auf einmal ein kleiner Junge die Stufen zum Podium empor, sprach kurz mit Bev und kam dann zu mir, um mir einen schönen, großen Apfel zu schenken. Die Leute lachten über seine Unbefangenheit. Von diesem Moment an hatte ich ihre ungeteilte Aufmerksamkeit.

In Wellington auf der nördlichen Insel Neuseelands hielt ich einen Vortrag in der Universität. Unter anderem kam ich auf die Realität der Hölle zu sprechen. Nach dieser Versammlung – es war inzwischen kurz vor Mitternacht, und ich wollte gerade schlafen gehen – klopfte es laut an meiner Tür. Draußen stand einer der Studenten – er kochte vor Wut.

„Was fällt Ihnen ein, von Amerika herüberzukommen und von der Hölle zu schwafeln? Ich glaube nicht an die Hölle, und Sie haben nicht das Recht, solchen Schwachsinn zu verbreiten!"

„Darf ich Ihnen eine Frage stellen?" erwiderte ich. „Angenommen, Sie fahren nach Auckland, um in ein Flugzeug nach Sydney zu steigen. Und angenommen, man teilt Ihnen mit, es besteht eine zehnprozentige Wahrscheinlichkeit, daß das Flugzeug unterwegs abstürzen wird. Steigen Sie dann ein?"

„Nein", antwortete er. „Natürlich nicht."

„Und wenn die Absturzwahrscheinlichkeit nur fünf Prozent betragen würde? Steigen Sie dann ein?"

„Nein, nein! Was denken Sie denn?"

„Nun stellen Sie sich vor, es bestünde nur eine zehnprozentige – oder auch nur eine fünfprozentige – Wahrscheinlichkeit, daß Jesus recht hatte und es *doch* eine Hölle gibt. Meinen Sie, daß es zumindest eine fünfprozentige Wahrscheinlichkeit geben könnte, daß er recht hatte?"

„Nun ja, ich denke schon."

„Wäre es dann klug, das Risiko einzugehen und diese Gefahr zu ignorieren?"

„Nein, wohl kaum", gab er widerstrebend zu.

„Wollen Sie dann nicht Christus in Ihr Leben aufnehmen und anfangen, ihm nachzufolgen?"

Er überlegte einen Moment. „Nein, das kann ich nicht. Ich will nämlich nicht nach den Maßstäben leben, die Jesus aufgestellt hat."

Der Student war mit einem vermeintlich intellektuellen Problem gekommen, doch in Wahrheit ging es, wie bei vielen anderen Menschen auch, um das Glauben-*Wollen*.

In Australien und Neuseeland kamen mehr als je zuvor unsere mitarbeitenden Evangelisten zum Einsatz. Sie predigten jeweils für eine oder zwei Wochen; dann schloß ich die Evangelisation mit der letzten Veranstaltung ab. Unter anderem sprachen sie auch in Schulen, Gefängnissen, Fabriken und Hafengebieten – überall, wo ich wegen anderer Termine nicht predigen konnte. Insgesamt nahm ein Fünftel der Bevölkerung an einer Evangelisationsveranstaltung teil.

Sydney

An der Universität von Sydney erlebte ich eine direkte Konfrontation mit dem Teufel. Ich sprach gerade vor viertausend Studenten über die Notwendigkeit des Glaubens, als mit einem lauten Knall und heftiger Rauchentwicklung eine Gestalt in feuerrotem Kostüm auftauchte, komplett mit Hörnern und Schwanz. Als diese Figur auf mich zukam, schüttelte ich ihr lachend die Hand. Dann zog ich eine kleine Bibel aus der Tasche und erklärte dem eifrigen Schauspieler das Evangelium. Nachdem ich die Versammlung verlassen hatte, erzählte er seinen Kommilitonen, er glaube immer noch nicht an Jesus. Am nächsten Tag brachte der *Sydney Daily Mirror* ein Bild von uns beiden auf der Titelseite.

Am 10. Mai brachen die 150.000 Besucher der Abschlußveranstaltung in Sydney alle Zuschauerrekorde für den Messeplatz und das angrenzende Kricketgelände. Zusätzlich verfolgten schätzungsweise über eine Million Menschen Übertragungen dieses Gottesdienstes in Privathäusern, Kirchen und Sälen in ganz Australien – an Orten mit so faszinierenden Namen wie Bunbury, Manjimup, Pingelly und Wubin. Dieses Interesse deutete nicht etwa auf die Popularität unseres Teams hin, sondern war, wie ich den Leuten sagte, „ein klarer Beweis für den großen geistlichen Hunger in Australien".

Jene letzte Veranstaltung in Sydney bestand im Grunde aus zwei Parallel-Versammlungen. Auf dem Messeplatz und auf dem angrenzenden Kricketgelände wurden jeweils die gleichen Aufbauten errichtet – Rednerpodest und Chortribüne –, und an beiden Orten gab es einen gut tausendköpfigen Chor. Beide Veranstaltungen begannen um drei Uhr nachmittags. Bev und die anderen am Programm Beteiligten wechselten mit dem Auto zwischen den Plätzen hin und her; ich machte es ebenso, um vor beiden Zuhörerschaften zu predigen. Eigentlich hätte ich unter diesen Umständen meine Predigt kürzen sollen, aber ich bin mir nicht sicher, ob mir das gelungen ist. Die Ergebnisse waren ermutigend. In die St. Stephen-Kirche zum Beispiel kamen sechshundert Leute zum Nachgespräch.

Perth, Adelaide und Brisbane

Perth liegt am anderen Ende des Kontinents im Westen Australiens. Wegen der ständig steigenden Zuhörerzahl mußten die Sitzgelegenheiten auf dem Claremont-Messeplatz durch fast zwei Kilometer Planken ergänzt werden, die auf Kerosinkanister, Munitionskästen und Benzinfässer gelegt wurden. Grady hatte die Evangelisation begonnen, und ich kam später hinzu. An einem Abend wollte auch ein Erzbischof nach vorn kommen. Grady gab ihm zu bedenken, daß ein solches Handeln seine Gemeinden verwirren könnte. Und so sprach und betete er persönlich mit ihm.

In Adelaide lag die Besucherzahl während der ganzen Evangelisation weit über dem Durchschnitt. Einen besonders tiefen Eindruck hinterließ Joe bei einer Studentenversammlung in der Universitätsaula. In Brisbane sprach Leighton Ford die Woche über vor zahlreichen Zuhörern auf den Milton Tennis Courts; ich predigte dann am Abschlußwochenende auf dem Ausstellungsgelände. Die Veranstaltungen wurden in siebzig Ortschaften und Städte in Queensland übertragen.

In Adelaide begegnete ich zum ersten Mal Rupert Murdoch. Murdoch war damals außerhalb Australiens noch nahezu unbekannt und stand erst am Beginn seiner Medienkarriere. Doch sein ruhiges Wesen imponierte mir; später wurden wir Freunde. Durch seine Publikationen hat er unsere Arbeit in vielen Teilen der Welt unterstützt.

Die Bilanz nach unserer letzten Versammlung, die im Mai in Brisbane stattfand: Etwa 3,3 Millionen Menschen hatten in Australien an einer unserer Veranstaltungen teilgenommen. Darunter waren 150.000 Zuhörer, die um ein Gespräch gebeten hatten.

Während dieser langen Zeit vermißten Cliff und ich unsere Familien sehr. Billie schickte Cliff ein Foto von einer seiner kleinen Töchter. Aber das machte die Sache eher noch schlimmer, denn es zeigte, wie die Kleine am Fenster stand und nach ihrem Papa weinte.

Billie selbst wurde ein wenig getröstet, als ein Freund ihr einen Fernsehapparat zukommen ließ. So konnte sie eine Reportage über ihren Mann und mich in Australien verfolgen.

Mitten in unserem vollen Terminplan fanden wir sogar ein wenig freie Zeit. Lee Fisher und ich spielten einige Male zusammen Golf. Er war ein Tausendsassa, der viele Dinge gut konnte; zum Beispiel beherrschte er zahllose Musikinstrumente. Früher war er Evangelist gewesen, doch nach dem Tod seiner Frau hatte er sich vom Glauben an Gott losgesagt und eine Weltreise unternommen. Als er zurückkam, hatte er zu stottern begonnen – das verstand er als Gottes Gericht für seinen Ungehorsam. Er hatte dann wieder geheiratet und auch zu seinem Glauben zurückgefunden. Sein Humor war umwerfend, und es gelang ihm sogar, mein Golfspiel zu verbessern.

Einen freien Tag zwischen zwei Veranstaltungen nutzten Cliff, Paul Maddox, Walter Smyth und ich für einen Ausflug. Wir machten uns auf den Weg zu einer Freizeitanlage namens Surfer's Paradise. Irgendwo unterwegs hielten wir an einem wunderschönen Sandstrand. Soweit das Auge blickte, waren wir unter uns – dachten wir zumindest. Nachdem wir uns Zeit zum Beten und Bibellesen genommen hatten, gingen Cliff und ich schwimmen. Wir ließen uns gerade so richtig von der Brandung durchschütteln, als plötzlich Walter und Paul aufschrien: „Haie! Kommt 'raus – Haie!"

Wir spähten durch die Gischt und sahen einige Dreiecksflossen zielstrebig auf uns zukommen. Offensichtlich hatten wir Surfer's Paradise noch nicht ganz erreicht.

Das Thema Glauben beherrschte während unserer Reise die Titelseiten der australischen Presse. Doch nirgendwo war die Geschichte der Evangelisation besser zu lesen als im Leben der Australier, die eine Begegnung mit Christus gehabt hatten und zu anderen Menschen geworden waren.

So wie jener Safeknacker, der gerade mit einer Bande einen Einbruch plante. Zwischenzeitlich kam er zu einer Versammlung und wurde Christ. Bald darauf trafen er und sein Seelsorgehelfer mit der Bande zusammen und erklärten, was mit ihm passiert sei und warum er sich nicht länger an dem Unternehmen beteiligen könne.

„Familie" – so lautete das Thema eines Abends. Unter den Anwesenden saß ein geschiedener Mann mit seiner Freundin, die der Anlaß für das Scheitern seiner Ehe gewesen war. Die Botschaft drang ihm durchs Herz. Als er während der abschließenden Einladung, sich Jesus auszuliefern, aufblickte, sah er seine frühere Frau nach vorn gehen, um ihr Leben Christus anzuvertrauen. Unter Tränen ging er hinterher und stellte sich neben sie – um sich nicht nur mit Gott zu versöhnen, sondern auch mit seiner Frau.

Ein Bankangestellter, der in Sydney nach vorn kam, hatte bei seinem Arbeitgeber eine große Geldsumme veruntreut. Obwohl nichts davon bemerkt worden war, gestand er am nächsten Morgen alles seinem Vorgesetzten und bot Schadensersatz an. Entlassung und Anzeige waren ihm sicher, das wußte er. Doch sein Chef war so beeindruckt von der Veränderung, die in dem Mann vorgegangen war, daß er ihn nicht nur in der Bank behielt, sondern am gleichen Abend selbst die Evangelisation besuchte und sein Leben Christus anvertraute.

Und dann war da Ron Baker. In seinem Leben war so ziemlich alles schiefgegangen. Seit er als Kind körperlich mißhandelt worden war, litt er unter einer Sprachbehinderung. Ron war Alkoholiker, notorischer Spieler und abhängig von okkulten Praktiken. Jeden Abend ging er in seine Stammkneipe und kehrte ein paar Stunden später alkoholisiert und übellaunig zurück, um seine Frau zu mißhandeln, die vergeblich mit der Scheidung drohte.

Ron war Busfahrer. An mehreren Abenden wurde er von seinem Arbeitgeber eingesetzt, um Gruppen zu den Versammlungen zu fahren, aber jedesmal tauschte er mit einem anderen Fahrer den Einsatzplan. Als er eines Nachmittags länger arbeiten mußte, versäumte er seinen tagtäglichen Kneipenbesuch und kam stocknüchtern nach Hause. Ein Freund, bei dem er Schulden hatte, war da, um ihn zu den Versammlungen einzuladen. Auch seine Frau drängte ihn dazu und berichtete, sie habe sich vier Tage zuvor für ein Leben mit Christus entschieden. Obwohl Ron auf diese Nachricht mit einem Wutanfall reagierte, gelang es seinem Freund, ihn wieder zu beruhigen und schließlich zum Mitkommen zu überreden – wenn auch nur unter der Bedingung, daß er sich so weit wie möglich nach hinten setzen könne.

„Die Predigt war der größte Haufen Mist, den ich je gehört hatte", schrieb Ron später. Aber Gott redete zu ihm an jenem Abend, und Ron machte einen Glaubensanfang mit Christus. Noch zwei Jahre lang kämpfte er gegen seine Alkoholabhängigkeit, doch ganz allmählich veränderte ihn Christus. Mit Hilfe eines christlichen Therapeuten überwand er seine

Sprachbehinderung. Als er spürte, daß Gott ihn in den christlichen Dienst berief, besuchte er eine Bibelschule und studierte anschließend Theologie. Später – als ordinierter Pfarrer – gründete Ron sein eigenes evangelistisches Team und ist seither als ein wirkungsvoller Evangelist in Australien und vielen anderen Teilen der Welt unterwegs.

In Neuseeland stieg ein Mann, den schwere finanzielle und familiäre Sorgen plagten, in seinen Wagen – mit dem festen Vorsatz, seinem Leben an einem Brückenpfeiler ein Ende zu setzen. Unterwegs schaltete er das Radio ein und stieß auf die Übertragung der Evangelisation. Die Ansprache über Psalm 23 veranlaßte ihn, ins nächste unserer Büros zu fahren, wo er nach einem Gespräch Christ wurde.

Solche Geschichten lassen sich auch von anderen Evangelisationen erzählen – und ich kann gar nicht genug davon bekommen, sie immer wieder zu hören. Die Verwandlung, die in einem Menschen vorgeht, der sein Leben für Jesus Christus öffnet, begeistert mich immer wieder aufs neue.

Doch Gott allein gebührt die Ehre! Nur er allein kann in unsere harten Herzen vordringen, Glauben und Vertrauen wecken und uns neues Leben schenken. Wie ich es auch an unserem letzten Tag in Brisbane sagte: „Für das, was hier in Australien geschehen ist, möchte ich Gott loben und preisen. Ich hoffe, daß Sie *uns* bald wieder vergessen haben – ausgenommen, daß Sie vielleicht für uns beten. Wenn Sie Fotos machen und applaudieren, weiß ich, es ist Ihnen ein Bedürfnis. Aber Sie applaudieren dem Falschen. Ich bin hier nur ein Repräsentant von Jesus Christus, dem König der Könige und Herrn aller Herren. Ihm sei Dank, Lob und Ehre."

Heimwärts

Von Australien aus reisten wir nach Europa. In Paris sahen Ruth und ich uns endlich wieder. Bevor wir uns auf den Heimweg machten, überquerten wir den Kanal und fuhren nach London. Dort wollte ich in einer Pressekonferenz über unsere Australienreise informieren. Aber die Journalisten schienen sich überhaupt nicht dafür zu interessieren, was wir auf der anderen Seite der Weltkugel erlebt hatten. Als ich jedoch in einem Nebensatz erwähnte, Ruth und ich seien durch den Hyde Park gegangen, und bei all den eng umschlungenen Pärchen habe man fast den Eindruck, durch ein Schlafzimmer zu spazieren – da spitzten die Reporter die Ohren. Quasi noch bevor wir den Raum verlassen hatten, wurden bereits die Zeitungen mit meiner Bemerkung über den Hyde Park als Schlagzeile auf den Straßen verkauft. Sie löste sogar eine hitzige Parlamentsdebatte aus. Wenige Tage später trafen Ruth und ich mit Königin Elizabeth II. zum Tee im Buckingham-Palast zusammen. Es war uns ein wenig peinlich. Sie hatte sicherlich auch von der Bemerkung über den Hyde Park gehört. Wie immer schien sie sehr interessiert an unserer Arbeit. Als australisches Staatsoberhaupt zeigte sie sich besonders erfreut, als wir berichteten, was Gott dort getan hatte. Die Schlagzeile erwähnte sie nicht, und ich tat es auch nicht.

Nach dem Jahr 1959 bin ich noch dreimal in Australien gewesen: 1968, 1969 und 1979. Unsere Evangelisten waren häufig zu Veranstaltungen dort. 1996 sprach mein Sohn Franklin bei Evangelisationen in Sydney, Brisbane und anderen australischen Städten und erhielt zahlreiche neue Einladungen.

AFRIKA

Anfang 1960 standen die meisten afrikanischen Länder noch unter Kolonialherrschaft. Einige, etwa Nigeria, sollten im Laufe des Jahres die Unabhängigkeit erlangen. Überall wurde der Ruf nach Freiheit laut. Dennoch bemerkten wir auch eine beträchtliche Nervosität: Angesichts des Zusammenbruchs der kolonialen Strukturen wußte niemand so recht, was die Zukunft bringen würde.

Große ökonomische und soziale Veränderungen setzten sich in Afrika durch. Traditionelle Lebensweisen verschwanden für immer, während Millionen von Dorfbewohnern aus den überkommenen Stammesgebieten in die wenigen, aber schnell wachsenden Städte zogen. Der relative Wohlstand in manchen Regionen ließ neue soziale Bevölkerungsschichten und neue Erwartungen entstehen. Die alten Gesellschaftsstrukturen wurden durch eine neue Führungsschicht abgelöst. Viele meiner kompetenten Gesprächspartner sahen auf dem gesamten Kontinent einem geistigen und politischen Vakuum entgegen.

Schon 1958 hatten wir zugesagt, ab Januar 1960 diesen großen Kontinent zu besuchen. Nach vielen Gebeten entschieden wir uns für elf Länder: Liberia, Ghana, Nigeria und den Kongo im Westen; Nord- und Südrhodesien (heute Sambia und Simbabwe); Kenia, Tanganjika (das heute zu Tansania gehört), Ruanda-Urundi (heute Ruanda und Burundi) und Äthiopien im Osten sowie Ägypten im Norden. Außerdem planten wir kurze Zwischenaufenthalte in einigen anderen Ländern ein.

Jerry Beavan, Howard Jones und Charlie Riggs reisten kreuz und quer über den Kontinent, um Versammlungen zu organisieren und Mitarbeiter zu schulen. Paul Maddox kümmerte sich vor allem um die komplizierte Reiseplanung. Grady Wilson, Cliff Barrows und Joe Blinco bildeten unser Team, um in den Orten zu predigen, die ich nicht selbst besuchen konnte.

Einige Länder, etwa der Sudan, blieben uns aus politischen oder religiösen Gründen verschlossen. In Südafrika dagegen drängten die Kirchen auf unser Kommen, doch ich lehnte ab. Eine Rassenintegration, für mich ein grundlegendes moralisches Prinzip, wäre auf unseren Veranstaltungen nicht möglich gewesen.

Liberia

Liberia, ein im frühen 19. Jahrhundert von befreiten amerikanischen Sklaven gegründeter demokratischer Staat, war am 19. Januar unsere erste Station in Afrika. Bei der Landung stellte sich jedoch die Frage, ob es vielleicht auch die letzte Station meines Lebens sein würde. Aus einem der vier Triebwerke der Maschine drang schwarzer Rauch. Mit heulenden Sirenen rasten auf dem Flughafen die Löschzüge auf uns zu. Doch zu meiner Erleichterung erlosch das Feuer, noch bevor wir das Terminal erreicht hatten.

Vizepräsident William R. Tolbert, ein bekannter führender Baptist, empfing uns. Auf der fünfzig Meilen langen Fahrt nach Monrovia hielten wir an einer kleinen Kirche, beteten zusammen, sangen einen Choral und sprachen zusammen den Psalm 23.

Der liberianische Präsident William V. S. Tubman war ebenfalls bekennender Christ. Daß unsere Veranstaltungen erstmals unter staatlicher statt unter kirchlicher Schirmherrschaft standen, verwundert deshalb nicht. Wir waren im offiziellen Gästehaus der Regierung untergebracht, und der Präsident empfing uns in seiner strahlend weißen Residenz. „Daß die Seelen seiner Landsleute erfrischt werden", erhoffte er sich von unserer Verkündigung.

Dr. Tolbert begleitete mich überall hin und leitete sogar unsere Versammlungen im Antoinette-Tubman-Stadion in Monrovia.

Mein Mitarbeiter Howard Jones hatte bereits mit der Evangelisation begonnen, als wir ankamen. Seine Frau Wanda und er waren nach Monrovia gezogen, weil er hier über den neuen Radiosender ELWA der Sudan-Inland-Mission predigen und evangelistische Veranstaltungen in ganz Afrika durchführen konnte. Der Radiosender befand sich an einem herrlichen Strand; gleich davor standen hübsche Missionarshäuser und eine Grundschule.

In der Woche vor unserer Ankunft hatte Howard schon vor zahlreichen Zuhörern gepredigt. Ich sprach an den letzten beiden Abenden der Evangelisation. Mehrere Tausend Menschen kamen, und tausend von ihnen wollten einen Anfang mit Christus machen – ein ermutigender Auftakt unserer Reise durch Afrika.

Präsident Tubman ernannte mich während unseres Aufenthalts zum „Groß-Commander des humanen Wiederaufbaus Afrikas", dem zweithöchsten Ehrentitel, den das Land zu vergeben hatte. Der Titel *Commander* paßte nicht zu mir, doch die dahinterstehende Absicht bedeutete mir viel angesichts dessen, was ich auf Gottes Ruf hin tat. Afrika stand an einem Scheideweg – es konnte den kommunistischen, den islamischen, den animistischen oder den christlichen Weg einschlagen – und für den letzteren wollte ich werben.

Ghana

Erst drei Jahre zuvor war Ghana – als erstes afrikanisches Land – von der europäischen Kolonialherrschaft frei geworden. Zahlreiche Stämme und Sprachen gab es in dem kleinen Land. Ein Ghanaer sagte mir auf der Straße: „Ich verstehe die Menschen jenseits dieses Hügels nicht, und die können uns auch nicht verstehen; und erst recht nicht die hinter dem Hügel drüben auf der anderen Seite!"

In Ghana wurde ich ganz anders empfangen als in Liberia. Der Leitartikel in Premierminister Kwame Nkrumahs Parteizeitung empfahl mir, ich solle meine Botschaft nur an die europäischen Christen im Land richten; denn sie seien „die schlimmsten Unterdrücker und Heuchler, die die Geschichte je verzeichnet hat".

Die Evangelisation in der Hauptstadt Accra war bereits vor meiner Ankunft von Leighton Ford eröffnet worden. Von den vierzehntausend Stadionbesuchern verstanden zwar viele Englisch, aber ich hatte trotzdem zwei Übersetzer. Ich sei kein Politiker, erklärte ich, ich sei ein Botschafter Jesu Christi. Und ich übte mich in Diplomatie: Ich lobte – ohne etwas über seine Politik zu sagen –, *daß* der Premierminister das Land führte, ohne zu kommentieren, *wie* er es regierte.

Dann wiederholte ich, was ich schon in Indien gesagt hatte: Christus sei kein Weißer gewesen, sondern ein Mensch des Nahen Ostens, dunkler als ich und heller als sie. Es sei ein Afrikaner namens Simon von Kyrene gewesen, der gezwungen worden sei, das Kreuz für Jesus zu tragen, als dieser auf dem Weg nach Golgatha zusammenbrach. Und Jesu Eltern seien nach seiner Geburt mit ihm nach Afrika geflohen.

Viele Menschen in anderen Teilen Afrikas und der Welt hatten große Vorbehalte gegenüber Nkrumah. Sie vermuteten, er führe Ghana in eine Diktatur. Die heftigen Äußerungen des Premierministers gegen die europäischen Kolonialmächte und sein starker Nationalismus paarten sich mit einem aggressiven Personenkult, der in den Augen mancher an Götzenverehrung grenzte. Unter der Nkrumah-Statue mitten in Accra war eine ungeheuerliche Parodie der Worte Jesu aus der Bergpredigt eingemeißelt: „Trachtet zuerst nach dem politischen Reich, so wird euch alles andere zufallen."

Es könne schon bald die Zeit kommen, sagte uns ein ghanaischer Pastor, daß sich „Ghanas Christen zwischen Christus und ihrem Staat entscheiden müssen".

Präsident Nkrumah empfing mich freundlich, als ich ihn in seiner offiziellen Residenz besuchte. Es war, glaube ich, meine erste Begegnung mit einem politischen Führer, der ein so straffes Regiment führte. Ich konnte mir sicherlich keine Hoffnungen machen, all die politischen Ideen zu diskutieren, die in seiner Philosophie begründet lagen; das war auch gar nicht meine Aufgabe. Was mir allerdings große Sorgen machte, war die Zukunft der Gemeinde Jesu unter seiner Herrschaft.

Nach den ersten Höflichkeiten sagte ich Präsident Nkrumah, ich wisse, daß ihm die Zukunft seines Volkes ein großes Anliegen sei, und jede wahrhaft große Nation stehe zur Religionsfreiheit. Meine Hoffnung sei, daß auch Ghana eine solche Nation sei. Nkrumah sicherte Religionsfreiheit zu, solange die Kirchen sich nicht in politische Angelegenheiten einmischten. Damit wurde deutlich, wie umsichtig Christen sich in Zukunft würden verhalten müssen, um Schwierigkeiten aus dem Weg zu gehen.

So sehr mich diese Frage auch beschäftigte – für ein anderes Problem in Ghana zeigte ich mich damals blind. Viele Afrikaner waren in jenen Tagen erbost über einen Atomtest, den die Franzosen in der Sahara planten. Die Ghanaer befürchteten, daß der Harmattan-Wind aus dem Norden eine radioaktive Staubwolke über ihr Land treiben würde. Die einheimischen Journalisten taten alles, um mir einen Kommentar zu diesem Thema zu entlocken.

Mein Schweigen – teilweise bedingt durch Präsident Nkrumahs Warnung vor einer politischen Einmischung – ließ die Reporter nur noch mehr über mich herfallen. Ich sei ein guter Schauspieler und Psychologe, sagten ghanaische Journalisten und wollten damit den Eindruck erwecken, daß ich kaum mehr sei als das. Sogar meine eigenen Worte wendeten die Reporter gegen mich. Wie der Journalist Tom McMahan, der uns begleitete, in seinem Bericht über unsere Reise schrieb, erklärten sie: „Die christliche Zivilisation ist heute eifrig dabei, Christus nach Golgatha zu zerren, und ein Afrikaner trägt das Kreuz für den Menschensohn. Dieser Afrikaner ist Kwame Nkrumah."

Ich wußte um die Komplexität der Angelegenheit, aber ich bezweifelte, daß es mir gelingen würde, keiner Seite auf die Füße zu treten, was auch immer ich in Ghana sagte. Zum Glück verfolgte uns diese Kontroverse nicht weiter durch Afrika.

Spektakulär war die Fahrt zu unserer nächsten, nordwestlich von Accra gelegenen Station Kumasi. Die Straße war von riesigen Mahagonibäumen gesäumt. Herzlich wurden wir von den Einwohnern in ihren farbenfrohen Stammestrachten begrüßt. Etwa achttausend Leute hatten sich versammelt. Doch ein tropischer Wolkenbruch führte zu einem Kurzschluß in der Lautsprecheranlage, so daß den Leuten nichts weiter übrigblieb, als wieder nach Hause zu gehen.

Abends waren wir zu einem festlichen Büfett eingeladen. Die meisten Teammitglieder waren völlig durchnäßt und hatten weder Kleidung noch Schuhe zum Wechseln mitgenommen. Fünf von ihnen – alle über 1,80 Meter groß – liehen sich Hosen von einem erheblich kleineren Missionar und erschienen barfuß zum Büfett. Wir waren dankbar, daß nur diese eine Versammlung während unserer gesamten Reise ausfallen mußte.

Nigeria und der Kongo

Der Nachtflug von Ghana nach Lagos in Nigeria war einer der qualvollsten meines Lebens. Die alte DC-3 der Ghana Airlines hatte bereits zahlreichen anderen Fluggesellschaften gehört, deren Namen unter den abblätternden Farbschichten noch deutlich zu lesen waren.

Neben mir in der Maschine saß ein Bermuda-Shorts tragender englischer Lord, der nachdrücklich keinerlei Interesse daran hatte, mit mir über den Glauben an Jesus Christus zu reden.

Während des Flugs kam der europäische Pilot in die Kabine, um sich mit den Nicht-Afrikanern an Bord zu unterhalten. Mitten im Smalltalk geriet die Maschine in ein heftiges Gewitter. Zahllose Blitze zuckten rund um das Flugzeug, während der Pilot ins Cockpit zurückrannte. Die Maschine zitterte, rappelte und schwankte; es fehlte nur, daß sie sich auf den Rücken gedreht hätte. Ich konnte kaum glauben, daß die Tragflächen fest am Rumpf blieben.

Der ebenso nervöse Engländer bat mich plötzlich eindringlich, doch noch einmal zu wiederholen, was ich zuvor über die Errettung durch Gott gesagt hatte. Ich fragte ihn nach einer kurzen Zusammenfassung, ob er Christus in sein Leben aufnehmen wolle, was er sich ernsthaft überlegen wollte.

Der auf der anderen Seite des Gangs sitzende Charlie Riggs versuchte über das Getöse hinweg auf einen gut gekleideten Afrikaner einzureden. Doch der schrie nur. Er sah sich bereits abstürzen und betete nur, daß wir nicht über dem Wasser niedergingen; denn wenn sein Leichnam nicht gefunden würde, könnten seine Kinder nicht erben.

Als wir am 27. Januar in Lagos eintrafen, reiste Grady bereits zu Vorbereitungsschulungen quer durch das Land. An einem Ort waren am Vorabend mehrere Europäer ermordet worden. Seine nigerianischen Gastgeber scheuten sich nicht, ihn in eben jenem Zelt unterzubringen, das Schauplatz des Mordes geworden war. Grady beschaffte sich einen großen Dolch und legte ihn griffbereit neben sein Bett. Zum Glück verbrachte er (von seiner eigenen Angst abgesehen) eine ruhige Nacht und mußte sich nicht der ethischen Frage stellen, ob er den Dolch auch tatsächlich hätte benutzen dürfen.

Offene Feindseligkeit schlug uns jedoch aus einer anderen Richtung entgegen. Bei unserer ersten Versammlung in Lagos, an der etwa fünfundzwanzigtausend Leute teilnahmen, wurden ohne unsere Zustimmung Flugblätter verteilt. Sie stammten aus dem Büro des islamischen Missionsbeauftragten für Westafrika, der alle biblischen Lehren über Jesus bestritt. Wir protestierten, und die feindseligen Schriften tauchten nicht wieder auf. Der islamische Führer nahm an unseren Gottesdiensten teil, doch seine Herausforderung zu einer öffentlichen Debatte nahmen wir nicht an. Ich war nicht zum Streiten gekommen, ich wollte nur das Evangelium predigen.

Die im Herbst 1960 bevorstehende Unabhängigkeit ließ die Nigerianer nervös in die Zukunft blicken. Während zwischen den Dörfern noch Trommeln hallten, erhob sich über den Dächern in den Städten ein Wald aus Fernsehantennen. Meinen Zuhörern legte ich ans Herz, daß es wichtig sei, gerade in dieser Situation geistliche und moralische Werte in der Bevölkerung aufzubauen.

Die Erregung über die anstehenden politischen Veränderungen spürten wir in den sechs Städten Nigerias, die wir besuchten, ganz besonders aber bei den Menschen, die während unserer Versammlungen nach vorn kamen, um ihr Leben Christus anzuvertrauen.

Von Lagos fuhren wir weiter nach Ibadan, der größten Stadt Nigerias, wo sich die Landeszentralen verschiedener Missionsorganisationen befanden. Der amtierende König dieser Provinz, ein alter Mann auf einem großen Thron inmitten von seinem Hofstaat, bewirtete uns wahrhaft königlich!

In der Stadt sprach ich am University College. Der englische Architekt hatte das im britischen Stil erbaute Gebäude offenbar ganz auf englische Klimaverhältnisse zugeschnitten. Doch wir befanden uns in Äquatornähe, und die Temperatur lag bei etwa achtunddreißig Grad! Die schöne Aula konnte mit Leichtigkeit tausend Studenten aufnehmen, aber ich wäre darin beinahe zu Holzkohle verbrannt.

Ich predigte meinen Zuhörern das Evangelium. Manche reagierten empört, andere zeigten sich sehr interessiert. Als ich dazu einlud, zum Zeichen für einen Anfang mit Christus die Hände zu heben, reagierten mehrere hundert Leute darauf.

Einen Tag später reisten wir weiter nach Kontagora, einer im vorwiegend islamisch gepägten Norden Nigerias gelegenen Stadt. Dort sprach ich bei der Einweihung eines von den Südlichen Baptisten eingerichteten neuen Krankenhauses. In jenem Teil des Landes kam auf zweihunderttausend Einwohner nur ein voll ausgebildeter Arzt, erfuhren wir am Rande der Festlichkeit.

Unsere nächste Station war die Bezirkshauptstadt Kaduna. Als wir ein nahegelegenes christliches Dorf mit den typisch kegelförmigen Hütten besuchten, berichtete uns ein Missionar, die Dorfbewohner seien vor einigen Jahren massiv bedroht worden, als sie eine kleine Kirche errichten wollten. Eine mit Buschmessern bewaffnete Schlägerbande sei in das Dorf eingedrungen. Der Dorfälteste, erst seit vier Jahren Christ, sei ihnen unerschrocken entgegengetreten: „Hört her, da drüben ist unser Getreide. Ihr könnt es verbrennen, wenn ihr wollt. Dort stehen unsere Häuser. Ihr könnt sie niederreißen, wenn ihr müßt." Dann habe er sein Gewand geöffnet und seine Brust entblößt. „Hier ist unser Leben. Ihr könnt uns töten, aber ihr könnt uns nicht unseren Christus nehmen!" Die Eindringlinge seien daraufhin geflohen.

Schon bei unserer Ankunft erblickte ich eine Art Buschhütte für rund hundert Personen, die von den Dorfbewohnern extra für unsere Versammlung errichtet worden war. Manche Teilnehmer waren fünfundzwanzig Kilometer weit gelaufen, und die Hütte war bis auf den letzten Platz gefüllt. Noch während ich sprach, wurde mir bewußt, daß ich viel mehr von ihnen und ihrem Glauben an Christus empfangen hatte, als ich ihnen je zurückgeben konnte.

Kaduna war das islamische Zentrum Nigerias. Da die Stadt den größten Flughafen der Gegend besaß, landeten hier zahlreiche Maschinen, um aufzutanken. Der Lärm am Himmel hörte fast nie auf.

Der Sultan war der eigentliche Herrscher von Kaduna. Vor dem großen Mann in fließenden, weißen Gewändern knieten die Menschen nieder, wenn sie mit ihm zu verhandeln hatten. Als er mir eine neunzigminütige Audienz genehmigte, wußte er bereits alles über mich und meine Tätigkeit. Ich erzählte ihm von meinem Glauben und dem, was Christus für mich bedeutete.

„Innerhalb von zehn Jahren", antwortete er mir, „werdet ihr Christen ins Meer gedrängt sein. Wir werden ganz Afrika übernehmen."

„Das liegt in Gottes Hand", erwiderte ich.

Das fand seine Zustimmung.

Etwa sechs Monate später las ich in einer Zeitung von seinem Tod; ein Attentäter hatte ihn ermordet.

Nach den Versammlungen in Kaduna und Enugu fuhren wir nach Jos zu einer weiteren öffentlichen Veranstaltung. Auf einer großen Missionsstation trafen wir uns anschließend mit Missionaren und Entwicklungshelfern, die uns von ihrer jahrelangen Missionsarbeit berichteten. Ihr treuer Einsatz für Gott beschämte uns.

Nach einem Tagesbesuch in Brazzaville, Republik Kongo, flogen wir fast über den ganzen Kontinent hinweg nach Salisbury in Südrhodesien. Dort stiegen wir in ein altes Charterflugzeug, um ein paar Urlaubstage in Livingstone in der Nähe der Victoria-Fälle zu verbringen.

„Wir können hoch fliegen und werden einen glatten Flug haben", meinte der Pilot entgegenkommend. „Oder wir fliegen niedrig und sehen vielleicht ein paar Tiere."

„Fliegen Sie niedrig", sagten Cliff und ich wie aus einem Mund.

„Garantieren kann ich die Tiere aber nicht", warnte der Pilot fachmännisch.

Niedrig war gar kein Ausdruck, und äußerst holperig war es außerdem. Howard Jones versuchte sich im Gepäck zu verkriechen, so nervös war er. Doch wir sahen mehrere Wasserbüffelherden, Zebras, Giraffen und sogar eine riesige Elefantenherde mit gut zweihundert Tieren. Hören konnten wir sie nicht, aber wir sahen, wie sie ihre Rüssel hoben und uns antrompeteten.

„Soviel Wild habe ich noch nie an einem einzigen Tag gesehen, seit ich über dieses Land fliege", staunte der Pilot, als wir schließlich landeten.

Rhodesien

In Livingstone an der südlichen Grenze des damaligen Nordrhodesiens stiegen wir in einem kleinen Hotel ab. Als ich am nächsten Morgen das Fenster öffnete, saßen direkt vor mir mehrere Paviane in einem Baum. Ich hätte sie mit der ausgestreckten Hand berühren können, so nah waren sie. „Was für freundliche Geschöpfe", dachte ich, doch wenig später warnte mich unser Gastgeber, ich dürfe niemals einfach das Fenster öffnen. Manchmal würden die Paviane sogleich ins Zimmer springen, es sich darin auf ihre Art gemütlich machen – und das sei dann meistens das Ende des Zimmers.

Cliff und ich wollten gern die nahegelegenen Victoria-Fälle an der Grenze zwischen Nord- und Südrhodesien aus der Nähe sehen. Man empfahl uns, für fünf Dollar ein kleines, dreimotoriges französisches Flugzeug aus der Zeit vor dem Zweiten Weltkrieg zu buchen. Der Pilot flog mit uns stromaufwärts den Sambesi hinauf und ließ uns durch aufsteigenden Nebel und Regenbogen hindurch auf eines der großen Naturwunder der Erde hinabschauen. Stromab flog er anschließend so tief, daß sich das Wasser kräuselte. Jedesmal, wenn er auf ein Flußpferd zuflog – wir hätten es beschwören können – mußte er am Knüppel ziehen, um das Tier nicht zu rammen. Ein entspannender Flug war das nicht gerade für zwei reisende Evangelisten, doch im Rückblick war es höchst aufregend und unvergeßlich.

Obwohl ich mich während unserer wenigen Urlaubstage eigentlich hätte ausruhen sollen, konnte ich die Einladung des örtlichen Pastors nicht ausschlagen, an einem Abend in Livingstone zu predigen, jener Stadt, die nach dem Missions- und Forschungspionier David Livingstone benannt ist, der Afrika erforschte und die Victoria-Fälle als erster Weißer entdeckt hatte. Ich habe es nicht bereut, denn die Menschen waren warmherzig und offen.

Die Victoria-Fälle verließen wir in einem 1931 gebauten Doppeldecker in Richtung Bulawayo, einer der größten Städte Südrhodesiens. Hier fand die angeblich größte gemischtrassige Versammlung statt, die das Land je erlebt hatte.

Ähnliche Versammlungen führten wir auch in Salisbury (heute Harare, Simbabwe) durch, wo einige Europäer uns drängten, von einer Übersetzung in afrikanische Sprachen abzusehen. Wohl wissend, daß ohne Übersetzung kaum Schwarze an den Versammlungen teilnehmen würden (dies war wohl der eigentliche Hintergedanke), lehnten wir das Ansinnen ab. Tief bewegt waren wir, als nach der Predigt Hunderte von Schwarzen und Weißen der Einladung folgten und gemeinsam nach vorn kamen.

Die schroffe, verächtliche und herablassende Haltung, die ein Teil der weißen Bevölkerung Rhodesiens gegenüber den Afrikanern bezog, machte mir sehr zu schaffen. In aller Deutlichkeit betonten wir immer wieder, daß Gottes Liebe allen Menschen gleichermaßen gelte – unabhängig von Rasse oder Herkunft.

In Salisbury waren wir Gäste des britischen Generalgouverneurs. Bei ihm hielt sich ebenfalls der damalige Commonwealth-Sekretär und spätere britische Premierminister Sir Alec Douglas-Home auf. Wir wurden sofort gute Freunde, und unsere Wege kreuzten sich in späteren Jahren noch einige Male.

Am letzten Abend berichteten die BBC-Weltnachrichten über eine Demonstration gegen Grady Wilson, der gerade in Kitwe in Nordrhodesien sprach. Erleichtert hörte ich aus meinem kleinen tragbaren Kurzwellenradio, daß Grady nichts passiert war. Aber ich machte mir Sorgen, denn ich sollte am nächsten Tag dort sprechen.

In Kitwe versammelten sich die Menschen in einer primitiven Blechhalle. Grady führte mich herum und bereitete mich auf die allgemeine Stimmung vor. „Du wirst die Demonstranten schon hören, wenn sie noch eine Meile entfernt sind", sagte er. „Sie kommen genau dann, wenn du am Ende der Predigt die Leute einlädst, nach vorne zu kommen. Sobald die Steine auf das Blechdach und gegen die Wände prasseln, sieh zu, daß du hier wegkommst. Einen Fluchtweg haben wir für dich schon vorbereitet."

Und genau so kam es. Noch während ich meine letzten Sätze sprach, donnerten Steine aufs Dach. Wir schlichen uns hinaus und gelangten sicher zurück ins Hotel.

Die Ironie der Geschichte war, daß die Demonstranten uns schlicht verwechselt hatten. Sie hielten uns für Angehörige einer UN-Delegation, die über die politische Zukunft des Landes verhandelte!

Tanganjika, Kenia

Einer unserer kürzesten Aufenthalte in Afrika war landschaftlich gesehen der beeindruckendste: die Stadt Moshi an den Hängen des Kilimandscharo gelegen, dem höchsten Berg Afrikas. Über die Köpfe der fünfunddreißigtausend Zuhörer hinweg konnte ich auf der einen Seite in der Ferne den majestätischen, schneebedeckten 5.895 Meter hohen Gipfel sehen. Auf der anderen Seite, nur ein paar Hundert Meter entfernt, ragten die weißen Türme der Moschee in den Himmel, bei weitem das prächtigste Gebäude der Stadt. Übersetzt wurde ich von einem Lehrer namens Festo Kivengere, dem späteren anglikanischen Bischof, der einer der hervorragendsten Prediger Afrikas wurde.

In zwei Landrovern, begleitet von einem Wildführer, durchstreiften wir kurze Zeit später ein Wildreservat. Plötzlich stießen wir auf ein Rudel Löwen, das sich gerade mitten auf der Straße über den Kadaver eines Zebras hermachte. Unser afrikanischer Fahrer hielt es für klüger zu warten, bis sie mit ihrer Mahlzeit fertig waren. Wenn wir sie störten, hätten wir sie möglicherweise gegen uns aufgebracht. Wir waren ganz seiner Meinung.

Ruanda-Urundi

Ein besonders schauriges Erlebnis hatten wir auf dem Weiterflug von Kenia nach Usumbura, der Hauptstadt von Ruanda-Urundi. Da für die letzte Etappe dieser Reise keine Linienflugverbindung bestand, charterte Jerry Beavan eine alte DC-3. Sie durfte nicht höher als 3.600 Meter fliegen, da die Kabine keinen Druckausgleich hatte. Doch die Berge waren bis zu 4.200 Meter hoch, und wir rangen bereits um Luft, als wir in so dichte Wolken gerieten, daß man die Tragflächenenden kaum noch sehen konnte.

Als der Pilot dann noch mitteilte, beide Funkgeräte seien ausgefallen, er habe die Orientierung verloren und der Treibstoff reiche auch nicht zur Umkehr, rief ich alle Passagiere zu einer Gebetsgemeinschaft zusammen. Die uns begleitenden Reporter von *Time*, von *Associated Press* und dem *Life*-Magazin sagten am lautesten Amen, als ich betete. Schließlich riß ein Loch in den Wolken auf, und wir sahen unter uns den Victoria-See liegen. Der Pilot tauchte durch die Wolken hinab, fand endlich wieder seine Orientierung und konnte anschließend ohne weitere Zwischenfälle landen.

Als wir auf das Terminal zurollten, stürmten mehrere Tausend Leute der Maschine entgegen, um uns willkommen zu heißen. Viele trugen ihre Watusi-Trachten und hielten Speere in der Hand. Dann jedoch fiel uns auf, daß manche von ihnen auch Transparente und Schilder trugen. Wieder einmal waren wir mit einer Delegation der Vereinten Nationen verwechselt worden – diesmal mit einer Gruppe unter Leitung von Dag Hammarskjöld, mit dem ich später freundschaftlich verbunden war.

Ich traf mich mit einigen hochgestellten Leuten aus der Stadt, kam jedoch kaum dazu, auf unserer eigenen Versammlung zu sprechen, weil der örtliche Gouverneur sich fast eine halbe Stunde Zeit nahm, um mich vorzustellen.

Äthiopien

Die zwanzig Millionen Einwohner Äthiopiens wurden von Kaiser Haile Selassie regiert, dessen uralte Dynastie – so wird behauptet – auf König Salomo und die Königin von Saba zurückzuführen ist. Die Äthiopischorthodoxe Kirche (die frühere koptische Kirche) geht traditionell auf jenen äthiopischen „Kämmerer" zurück, der sich während einer Begegnung mit dem Apostel Philippus zu Christus bekehrte (Apostelgeschichte 8).

Da der Kaiser über alle Einzelheiten des öffentlichen Lebens wachte, mußte unser Team zunächst seine Erlaubnis erlangen, um unsere Veranstaltungen durchzuführen. Wir wußten allerdings, daß protestantische Kirchen und Missionare fast ausschließlich in den entlegenen ländlichen Gebieten arbeiten durften. Unsere Kontaktleute in Addis Abeba hatten auch keinen Zugang zur königlichen Familie oder zu höheren Regierungskreisen. Zwar hatte ich im Jahr zuvor, 1959, dem Kaiser ein Telegramm geschickt, aber ob es je angekommen war (oder ob er selbst es zu Gesicht bekommen hatte), wußten wir nicht.

Als Charlie und Jerry im Rahmen ihrer Vorbereitungsreise nach Addis Abeba kamen, hatten ihnen entmutigte Missionare erzählt, alle Wege seien versperrt, es müsse schon ein Wunder geschehen. Doch während einer Gebetsgemeinschaft kurz vor ihrer Abreise erinnerte einer der äthiopischen Pastoren an jene Begebenheit aus dem Buch Esther, als Gott den persischen König mitten in der Nacht weckte und damit eine Folge von Ereignissen auslöste, die letztlich das jüdische Volk vor der Auslöschung bewahrte. „O Gott", betete er dann, „wenn du einen König mitten in der Nacht wecken kannst, dann kannst du auch Seiner Majestät die Nachricht von dieser Einladung zukommen lassen."

Charlie und Jerry hatten ihre Sachen bereits gepackt und checkten gerade an der Rezeption aus, als ein Norweger die Hotelhalle betrat. Er stutzte, dann begrüßte er Jerry mit einer kräftigen Umarmung. Torrey Mosvold hatte Jahre zuvor zu unserem Organisationskomitee in Oslo gehört. Als sie ihr Problem geschildert hatten, kommentierte er es erneut mit einem Satz aus dem Buch Esther: „Wer weiß, ob ich nicht gerade um dieser Zeit willen ins Königtum gekommen bin?"

Torrey Mosvold hatte geschäftlich in Äthiopien zu tun und erklärte, er werde heute noch mit Kaiser Selassies Sohn, dem Kronprinzen, zu Mittag essen.

Drei Tage später erhielten Jerry und Charlie in Kairo ein Telegramm: Seine Majestät hatte nicht nur die Erlaubnis zu den Versammlungen erteilt, sondern wollte unserem Team auch das königliche Stadion zur Verfügung stellen. Außerdem plante er, alle Schulen schließen zu lassen, um die jungen Leute, einschließlich seiner eigenen Enkelkinder, zu den Versammlungen zu schicken.

Schätzungsweise zehntausend Besucher kamen zu unserer ersten Veranstaltung; fast die Hälfte von ihnen blieb zu seelsorgerlichen Gesprächen zurück. Ein so starkes Interesse haben wir sonst nirgendwo auf dieser Reise gefunden.

Seine Majestät empfing mich in seinem Palast – wahrlich kein Ort für Leute mit schwachen Nerven! Als ich das Gelände betrat, wurde ich von zahmen Löwen erwartet, die faul in der Sonne dösten. Sie waren nicht angeleint, aber offenbar so gut gefüttert, daß sie keine Lust verspürten, an einem amerikanischen Evangelisten zu knabbern.

Ägypten

Einigermaßen harmlos begann unser Flug nach Kairo, doch irgendwo über der Wüste gerieten wir in einen schrecklichen Sandsturm. Die Sandkörner prasselten auf den Rumpf des Flugzeugs wie Maschinengewehrkugeln. Der Sturm dauerte nur etwa fünfunddreißig Minuten, doch es erschien uns wie eine Ewigkeit.

Trotz der islamischen Tradition erteilte uns die Regierung in Kairo die Genehmigung zu unserer Versammlung. Um den Gesetzen zu genügen, fand sie auf einem Gelände der reformierten Kirche statt.

Die örtlichen Veranstalter hatten ein riesengroßes Zelt aus roten Stofflappen errichtet, in dem sich etwa zehntausend Menschen drängten – die Leute saßen buchstäblich übereinander. Die meisten Zuhörer hatten einen islamischen Hintergrund, doch als ich die Einladung aussprach, blieben etwa zweitausend Leute zurück und ließen sich darüber informieren, was es bedeutet, ein Christ zu sein.

Was haben wir bei diesem Besuch auf dem afrikanischen Kontinent gelernt?

Am stärksten beeindruckt hat mich das offensichtliche Wirken Gottes in Afrika. Angesichts der über den Kontinent hinwegschwappenden Unabhängigkeitsbestrebungen schien die Zeit auch reif für ein geistliches Erwachen.

Aber gleichzeitig wurde mir deutlich bewußt, daß der Kampf um Afrikas Seele keineswegs schon vorbei war. Afrika stand nicht nur vor einem sozialen Chaos, sondern mitten in einer geistlichen Auseinandersetzung: Die animistischen Stammestraditionen prallten mit allen möglichen Weltanschauungen, Religionen und Zeiterscheinungen zusammen – vom Islam bis zum westlichen Konsumkult.

Fasziniert hat mich die erstaunliche Vielfalt und das Selbstbewußtsein der Menschen, ganz egal, ob ich ihnen in den Straßen der Großstädte, auf Lichtungen im Dschungel oder auf den Märkten in den Dörfern begegnete. Gleichzeitig war ich besorgt über manche Lebenseinstellung, die ich sowohl bei Weißen als auch bei Schwarzen beobachtet habe. Regelrecht bedenklich stimmte mich die Tatsache, daß die meisten Kolonialmächte es versäumten, die praktischen Fähigkeiten und Führungsqualitäten der afrikanischen Völker zu fördern.

Ein weiteres Ergebnis der Reise: Ich bekam ein tieferes Bewußtsein dafür, wie verletzend die amerikanischen Rassenprobleme auf die Afrikaner wirken mußten. Viele afrikanische Christen reagierten verstört auf das, was sie über die Rassentrennung in amerikanischen Gemeinden hörten. Sie konnten darin kein Vorbild für die Einheit der Gemeinde Christi sehen.

Solche Erfahrungen verstärkten meine Entschlossenheit, mit allen mir zur Verfügung stehenden Mitteln gegen das finstere Erbe des Rassismus in meinem eigenen Land anzugehen. Unter anderem regte ich nach meiner Rückkehr an, ein gemischtrassiges Komitee aus hundert Bürgern in meiner Heimatstadt Charlotte zu gründen, um die Versöhnung der Rassen voranzutreiben. Die Stadt befand sich damals mitten in einer Serie von Demonstrationen und Sitzstreiks.

Auffällig fand ich auch, daß mir nur weiße Missionare begegnet waren. Zwar bewunderte ich ihre Arbeit, fragte mich aber schon: Wo sind die Missionare aus unseren großen schwarzen Kirchen der Vereinigten Staaten?

Dennoch verließ ich Afrika voller Dankbarkeit für den Glauben und die Opferbereitschaft jener, die uns vorausgegangen waren, die das Licht des Evangeliums auf diesen Kontinent getragen hatten. Wir folgten nur einem Pfad, den andere bereits für uns freigemacht hatten.

In diesem Zusammenhang möchte ich an die prophetischen Worte des schottischen Afrika-Missionars David Livingstone erinnern, die ich unserem Team vor der Afrikareise vorgelesen hatte: „Zukünftige Missionare werden nach jeder ihrer Predigten Bekehrungen erleben. Wir bereiten den Weg für sie. Mögen sie nicht die Pioniere vergessen, die in der tiefen Finsternis gearbeitet haben und deren einzige Hoffnungsstrahlen aus dem Glauben an Gottes Verheißung flossen. Wir arbeiten für eine herrliche Zukunft, die zu sehen uns nicht bestimmt ist."

Unvergeßlich ist mir das Treffen mit jenen fünfundzwanzig Missionaren während einer kurzen Zwischenlandung in Eritrea gegen Ende unserer Reise. Aufmerksam hörten sie zu, als Joe Blinco und ich von dem Handeln Gottes erzählten, das wir während der letzten Wochen gesehen hatten. Dann bat ich sie, uns von ihrer Arbeit zu berichten. Ich merkte, daß es den meisten ein wenig peinlich war, nachdem wir gerade von solch riesigen Zuhörermengen berichtet hatten. Doch dann erzählte einer nach dem anderen einfach von seiner Arbeit. Manche von ihnen mühten sich schon seit Jahren ab und konnten doch kaum greifbare Ergebnisse vorweisen. Und doch lebte jeder von ihnen in der tiefen Gewißheit: Dies ist der Ort, an den Gott mich berufen hat; mehr brauche ich nicht zu wissen.

Tränen stiegen uns in die Augen, als wir mit ihnen im Sinne von 1. Korinther 3 beteten: „Es ist nicht so wichtig, wer pflanzt und wer begießt. Wichtig ist allein Gott, der euern Glauben wachsen läßt. Von Gottes Mitarbeitern ist einer so notwendig wie der andere ..."

Afrika hat sich seit unserem Besuch 1960 sehr verändert, teilweise ist es kaum noch wiederzuerkennen. Unser Team ist seitdem noch mehrmals dort gewesen. Ruth und ich sind sehr glücklich darüber, daß sich unser ältester Sohn Franklin sehr für Afrika engagiert – hauptsächlich durch die von ihm geleitete Organisation Samaritan's Purse. Sie hat es sich zum Ziel gesetzt, Katastrophenopfern Hilfe zu leisten, wenn möglich in Zusammenarbeit mit örtlichen Gemeinden oder Missionsorganisationen. Von der Hungerhilfe in Äthiopien und Mosambik bis zur medizinischen Versorgung im kriegsgeschüttelten Ruanda hat Franklin vieles von meiner Vision für die Menschen in Afrika umgesetzt.

JORDANIEN UND ISRAEL

Von Ägypten aus flogen wir zu einem achttägigen Aufenthalt nach Jordanien und Israel. Ein falsches Gerücht im Jahr zuvor hätte uns fast die Türen nach Jordanien verschlossen. Ich sei in Amerika als Spendensammler zur Unterstützung des israelischen Staates aufgetreten, hieß es. Doch als wir ankamen, hatte der Nahost-Experte Roy Gustafson bereits alles wieder eingerenkt.

In Amman wurde ich von dem damals noch ziemlich jungen König Hussein empfangen. Am nächsten Tag brachte die wichtigste jordanische Zeitung ein Bild von uns beiden auf der Titelseite und beseitigte damit allen noch vorhandenen Argwohn. Der König lud mich sogar ein, in seinem Palast zu wohnen, was ich jedoch wegen unseres vollen Terminkalenders dankend ablehnen mußte. Überrascht nahm ich zur Kenntnis, daß 15 Prozent der jordanischen Bevölkerung nicht-arabisch waren.

Als wir über die Allenby-Brücke fuhren, die Jordanien von Israel trennt, erwarteten mich gut zweihundert Reporter und Fotografen. Ein Beamter des israelischen Außenministeriums kam mir entgegen und hieß mich etwas nervös willkommen. Außenministerin Golda Meir wolle mich noch vor jeglichem Pressekontakt sehen. Obwohl ich sehr ungern die Reporter ratlos stehen ließ, erklärte ich mich einverstanden. Man brachte mich zur Residenz der Ministerin.

Ich lernte in Golda Meir eine hochgebildete und angenehme Gesprächspartnerin kennen. In der Hoffnung (vermute ich), mir noch vor den Kontakten mit der Presse einen tieferen Einblick in ihr politisches Handeln vermitteln zu können, unterrichteten sie und ihre Mitarbeiter mich über die Situation in Israel.

Trotz allen guten Willens kam es jedoch zur Kontroverse über den geplanten Veranstaltungsort in Tel Aviv. Schon vor unserer Ankunft hatte die *Jerusalem Post* gefragt: „Will Billy Graham uns bekehren?"

Noch in der Nacht zerbrach ich mir im King David Hotel in Jerusalem den Kopf über die schwierige Situation. Ich bat Grady, Roy Gustafson zu wecken und ihn zu einer Lageberatung in mein Zimmer zu bitten. Voller Sorgen über die für den nächsten Tag anberaumte Pressekonferenz wollte ich mir eine Strategie zurechtlegen. Wir erörterten die Frage des Veranstaltungsortes und beteten gemeinsam.

Unmittelbar vor unserem Besuch waren in dieser Angelegenheit Telegramme hin- und hergegangen zwischen Ministerpräsident David Ben-Gurion (der sich gerade in Amerika aufhielt, um die Ehrendoktorwürde der Brandeis-Universität entgegenzunehmen und Gespräche mit dem amerikanischen Außenministerium zu führen) und den örtlichen Behörden, mit denen wir verhandelt hatten. Ich selbst erfuhr erst später von all den Bedingungen, die uns die israelischen Behörden stellten, damit ich in Tel Aviv predigen durfte: zum Beispiel, daß sämtliche Versammlungen nur in Räumen stattfinden durften, die einer christlichen Organisation gehörten.

Cliff und das örtliche Komitee hatten diese Bedingungen abgelehnt, zur allgemeinen Erleichterung aber erreichen können, daß wir in einer arabischen christlichen Kirche im nahegelegenen Haifa sprechen durften. In dieser Kirche gab es sechshundert Sitzplätze, doch diesmal drängten sich zwölfhundert Menschen im Innern, und viele hörten draußen noch über Lautsprecher zu. Außerdem hielten wir eine Versammlung im CVJM-Gebäude in Jerusalem ab. Ich konnte sogar ein durchaus freundliches Gespräch mit dem obersten Rabbiner von Jerusalem führen.

Am nächsten Morgen – immer noch in Jerusalem – trafen Cliff, Jerry und ich uns dreißig Minuten vor der Pressekonferenz mit einem Vertreter des israelischen Außenministeriums. Sein Problem war eine mögliche Blamage für sein Land. Er befürchtete, ich würde die von der Regierung verweigerte Benutzungserlaubnis für das Stadion in Tel Aviv erwähnen. Ich versicherte ihm, daß ich die Ablehnung nicht persönlich genommen hätte.

Die Pressekonferenz im King David Hotel war mit Abstand die größte der ganzen Reise. Zu Beginn gab ich eine Erklärung ab, in der ich vier Gründe für meinen Israel-Besuch nannte:

Erstens, um wie jeder Tourist die Stätten zu sehen, die Juden, Christen und Muslimen heilig sind.

Zweitens, um den fünfzigtausend Christen in Israel zu berichten, was sich in der Gemeinde Jesu in anderen Teilen der Welt tat, da sie für unsere Veranstaltungen in Afrika und anderswo gebetet hatten.

Drittens, um der ganzen Welt Gottes Wort zu predigen. Dies sei nur eine der vielen historischen und wichtigen Regionen, die ich besuchen wollte, um diesen Auftrag zu erfüllen.

Viertens, um mich bei dem israelischen Volk zu bedanken. Wörtlich sagte ich: „Ich möchte Ihnen danken, daß Sie mich bekehrt haben, einen

Heiden, der sein Leben einem Juden geweiht hat, der in diesem Land geboren und hier in Nazareth aufgewachsen ist. Ich möchte Ihnen danken, daß Sie die Nation sind, in der Jesus nach dem Plan Gottes zur Welt kam. Ich möchte Ihnen danken als einer, der sein Leben einem Juden anvertraut hat, der als Mensch auf dieser Erde den Anspruch erhob, Gott zu sein." Das, sagte ich, sei die Botschaft der Hoffnung, die wir auf der ganzen Welt verbreitet hätten.

Es gab noch einen fünften Grund, aber ich glaube nicht, daß ich ihn auf der Pressekonferenz nannte: Ich war immer davon überzeugt, daß die Juden Gottes besonderes Volk sind – dazu auserwählt, die hebräischen Schriften durch die Jahrhunderte zu bewahren und den Weg für das Kommen Jesu zu bereiten.

Als ich mit meiner Erklärung fertig war, herrschte lange Schweigen unter den Reportern.

Die Schlagzeile der *Jerusalem Post* am nächsten Morgen lautete ungefähr so: „BILLY GRAHAM DANKT ISRAEL FÜR SEINE BEKEHRUNG."

Auf den Versammlungen selbst predigte ich Christus als Erlöser und Herrn; doch ich hielt mich an die offizielle Bitte, keine öffentliche Einladung zu einem Anfang mit Christus auszusprechen. Statt dessen schloß ich meine Predigten folgendermaßen ab: „Wir werden diese Versammlung jetzt beenden. Für diejenigen unter Ihnen, die sich noch persönlich mit uns darüber unterhalten wollen, was es heißt, Christ zu sein, stehen wir in zehn Minuten wieder zur Verfügung; dann werden wir gerne mit Ihnen reden."

Damit war aus der öffentlichen Versammlung eine private Zusammenkunft geworden, und dem Protokoll war Genüge getan. An jedem dieser Nachtreffen nahmen mehrere Hundert Personen teil. Viele von ihnen bekannten sich dabei zu Christus, trotz allem, was es sie persönlich, gesellschaftlich und sogar wirtschaftlich kosten mochte.

Auch Jesus und Paulus achteten die Obrigkeit. Keiner von ihnen erzwang aus religiösen Gründen eine Konfrontation mit der römischen Regierung, so gottlos und dekadent diese auch war. Ich als Evangelist wollte es ihnen gleichtun.

Als wir nach unserer Reise durch Afrika und den Nahen Osten Ende März wieder nach Hause flogen, lagen Veranstaltungen in fünfundzwanzig Städten und fünfundsiebzig Dörfern in über einem Dutzend Ländern hinter uns. Zehn Wochen lang waren wir im Schnitt alle zweieinhalb Tage in ein Flugzeug gestiegen.

Zum Glück hatten wir nur wenig gesundheitliche Probleme. An vielen Orten kamen wir in den Häusern von Missionaren unter, und wir waren dankbar dafür, auch wenn es manchmal sehr einfache Unterkünfte waren. Die örtlichen Gemeindeleiter aßen mit uns und brachten ihre eigenen Lebensmittel mit. Oft waren wir nicht ganz sicher, was da auf dem Teller lag, doch wir aßen es voller Dank.

Weniger als drei Monate nach unserer Rückkehr eröffneten wir unsere Hauptstadt-Evangelisation in Washington. Ich predigte im Innenhof des Pentagon vor siebentausend zivilen und militärischen Mitarbeitern. Meine Botschaft? Es war dieselbe, die ich überall in Afrika und im Nahen Osten gepredigt hatte: Christus nachzufolgen ist der einzige Weg zu dauerhaftem Frieden.

19

Erste Schritte hinter den Eisernen Vorhang

MOSKAU 1959, POLEN 1966, JUGOSLAWIEN 1967

Und wieder müssen wir die Zeit ein wenig zurückdrehen; diesmal, um unsere ersten Kontakte hinter dem Eisernen Vorhang zu schildern.

MOSKAU

1959 lud mich mein Freund Bill Jones zusammen mit Grady zu einer Reise in die Sowjetunion ein. Er selbst war dort schon öfter gewesen. Wenn er zurückkam, hatte er immer spannende Geschichten erzählt: von geschmuggelten Bibeln und heimlichen Treffen mit Christen.

Ich war gerade mehrere Monate lang in Australien gewesen. Ruth und Gradys Frau Wilma trafen sich mit uns in Paris, um mit uns zusammen nach London zu fliegen. Nach ein paar Urlaubstagen flogen Bill, Grady und ich nach Brüssel, wo wir eine Aeroflot-Maschine nach Moskau besteigen wollten. Ich zögerte ein wenig, die sowjetische Fluggesellschaft zu benutzen, doch Bill hielt es für das Klügste. Also füllten wir unsere Formulare aus und gingen an Bord.

Die Stewardeß war eine nette, kräftig gebaute Russin. „Bitte legen Sie Ihre Sicherheitsgurte an", verkündete sie mit hartem Akzent, „und falls wir wirklich hochkommen, können Sie sich wieder losschnallen!"

Wir erreichten den Moskauer Flughafen ohne Schwierigkeiten. Während der Einreiseformalitäten inspizierte eine junge Frau mit strahlendem Lächeln meinen Paß. Dann vergewisserte sie sich, daß niemand sie beobachtete, und hob schweigend den Finger zum christlichen „One-Way"-Zeichen.

Das war meine erste Begegnung mit einem der zahllosen heimlich glaubenden Menschen in der Sowjetunion. Am Tag des Sieges stand ich in einer Menschenmenge und sah zu, wie am Grab des unbekannten Soldaten ein Kranz niedergelegt wurde. Ein Russe, die Brust dekoriert mit zahllosen Orden, trat neben mich. Schweigend zeichnete er mit der Spitze seines Stocks ein Kreuz in den Staub zu unseren Füßen.

Ein anderes Mal stand ich im kalten Nieselregen vor unserem Hotel, als ein Bus vorfuhr. Eine Frau sah mir durch eines der Fenster gerade ins Gesicht. Dann zeichnete sie mit dem Finger ein Kreuz auf eine beschlagene Stelle der Fensterscheibe.

Viele Dinge beeindruckten mich auf unseren Taxifahrten und Spaziergängen durch Moskau: die allgemeine Sauberkeit der Stadt, das Fehlen von Werbung (allerdings gab es unzählige Propagandatafeln!), die anspruchsvolle Lektüre an den Kiosken. Verblüfft sah ich neben dem Roten Stern hoch über dem Kreml auch das Kreuz Christi auf den Turmspitzen ehemaliger Kirchen stehen – Gebäude, die 1959 vor allem als Museen genutzt wurden. An Lenins Grab zerbrach ich mir den Kopf darüber, welche Inspiration die endlosen Schlangen der Besucher sich wohl von diesem einbalsamierten Leichnam erhofften. Die Inspiration *meines* Glaubens war das leere Grab des auferstandenen Christus.

Im Gorki-Park hing ein Plakat, auf dem Hammer und Sichel „Onkel Sam" erschlagen hatten, der mit seinem unvermeidlichen Dollar-Zeichen abgebildet war.

Auf dieser Reise lernte ich den amerikanischen Reporter und Schriftsteller Harrison Salisbury kennen, den Moskauer Korrespondenten der *New York Times*. Freundlicherweise begleitete er uns oft, erklärte vieles und kommentierte unsere Arbeit. Die Sowjets hielten nicht viel von der öffentlichen Zurschaustellung von Sex, sagte er. Ich mußte an die Warnung des Harvard-Professors Pitirim Sorokin denken: unsere Sexbesessenheit könne den Vereinigten Staaten schneller den Garaus machen als der Kommunismus.

An der Moskauer Universität trank ich mit einigen Studenten Tee.

Ihnen bedeutete ihr Studium viel, hörte ich; zehn Millionen junge Russen lernten Englisch. In der überfüllten Baptistenkirche – der einzigen evangelischen Gemeinde für die sieben bis acht Millionen Einwohner Moskaus –, nahmen wir an drei zweistündigen Gottesdiensten teil und bekamen sechs streng biblische Predigten übersetzt! Die Behörden wollten mich nicht predigen lassen, erklärte der Pastor entschuldigend. (Die Baptisten und die anderen protestantischen Denominationen waren von Stalin gezwungen worden sich zu zusammenzuschließen und hießen jetzt offiziell Baptisten, obwohl es innerhalb dieser Vereinigung immer noch theologische unterschiedliche Richtungen gab.)

Dies war nicht mein erster Kontakt zu führenden sowjetischen Baptisten. Ende Juli 1955 hatte ich einen Mann kennengelernt, der seine Gemeinde auf der Konferenz der baptistischen Weltallianz in London vertrat. Im Oktober 1955 schlug ich ihm als Antwort auf seine Einladung den Dezember desselben Jahres vor – oder, alternativ, irgendwann 1956.

„Natürlich werde ich mich nicht über Politik äußern, wenn ich Ihr großes Land besuche", schrieb ich ihm. „Ich will das Evangelium predigen und zu einer Verbesserung der Beziehungen zwischen dem amerikanischen und dem russischen Volk beitragen. Ich bete darum, daß eine solche Reise vielleicht Perspektiven für den weltweiten Frieden schafft." Doch es kam keine Einladung.

Voll guter Absicht hatte ich naiverweise angenommen, von den Vereinigten Staaten aus könne man ebenso einfach in die Sowjetunion reisen wie nach Großbritannien. Damals war mir auch nicht klar, in welchem Ausmaß die Gemeinden unter staatlicher Aufsicht standen. Keine Gemeinde hätte ohne behördliche Genehmigung eine solche Einladung aussprechen können.

Das Lenin-Stadion war menschenleer, als Grady und ich es als Touristen besichtigten. Über die Lautsprecher schepperte eine verkratzte Aufnahme einer Schlagersängerin. Der Anblick der leeren Arena – Schauplatz zahlreicher sowjetischer Prestigeveranstaltungen – bewegte mich tief. Wir saßen auf der Tribüne, ließen unsere Blicke über die riesige Anlage schweifen. Und ich betete, daß Gott uns eines Tages die Tür öffnen möge, in Moskau und anderswo in Osteuropa das Evangelium zu predigen.

Doch jahrzehntelang schien es, als ob Gott dieses Gebet nie erhören würde. Die Barrieren, die der Kommunismus gegen eine Verkündigung des

Evangeliums aufgebaut hatte, schienen unüberwindlich. Den staatlichen Behörden war zudem bekannt, daß ich ein erklärter und überzeugter Antikommunist war – hatte ich den Kommunismus doch sogar 1953 in einer Predigt „den größten Feind, dem wir je begegnet sind" genannt. Ich ging nicht oft auf solche Themen ein, aber wenn ich auf der Kanzel den Kommunismus erwähnte, brandmarkte ich ihn aus voller Überzeugung als Feind des Evangeliums.

Etwa um diese Zeit veranstaltete in Washington, D.C., Senator Joseph McCarthy seine aufsehenerregenden Anhörungen im Zusammenhang mit einer angeblichen anti-amerikanischen Unterwanderung. Im amerikanischen Wortschatz tauchte das Wort *McCarthysm* auf als Bezeichnung für unbegründete Anschuldigungen gegen angebliche Kommunisten und Kommunismus-Sympathisanten.

Ich meine, daß McCarthy einmal versuchte, mit mir Kontakt aufzunehmen, aber ich führte keine Korrespondenz mit ihm, tauschte nie Telegramme aus oder telefonierte mit ihm. Dazu hatte ich keine Lust. Seine Methoden schockierten mich, obwohl ich damals der Meinung war, daß überzeugte Kommunisten bloßgestellt werden müßten. Doch McCarthy ging zu weit: Seine rigorosen Nachforschungen führten zu Paranoia und Panik bei Betroffenen, zu unbegründetem Argwohn und zu Verleumdungen.

In dieser angespannten Zeit sprach und predigte ich häufig über die verschiedenen sozialen und politischen Probleme unseres Landes. Und wahrscheinlich sprach ich dabei häufiger über den Kommunismus als die meisten anderen. Ich glaubte, daß die kommunistischen Führer – besonders in der Sowjetunion – die Unterwerfung der Welt als erklärtes Ziel hatten. Nur so waren ihre Aussagen zu verstehen.

Ich fürchtete wie Millionen anderer, daß der Kommunismus sich bis in die Vereinigten Staaten und anderswohin ausbreiten könnte, sei es durch eine „fünfte Kolonne" innerhalb der Gesellschaft oder eine bewaffnete Aggression. Schließlich stand der Westen noch unter dem Schock, daß auch die Sowjetunion über Atom- und Wasserstoffbomben verfügte.

Trotz all meiner frühen antikommunistischen Äußerungen jedoch sah ich mich gewiß nicht in jener Rolle eines Kreuzritters im Kampf gegen das Böse wie ein Senator McCarthy oder ein Pater Charles Coughlin. Die landesweit ausgestrahlten Radiosendungen dieses wortgewaltigen Priesters wurden regelmäßig ob ihrer politisch rechtsgerichteten Inhalte kritisiert.

Dennoch konnte ich nicht das Evangelium von Jesus Christus predigen, ohne mit den verschiedenen Philosophien und Ideologien zusammenzustoßen, die vehement gegen das Christentum gerichtet waren – besonders mit dem Kommunismus. Ich zitierte Lenin: „Es werden Zeiten kommen, da wir Frieden sprechen; doch alles im Dienste der Weltrevolution."

Meine eigene Haltung kennzeichnete ich so: „Wir haben es mit einem trügerischen und heimtückischen Feind zu tun, der die übernatürlichen Kräfte des Bösen hinter sich hat."

Die spärlichen Informationen, die durch den von Winston Churchill erstmals so bezeichneten Eisernen Vorhang hinaus in die Welt drangen, reichten aus, um uns alle in Schrecken zu versetzen. Insbesondere Juden und Christen waren im Ostblock die Zielscheibe von Unterdrückung und Verfolgung. Am abscheulichsten empfand ich den damaligen militanten Atheismus mit seinen antichristlichen Maßnahmen und Schikanen.

Der Atheismus – als offizieller staatlicher Kurs – sollte die Religion auslöschen. Ein sowjetischer Erziehungskommissar formulierte es kurz und bündig so: „Wir hassen Christen. Selbst die besten unter ihnen müssen als unsere Feinde betrachtet werden."

Ich wußte, daß meine Mitchristen in der Sowjetunion und anderswo ihren Glauben nicht öffentlich bekennen und nicht einmal ihre Kinder christlich unterweisen durften. Widersetzten sie sich den staatlichen Einschränkungen, wurden sie oft nach Sibirien geschickt, im Gulag interniert oder gar ermordet.

Andererseits habe ich die russische Bevölkerung immer bewundert. Nichts, was ich je gesagt habe, selbst in meinen härtesten Angriffen gegen den Kommunismus, war gegen das russische Volk gerichtet, das so vieles tapfer erduldete. „Reine Kommunisten sind nur eine Minderheit", betonte ich damals. „Die meisten Menschen unter kommunistischer Herrschaft sind keine Anhänger, sondern Opfer."

Bei meinem ersten Besuch in Moskau fiel mir der gehetzte, müde Ausdruck in den Gesichtern der Leute auf, eine Mischung aus Furcht, Unsicherheit und etwas anderem, das ich als geistlichen Hunger oder innere Leere interpretierte. Die Gemeindeglieder dagegen zeigten Glaubensmut und Entschlossenheit. Das *mußten* sie auch, denn es war nicht leicht, sich einer lebendigen Glaubensgemeinschaft anzuschließen. Obwohl ich während meiner Reise 1959 nur wenig unmittelbaren Kontakt zur russisch-orthodoxen Kirche hatte, wußte ich, daß auch viele orthodoxe Christen einen hohen Preis für ihren Glauben zahlten.

Moskau verließ ich mit dem Traum, der Hoffnung und dem Gebet, daß ich eines Tages mit vielen anderen in diesem riesigen Land das Evangelium würde verkündigen können. Ein Wunsch, der sich eigentlich nicht erfüllen konnte. Wie sich herausstellte, mußten wir noch viele Jahre auf einen offiziellen Besuch in der Sowjetunion warten. Nicht viel früher konnten wir Länder wie Jugoslawien, Ungarn, Polen, Ostdeutschland und die Tschechoslowakei besuchen.

POLEN

Mitte der sechziger Jahre sah es aus, als sei Polen weit offen für einen Besuch. Dank der Entschlossenheit und des Mutes der katholischen Mehrheit spielte das religiöse Leben auch unter dem Kommunismus noch eine wichtige Rolle. Das Jahr 1966 markierte den 1000. Jahrestag der polnischen Nation und des Christentums in Polen, das mit der Bekehrung Mieszkos I. im Jahre 966 seinen offiziellen Anfang genommen hatte.

In der Augustausgabe der *Decision* nannte eine optimistische Vorschau auf unsere Reise die Daten (28. September bis 5. Oktober), die Namen der Veranstalter und die Veranstaltungsorte. Berichtet wurde ebenfalls über mein Buch *Friede mit Gott*, das als Sonderausgabe veröffentlicht werden sollte. Als Verneigung vor den Millionen in Auschwitz und ähnlichen Lagern während des Zweiten Weltkrieges ermordeten Menschen, hieß es, wollten wir dem berüchtigten Konzentrationslager einen Besuch abstatten.

Vierundzwanzig Stunden vor der geplanten Abreise wurde uns die Einreise verweigert. Interne politische Verwicklungen zwischen Regierung, katholischer Kirche und evangelischen Christen in Polen hatten zur Ablehnung unserer Visaanträge durch die polnische Botschaft in Washington geführt. Aber zweifellos hatten sich auch die im voraus veröffentlichten Berichte zu unserem Nachteil ausgewirkt.

Was lernten wir aus dieser bitteren Enttäuschung?

Erstens begriffen wir, daß die Gesandten des Reiches Christi sich ebenso sorgfältig und gründlich vorbereiten müssen wie jede Regierung, wenn sie auf eine fremde Macht zugeht. Unzureichend informiert, hatten wir uns in eine peinliche Situation gebracht – und mit uns die Christen in Polen.

Zweitens wurden wir in unserem Glauben bestätigt, daß Gott die kommunistischen Länder in Europa nicht aufgegeben hatte. Es gab immer noch lebendige Christen dort. Obwohl aus diesem Besuch nichts wurde, beteten viele Menschen eindringlich dafür, daß sich eines Tages die Tür für uns öffnen würde.

JUGOSLAWIEN

Knapp ein Jahr später, im Juli 1967, predigte ich erstmals in einem kommunistischen Land – wenn es auch genau genommen nicht *hinter* dem Eisernen Vorhang lag. Marschall Tito hatte seinem Land eine gewisse Unabhängigkeit von Moskaus Herrschaft bewahrt, und so begegnete uns in Jugoslawien ein verhältnismäßig „aufgeklärter" Sozialismus. Auch wenn noch manches an Beschränkung und Unterdrückung da war, begann sich doch vieles zu lockern.

Nach einer einwöchigen Evangelisation in London, die am 1. Juli endete, machten wir einen Tag in Turin Station und fuhren dann mit dem Auto weiter in die kroatische Hauptstadt Zagreb. Eine Gruppe jugoslawischer evangelischer Gemeinden hatte uns eingeladen. Die kontrastreiche Landschaft – von der langgestreckten Adriaküste durch zerklüftete Berge bis hin zu den üppigen Feldern und Wäldern der Donauebene – war vielleicht ein Bild für die Vielfalt der Menschen, die an den Versammlungen teilnahmen.

Der Vorsitzende der örtlichen Veranstalter, Dr. Josip Horak, gleichzeitig Präsident des Dachverbandes der jugoslawischen Baptisten, freute sich bei unserer Begrüßung: „Noch nie zuvor haben sich so viele Protestanten versammelt. Es ist die erste Freiluftveranstaltung seit dem Krieg. Wir hätten uns nicht träumen lassen, daß so etwas in unserem Land möglich ist."

Trotz des strömenden Regens blieben mehr als siebentausend Menschen während der beiden Veranstaltungen geduldig stehen. Viele waren die ganze Nacht über mit dem Zug angereist. Andere kamen nach dreitägiger Busfahrt aus Mazedonien. Wieder andere waren sogar aus Ungarn, der Tschechoslowakei und Rumänien gekommen.

„Noch nie habe ich erlebt, daß sich jemand einem solchen Regen aussetzt, um das Evangelium zu hören", sagte ich zu ihnen. „Das werde ich nie vergessen."

Walter Smyth und T. W., die mich begleiteten, fanden den Anblick überwältigend. In diesen Stunden fielen Männer und Frauen einander in die Arme – mit Freudentränen in den Augen über das Handeln Gottes in diesen Stunden.

Ebenso ermutigend war das Gebetstreffen in einer kleinen Baptistengemeinde am Freitag abend nach unserer Ankunft in Zagreb. Der kleine, überhitzte Raum war so gedrängt voll mit Menschen, daß ich mir schon Sorgen wegen der Sauerstoffversorgung machte. Auf Bitten der Anwesenden hielt ich eine kurze Ansprache, die ich mit folgenden Worten schloß: „Wir haben uns hier versammelt, um für die morgen beginnende Evangelisation zu beten. Nichts kann uns so sehr miteinander verbinden wie das gemeinsame Gebet. Ich kann Ihre Sprache nicht verstehen, aber wir alle kennen die Sprache des Himmels. Es ist die Sprache, in der Gott, der Heilige Geist, zu unseren Herzen spricht. ... Und so kann ich mit Ihnen gemeinsam vor dem Thron der Gnade stehen."

Die Leute freuten sich, als ich ihnen durch den Übersetzer mitteilte, daß mit uns Tausende von Gläubigen in aller Welt für die Veranstaltung in Zagreb beteten.

Auf einer Pressekonferenz in Chicago kurz nach unserer Rückkehr waren die Reporter interessierter als sonst. Vor allem wollten sie wissen, ob die jugoslawischen Behörden versucht hätten, die Versammlungen zu behindern.

Nein, erwiderte ich, denn die jugoslawische Verfassung erlaube ein gewisses Maß an Religionsfreiheit – vorausgesetzt, der christliche Glaube werde im privaten Rahmen und in kirchlichen Räumen praktiziert.

Ob ich gerne dasselbe auch in der Sowjetunion machen würde?

Ja, wenn man mich ließe, antwortete ich und fügte hinzu: „Vielleicht werden wir eines Tages eine der größten religiösen Erweckungen aller Zeiten in diesem Land erleben."

Nach typisch amerikanischer Manier wollten die Reporter Statistiken hören über die Zahl der Zuhörer und der Bekehrten, um den „Erfolg" der Reise zu ermessen.

„Wenn ich mit einem einzigen Menschen über Jesus Christus sprechen kann", erwiderte ich, „und ihm helfen kann, Ja zu Jesus Christus zu sagen, dann ist das Erfolg genug."

Der Segen Gottes, den wir in Jugoslawien erlebt hatten, verstärkte in mir den Wunsch, mit dem Evangelium noch tiefer in die Festungen des Atheismus vorzudringen. Obwohl unser Terminplan schon auf Jahre hinaus festgelegt war, hielt ich mich offen für jegliche konkrete Möglichkeit, in Osteuropa zu predigen. Freilich gab das politische Klima in jenen Ländern wenig Anlaß zur Hoffnung, und uns blieb nichts anderes übrig, als zu beten.

FÜNFTER TEIL

1960-1976
Die Welt im Umbruch

20

Die tausend Tage

PRÄSIDENT JOHN F. KENNEDY

Grady Wilson und ich stiegen Ende April 1960 gerade in einen Zug von Cincinatti nach Chicago, als ein junger Mann auf uns zukam und sich als Pierre Salinger vorstellte. Senator John F. „Jack" Kennedy, so sagte er, erbitte eine offizielle Erklärung von mir zur Toleranzdiskussion in der „Katholikenfrage", die er im Vorfeld der in zwei Wochen anstehenden Vorwahlen der Demokraten in West Virginia zitieren könne. Man glaube, daß Hubert Humphrey dem Senator dort sehr dicht auf den Fersen sei.

Während der Fahrt sprach er mich erneut an und trug sein Anliegen noch einmal sehr ernsthaft und höflich vor, doch ich schlug die Bitte ab. Jegliche Äußerung, befürchtete ich, könnte mir später als versteckte politische Unterstützung ausgelegt werden. Dennoch war er sehr zuvorkommend, als er sich in Chicago von mir verabschiedete.

Einige Tage später erhielt ich in Minneapolis einen Anruf von jemandem, der sich John Kennedy nannte. Obwohl der Mann einen Neuengland-Akzent hatte, bezweifelte ich stark, daß er es tatsächlich war. Er wollte mir die Aussage entlocken, daß die Konfession keine Rolle im Wahlkampf spielen sollte und daß ich ohne zu zögern für einen qualifizierten Katholiken stimmen würde. Ich gab der Stimme am Telefon die gleiche Antwort, die ich Salinger gegeben hatte.

Mit einem Katholiken im Weißen Haus hätte ich kein ernsthaftes Problem gehabt. Viele andere Protestanten allerdings hatten Bedenken, darunter auch viele, die zu meiner eigenen Denomination der Südlichen

357

Baptisten gehörten. Bei den Baptisten hatte die Betonung einer Trennung von Kirche und Staat eine lange Tradition. Erhebliche Kopfschmerzen bereitete deshalb einigen die Vorstellung, einen Präsidenten zu haben, der zu einer gewissen Loyalität dem Vatikan gegenüber verpflichtet sei.

In meiner Jugend hatten die Demokraten in unserem Teil North Carolinas gegen den New Yorker Katholiken Al Smith und für den siegreichen republikanischen Kandidaten Herbert Hoover gestimmt, vor allem wegen eben dieser Konfessionsfrage. Als Schulkinder feierten wir den Ausgang der Wahl von 1928 letztlich ohne dieses Hintergrundwissen.

Während ich Mr. Salingers Bitte ablehnte, lehnte ich andererseits ebenso die hartnäckigen Forderungen einiger Protestanten ab, mich gegen einen katholischen Kandidaten auszusprechen. Wie sich herausstellte, brauchte Kennedy meine Hilfe auch nicht; er gewann die Vorwahlen in West Virginia am 10. Mai im Handstreich.

Trotzdem fühlte ich mich ein wenig eingezwängt. Zwar wollte ich nicht den Eindruck erwecken, ich würde Kennedy unterstützen, aber ich wollte auch nicht aus Glaubensgründen voreingenommen gegen ihn erscheinen. In Kennedys Heimatstadt Boston hatte ich seit zehn Jahren ein gutes Verhältnis zu Kardinal Richard J. Cushing, und überhaupt war mir wichtig, daß wir in unseren Evangelisationen für gute Beziehungen zwischen den Kirchen eintraten.

Mit einigen katholischen Lehren und Traditionen stimmte ich zwar nicht überein; doch die oft erlebte herzliche Gemeinschaft mit katholischen Christen hatte mich schon vor langer Zeit alle etwa vorhandenen Vorurteile beiseite legen lassen. Hubert Humphrey, den ich aus Minneapolis kannte, hatte mich vor einiger Zeit Senator Jack Kennedy vorgestellt: Er war mir auf den ersten Blick sympathisch. Über seine Einstellung zum Glauben war mir nichts bekannt; jedenfalls gab ich nicht viel auf die Gerüchte über seinen Lebensstil; denn übler Klatsch hatte in Washington zu jeder Zeit Hochkonjunktur.

In dem Wahlkampf zwischen Kennedy und Nixon wurde meine Position durch meine bekannte Freundschaft mit Vizepräsident Nixon noch weiter erschwert. Offen gesagt fand ich, daß Nixon durch seine acht Jahre in der Regierung Eisenhower besser qualifiziert sei als Kennedy durch seine Amtszeiten als Kongreßabgeordneter und Senator. Eine Menge Leute setzten mir zu, um mir einen Hinweis auf den von mir bevorzugten Kandidaten zu entlocken (was, abgesehen von dem religiösen Faktor, einigermaßen offensichtlich hätte sein müssen); aber ich äußerte mich kaum, um nicht durch ein scheinbar konfessionelles Vorurteil das Bild zu verzerren.

Nachdem Kennedy und Nixon im Sommer offiziell als Kandidaten ihrer Parteien benannt worden waren, stand ich unter dem ständigen Druck, mich für einen von beiden aussprechen zu sollen. Wäre ich töricht genug dazu gewesen, hätte ich Richard Nixon genannt. Im Mai machte ich auf einer Konferenz der Südlichen Baptisten kaum verschleierte Anspielungen auf meinen bevorzugten Kandidaten, ohne mich offen für Nixon auszusprechen. Möglicherweise haben meine Anspielungen dennoch bei einigen Parteigängern die Flammen geschürt. Im Rückblick gesehen hat wohl nur ein göttliches Eingreifen mich davon abgehalten, der Presse endlich auf ihre Fragen zu antworten, besonders während jener achttägigen Evangelisation im Juni 1960 in Washington.

Von da an bis Anfang Oktober, als der Präsidentschaftswahlkampf auf Hochtouren kam, war ich durch die Teilnahme an der Konferenz der baptistischen Weltallianz und eine Reihe von Evangelisationen in Europa unterwegs. Für mich bedeutete es eine große Erleichterung, den Atlantik zwischen mir und der amerikanischen Politik zu wissen.

In Übersee erreichte mich ein Brief von Dr. Norman Vincent Peale, damals vermutlich Amerikas bekanntester Geistlicher. Er hatte sich offen für Nixon ausgesprochen, der gelegentlich seine Gemeinde besuchte. Peale wollte, daß ich mich öffentlich hinter unseren gemeinsamen Freund stellte, und bat um ein persönliches Gespräch während seines Europa-Urlaubs.

Wir trafen uns in Montreux in der Schweiz, wo ich mit dreißig führenden Evangelikalen über evangelistische Strategien konferierte. Er sprach kurz vor unserer Gruppe; dann unterhielten wir beide uns privat über das Wettrennen um das Amt des US-Präsidenten. Ich versicherte ihm, ich wolle über seine Bitte nachdenken und beten, aber ich zöge es vor, mich aus dem Wahlkampf herauszuhalten.

Clyde Taylor, Sekretär der Weltweiten Evangelischen Allianz und einer der Konferenzteilnehmer, lud Dr. Peale zu einer Konferenz leitender Kirchenvertreter nach Washington ein, bei der es um den Wahlkampf gehen sollte. Ich ermutigte Peale zur Teilnahme – insgeheim froh, daß ich zu der Zeit noch in Europa unterwegs sein würde.

Von Europa aus schrieb ich privat sowohl an Kennedy als auch an seinen Vizepräsidentschaftskandidaten Lyndon Baines Johnson und erklärte, warum ich nicht für sie stimmen würde. Das erschien mir nur fair angesichts meiner Freundschaft mit den wetteifernden Kandidaten.

Die Presse war bei der Konferenz in Washington nicht zugelassen. Doch als Dr. Peale den Versammlungsraum verließ, baten ihn Reporter um einen Kommentar. Er verlas eine von der Gruppe formulierte Erklärung, die zwar keine konkrete Aussage zugunsten eines der beiden Kandidaten enthielt, aber ernsthafte Bedenken äußerte, angesichts der verfassungsgemäßen Trennung von Kirche und Staat einen Katholiken zum Präsidenten zu wählen. Absicht der Gruppe war es, die Frage auf einer philosophischen (anstatt politischen) Ebene zu behandeln. Der Schuß ging jedoch nach hinten los, und die Erklärung wurde von vielen als antikatholisch gebrandmarkt. Leider wurde unfairerweise Dr. Peale für die ganze Situation verantwortlich gemacht. Das fügte ihm sowohl persönlich als auch beruflich einigen Schaden zu. Später entschuldigte ich mich bei ihm für meinen – wenn auch unbeabsichtigten – Beitrag zu seinem Problem, indem ich ihn zur Teilnahme an der Konferenz in Washington gedrängt hatte.

Als ich Anfang Oktober zurück in die Staaten kam, besuchte ich Henry Luce im *Time & Life*-Redaktionsgebäude in New York. „Ich möchte Nixon helfen, ohne mich offen für ihn auszusprechen", sagte ich. „Haben Sie da eine Idee?"

Luce verschränkte die Hände hinter dem Kopf. „Warum schreiben Sie nicht einen Artikel über den Menschen Nixon, wie Sie ihn kennen? Wenn er geeignet ist, bringen wir ihn in *Life*."

„Ich weiß nicht recht."

„Schreiben Sie nicht, für wen Sie stimmen werden. Schreiben Sie, was Sie von dem Menschen Nixon halten."

Ganz wohl war mir bei dem Gedanken nicht, aber ich fuhr nach Hause in die Berge und fing an zu schreiben. Der Artikel floß mir leicht an einem Nachmittag aus der Feder.

Kaum hatte Luce den Artikel auf dem Schreibtisch, rief er mich an: „Billy, das ist genau das, was wir brauchen. Ich bringe den Artikel kommende Woche als Titelstory."

So sehr ich mich freute, daß Luce der Artikel gefiel – mir kamen doch bald Bedenken. In zwei Wochen war Wahl, und Ruth ärgerte sich, daß ich mich öffentlich über ein politisches Thema geäußert hatte. Was hatte ich mir und meinen Freunden da eingebrockt? Manche, die wie Gouverneur Luther Hodges aus North Carolina und Gouverneur Frank Clement aus Tennessee vorher von dem Text erfahren hatten, protestierten telefonisch bei mir. Alle erklärten einmütig, der Artikel sei ein schwerer Fehler; aber nun schien es zu spät, noch etwas zu unternehmen. Am Donnerstag – der Nacht, in der das Magazin gedruckt werden sollte – beteten Ruth und ich zu Gott, die Veröffentlichung zu verhindern, wenn sie nicht seinem Willen entsprach. Keiner von uns hatte ein gutes Gefühl dabei.

Am nächsten Tag rief mich Henry Luce an: „Letzte Nacht konnte ich nicht schlafen. Um Mitternacht habe ich Ihren Artikel gestrichen."

Gott hatte eingegriffen!

„Mr. Luce, ich kann Ihnen gar nicht sagen, wie erleichtert ich bin."

„Nun, es war eine gute Arbeit, aber vermutlich ist es so herum klüger."

„Hören Sie", sagte ich aus einem Impuls heraus. „Wie wäre es, wenn ich Ihnen einen Artikel schreibe, warum jeder Christ zur Wahl gehen sollte? Ich könnte mich gleich daransetzen."

Am anderen Ende herrschte einen Moment lang Schweigen.

„Billy, ich glaube nicht. Ich weiß das zu schätzen . . . aber lieber nicht. Es ist eine schöne Idee, aber sie hätte sicher keine Durchschlagskraft. Trotzdem, danke!"

Aus irgendeinem Grund schrieb ich den Artikel trotzdem und schickte ihn am nächsten Tag los. Wieder rief Luce an.

„Mir gefällt der neue Text besser als ich gedacht hätte. Aber wissen Sie, was ich beschlossen habe? Ich werde den ersten Artikel doch bringen, nächste Woche, direkt vor der Wahl."

„Nein, Sir, ich glaube, dem hat Gott einen Riegel vorgeschoben", sagte ich und erzählte ihm von unseren Gebeten.

„Dagegen kann ich ja wohl nichts machen", brummte er. „Also schön, ich bringe den zweiten Artikel."

Das tat er, und der Artikel fand viel Zustimmung bei den Lesern.

Kurz nach der Wahl erhielt ich einen Anruf von meinem Freund Senator George Smathers aus Florida. Der designierte Präsident John F. Kennedy wolle sich gern mit mir treffen, teilte er mit. „Ich habe vorgeschlagen, daß wir eine Runde Golf zusammen spielen."

Ich war begeistert. Aber was würde mein Freund Richard Nixon jetzt denken, wo er ohnehin nach der verlorenen Wahl niedergeschlagen war? Ich rief ihn an. „Er ist der künftige Präsident", sagte Nixon. „Wenn er Sie einlädt, müssen Sie hin. *Ich* würde auch hingehen. Also, machen Sie sich keine Gedanken."

An dem Abend, als ich in Florida eintraf, war Jacqueline Kennedy gerade von ihrem Sohn John entbunden worden, so daß mein Treffen mit ihrem Mann verschoben werden mußte.

Im Januar 1961, zehn Tage vor der Amtseinführung, rief mich Smathers wieder an. „Könnten Sie am nächsten Montag zum Mittagessen und zu einer Runde Golf nach Palm Beach ins Haus von Jack Kennedys Vater kommen?"

Als ich auf dem Familiensitz der Kennedys eintraf, rief mir der charismatische junge Wahlsieger aus dem Fenster seines Umkleidezimmers zu: „Mein Vater ist draußen am Swimmingpool. Er möchte sich gern mit Ihnen unterhalten."

Nachdem wir uns begrüßt und Platz genommen hatten, kam Joseph Kennedy direkt zur Sache. „Sie wissen, warum Sie hier sind?"

„Nicht genau, Sir", gab ich zu.

„Als ich zusammen mit dem Präsidenten der Notre Dame-Universität in Stuttgart war, sahen wir überall Ihre Veranstaltungsplakate. Die Sache wollten wir uns ansehen. Und was wir dann sahen, hat uns wirklich erstaunt. Sie predigten mit einem Übersetzer vor sechzigtausend Menschen. Ungeheuer viele reagierten auf Ihren Aufruf am Ende der Predigt. Drei Tage später erwähnten wir das bei unserer Papst-Audienz. Seine Heiligkeit wünschte sich, er hätte ein Dutzend solcher Evangelisten in unserer Kirche. Als Jack gewählt wurde, habe ich ihm geraten, er solle möglichst bald Ihre Bekanntschaft machen. Denn Sie könnten ein großer Gewinn für unser Land sein und mithelfen, die Spaltungen hinsichtlich der religiösen Streitereien im Wahlkampf zu heilen."

Sicherlich überschätzte er bei weitem meinen Einfluß in der Öffentlichkeit, und vielleicht übersah er Gottes Rolle in unserem Dienst. Trotzdem versicherte ich ihm, ich werde tun, was ich könne.

Als nächstes stand das Golfspiel auf dem Programm. Nach einem leichten Mittagessen, bei dem Jack mich um ein Tischgebet bat, stellte er mich seiner Frau Jackie vor. Ich fand, daß sie noch schöner aussah als auf den Bildern der Zeitungen und Illustrierten.

Jack selbst fuhr in seinem Lincoln-Kabriolett – ich saß auf dem Beifahrersitz und George Smathers auf dem Rücksitz – zum Seminole Golf Club. Beim Vorbeifahren mußte er immer wieder den Leuten zuwinken, die ihn erkannten.

Auf dem Golfgelände stiegen Kennedy und ich in ein Golfcart, Smathers und Billy Reynolds, der Chef der Aluminium-Gesellschaft, der im Club zu uns stieß, in einen anderen. Am ersten Abschlagpunkt war ich unglaublich nervös. Mein Ball flog nicht sehr weit, und schließlich erntete ich einen doppelten Bogey.

„Ich dachte, Sie spielen besser", scherzte Kennedy.

„Normalerweise immer, Sir, wenn ich nicht gerade mit dem designierten Präsidenten spiele." Er lachte.

Wir spielten nur vierzehn Löcher. Am letzten Loch versenkte ich einen langen Putt.

„Dieser Putt bringt mir vierzig Dollar!" rief Reynolds. Offenbar lief nebenbei eine kleine Wette, über die ich aber nichts erfuhr.

Im Clubhaus gerieten wir in eine lebhafte Diskussion. Kennedy erwartete, daß die sechziger Jahre einiges an Herausforderungen, Chancen und Problemen mit sich bringen würden. Während wir uns mit ein paar Getränken erfrischten, begann er von Vietnam zu sprechen. Kennedy stimmte mit Eisenhowers Domino-Theorie überein. „Wenn Laos kippt", sagte er, „wird ganz Südostasien umkippen. Dann Indien. Dagegen werden wir etwas tun müssen. Eisenhower hat eine ganze Menge Leute da drüben. Wir können nicht zulassen, daß Vietnam den Kommunisten in die Hände fällt."

Zum ersten Mal hörte ich, daß Vietnam – jenes ferne Land in Asien – ein solches Problem darstellte. Für mich war das alles sehr weit weg.

Auf dem Rückweg zum Haus der Kennedys hielt Kennedy plötzlich den Wagen an und wandte sich an mich. „Glauben Sie an die Wiederkunft Jesu Christi?" fragte er ohne Vorwarnung.

„Gewiß."

„Und glaubt *meine* Kirche auch daran?"

„Es steht in ihrem Glaubensbekenntnis."

„Aber sie verkündigt es nicht", sagte er. „Sie sagt uns nicht viel darüber. Ich wüßte gern, wie Sie darüber denken."

Ich erklärte ihm, was die Bibel über das erste Kommen Christi sagt, über seinen Tod am Kreuz, seine Auferstehung von den Toten und sein

Versprechen, daß er wiederkommen werde. „Erst dann", sagte ich, „werden wir einen dauerhaften Weltfrieden erleben."

„Das ist interessant", sagte er und wandte den Blick ab. „Darüber müssen wir uns ein anderes Mal unterhalten." Und dann fuhr er weiter.

Anschließend lud Kennedy mich ein, ihn auf eine Party zu begleiten. Ich nahm an, fühlte mich aber in meiner Golfkleidung etwas deplaziert – angesichts der Prominenz unter den etwa hundert Gästen.

Dann hatte Kennedy noch eine andere Überraschung für mich parat. „Billy, im Hotel Washington sind ungefähr dreihundert Medienleute, die ich noch nicht gesehen habe, seit ich hier bin. Ich muß ein paar Worte zu ihnen sagen. Würde es Ihnen etwas ausmachen, mich zu begleiten?" Ich fühlte mich geehrt.

Im Hotel setzte ich mich zwischen die Journalisten, um mir anzuhören, was der designierte Präsident zu sagen hatte. Er begann mit unserem Golfspiel und scherzte über das Ergebnis. Dann kam die Überraschung. „Ich möchte Ihnen Dr. Billy Graham vorstellen, der Ihnen gern ein paar Fragen beantworten wird."

Das war mir völlig neu! Ich ging nach vorn zum Podium, und die Journalisten fragten mich nach der religiösen Kontroverse, die während des Wahlkampfs so hochgespielt worden war – und zu der ich mich bisher nicht geäußert hatte. Obwohl ich jetzt begriff, daß Kennedy mich für seine eigenen Zwecke benutzte, machte es mir nichts aus, endlich meine Meinung zu sagen.

„Daß Kennedy katholisch ist, darf ihm von keinem Protestanten zum Vorwurf gemacht werden", erklärte ich. „Jeder sollte ihn nach seinen Fähigkeiten und seinem Charakter beurteilen. Wir alle sollten unserem neuen Präsidenten unser Vertrauen und unsere Unterstützung entgegenbringen."

Vor der Wahl hätte mir das zweifellos Schwierigkeiten eingebracht. Doch jetzt erschien mir die Aussage gerechtfertigt. Ich wurde eine halbe Stunde oder länger interviewt, während Kennedy daneben saß.

Eine von Kennedys besonderen Leistungen war das Peace Corps, dessen humanitäre Einsätze in Übersee einen Teil von dem praktizierten, was christliche Missionare seit Generationen getan hatten – allerdings nun ohne den geistlichen Schwerpunkt und die lebenslange Verpflichtung.

„Das Peace Corps ist ausgesprochen wichtig", sagte er einmal zu mir.

„Nicht allein, um anderen Ländern zu helfen, sondern auch, damit junge Amerikaner etwas Sinnvolles tun können."

Er hatte recht. Schon wenige Wochen nach seiner Gründung hatten sich Hunderte von Freiwilligen für das Peace Corps gemeldet. Offenbar waren zahllose Jugendliche auf der Suche nach einer sinnvollen Aufgabe. Binnen fünf Jahren nach seiner Gründung arbeiteten mehr als fünfzehntausend junge Leute in zweiundfünfzig Ländern.

R. Sargent Shriver, der Chef des Peace Corps, wurde mir ein guter Freund; später drehten wir gemeinsam einen Dokumentarfilm über das Armutsproblem in den Appalachen. An einem Produktionstag wollte Shriver mich in Montreat abholen. Er landete mit einem Hubschrauber in unserem Vorgarten, der kaum größer ist als ein Felsvorsprung am Berghang. Die Landung glückte, doch die Rotorblätter bliesen unsere Gartenmöbel den Hang hinab.

Der Drehort lag in einer entlegenen Gegend. Wir stiegen hinauf zu einer Berghütte, in der eine Frau wohnte. Sarge fragte sie, ob sie einen Zwanzig-Dollar-Schein hätte. Sie schüttelte den Kopf. Aber *wenn* sie einen Zwanzig-Dollar-Schein hätte, fragte Sarge weiter, was würde sie dann damit tun?

Sie dachte kurz nach. „Ich würde mich nach jemand umsehen, der ihn dringender braucht als ich."

Ich glaube, Sarge bekam eine neues Gefühl für den Charakter und den Stolz der Menschen, die in den Appalachen leben. Der Dokumentarfilm war übrigens recht erfolgreich; er wurde von zahlreichen Organisationen überall in den USA aufgeführt.

Der Beginn der sechziger Jahre war eine sehr schwierige Zeit für jeden führenden Staatsmann. Ich fand es ermutigend, daß Präsident Kennedy sich die Mühe machte, während seiner dreijährigen Regierungszeit an dem jährlichen Presidential Prayer Breakfast teilzunehmen, dem Präsidenten-Gebetsfrühstück, dessen Redner ich in diesen Jahren war. Erst später wurde mir Kennedys Lob zugetragen, ich sei der einzige protestantische Geistliche, mit dem er etwas anfangen könne.

Bei einem dieser Frühstückstreffen saß er neben mir und fragte mich, welche christlichen Gruppen bei der Besiedlung North Carolinas und des Südens aktiv gewesen wären. Ich nannte ihm die schottisch-irischen Reformierten, die Lutheraner, die Herrnhuter, die Baptisten und die Methodisten.

„Und wann kamen die Katholiken?" hakte er nach.

„Später", konnte ich ihm nur sagen, fügte aber hinzu, daß es heute viele Katholiken im Süden gebe.

Als er zu seiner kurzen Ansprache aufstand, verwendete er zu meiner Überraschung diese knappe Information als Beispiel.

In der Kennedy-Ära war ich einige Male im Weißen Haus eingeladen, wenn auch nie zu einem Staatsbankett oder in sein Privatquartier. Ich erinnere mich an verschiedene Begegnungen im Oval Office – besonders an einen Besuch, bei dem er sich erkundigte, wie ich mit meinen Übersetzern arbeite. Offenbar hatte der Präsident eine Fernsehsendung gesehen, in der ich in Lateinamerika mit einem Übersetzer sprach. Der Stil und die Methode, Satz für Satz zu sprechen, hatten ihm gefallen. Die einzige Alternative dazu war, die Ansprache im ganzen zu halten und sie dann von einem Übersetzer in der Fremdsprache wiederholen zu lassen.

Während des Höhepunktes der Kuba-Krise sprach Außenminister Dean Rusk auf Einladung einer evangelisch-reformierten Gruppe in Montreat. Ich nahm mir vor, den Vortrag anzuhören. Ein Assistent des Ministers teilte uns telefonisch mit, Rusk würde uns gern zu Hause besuchen. Wir sagten zu. Während wir etwa eine Stunde lang zusammen Kaffee tranken, mußte er sich zwei- oder dreimal entschuldigen, um in Washington anzurufen. Irgendwann gab er mir einen kurzen Überblick über die gespannte Lage mit Kuba und der Sowjetunion.

„Billy, was würden Sie tun?"

„Ich glaube, wir sollten hart bleiben."

„Das denke ich auch", stimmte er zu.

Während seiner leider so kurzen Amtszeit lernte ich Präsident Kennedy in mehrfacher Hinsicht sehr schätzen. Ende 1961 lud der Präsident Grady Wilson und mich in sein Washingtoner Büro ein. Wir informierten ihn über unsere bevorstehende fünfwöchige Evangelisation in Lateinamerika, die im Januar beginnen sollte.

„Ich bin noch vor Ihnen dort", sagte Kennedy. „Ich werde ‚Johannes der Täufer' für Sie spielen."

„Vorsicht!" warnte Grady ihn scherzhaft. „Der hat dabei seinen Kopf verloren!"

Das konnte den Präsidenten nicht abschrecken. Lachend wiederholte er sein Angebot: „Was kann ich für Sie tun?"

Wir erzählten ihm von den Problemen in Kolumbien, wo einige führende Politiker Unruhen befürchteten, wenn wir dort große Veranstaltungen durchführten. Unsere Freunde, die dort als Missionare tätig waren, beteten darum, daß Gott uns diese Tür wieder öffnen würde. Der Präsident wandte sich an einen seiner Berater und bat kurz: „Kümmern Sie sich darum."

Was sich hinter den Kulissen tat, werde ich nie erfahren, doch wir konnten ohne weitere Probleme nach Kolumbien einreisen, und die Versammlungen verliefen ohne Zwischenfälle. Der katholische Präsident hatte seine Sache als „Johannes der Täufer" gut gemacht.

Zum letzten Mal traf ich Kennedy beim National Prayer Breakfast 1963. Ich war sehr erkältet. Nachdem ich meine kurze Ansprache gehalten hatte und er seine, gingen wir wie immer zusammen hinaus zu seinem Wagen.

An der Bordsteinkante drehte er sich zu mir um. „Billy, könnten Sie mit mir ins Weiße Haus kommen? Ich würde Sie gerne noch einen Augenblick sprechen."

„Mr. President, ich habe Fieber", wandte ich ein. „Ich fühle mich ziemlich schwach, und vor allem möchte ich Sie nicht anstecken. Könnten wir uns nicht ein anderes Mal unterhalten?" Es war ein kalter, verschneiter Tag, und ich fror erbärmlich, während ich ohne Mantel dort draußen stand.

„Natürlich", sagte er großzügig.

Sein Zögern an der Wagentür und seine Bitte verfolgen mich noch heute. Was ging ihm durch den Kopf? Hätte ich mit ihm fahren sollen? Die Uhr läßt sich nicht zurückdrehen.

John Connally, der damals den Demokraten angehörte, lud mich zu seiner Amtseinführung als Gouverneur am 15. Januar 1963 nach Texas ein. Als ich im Spätherbst des Jahres wieder in Houston war, suchte mich der Gouverneur in meinem Hotelzimmer auf. Er machte sich Sorgen wegen Kennedys bevorstehendem Besuch in Texas. Im Land herrsche eine sehr feindselige Stimmung gegen den Präsidenten, sagte er, und er befürchte eine lauwarme oder gar negative Reaktion.

Senator Barry Goldwater aus Arizona galt als Favorit für die Nominierung zum republikanischen Kandidaten für die Präsidentschaftswahl 1964. Seine konservative Haltung stieß offenbar in Texas auf ein nachhaltiges Echo. Kennedys Besuch sollte nun die Einheit der Demokraten stärken und sie zum Widerstand motivieren.

Gegen Ende der zweiten Novemberwoche beunruhigte mich der geplante Besuch des Präsidenten in Dallas so stark, daß ich unseren gemeinsamen Freund Senator Smathers mit der Bitte zu erreichen versuchte, ich wolle dringend mit dem Präsidenten sprechen. Seine Sekretärin informierte mich, Senator Smathers sei in der Senatssitzung und werde zurückrufen. Statt dessen teilte er mir telegrafisch mit, der Präsident werde sich direkt mit mir in Verbindung setzen. Er dachte, es gehe um ein geplantes Golfspiel in Florida am kommenden Wochenende. Das Spiel müsse leider verschoben werden, telegrafierte Smathers.

Doch das einzige, was ich dem Präsidenten sagen wollte, war: „Fahren Sie nicht nach Texas!"

Ich hatte eine innere Vorahnung, daß etwas Schreckliches passieren würde. T. W. und Calvin Thielman, dem Pastor der reformierten Gemeinde von Montreat, erzählte ich davon (noch vor meinem Anruf bei Smathers). Aber reichte ein solch seltsames Gefühl aus, um die Aufmerksamkeit des Präsidenten zu beanspruchen?

Am frühen Nachmittag des 22. November spielte ich mit T. W., Lee Fisher und Cliff Barrows Golf auf dem Platz in Black Mountain, North Carolina. Wir hatten gerade am fünften Loch gleich neben der Straße abgeschlagen, als Loren Bridges, der Manager unserer lokalen christlichen Radiostation, vorfuhr. Der Präsident sei niedergeschossen worden! Gleich darauf kam der Golfprofi Ross Taylor aus Black Mountain angelaufen und rief uns dieselbe Nachricht zu.

Wir eilten ins WFGW-Studio, wo die Nachrichten über die Fernschreiber ratterten. Loren reichte mir das letzte Telex der Associated Press. Der Bericht war vage; konkrete Informationen über den Zustand des Präsidenten standen noch nicht zur Verfügung.

Ich bat Calvin Thielman, mit mir auf Sendung zu gehen, um für Kennedy und seine Familie zu beten und etwas aus der Bibel zu lesen. T. W. bat ich, einen befreundeten Arzt am Parkland Memorial Hospital anzurufen, um den neuesten Stand zu erfahren.

In dem Moment, als Calvin und ich auf Sendung gingen, kam T. W. ans Fenster des Regieraums und hielt einen Zettel gegen das Glas: „Er ist tot."

Ich wagte es nicht, eine solche Nachricht zu verbreiten, solange sie nicht offiziell bekanntgegeben wurde. Erst einige Minuten später, als Walter Cronkite die Todesmeldung über CBS gebracht hatte, sprachen Calvin und ich über das Attentat und beteten für Familie Kennedy und den neuen Präsidenten Lyndon Johnson.

Bei der Beerdigung am folgenden Montag in der St. Matthew's Cathedral in Washington saß ich unter den Freunden der Familie Kennedy. Uns alle quälte die Frage: Warum mußte das geschehen? Wie alle anderen war ich bewegt, als ich die Kennedy-Kinder Caroline und John jr. sah. Als John und ich uns Jahrzehnte später kennenlernten, staunte ich über die – in jeder Beziehung – große Ähnlichkeit mit seinem Vater.

Ein anderer Gedanke beschäftigte mich am Tag zuvor, als ich zehn Meter von Jackie Kennedy und der Familie entfernt im Rundbau des Capitols stand und die tränenbenetzten Gesichter vorbeidefilierender Politiker aus aller Welt sah. Mein Freund Jim Bishop hatte gerade eine Zeitungskolumne über sein letztes Interview mit Kennedy geschrieben. Was hatte der Präsident darin gesagt? „Wir haben so wenig Zeit und so viel zu tun."

Unser Gespräch in Palm Beach vor nur drei Jahren kam mir wieder in den Sinn, während Kardinal Cushing die eindrucksvolle Aussage des Neuen Testamentes über die Wiederkunft Christi vorlas: „Auf den Befehl Gottes werden die Stimme des höchsten Engels und der Schall der Posaune vom Himmel ertönen, und Christus wird wiederkommen. Als erste werden die auferstehen, die im Glauben an Christus gestorben sind" (1. Thessalonicher 4,16).

Ich betete, daß sich dies für John F. Kennedy bestätigen möge.

Einige Monate später sprach ich im Rahmen einer Wohltätigkeitsveranstaltung zugunsten der Kennedy-Bibliothek in Harvard im Stadion der Universität von North Carolina. An dieser Veranstaltung nahmen auch Senator Ted Kennedy mit seiner Mutter Rose teil. Das Oberhaupt der Familie begegnete mir außerordentlich freundlich. „Wissen Sie, ich habe Ihnen oft zugehört", sagte sie. „Auch wenn wir katholisch sind, habe ich Sie nie etwas sagen hören, womit wir nicht von der Bibel her übereinstimmen könnten."

Ich war dankbar für ihre freundlichen Worte. Sie unterstrichen genau das, was mir einige Jahre zuvor während der Toleranzdebatte deutlich geworden war: Christen, so unterschiedlich ihre Tradition und Einstellung zu bestimmten Glaubensfragen auch sein mögen, haben nur eine einzige Hoffnung, einen gemeinsamen Nenner zu finden: Es ist das Wort Gottes, die letzte Autorität für unseren Glauben.

21

Hartes Holz aus Texas

PRÄSIDENT LYNDON B. JOHNSON

„Sie müssen mit Ihrer Frau bei der Einweihung unserer Bibliothek am 22. Mai dabei sein." So lautete das handgeschriebene Postscriptum unter einem maschinegeschriebenen Brief vom 23. Februar 1971, den mir der ehemalige Präsident Lyndon Johnson schickte – gut zwei Jahre, nachdem er sein Amt verlassen hatte.

Präsident Nixon hatte uns eingeladen, ihn in der Air Force One, dem Präsidentenflugzeug, dorthin zu begleiten. Nach der Eröffnungszeremonie, auf der ich eine Ansprache hielt, nahm Johnson Ruth und mich mit auf seine Ranch im Bergland. Im Laufe der Jahre hatten wir dort viele schöne Tage bei ihm und Lady Bird unter dem unendlichen Himmel von Texas verbracht. Wir kamen gern wieder hierher.

LBJ, wie er genannt wurde, und ich gingen hinunter zu den Eichen am Flußufer des Pedernales, der am Familienfriedhof der Johnsons vorbeifloß. Er, der sonst ein so übersprudelndes Temperament hatte, kam mir an diesem Tag sehr niedergeschlagen vor. Wir stellten uns in den Schatten und sahen auf das vorbeifließende Wasser.

„Billy", sagte er endlich, „eines Tages werden Sie auf meiner Beerdigung predigen. Sie werden genau hier unter diesem Baum stehen. Ich werde genau dort begraben werden." Er deutete hinüber zum Friedhof. „Sie werden natürlich aus der Bibel vorlesen und das Evangelium predigen. Das will ich so."

Einen Moment hielt er inne. „Aber ich hoffe, Sie werden den Leuten auch etwas über die Dinge sagen, die ich zu tun versucht habe."

Als der Tag kam, fiel mir diese Aufgabe nicht schwer. Bei der Trauerfeier am 25. Januar 1973 – weniger als zwei Jahre nach diesem Gespräch – beschrieb ich ihn als „Geschichte in Bewegung". Ich nannte ihn „einen Berg von einem Mann mit einem Wirbelsturm als Herz" und fügte hinzu: „Achtunddreißig Jahre im Dienst der Öffentlichkeit ließen ihn stets im Zentrum der Ereignisse stehen, die unser Geschick geprägt haben." Wenn ich diese Worte heute lese, scheinen sie mir eher noch untertrieben.

LBJ war eine eindrucksvolle, hochaufragende Persönlichkeit, die stets im Mittelpunkt stand, sobald er einen Raum betrat. Er konnte rauh und charmant zugleich sein und sogar extrem scharf werden. Wenn er in meiner Gegenwart fluchte, drehte er sich rasch zu mir um und sagte: „Entschuldigen Sie, Pastor."

Auch wenn viele sich über seinen komplexen Charakter äußerten – ich habe darin vielleicht eine Facette zu Gesicht bekommen, die andere nicht gesehen haben, nämlich eine aufrichtige und tiefe – wenn auch schlichte – geistliche Dimension. Obwohl es ihm damit durchaus ernst war, hätte ich ihn wohl kaum als „fromm" bezeichnen können.

Und doch war ich oft an seiner Seite, wenn er abends im Pyjama an seinem Bett kniete und zu einem betete, der mächtiger war als er. Darin sah ich keine Schwäche, sondern Stärke. Große Männer wissen, wann sie sich neigen müssen.

Am Sonntag, dem 15. Dezember 1963, keine drei Wochen nach Kennedys Beerdigung, klingelte das Telefon. Ich wollte gerade nach Annapolis aufbrechen, wo ich in der Kapelle der Marineakademie sprechen sollte. „Hier ist Lyndon", dröhnte die vertraute Stimme des Präsidenten. Er bat mich, ihn im Weißen Haus aufzusuchen.

Am nächsten Tag verbrachten wir einige Stunden zusammen, unterhielten uns und schwammen im Swimmingpool des Weißen Hauses. Die Ereignisse der letzten Wochen hatten nicht nur die ganze Welt erschüttert, sondern offenbar auch Johnson sehr ernüchtert. Wir beteten zusammen, und ich bat Gott, ihm in den vor ihm liegenden schweren Tagen besondere Gnade und Weisheit zu schenken. Hinterher lud er mich ein, bei einem kleinen Essen zu Ehren der leitenden Angestellten des *New York Herald Tribune* ein Dankgebet zu sprechen.

Als neuer Präsident sprach er im Februar 1964 auf dem National Prayer Breakfast: „Kein Mensch kann da leben, wo ich lebe, und an dem Schreibtisch arbeiten, an dem ich jetzt arbeite, ohne daß er es nötig hätte, ernstlich und häufig im Gebet Stärke und Unterstützung zu suchen." Es waren nicht die Worte eines verzweifelten Mannes auf einem sinkenden Schiff – vielmehr zeigte sich darin das Vertrauen zu einem Freund, der helfen kann.

Diese „geistliche Dimension" überraschte nicht angesichts seines Familienerbes. Ein kostbares Erbstück der Johnsons ist ein vergilbter Brief, der in seinem Büro im Weißen Haus an der Wand hing. Er stammte von dem legendären texanischen Helden von San Jacinto, General Sam Houston, und war an Johnsons Urgroßvater gerichtet, der als Evangelist unter den Siedlern des Westens den General zum persönlichen Glauben an Jesus Christus geführt hatte. Der Präsident zeigte seinen Besuchern diesen Brief mit Stolz und erzählte ihnen die damit verbundene Geschichte.

Anläßlich seiner Amtseinführung 1965 bat mich Johnson, im Gottesdienst zu predigen. Unter den Zuhörern waren die Richter des Obersten Gerichtshofes, Senatoren, Vertreter des Kongresses, Gouverneure und die Bürgermeister aller Städte mit mehr als hunderttausend Einwohnern. Zur hellen Begeisterung des Präsidenten schloß ich meine Predigt mit jenem Houston-Brief.

LBJ's Gewohnheit, bei jedem Wetter in den Gottesdienst zu gehen, nahmen viele sich zum Vorbild. Obwohl er vermutlich der meistbeschäftigste Mann in Amerika war, besuchte er manchmal zwei oder drei Gottesdienste in der Woche. Sein Glaube half ihm auch, als er eine Operation vor sich hatte. Ich beobachtete ihn im Fernsehen, wie er mit den Schwestern und dem Assistenzarzt scherzte, die ihn durch den Krankenhauskorridor schoben. Und nachdem er sich von der Operation erholt hatte, ging er als erstes wieder in die Kirche. Möglicherweise lag das in seiner Familientradition begründet, doch ich vermute, daß viel mehr dahintersteckte.

Im November 1965 besuchten Präsident Johnson und seine Frau den Abschlußgottesdienst unserer Evangelisation in Houston. Zum ersten Mal nahm ein amtierendes US-Staatsoberhaupt an einer Evangelisation teil. Ihm war es nicht peinlich, zu den „Gläubigen" gerechnet zu werden. Sechs Jahre später, als die texanische Legislative eine Resolution verabschiedete, uns zu einer Evangelisation in Austin während ihrer Sitzungsperiode 1973 einzuladen, schrieb er mir. Er und Lady Bird würden kommen – zwar nicht zu der Veranstaltung in Austin, aber zu der später stattfindenden Evangelisation in Dallas.

„Ich möchte diese Resolution befürworten", fügte er hinzu, „und wenn Sie zusagen, werden Sie mich aus der ersten Reihe im Stadion ‚Amen' sagen hören."

Ich wußte, daß er kein „Heiliger" war. Auch wenn ich anerkennend von seinen geistlichen Überzeugungen sprach – seine Inkonsequenzen und Verfehlungen habe ich nicht vergessen. Fühlte ich mich von ihm eingeschüchtert? Das Gegenteil mag stimmen: Ich glaube, *er* fühlte sich möglicherweise von mir ein wenig eingeschüchtert. Es war ihm aus persönlichen wie auch aus politischen Gründen durchaus lieb, einen altmodischen Baptistenprediger in seiner Nähe zu haben; aber ich scheute auch nicht die Auseinandersetzung mit ihm, wann immer ich es für notwendig hielt.

Auf einer Tagung der US-Polizeipräsidenten in Kansas City im September 1967 hörte ich seine Ansprache. Als ich am Abend bei unserer Evangelisation im Stadion sprach, erwähnte ich, daß ich mit einigen seiner Aussagen nicht übereinstimmen könne. „Ich werde Ihnen sagen, was die Bibel meiner Meinung nach dazu sagt", fuhr ich fort. Die Medien stürzten sich sofort darauf. Ein Prediger, der den Präsidenten zurechtwies … und das in aller Öffentlichkeit!

Am nächsten Tag rief mich LBJ an. „Was ist los?" brummte er. „Ich dachte, Sie wären mein Freund."

„Das bin ich auch", erwiderte ich, „aber deshalb finde ich noch lange nicht alles richtig, was Sie sagen."

Er wechselte das Thema und kam nicht wieder darauf zurück.

Besonders ein Wochenende, das ich mit ihm verbrachte, ist mir in Erinnerung geblieben. LBJ hatte mir zugesichert, daß über meinen Besuch nichts verlauten würde, zumal er wußte, daß ich nicht in den bereits angelaufenen Präsidentschaftswahlkampf verwickelt sein wollte. Dieser kurze Besuch öffnete mir die Augen bezüglich moderner Wahlkampfmethoden. Am Morgen kam während unseres Gesprächs jemand zur Tür herein und reichte Johnson eine Nachricht.

„Lesen Sie", sagte er und gab sie an mich weiter.

Ich warf einen Blick darauf. Es war ein Bericht des Geheimdienstes über den gestrigen Tagesablauf seines Herausforderers Barry Goldwater. Fast jede Bewegung Goldwaters war darin verzeichnet, vom Frühstück bis zum Schlafengehen. Mit wem er über was geredet hatte. Es war unglaublich – und beunruhigend – zu erkennen, was hinter den Kulissen in der Politik vor sich ging.

Am Sonntagnachmittag vor dem Wahldienstag flog ich von Washington nach Charlotte und fuhr weiter mit dem Wagen in Richtung Heimat. Unterwegs stellte ich das Autoradio an und hörte plötzlich die Meldung, unsere Tochter Anne habe sich für Goldwater ausgesprochen. Ich war so schockiert, daß ich in Shelby anhielt und von einer Telefonzelle aus Ruth anrief. „Ruth, was steckt hinter dieser Sache mit Anne? Wir sind doch für Johnson!"

„Nun, Anne aber nicht", erklärte sie ruhig.

„Oh nein", dachte ich nur. „Jetzt stecken wir drin in der Politik, ob es uns gefällt oder nicht!"

Zu Hause angekommen, erzählte mir Ruth, unsere sechzehnjährige Tochter Anne sei am Abend zuvor mit Freunden auf einer Kundgebung der Republikaner gewesen. Jemand mußte sie dort erkannt haben, und sogleich schob ihr die CBS ein Mikrofon vor die Nase.

„Hier ist Billy Grahams Tochter. Was meinen Sie?"

„Ja, Goldwater! Ich stehe voll hinter Barry!"

Am Montag nachmittag klingelte das Telefon. Präsident Johnson wollte Anne Graham sprechen. Sie war nicht zu Hause. „Dann möchte ich Billy sprechen", sagte er.

„Was jetzt?" dachte ich.

„Billy, richten Sie Anne meine Glückwünsche aus", sagte er. „Ich freue mich, wenn junge Leute sich für Politik interessieren. Und ich freue mich, daß sie unabhängig ist und sich ihre eigenen Gedanken macht. Meine Tochter ist auch ziemlich unabhängig. Sie will der katholischen Kirche beitreten."

Wir verstanden uns – von Vater zu Vater.

LBJ war impulsiv und unberechenbar. Sein Reden konnte ebenso hochfahrend sein wie sein Verhalten. Nach dem, was ich über frühere Präsidenten gelesen habe, scheint er aus demselben Holz geschnitzt wie Andrew Jackson – ungeschliffen und brillant, vielfältig begabt.

Wie bei allen anderen Präsidenten versuchte ich, Johnson nicht länger mit dem Vornamen anzusprechen, nachdem er sein Amt angetreten hatte. Wenn ich mich gelegentlich verhaspelte, warf er mir einen komischen Blick zu, der mich veranlaßte, mich sofort zu verbessern. Meine Vorsicht hatte mit jenem angeblich wahren Wortwechsel zu tun, als er einmal in Texas wegen zu schnellen Fahrens angehalten wurde. Als der Polizist Johnson erkannte, rief er aus: „Mein Gott!"

„Und wehe, wenn Sie das je vergessen!" bellte der Präsident zurück.

T. W. und ich begleiteten Johnson einmal in der Präsidentenmaschine von Washington nach Atlantic City, wo er auf einer nationalen Konferenz vor dreißigtausend Lehrern und Schulverwaltungsleuten sprechen sollte.

„Ich habe Billy Graham mitgebracht", erklärte der Präsident nach seiner Ankunft, „weil die Wolkenhöhe über dem Flughafen so niedrig war. Als ich hörte, sie liege fast bei Null, dachte ich mir, es sei besser, Billy bei mir zu haben."

Die sichere Landung bei einer Wolkenhöhe von dreißig Metern und fünfzig Metern Sichtweite war allerdings nicht *mein* Verdienst. Wir hatten alle gebetet, und zwar inständig.

Dasselbe pflegte ich auch zu tun, wenn LBJ sich hinter das Steuer seines Wagens setzte. Er kannte offensichtlich nur eine Art zu fahren: mit Vollgas. Nie schienen alle vier Räder gleichzeitig Bodenkontakt zu haben. Hügel, Schluchten, Steine, Sträucher, Bachbetten – alles betrachtete er als Fahrbahn. Unwegsames Gelände war für ihn jedenfalls kein Grund, den Fuß vom Gas zu nehmen.

Wenn er, wie ich oft beobachtete, die Kinder seiner Rancharbeiter oder Nachbarn einlud und mit ihnen hinausfuhr, um Hirsche aufzuspüren, mag er vielleicht ein wenig vorsichtiger gewesen sein.

Mitten auf solch einer Pirsch zog sich Grady Wilson einmal die Ungnade des Präsidenten zu. Grady schrie immerzu – ob vor Ausgelassenheit oder Panik, weiß ich nicht –, bis LBJ plötzlich auf die Bremse stieg. „Grady, halten Sie den Mund!" raunzte er. „Sie gehen mir auf die Nerven! Wenn Sie noch einen Ton von sich geben, können Sie aussteigen und mit Jack Valenti oder den Bodyguards im anderen Wagen fahren!"

In Wirklichkeit mochte LBJ Grady und schätzte sehr dessen Gabe, pausenlos witzige Geschichten zu erzählen. Als wir einmal mit dem Präsidenten im Swimmingpool des Weißen Hauses schwammen, erzählte Grady eine Anekdote, über die LBJ lauthals lachen mußte. „Schreiben Sie das bloß auf", sagte er zu seinem Assistenten Bill Moyers, der in der Nähe stand. „Diese Geschichte will ich auf keinen Fall vergessen."

Auf Johnsons Ranch übernachteten Grady und ich im selben Zimmer. Mitten in der Nacht wurde ich durch ein Schnarchen wach, daß das Holzhaus schier erzittern ließ. Ich warf Grady ein Kissen an den Kopf und forderte ihn auf: „Aufgewacht und umgedreht!"

Doch Grady war bereits wach. Nicht er schnarchte; es war der Präsident im Zimmer unter uns.

Auf dem Wasser legte LBJ dasselbe Tempo vor wie im Auto. Einmal unternahmen wir zusammen mit Ruth und Lady Bird eine Bootsfahrt. Als er einen Bogen um ein paar Wasserskiläufer machte − „Lyndon, fahr langsamer!" schrie seine Frau −, dachte ich schon, das Boot würde kentern und es wäre aus mit uns.

Es war schon dunkel, als wir zurückkamen, aber er hatte noch eine Idee: „Während das Essen bereitet wird, drehen wir noch eine kleine Runde mit dem neuen Wagen."

Meine Knie waren noch ein wenig weich von der Bootsfahrt, doch Ruth und ich stiegen ein, und er schoß mit durchgetretenem Gaspedal los. Wir jagten am Flußufer entlang. Plötzlich bog er ohne Vorwarnung von der Straße ab und raste direkt in das Gewässer. Eine Sekunde lang dachte ich, er sei lebensmüde, doch der Motor lief weiter! Wir saßen in einem Amphibienfahrzeug, und der Wagen trug uns wie ein Boot über das Wasser.

„Die meisten Leute springen raus, wenn wir ins Wasser fahren", sagte Johnson anerkennend zu uns.

„Sie sind der Präsident", sagte Ruth zu ihm. „Ich dachte mir, Sie werden schon wissen, was Sie tun."

Leute aus der Fassung zu bringen, war Johnsons Steckenpferd. Eines Tages deutete er auf einen gemeinsamen Freund und sagte mit gespieltem Entsetzen: „Neulich war ich bei diesem treuen Baptisten auf einer Party für Mitarbeiter des Weißen Hauses. Er bot nicht einen Tropfen Alkohol an. Können Sie sich das vorstellen − da schleppt er das ganze Kabinett und alle Mitarbeiter in sein Haus und gibt uns nichts zu trinken?"

Johnsons Spott lud sich über den Präsidentenberater Marvin Watson aus, den er bald zum Postminister ernannte. Später, als Kanzler der Universität von Dallas, gehörte er unserem Vorstand an.

Einmal war ich während der Verhandlungen über den Bundeshaushalt zu Gast im Weißen Haus. Als Johnson sich entschuldigte, um an einer abendlichen Kabinettsitzung teilzunehmen, meinte er: „Billy, ich weiß nicht, wie lange ich da drinnen sein werde. Nehmen Sie sich hier den Stift und schauen Sie, ob Sie ein paar Milliarden aus dem Haushalt kürzen können, während ich weg bin." Ich schlug den dicken Ordner auf und nahm mir das Budget der amerikanischen Regierung vor. Als er wiederkam, hatte ich es sogar ein wenig vergrößert, da ich fand, er müsse hier und da doch ein bißchen mehr ausgeben. Er brüllte vor Lachen. „Sie hätten einen guten Kongreßabgeordneten abgegeben!" meinte er.

Johnson war sehr freundlich und großzügig und stets auf unser Wohlergehen bedacht. Wann immer er herausfand, daß ich in einem Hotel in Washington wohnte, rief an und sagte: „In fünfzehn Minuten ist ein Wagen bei Ihnen. Ihr Hotel ist hier bei mir."

An einem Samstagabend, als wir zu Besuch waren, mußten die Johnsons ausgehen. Ruth und ich blieben allein im Weißen Haus zurück. Niemand sonst war da, wie es schien, und die meisten Lichter waren ausgeschaltet. Ruth und ich gingen durchs Haus und knipsten die Lichter an, wo immer wir einen Schalter fanden. Das war die größte Macht, die ich jemals im Weißen Haus ausübte.

1964 berichteten die Zeitungen auf ihren Titelseiten, ich dächte ernsthaft daran, für das Amt des Präsidenten zu kandidieren. Einige Republikaner riefen mich an und sagten, sie hätten genügend Unterstützung, um mich zu nominieren. Wahrscheinlich wußten sie nicht, wie gut ich mit Lyndon Johnson befreundet war, sonst hätten sie das wohl nicht gewagt.

Mein Schwiegervater Dr. Bell nahm sofort Kontakt zu mir auf. „Es wird in allen Nachrichtensendungen gemeldet", sagte er. „Du mußt eine Pressekonferenz einberufen und der Sache Einhalt gebieten! Sicher ist T. W. schuld daran. Er hat dich überredet, darüber nachzudenken."

Soviel zum Thema familiäre Unterstützung. Als Ruth mich später anrief, sagte sie fast das gleiche wie ihr Vater.

T. W. hatte natürlich gar nichts mit der Angelegenheit zu tun. Ein paar Freunde hatten mich gedrängt, eine Kandidatur in Erwägung zu ziehen; aber wie etwas davon an die Öffentlichkeit kommen konnte, habe ich nie erfahren. Gleich am nächsten Morgen beraumte ich eine Pressekonferenz an.

„Ich werde unter keinen Umständen für das Amt des Präsidenten kandidieren", sagte ich. „Einige Gruppen haben mir im Falle einer Kandidatur ihre Unterstützung zugesagt. Aber ich stehe nicht zur Verfügung, wieviel Druck auch immer auf mich ausgeübt wird. Ich habe niemals irgend jemandem gegenüber angedeutet, daß ich kandidieren wolle. Um mit General Sherman zu sprechen: Selbst wenn ich nominiert werden sollte, kandidiere ich nicht; und selbst wenn ich gewählt werde, nehme ich das Amt nicht an. Gott hat mich berufen zu predigen."

Eines Tages, während 1964 in Atlantic City der Parteitag der Demokraten begann, aßen Ruth und ich mit dem Präsidenten und Lady Bird im Weißen Haus zu Mittag. Johnson reichte mir eine Liste mit vierzehn Namen. „Wen würden Sie als Vizepräsidentschafts-Kandidaten auswählen?" fragte er mich.

Bevor ich etwas sagen konnte, zuckte ich vor Schmerz zusammen. Anstatt den deutlichen Wink zu verstehen, fragte ich Ruth, warum sie mich getreten habe.

„Ja, Ruth, warum?" legte der Präsident nach.

Sie wandte sich an mich: „Du solltest dich darauf beschränken, ethischen und geistlichen Rat zu erteilen, nicht politischen."

„Hmm", sagte der Präsident. „Da haben Sie ganz recht."

Als Ruth und Lady Bird nach dem Essen das Zimmer verließen, schloß Johnson die Tür hinter ihnen. „Na schön", sagte er, „also, was denken Sie nun *wirklich*?"

Ich grinste und deutete auf einen Namen auf der Liste, wobei ich mehr riet als beriet. Er nickte. Die Entscheidung für Hubert Humphrey war bereits gefallen.

Unsere Gespräche waren manchmal sehr persönlich. Eines Abends saßen wir beide auf seiner Ranch in einem Kabrio und sahen uns einen herrlichen Sonnenuntergang an.

„Mr. President, haben Sie jemals eine persönlich Entscheidung für Jesus Christus getroffen und ihn als Retter in Ihr Leben aufgenommen?"

Er spähte hinaus in die Landschaft. „Ich glaube schon, Billy."

Schweigend wartete ich ab, was er weiter sagen würde.

„Als Junge war ich auf einer Erweckungsversammlung." Er schwieg einen Augenblick. „Und dann noch einmal, als ich eine der evangelistischen Predigten aus dem Buch meines Großvaters las." Wieder eine Pause. „Ich schätze, ich habe mich mehrere Male bekehrt."

„Wann immer mir jemand so etwas sagt, Mr. President", hakte ich vorsichtig nach, „dann werde ich skeptisch."

Er sah mich verdutzt an.

„Es ist eine Ein-für-allemal-Transaktion", sagte ich. „Sie nehmen Christus auf, und er rettet Sie. Und dann gibt sein Geist Ihnen die innere Gewißheit, daß Sie ein Kind Gottes sind."

Er nickte. Ich hatte das Gefühl, jetzt sei nicht der Zeitpunkt, um noch mehr zu sagen, doch ich wußte, daß er über das Gesagte nachdenken würde.

Kaum jemals trennte er sich von mir ohne die Bitte: „Pastor, beten Sie für mich." Dann ging er auf die Knie – egal, ob wir nun auf seiner Ranch waren oder im Weißen Haus.

Johnsons Traum war die *Great Society* – die Solidargemeinschaft, die natürlich zum großen Teil aus den Programmen bestand, mit denen Kennedy am Kongreß gescheitert war. Ich bin überzeugt, daß LBJ aufrichtig auf der Seite der Minderheiten stand. Er wollte Ungerechtigkeiten ausräumen und dafür sorgen, daß jeder in Amerika ein Obdach und genug zu essen hatte. „Ich glaube, das würde Jesus heute tun", war ein Satz, den ich aus seinem Mund oft hörte. Für ihn war es der beste Ausdruck seines Glaubens, wenn er den Menschen half.

Es machte mich traurig, als ich in späteren Biographien von seinen moralischen Verfehlungen las. Was auch immer er sich hat zuschulden kommen lassen – ich war sicher, daß er Lady Bird und seine Töchter Lynda und Luci liebte. Seine Frau stand ihrerseits in Liebe und Treue zu ihrem Mann. Er wußte, daß er sich auf sie verlassen konnte, weil sie selbst eine große innere Stärke besaß. Lady Bird war eine der bemerkenswertesten First Ladies, die wir je hatten.

Mächtig und gewitzt, wie LBJ war, opferte er manchmal Prinzipien zugunsten der Zweckmäßigkeit und nahm es mit der Ethik nicht so genau. Nach achtunddreißig Jahren im Dienst der Öffentlichkeit war er trotz seines Temperaments und seiner Kühnheit müde geworden. Tag für Tag stapelten sich die Akten, die vor den endlosen Konferenzen und Telefonaten des nächsten Vormittags gelesen werden mußten. Mit alledem sah ich Johnson kämpfen.

Und dann die täglichen Ansprachen. Einmal sah ich ihn die kleine Kolonnade am Rosengarten des Weißen Hauses entlanggehen, wo häufig feierliche Zeremonien stattfanden. Jemand reichte ihm eine Handvoll Kärtchen mit den Bemerkungen, die er in fünf Minuten machen sollte. Er las und bearbeitete sie im Gehen.

Die Zusammenarbeit mit den Redenschreibern beanspruchte einen großen Teil seiner Zeit. Ich war eines Morgens anwesend, als er mehreren Autoren gehörig die Meinung sagte: „Ihr Kerle wollt mich dazu bringen, Dinge zu sagen, die ich gar nicht glaube! Das ist *meine* Rede, nicht eure! Ihr versucht wohl, einen Liberalen aus mir zu machen! Ich will diesen ganzen Mist nicht! Jetzt marsch, schreibt mir das Ding neu!" Bis ans Ende des Korridors muß jedes Wort zu hören gewesen sein.

Und dann die allgegenwärtigen Medienvertreter. Ich habe irgendwo gelesen, zu Präsident McKinleys Zeiten habe es nur zwei Reporter am Weißen Haus gegeben. Franklin Roosevelt konnte das ganze Pressekorps des Weißen Hauses noch im Oval Office unterbringen. Heute wird der Präsident bei einer Pressekonferenz von Hunderten von Reportern belagert.

Im Lauf der Jahre forderten mich immer wieder Leute auf, das Amt eines Senators oder das des Gouverneurs von North Carolina anzustreben. Präsident Johnson fragte an, ob ich gern irgendwo Botschafter werden oder ein Regierungsamt übernehmen wolle. Eines Tages, als ich mit Präsident Johnson und der Kolumnistin Marianne Means in Camp David schwimmen ging, wurde LBJ in bezug auf die bevorstehenden Präsidentschaftswahlen deutlicher. „Billy, ich möchte, daß Sie für das Amt des Präsidenten kandidieren", sagte er. „Ich stelle Ihnen meine ganze Organisation zur Verfügung."

Sicher machte er nur einen Scherz, aber es lag auch eine gewisse Ernsthaftigkeit in seiner Miene, und er ließ nicht locker.

„Ich weiß das zu schätzen", erwiderte ich, „aber Gott hat mich als Prediger berufen, und etwas anderes werde ich mein Lebtag nicht tun."

Zugegeben, solche Vorschläge schmeicheln. Und ich bekenne offen, daß ich mich für Sekundenbruchteile sogar „Was-wäre-wenn"-Spekulationen hingab. Doch Gott machte mir immer wieder deutlich, daß seine Berufung für mich höher war als jeder irdische Auftrag. Manche Christen – und das bewundere und respektiere ich – hat er fraglos in öffentliche Ämter berufen. Ihr Einfluß soll auch gerne zunehmen! Letzten Endes geht es einzig darum, daß wir Gottes Wegweisung für uns persönlich erkennen und befolgen.

Ich versuchte, Lyndon Johnson ein geistlicher Berater zu sein, aber ich war nicht sein Beichtvater. Er erwähnte mir gegenüber, er habe Dinge getan, deren er sich schäme. Aber in Einzelheiten wollte er nicht gehen. Auf jeden Fall konnte er sagen: „Ich glaube, daß ich gerettet bin und die Ewigkeit im Himmel verbringen werde."

Nichts von dem, was ich persönlich über ihn wußte, stand im Widerspruch zu dieser Aussage. Christus sagte schließlich selbst: „Ich bin gekommen, um die Sünder zu retten und nicht die Gerechten."

Was mir der Präsident jedoch schon ein Jahr vor dem Ende seiner Amtszeit anvertraute, war seine Entscheidung, nicht erneut zu kandidieren. Die Proteste gegen den Vietnam-Krieg – einen Krieg, den er geerbt hatte – forderten ihren Tribut; doch das war nicht der eigentliche Grund. Ebensowenig die Kandidatur von Robert Kennedy. LBJ fürchtete nur einen Konkurrenten: den Tod.

„Billy", sagte er mir eines Morgens, „die meisten meiner Verwandten und Vorfahren sind an Herzerkrankungen gestorben. Ich hatte bereits einen Herzanfall, und im Moment habe ich Schmerzen in der Brust, von denen ich meinem Arzt nichts erzähle."

Ich hörte mit wachsender Sorge zu. „Ich werde nächstes Mal nicht wieder antreten, denn das wäre nicht fair gegenüber dem amerikanischen Volk. Es wäre nicht fair gegenüber meiner Familie. Und es wäre nicht fair mir selbst gegenüber."

Unnötig zu sagen, daß ich diese Informationen vertraulich behandelte.

Präsident Johnson und ich sprachen oft über den Vietnam-Krieg, aber nie über die militärische Strategie. Er vertrat die Meinung, daß wir uns aus diesem Krieg zurückziehen sollten. Mich fragte er – ebenso wie jeden anderen, den er kannte –, wie so etwas zu bewerkstelligen sein könnte.

„Jedesmal, wenn ich eine Liste der Gefallenen sehe", gestand er einmal, „denke ich an ihre Väter und Mütter, und manchmal rufe ich sie an, um persönlich mit ihnen zu reden."

Ich reiste während Johnsons Amtszeit 1966 und 1968 mit einigen Mitgliedern meines Teams nach Vietnam, um vor den Truppen zu predigen. Während einer dieser Reisen fielen die Reporter über mich her und wollten herausbekommen, ob ich die Politik des Präsidenten unterstützte oder nicht. Meine Antwort lautete stets: „Ich will einzig und allein den Menschen in unseren Truppen dienen – durch meine Gebete und durch geistlichen Beistand, wo immer ich kann."

Bei unserem Besuch auf Admiral Richardsons Flugzeugträger *Kitty Hawk* herrschte während unseres ganzen Aufenthaltes schlechtes Wetter. Trotzdem waren einige Piloten bereit, mit uns loszufliegen. Der Start war ein unglaubliches Gefühl – unser Sänger Jimmie McDonald beschrieb es später als „die größte Steinschleuder der Welt".

Bob Hope bat uns, mit ihm und seiner Truppe, die gerade mit ihrem Weihnachtsprogramm in Vietnam unterwegs war, zusammenzuarbeiten. Als wir das Landegebiet erreichten, fanden die Piloten die Landebahn nicht. Die Wolkendecke hing so niedrig, daß überall ringsum die Berggipfel aus den Wolken herausragten. Über meinen Kopfhörer hörte ich die Mannschaft darüber debattieren, was zu tun sei.

„Captain, ich weiß nicht, ob wir versuchen sollten, hier zu landen", argumentierte ich so ruhig ich konnte. „Wenn ich hier das Evangelium predigen sollte, würde ich sagen: Nur hinunter, egal, wie das Wetter ist. Aber es geht ja nur um die Bob-Hope-Show. Ich soll nur einen Witz erzählen, und dafür bin ich nicht scharf darauf, gegen einen Berg zu krachen."

„Mr. Graham", antwortete einer der Piloten, „ich stamme aus einer feigen, aber lebendigen Familie. Ich gehe da nicht hinunter, wenn ich nicht überzeugt davon bin, daß es klappt."

Und er schaffte es. Wir tauchten durch ein Loch in den Wolken, landeten sicher, und ich bekam meinen Auftritt in einem Sketch.

Nach jeder Show kehrten Bob Hope und seine Truppe ins sichere Bangkok zurück. Mein Team und ich, zu dem Cliff und Bev gehörten, blieben in Vietnam. Irgendein Witzbold kam schnell auf das Wortspiel, der Unterschied zwischen Bob und mir sei, daß er die Hoffnung (engl. *Hope*) habe, ich aber den Glauben.

Als wir bei einem anderen Flug knapp über die Baumwipfel hinwegfegten, standen mir wieder die Haare zu Berge. Das Wetter war diesmal noch schlechter, und nur ein Oberst hatte sich bereit erklärt, das Team zu einigen Stellen in der Nähe der Front zu fliegen. Wir saßen in einer zweimotorigen Maschine mit einem großen Loch im Heck. Einmal stießen der Oberst und ich gleichzeitig einen markerschütternden Schrei aus, als plötzlich direkt vor der Pilotenkanzel ein Berg aus dem Nebel auftauchte. Er riß den Knüppel zurück, so hart er konnte, und ich hörte, wie das Heck des Flugzeugs über die Baumwipfel streifte. Schließlich gelang ihm eine unmögliche Landung an einer entlegenen Stelle; keinen Moment zu früh, wie ich fand. Ich hielt einen kurzen Gottesdienst für die Truppen, und Bev sang einen Choral. Dann schaffte der Oberst wiederum einen eigentlich unmöglichen Start, um zu einer anderen, fünfzehn Flugminuten entfernten Stelle zu fliegen. So ging es den ganzen Tag über weiter. Ich war ständig vor Angst schweißgebadet. Doch anders Bev! Der lehnte sich nur zurück und sang.

Am letzten Wochenende, das Johnsons im Weißen Haus vor Nixons Amtseinführung 1969 verbrachten, waren Ruth und ich ihre einzigen Gäste. Unsere Tochter Anne und ihr Mann Danny Lotz schlossen sich uns an, als wir gemeinsam einen Rundgang durch die stillen Räume machten, aus denen alle persönlichen Dinge bereits entfernt waren. Nachdem die Johnsons von einem Abschiedsempfang zurückkehrten, sahen wir uns zusammen den Film *In den Schuhen des Fischers* an, in dem Anthony Quinn einen fiktiven Papst spielt, der versucht, der Welt den Frieden zu bringen. In den vergangenen vier Jahren hatte ich mit Präsident Johnson eine Menge Filme angesehen, die er jedoch fast immer verschlief. Diesmal ging ich hinterher in den Vorführraum des kleinen Kinos im Weißen Haus und bat den Vorführer, den Film aufzuheben. Ich wollte, daß Richard Nixon ihn auch sah.

Wir gingen zusammen in den Gottesdienst, und am Montag sprach ich im Capitol ein Gebet zur Amtseinführung. Als die hohen Gäste Präsident Nixon nach draußen folgten, durchbrachen die beiden Johnson-Mädchen Lynda und Luci das Protokoll: Sie blieben in der Schlange stehen und begrüßten mich mit einem Kuß.

Manche haben gesagt, ich hätte bei dem Übergang der Macht von Johnson auf Nixon eine Rolle gespielt. Da ich mit beiden befreundet war, kann es natürlich sein, daß ich das eine oder andere gesagt oder getan habe, was den Übergang erleichterte. Aber offiziell oder auch nur indirekt war ich an diesem Wechsel nicht beteiligt.

Johnsons Brief, den er mir nach seiner Rückkehr aus Texas schrieb, werde ich stets in Ehren halten: „Niemand wird je ganz ermessen, wie sehr Sie dazu beigetragen haben, mir meine Last zu erleichtern, und wieviel Wärme Sie in unser Haus gebracht haben ... Dabei denke ich zurück an jene Begegnungen im Weißen Haus, in denen Ihre Gebete und Ihre

Freundschaft einem Präsidenten in der Stunde der Prüfung eine große Stütze waren."

Wenn es so war, dann freue ich mich sehr darüber.

Als Johnson von der Last seines Amtes befreit war, wirkte er viel entspannter. 1970 fuhren wir wieder einmal über seine Ranch. Da es lange nicht geregnet hatte, wirbelte viel Staub auf.

„Billy", meinte er, „wie wäre es mit einem kurzen Gebet um Regen?"

Ich nahm ihn ernst und betete kurz. Kaum war ich fertig, da landeten schon ein paar Tropfen auf der Windschutzscheibe. Binnen Minuten regnete es so heftig, daß der ehemalige Präsident den Wagen stoppte. „Billy, wir kriegen eine Überschwemmung! Ich habe zwei Pumpen unten im Fluß, die mir weggespült werden! Können Sie das wieder abstellen?" Lachend versicherte ich ihm, das liege nicht in meiner Hand ...

Bei der Wahl von 1972 favorisierte Johnson meiner Meinung nach insgeheim Nixon. Er telefonierte mit mir, gleich nachdem das Kandidatenteam der Demokraten – George McGovern und Sargent Shriver – ihn auf der Ranch besucht hatten.

„Billy, sie sind gerade gegangen", sagte er. „Ich möchte Sie bitten, ein paar Dinge an unseren gemeinsamen Freund weiterzugeben."

Damit meinte er natürlich Nixon, und sein wichtigster Ratschlag war, daß Richard Nixon George McGovern während des Wahlkampfes demonstrativ ignorieren sollte. „Sagen Sie ihm, er soll auf nichts reagieren, was McGovern sagt. Er soll so tun, als sei er gar nicht da."

Man könnte sagen, daß LBJ sich damit gegenüber seiner Demokratischen Partei illoyal verhielt. Aber ich vermute, daß ihm das Partei-Programm 1972 zu liberal war, als daß er voll hätte dahinterstehen können.

LBJ hatte recht mit seiner Todesahnung. Anfang 1973 starb er an einer Herzerkrankung. Lady Bird rief mich an und fragte, in welchem Gottesdienst ich gerne sprechen würde, auf der Trauerfeier in Washington oder der Beerdigung in Austin. Ich erzählte ihr von dem Wunsch ihres Mannes, und wir einigten uns auf die Beerdigung.

Nach der Staatstrauerfeier in Washington, an der Präsident Nixon teilnahm, wurde Johnsons Leichnam nach Texas geflogen. In Austin traf ich mit Lady Bird zusammen. Auf ihre Bitte hin fuhr ich mit ihr und den beiden Töchtern zu der zwei Stunden entfernten Ranch. Es war bitterkalt, deshalb trug ich vorsorglich lange Unterwäsche unter meinem Anzug und einen dicken Mantel. Als ich auf dem Rücksitz zwischen Lady Bird und Lynda saß, wäre ich vor Hitze beinahe vergangen!

Auf dem Weg aus der Stadt standen Hunderte von Menschen am Straßenrand; viele von ihnen trugen Schilder und Transparente. Ein Transparent ließ uns die Augen feucht werden. Zwei weiße Studenten trugen die eine Stange, zwei schwarze Studenten die andere. „VERGEBEN SIE UNS, MR. PRESIDENT" stand darauf. Die Studentenproteste gegen den Vietnam-Krieg hatten Johnson sehr bekümmert und mit dazu beigetragen, daß seine Amtszeit in einer Wolke unerledigter Aufgaben in Südostasien zu Ende gegangen war.

Am Grab sprach John Connally den Nachruf. Ich hielt eine kurze Predigt, in der ich von Präsident Johnsons Verdiensten sprach und auf die Hoffnung hinwies, die wir durch die Auferstehung Christi haben. Als ich ihm die letzte Ehre erwies und Gottes tröstende Worte weitergab, blickte ich auf den mit der Flagge bedeckten Sarg unter den Eichen am Fluß Pedernales hinab und dachte: Hier liegt wahrhaftig ein Texaner, der aus hartem Holz geschnitzt war.

Wie jede Präsidentschaft wird auch die seine von den Historikern unterschiedlich beurteilt werden. Aber auch die Historiker werden LBJ nicht ignorieren können. Seine „Great Society" erreichte nicht alles, was er sich erhofft hatte, doch für ihn persönlich war sie mehr als ein Traum gewesen. Er wollte den Wohlstand, das Wissen und die Größe seiner Nation ins Joch spannen, um den Armen und Unterdrückten hier und anderswo in der Welt zu dienen. Diese Hoffnung muß von jedem Präsidenten immer neu wiederbelebt und in den Herzen aller Bürger lebendig erhalten werden.

22

Botschaft an eine suchende Welt

Die 6oer und 7oer: Das Rock-Festival von Miami,
Universitäten, Irland und Südafrika,
Fernsehen und Filme, Katastrophen

DAS ROCK-FESTIVAL VON MIAMI

Es war elf Uhr an einem Sonntagvormittag. Aber ich war nicht in der Kirche. Statt dessen nahm ich – zum Entsetzen vieler – am Miami-Rockmusik-Festival teil.

Amerika befand sich 1969 mitten in einem sozialen Umbruch. Die Medien waren voll von Berichten über gewaltsame Studentenproteste gegen den Vietnam-Krieg. Bilder vom riesigen Woodstock-Musikfestival, das gerade sechs Monate vor der Veranstaltung in Miami stattfand – für viele *das* Symbol für die Establishment-feindliche Haltung einer rebellischen Generation –, waren der Öffentlichkeit noch gut im Gedächtnis.

Der Konzertveranstalter Norman Johnson hatte vielleicht darauf spekuliert, meine Anwesenheit würde den erbitterten Widerstand abmildern, auf den er bei den Behörden in Miami gestoßen war. Was immer seine Gründe gewesen sein mögen: Mich faszinierte die Vorstellung, von einer Konzertbühne aus zu jungen Leuten sprechen zu können, die vermutlich niemals ihren Fuß in eine Kirche gesetzt hätten. Ihre bohrenden Fragen über das Leben und ihr scharfer Protest gegen die gesellschaftlichen Wertvorstellungen klangen aus fast jedem ihrer Lieder heraus.

„Ich nehme Ihre freundliche Einladung an, am Sonntag, dem 28.

Dezember, zu den Besuchern des Rockfestivals in Miami zu sprechen", telegrafierte ich ihm am Tag vor Weihnachten. „Sie gehören zur aufregendsten und herausforderndsten Generation der amerikanischen Geschichte."

Als ich an jenem Sonntagmorgen die Bühne betrat, rekelten sich mehrere Tausend junge Leute auf dem strohbedeckten Boden oder wanderten, den Auftritt von Gruppen wie *Grateful Dead* und *Santana* erwartend, über das Konzertgelände. Andere schliefen. Die Nonstop-Musik war gegen vier Uhr morgens verstummt.

Um ein Gefühl für die Veranstaltung zu bekommen, hatte ich mich am Abend zuvor unauffällig unter die Leute gemischt. Sie gefielen mir. Ich freute mich über ihren jugendlichen Überschwang; doch ihre innere Leere und ihre Suche nach einem Lebenssinn lastete schwer auf mir.

Ein bärtiger junger Mann, der für diese Veranstaltung den weiten Weg von Kalifornien hergekommen war, erkannte mich. „Tun Sie mir einen Gefallen", sagte er lächelnd zu mir, „und danken Sie in Ihrem Gebet Gott für gute Freunde und gutes *Gras*." Jeden Abend bei Sonnenuntergang, vertraute er mir an, nehme er Marihuana und andere Drogen, bis er high sei.

„Sie können auch von Jesus high werden", erwiderte ich.

An diesem Sonntagmorgen war ich darauf gefaßt, ausgebuht zu werden. Doch statt dessen war sogar vereinzelter Applaus zu hören. Die meisten hörten mir höflich zu. Ich sagte den jungen Leuten, ich hätte mir die Botschaft ihrer Musik genau angehört. *Wir lehnen euren Materialismus ab*, schien sie zu sagen, *und wir wollen etwas für die Seele.* „Jesus ist ein Nonkonformist gewesen", rief ich dann. „Er kann eure Seelen füllen und euch einen Sinn und ein Ziel für euer Leben geben . . . Stellt euren Empfänger heute auf Gott ein, und laßt euch von ihm Glauben schenken! Schließt euch an seine Kraft an."

Hinterher kamen zwei Dutzend Leute in ein Zelt, das eine örtliche Gemeinde für seelsorgerliche Gespräche aufgestellt hatte. Während des Wochenendes, so schrieb mir später der Pastor der Gemeinde, trafen dreihundertfünfzig junge Leute eine Entscheidung für Christus; zweitausend Neue Testamente wurden verteilt.

Denke ich über meine eigene Berufung als Evangelist nach, erinnere ich mich oft an den Apostel Paulus. Der sprach nicht nur in Gotteshäusern, sondern ebenso selbstverständlich auf dem zentralen Marktplatz von

Athen, vor ganz wenigen Menschen an einem Flußufer oder im Gefängnis von Philippi, vor Neugierigen in einer gemieteten öffentlichen Halle in Ephesus und vor seinen Mitpassagieren an Deck eines sinkenden Schiffes im Mittelmeer. Einem Journalisten sagte ich einmal ins Mikrophon, daß ich mit Freuden sogar in der Hölle predigen würde – vorausgesetzt, der Teufel ließe mich wieder heraus!

Mein Besuch beim Rockfestival von Miami stellte nicht etwa eine Abwechslung auf meinem Terminplan dar. Sicher war dies kein typisches Umfeld für unsere Arbeit, aber es war auch kein *überraschendes* Umfeld. In mancher Hinsicht war es sogar ein Symbol für vieles, was wir in den sechziger und Anfang der siebziger Jahre unternahmen.

Wahrscheinlich werden Historiker später einmal endlos über die Ursachen der sozialen Umwälzung debattieren, die junge Leute während jener turbulenten Jahre erfaßte. Der Begriff *Gegenkultur* wurde in dieser Zeit geprägt, als eine ganze Generation die Wertvorstellungen und Ideale ihrer Eltern in Frage stellte.

Die tragischen Mordanschläge auf Präsident Kennedy 1963 und fünf Jahre später auf seinen Bruder Robert und Dr. Martin Luther King jr. führten zur Desillusionierung und Ausbreitung von Zynismus. Die wachsende Bürgerrechtsbewegung machte uns bewußt, daß Amerika in der Frage der Rassengleichstellung moralisch versagt hatte. Viele ließen sich motivieren, an dem Kampf für ein Ende der Rassentrennung teilzunehmen, oft durch Demonstrationen und Proteste. Auch die sexuelle Revolution und der Aufstieg der Drogenkultur prägten eine ganze Generation.

Auf internationaler Ebene riefen Ereignisse wie die Kuba-Krise und der scheinbar endlose Vietnam-Krieg eine Atmosphäre der Furcht, der Unsicherheit und der Verweigerung hervor. Die politischen Umwälzungen infolge des Watergate-Skandals untergruben das Vertrauen vieler Jugendlicher in die traditionellen Institutionen und Wertvorstellungen.

Im Rückblick sehe ich, daß unser Terminplan in jenen Jahren ebenso gedrängt voll war wie zu jeder anderen Zeit. Große Evangelisationen führten uns in Dutzende von Städten in aller Welt – von Los Angeles und Seoul bis nach Rio de Janeiro und Hongkong. Einen großen Teil meiner Zeit verbrachte ich in Übersee, wo wir in Gegenden, die wir bisher nur gestreift hatten, unsere Arbeit vertieften. Und doch: Die Wurzellosigkeit der Sechziger-Generation lag mir schwer auf der Seele. Ich war entschlossen, mit allem Einsatz die jungen Leute auf den einen hinzuweisen, der ihrem Leben dauerhaft Sinn und Ziel geben kann.

Ob nun auf einem Rockfestival in Miami, während einer Frühjahrstour über die Strände von Fort Lauderdale oder auf einer Veranstaltungsreihe in einer Universität – fast überall spürten wir den tiefen Hunger der jungen Menschen nach spirituell Greifbarem. Natürlich waren nicht alle offen für das Evangelium; doch wir erlebten, wie Gott das Leben vieler in neue Bahnen lenkte.

VORTRÄGE AN UNIVERSITÄTEN

Als ich unseren Plan bekanntgab, im Winter 1963/64 Vorträge an Universitäten zu halten, erhielt ich innerhalb von zehn Tagen hundert Einladungen und zweihundert weitere während der folgenden Wochen. Gut die Hälfte der theologischen Seminare in Amerika fragten ebenfalls an. Ich hätte mich gern verzehnfacht, doch selbst dann hätte ich nicht alle Einladungen wahrnehmen können. Am Ende sagte ich für dieses Jahr nur Harvard, Princeton, Wellesley, der Universität von Michigan und einigen kleineren Colleges in der Nähe meines Wohnortes zu. Die anderen vertröstete ich aufs nächste Jahr.

Als im Laufe der sechziger Jahre die Unruhe unter den Studenten wuchs, beschloß ich erneut, soviel Zeit wie möglich an Universitäten zu verbringen, obwohl wir mit Evangelisationen bereits voll ausgebucht waren. Manchmal taten wir uns mit Campus für Christus zusammen, einer von Bill und Vonette Bright einige Jahre zuvor gegründeten Organisation.

„Billy", sagte er mir eines Abends in seinem damaligen Wohnort Hollywood, „ich weiß nicht, was ich mit meinem Leben anfangen soll."

„Wofür interessieren Sie sich denn?" fragte ich daraufhin.

„Nun, ich interessiere mich sehr für Studenten, und Vonette ebenso."

„Dann würde ich mein Leben den Studenten widmen."

Bill hat oft behauptet, ich hätte ihm einen Scheck über tausend Dollar als Starthilfe für ihn und seine Frau ausgestellt. Zwar erinnere ich mich nicht, während jener frühen Jahre jemals tausend Dollar besessen zu haben; aber wenn er es sagt, wird es wohl stimmen.

1967 sprachen er und ich an der University of California in Los Angeles und Berkeley. Da es an diesen Universitäten viele Mitarbeiter und Studenten von InterVarsity (in Deutschland: SMD) und Campus für Christus gab, herrschte reges Interesse. An der UCLA, der kalifornischen Staatsuniversität in Los Angeles, kamen sechstausend Studenten zu einer Versammlung. Das war die größte Zuhörerschaft, die je ein Redner in der Geschichte der Hochschule gefunden hatte. Etwa achttausend Studenten erschienen zu einer Veranstaltung unter freiem Himmel im Griechischen Theater in Berkeley. Obwohl Berkeley als Brutstätte der Studentenunruhen galt, gab es nur wenige Demonstranten; die meisten Studenten hörten mit gespannter Aufmerksamkeit zu.

Ein Jahr später, 1968, sprach ich in einem völlig anderen Umfeld vor einer Studentengruppe. Der amerikanische Botschafter in Frankreich, Sargent Shriver, fragte mich, ob ich in seine offizielle Residenz in Paris kommen könne, um mit einigen Studentenführern von der Sorbonne und anderen Universitäten zusammenzutreffen.

„Es könnte ein interessanter Abend werden", sagte er vorsichtig.

Ich flog hinüber und unterhielt mich bis in die frühen Morgenstunden mit den Studenten. Einige von ihnen waren während der Unruhen als Studentensprecher aktiv gewesen. Da sie für die Antworten, die ihnen die Gesellschaft gegeben hatte, nur zynische Verachtung übrig hatten, suchten sie anderswo und griffen neue und scheinbar attraktive Philosophien wie den Existentialismus auf. Zumindest einige von ihnen waren mittlerweile völlig desillusioniert. Eunice, die Frau des Botschafters, hörte fasziniert den Diskussionen zu und holte schließlich sogar noch ihre Kinder dazu. Nachdem Botschafter Shriver und ich uns von den Studenten verabschiedet hatten, wandte er sich zu mir und faßte den Abend zusammen: „Wissen Sie, Billy, das Grundproblem dieser jungen Leute ist religiöser Natur."

Ich sah es ganz ähnlich und fügte hinzu, dasselbe lasse sich über Studenten fast überall in der Welt sagen. Die Grundfragen des Lebens sind letzten Endes religiöser Natur: Wer bin ich? Woher komme ich? Wohin gehe ich? Hat mein Leben einen Sinn?

Nur der Gott, der uns geschaffen hat, kann uns eine letztgültige Antwort auf diese Fragen geben.

Seit jenen Studentenveranstaltungen in den sechziger Jahren habe ich in Dutzenden und Aberdutzenden von Colleges, Seminaren und Universitäten gesprochen – von den Militärakademien in West Point, Annapolis und Colorado Springs bis hin zur John F. Kennedy School of Government in Harvard und zur Kim-Il-Sung-Universität im kommunistischen Nordkorea.

Vielleicht ist das Potential, das in der Jugend unserer Welt steckt, nirgends so deutlich geworden wie bei einigen besonderen Veranstaltungen, auf denen ich in den siebziger Jahren sprach. Ich erinnere mich zum Beispiel an die von Campus für Christus veranstaltete Explo '72 mit achtzigtausend Studenten in Dallas; an Spree-e '73 in London und an Eurofest '75 in Brüssel, an deren Organisation wir beteiligt waren. Zehntausende von jungen Leuten aus ganz Europa nahmen daran teil, ließen sich motivieren, inspirieren und intensiv in der Evangelisation schulen.

Etwas anderer Natur ist die Großstadt-Missionskonferenz, die alle drei Jahre während der Weihnachtsferien von der InterVarsity Christian Fellowship auf dem Campus der Universität von Illinois veranstaltet wird. Diese auch heute noch stattfindende Veranstaltung führt inzwischen bis zu achtzehntausend Universitätsstudenten aus aller Welt zusammen, um sich den Herausforderungen der Weltmission zu stellen. Und viele weitere Interessenten finden keinen Platz mehr.

Eine persönliche Begebenheit auf dieser Konferenz ist berichtenswert. Ich saß als Teilnehmer einer Podiumsdiskussion auf der Bühne und bekam während der Veranstaltung Schmerzen im linken Bein. Unauffällig hob und verdrehte ich es immer wieder, um den Druck zu mildern.

Ein in der ersten Reihe sitzender Medizinstudent schickte einen Zettel mit der Bitte aufs Podium, mich sprechen zu dürfen. Ich reichte den Zettel an David Howard weiter, den Leiter der Konferenz. Die Schmerzen wurden schlimmer, und nachdem ich meinen Diskussionsbeitrag geleistet hatte, verließ ich das Podium.

„Ich glaube, mit Ihrem Bein stimmt etwas nicht", sagte der junge Mediziner. „Darf ich es mir mal kurz anschauen?"

„Wer ist Ihr Arzt?" fragte er mich, nachdem er mein Bein untersucht hatte.

„Dr. Rollie Dickson von der Mayo-Klinik."

„Rufen Sie ihn sofort an."

T. W. war bei mir und stellte die Verbindung her. Mein Arzt sprach zuerst mit dem Studenten und bat ihn, mein Bein in alle Richtungen zu heben. Dann wollte er mit mir sprechen. „Stehen Sie nicht von diesem

Stuhl auf", sagte er. „Lassen Sie sich auf einer Trage in Ihre Unterkunft bringen. Wir schicken Ihnen von der Klinik ein Transportflugzeug. Es kann sein, daß Sie eine Thrombophlebitis haben."

Mein Sohn Ned war ebenfalls bei mir, und als die Maschine aus Minnesota eintraf, gingen er, T. W. und der Medizinstudent, Victor Wahby, mit an Bord. Wie sich herausstellte, hatte ich seine Familie während unserer Einsätze in Ägypten kennengelernt. Sein Vater war dort ein leitender Mann in der reformierten Kirche. Als wir in Rochester eintrafen, war es so kalt – fast minus dreißig Grad – daß der Pilot die Maschine erst in die Halle steuerte, bevor er uns hinausließ.

Dr. Dickson und der Kardiologe Dr. Schirger nahmen uns in Empfang, fuhren mich eilends ins Krankenhaus und stellten fest, daß ich tatsächlich eine Thrombophlebitis hatte, ein Blutgerinnsel in der nahe am Knochen gelegenen Vene. Hätte es sich gelöst, wäre es möglicherweise ins Gehirn gespült worden und hätte die Blutversorgung blockiert.

Die Diagnose des jungen Medizinstudenten aus Ägypten hinterließ einen so guten Eindruck bei den Mitarbeitern der Mayo-Klinik, daß sie ihn später zur weiteren Ausbildung übernahmen.

DIE RASSENKONFLIKTE

„In den Vereinigten Staaten ist heute eine große soziale Revolution im Gange", sagte ich während der New Yorker Evangelisation von 1957 den Zuhörern im Madison Square Garden, als ich Dr. Martin Luther King jr. vorstellte.

Blicken wir heute, gut vier Jahrzehnte später, auf diese Zeit zurück, erkennt man erst, wie weitreichend diese damalige Revolution war. Doch damals konnten wir nicht in die Zukunft blicken. Nur wenige ahnten, wie radikal die Bürgerrechtsbewegung das Antlitz Amerikas verändern würde. Heute fällt es den nachgewachsenen Generationen nicht leicht, sich die Rassenproblematik in einem Großteil der Vereinigten Staaten vorzustellen, bevor der Oberste Gerichtshof 1954 – in einer bahnbrechenden Entscheidung – nach Rassen getrennte Schulen für verfassungswidrig erklärte.

Ich kann mich nicht an ein einzelnes Ereignis oder eine intellektuelle Krise erinnern, in der sich mein Denken über die Gleichstellung der Rassen veränderte. Im ländlichen Süden aufgewachsen, hatte ich ohne viel nachzudenken die gängige Einstellung jener Region übernommen – obwohl ich, wie gesagt, neben meinem Vater niemanden so sehr bewunderte wie Reese Brown, den schwarzen Vorarbeiter auf unserer Milchfarm. Als Junge verschlang ich auch die Tarzan-Bücher von Edgar Rice Burroughs, obwohl es mich durchaus störte, daß darin die Weißen als den Schwarzen überlegen geschildert wurden. Auf dem Wheaton College freundete ich mich mit schwarzen Studenten an. Ich erinnere mich noch lebhaft, wie einer von ihnen eines Tages in mein Zimmer kam und mit tiefer Überzeugung von der Notwendigkeit sprach, Gerechtigkeit in der Rassenfrage herzustellen. Am stärksten hat mich jedoch das Bibelstudium beeinflußt. Mir wurde deutlich, daß eine Benachteiligung aufgrund der Rasse nicht nur falsch war, sondern daß besonders Christen allen Völkern mit Liebe begegnen sollten.

1953, während unserer Evangelisation in Chattanooga, Tennessee, riß ich – während die Leute hereinströmten – eigenhändig trennende Seile zwischen weißen und schwarzen Sitzabteilungen herunter. Seile, die aufgrund der herrschenden Sitte vom örtlichen Veranstalter belassen worden waren. Mein Vorgehen veranlaßte den Chefordner, auf der Stelle sein Amt niederzulegen, aber ich gab nicht nach.

In den sechziger und siebziger Jahren standen die Bürgerrechte in Amerika weit oben auf der Tagesordnung. Als die Debatten hitziger wurden, geriet ich bisweilen von allen Seiten unter Beschuß: Die extrem Konservativen beschuldigten mich, ich tue zuviel, während die extrem Liberalen mir vorwarfen, ich tue zuwenig. Tatsächlich wollten beide Gruppen sowieso nicht viel mit unseren Evangelisationen zu tun haben. Aber die Leute, die uns aktiv unterstützten, verstanden unsere Bemühungen, durch die Evangelisationen das uns Mögliche zu tun, um der Schande des Rassismus ein Ende zu machen.

Schon früh sprachen Dr. Martin Luther King und ich über seine Methode der gewaltlosen Demonstrationen, um der Rassentrennung zu begegnen. Er drängte mich, weiterzumachen wie bisher – das Evangelium vor rassenintegriertem Publikum zu predigen und auf diese Weise seine Ziele zu unterstützen. Er verlangte nicht, daß ich mit ihm auf die Straße ging.

„Bleib du in deinen Stadien, Billy", sagte er. „Dort hast du viel mehr

Einfluß auf die weiße Bevölkerung als auf der Straße. Außerdem hast du besonders unter den Weißen ein Publikum, das dir zuhört. Auf meine Worte würden sie nicht viel geben. Wenn ein Führer seinen Leuten zu weit vorauseilt, verlieren sie ihn aus den Augen und können ihm nicht mehr folgen."

Ich befolgte seinen Rat.

Während des langen Sommers 1965 schien Amerika an der Schwelle zum Chaos zu stehen. Unmittelbar nach den Unruhen in Watts, einem Stadtteil von Los Angeles, machte ich mit Dr. E. V. Hill, einem örtlichen, angesehenen schwarzen Pastor (der später Vorstandsmitglied der BGEA wurde), und anderen führenden Leuten aus dem Stadtteil eine Rundfahrt durch den Bezirk. Zweifellos nutzten Extremisten auf beiden Seiten die Situation für ihre eigenen Ziele. Ich war angewidert von der Gewalt und den Verwüstungen, die wir überall sahen. Einfache Antworten gab es nicht, das wußte ich. Aber – darin waren Dr. Hill und ich uns einig – jede Lösung, die eine geistliche Erneuerung ausklammerte, würde nur eine oberflächliche Erleichterung bringen. Haß und Rassismus sind zutiefst moralische und geistliche Probleme.

Im nordirischen Religionskonflikt

Zwei Reisen in den frühen siebziger Jahren führten mich in Länder, die durch Bürgerkrieg und innere Auseinandersetzungen zerrissen waren.

Die erste war unser Besuch in Irland 1972. Nordirland, seit vielen Jahren eine Brutstätte religiöser und politischer Konflikte zwischen Protestanten und Katholiken, war durch die Bombenanschläge der Irisch-Republikanischen Armee (IRA) buchstäblich zum Kriegsgebiet geworden.

Nach sorgfältigen Voruntersuchungen von Walter Smyth, der einen Teil seiner Jugend in Belfast verbracht hatte, und anderen nahmen wir die Einladung eines breiten Zusammenschlusses protestantischer Pastoren an. Evangelisationen würden wir zwar aus Sicherheitsgründen nicht durchführen können (obwohl ich dann doch in einer Kirche predigte), aber wir hofften, daß eine Geste guten Willens gegenüber beiden Seiten dazu beitragen könnte, die gefährliche Situation zu entschärfen.

Unsere Reise nach Nordirland begann wenige Tage nach dem Ende einer Evangelisation in Birmingham, Alabama. Die Fortschritte in den Rassenbeziehungen, die wir dort zwischen unseren Veranstaltungen von

1965 und dieser Evangelisation sieben Jahre später beobachten konnten, bestärkten uns in dem Glauben, daß Liebe und guter Wille die Macht haben, Barrieren der Vergangenheit zu durchbrechen – selbst in Gegenden mit einer langen Konfliktgeschichte.

Wir erreichten Belfast an einem Samstagabend. Am nächsten Morgen traf ich mit unserem Freund Graham Lacey und dem amerikanischen Evangelisten Arthur Blessit zusammen, der als Demonstration der Liebe und Anteilnahme Christi ein großes Kreuz durch die Straßen von Großbritannien und Irland trug. Wir machten einen Spaziergang über die Falls Road und die Shankill Road, die als Grenzlinie zwischen den Streitparteien galten. Sicherheitskräfte oder Polizisten hatten wir nicht bei uns. Die Zeitungen hatten mein Bild groß herausgestellt, so daß die Leute wußten, wer ich war.

„Wie kann ich herausfinden, ob die Leute uns akzeptieren werden?" fragte ich Arthur.

„Nun ja, wenn sie es nicht tun, kriegen Sie eine Kugel in den Rücken!"

Sehr beruhigend klang das nicht, aber wir beteten und befahlen unseren Aufenthalt dem Herrn an. Unterwegs blieben wir hin und wieder stehen, um mit einzelnen Menschen zu sprechen. Im katholischen Gebiet der Falls Road stießen wir auf eine Kneipe, deren Tür offen stand. Als wir hineinschauten, erkannten uns einige Männer, die sich hier zu ihrem sonntäglichen Frühschoppen eingefunden hatten. Man lud uns ein, hereinzukommen.

Ich stellte uns vor und erklärte, wir seien in den katholischen Stadtteil gekommen, um von Gottes Liebe zu berichten. Einige lachten mich aus, andere flüsterten vernehmlich mit ihren Nachbarn an den Tischen; doch wieder andere – die vermutlich in diesem Moment eigentlich in der Kirche hätten sein sollen – schienen sich die Worte zu Herzen zu nehmen. Als ich fertig war, entließen sie uns mit Applaus und guten Wünschen für unsere Sicherheit.

Ein kleines Stück weiter stießen wir auf eine Straßensperre der Briten. Die Soldaten konnten wir zwar nicht sehen, aber wir sahen die stählernen Läufe ihrer Gewehre zwischen den Sandsäcken hervorragen.

Wenig später hörten wir eine mächtige Explosion. Was war geschehen? Leute strömten auf die Straßen. Wir schlossen uns ihnen an und fanden eine furchtbare Szene vor: Leichen und Leichenteile, zerrissen von einer

Bombe. Drei der Toten waren offenbar bekannte Terroristen, die mit der Bombe hantiert hatten; doch andere waren unschuldige Passanten.

Wir versuchten, etwas Trost in die chaotische Szene zu bringen. Einige Leute erkannten mich. Natürlich trug ich keine klerikale Kleidung; doch sie bestanden darauf, mich „Vater" zu nennen und baten mich, den Toten und Sterbenden die Sterbesakramente zu verabreichen. Dies war kein Moment für theologische Feinheiten: Ich kniete neben jedem von ihnen nieder und betete. Eine Frau meinte, ich sei der erste protestantische Geistliche, dem sie begegnet sei. Viele bedankten sich für unser Kommen.

In diesem Moment erschienen Soldaten. Man empfahl uns, schleunigst zu verschwinden, es werde sicher noch mehr Ärger geben. Also machten wir kehrt und gingen ohne weitere Zwischenfälle – und ohne eine Kugel in den Rücken zu bekommen – unseren Weg zurück. Wir waren tief bekümmert über diese Vorfälle.

Während der nächsten Tage trafen wir mit einer Vielzahl von Leuten zusammen, darunter auch mit dem Gouverneur, Lord Grey of Naunton. In einer vom katholischen und protestantischen Universitätskaplan gemeinsam organisierten Veranstaltung hörten die Studenten an der Queen's Universität aufmerksam zu, als ich von der Macht Christi sprach, Menschen zu verändern und Herzen mit Liebe zu erfüllen. Jim Douglas, ein befreundeter schottischer Journalist, sagte später, er habe jeden Moment damit gerechnet, daß die jungen Leute in Buhrufe und höhnisches Gelächter ausbrechen würden. Doch ich hätte mir nicht mehr Aufmerksamkeit von ihnen wünschen können.

Besonders denkwürdig war eine private Begegnung mit Kardinal Conway, dem katholischen Primas, im Palast des Erzbischofs in Armagh. Auch führende Protestanten waren dazu eingeladen, und sie bestätigten mir, was ich schon von anderen gehört hatte: Auch wenn die Scheidelinie zwischen Protestanten und Katholiken verlief, so waren die komplexen Probleme Irlands im Grunde nicht religiöser, sondern historischer und politischer Natur.

Anschließend fuhren wir mit dem Zug nach Dublin, in die Hauptstadt der Republik Irland. Der herzliche Empfang überwältigte uns: Zweitausend geladene Gäste kamen zu einer Abendveranstaltung in der Royal Dublin Concert Hall, und am nächsten Morgen gab der Oberste Richter O'Dalaigh ein Frühstück für vierhundertfünfzig Gäste. Bei einer Versammlung berichtete der Moderator, ein katholischer Priester, wie er durch das Lesen meines Buches *Friede mit Gott* zum Glauben an Jesus Christus gefunden habe. Bei einem anderen Treffen – diesmal in Milltown Park, der Zentrale des Jesuitenordens in Irland – kamen Geistliche aller Denominationen zusammen.

Besonders spektakulär war ein geheimes Treffen, das ich mit dem Führer des offiziellen Flügels der IRA hatte. Die Polizei riet mir davon ab, doch ich beschloß, das Vorhaben dennoch durchzuführen. Walter Smyth und ich wurden durch die Hintertür unseres Hotels hinausgeführt und von zwei bärtigen Männern in einem Auto abgeholt. Unterwegs stiegen wir noch in einen anderen Wagen um, dann wurden wir zu einem Haus im Arbeiterbezirk der Stadt gefahren. Von außen war nicht zu erkennen, daß die ursprünglich vier oder fünf kleinen Reihenhäuser innen zu einem einzigen großen Haus umgebaut worden waren. Der IRA-Führer, den wir dort trafen, informierte uns fast eine Stunde lang über den Nordirlandkonflikt. Dann tranken wir zusammen Tee. Dabei erzählte ich ihm von meinem Glauben und äußerte die Überzeugung, nur Christus könne der Bevölkerung Nordirlands den Frieden bringen, wenn die Menschen sich ihm zuwenden würden.

Ein Anfang in Südafrika

Ich war bereits mehrfach nach Südafrika eingeladen worden – zum ersten Mal noch in meiner Zeit bei Jugend für Christus. Bisher hatte ich jedoch stets abgelehnt; denn die strenge Apartheid-Politik des Landes hätte eine nach Rassen getrennte Sitzordnung bei unseren Versammlungen erfordert.

Anfang der siebziger Jahre machte unser Freund Michael Cassidy, der Gründer einer afrikanischen Missionsgesellschaft, die ersten leisen Veränderungen in der Politik des Landes aus. Vorsichtig begann er die Möglichkeiten für einen Evangelisationskongreß nach dem Vorbild des Berliner Kongresses von 1966 auszuloten. Schließlich erhielt er die Genehmigung für eine voll integrierte Konferenz, die alle Rassen und praktisch alle protestantischen Denominationen in Südafrika zusammenbringen würde. Ich wurde von dem Organisationskomitee für zwei Vorträge eingeladen.

Am 13. März 1973 wurde der zehntägige Südafrikanische Kongreß für Mission und Evangelisation in der Küstenstadt Durban eröffnet. Alle siebenhundert Teilnehmer wohnten, unabhängig von ihrer Rasse, im selben Hotel! Einige sagten mir, dies sei die größte gemischtrassige Versammlung, die bisher in Südafrika stattgefunden hätte.

Zunächst hatte ich geplant, nur auf diesem Kongreß zu sprechen. Zur allgemeinen Verwunderung gelang es Cassidy dann aber, eine Genehmigung für eine voll integrierte evangelistische Veranstaltung zu erwirken. Diesen Samstagnachmittag – es war der 17. März 1973 – werde ich niemals vergessen: Fünfundvierzigtausend Menschen aller Rassen – die Hälfte von ihnen nicht weiß – drängten sich im King's Park Rugby-Stadion auf den Tribünen und dem größten Teil des Spielfeldes. Einige örtliche Veranstalter gerieten vor Freude fast außer sich, als sie sahen, wie weiße Ordner nicht-weiße Besucher zu ihren Sitzplätzen geleiteten.

„Das Christentum ist keine Religion der Weißen", sagte ich. „Und lassen Sie sich von niemandem einreden, sie sei schwarz oder weiß. Christus gehört *allen* Menschen!" Dann stellte ich ihnen Jesus Christus als die einzige Antwort auf die tiefsten Bedürfnisse des menschlichen Herzens vor. Nach meinem Ruf zur Entscheidung füllten dreitausenddreihundert Menschen den freien Raum vor der Bühne vollständig aus; viele Hundert weitere konnten von den Seelsorgehelfern nicht erreicht werden.

Die lokalen Zeitungen schrieben, dies sei die größte gemischtrassige Versammlung jedweder Art in der Geschichte Südafrikas gewesen. Die führende Durbaner Zeitung brachte am nächsten Morgen die Schlagzeile „APARTHEID ZUM UNTERGANG VERURTEILT", womit sie meine Aussagen auf der Pressekonferenz zusammenfaßte.

Acht Tage später wurde der Rekord von Durban in Johannesburg überboten. Etwa sechzigtausend Menschen füllten das Wanderers-Stadion – bisher hatte der Besucherrekord für dieses Stadion unter vierzigtausend gelegen –, und wieder drängten sich die Menschen auch auf einem großen Teil des Spielfeldes. Viele kamen aus Soweto, Sharpeville und anderen schwarzen Townships rund um Johannesburg. Auch die Musik, zum Teil von einem Zulu-Quartett dargeboten, spiegelte die Vielfalt der Zuhörerschaft wider. Der vollständige Gottesdienst wurde über den Regierungssender im ganzen Land live auf Englisch und Afrikaans im Radio übertragen (Fernsehen gab es damals dort noch nicht). Am Ende des Gottesdienstes kamen viertausend Leute nach vorn, um ihre Entscheidung für Christus festzumachen.

Während wir in Johannesburg waren, zeigte der Golfprofi Gary Player Flagge: Er lud uns zu einem gemischtrassigen Empfang in sein Haus ein.

Ich verließ Südafrika in der Überzeugung, daß die Apartheid unchristlich und auf Dauer unhaltbar sei. Freilich wußte ich auch, daß die Probleme des Landes nicht kurzfristig zu lösen waren – genausowenig wie in Nordirland oder den Vereinigten Staaten. Manche Leute denken ja, eine evangelistische Veranstaltungsreihe sei gescheitert, wenn dabei die Schwierigkeiten einer Stadt oder eines Landes nicht auch alle auf einmal gelöst werden. Aber komplexe und langwierige Probleme lassen sich selten über Nacht beseitigen. Ein Anfang war jedoch gemacht, und dafür waren wir Gott von Herzen dankbar.

EIN WELTWEITER HILFSFOND

Eine Fußnote in unserer Arbeit während der sechziger und frühen siebziger Jahre war 1973 die Einrichtung eines Sonderfonds innerhalb der Billy Graham-Gesellschaft. Wir wollten bei Naturkatastrophen oder anderen Unglücksfällen humanitäre Hilfe leisten. Schon seit vielen Jahren unterstützten wir mit einem großen Teil unserer nicht zweckbestimmten Spendeneinnahmen andere evangelistische Projekte und Organisationen in verschiedenen Teilen der Welt, darunter auch solche, die in Katastrophengebieten arbeiteten. 1973 gaben wir diesen Bemühungen den internationalen Namen *World Emergency Fund*.

Im Lauf der Jahre kam ich zur Überzeugung, daß es sehr wichtig ist, Gottes Liebe auch durch praktischen Einsatz sichtbar zu machen. Natürlich kannte ich Jesu Gleichnis vom barmherzigen Samariter; und unsere Verantwortung als einzelne, den Notleidenden zu helfen, war mir immer schon bewußt gewesen.

Im Laufe meiner Studien und Reisen wurde mir jedoch klar, daß unsere Aufgabe noch weiter reichte. Unterwegs begegnete ich unmittelbar der grausigen Realität menschlichen Leidens. Ich wurde mit der Tatsache konfrontiert, daß viele Millionen Menschen ständig von Hungertod, chronischen Krankheiten oder Katastrophen bedroht sind. Zudem erlebten wir, daß sich bei tatkräftiger Hilfe oft Türen für das Evangelium öffnen – wenn nämlich Menschen die tätige Liebe Christi erfahren.

Ein Beispiel dafür ist das Erdbeben in Guatemala 1976. Damals waren Ruth und ich gerade in Mexiko, wo sie sich von einer Krankheit erholte. Als ich von der Katastrophe hörte, nahm ich Kontakt zu unserem Vorstand auf, um über die Möglichkeiten von unserem Hilfsfond zu reden. Dann arrangierten wir eine Reise in die verwüsteten Gebiete. Der Präsident von Guatemala stellte uns zwei Hubschrauber zur Verfügung. Sein Sohn reiste mit uns, ebenso Cliff und ein Freund von uns, der aus Argentinien stammende Evangelist Luis Palau.

Als wir in San Martín Jilotepeque landeten, sahen wir sofort, daß buchstäblich jedes Gebäude zerstört war. Von den achtzehntausend Einwohnern der Stadt lagen dreitausendachthundert tot unter den Trümmern. Weitere viertausend waren schwer verletzt, aber es gab so gut wie keine medizinische Hilfe. Ruth und ich fühlten uns vollkommen hilflos. Tausende von Menschen liefen wie betäubt auf der Suche nach Nahrung oder nach vermißten Angehörigen umher.

Wieder in Guatemala City, sprach ich vor verantwortlichen Christen und Missionaren, um sie unserer Gebete und unserer Unterstützung zu versichern. Wir trafen uns in einer teilweise zerstörten reformierten Kirche. Noch während ich sprach, gab es ein heftiges Nachbeben. Teile der Decke stürzten auf uns herab. Die Pastoren sprangen auf und rannten hinaus, da sie ein neues schweres Erdbeben befürchteten. Noch am selben Tag sprach ich im landesweiten Fernsehen. Mit Hilfe des Hilfsfonds flog die BGEA ein Dutzend Flugzeuge voller Lebensmittel und Medikamente ein, um die Hilfsmaßnahmen zu unterstützen. Wie in fast jeder anderen Notsituation, in der wir zu helfen versuchten, arbeiteten wir mit örtlichen christlichen oder säkularen Organisationen zusammen, um die gerechte Verteilung der Hilfsgüter sicherzustellen.

Eine noch größere Katastrophe waren der Wirbelsturm und die Flutwelle, die Ende 1977 Indien trafen. Eine sechs Meter hohe und fünfzig Meilen breite Wasserwand war ins Landesinnere gerollt und hatte so gut wie alles auf ihrer Bahn zerstört. Hunderte von Küstendörfern im Bundesstaat Andhra Pradesh waren ausgelöscht, hunderttausend Menschen verloren ihr Leben. In einem Dorf hatten nur sechs Hunde überlebt.

Wir führten gerade eine Reihe von Veranstaltungen im Land durch, als die Katastrophe hereinbrach. Außenstehende durften nicht in das betroffene Gebiet – nicht einmal Journalisten. Präsident Reddy, den ich bei einer anderen Gelegenheit kennengelernt hatte und der selbst aus Andhra Pradesh stammte, erteilte uns großzügig die Genehmigung, das Gebiet zu besuchen, und stellte uns dafür einen Hubschrauber zur Verfügung. Die meisten Dörfer in jenem Teil Indiens waren von dichten, hohen Dornbüschen umgeben, die wilde Tiere fernhalten sollten. Als wir hinabspähten, sahen wir in Dutzenden von Dörfern leuchtend bunte Farbfetzen, die sich in den Dornen verfangen hatten. Es waren voll bekleidete Leichen – Tausende – die in der feuchten tropischen Hitze bereits zu verwesen begannen.

Als wir landeten, rannte ein Mann auf mich zu, packte mich an den Beinen, schrie und wollte uns nicht wieder gehen lassen. „Tötet uns oder helft uns wieder aufbauen", jammerte er immer wieder.

Wir nahmen diesen Aufschrei wörtlich. Durch den Hilfsfond finanzierten wir den Wiederaufbau eines Dorfes – zweihundertfünfundachtzig Fertighäuser und eine Kirche mit fünfhundert Sitzplätzen; es wurde das Vorbild für den Wiederaufbau anderer Dörfer. Das „Christliche Andhra Pradesh Wiederaufbau-Komitee" beaufsichtigte das Projekt. 1980 fuhren Walter Smyth und mein Sohn Franklin nach Indien zur offiziellen Einweihung der neuen Ortschaft. Gegen meinen Einwand bestanden die Einwohner darauf, sie „Billy Graham Nagar (Dorf)" zu nennen.

Auch heute noch leistet der Hilfsfond der BGEA Hilfe in Notstandsgebieten: in Äthiopien und Ruanda, beim Erdbeben 1989 in San Francisco oder in den Gebieten, die von den Hurrikans Hugo und Andrew verwüstet wurden. Manchmal leisten wir unsere Hilfe in Zusammenarbeit mit der Heilsarmee, dem Roten Kreuz oder Samaritan's Purse. Viele Katastrophengebiete haben wir persönlich besucht, um im Namen Christi Hoffnung und Ermutigung zu bringen.

Natürlich können wir nicht alles tun, was getan werden müßte. Doch in einer Welt, die niemals frei von Not und Leid sein wird, ruft Christus uns dazu auf, wenigstens das uns mögliche zu tun.

23

Mein Freund, der Quäker

Präsident Richard M. Nixon

Richard Nixons Gesicht war tränenüberströmt. Wir standen in dem schlichten Versammlungshaus der Quäker in East Whittier, Kalifornien. Der Gemeindeleiter und ich hatten gerade eine Trauerfeier für Nixons Mutter Hannah gehalten. Es war der 3. Oktober 1967.

Nachdem auch die letzten Trauergäste an dem geschlossenen Sarg vorbeigegangen waren, wurde der Sarg noch einmal geöffnet. Richard Nixon, seine Frau Pat und ihre Töchter Julie und Tricia traten hinzu. Ich legte meine Arme um ihre Schultern, während der Sohn unter Tränen Abschied nahm. Gemeinsam beteten wir.

Es war fast zwanzig Jahre her, daß ich Hannah Nixon kennengelernt hatte – als ich in einem Gottesdienst in Whittier predigte. Die fromme Witwe erzog ihre Kinder zur Ehrfurcht vor Gott und weckte in ihnen eine tiefe Liebe zu seinem Wort. Viel später erzählte sie mir, ihr verstorbener Mann sei einmal mit ihren drei kleinen Söhnen nach Los Angeles gefahren, um den Evangelisten Paul Rader aus Chicago zu hören. Nach dessen Aufforderung, ihr Leben Christus anzuvertrauen, waren an jenem Abend Richard und seine Brüder nach vorn gegangen.

In seiner Jugend leitete Richard einen Bibelkreis in der Quäkerversammlung von Whittier und sang im Chor. Jeden Sonntag morgen spielte er in der Sonntagsschule Klavier, und sonntag abends ging er zum EC-Jugendbund. Jene stille Quäker-Tradition – die „freundliche Überzeugung" – prägte seine Weltanschauung und machte ihn zu einem sehr zurückgezogenen Menschen, der nur selten seine Gefühle offenbarte. Tränen in der Öffentlichkeit waren bei ihm eine Seltenheit. Wer weiß, wie viele er vergoß, wenn er allein war.

Seit dem Beginn unserer Bekanntschaft – damals war er noch ein frischgebackener Senator aus Kalifornien – trug dieses geistliche Erbe wohl stärker als alles andere zu unserem guten Miteinander bei. Unsere Freundschaft begann 1950 oder 1951 in Washington. Senator Clyde Hoey aus North Carolina hatte mich zum Mittagessen eingeladen. Dieser alte Patrizier mit seinem weißen, fast bis auf die Schultern reichenden Haarschopf war etwa sechzig Meilen von meinem Zuhause entfernt geboren und aufgewachsen. Als wir im Speisesaal des Senats zusammen aßen, zeigte er mir verschiedene Abgeordnete, deren Namen ich aus den Zeitungen kannte.

„Da ist der junge Richard Nixon aus Kalifornien."

„Seine Mutter habe ich einmal kennengelernt", erwiderte ich.

„Soll ich Sie vorstellen?"

Als ich zustimmte, schickte Senator Hoey einen Kellner zu Nixon, um ihn an unseren Tisch zu bitten, falls es ihm passen würde.

Sein herzliches Lächeln und ein fester Händedruck beeindruckten mich. „Sie haben in unserem Staat ein paar großartige Veranstaltungen durchgeführt und sind dort sehr bekannt", meinte er und sah mich direkt an. „Meine Mutter hat mir sogar von Ihnen geschrieben."

Wir hatten uns erst ein paar Minuten unterhalten, da überrumpelte er mich mit der Frage: „Spielen Sie Golf?"

„Ja, Sir, ein wenig."

„Wir wollen heute nachmittag in Burning Tree eine Runde spielen und brauchen noch einen Partner. Hätten Sie Lust?"

Der Ausflug machte mir viel Freude. Da Nixon den Platz so gut kannte, konnte er mir zu fast jedem Schlag hilfreiche Ratschläge geben; daher war das Ergebnis einigermaßen ausgeglichen. Nach dem Spiel nahm er mich mit zu sich nach Hause und stellte mich Pat und seinen kleinen Töchtern vor.

Nicht nur, weil wir gute Freunde waren, stand ich innerlich auf Nixons Seite, als es später um seine Präsidentschaftskandidatur ging. Ich war fest davon überzeugt, daß die Regierungserfahrung, die er als Vizepräsident während zwei Legislaturperioden gesammelt hatte, ihn dazu prädestinierte, Eisenhowers Nachfolger zu werden. Er kannte sich hervorragend in der Weltpolitik aus. Und auch seine gut durchdachte Philosophie für die amerikanische Regierungspolitik, die er formuliert hatte, war mir aus vielen Gesprächen vertraut. Er hatte sowohl Mut als auch Geduld. Das verschaffte ihm einen tiefen Einblick in die innen- und außenpolitischen Probleme. Dennoch behielt ich meine Gedanken bezüglich seiner Eignung für das Präsidentenamt für mich, von einigen Privatgesprächen abgesehen. Ich sah in ihm einen bescheidenen, moralisch denkenden Mann mit geistlichem Feingefühl. Von den innerkalifornischen politischen Kontroversen hatte ich gehört, doch meine Meinung über ihn bildete ich mir aufgrund vieler persönlicher Begegnungen.

Fünfundvierzig Jahre später frage ich mich, ob ich seine geistliche Haltung nicht überbewertet habe. In meiner Gegenwart machte er häufig Anspielungen auf den Glauben seiner Mutter und die Bibel, die sie so sehr liebte. Ging es um Religion, konnte man bei ihm Geistliches und Sentimentalität nur schwer auseinanderhalten. Von Jesus Christus – so erinnere ich mich jedenfalls – sprach er nur in sehr allgemeiner Weise.

Als Nixon im Präsidentschaftswahlkampf 1960 Kennedy unterlag, waren viele Kommentatoren der Ansicht, daß ihm jene zum Großereignis hochstilisierten Fernsehdebatten geschadet hatten. Andere bezweifelten die Richtigkeit des Wahlergebnisses und glaubten, Nixon habe vielleicht doch gewonnen. Wie ich hörte, bot Eisenhower in mehreren Bundesstaaten die Neuauszählung aller Wahlurnen an. Nixon verzichtete.

Vor der Wahl 1960 sprach ich mich nicht öffentlich für Nixon aus. Widerstrebend ging ich allerdings auf eine Bitte von James Byrnes, dem früheren Außenminister (anschließend Gouverneur von South Carolina) ein, auf einer von Nixons Wahlkampfveranstaltungen in Columbia, South Carolina, ein Gebet zu sprechen. Viele Leute verstanden das als eine direkte Unterstützung.

Zwei Jahre später scheiterte er bei der Wahl zum Gouverneur von Kalifornien. Auch dort stellte ich mich unabsichtlich vor der Wahl auf seine Seite, obwohl ich eigentlich politisch neutral bleiben wollte. Nixon war offenbar kein begeisterter Wahlkämpfer, und sein PR-Beauftragter Paul Keyes war ziemlich frustriert. Es gab nicht genug Bilder von Nixon in der Zeitung, daher versprach er sich viel von einem Foto, das den Kandidaten und mich zusammen zeigen würde. Ich war einverstanden. Wir wurden beim Golfspielen im Riviera Country Club in Bel Air nahe Los Angeles fotografiert – eine längst vor Nixons Pressedefizit getroffene Verabredung. Am nächsten Morgen erschien das Bild auf der Titelseite der *Los Angeles Times*. Keiner von uns dachte je laut darüber nach, ob die öffentliche Identifikation vielleicht mehr geschadet als genutzt hatte – aber der Gedanke ging mir durchaus durch den Kopf.

Nach diesen Niederlagen war er so niedergeschlagen, daß manche Freunde bezweifelten, ob er darüber hinwegkommen würde. Während einer Golfpartie mit Grady und dem Schauspieler Randolph Scott im Riviera Club schlenderten Nixon und ich über die Anlage. Niemals habe ich einen Menschen so deprimiert gesehen: Seine Schultern hingen herab, als ob die Welt über ihm eingestürzt sei.

Impulsiv legte ich meinen Arm um ihn. „Dick, ich glaube, Sie bekommen noch eine Chance auf die Präsidentschaft", sagte ich. „Die Weltlage wird immer schlimmer. Der Tag wird kommen, an dem das amerikanische Volk Sie braucht. Sie haben die nötige Qualifikation, Präsident der Vereinigten Staaten zu werden. Geben Sie nicht auf."

„Zu spät!" antwortete er mit Grabesstimme. „Es ist vorbei. Nach zwei deftigen Niederlagen werde ich bestimmt nicht noch einmal für irgend etwas nominiert. Ich werde wohl wieder als Anwalt arbeiten."

Im nächsten Wahljahr, 1964, als die Republikaner Barry Goldwater als Herausforderer für Präsident Lyndon Johnson nominierten, hielt Nixon vor dem Parteitag eine großartige Rede, in der er die Partei zur Einigkeit drängte. Er reiste durchs Land und hielt Wahlreden für Goldwater. Bei einem Kurzbesuch in Bangor, Maine, wo ich gerade predigte, fuhr ich hinaus zu dem kleinen Flughafen, um ihn sprechen zu hören. Als er das erfuhr, bat er mich zu sich. Sehr zum Unwillen der örtlichen republikanischen Prominenz zogen wir uns eine Stunde lang zum Gespräch zurück.

„Ich bezweifle, daß Goldwater gewinnen kann", vertraute er mir an, „aber ich werde tun, was ich kann, um ihm zu helfen."

Als die Wahl 1968 am Horizont auftauchte, fiel erneut Nixons Name unter den möglichen Kandidaten für die Republikaner. Unter den demokratischen Bewerbern fühlte ich mich zu keinem besonders hingezogen. Und hätte Lyndon Johnson mir nicht schon ein Jahr zuvor gesagt, daß er sich nicht zur Wiederwahl stellen würde – ich wäre arg in der Zwickmühle gewesen, welchen meiner Freunde ich wählen sollte.

Im Dezember 1967 erreichte mich auf dem Heimweg von einer Reise in

Atlanta die Nachricht, daß Nixon sich in Key Biscayne, Florida, mit mir treffen wolle. Ich hatte eine fiebrige Erkältung, doch ich rief Ruth zu Hause an und erzählte ihr von den geänderten Plänen. Sie hatte sich mittlerweile an solche Änderungen gewöhnt; sie tolerierte sie zumindest.

Dick wohnte als Gast des Hotelbesitzers in einem Bungalow des Key Biscayne Hotels. Als wir ankamen, räumte er sein Vorderzimmer für mich und zog in das hintere Zimmer um. Sein Freund Bebe Rebozo wohnte ebenfalls in dem Hotel. Wie so oft während unserer Gespräche las ich ihm aus der Bibel vor und betete mit ihm.

Am Sonntagmorgen besuchten wir gemeinsam den Gottesdienst in der reformierten Gemeinde von Key Biscayne; nachmittags schauten wir uns im Fernsehen ein ziemlich schlammiges Footballspiel der Green Bay Packers an. Dann wollte Nixon mit mir noch einen Strandspaziergang machen. Ich fühlte mich durch das Fieber geschwächt (das sich, wie ich bald erfahren sollte, zu einer Lungenentzündung auswuchs), aber ich schleppte mich trotzdem neben ihm her.

Er machte sich Gedanken über seine erneute Kandidatur für das Präsidentenamt und bat mich um meine Meinung. Erst vor zwei Monaten hatten wir seine Mutter beerdigt. Vielleicht erinnerte er sich daran, wie sie ihm auf ihrem Sterbebett gesagt hatte: „Dick, gib nicht auf."

Bis zum Leuchtturm und zurück waren es gut fünf Kilometer, und wir kamen angesichts meines Zustandes keine Minute zu früh zurück. Ich stand kurz vor dem Zusammenbruch.

Ich hatte nicht die Absicht, Nixon irgendeine Entscheidung nahezulegen. Die Ermordung Jack Kennedys nur wenige Jahre zuvor, der schier endlose, demoralisierende Krieg in Vietnam, die Studentendemonstrationen gegen diesen Krieg, die Hausbesetzungen durch radikale Studenten, die Verbrennungen der Einberufungsbefehle im vergangenen Herbst: All das ließ eine nationale Krise befürchten – für jeden, der mit dem Gedanken spielte, sich um das höchste Amt im Land zu bewerben, eine äußerst beängstigende Aussicht.

„Sie haben mir immer noch nicht gesagt, was ich tun soll", sagte er zwei Tage später noch einmal nachdrücklich, als ich im Aufbruch begriffen war.

„Wenn Sie nicht antreten, werden Sie es wahrscheinlich Ihr Leben lang bereuen", erwiderte ich. „Ich werde beten, daß Jesus Christus Ihnen Weisheit gibt für die richtige Entscheidung."

Nixon erinnerte sich an diesen Tag etwas anders. In einem persönlichen Brief an einen meiner Biographen, John Pollock, schrieb er: „Er (damit war ich gemeint) war zu dieser Zeit krank, aber auf unserem zwei Meilen langen Spaziergang zum Leuchtturm in Key Biscayne beharrte er darauf, ich sei wegen der außenpolitischen Probleme der USA und meiner Erfahrung in der Außenpolitik zur Kandidatur verpflichtet. Er betonte, daß er nicht gegen Lyndon Johnson sei; sie waren gute Freunde. Doch er sah das Land 1968 in einer Krise und glaubte, daß Johnson wegen der Meinungsverschiedenheiten unter seinen Beratern nicht die nötige Führungsstärke bieten könne ... Ob es um außen- oder innenpolitische Dinge ging, stets hatte er eine Meinung und äußerte sie redegewandt und eindrücklich. Ich glaube, er fühlte sich deshalb so frei dazu, weil er wußte, daß ich seine persönlichen Ansichten nicht an andere weitergeben würde, es sei denn, er hätte sie selbst öffentlich geäußert."

So mag Nixon diesen Spaziergang und unser Gespräch in Erinnerung gehabt haben, aber meine Erinnerung weicht davon ab.

Sieben Monate später war Nixons Kandidatur beschlossene Sache. Offen gestanden dämpfte das meine inneren Warnleuchten, die mich jahrelang von einer Einmischung in die Parteipolitik abgehalten hatten. Obwohl unsere evangelistische Arbeit im In- und Ausland meine gesamte Zeit in Anspruch nahm, konnte ich mich nicht völlig aus einem Wahlkampf heraushalten, an dem ein so enger Freund beteiligt war. Nixon war in dieser Beziehung viel vorsichtiger als ich: Er ermahnte mich streng, daß ich mich nicht öffentlich für ihn aussprechen solle. Jedes Mitrühren in der Politik meinerseits würde sich negativ auf die evangelistische Arbeit auswirken, fürchtete er.

1960 ließ sich Nixon von vielen Freunden und Ratgebern Empfehlungen geben, wen er als Kandidaten für das Amt des Vizepräsidenten nehmen solle. Als er mich fragte, riet ich ihm, den Kongreßabgeordneten Walter Judd aus Minnesota in Betracht zu ziehen. Der ehemalige China-Missionar war ein Experte für Außenpolitik und ein intellektuell geprägter Anti-Kommunist. Als Nixon und ich eines Tages auf dem Rücksitz seines Wagens saßen, nannte er mir seine Gründe, warum er meinem Vorschlag nicht gefolgt war. Ich hielt sie nicht für stichhaltig. Wäre er meinem Rat gefolgt, so hätte er Kennedy vielleicht schlagen können. Nicht wenige glaubten, daß Nixons Entscheidung für Henry Cabot Lodge ihn um den Sieg gebracht hatte.

Beim nächsten Anlauf gab ich ebenfalls meine Meinung offen zum Ausdruck. Vor dem Parteitag der Republikaner 1968 lud mich Nixon nach New York in seine Wohnung zu einem gemeinsamen Essen ein. Als wir hinterher vor dem Kamin saßen, nannte er mir ein paar Namen möglicher Anwärter für das Amt des Vizepräsidenten, um meine Reaktion zu testen: Nelson Rockefeller, John Lindsay und andere, vielleicht zwanzig insgesamt. Bei den meisten von ihnen gab es mehr Minus- als Pluspunkte, wie ich fand. Dann nannte ich ihm meinen Wunschkandidaten, Senator Mark Hatfield aus Oregon, einen entschiedenen Evangelikalen, dessen liberales republikanisches Profil dem Gespann eine gute ideologische Ausgewogenheit verleihen würde. „Ich glaube, er wäre ein engagierter und loyaler Vizepräsident", sagte ich. „Auf jeden Fall würde er gut bei den christlichen Wählern ankommen, bei den katholischen genauso wie bei den evangelischen."

Nixon sagte nicht viel dazu. Obwohl ich das Thema vor dem Parteitag immer wieder anschnitt, wollte er sich nicht festlegen.

In Miami lud er mich am Abend seiner Nominierung zu sich ins Hotel ein. Dort nahm er mich beim Arm und führte mich in einen Raum, in dem die Frage des Vize-Kandidaten diskutiert und entschieden werden sollte. „Das wird Ihnen gefallen", sagte er. „Es ist ein kleines Stück Geschichte."

Ich war überrascht, daß er so lange mit seiner Entscheidung gewartet hatte. Ich hatte mir rauchgeschwängerte Räume vorgestellt, in denen politische Übereinkünfte getroffen wurden, aber dies hier paßte keineswegs zu meiner Klischeevorstellung. Vielleicht war es die republikanische Version: ein großer, ovaler Raum mit eleganten Teppichen, Wandbehängen, Möbeln und einem Kristallkronleuchter. Die fünf Senatoren, die fünf Abgeordneten des Repräsentantenhauses, die drei Gouverneure und diverse Parteifunktionäre paßten nahtlos in die Umgebung. Ein Protokollant, der alle anwesenden Würdenträger auflistete, erfand für mich eine eigene Kategorie: „Ratgeber."

Nixon ging durch den Raum und fragte jeden nach seiner Meinung. Viele Namen wurden genannt. Dann wandte Nixon sich an mich: „Billy, was meinen Sie?"

Plötzlich herrschte Stille im Raum. Zweifellos wunderten sich die Leute, warum ich eingeladen worden war. Nun, in dem Punkt waren wir uns einig!

„Dick, Sie wissen, daß ich schon immer für Senator Hatfield war", rief ich ihm in Erinnerung und listete erneut meine Gründe auf. Dann kehrte ich zurück in mein Hotel.

Was ein paar Stunden später folgte, war ein verbales Pingpong-Spiel. Gegen halb sieben am nächsten Morgen rief Nixon mich an. „Ich habe mich noch nicht entschieden, aber ich muß heute vormittag den Namen bekanntgeben. Könnten Sie für mich beten?"

Ich versprach es ihm bereitwillig. Mit meinem Herrn zu reden lag mir mehr, als mich mit einer Gruppe professioneller Politiker auseinanderzusetzen. Es war nicht das erste Mal, daß ich ein solches Gebet sprach. Ich rief Hatfield an, der bei Bob Green und seiner Frau Anita Bryant in Miami zu Gast war, und erzählte ihm, was ich gerade gehört hatte.

„Ich rechne mir keine Chancen aus", sagte er. Und doch merkte ich ihm an, daß er die Nominierung gern angenommen hätte.

Etwa eine Stunde später klingelte erneut das Telefon. Nixon teilte mir mit, er habe sich für Spiro Agnew entschieden, und bat mich, Hatfield anzurufen und ihm die Entscheidung mitzuteilen.

Wie jeder andere Amerikaner außerhalb des Staates Maryland stellte ich die Frage der Fragen: „Spiro wer?"

Daraufhin nannte mir Nixon seine – wie ich fand, nicht sonderlich überzeugenden – Gründe für diesen Kandidaten. Es erstaunte mich, daß ein so brillanter Taktiker wie er bis zur letzten Minute wartete, um dann jemand auszuwählen, der den Wählern völlig unbekannt war.

Und wieder klingelte das Telefon. Diesmal war es mein alter Bekannter Herbert Klein, der zu Nixons Beratern gehörte (und später Nixons Pressedirektor im Weißen Haus wurde). „Dick hat mich gebeten, Sie anzurufen", meinte er. „Ich soll Ihnen sagen, daß er sich doch noch nicht endgültig entschieden hat. Es steht immer noch auf der Kippe zwischen Hatfield und Agnew. Sie möchten bitte Hatfield anrufen und ihm sagen, daß er noch im Rennen ist."

Als ich Mark erreichte, war er ebenso überrascht wie ich.

Die Nachricht, daß die Wahl endgültig auf Agnew gefallen war, kam viel später, als die Presse erwartet hatte. Mir wurde regelrecht schlecht vor Enttäuschung. Ich hatte nichts Persönliches gegen Gouverneur Agnew; ich war ihm nie begegnet. Alles, was ich über ihn wußte – worunter zugegebenermaßen manche negativen Dinge waren –, hatte ich erst ein paar

Tage zuvor von David Brinkley aus den Fernsehnachrichten erfahren. Dennoch konnte ich nicht gegen meine Enttäuschung an, denn ich wußte, daß Hatfield einen positiven moralischen und geistlichen Einfluß in das Amt eingebracht hätte.

Am selben Abend nahm Nixon in einer Rede vor dem Parteitag seine Nominierung an. Dann wurde ich ans Podium geführt, um das zu tun, wozu ich eingeladen worden war: Ich sprach das Abschlußgebet. Anschließend verschwand ich so schnell wie möglich von der Bühne und eilte zurück ins Key Biscayne Hotel.

Am nächsten Abend beschloß Nixon, in dieses Hotel umzuziehen. „Ich weiß nicht, mit wem ich heute abend essen soll", sagte er zu einigen seiner Mitarbeiter. „Aber gehe ich mit Billy Graham, so wird jeder Verständnis haben, und es wird keine Kritik geben."

So kam es, daß er, Bebe Rebozo, T. W. und ich zusammen im Hotelrestaurant aßen. Zwischendurch kamen immer wieder Leute vorbei, um dem neuen Kandidaten zu gratulieren.

Einige Wochen später nahm ich auf Einladung der Demokraten an deren Parteitag in Chicago teil. Niemand sollte sagen können, daß ich eine Partei der anderen vorziehen würde; jeder wußte darüber Bescheid, daß ich sowohl mit Nixon als auch mit Johnson befreundet war, und viele fragten sich, wen ich tatsächlich bevorzugte. An dem Abend, als Präsident Johnson vor den Delegierten sprechen sollte, betete ich mit den Parteimitgliedern.

Von meinem Zimmer im alten Hotel Stevens an der Michigan Avenue beobachtete ich Antikriegsdemonstranten und radikale Protestler bei ihren teilweise recht chaotischen Aktionen. Bürgermeister Richard Daleys Polizeieinheiten traten ihnen vor laufenden Fernsehkameras entgegen. „Die ganze Welt schaut zu!" schrien sie im Chor.

Als ich mit den Führern der Demokratischen Partei hinter der Bühne saß – ich hatte mehr Freunde unter den Demokraten als unter den Republikanern; als Südstaatler kannte ich die meisten von ihnen –, teilte ich ihre Sorge, daß noch Schlimmeres passieren könnte. Die Stimmung war so bedrohlich, daß Lyndon Johnsons Mitarbeiter vom Weißen Haus aus ständigen Telefonkontakt gehalten hatten, um sich zu vergewissern, ob er gefahrlos nach Chicago kommen und seine angekündigte Rede halten konnte. Da es sowohl sein Geburtstag als auch sein Abschied als Präsident war, hätte man ihn gern hier gefeiert. Ich hatte mich darauf gefreut, diesen besonderen Abend mit meinem Freund zu verbringen. Doch am Ende schien es die einzig richtige Entscheidung, daß er in Washington blieb.

Als an diesem denkwürdigen Abend offenkundig wurde, daß Präsident Johnson nicht zu seinem eigenen Parteitag kommen würde, sollte ich noch ein Gebet sprechen, dann sollte Anita Bryant singen. Während meines Gebets wurde es in der Halle kaum leiser. Wie bei den meisten politischen Versammlungen wurden die Redner im Vorprogramm von der Mehrzahl der Leute ignoriert; statt dessen debattierten sie, unterhielten sich, stritten miteinander, schlossen Übereinkünfte. Hier und da hielten Delegierte sogar kleine Konferenzen in der Halle ab. Als dann Anita Bryant ans Mikrofon trat und sang, wurde es still; ihr schenkten die Leute mehr Aufmerksamkeit – und einen kräftigen Applaus. Dennoch hing immer noch eine drückende Atmosphäre über dem Parteitag; etwas, das noch dunkler war als reiner politischer Pessimismus.

Schließlich nominierten die Demokraten einen weiteren langjährigen Freund von mir als ihren Präsidentschaftskandidaten: Hubert Humphrey aus Minnesota, den damaligen Vizepräsidenten unter Lyndon Johnson. So würde die bevorstehende Wahl am Ende doch noch einen persönlichen Loyalitätskonflikt mit sich bringen.

Als sich nach den Parteitagen die Wahlkampfmühle zu drehen begann, hielt ich mich für sehr weise, weil ich verheimlichte, welchen Kandidaten ich bevorzugte. Nachdem unsere letzte Evangelisation des Jahres 1968 in Pittsburgh Anfang September zu Ende gegangen war, verfolgte ich die Ereignisse aus sicherem Abstand.

Am Tag der Wahl rief ich Nixon an, um ihm Erfolg zu wünschen.

„Bitte kommen Sie nach New York", sagte er, „und schauen Sie sich heute abend mit mir die Wahlergebnisse an."

„Ich bin nicht sicher, ob das klug wäre", erwiderte ich. „Es werden viele Pressevertreter da sein. Aber ich miete mich in einem Hotel in der Nähe ein. Sollten Sie verlieren, komme ich hinüber in Ihr Hotel und bete mit Ihnen und Ihrer Familie."

„Okay", stimmte er zu.

Sofort machten T. W. und ich uns auf den Weg nach New York und stiegen im Hilton ab. Nixon wohnte im Waldorf Towers.

Das endgültige Wahlergebnis wurde erst sehr spät bekanntgegeben, da die Wahl so knapp ausgefallen war. Ich ging zu Bett, bevor die endgültigen Zahlen feststanden. Als am nächsten Morgen das Ergebnis bekannt geworden war, rief mich Bebe Rebozo an. „Nixon möchte, daß Sie zu ihm kommen, bevor er mit der Presse spricht", sagte er. „Er möchte mit Ihnen reden."

T. W. und ich orderten sofort ein Taxi. Rebozo nahm uns in Empfang und führte uns in Nixons Suite, in der nur er, Pat, Tricia und Julie anwesend waren. Als erstes gratulierte ich ihnen zum Sieg.

Nixon schlug vor, wir sollten uns im Kreis aufstellen und einander die Hände reichen; dann bat er mich um ein Gebet.

Ich dankte dem Herrn für das, was meiner Ansicht nach Gottes Plan für unser Land war: nämlich daß Nixon uns während der nächsten vier Jahre führen sollte. Außerdem betete ich für jedes Mitglied der Familie und dankte Gott für das geistliche Erbe von Nixons Mutter Hannah.

Bevor er mich gehen ließ, hatte er noch eine Bitte. Er trat mit mir ans Fenster und sagte leise: „Billy, Sie wissen ja, daß wir in Vietnam in schrecklichen Schwierigkeiten stecken. Präsident Johnson hat einen Stopp des Bombardements angeordnet, aber ich glaube, das ist ein großer Fehler. Wir stehen dicht vor einem Sieg in Vietnam. Wenn wir das Bombardement jetzt abbrechen, bekommen wir Riesenprobleme. Wir müssen einen Weg finden, um aus diesem Krieg herauszukommen. Wir haben zwar Pläne, aber wir brauchen Gebet, damit Gott uns hilft, den richtigen Weg zu finden."

Anfang Dezember reiste ich nach Vietnam, um die Weihnachtstage bei unseren Truppen zu verbringen. Gerade rechtzeitig zur Amtseinführung kam ich wieder zurück. Nixon wollte, daß ich sämtliche Gebete während der Vereidigungszeremonie sprach, doch damit war ich nicht einverstanden.

„Dick, Sie müssen alle Glaubensrichtungen zu Wort kommen lassen, sonst bekommen Sie Ärger."

„Nein, ich will nur Sie", beharrte er.

Schließlich ließ Nixon sich doch auf den ökumenischen Gedanken ein, und ich schlug ihm weitere Geistliche vor, darunter auch meinen Freund Rabbi Edgar Fogel Magnin von der großen jüdischen Synagoge am Wilshire Boulevard in Los Angeles.

Nixon hatte mich gebeten, ein fünf- bis zehnminütiges Gebet zu sprechen. In Wirklichkeit betete ich dann höchstens vier Minuten – doch das *Time*-Magazin nannte mein Gebet hinterher eine Mini-Antrittsrede!

Meine ökumenische Strategie wurde wieder unterlaufen, da ich eine Woche später, am 26. Januar, beim ersten Gottesdienst während Nixons Amtszeit im Weißen Haus predigte – auf dringenden Wunsch des Präsidenten. Einige Tage später fand das National Prayer Breakfast statt. Auch dort sollte ich sprechen, doch ich fand den Abstand zu kurz. Einige Journalisten nannten mich bereits den „Kaplan des Weißen Hauses", ein Titel, den ich weder anstrebte noch wollte. Doch mein Freund Bill Jones, der Geschäftsmann aus Los Angeles, dachte anders darüber: „Solange ich die Rechnungen für das Frühstückstreffen bezahle", sagte er, „wird Billy Graham der Redner sein."

Also hielt ich die Ansprache. Doch weil das Programm schon im Verzug war, kürzte ich meinen Vortrag radikal und beschränkte mich auf einen von vier Punkten. Schließlich waren alle gekommen, um Präsident Nixon zu hören.

Nixon war bei diesem ersten Gottesdienst im Weißen Haus sehr nervös. Alle fünf Minuten lief er nach unten, um mit einem schnellen Blick in den Saal zu kontrollieren, welche Gäste gekommen waren. Dann eilte er wieder nach oben zu uns, setzte sich an den Flügel und spielte Choräle, zu denen Bev sang.

Der während Nixons Amtszeit zur Tradition werdende Gottesdienst im Weißen Haus wurde von manchen als Verstoß gegen die Trennung von Kirche und Staat kritisiert.

„Es ist die beliebteste Veranstaltung, die wir haben", wurde Lucy Winchester, eine Mitarbeiterin im Weißen Haus, von der *New York Times* zitiert. Sie vertrat die Meinung, die meisten Amerikaner würden einen betenden Präsidenten begrüßen.

Ich sprach viermal in diesen Gottesdiensten, genau so oft wie Norman Vincent Peale. Auch andere führende protestantische, katholische und jüdische Geistliche waren als Redner zu Gast.

Kurz nach jenem ersten Gottesdienst im Weißen Haus machten Ruth und ich auf dem Flug nach Neuseeland Station auf den Fidschi-Inseln. „Am Sonntag", erinnert sie sich, „gingen wir zu Fuß zum nächsten Gottesdienst. Da die große Kirche gerade renoviert wurde, versammelte sich die Gemeinde auf der Veranda eines kleinen Hauses. In der Woche zuvor waren wir zum Gottesdienst im Weißen Haus gewesen. Es war ein krasser Gegensatz, doch er machte uns den kleinen Gottesdienst dort draußen um so liebenswerter. Noch vor hundert Jahren sind die Leute dort Kopfjäger gewesen!"

Ich fand es wichtig, daß der Präsident vertrauenswürdige Freunde hatte, die ihm – unabhängig von persönlichen Interessen – als Resonanzboden für seine Ideen dienen konnten. Genau das schien er von mir zu erwarten. Während seiner ersten Wochen im Weißen Haus bot ich ihm an: „Wenn Sie mit jemand reden wollen, der Sie niemals ohne ausdrückliche Erlaubnis zitieren wird, dann stehe ich Ihnen gern zur Verfügung." Das Präsidentamt macht einsam.

Nixon – den ich jetzt nicht mehr Dick nannte, sondern Mr. President – nahm mein Angebot an. Im Interesse der Vertraulichkeit hörte ich auf, mir Notizen über unsere Gespräche zu machen. Er dagegen führte ohne mein Wissen Aufzeichnungen – nicht nur über unsere Gespräche, sondern auch über Vorschläge seiner Mitarbeiter, die mit mir zu tun hatten. Möglicherweise hat er einige unserer Gespräche sogar auf Band aufgezeichnet, auch das ohne mein Wissen oder gar Einverständnis. Es wäre mir lieber, wenn es nicht so wäre. Manche dieser Konversationen – ob ich nun direkt beteiligt oder nur am Rande betroffen war – sind über die Medien öffentlich zugänglich oder in Bibliotheken verfügbar. Einiges davon hat Nixon in seinen eigenen Büchern wiedergegeben.

Zum Beispiel wurden mehrere Memos von Nixon an H.R. Haldeman, in denen auf meine Aktivitäten Bezug genommen wird, veröffentlicht. Aus ihnen geht hervor, daß ich ihn anregte, meinen Freund Johnny Cash zu einem Country-Konzert ins Weiße Haus einzuladen, wie ich mich über die Medienberichterstattung über Demonstrationen geäußert hatte und dergleichen. Nixon machte Haldeman auch deutlich, daß er den Einfluß, den ich auf gewisse andere religiöse Repräsentanten haben mochte, fördern wolle. Eigentlich ist es unnötig zu erwähnen, daß diese Ideen damals mit mir nicht erörtert wurden.

Vermutlich war es eine naive Annahme von mir, daß eine so enge Beziehung zu einem Präsidenten niemals zu seinem politischen Vorteil genutzt werden würde. Wenn ich mich jedoch heute innerlich prüfe, glaube ich aufrichtig sagen zu können, daß ich bei meinen Kontakten nicht von persönlichen Zielen und Ambitionen getrieben wurde.

Sorgen bereiteten mir gelegentlich einige Mitarbeiter Nixons. H. R. Haldeman zum Beispiel wußte, daß mir die Mitgliedschaft von ihm und John Ehrlichman bei den Christian Science (Christliche Wissenschaft) nicht paßte; für sie existierte keine Schuldfrage im Leben der Menschen. Vielleicht veranlaßte dies Haldeman, in seinem später veröffentlichten Tagebuch mir manche negative Äußerung in den Mund zu legen, von denen ich wissentlich keine gemacht habe.

Nixon berichtete an anderer Stelle von unserem Zusammensein bei der Beerdigung seiner Mutter, von unserem Spaziergang am Strand von Key Biscayne und meiner Aussage, ich hielte es für seine Bestimmung, Präsident zu werden. Ebenso berichtete er über den milden Tadel, den ich ihm für seine überzogenen Lobeshymnen bei der Rückkehr der ersten Astronauten auf dem Mond erteilte; und über ein Videoband, daß ich auf seine Bitte hin machte, um die freiwillige Rassenintegration an öffentlichen Schulen im Süden zu fördern. Sogar meine beiläufige – und vergebliche – Anregung, er möge bei seinen Fernsehreden einen Teleprompter verwenden, erwähnte er.

Ratschläge erteilten wir uns gegenseitig. Nixon empfahl mir bei allen seinen drei Kandidaturen für das Präsidentenamt, ich solle mich weder für ihn noch für einen anderen Kandidaten aussprechen. „Lassen Sie sich nicht durch Politik von dem abhalten, was Sie tun", sagte er 1960 zu mir, während wir auf dem Golfplatz im Riviera Country Club auf den Abschlag warteten. „Ihr Dienst ist wichtiger als mein Wahlsieg."

Einmal warnte er mich auch davor, mich mit der Moral Majority zu identifizieren. Diese Bewegung trage eine Menge politischen Ballast mit sich herum. Er empfand sehr stark, wie er später schrieb, daß notwendige Veränderungen in der Regierung nur durch veränderte Menschen bewirkt werden könnten – und dafür sei die Religion verantwortlich. Doch eine Vermischung von Religion und Politik in Bewegungen wie der Moral Majority bereitete ihm große Sorgen, was ich sehr gut verstand.

Eines Tages erzählte ich Nixon von einer bevorstehenden Reise in den Fernen Osten. „Ich habe eine Idee", sagte er. „Wenn Sie sich mit den dort arbeitenden Missionaren treffen, dann fragen Sie sie nach ihren Vorschlägen, wie wir diesen Krieg beenden könnten."

Nixon war schier besessen von dem Gedanken, den Vietnamkrieg so schnell wie möglich zu beenden. Ich hielt das für ein gutes Ziel und versprach, mich während meiner Reise nach geeigneten Möglichkeiten umzuhören.

Als ich im März 1969 im Fernen Osten ankam, sprach ich über diese Frage mit den Missionaren, die mich im neutralen Bangkok abholten. Wir konferierten drei Tage lang. Sie brachten dabei ihre Sicht der Dinge zum Ausdruck, und wir beteten immer wieder um eine Lösung.

Einige der Missionare arbeiteten bereits seit Jahrzehnten in dem Land. Manche waren der Meinung, der einzige Weg zur Kriegsbeendigung sei die „Vietnamisierung" – das heißt, die Streitkräfte des Südens vom Meer her unter amerikanischer Luftunterstützung in den Norden eindringen zu lassen und erst Haiphong und dann Hanoi einzunehmen. Die pazifistischer Eingestellten schlugen vor, die Vereinigten Staaten sollten sich einfach zurückziehen.

Eines war sicher: Manche verdienten Millionen an diesem Krieg. Und die Südvietnamesen, die Millionenbeträge an amerikanischen Unterstützungsdollars kassierten, litten bereits an so typisch amerikanischen Erscheinungen wie Betrug, Materialismus und Korruption.

„Wir sind völlig ratlos, wie solch ein Krieg zu führen ist", sagte mir ein Militärangehöriger, als wir in einem Hubschrauber über die kambodschanische Grenze flogen, während ringsum Rauch aufstieg.

Nach Hause zurückgekehrt, verfaßte ich einen dreizehnseitigen vertraulichen Bericht an den Präsidenten. Ich berichtete, die meisten der Missionare seien pro-amerikanisch und pro-Nixon eingestellt und fürchteten den Ausgang der Pariser Friedensgespräche. Viele amerikanische Soldaten, beklagten sie, seien drogenabhängig. Die Missionare verabscheuten die amerikanischen Firmen, die ihre vietnamesischen Partner zur Korruption verleiteten. Und durch den Import amerikanischer Konsumgüter wurde ihrer Einschätzung nach die vietnamesische Kultur zerstört.

Ob und wie der Präsident von diesem Bericht Gebrauch machte, habe ich nie erfahren.

Bei vielen Gelegenheiten sammelte ich für Nixon die Meinungen und Ansichten bestimmter Bevölkerungsgruppen, doch mindestens einmal drehte ich den Spieß um. Ich initiierte eine Diskussion zwischen dem Präsidenten und Henry Kissinger und einer Gruppe angesehener schwarzer Geistlicher, sowohl konservativer als auch liberaler Prägung. Abgesehen

116 000 Teilnehmer besuchten den Abschlußgottesdienst unserer Veranstaltungsserie 1962 in Chicago.

Unterwegs in West
Palm Beach, Flori-
da, mit Präsident
John F. Kennedy
zum Golfspielen
(Januar 1961).

Im Gespräch mit der indi-
schen Ministerpräsidentin
Indira Gandhi (1973).

Zu Besuch bei der israelischen Premierministerin
Golda Meir (1969).

Der Bostoner Kardinal Richard J. Cushing interessiert sich 1964 als erster ranghoher katholischer Kleriker für unsere geistliche Arbeit.

Dr. Martin Luther King jr. und Billy Graham auf dem Flughafen von Chicago (1962).

Im Kreml mit dem Politbüromitglied Boris Ponomarew (1984).

Treffen mit der britischen Premierministerin Margaret Thatcher (1989).

Euro '70 in Dortmund. Von der Westfalenhalle aus werden durch Satelliten-
Übertragung in 35 europäische Städte 800 000 Menschen erreicht.

Es regnete in Strömen während dieser Predigt
vor amerikanischen Armeeangehörigen im
Dezember 1966 in Vietnam.

Rede im Konzentrationslager Auschwitz
(1978).

Nach dem Erdbeben in Kalifornien im Oktober 1989.

Kurz nach einem Bombenanschlag im nordirischen Belfast (1972).

Unterwegs mit humanitärer Hilfe im Bundesstaat Andhra Pradesh nach der Flutwelle im Dezember 1977. Mehr als 100 000 Todesopfer waren nach dieser Naturkatastrophe zu beklagen.

Erstmalig im kommunistischen Teil Europas versammelten sich Menschen mit offizieller Genehmigung zu einer evangelistischen Veranstaltung. Pécs, Ungarn (1985).

Gespräche in Kassel im Umfeld von ProChrist 1993. *Von links:* Wilfried Reuter (Übersetzer), Billy Graham, Dr. Karl Lehmann (Vorsitzender der Deutschen [katholischen] Bischofskonferenz), Hartmut Steeb (Deutsche Evangelische Allianz), Ulrich Parzany (Generalsekretär des CVJM-Gesamtverbandes in Deutschland e.V.).

Abschlußversammlung auf dem Yoido-Platz in Seoul 1973. Mit über einer Million Besucher die größte Zuhörermenge in der Geschichte unserer Arbeit.

Mehr als 150 000 Menschen hießen uns
1985 in Rumänien willkommen.

Metropolit (später Patriarch) Alexei
während meiner Predigt in der orthodoxen Kathedrale von Tallinn, Estland
(1984).

Rund 250 000 Menschen
versammelten sich 1991 im
Central Park von New
York, um das Evangelium
zu hören.

Chinas Premier Li Peng begleitet Ruth und mich nach einer Diskussionsveranstaltung zum Auto (1988).

Mitte: Herzlicher Empfang durch japanische Christen vor der Veranstaltungsreihe 1980. *Links:* Walter Smyth und Henry Holley.

unten links: Mit unserem Sohn Franklin besuchten Ruth und ich ihre alte Heimat Huaiyin in China (1988).

unten rechts: Gemeinsames Singen mit Schulkindern auf der Chinesischen Mauer.

davon nahm ich nie selbst an Dienstbesprechungen in Washington teil, obwohl ich oft dazu eingeladen wurde.

An manchen Abenden rief Nixon bei uns zu Hause in Montreat an, nur um sich zu unterhalten. Einmal, gegen ein Uhr morgens, bat er mich, Ruth an den Zweithörer zu holen. Er war niedergeschlagen wegen der Kambodscha-Krise und erzählte uns Dinge über seinen persönlichen Glauben, die uns tief bewegten. Das Band zwischen uns war in erster Linie nicht politischer oder intellektueller, sondern eher persönlicher und geistlicher Natur.

Weniger als zwei Wochen vor der Wahl 1968 hielt ich mich gerade in New York auf, als er sich einen Tag lang aus dem Wahlkampftrubel zurückzog. Er wollte sich in seinem Apartment in der Fifth Avenue ausruhen. Ich rief ihn an und lud ihn ein, mit mir einen Gottesdienst zu besuchen. Dort hörten wir eine eindrucksvolle evangelistische Predigt von Pastor Stephen Olford, dessen tiefe geistliche Einsicht mir schon oft wichtige Impulse gegeben hatte. Es war ein Appell zur nationalen wie auch persönlichen Buße und Umkehr. Nixon meinte hinterher augenzwinkernd: „Die Presse begleitet mich überall hin ... Aber diese Botschaft hat ihnen bestimmt gut getan!"

Nixon erwies mir auf vielerlei persönliche Weise seine Freundlichkeit. Er besuchte uns in unserem Haus in den Bergen. Oft sprach er von dem Ananastee, den meine Mutter ihm servierte, wenn sie zu Hause in Charlotte besuchte. Auch den Apfelkuchen, den er bei uns einmal gegessen hatte, konnte er nicht vergessen.

Bei unseren gemeinsamen Golfspielen war er stets bereit, mir hilfreiche Ratschläge zu geben. „Also, Billy, Ihr erster Schlag sollte dorthin gehen", riet er mir beispielsweise, „damit Sie für den zweiten Schlag einen freien Weg zum Grün haben." Als er das Spiel aufgab, um mehr Zeit zum Lesen und Studieren zu haben, ließ auch mein Interesse am Golf nach, weitgehend aus demselben Grund.

Eine letzte Golf-Geschichte: Eines Tages spielte ich mit ihm, als er noch Vizepräsident war. „Ach, Dick", bemerkte ich beiläufig, „letztes Jahr in Frankreich hatte ich mir Golfschläger geliehen. Mit denen habe ich den Ball so gut getroffen wie nie zuvor in meinem Leben. Ich habe sie sogar zu kaufen versucht, aber der Profi, dem sie gehörten, wollte sie nicht hergeben ..." Zu Weihnachten in jenem Jahr schenkte Dick mir genau diese Golfschläger. Er hatte sie in Südfrankreich organisiert.

Nixon vergaß niemals Geburtstage. Und auch sonst nahm er – manchmal durch einen spontanen Telefonanruf – regen Anteil am Ergehen unserer Familie. Nachdem er unser Bild mit dem neugeborenen Ned in der Zeitung gesehen hatte, schrieb er Ruth, unser Baby sei „ein sehr einnehmender junger Mann". Wenn ein großes Unternehmen bevorstand, wie meine Reise nach China 1988 (Jahre, nachdem er das Weiße Haus verlassen hatte), half er uns durch die Kontakte, die er zu dortigen Regierungskreisen geknüpft hatte.

Nixons Art, Gespräche zu führen, war für mich sehr lehrreich. Wenn er mit jemandem redete, sah er dem andern direkt in die Augen und hörte aufmerksam zu. Der Gesprächspartner hatte das Gefühl, momentan der wichtigste Mensch auf der Welt zu sein. Aber er konnte Leute auch mit Fragen aus der Reserve zu locken. „Was meinen Sie?" fragte er mich unzählige Male. „Sehen Sie das auch so?" – „Setzen wir uns und unterhalten wir uns ein bißchen." – „Ich möchte Ihnen ein paar Ideen vorstellen und hören, wie Sie darüber denken."

Nur selten offenbarte er seine eigenen Überzeugungen.

Bevor Nixon Präsident wurde, waren Ruth und ich zusammen mit den Nixons bei Jack Paar in New York eingeladen. Nach dem recht langen Abend kehrten wir in das Apartment der Nixons in der Fifth Avenue zurück. Dort hielten wir uns noch ein paar Minuten auf, aber es war schon spät, und wir mußten gehen. Dick brachte uns zum Fahrstuhl – warum es der Lastenaufzug war, weiß ich nicht mehr –, und wir drückten auf den Knopf. Auf dem Weg nach unten blieb der Fahrstuhl zwischen zwei Stockwerken hängen und rührte sich nicht mehr vom Fleck, so daß ich die Notruftaste betätigen mußte. Nach etlichen vergeblichen Versuchen hörte Dick sie endlich und alarmierte den Pförtner, der mir und Ruth aus der Kabine half. Es gibt keine würdevolle Art, aus einem steckengebliebenen Fahrstuhl zu klettern – aber auch Dick war inzwischen im Pyjama und Bademantel … Ich glaube, wir waren alle froh, daß diesmal niemand mit einer Kamera in der Nähe war!

Und dann kam Watergate.

Als irgendwann während der Untersuchungen auch mein Name fiel, rief ich meinen Nachbarn aus North Carolina an, Senator Sam Ervin.

„Senator Sam", sagte ich, „warum haben Sie zugelassen, daß mein Name im Watergate-Untersuchungsausschuß erwähnt wurde? Sie wissen doch, daß das, was da behauptet wurde, nicht stimmt."

„Ich werde es richtigstellen."

Und das tat er auch auf unmißverständliche Weise.

Die Watergate-Affäre, unleugbar eine persönliche und nationale Tragödie, hätte niemals passieren dürfen. Und man hätte dieses Thema schon vor langer Zeit endlich ruhen lassen sollen. Wenn Gott uns sündigen und ungehorsamen Menschen gegenüber so wenig vergebungsbereit wäre wie wir untereinander, dann hätten auch die Besten unter uns vor dem großen Gericht keine Chance. Es steht zwar nicht in der Bibel, aber es steckt viel göttliche Wahrheit in Alexander Popes Ausspruch: „Irren ist menschlich, Vergeben ist göttlich."

All die Bücher, die in großen Mengen über den Watergate-Einbruch und die nachfolgenden Verschleierungsversuche veröffentlicht wurden, enthalten keine für mich verständliche Erklärung, was zu dieser Zeit über Präsident Richard Nixon kam. Ich wähle bewußt die Formulierung „was über ihn kam", denn ich kann beim besten Willen nicht erkennen, daß sein Verhalten und Reden während jener Krise seinem wahren Charakter entsprang. Die Tonbandbeweise und die Aussagen vieler seiner Mitarbeiter lassen keinen Zweifel an seiner Schuld. Davon habe ich ihn nie freigesprochen – aber ich habe ihn auch nicht verurteilt.

Für mich ist die Watergate-Affäre ein kurzes Zwischenspiel in der langen politischen Laufbahn eines guten Mannes. Ein Zwischenspiel, das ich nie begreifen konnte. Nixon war ein Verfechter hoher moralischer und ethischer Maßstäbe für die Nation. „Die Hoffnung Amerikas", sagte er einmal zu mir, „ist die arbeitende Bevölkerung."

Zudem hielt er das Präsidentenamt als Vertrauensstellung gegenüber der Öffentlichkeit in hohen Ehren. Die Flecken, die Watergate auf diesem Amt hinterließ, verursachten ihm vermutlich mehr Schmerzen als der Schaden an seinem eigenen Ruf.

Bei Nixons zweiter Amtseinführung 1973 war – wie beim ersten Mal – Bill Marriott, der Gründer und Leiter der gleichnamigen Hotel- und Restaurantkette, Gastgeber der festlichen Gala. Er war inzwischen einer meiner engsten Freunde geworden und hatte mir den Ehrenvorsitz für das Sinfoniekonzert zur Amtseinführung im Kennedy Center übertragen. Zu dieser Veranstaltung hatten Ruth und ich unsere allerfeinste Kleidung herausgesucht. Wir trafen pünktlich zum kleinen Empfang vor dem Konzert ein und setzten uns eine Weile mit den Agnews und dem Ehepaar Charlton Heston zusammen.

Mr. und Mrs. Nelson Rockefeller waren bei diesem Empfang ebenfalls anwesend. Ich kannte Nelson seit meinen Anfangstagen bei Jugend für Christus; Bob Van Kempen war ein guter Freund von ihm und hatte uns bei einem Mittagessen miteinander bekannt gemacht. Nelsons zweite Frau „Happy" winkte mich an ihren Tisch und drückte mir ein Glas Champagner in die Hand. Als ich sah, wie die Fotografen in Stellung gingen, gab ich sofort das Glas an Ruth weiter, dankte Mrs. Rockefeller und sagte, daß ich bei solchen Anlässen keinen Champagner trinke.

„Sie sind außerordentlich clever", sagte sie lachend.

Als Präsident Nixon und seine Frau eintrafen, gingen Ruth und ich auf sie zu, um sie offiziell zu begrüßen. Nixon habe ziemlich schlecht ausgesehen; er sei geistesabwesend und verstört gewesen, bemerkte ich später zu Ruth. Seine Augen verrieten, daß etwas nicht stimmte. Ich hatte zu diesem Zeitpunkt noch keine Ahnung, daß Watergate ihn bereits schwer belastete.

Während des Konzertes saßen er und Pat direkt vor Ruth und mir. Als ich ihm über seine Schulter hinweg ein Programm nach vorn reichte, schob er es zur Seite und ließ es zu Boden fallen. Pat lehnte sich zu ihm hinüber und flüsterte ihm etwas ins Ohr, worauf er sich umdrehte und sich ausgiebig bei mir entschuldigte.

In seiner Bergpredigt sagte Jesus: „Urteilt nicht über andere, damit Gott euch nicht verurteilt" (Matthäus 7,1). Die meisten von uns lesen nicht, was dort als nächstes steht: „Denn so wie ihr jetzt andere verurteilt, werdet auch ihr verurteilt werden. Und mit dem Maßstab, den ihr an andere legt, wird man euch selber messen."

An dem Tag, als der Inhalt der Tonbänder aus dem Weißen Haus veröffentlicht wurde und ich die Worte des Präsidenten hörte, war ich zutiefst bekümmert. Was mich am meisten überraschte und erschütterte, war seine vulgäre Sprache. Niemals in all der Zeit, die ich mit ihm verbrachte, hatte er je eine Sprache verwendet, die dem auch nur nahekam. Ich fühlte mich regelrecht krank und zog mich in mein Arbeitszimmer im hinteren Teil des Hauses zurück.

Ich scheute mich nicht, mich öffentlich über Watergate zu äußern. Auf Bitten der *New York Times* schrieb ich zwei Artikel; in *Christianity Today* gab ich ein langes Interview; außerdem bezog ich in verschiedenen Radiosendungen Stellung. Ich bezeichnete die ganze Affäre als schäbig und beschrieb sie als Symptom einer tieferen moralischen Krise, die nicht nur unsere, sondern auch andere Nationen befallen hatte.

Vielen Leuten gefiel nicht, was ich dazu sagte. Ein Pastor aus Arizona schrieb mir im Dezember 1973, meine Bemerkungen – ich hatte Betrug, Lüge und Vertrauensbruch als „Fehler" bezeichnet – seien „fade". Natürlich war mir klar, daß es nicht nur Fehler waren, sondern Sünde in den Augen Gottes. Doch zu diesem Zeitpunkt wurden viele Leute aufgrund von Gerüchten verurteilt, bevor noch alle Indizien auf dem Tisch lagen.

Ich brauchte mich nicht von Watergate zu distanzieren, da ich ja von vornherein nichts damit zu tun hatte. Der Präsident hatte mir nichts von seinen wachsenden Schwierigkeiten anvertraut, und nachdem endlich die volle Wahrheit ans Licht gekommen war, hielt er für den Rest seiner Amtszeit weitgehend Abstand zu mir. Wie gesagt, ich wollte das Beste über ihn glauben, solange ich irgend konnte. Als dann das Schlimmste ans Licht kam, war dies für mich fast nicht mehr zu ertragen.

Nixon und ich sprachen nur einmal über Watergate – in seinem Haus in San Clemente, etwa zwei oder drei Monate nach seinem Rücktritt. Allerdings sagte er mir nichts, das er nicht bereits öffentlich erklärt hatte.

Das Problem bei der Watergate-Affäre war nicht so sehr der Einbruch als vielmehr die anschließende Verschleierung. Nixon versuchte die Männer zu schützen, die lange loyal für ihn gearbeitet hatten. Er benutzte sein Amt, sein Prestige und seine Macht dazu; doch damit konnte sich im Präsidenten und im Präsidentenamt selbst ein Krebsgeschwür entwickeln.

Während der meisten Anhörungen und anderen Verhandlungen zu Watergate 1973 befanden wir uns in Korea, Südafrika, England und der Schweiz. Ein Journalist kommentierte, ich sei wegen Watergate aus Amerika geflohen und halte mich in Europa versteckt! Doch all diese Veranstaltungen waren schon seit Jahren geplant gewesen.

In Lausanne erhielt ich einen Brief von Pat Nixon, die mich fragte, ob ich im Dezember den Weihnachtsgottesdienst im Weißen Haus halten wolle. Ich sagte zu. Die meisten engeren Vertrauten des Präsidenten waren bei diesem Gottesdienst zugegen. Ich predigte über Buße und wurde dabei so konkret, wie ich irgend konnte, ohne Namen zu nennen.

In einem Interview mit *Christianity Today*, das am 4. Januar 1974 erschien, beantwortete ich eine Reihe von Fragen zum Thema Watergate. Zu diesem Zeitpunkt kannte ich noch nicht alle Anschuldigungen, die gegen das Weiße Haus erhoben wurden. Auch die Öffentlichkeit wußte noch nicht alles. Ohne mehr Fakten zu kennen, konnte ich kein Urteil über irgendeinen der Beschuldigten fällen. Doch ich räumte ein, das irregeleitete Streben, die Welt zu verändern, könnte manche Nixon-Anhänger zu falschem Handeln getrieben haben. Jüngere Männer, die von ihrer Macht und ihren Privilegien geblendet waren, mochten für eine solche Versuchung besonders anfällig sein.

Zu einer Sache drängte ich Nixon im privaten Gespräch immer wieder: Er solle sich deutlicher zu seinen geistlichen Überzeugungen bekennen. Das äußerte sich konkret in einem Brief, den ich ihm nach seiner Ansprache beim National Prayer Breakfast im Februar 1974 schrieb: „Ich weiß zwar, daß Sie persönlich und privat im Glauben leben, doch allmählich hoffen und beten viele, daß Sie sich auch öffentlich dazu äußern. ... Wenn Sie sich dazu bekennen, werden Sie eine tiefe Befriedigung in Ihrem eigenen Leben finden."

Hin und wieder kamen mir bei einigen Äußerungen Zweifel an Nixons religiösem Verständnis; doch schließlich, sagte ich mir, war er in solchen Dingen ein Laie und kein Theologe. Die Echtheit seines geistlichen Anliegens oder die Aufrichtigkeit seines Verständnisses von der biblischen Autorität und der Person Christi bezweifelte ich allerdings nie. Zu mir sagte er: „Ich glaube an die Bibel von der ersten bis zur letzten Seite."

Kurz vor der Wahl von 1968 hieß ich die Nixons und Mark Hatfields Frau Antoinette bei der Evangelisation in Pittsburgh willkommen. Dann, am 28. Mai 1970, kam er als Präsident zu unserer Evangelisation im Neyland-Stadion an der Universität von Tennessee in Knoxville, um ein Grußwort zu sprechen. Es war kein so deutliches Zeugnis für Christus, wie ich es mir gewünscht hätte – doch das erklärte ich mir damit, daß er sehr müde von seinen vielen Belastungen sei. In unserer pluralistischen Gesellschaft glaubte er wohl auch, Anhänger anderer Glaubensrichtungen an diesem heiklen Punkt der Geschichte nicht vor den Kopf stoßen zu dürfen.

Unter den fünfundsiebzigtausend Zuhörern an diesem Abend waren etwa dreihundert Antikriegsdemonstranten, die in einem Pulk zusammensaßen. Als Nixon zu sprechen begann, standen sie auf und riefen im Sprechchor „Peace now! Frieden jetzt!" Als er innehielt, verstummten sie, nur um sofort wieder anzufangen, sobald er weitersprach. Nachdem es ein paar Minuten so gegangen war, hatte er den längeren Atem und konnte sein Grußwort beenden.

Dann stand unsere Sängerin Ethel Waters auf. Sie drohte den Demonstranten mit dem Finger und rief ihnen in ihrer unnachahmlichen Art zu: „Ihr Kinder seid jetzt mal still! Wenn ich neben euch säße", rief sie, „dann würde ich euch eine knallen!"

Die Zuhörer waren sprachlos. „Und dann würde ich euch in die Arme nehmen und euch sagen, daß ich euch liebe", fügte sie hinzu.

Ihre unwiderstehliche Art hatte Erfolg. Charlie Riggs bemerkte, daß einige aus dieser Gruppe nach vorn kamen, als ich am Ende der Versammlung die Einladung aussprach, ein Leben mit Christus zu beginnen. Einer der Wortführer der Demonstranten kam zum Glauben an Christus und arbeitete später in mehreren christlichen Organisationen mit.

Als an diesem Abend der Kollektenteller herumging, stellte Präsident Nixon fest, daß sein Portemonnaie leer war. Mit einem kleinen Trick gelang es mir, ihm alle Scheine zuzuschieben, die ich in der Tasche hatte. Ich selbst vergaß dies völlig, bis ich Monate später einen Brief aus dem Weißen Haus erhielt, datiert vom 2. Oktober.

„Lieber Billy", hieß es darin, „etliche Präsidenten haben sich bei Ihnen im Laufe der Jahre geistlichen Zuspruch geholt, aber ich vermute, ich bin der erste, der Sie jemals angepumpt hat. Ich war sehr dankbar für die Notfinanzierung, die Sie damals in Knoxville so schnell für mich arrangierten. Ich wünschte nur, alle Geldprobleme, vor denen ich stehe, könnten so effizient gelöst werden.

Während eine Schuldenfinanzierung in der Not sehr nützlich sein kann, kommt doch immer der Tag, an dem das Defizit wieder ausgeglichen werden muß. In Übereinstimmung mit meinem Eintreten für eine verantwortungsbewußte Haushaltspolitik erstatte ich Ihnen hiermit Ihren Kredit vom 28. Mai zurück."

Ein anderer Zwischenfall ereignete sich, als Nixon am 15. Oktober 1971 nach Charlotte kam, um dort am „Billy-Graham-Tag" teilzunehmen, den die Stadt veranstaltete. Er und ich standen in einem offenen Kabrio, das langsam durch die Stadt fuhr. Zu beiden Seiten drängten sich die Menschen am Straßenrand, und ich streckte die Hand aus, um den Leuten die Hände zu schütteln.

„So brechen Sie sich noch die Hand", warnte Nixon, in solchen Dingen erfahren. „Drehen Sie Ihre Hand seitlich weg, so daß sie die Leute in Fahrtrichtung nur gerade so berühren."

Wir beendeten die Fahrt ohne Zwischenfälle; doch vor dem Stadion, wo ich sprechen sollte, stießen wir auf Antikriegsdemonstranten. Obwohl die Spannungen deutlich zu spüren waren, arteten die Proteste nicht in Gewalttätigkeiten aus.

In meinem Vortrag erwähnte ich auch Nixons bevorstehende Chinareise, die sich später als historisch so bedeutsam herausstellte. Über die größtenteils im dritten vorchristlichen Jahrhundert erbaute Chinesische Mauer sagte ich, sie habe sich „für Verteidigungszwecke als gigantischer Fehlschlag erwiesen. Wenn Chinas Feinde sie durchbrechen wollten, brauchten sie sie nicht niederzureißen. Sie brauchten nur den Torwächter zu bestechen."

Dann sprach ich von dem Bedürfnis unserer Nation nach innerer geistlicher und moralischer Entschiedenheit und Stärke. Senator Sam Ervin saß mit auf dem Podium, ebenso John Connally, der damalige Finanzminister. Viele meiner Klassenkameraden aus der High School und die meisten Freunde aus der Gegend von Charlotte waren gekommen – für mich und meine Familie war es ein großartiger Tag.

Ich war sehr dankbar, daß Nixon als mein Freund zu solchen Veranstaltungen kam – zu der Evangelisation in Knoxville wie auch zu dieser eher persönlichen Feier. Er wußte und schätzte, worum es bei unseren Evangelisationen ging. Vor dem Beerdigungsgottesdienst für seine Mutter erzählte er mir ein paar Minuten lang von ihrem Glauben.

„Dick, haben Sie auch diesen Glauben?" fragte ich ihn.

„Ich denke schon", sagte er leise.

„Nur so können Sie in Ihrem Leben richtig geführt werden, und nur so können Sie einmal in der Ewigkeit bei Gott sein", sagte ich und betete für ihn. Später erzählte er mir, dies sei einer der wichtigsten Momente in seinem Leben gewesen. Ich glaube, er meinte es ernst.

Obwohl ich oft in seiner Gegenwart betete, hörte ich ihn nur bei Tisch beten. Es entsprach seiner Quäkertradition, die Frömmigkeit für sich zu behalten. „Wir sitzen schweigend zusammen", erklärte er mir einmal. Seine Tochter Julie beschrieb ihn als eine „sehr reservierte Person". Er behielt viele Dinge, an die er glaubte, für sich – vom Temperament her war er das genaue Gegenteil von Lyndon Johnson.

Als 1990 in Yorba Linda, Kalifornien, die Präsident Nixon-Bibliothek eingeweiht wurde, boten die Organisatoren an, mich von Los Angeles mit einem Hubschrauber einzufliegen, um dort ein Gebet zu sprechen. An jenem Abend, auf einem Bankett zum fünfzigsten Hochzeitstag der Nixons mit tausend Gästen im Hotel Century Plaza, sprach ich auf seine Bitte hin ein weiteres Gebet. Drei Jahre später erfüllte ich ein Versprechen, das ich ihm einige Monate zuvor gegeben hatte. Dazu flog ich eigens von Europa, wo ich an einem Buch arbeitete, zurück in die Staaten. Ich sollte die Trauerfeier für seine Frau halten, ein immer loyaler und liebevoller Mensch.

Der Gottesdienst für Pat fand im engen Familien- und Freundeskreis statt. Als ich den kleinen Vorgarten des Hauses, in dem Nixon geboren wurde, betrat, brach er in Tränen aus. Ich legte meinen Arm um seine Schultern, und wir gingen hinüber zu seinem Platz. Er und Pat hatten einander sehr geliebt. Ich erinnerte mich an einen Flug mit ihr zur Amtseinführung des neuen Präsidenten von Liberia. Unterwegs erzählte sie uns von ihrer großen, tiefen Liebe zu ihm. „Er ist mein Mann", sagte sie voller Stolz.

Wie jede menschliche Beziehung war auch die zwischen Richard Nixon und mir bitter und süß zugleich. Wir teilten Freuden und Zweifel miteinander. Ich betete für ihn voller Schmerz und voller Jubel. Unsere Meinungsverschiedenheiten äußerten wir offen, doch unserer Freundschaft tat dies keinen Abbruch.

Am 19. April 1994 nahm ich in New York an einem kleinen Essen teil, zu dem der nordkoreanische Botschafter bei den Vereinten Nationen, Kim Jong Su, eingeladen hatte. Er hatte uns erst kürzlich bei der organisatorischen Planung unseres Besuchs in seinem Land sehr geholfen. Im Marriott-Hotel, in dem T. W. und ich wohnten, erhielt ich einen Anruf von meinem Sohn Ned aus Seattle. Er hatte gerade in den Nachrichten gehört, daß Nixon in seinem Haus in New Jersey einen Schlaganfall erlitten habe. Sofort versuchte ich zu ermitteln, wo er sich befand, und Tricia und Julie zu erreichen. Als mir das nicht gelang, rief ich im Weißen Haus an, doch weder die Telefonistin noch der Sekretär des Präsidenten wußten mehr darüber. Ich ließ mich zu Präsident Clinton durchstellen, der jedoch auch gerade erst die Nachricht erhalten hatte und nicht wußte, in welches Krankenhaus man Nixon gebracht hatte. Ich sagte ihm, ich würde Dick aufsuchen, sobald wir herausfänden, wo er sei. Er versprach zurückzurufen. Schon wenige Minuten später klingelte das Telefon, und er gab mir Einzelheiten durch.

Als ich vor dem Krankenhaus eintraf, wurden bereits die Fernsehkameras aufgebaut. Ich ging durch den Notfalleingang hinein und wurde von einem Vertreter des Krankenhauses in Empfang genommen, der mich direkt zu Tricia brachte. In einem Zimmer neben dem Raum, in dem die Ärzte ihren Vater behandelten, redete ich mit ihr, las ihr aus der Bibel vor und wir beteten gemeinsam. Dann unterhielten wir uns über die Familie, besonders über ihren Vater und was er denen bedeutete, die ihn kannten.

Als etwa eine Stunde später Julie aus Philadelphia eintraf, beteten wir noch einmal zusammen. Dann verabschiedete ich mich, um zu Hause in North Carolina auf weitere Nachricht zu warten. Ich bat die beiden, sie möchten mich auf dem laufenden halten.

Am nächsten Abend rief Tricia an: Ihr Vater werde nicht mehr lange leben. Sie und ihre Schwester baten mich, daß ich die Trauerfeier in Kalifornien hielt; denselben Wunsch hatte Dick schon zwanzig Jahre zuvor geäußert. Tricia meinte, wenn es meine Zeit erlaube, solle ich bereits voraus nach Yorba Linda reisen, um bei den Vorbereitungen zu helfen und mich an die dreistündige Zeitverschiebung gegenüber der Ostküste zu gewöhnen. Ich brach sofort nach Kalifornien auf.

Als der Zeitpunkt der Beerdigung bekanntgegeben wurde, erkundigte sich Präsident Clinton telefonisch nach meiner Meinung, wie es die Angehörigen wohl empfinden würden, wenn er und Hillary kommen würden. Es würde ihnen sicherlich eine Ehre sein, antwortete ich, aber ich müsse mich zuerst erkundigen. Tricia und Julie sagten beide, die Clintons seien mehr als willkommen. Ich rief den Präsidenten zurück, und er kündigte sein Kommen an.

Das änderte die Situation. Natürlich hielt ich die Trauerfeier für die Familie, doch nun wurde fast ein Staatsbegräbnis daraus. Sogleich nahm ich Kontakt zu den Militärangehörigen auf, die sich um die komplexen Einzelheiten der Trauerfeier kümmerten. Inzwischen hatten Hunderte von Würdenträgern und Staatsoberhäuptern ebenfalls ihr Kommen angekündigt.

T. W. und ich stiegen im Marriott Hotel in Fullerton ab, unweit der Nixon Library in Yorba Linda, wo der Gottesdienst stattfinden sollte. Da so viele Ansprachen auf dem Programm standen, schlug jemand vor, ich solle meine Rede auf sechs Minuten beschränken. Doch der Militärpfarrer Bill Perry, der für das Programm verantwortlich war, kam in mein Hotelzimmer und bestand höflich darauf – genauer gesagt, er gab mir den Befehl –, bei meiner ursprünglich geplanten Redezeit von vierzehn Minuten zu bleiben.

Ich erinnerte mich an eines meiner letzten Gespräche mit Nixon, das einige Monate zuvor in New York stattgefunden hatte. Als ich ihn anrief, schlug er ein gemeinsames Mittagessen vor. Wir aßen an einem Tisch vor dem Restaurant, sahen die Autos vorbeifahren und unterhielten uns über Philosophie und Theologie.

„Dick", sagte ich, „uns bleiben nicht mehr viele Jahre, Ihnen und mir, und ich bete, daß wir beide bereit sind, dem Herrn zu begegnen. Die Bibel sagt: ‚Macht euch bereit, eurem Gott zu begegnen!' Falls einer von uns noch nicht bereit sein sollte, so wird es höchste Zeit."

Dann legte ich ihm noch einmal das Evangelium dar – obwohl ich natürlich wußte, daß er es bereits gut kannte.

Vor seiner Beerdigung in Kalifornien zogen vierzigtausend Menschen im Regen an seinem Sarg vorbei. Am folgenden Morgen übertrug man mir eine Aufgabe, die mir überhaupt nicht lag: Ich sollte die Angehörigen, die amerikanischen Präsidenten und viele andere distinguierte Gäste in Empfang nehmen und offiziell begrüßen. Jeden, der eintraf, geleitete ich in die Bibliothek, wo Kaffee serviert wurde.

Der Gottesdienst selbst fiel mir persönlich nicht nur wegen der starken Medienpräsenz sehr schwer, sondern auch, weil ich mich – ebenso wie viele andere an diesem Tag – von einem Mann verabschieden mußte, dessen Freundschaft mir über die Jahre sehr viel bedeutet hatte.

Einige Redner erwähnten Nixons komplexe Persönlichkeit und die Probleme, die zu seinem Rücktritt als Präsident geführt hatten.

„An diesem Tag erinnern sich seine Familie, seine Freunde und seine Nation an die vielen Stationen im Leben Präsident Nixons", sagte Präsident Clinton in seiner Ansprache. „Ihnen allen wollen wir sagen: ‚Lassen wir die Zeit hinter uns, in der Präsident Nixon nur nach einer kurzen Phase seiner gesamten Laufbahn beurteilt wurde.'"

Das Hauptgewicht bei allen Beiträgen lag auf den positiven Wirkungen des früheren Präsidenten, vor allem seine bahnbrechenden Fortschritte in der Außenpolitik wurden genannt.

Ich war entschlossen, nicht nur meine eigenen Gedanken über Richard Nixon auszudrücken, sondern auch direkt zu den Angehörigen und Gästen über die christliche Hoffnung zu sprechen, die über das Grab hinausreicht. „Die Welt hat einen großen Bürger verloren. Amerika hat einen großen Staatsmann verloren. Und diejenigen unter uns, die ihn kannten, haben einen persönlichen Freund verloren", sagte ich. „Sein Dienst an der Öffentlichkeit ließ ihn stets im Zentrum der Ereignisse stehen, die unsere Geschicke geprägt haben."

Am Ende des Gottesdienstes wich ich etwas von meinem vorbereiteten Text ab. Ich sah die fünf noch lebenden Präsidenten und ihre Frauen an, die dort saßen, und all die anderen Würdenträger, die gekommen waren. Ich erinnerte sie ebenso wie die Familie Nixon und mich selbst daran, daß jeder von uns eines Tages in einem Sarg liegen würde.

„John Donne sagte, der Tod habe etwas Demokratisches an sich. ‚Er macht keinen Unterschied. Er kommt zu jedem einzelnen von uns, und er macht uns alle gleich, wenn er kommt.‘ Ich glaube, heute sollten wir alle an unseren eigenen Todestag denken. Denn auch wir werden sterben, und wir werden mit dem Leben, das wir hier gelebt haben, dem allmächtigen Gott gegenübertreten müssen.

Es kommt eine Zeit, wo wir uns klarmachen müssen, daß das Leben kurz ist. Und das einzige, worauf es am Ende wirklich ankommt, ist nicht, wie die anderen hier uns sehen, sondern wie Gott uns sieht und was die Bücher des Himmels über uns zu sagen haben.

Für den Glaubenden, der vor dem Kreuz gestanden hat, ist der Tod kein beängstigender Sprung ins Dunkel, sondern ein Eintritt in ein herrliches neues Leben. Für den Glaubenden ist das brutale Faktum des Todes durch die Auferstehung Jesu Christi überwunden. …

Für den, der sich von der Sünde abgewandt und Christus als Herrn und Erlöser aufgenommen hat, ist der Tod nicht das Ende. Für den Glaubenden gibt es *Hoffnung* über das Grab hinaus. Richard Nixon hatte diese Hoffnung, und sie kann heute auch zu unserer Hoffnung werden."

24

Der Heiler aus Michigan

PRÄSIDENT GERALD FORD

Die Geschichte hat ihm bisher noch nicht viel Bedeutung zugemessen. Doch Präsident Gerald Ford rettete die Integrität der amerikanischen Demokratie nach der Watergate-Affäre. Trotz des erbitterten Wahlkampfes, den er und Jimmy Carter ausgefochten hatten, bedankte sich Präsident Carter bei seinem Vorgänger 1977 in seiner Antrittsrede „für alles, was er getan hat, um unser Land zu heilen". Mit dieser Einschätzung stimme ich vollkommen überein.

Wann ich Ford zum ersten Mal begegnet bin, weiß ich nicht mehr. Ich kannte ihn durch seine jahrelange Arbeit als Kongreßabgeordneter, zweifellos traf ich ihn bei zahlreichen Gelegenheiten auf dem Capitol Hill. Ich wußte auch, daß er ein bekennender Christ war; wir haben einige Male zusammen gebetet. Mir gegenüber war Ford stets herzlich, freundlich und offen.

Viele Christen sahen in ihm nicht nur einen politischen, sondern auch einen geistlichen Führer. Ford kam aus Grand Rapids, Michigan, wo ich eine meiner ersten stadtweiten Evangelisationen durchführte. Viele Menschen hatten dort starke Bindungen an die reformierten Gemeinden, die ursprünglich aus Holland ins Land gekommen waren. Auch seine Wurzeln steckten in dieser Erde.

Als Abgeordneter des Repräsentantenhauses wohnte er in einem bescheidenen Haus in Alexandria. Die Morgenzeitung hob Gerald Ford selbst von seiner Türschwelle auf – wie Millionen anderer Männer und

Frauen. Auch im Weißen Haus blieb er diesen geistlichen Wurzeln verbunden: Ein gemeinsamer Freund aus Grand Rapids, der christliche Filmemacher Bill Zeoli, war für ihn eine Art Seelsorger, der ihn regelmäßig im Weißen Haus besuchte, um mit ihm in der Bibel zu lesen und zu beten.

Gerald Ford übernahm die Präsidentschaft in der wohl schwierigsten Situation, die je ein neuer Präsident vorgefunden hatte: Nach der Enttäuschung und dem Entsetzen über Watergate und die Vertuschungsaffäre hatte ein Großteil der Amerikaner das Vertrauen ins Oval Office verloren. Ich wünschte mir, daß Ford den Heilungsprozeß durch eine Amnestie Nixons einleitete. Obwohl mich dabei auch persönliche Gründe trieben, glaubte ich, daß ein solches Vorgehen gut für das Präsidentenamt sei.

Als der zurückgetretene Präsident in sein Zuhause in San Clemente, Kalifornien, heimkehrte, bekam er eine Thrombophlebitis, jene lebensbedrohende Erkrankung der Beinvenen, die mir selbst auch schon zu schaffen gemacht hatte. Bei ihm wanderte das Blutgerinnsel durch den Körper, und eine Zeitlang hing sein Leben an einem seidenen Faden.

Während Nixon im Krankenhaus lag, überredete Ruth einen Freund, ein kleines Werbe-Flugzeug zu chartern und mit einem angehängten Transparent vor dem Krankenhaus hin und her zu fliegen. „NIXON – GOTT LIEBT SIE, UND WIR AUCH", lautete die Aufschrift. Er sah es von seinem Fenster aus, wie wir hörten, erfuhr aber erst später, wer dahintersteckte. Wir hoffen, daß es ihm ein bißchen Mut gemacht hat.

Ruth und ich hielten uns in Pauma Valley in Kalifornien auf. Jenseits der Berge von Palm Springs hatten wir eine kleine Ferienhütte geschenkt bekommen. Sie lag direkt am Golfplatz von Pauma Valley und bestand nur aus dreieinhalb Zimmern – aber wir fanden sie herrlich. (Als die Kinder erwachsen waren, verkauften wir die Hütte und setzten das Geld für die evangelistische Arbeit ein.)

Von Pauma Valley aus rief ich Bob Finch an, einen der engsten politischen Berater Fords, um mit ihm über die Situation meines Freundes zu sprechen: „Bob, wenn Nixon einen Prozeß wegen Watergate durchmachen muß und vielleicht sogar zu einer Gefängnisstrafe verurteilt wird, dann könnte das sein Tod sein."

Bob schlug mir vor, Herb Klein, Nixons ehemaligen Regierungssprecher anzurufen, der damals Chefredakteur der *San Diego Union* war. Ihm erklärte ich meine Gründe für eine Amnestie, einschließlich der Möglichkeit, daß sie Nixons Leben retten könnte. Außerdem äußerte ich meine Überzeugung, daß ein ausgedehnter Prozeß, wie er den Gepflogenheiten in Washington entsprochen hätte, Präsident Ford beim effektiven Regieren des Landes behindern könnte. Herb Klein stimmte mit meiner Einschätzung überein.

„Billy", fügte er hinzu, „ich glaube, Sie sind der einzige, auf den Ford im Moment hören würde. Warum rufen Sie ihn nicht einfach an und hören, was er dazu sagt?"

Überrascht, wenn auch widerstrebend, beschloß ich, seinem Vorschlag zu folgen – obwohl ich überzeugt war, daß auch andere den Präsidenten zum Handeln in die eine oder andere Richtung drängten.

Mit Nixon selbst sprach ich über nichts von alledem. Während seiner letzten Tage im Amt konnte ich weder in seine Nähe kommen noch mit seinem Sekretär oder seinen Kindern reden. Er hatte Anweisung gegeben, berichtete mir später einer seiner Freunde, Billy Graham von sich fernzuhalten. Während unserer vielen späteren Gespräche habe ich ihn nie danach gefragt, doch ich bin überzeugt, daß er verhindern wollte, daß Watergate auf mich abfärbte.

Auf Herb Kleins Vorschlag hin rief ich Anne Armstrong im Weißen Haus an und erzählte ihr von meinem Anliegen. Sie wollte es an Fords Stabschef General Alexander Haig weitergeben. Noch am selben Nachmittag rief General Haig an, und wir unterhielten uns etwa zehn Minuten lang. Auch er schien mit mir übereinzustimmen und sagte, Präsident Ford werde mich am Sonntag morgen anrufen.

Also blieb ich am Sonntag morgen in Pauma Valley neben dem Telefon sitzen und erhielt auch tatsächlich einen Anruf des Präsidenten. „Nun, es ist eine schwierige Situation und eine schwierige Entscheidung", meinte Präsident Ford, nachdem er mich angehört hatte. „Es sind zahlreiche Gesichtspunkte zu berücksichtigen. Ich kann Ihnen versichern, daß ich viel darüber nachdenke und bete."

„Mr. President, ich bete täglich für Sie", erwiderte ich.

Er beendete das Gespräch mit der Ankündigung, sich wieder mit mir in Verbindung setzen zu wollen. Später rief mich jemand aus dem Weißen Haus an – Anne Armstrong, wenn ich mich recht erinnere. „Es wird Sie interessieren", sagte sie, „daß der Präsident in ein oder zwei Tagen eine Erklärung zur Amnestie für Nixon abgeben wird."

Als die Amnestie bekanntgegeben wurde, brach erwartungsgemäß der Tumult los. Millionen von Leuten waren sehr erleichtert. Trotz allem, was geschehen war, stand Nixon immer noch sehr hoch in der öffentlichen Meinung. Seine Feinde dagegen – und davon hatte er im Lauf der Jahre eine Menge gesammelt – waren empört. Viele erbitterte Leitartikel wurden geschrieben, und die öffentliche Zustimmung für Ford fiel um zwanzig bis fünfundzwanzig Prozentpunkte ab. Manche Leute behaupteten später, die Amnestie habe mit zu seiner Niederlage bei der nächsten Präsidentschaftswahl beigetragen. Das allerdings glaube ich nicht. Die Wähler wollten vielmehr grundsätzlich eine Regierung ohne jeglichen Watergate-Ballast.

Jahre später machte ich die Bekanntschaft von Leon Jaworski aus Houston, Texas, dem Sonderstaatsanwalt bei den Watergate-Prozessen. Ich hielt ihn für einen gerechten Mann und entschiedenen Christen. Er erzählte mir von manchen Dingen, die sich hinter den Kulissen abgespielt hatten, und von einigen der qualvollen Entscheidungen, die er zu treffen hatte. Diese Informationen verstärkten meine Überzeugung, daß Präsident Ford richtig gehandelt hatte und die Amnestie in einem gewissen Maß dazu beitrug, daß wir Watergate hinter uns lassen konnten.

Als wäre all das nicht genug gewesen, hatte Präsident Ford auch noch mit internationalen Spannungen im Nahen und Fernen Osten zu kämpfen – und mit einer hohen Inflationsrate im eigenen Land. Ich beobachtete am Fernsehschirm, wie die Rettungshubschrauber auf dem Dach der amerikanischen Botschaft in Saigon landeten, und spürte die Verzweiflung der Leute, die eilig an Bord kletterten. Da sie für die abziehenden Amerikaner gearbeitet hatten, standen den Zurückbleibenden vermutlich Prozesse und Gefängnisstrafen oder gar Hinrichtungen unter den nordvietnamesischen Machthabern bevor. Derartige Szenen müssen unserem Obersten Befehlshaber noch viel näher gegangen sein als einem Zivilisten wie mir. Und mir *gingen* sie nahe. Ich war mehrere Male in dieser Botschaft gewesen und hatte sie deutlich vor Augen. Ich kannte die innere Verbundenheit Tausender von Südvietnamesen zu den Vereinigten Staaten. Auch mir ging die Tragödie Vietnams sehr nahe.

Während jener Tage riefen mich befreundete Missionare an. Sie wollten eine DC-6 nach Saigon schicken, um protestantische Pastoren aufzunehmen, die möglicherweise in die USA evakuiert werden wollten. Ich sagte ihnen meine Unterstützung zu. Indessen beteten die Pastoren in Saigon, nachdem sie von ihrer Evakuierungsmöglichkeit gehört hatten, die ganze Nacht über um Gottes Leitung. Noch bevor die Maschine gelandet war, kamen sie zu dem Schluß, es sei ihre Pflicht zu bleiben. Sie wollten ihren Pastorendienst nach bestem Wissen und Gewissen tun, auch wenn sie mit Verfolgung rechnen müßten.

1977 kam Präsident Ford nach Charlotte, um bei den Kemper Open Golf zu spielen. Jim Kemper und ich kannten uns schon lange. Er hatte mich eingeladen, in dem für Amateure offenen Teil des Turniers mit dem Präsidenten zu spielen. Wir hatten schon zuvor zusammen gespielt und genossen die Zeit. Er war ein recht guter Golfer, aber man wußte nie, wo sein Abschlag hingehen würde. Diesmal traf sein Ball ein oder zwei Zuschauer. Doch Ford konnte jederzeit über die Karikaturen und Witze lachen, die man über sein Golfspiel machte.

Ich war abgelenkt durch eine Gruppe von Reportern, die uns auf der Bahn folgten. Da mein Partner der Präsident der Vereinigten Staaten war, dachte ich mir, konnte man nichts anderes erwarten. Doch als wir zurück ins Clubhaus kamen, schienen die Journalisten sich hauptsächlich für mich und meine Beziehung zu Ford und Nixon zu interessieren.

Bei einer anderen Gelegenheit reiste Präsident Ford nach Charlotte, um eine Rede zu halten, und die Veranstalter baten mich, vor seinem Vortrag ein Gebet zu sprechen. Mich plazierten sie auf der Bühne, während sie Ruth zu den Plätzen für die Ehrengäste führten. Ein junger Demonstrant stand vor Ruth im dicht gedrängten Publikum und hielt ein Schild empor, das ihr den Blick versperrte. Schnell wie der Blitz streckte sie die Hand aus, riß das Schild herunter und steckte es unter ihre Füße. Als er sie bat, es ihm wiederzugeben, weigerte sie sich. Schließlich geleitete die Polizei ihn hinaus.

Wer hätte gedacht, daß der Mann sich einen Anwalt nehmen und sie verklagen würde? Das war ein gefundenes Fressen für die Zeitungen!

Einen oder zwei Tage später rief Präsident Ford sie an. „Ruth, solche Dinge sollten Sie lieber dem Geheimdienst und der Polizei überlassen!"

Später bei der Verhandlung wies der Richter die Klage ab.

Wieder rief der Präsident sie an. „Ruth, ich fand das sehr mutig, was Sie gemacht haben. Vielen Dank."

Jahre später gestand mir Gerald Ford, er habe anfangs Zweifel daran gehabt, ob manche meiner Unternehmungen so weise seien – insbesondere einige meiner Reisen nach Osteuropa. Vor allem kritisierte er, daß ich nach Rumänien gefahren war, wo es große Probleme mit den Menschenrechten gab.

„Als ich zum ersten Mal las, daß Billy Graham in ein kommunistisches Land reisen wolle, hatte ich meine Bedenken", sagte er einige Jahre später in einem Interview. Und doch, glaube ich, erkannte Ford schließlich den Wert dieser Reise: „Es besteht kein Zweifel, daß … (Graham) die Flamme des Glaubens und der religiösen Überzeugung neu entfacht hat. Und das wiederum hatte zweifellos politische Auswirkungen auf das, was jetzt dort vor sich geht."

Die gute persönliche Beziehung zwischen Ford und mir betraf auch familiäre Angelegenheiten. Jerrys höchstes Gut war seine Frau Betty. Gemeinsam zogen sie eine prächtige Familie groß. Mehrere Male wechselten wir Briefe über seinen Sohn Michael, der erst ein Theologisches Seminar und anschließend die Wake Forest Universität in North Carolina besuchte. Ruth und ich versuchten, ein Treffen mit Michael zu arrangieren, während er so nahe bei uns wohnte; doch leider kam es nie dazu. Der Präsident hatte mich gebeten, etwas für ihn zu tun, das ihm persönlich sehr wichtig war, und ich enttäuschte ihn, indem ich meinen vielen Terminen den Vorrang gab.

Als bei manchen unserer Evangelisationen meine eigene Sicherheit zum Problem wurde – ich hatte Morddrohungen erhalten –, nahmen wir Kontakt zu Chuck Vance auf, dem Schwiegersohn des Präsidenten, der eine Sicherheitsfirma leitete. Chuck und seine Frau Susan luden mich zwei- oder dreimal zum Kaffee oder Tee zu sich nach Hause ein.

Nach seiner Amtszeit als Präsident zogen die Fords nach Kalifornien in die Gegend von Palm Springs. Leider sind wir uns seither nicht mehr oft begegnet, da meine Tätigkeit mich nur noch selten an die Westküste führt.

Während seiner Präsidentschaft hingegen waren wir zu verschiedenen gesellschaftlichen Anlässen eingeladen. Bei einer dieser Gelegenheiten, einer Abendgesellschaft, saß ich neben der Schauspielerin Grace Kelly, inzwischen Fürstin Gracia von Monaco. Wir unterhielten uns prächtig, doch gleichzeitig versuchte ich Zeit zu gewinnen. Das komplizierte Gedeck aus verschiedenen Messern, Gabeln und Löffeln, das vor mir lag, brachte mich zur Verzweiflung. Sie dagegen wußte ganz genau, mit welchem Besteck man anfangen mußte.

„Dr. Graham, schauen Sie mir etwa auf die Finger?" fragte sie.

„Ja", gab ich zu. Ich fühlte mich ertappt.

„Aber ich schaue doch Ihnen auf die Finger", erwiderte sie. „Ich warte darauf, daß *Sie* anfangen!"

Ein weiterer denkwürdiger Besuch im Weißen Haus während der Amtszeit Fords war ein Staatsbankett zu Ehren von Königin Elizabeth II. und Prinz Philip. Unter einem riesigen Zeltdach auf dem Rasen waren große runde Tische aufgestellt worden. Neben mir saß der Violin-Virtuose Yehudi Menuhin. Ich fragte ihn, wie er übe, wenn er auf Reisen sei, und erwähnte beiläufig, daß der Vater eines meiner Schwiegersöhne einmal Menuhins Haus in der Schweiz gemietet hatte. Er fragte mich nach meiner Arbeit, und ich erzählte ihm von meinem Glauben und sprach über das Evangelium.

Die Königin hielt eine vorzügliche Ansprache, dann wechselten wir alle über in den Ostsaal des Weißen Hauses zum Unterhaltungsprogramm des Abends, das von dem Komiker Bob Hope bestritten wurde. Auf dem Weg nach drinnen kam mein alter Freund und gelegentlicher Golfpartner auf mich zu.

„Billy, ich weiß nicht, was ich heute abend sagen soll. Ich habe einen völligen Blackout, und ich habe keinen vorbereiteten Text wie sonst. Würde es Sie stören, wenn ich einfach von Ihnen und mir beim Golfspielen erzähle? Die Königin kennt Sie ja – vielleicht kann ich sie damit ein bißchen zum Lachen bringen."

Da ich Bob kannte, war ich nie überrascht über das, was er sich einfallen ließ. An diesem Abend erzählte er, wie ich im Sandhindernis kniete, um (angeblich!) meinen Ball freizubeten. Seiner Schilderung zufolge konnte ich sogar über die Wasserhindernisse gehen. Trotzdem, meinte er, würde *er* immer gewinnen. „Möchten Sie das Geheimnis wissen, wie ich immer gewinne?" fragte er mit einem Blick auf die Queen. „Ich schummele!"

Wie immer, wurde er mit brüllendem Gelächter belohnt.

Vor jenem Bankett hatte ich am Rosengarten vor dem Westflügel mit den Gästen zusammengestanden. Als ich mich gerade mit der Fernsehkommentatorin Barbara Walters und Elton Rule, dem damaligen Präsidenten der American Broadcasting Company, unterhielt, kam der Versicherungsmagnat John MacArthur auf mich zu, begleitet von seiner Schwägerin, der Schauspielerin Helen Hayes.

„Billy", fragte John, „erinnern Sie sich an die Universität, die ich vor Jahren für Sie bauen wollte? Wenn wir das gemacht hätten, dann hätten wir inzwischen eine großartige Institution. Es war ein Fehler, daß Sie damals nicht akzeptiert haben."

Er bezog sich auf ein Angebot, das er mir ein paar Jahre zuvor gemacht hatte, uns ein großes Stück Land in Florida zu schenken, auf dem er eine komplette Universität bauen und ausstatten wollte – aber nur, wenn ich ihr Präsident würde.

„Ich glaube nicht, John", sagte ich. „Ich habe mich an das gehalten, was Gott von mir wollte."

Und genau das war es auch, denke ich, worum sich der redliche, engagierte Jerry Ford in den schwerwiegenden Entscheidungen seiner Präsidentschaft bemühte.

Sechster Teil

1977–1997
Zu neuen Ufern

25

Der Vorhang öffnet sich

UNGARN 1977, POLEN 1978

Anfang der siebziger Jahre waren die Hoffnungen auf Tauwetter im Kalten Krieg verschwindend gering. Eine Vielzahl entmutigender Faktoren – von der Entwicklung beängstigender neuer Massenvernichtungswaffen bis zu den vielen gescheiterten Verhandlungen – schien die Kluft zwischen Ost und West nur noch breiter werden zu lassen.

Auch für uns schien die Tür zu jeglichen weiteren Einsätzen in den kommunistischen Ländern verschlossen zu sein. Unser Besuch in Jugoslawien 1967 war ermutigend gewesen – doch Jugoslawien war kein Teil des Ostblocks. Wir mußten uns fragen, ob jener erste Besuch in einem kommunistischen Land auch unser letzter bleiben würde.

UNGARN

Im Juli 1972 lernte ich während einer Evangelisation in Cleveland, Ohio, den Chirurgen Dr. Alexander S. Haraszti kennen, einen gebürtigen Ungarn, der in Atlanta, Georgia, praktizierte. Zusätzlich zu seinem medizinischen Grad hatte er einen Doktortitel in Linguistik und einen akademischen Grad in Theologie erworben. Er besaß einen brillanten Verstand, der von seinem slawischen kulturellen Hintergrund geprägt war. Mit einundzwanzig Jahren, erzählte er mir, habe er das gesamte Neue Testament auswendig gekonnt. Offenbar hatte er ein fotografisches

Gedächtnis; dennoch war er der eifrigste Notizenmacher, der mir je begegnet ist.

1956, lange vor unserem ersten Treffen, hatte er mein Buch *Friede mit Gott* ins Ungarische übersetzt. Kurz danach war er in die Vereinigten Staaten ausgewandert. 1972 besuchte er mich mit einer ungarischen Delegation. Er sah sich von Gott beauftragt, mich zu evangelistischen Veranstaltungen zuerst in Ungarn und schließlich in Moskau zu drängen.

Alex kannte Osteuropa genau; nicht nur die Geschichte, sondern auch die ungeschriebenen und manchmal sehr subtilen Gesetzmäßigkeiten, wie die Leute in diesem Teil der Welt dachten und handelten. Zudem hatte er – anders als die meisten Auswanderer aus kommunistischen Ländern – gute Beziehungen zu den dortigen Kirchenführern unterhalten und verstand auch einiges von der kommunistischen Politik und Diplomatie. Als wir unsere Strategien für jenen Teil der Welt entwickelten, wurde er bald unverzichtbar für uns.

Natürlich suchten wir auch den Rat anderer, die mit der kirchlichen Situation in Ungarn und Osteuropa vertraut waren. Einer davon war der Schwager unserer Tochter Anne, Dr. Denton Lotz, der im Auftrag der amerikanischen Baptisten viele Reisen durch Osteuropa unternahm. Ein anderer war Joseph Steiner, den Ruth und ich während eines Urlaubs in Südfrankreich kennengelernt hatten. Joe, der in Ungarn geboren war, arbeitete als Missionar bei Trans World Radio, das von Monte Carlo aus evangelistische Sendungen nach Osteuropa ausstrahlte. Als Jugendlicher wollte Joe Diplomat werden, doch im Zuge des Aufstandes von 1956 mußte er in die Vereinigten Staaten fliehen. 1957 besuchte er unsere Evangelisation im Madison Square Garden und vertraute sein Leben Christus an. Bald wurde ihm klar, daß Gott ihn tatsächlich in den diplomatischen Dienst berufen hatte – als Botschafter Christi.

Auch das rußlandstämmige Ehepaar Rose und Nick Leonovich von der Trans World Radio-Redaktion half uns sehr, die Situation in Osteuropa und der Sowjetunion zu verstehen. Unser Freund Dave Foster, der in der Schweiz wohnte und viel in Europa unterwegs war, kannte sich besonders gut mit den Kirchen und kirchenähnlichen Organisationen aus, die in den kommunistischen Ländern arbeiteten, und er gab uns deren Einsichten weiter.

Im April 1977 vermittelte Alex Haraszti unserem Team, in dem Falle

Alex Walter Smyth, eine Gelegenheit, in Ungarn zu predigen. Während einer Ungarn-Reise konferierte er mit den Behörden auch über die Möglichkeit, daß ich das Land besuchte. Alex setzte die Verhandlungen fort, und am 13. August, meinem neununddreißigsten Hochzeitstag, überreichte er mir persönlich in Montreat eine offizielle Einladung. Unterzeichnet hatte sie Pastor Sandor Palotay, der Vorsitzende des Rates der Freikirchen in Ungarn.

Zwei Wochen später waren wir unterwegs. In Erinnerung an die geplatzte Polenreise verbrachten wir vor der Abreise viele Stunden damit, uns gründlich über Ungarn zu informieren. Außerdem ließen wir nichts von dem Besuch verlauten, bis wir von den ungarischen Behörden grünes Licht dafür hatten.

Nur wenige Wochen vor der Einladung war Dr. John Akers zu uns gestoßen, um mir bei besonderen Projekten zu assistieren. So konnte ich ihn gleich um Hilfe bei der Ungarn-Reise bitten. John, ein reformierter Geistlicher und promovierter Theologe der Universität Edinburgh, war bisher Professor und Dekan am Montreat-Anderson College in der Nähe unseres Zuhauses gewesen.

Ich hatte den Eindruck, daß es einige Dinge gab, die Dr. Haraszti nicht bedacht hatte: etwa die möglichen negativen Reaktionen in Amerika auf unsere Besuche in Osteuropa. Und ich wußte auch, daß mir einige seiner Methoden und Strategien nicht vertraut waren. Dr. Akers bildete eine effektive Brücke zwischen uns. Wir hatten den Eindruck, daß er genau der richtige Mann in unserer Organisation sei, um mit diplomatischen Stellen zu verhandeln.

Im Westen herrschte damals allgemein der Eindruck, in Osteuropa gäbe es praktisch kein religiöses Leben mehr, und das wenige, das geblieben sei, müsse heimlich und unter ständiger Bedrohung gepflegt werden. In Wirklichkeit jedoch war diese Periode in Ungarn bereits vorbei. Eine begrenzte Anzahl von Kirchen, sowohl protestantischer als auch katholischer Prägung, war zugelassen. Allerdings wurden ihre Aktivitäten durch eine eigene staatliche Behörde für kirchliche Angelegenheiten streng reglementiert.

Trotz dieser leichten Öffnung für religiöse Aktivitäten erwiesen sich die kurzfristigen Verhandlungen für den Besuch 1977 als sehr schwierig. Walter und Alex verbrachten die Tage vor unserem Besuch in Budapest damit, die letzten organisatorischen Details zu klären, während sich unser kleines Team in Wien versammelte, um vor dem Weiterflug nach Ungarn letzte Vorbereitungen zu treffen – dabei wußten wir zu dieser Zeit noch nicht einmal genau, ob der Besuch überhaupt stattfinden konnte.

Für die ungarischen Behörden war es offenbar eine heikle Sache, einem ausländischen Evangelisten die Erlaubnis zum Predigen zu erteilen. Die örtlichen Kirchenvertreter hatten, wenn überhaupt, nur wenig Spielraum, um ohne vorherige behördliche Genehmigung Entscheidungen zu treffen.

Zu keinem Zeitpunkt jedoch legten mir die Behörden irgendwelche inhaltlichen Beschränkungen auf. Wir machten von Anfang an deutlich, daß ich die gleiche evangelistische Botschaft predigen würde, die ich schon überall in der Welt gepredigt hatte, und daß ich keinerlei Stellungnahmen zu rein politischen Themen abgeben würde.

Auf dem Flughafen in Budapest hielt Sandor Palotay eine offizielle Begrüßungsrede, in der vom Frieden und Vertrauen zwischen unseren Nationen die Rede war. Ich zitierte einen Text des Propheten Jesaja, in dem er darüber staunt, was Gott „Neues" tut. Darüber hinaus durfte ich der Bevölkerung Ungarns, besonders den gläubigen Christen, persönliche Grüße von US-Präsident Jimmy Carter überbringen, mit dem ich noch kurz vor meiner Abreise aus den Vereinigten Staaten gesprochen hatte.

Man hatte uns gewarnt, daß unsere Hotelzimmer vermutlich abgehört würden und wir bei internen Gesprächen vorsichtig sein sollten. Bei unserer Ankunft in Budapest informierte uns Sandor Palotay, daß unser ganzes Team in einem großen alten, jetzt staatseigenen Hotel untergebracht sei, das sich auf der schön gelegenen Donauinsel Margit befand. Vom Rest der Stadt war es abgeschnitten. Außerdem ließ er uns wissen, daß die Teammitglieder sich die Zimmer teilen müßten, „denn Hotelzimmer sind knapp in Budapest". Manche argwöhnten, der eigentliche Grund für die Doppelzimmerbelegung sei die bessere Abhörmöglichkeit.

Der Leiter eines uns begleitenden Fernsehteams streikte angesichts der beengten Verhältnisse und rief sofort das moderne Hilton-Hotel in Budapest an. Dort konnte er ohne Schwierigkeiten Einzelzimmer für sein ganzes Team reservieren. Als er den Umzug der Fernsehleute ankündigte, informierte ihn Pastor Palotay unmißverständlich, daß sie in diesem Fall in der nächsten Maschine sitzen würden, die außer Landes fliegt. Sie blieben.

Unsere erste Versammlung fand in einer überfüllten Baptistenkirche in

Budapest statt. Am Ende meiner Predigt bemerkte ich verdutzt ein ungewöhnliches, klickendes Geräusch. Zuerst dachte ich, die Leute säßen zähneknirschend vor mir. Doch wie ich bald merkte, kam das Geräusch vom Abschalten der Kassettenrecorder, die etliche dabei hatten. So war es bei allen Versammlungen in Ungarn: Die Veranstaltungen wurden aufgezeichnet, damit das Evangelium überall im Land weitergegeben werden konnte.

Die denkwürdigste Versammlung in Ungarn fand am 4. September, einem Sonntagmorgen, in einem von Baptisten betriebenen Jugendlager außerhalb von Budapest statt. Da die Behörden keine öffentliche Ankündigung des Treffens erlaubt hatten, verbreitete sich die Nachricht per Mund-zu-Mund-Propaganda. Die offiziellen Stellen rechneten mit maximal zweitausend Besuchern. Zu ihrer und unserer Überraschung kamen mindestens fünfzehntausend (die Polizeiberichte sprachen sogar von dreißigtausend), und die Leute standen weit über die Lagergrenzen hinaus. In dieser erfrischenden Umgebung setzte ich, mit Alex als Übersetzer an meiner Seite, in meiner Predigt einen zweifachen Schwerpunkt.

An erster Stelle stand wie immer die schlichte Botschaft, daß die Menschheit verzweifelt jemanden braucht, der sie von ihrer Sünde und Verlorenheit errettet, und daß Gott uns aus Liebe diese Errettung durch seinen Sohn Jesus Christus geschenkt hat. Textgrundlage waren die immer wieder bewegenden Worte aus Johannes 3,16. Als ich wie gewohnt die Einladung aussprach, zu Christus zu kommen, antworteten viele Hunderte, indem sie ihre Hände hoben.

Der andere Schwerpunkt war der Ausdruck meines Wunsches, Brücken des Verständnisses zwischen den Völkern zu bauen. Damit meinte ich nicht einfach nur Entspannung oder eine unbehagliche friedliche Koexistenz. Es reiche nicht aus, sagte ich, nur Abstand voneinander zu halten und uns über bestenfalls zerbrechliche politische Barrieren hinweg anzustarren. Wir müßten einander von Mensch zu Mensch kennenlernen, wie es schon Präsident Eisenhower gewünscht hatte, damit wir einander trotz all unserer Unterschiede akzeptieren könnten. Und zu jedem kulturellen Austauschprogramm, das diesem Ziel diente, müßte auch die Religion gehören – neben den Künsten und der Bildung. Aus meiner Sicht war die größte einende Kraft in der Welt die Gemeinschaft von Christen; Menschen, deren Glaube an Christus sie in der Familie Gottes zusammenführte.

Ich bin Gott dankbar, daß ich derartige Dinge auch persönlich einigen führenden Politikern in Ungarn sagen konnte. Manches von dem, was sie mir darauf antworteten, überraschte mich. Der stellvertretende Ministerpräsident sagte mir unumwunden, die Kirche könne nützlich dabei sein, eine geeinte, ethisch lebende Gesellschaft aufzubauen. Der Vorsitzende des Zentralkomitees der ungarischen Arbeiterpartei, so hörte ich, hatte in bezug auf die gläubigen Christen sogar die Worte Jesu zitiert: „Wer nicht gegen uns ist, ist für uns."

„Ein Christ, der ein guter Arbeiter ist, ist mir lieber als ein Atheist, der ein schlechter Arbeiter ist", sagte der ungarische Staatssekretär für kirchliche Angelegenheiten, Imre Miklos.

Der katholische Bischof von Pécs, Dr. Jozsef Cserhati, erklärte mir, die Kirche habe akzeptiert, daß sie das Regime nicht beseitigen könne; und das Regime habe die Tatsache akzeptiert, daß es die Kirche nicht eliminieren könne. Übrigens hatte ich während dieser Woche in Ungarn Gelegenheiten zu freundschaftlichen Privatbesuchen bei ihm und anderen führenden Katholiken, Protestanten und Juden.

Abgesehen von den Predigtveranstaltungen machte es Ruth und mir besonders viel Freude, Land und Leute kennenzulernen. Eine Kreuzfahrt als Gäste des amerikanischen Botschafters Philip Kaiser und seiner Frau auf der schönen Donau – blau war sie nicht, wie ich immer gedacht hatte, sondern schlammig braun wie jeder große Fluß –; ein Besuch einer landwirtschaftlichen Kolchose in Hortobagy, wo ich mich richtig zu Hause fühlte, als ich die Pferde mit Zuckerwürfeln fütterte und Gulasch serviert bekam; ein Rundgang durch das prächtige Parlamentsgebäude und eine riesige Elektronikfabrik – all dies verschaffte uns ein Gefühl für die Vitalität und Herzlichkeit der Ungarn.

Zu unserer Überraschung stellten wir fest, daß in Budapest lebhafter Verkehr herrschte, der manchmal sogar zu Staus führte. So viele Lastwagen und Pkw hatten wir nicht erwartet, obwohl wir wußten, daß Ungarn den höchsten Lebensstandard in Osteuropa hatte.

Schier sprachlos war ich, als Sandor Palotay mir auf dem Abschiedsempfang im Namen des Rates der Freikirchen ein großartiges Geschenk überreichte: ein 150 mal 240 Zentimeter großes Gemälde des vierundneunzigjährigen ungarischen Künstlers John Remsey, das den wundersamen Fischzug der Jünger nach dem Lukasevangelium zeigte. Der Künstler hatte jedem der Fische menschliche Augen gegeben, und ich mußte sofort an unseren Auftrag des „Menschenfischens" denken.

Zu dieser Zeit konnten wir noch nicht ermessen, daß der Besuch in Ungarn mehr war als nur ein erster Kontakt zum Ostblock. Er war die Einführung in die östliche Kultur und die Zusammenarbeit mit autoritären kommunistischen Regierungen.

Am Ende der Reise waren wir jedoch keineswegs sicher, ob wir in Zukunft noch weitere kommunistische Länder würden besuchen können. Ungarn galt allgemein als das liberalste osteuropäische Land und war wegen seiner relativen Offenheit in mancher Hinsicht einzigartig. Wie schon nach dem Besuch in Jugoslawien bewegte mich die Frage, ob wir wohl jemals wieder in diesem Teil der Welt predigen dürften.

POLEN

Als die Landschaft Polens unter unserer in Rußland gebauten Maschine der polnischen Fluggesellschaft LOT dahinzog, dachte ich an die zahlreichen Invasionen fremder Mächte, die dieses Land schon hatte erdulden müssen. Jetzt sah ich, warum. Das Land schien vollkommen flach zu sein, ohne jedes natürliche Hindernis, das fremde Truppen aufgehalten hätte. Kein Wunder, daß Hitlers Panzer das ganze Land innerhalb weniger Tage hatten überrollen können.

Auch 1978 war das Land immer noch ein Schlachtfeld, wenn auch ganz anderer Art: kein Schlachtfeld widerstreitender Armeen, sondern widerstreitender Ideologien. Die Kirche war in Polen stärker geblieben als in jedem anderen kommunistischen Land Mittel- oder Osteuropas. Und doch wußte ich auch, daß die Christen in Polen von allen Seiten bedrängt wurden. Ihr Glaube wurde täglich auf die Probe gestellt.

Die Einladung – ein Jahr nach unserem Besuch in Ungarn – kam vom Ökumenischen Rat Polens, der den protestantischen Bevölkerungsanteil repräsentierte. Obwohl die Protestanten eine vergleichsweise winzige Minderheit waren, bemühten sie sich um gute Beziehungen zur katholischen Mehrheit, um dadurch ihre eigene begrenzte Freiheit zu nutzen.

Wieder war Dr. Alexander Haraszti unsere Vorhut. „Kommen Sie und predigen Sie hier dasselbe Evangelium, das Sie überall in der Welt gepredigt haben", sagten die polnischen Kirchenvertreter.

Die offizielle Einladung erfolgte erst nach mehreren Besuchen von Dr. Haraszti in Polen sowie wiederholten Kontakten zwischen unseren Mitarbeitern und der polnischen Botschaft in Washington. Der damalige polnische Botschafter, Romuald Spasowski, lud uns nach dem Besuch zu einem großartigen Abendessen in der Botschaft ein. Später erregte er Aufsehen, als er nach der Errichtung der Militärdiktatur während des Aufstiegs der Solidarnosc-Bewegung in die Vereinigten Staaten überlief.

Einen Großteil seiner Zeit informierte Alex die Vertreter der Kirchen und des Staates über unsere Ziele. Als Beispiel für mögliche Ergebnisse wies er auf den Besuch in Ungarn hin. Er versprach, daß ich den Besuch nicht als Plattform für antikommunistische oder regierungsfeindliche Aussagen mißbrauchen würde; meine Ziele seien ausschließlich religiöser Natur.

Auch bei den Vertretern der katholischen Kirche mußte er um Vertrauen werben. Einige befürchteten, ich sei anti-katholisch eingestellt und wolle die Menschen zum Verlassen der katholische Kirche auffordern. Bis zur Landung in Warschau war uns nicht bekannt, daß der katholische Episkopat Polens im Mai oder Juni entschieden hatte, meinen Besuch zu befürworten und mich einzuladen, in vier der größten Kathedralen Polens zu predigen. Diese Wendung erschien uns geradezu als ein Wunder.

Welchen Grund hatten die polnischen Behörden eigentlich, einer kirchlichen Gruppe die Erlaubnis für unsere Einladung zu erteilen? Diese Frage stellten wir uns bei jeder Einladung nach Osteuropa – und konnten sie oft nicht schlüssig beantworten. Aber über die möglichen Gründe konnten wir spekulieren – und das taten wir gründlich, um nicht gegen unseren Willen für politische Zwecke mißbraucht zu werden.

Im Falle Polens hoffte die Regierung vermutlich, einerseits ihr öffentliches Ansehen in den Vereinigten Staaten durch den Anschein größerer religiöser Freiheiten für ihre Bürger zu verbessern, und gleichzeitig eine gewisse Unabhängigkeit von der Sowjetunion zu demonstrieren.

Außerdem lag die Vermutung nahe, daß einige der kommunistischen Hardliner hofften, mit Hilfe eines protestantischen Evangelisten aus Amerika die starke Autorität der katholischen Kirche schwächen zu können. Wenn dem so war, dann war es eine naive Hoffnung. Niemals hätte ich etwas gesagt oder getan, das als anti-katholisch hätte aufgefaßt werden können.

Im Laufe des Oktobers besuchten wir sechs große Städte und verkündeten von zahlreichen Kanzeln das Evangelium vor vielen Tausenden aufmerksamer Zuhörer. Wie auch in Ungarn gab es staatliche Vorschriften, die alle religiösen Aktivitäten auf nichtkirchlichem Eigentum untersagten. Alle Versammlungen mußten in Kirchen stattfinden. In Polen war das jedoch kein ernstes Problem, da hier einige der größten Kathedralen Europas standen. Im Gegensatz zu Ungarn erlaubte man in begrenztem Maße Vorankündigungen innerhalb der Kirchen, und in zumindest einer der Städte sahen wir gedruckte Plakate an den Kirchentüren.

Cliff Barrows, der mit uns reiste, half bei der Zusammenstellung des Programms und leitete den musikalischen Teil. Einige Mitarbeiter predigten auch in anderen Städten. Ruth sprach zusammen mit Ethel, der Frau von Walter Smyth, in verschiedenen Städten und Ortschaften vor Frauengruppen.

Statistiker notierten während jenes Monats siebenundvierzig Predigten oder von mir gehaltene Vorträge. Darunter waren nicht nur lange Gottesdienste in Kirchengebäuden, sondern auch Ansprachen und Grußworte vor protestantischen, katholischen, orthodoxen und jüdischen Gruppen. Sogar führende Leute aus den Stadtverwaltungen, der Regierung, der Geschäftswelt und dem Bildungswesen wollten hören, was ein amerikanischer Geistlicher zu sagen hatte. Sowohl der Generalsekretär der Vereinigten Polnischen Arbeiterpartei als auch der stellvertretende Ministerpräsident nahmen mich sehr herzlich auf, als ich sie privat besuchte.

Mein Übersetzer war Pastor Zdzislaw Pawlik, der Leiter einer polnischen Baptistengemeinde. Er sprach vorzüglich Englisch und hatte einen köstlichen Sinn für Humor. Da die meisten Mitarbeiter unseres Teams seinen Vornamen unaussprechlich fanden, bat er uns, ihn einfach Fred zu nennen.

Unsere erste Station war Warschau. Nachdem wir verschiedene historische und kulturelle Stätten besucht und in der Baptistengemeinde gepredigt hatten, ging es weiter nach Osten zur Stadt Bialystok, nahe der sowjetischen Grenze. Unterwegs fuhr der Fahrer unseres gemieteten Busses am Rande einer kleinen Stadt in eine Radarfalle – da fühlten wir uns doch gleich wie zu Hause! Wir predigten in der auf einem großen Grundstück am Rande der Stadt gelegenen modernen Baptistenkirche. Tausende versammelten sich sowohl im Innern als auch draußen in der kalten Oktober-luft, um uns zu hören.

Als wir am Abend nach Warschau zurückkehrten, hielt unser Bus kurz an dem etwa achtzig Kilometer von der Hauptstadt entfernten Konzentra-tionslager Treblinka. Bis zum Ende des Zweiten Weltkriegs waren dort achthunderttausend jüdische Männer, Frauen und Kinder ermordet wor-den. Da es schon acht oder neun Uhr abends war, gab es keine Führungen mehr. Es war stockdunkel, und die Zivilisation schien weit entfernt zu sein. Das verstärkte noch unser Gefühl des Grauens über das, was hier gesche-hen war. Im Licht einer Taschenlampe lasen wir die Inschrift auf dem Denkmal am Eingang und hielten inne, um zu beten, daß so etwas Furcht-bares nie wieder geschehen möge.

In der Stadt Posen im Westen sprach ich in der großen katholischen Kathedrale. Obwohl ich schon gelegentlich in katholischen Kirchen gepre-digt hatte (zum Beispiel auf Beerdigungen) und 1967 sogar vom Belmont Abbey College in North Carolina die Ehrendoktorwürde verliehen be-kommen hatte, war dies die erste Einladung, eine evangelistische Predigt in einer katholischen Kirche zu halten.

Ein paar Tage später sprach ich erneut in einer katholischen Kirche, diesmal in der riesigen Kathedrale von Kattowitz, der Kohlebergbau-Stadt im Süden Polens. Etwa zehntausend Menschen drängten sich Schulter an Schulter in dem riesigen Kirchenschiff. Bischof Bednorz stellte mich der Versammlung vor, und dann predigte ich. Ich deutete auf das moderne Kruzifix, das über dem Altar hing, sprach von der biblischen Bedeutung des Kreuzes und erklärte, warum der Tod Christi am Kreuz und seine Aufer-stehung für Christen aller Traditionen im Mittelpunkt stehe. Nach dem Abschluß des Gottesdienstes ertönte von der großartigen Orgel auf der Empore im hinteren Teil der Kathedrale Martin Luthers Reformations-choral „Ein feste Burg ist unser Gott".

In Krakau hatte mir Kardinal Karol Wojtyla im voraus die Erlaubnis erteilt, in der prächtigen Barockkirche, der Annakirche zu predigen. Anschließend hatte er mich zum Tee eingeladen. Doch als ich in der Stadt eintraf, war der Kardinal nicht da. Völlig unerwartet war Papst Johannes Paul I. verstorben, und Kardinal Wojtyla mußte eilends nach Rom zum Konklave reisen, um den neuen Papst zu wählen. Später erfuhr ich, daß die Maschine Kardinal Wojtylas gerade am anderen Ende der Bahn zum Start nach Rom bereitstand, als wir in Warschau landeten. Unser Gottesdienst in der Annakirche war überfüllt; auch einige Ostdeutsche waren angereist, um uns zu einem Besuch der DDR einzuladen.

Wie schon in Ungarn, fiel mir auch hier das mutige Zeugnis engagierter Christen in ihrer Nachbarschaft und an ihren Arbeitsplätzen auf. Sie hatten wegen ihres Glaubens unter Diskriminierungen und Einschränkungen zu leiden, aber sie waren nicht einzuschüchtern. Ihre Verläßlichkeit am Arbeitsplatz und die Liebe, die sie im täglichen Leben zeigten, hinterließen einen tiefen Eindruck. Mit ihren polnischen Mitbürgern teilten sie einen zähen Überlebenswillen, durch den während ihrer wechselhaften Geschichte ihre nationale Identität erhalten geblieben war.

Das christliche Engagement in diesem weitgehend katholischen Land beeindruckte mich. Wir besuchten verschiedene Kirchen und Wallfahrtsorte, darunter auch Tschenstochau mit der Schwarzen Madonna, der berühmtesten Ikone Polens aus dem Jahre 1382. Die Marienkapelle mit der Madonna gilt als der berühmteste katholische Wallfahrtsort in Mitteleuropa. Vom dortigen Abt wurden wir gastfreundlich aufgenommen. Er lud mich ein, doch einmal bei der jährlichen Wallfahrt zu predigen, bei der mehr als eine Million Menschen anwesend sein würden.

Ein krasser Gegensatz dazu waren die menschliche Verworfenheit und das Leiden, das Ruth und mir bewußt wurde, als wir die grausigen Stätten von Auschwitz und Birkenau besuchten, den beiden deutschen Konzentrationslagern, in deren Gaskammern während des Zweiten Weltkriegs etwa vier Millionen Menschen ermordet wurden. Das unfaßbare Grauen, das sich dort abgespielt hat, wird mir für immer in Herz und Verstand eingebrannt bleiben.

Ohne Frage hatten die Juden, die nicht nur aus Polen selbst, sondern aus dem gesamten Herrschaftsgebiet der Nazis dorthin verschleppt wurden, in diesen Lagern am meisten zu leiden. Viele starben schon, bevor sie auch nur dort ankamen, während der brutalen Transporte in Güter- und Viehwaggons. Auch Angehörige anderer verfolgter Gruppen verloren dort ihr Leben, darunter polnische Patrioten und politische und religiöse Führer aus verschiedenen Ländern.

Als ich später wieder in Krakau war, traf ich mich mit führenden Leuten aus der kleinen, verbliebenen jüdischen Gemeinde, eine Gewohnheit, der ich auch in vielen anderen Ländern gefolgt bin.

Während unseres Rundgangs durch das entsetzliche Todeslager Auschwitz legten Ruth und ich an der Todesmauer, wo Erschießungskommandos etwa zwanzigtausend Menschen hingerichtet hatten, einen Kranz mit roten und weißen Nelken nieder und sprachen kniend ein Gebet. Genau an dieser Stelle hatten die Nazis am Ende des Zweiten Weltkrieges unmittelbar vor der Einnahme des Konzentrationslagers durch die Alliierten sorgfältig den blutgetränkten Sand am Fuß der Erschießungsmauer ausgetauscht. Sie hofften, ihre Verbrechen verbergen zu können. Nicht nur die Kälte brachte mich zum Zittern, als ich vor dieser Mauer stand. Es war einer der wenigen Momente in meinem Leben, in denen mir die Gefühle so sehr den Hals zuschnürten, daß ich kaum sprechen konnte.

„Auschwitz bleibt bestehen als eine Warnung an die ganze Menschheit", sagte ich, „daß der Mensch immer noch in der Lage ist, die Barbarei von Auschwitz zu wiederholen und gar zu vervielfachen … Ich rufe die Christen in aller Welt auf, für den Frieden zu arbeiten und zu beten. Die Probleme, vor denen wir stehen, sind nicht nur politischer, sie sind auch moralischer Natur."

Zahlreiche Pressevertreter folgten uns mit Kameras und Mikrofonen durch das Lager. Das Klicken der Kameras, erzählte Ruth mir später, erweckte in ihr das unheimliche Gefühl, hinter uns würden Gewehre gespannt … als seien wir die Verurteilten.

Schon seit Jahren hatte ich mich immer wieder zum Thema Frieden geäußert. Doch die Presse hatte nur selten Notiz davon genommen. Meine Besuche an Orten wie Auschwitz ließen mich lange und gründlich über die Befürwortung militärischer Gewalt nachdenken, die ich als junger Mann bisweilen vertreten hatte. Ich kam zu dem Ergebnis, daß ich noch deutlicher zum Ausdruck bringen mußte, wie notwendig im Nuklearzeitalter die Bemühungen um den internationalen Frieden sind.

Einerseits glaubte ich, daß Krieg während der ganzen menschlichen Geschichte unvermeidlich war und bleiben würde. Mein Grund dafür war einfach: Die menschliche Rebellion gegen Gott entfremdete uns voneinander – und sie tut es immer noch. Und doch beschlich mich ein wachsendes Entsetzen angesichts der beängstigenden Möglichkeit nuklearer und biochemischer Waffen, einen weltweiten Völkermord herbeizuführen. Bei einer Gelegenheit hatten mich Militärexperten aus dem Pentagon über die unvorstellbaren Gefahren unterrichtet, die uns im Falle einer nuklearen

Auseinandersetzung drohten. Zum anderen wurde mir die Aufforderung der Bibel immer stärker bewußt, für den Frieden zu arbeiten und miteinander so weit wie irgend möglich in Frieden zu leben (siehe Römer 12,18). Der Friede ist eine moralische Frage, nicht nur eine politische, und wir sollen Werkzeuge des Friedens Gottes sein, wo immer es möglich ist.

An unserem letzten Tag in Polen machte ich auf einer Pressekonferenz in Warschau ein paar Bemerkungen über die osteuropäische Christenheit. Welche Eindrücke hatte sie bei mir hinterlassen? „Ich habe erlebt, daß die christliche Kirche in jeder Art von Gesellschaft existieren kann und es auch tut, auch in einer kommunistisch regierten. Außerdem habe ich entdeckt, daß viele Christen in diesen Ländern einen tiefen Glauben zeigen, der mich beschämt. Ich bin überzeugt, daß innerhalb der Länder Osteuropas sich bereits Veränderungen abzeichnen, weil man entdeckt hat, daß die wirklichen Nachfolger Jesu Christi bestrebt sind, loyale, konstruktive Bürger und Arbeiter zu sein. Ich glaube, im Laufe der Zeit werden die Christen in diesen Ländern mehr und mehr als Stützen ihrer Gesellschaft betrachtet werden. Infolgedessen werden die Regierungen den Kirchen und einzelnen Christen immer mehr Anerkennung zukommen lassen.

Das soll nicht heißen", fügte ich hinzu, „daß es in Zukunft keine Probleme mehr geben wird, aber die Trends, die ich beobachtet habe, stimmen mich optimistisch."

Vermutlich war es eine Art taktischer Eingebung, die mich meine Presseerklärung mit den Worten abschließen ließ: „Sollte ich offizielle Einladungen anerkannter Kirchenorganisationen aus anderen Ländern dieses Teils der Welt erhalten, so würde ich sie bestimmt sorgfältig unter Gebet prüfen."

Übrigens kehrte Kardinal Wojtyla nicht mehr an seinen Bischofssitz in Krakau zurück. Das Konklave wählte ihn zum neuen Papst. Er nahm den Namen Johannes Paul II. an. Seine Wahl wurde kurz nach unserer letzten Pressekonferenz in Warschau bekanntgegeben. Als ich in Paris aus dem Flugzeug stieg, wurde ich von Reportern bestürmt, die wissen wollten, ob wir uns in Krakau begegnet seien; ich sollte ihnen sogar sagen, wie man seinen Namen ausspricht.

ZURÜCK NACH POLEN UND UNGARN

Sowohl Polen als auch Ungarn hießen uns im Januar 1981 erneut willkommen, um mir unverdiente akademische Ehren zu übertragen.

In Warschau verlieh mir am 6. Januar die Christliche Theologische Akademie einen Ehrendoktortitel der Theologie in Anerkennung meiner Predigtreise von 1978. An jenem Abend waren wir Ehrengäste auf einem Abendessen, zu dem die Kirchen Polens eingeladen hatten. Die Reise von 1978 hatte einige erfreuliche Nachwirkungen gezeigt, vor allem die Entstehung lebendiger Gesprächs- und Bibelsekreise, an denen sich Hunderte von Katholiken und Protestanten beteiligten. Darum überraschte es uns nicht, als wir von einer verstärkten Zusammenarbeit unter den verschiedenen polnischen Denominationen hörten.

Ich saß neben einem Monsignore, der mir von seinem eigenen geistlichen Wendepunkt erzählte. Einige Jahre zuvor habe im Bus eine Dame von hinten auf seine Schulter getippt. „Entschuldigen Sie, mein Herr, aber sind Sie je ‚wiedergeboren‘ worden?"

Er war ziemlich verdattert, brachte aber mühsam heraus: „Ich bin ein Priester."

„Danach habe ich nicht gefragt. Ich habe gefragt, ob Sie jemals wiedergeboren worden sind."

Auf dem ganzen Weg zurück zu seiner Unterkunft hatte der Priester über die Frage der Frau nachgedacht. Dann holte er seine Bibel heraus und schlug den Abschnitt in Johannes 3 nach, wo Jesus dem Nikodemus erklärt, er müsse von neuem geboren werden. Nachdem er die Passage mehrmals gelesen hatte, kniete der Priester an seinem Bett nieder und betete. Er wisse nicht, wie er diesen Vorfall nennen solle, erzählte er mir – eine erneuerte Weihe, eine erneute Hingabe oder eine neue Geburt –, doch für ihn war es der Beginn einer neuen Beziehung zu Gott.

Ein paar Tage später, am 9. Januar, erhielt ich einen weiteren Ehrendoktortitel von der Reformierten Theologischen Akademie in Debrecen in Ungarn. Diese 1538 gegründete Institution ist das älteste protestantische Seminar der Welt. Meine Gastgeber waren Bischof Tibor Bartha von der reformierten Kirche Ungarns und Imre Miklos, der Staatssekretär für kirchliche Angelegenheiten in der ungarischen Regierung, der uns während unseres Besuchs 1977 hilfreich unterstützt hatte. In dem Sonderzug nach Debrecen, der uns von der Regierung zur Verfügung gestellt wurde, hatte ich die seltene Gelegenheit, meine Überzeugungen einer Reihe von Regierungsbeamten und führenden Kirchenleuten zu erläutern, die uns begleiteten.

Unterwegs registrierte ich, daß die Schienen auf dieser Strecke nahezu perfekt sein mußten; im Zug war kaum ein Rütteln oder Vibrieren zu spüren. Der Sonderzug war äußerst behaglich eingerichtet. Wir saßen in dem Privatwaggon, der oft von Ministerpräsident János Kádár benutzt wurde. Es war einer der kältesten Abende meines Lebens, und als wir nach Debrecen kamen, stellten wir fest, daß wir in einem unbeheizten Quartier untergebracht waren. Die Ungarn waren an die Kälte gewöhnt, aber wir nicht. Ich ging angezogen ins Bett und kroch unter all die Laken und Steppdecken, die man mir gab, aber ich fror immer noch. Der Journalist Ed Plowman mußte sich entscheiden, ob er mit den kurzen Bettdecken seine Füße oder seinen kahlen Kopf bedeckte; am Ende beschloß er, mit Hut zu schlafen. In der Dunkelheit schaltete ich meine Taschenlampe ein und versuchte, die vielen Namen der Leute zu lesen und auszusprechen, denen ich am nächsten Tag begegnen würde.

Im Rahmen einer feierlichen akademischen Zeremonie voller jahrhundertealter Traditionen verlieh mir Bischof Bartha den Titel. Die Feier fand in der Stadthalle in Anwesenheit der gesamten Fakultät statt, die allesamt (wie auch ich selbst) in volle akademische Roben gekleidet waren. Unter den Gästen waren nicht nur Studenten und Pastoren, sondern auch eine Reihe kommunistischer Funktionäre. Der amerikanische Botschafter war aus Budapest angereist. Um den Doktortitel entgegenzunehmen, mußte ich eine kurze Ansprache auf Lateinisch vortragen, die ich von einem Zettel ablas, den ich unauffällig in der Hand hielt. Was genau ich da sagte, wußte ich nicht – und ich bezweifle auch, daß Bischof Bartha meine gebrochene lateinische Aussprache verstehen konnte.

Als wir Ungarn verließen, reisten wir zu einem kurzen Aufenthalt in den Vatikan. Schon vor Jahren hatte ich den Stadtstaat als Tourist besucht, doch auf dieser Reise sollte ich von Papst Johannes Paul II. empfangen werden – meine erste Audienz bei einem Papst! Wir wurden von einem Kontingent der Schweizergarde in farbenfrohen mittelalterlichen Uniformen in Empfang genommen und zu einem Fahrstuhl geleitet, der in die Privaträume des Papstes führte. Unser erster Eindruck war, daß die Pracht der für die Öffentlichkeit zugänglichen Bereiche des Vatikans von diesem Privatbereich womöglich noch übertroffen wurde.

Direkt vor uns traf Erzbischof Pio Laghi mit dem Papst zusammen. Er war gerade zum päpstlichen Nuntius für Washington ernannt worden. Als er den Audienzraum verließ, unterhielt er sich noch ein paar Minuten lang mit uns und drückte die Hoffnung aus, daß wir uns in Washington treffen würden, wenn er seine Tätigkeit dort aufnahm.

Als ich in das päpstliche Quartier geführt wurde, begrüßte mich Johannes Paul II. außerordentlich herzlich. Er war sehr interessiert an unserem Dienst, insbesondere dem in seiner Heimat. Schon nach wenigen Minuten hatte ich das Gefühl, als würden wir uns seit vielen Jahren kennen. Er zeigte großes Interesse an einem Album mit Fotos, die während unserer Evangelisation in Japan einige Monate zuvor aufgenommen worden waren; er selbst plante, das Land in Kürze zum ersten Mal zu besuchen.

Das kleine Geschenk, das ich ihm mitgebracht hatte – eine Schnitzerei eines Künstlers aus North Carolina von einem Hirten mit seinen Schafen –, machte ihm sichtlich Freude. Gemeinsam erinnerten wir uns an Jesu Worte in Johannes 10,14 und 16: „Ich aber bin der gute Hirte und kenne meine Schafe, und sie kennen mich. ... Zu meiner Herde gehören auch andere Schafe, die jetzt noch in anderen Ställen sind. Auch sie muß ich herführen."

Im Gegenzug überreichte mir der Papst eine Medaille, die an seine Amtszeit erinnerte, und mehrere prächtig gebundene Bücher.

Etwa ein Jahr später wurde ich eingeladen, in Moskau zu predigen. Doch bevor ich zusagte, mußte ich eine sehr ernste Frage klären: War dies wirklich Gottes Wille?

26

Der Sonntagsschullehrer aus Georgia

Präsident Jimmy Carter

Es war im Mai 1975. Ich hielt mich zu einer Evangelisation in Jackson, Mississippi, auf. Gouverneur Bill Waller hatte mich zum Mittagessen eingeladen.

„Jimmy Carter ist drüben im Parlamentsgebäude, schüttelt allen die Hände und erzählt, daß er für die Präsidentschaft kandidiert", sagte er zu mir. „Natürlich hat er keine Chance, gewählt zu werden. Aber hätten Sie trotzdem Lust, hinüberzugehen? Wir könnten ihn zu seinem nächsten Fernsehtermin mitnehmen."

Ich stimmte bereitwillig zu, freilich nicht nur aus Neugier. Ich war Jimmy Carter im Lauf der Jahre schon einige Male begegnet und freute mich darauf, unsere Bekanntschaft zu erneuern.

Gouverneur Waller setzte den Kandidaten vorn neben den Fahrer seiner Dienstlimousine. Wir saßen hinten. Als wir losfuhren, drehte Carter sich um – mit jenem Lächeln, das zu seinem Markenzeichen werden sollte.

„Ich weiß, ihr Burschen haltet mich für verrückt", sagte er, „aber ich werde der nächste Präsident der Vereinigten Staaten."

Für verrückt hielt ich ihn natürlich nicht. Aber um ehrlich zu sein, ich stimmte voll und ganz mit dem Gouverneur überein: Ein Erdnußfarmer aus dem ländlichen Georgia, ein Südstaaten-Gouverneur, der kaum bekannt war und relativ wenig Erfahrung in der Bundespolitik besaß ... unmöglich!

An jenem Tag in Jackson erinnerte ich mich daran, wie ich zum ersten

Mal von Jimmy Carter gehört hatte. 1966 planten wir einen evangelistischen Einsatz in Americus, Georgia. Es sollte keine übliche Evangelisation mit Predigten werden, sondern eine Veranstaltungsreihe mit einem von uns produzierten evangelistischen Film, der mehrere Tage lang in einem Kino gezeigt werden sollte.

Wie immer bestanden wir darauf, daß es bei den Veranstaltungen keinerlei Rassentrennung geben durfte. In weiten Teilen des Südens war das mittlerweile nichts Neues mehr, aber in jenem Gebiet von Georgia noch keineswegs üblich. Manche Leute drängten uns sogar, unsere Pläne fallenzulassen, um einer möglicherweise explosiven Situation zu entgehen. So heikel war die Frage, daß wir unter den verantwortlichen Christen in Americus niemanden finden konnten, der die Leitung der Aktion übernehmen wollte. Wir waren zwar darüber enttäuscht, aber dennoch entschlossen, an unserem Standpunkt festzuhalten.

In letzter Minute sprang ein erfolgreicher Farmer und Staatssenator aus einer nahegelegenen Ortschaft ein und erklärte sich mutig bereit, den Vorsitz zu übernehmen. Sein Name war Jimmy Carter.

„Als ich zu den großen Kirchen ging", erinnerte sich Carter, „wollte niemand uns einen Tagungsraum zur Verfügung stellen. Also gingen wir schließlich in den Keller eines verlassenen Schulgebäudes und führten dort unsere Planungssitzungen durch."

Als die Aktion begann, stand er Abend für Abend nach jeder Vorführung vor dem Publikum und lud alle ein, die nach geistlichen Antworten auf die Probleme des Lebens suchten, zu Gesprächen nach vorn zu kommen.

Obwohl wir uns noch nicht begegnet waren, schrieb ich ihm nach dem Filmeinsatz einen Brief, um mich für sein mutiges Engagement zu bedanken.

In einer Ansprache vor der Generalkonferenz der Methodisten (1972) erinnerte er sich an dieses Erlebnis. Er gab zu, er sei nicht besonders erpicht darauf gewesen, den Vorsitz zu übernehmen, und unser Film (*Die Rastlosen*) habe ihn auch nicht sonderlich beeindruckt. Allerdings berichtete er auch, am Ende dieser „ersten gemischtrassigen christlichen Aktion in der Geschichte unseres Bezirks" seien fünfhundertfünfundsechzig Leute auf die Einladung hin nach vorn gekommen, von denen hundertsiebenunddreißig zu erkennen gegeben hätten, daß sie Christus als ihren Erlöser annehmen wollten. Diese Wirkung schrieb Carter weder dem Film noch seinen eigenen Bemühungen zu, sondern dem Heiligen Geist.

Einige Jahre nach den Versammlungen in Americus, im Januar 1971, wurde Jimmy Carter Gouverneur von Georgia, und wir begegneten uns zum ersten Mal persönlich. Trotz seiner vielen Aufgaben nahm er gern den Ehrenvorsitz unserer Evangelisation in Atlanta an. Es war eine interessante Veranstaltungsreihe im Stadion von Atlanta. Fast jeden Abend saß er mit uns auf dem Podium, um seine Unterstützung für die Veranstaltung zu demonstrieren. Im nächsten Jahr, am 1. März 1972, sprach ich auf dem jährlichen Governor's Prayer Breakfast in Atlanta und übernachtete als Gast in seiner Dienstresidenz. Bei dieser Gelegenheit lernte ich Jimmy Carter und seine Frau Rosalynn näher kennen. Wir waren uns sympathisch – besonders schätzte ich seine Intelligenz und sein unverhohlenes christliches Engagement.

Carters unerwarteter Aufstieg zu nationaler Bekanntheit und sein erfolgreiches Bemühen um die Nominierung zum Präsidentschaftskandidaten der Demokraten lenkte die Aufmerksamkeit der Medien auf seine Persönlichkeit. Eine große Rolle spielten dabei auch seine Wurzeln bei den Südlichen Baptisten und sein christliches Engagement. Jahrelang hatte er in seiner Heimatgemeinde in Plains als Diakon und Sonntagsschullehrer mitgearbeitet. Dies und die Tatsache, daß er sich selbst als *wiedergeborener* Christ bezeichnete, wurden zu einem Teil seines öffentlichen Images.

Plötzlich tauchte überall der Ausdruck *wiedergeboren* auf. Die Medien zeigten alle möglichen Reaktionen, von Neugier und Respekt bis zu Mißverständnissen, leisem Spott oder gar Hohn. Da ich aus eigener Erfahrung wußte, daß Reporter sich oft unbehaglich fühlen, wenn sie mit religiösen Themen und unvertrauten Begriffen umgehen müssen, waren mir Carters Versuche, sein christliches Engagement zu erläutern, ohne sich dabei einen Heiligenschein aufzusetzen, sehr sympathisch.

Die Aufmerksamkeit, die der Begriff „Wiedergeburt" plötzlich genoß, verschaffte mir zahlreiche Möglichkeiten, um das Evangelium zu erläutern. Zum Beispiel mußte ich in Interviews immer wieder erklären, was *wiedergeboren* eigentlich bedeutet. Der Ausdruck wurde in Predigten häufig verwendet. Ich hatte sogar ein Buch mit dem Titel *Wiedergeburt – wie geschieht das?* geschrieben, das in der Öffentlichkeit eine gute Resonanz hervorgerufen hatte. Der Begriff stammt aus einer der bekanntesten Passagen des Neuen Testaments, dem 3. Kapitel des Johannesevangeliums. Jesus spricht hier mit einem damals bekannten religiösen Führer namens Nikodemus über die Notwendigkeit und die Verheißung einer geistlichen Erneuerung – einer Erneuerung oder geistlichen Neugeburt, die wir erleben, wenn wir uns im Glauben Christus zuwenden.

Im Laufe der Zeit jedoch wurde der Ausdruck *wiedergeboren* ganz unterschiedlich verwendet, bis er schließlich alles mögliche bedeutete. Amerikanische Werbeleute verwendeten ihn, um ihre Produkte anzupreisen; Politiker und kluge Köpfe benutzen ihn für jeden, der über irgend etwas seine Meinung geändert hatte; Pop-Psychologen und Trend-Sektierer benutzten ihn für jede Art von „religiöser" Erfahrung, wie mysteriös und seltsam sie auch sein mochte. Bald vermied ich den Ausdruck völlig und betonte statt dessen die wörtliche Bedeutung des ursprünglich griechischen Wortes, das mit „von oben geboren" oder „in Gottes Familie hineingeboren" übersetzt werden kann.

Die Herausstellung von christlichen Fragen im Wahlkampf von 1976 bereitete mir Sorgen. Einerseits war ich begeistert, einen Präsidentschaftskandidaten so offen vor der Presse und der Öffentlichkeit über seinen persönlichen Glauben sprechen zu hören. Andererseits wußte ich, daß auch Gerald Ford ein Mann mit tiefen Glaubensüberzeugungen war, wenn auch sein geistlicher Hintergrund ein ganz anderer und in der Öffentlichkeit weniger bekannter war. Die Glaubensüberzeugung allein war jedenfalls nicht das zuverlässigste Kriterium dafür, wer sich am besten als Regierungschef eignete.

Jimmy Carter stellte sich selbst nicht als moralisch vollkommen oder übermäßig fromm dar. Im Gegenteil, die Medien stürzten sich bald auf seine Bemerkungen über die Sünde in seinem eigenen Herzen. Auch vermied er es, sein Verständnis des Evangeliums durch verbale Ausweichmanöver oder doppeldeutiges Gerede zu kompromittieren. Sicherlich war es ein politisches Risiko für ihn, so offen über seinen Glauben zu sprechen; am Ende jedoch, glaube ich, wirkte sich seine Aufrichtigkeit zu seinem Vorteil aus. Nach der Desillusionierung durch Watergate traf Carters Aufruf zu einer moralischen Erneuerung bei den Amerikanern auf offene Ohren.

Nach seiner Wahl gab es Spekulationen, daß ich von nun an ständig im Weißen Haus ein- und ausgehen würde. Doch obwohl wir nie direkt darüber sprachen, schien Präsident Carter meinen Eindruck zu teilen, daß eine so auffällige Rolle meinerseits in der Öffentlichkeit leicht mißverstanden werden könnte. So könnte man den Eindruck gewinnen, daß ich unseren gemeinsamen Glauben irgendwie auszunutzen versuchte, um politische Entscheidungen zu beeinflussen oder mir Gefälligkeiten oder Einfluß für die evangelikale Bewegung zu verschaffen.

Die Vorsicht, die John F. Kennedy in dieser Hinsicht während seiner Amtszeit geübt hatte, war mir noch gut in Erinnerung. Ähnlich wie die Wahl Carters war auch Kennedys Wahlkampf von religiösen Auseinandersetzungen überschattet gewesen. Manche hatten sogar behauptet, katholische Geistliche würden durch ihn freien Zugang zum Weißen Haus bekommen und ihre bevorzugte Position ausnutzen, um politischen Einfluß auszuüben. Das war freilich nicht der Fall; im Gegenteil, Kennedy achtete sehr darauf, jede auffällige Nähe zur katholischen Hierarchie zu meiden.

Dennoch hatten Präsident Carter und ich während seiner vierjährigen Präsidentschaft (1977-1981) einige herzliche, wenn auch seltene persönliche Begegnungen. Er war ein treuer Unterstützer des National Prayer Breakfast. Während seiner Amtszeit nahm ich 1977 an dem Gebetsfrühstück teil und hielt 1979 die Ansprache.

Einmal übernachteten Ruth und ich als Gäste der Carters im Weißen Haus. Wir tauschten Erinnerungen über unsere Herkunft aus dem Süden aus und unterhielten uns über die Landespolitik. Die kleine Amy Carter saß still dabei und sah fern. Die meiste Zeit jedoch sprachen wir über unseren gemeinsamen Glauben an Jesus Christus und über einige der Themen, die manchmal Mauern zwischen Christen entstehen lassen. Als wir vier zum Abschluß des Abends zusammen beteten, spürten wir einen Geist der Einheit und der Liebe Christi unter uns. Rosalynn Carter wurde in der Presse oft mit einem ernsten Gesicht abgebildet, wir lernten sie jedoch als eine warmherzige, fürsorgliche Frau kennen.

Zwei Ereignisse ragen in meinen Erinnerungen an die Jahre der Regierung Carter heraus.

Das erste war eine persönliche Angelegenheit und betraf die Schwester eines unserer Schwiegersöhne. Obwohl in Amerika geboren, war sie in Europa aufgewachsen. Aus einem unerfindlichen Grund besaß sie jedoch keinen Paß irgendeiner Nationalität. Als sie achtzehn wurde, beantragte sie einen amerikanischen Paß, der ihr jedoch verweigert wurde, offenbar wegen irgendwelcher bürokratischer oder juristischer Bedenken. Wir versuchten alles Mögliche, um ihr zu helfen, doch es nutzte nichts. Schließlich sagte mir einer unserer Senatoren in North Carolina, nur eine Entscheidung des Kongresses oder des Präsidenten der Vereinigten Staaten könne an dieser Situation etwas ändern.

Als ich eines Tages mit Präsident Carter telefonierte, erwähnte ich unser Dilemma. Er hörte mir aufmerksam zu und sagte dann: „Schicken Sie die Einzelheiten an meinen Sekretär." Das tat ich sofort.

Ungefähr eine Woche später rief der Präsident selbst das Mädchen an. „Sie sind eine Bürgerin der Vereinigten Staaten, und Ihr Paß ist unterwegs zu Ihnen", sagte er. „Sie werden sich nie wieder Gedanken um diese Sache machen müssen."

Wir waren sehr dankbar für seine Hilfe und seine persönliche Anteilnahme und angenehm überrascht, daß er sich selbst um eine solche Sache gekümmert hatte. Sein persönliches Interesse an Menschen war zweifellos eine seiner größten Stärken. Als ich einmal in der Mayo-Klinik lag, rief er an, nur um sich nach meiner Gesundheit zu erkundigen und mich aufzuheitern.

Die zweite Angelegenheit betraf unseren Besuch 1977 in Ungarn. Es war etwas völlig Neues, daß eine kommunistische Regierung einem Pastor aus dem Westen die Erlaubnis zum Predigen erteilte. Ich ahnte, daß unser Besuch vielleicht eine Möglichkeit mit sich bringen würde, die Beziehungen zwischen Ungarn und den Vereinigten Staaten zu verbessern. Als der Zeitpunkt näherrückte, nahm ich Kontakt zu Präsident Carter auf, um ihn über die Reise zu informieren. Er versicherte mir nicht nur sein Interesse, sondern auch seiner Gebete, und bat mich, den uns begegnenden Menschen seine Grüße auszurichten – insbesondere den Christen –, was ich auch tat.

Bei unseren Vorbereitungen auf diese Reise erfuhren wir, daß das kostbarste nationale Symbol Ungarns – die antike Krone des hl. Stephan (des ersten Ungarnkönigs, der im Jahre 1000 den Thron bestiegen hatte) – seit dem Zweiten Weltkrieg in den USA im Fort Knox gelagert wurde. Daß dieses Symbol des ungarischen Patriotenstolzes sich in amerikanischem Besitz befand, war ein sehr wunder Punkt in den ungarisch-amerikanischen Beziehungen, und die Rückgabe der Krone eine Hauptvoraussetzung für eine Verbesserung der Beziehungen zwischen beiden Ländern, wie mir der amerikanische Botschafter in Ungarn, Philip Kaiser, sagte. Ich bat ihn um Rat bezüglich der Bitte um die Rückgabe der Stephanskrone an Ungarn, und er bestärkte mich sehr darin, doch zu prüfen, was wir dazu beitragen könnten.

Wie ich wußte, befaßte sich die Regierung Carter bereits mit dieser Sache. Viele Amerikaner ungarischer Herkunft, die der kommunistischen Regierung in ihrer alten Heimat sehr mißtrauisch gegenüberstanden, hatten verständliche Einwände gegen eine Rückgabe: Die Vereinigten Staaten würden damit einer Regierung, die sie nicht unterstützten, eine unverdiente Legitimität verleihen. Der Präsident befand sich sowohl politisch als auch diplomatisch in einem Dilemma.

Als ich aus Ungarn zurückkehrte, verabredete ich mich mit Präsident Carter; doch in letzter Minute wurde er durch einen wichtigen Termin abgehalten. Während seiner Abwesenheit sprach ich mit Vizepräsident Walter Mondale. Höflich und verständnisvoll hörte er sich meinen Vorschlag an, die Krone zurückzugeben, weil dadurch Ungarns Beziehungen zum Westen gestärkt werden könnten. Bei dieser Gelegenheit sprach ich auch die Möglichkeit an, den Handelsstatus Ungarns zu ändern. Als ich nach meiner Rückkehr für die Sendung *Good Morning America* interviewt wurde, trat ich offen dafür ein, die Handelsbeschränkungen gegen Ungarn aufzuheben. Ich war der Meinung, dies könnte zu einer größeren Freizügigkeit führen. Dennoch – so betonte ich gegenüber Vizepräsident Mondale – sollte das Weiße Haus nicht den Eindruck bekommen, als wolle ich mich in die Politik einmischen und der Regierung sagen, was sie zu tun habe; sie könne die damit verbundenen Probleme viel besser beurteilen als ich.

Die Sache mit der Stephanskrone war bei der US-Regierung schon von etlichen einflußreichen Amerikanern zur Sprache gebracht worden, bevor ich mich zu Wort meldete. Ob es für Jimmy Carter oder Walter Mondale ein wichtiger Gesichtspunkt gewesen war, daß ich mich für eine Rückgabe ausgesprochen hatte, weiß ich nicht. Ich weiß nur, daß die ungarischen Behörden es später auf mein Konto buchten.

Bald darauf fand die Krone ihren Weg zurück nach Budapest, wo sie im Nationalmuseum ausgestellt wurde. Kurze Zeit später billigte unsere Regierung Ungarn die Meistbegünstigungsklausel für den Außenhandel zu. Diese Maßnahmen öffneten vielleicht die Tür für eine Verbesserung der Beziehungen zwischen unseren beiden Ländern und schließlich zu einer politischen Veränderung in Ungarn.

Mein letzter Kontakt zu Präsident Carter während seiner Amtszeit fand am 7. Dezember 1980 statt. Senator Mark Hatfield hatte mich gebeten, an diesem Sonntag in der kleinen Baptistengemeinde gegenüber seinem Haus in Georgetown zu predigen. „Ich habe vor, den Präsidenten und seine Frau dazu einzuladen", sagte er am Telefon zu mir. (Einen Monat zuvor hatte Carter die Präsidentschaftswahl gegen Ronald Reagan verloren.)

Hatfield rief im Weißen Haus an – die Carters kamen tatsächlich. Auch der designierte Vizepräsident George Bush und seine Frau Barbara nahmen an dem Gottesdienst teil. Hinterher gingen wir quer über die Straße zum Haus der Hatfields, wo Mark und seine Frau Antoinette uns zum Mittagessen einluden. Wir tauschten allerlei Geschichten aus, unterhielten uns aber hauptsächlich über die Bibel. Trotz seiner kürzlichen Wahlniederlage hätte Präsident Carter den Bushs oder uns gegenüber nicht herzlicher oder freundlicher sein können.

Viele Politiker, fürchte ich, verweisen ihre religiösen und moralischen Überzeugungen in einen separaten Lebensbereich. Ihr Glaube hat dann kaum eine Bedeutung für ihr Amt. Jimmy Carter machte es anders. Sein aufrichtiges Engagement für die Menschenrechte in aller Welt ist bis heute ein Beispiel dafür. Auch seine Entschlossenheit, etwas gegen die komplexen Probleme im Nahen Osten zu unternehmen, entsprang zum Teil seinen christlichen Überzeugungen zur Friedensbewahrung. Und diese Entschlossenheit trug Früchte: Nur wenige diplomatische Ereignisse der letzten Jahrzehnte waren so dramatisch wie die bahnbrechende Vereinbarung zwischen Ministerpräsident Begin und Präsident Sadat, die in Camp David erzielt wurde.

Seit seinem Ausscheiden aus dem Amt hat Jimmy Carter weiterhin seine Aufgaben als Christ wahrgenommen, wie er sie versteht, sei es in seinen politischen Bemühungen für internationale Verständigung und Frieden oder seine humanitäre Arbeit. Manche anderen führenden Politiker täten gut daran, sich an seinen moralischen und geistlichen Idealen ein Beispiel zu nehmen.

Auch nach seiner Präsidentschaft hatten Carter und ich noch gelegentlich Kontakt. Seine Freundschaft bedeutete mir viel. Kurz vor seiner Reise nach Nordkorea im Juni 1994 rief er mich an, und wir unterhielten uns ausführlich über seine Pläne. Die Beziehungen zwischen den USA und Nordkorea befanden sich wegen des nordkoreanischen Atomprogramms seit Jahren in einer Sackgasse. Allmählich nahmen die Spannungen ein gefährliches Ausmaß an. So war es unsicher, ob er irgend etwas würde ausrichten können, und er hatte sich noch nicht endgültig zu der Reise entschieden.

Ich war gerade zum zweiten Mal in Pjöngjang gewesen und hatte einige Stunden mit Präsident Kim Il Sung verbracht. Präsident Kim war mir persönlich – trotz unseres unterschiedlichen Hintergrundes – sehr herzlich begegnet. Ich hatte den Eindruck gewonnen, daß er aufrichtig an einer Verbesserung der Beziehungen interessiert war. Deshalb drängte ich Carter zu der Reise. Ich rechnete damit, daß seine warmherzige Persönlichkeit bei Präsident Kim auf ein positives Echo stoßen würde. Und so war es auch.

Als meine Pläne für eine neue Evangelisation in Atlanta 1994 erste Gestalt annahmen, war Jimmy Carter gern bereit, den Ehrenvorsitz zu übernehmen. Am Eröffnungsabend im Oktober stand er auf dem Podium im neuen Georgia Dome und sprach einige Minuten lang zu den Zuhörern. Es war eine bemerkenswerte Evangelisation, die sowohl von Schwarzen als auch von Weißen unterstützt wurde.

Ich vermute, daß die Historiker Präsident Carter freundlicher behandeln werden, als es einige seiner Zeitgenossen getan haben. Als ein Mann von tiefer Glaubensüberzeugung und lauterer Integrität war er zweifellos einer unserer gewissenhaftesten Präsidenten, der sich beharrlich und sorgfältig seinen Aufgaben widmete.

27

Unter dem Schatten des Kremls

MOSKAU 1982, OSTDEUTSCHLAND
UND TSCHECHOSLOWAKEI 1982, SOWJETUNION 1984

Wir waren dankbar für die Türen, die Gott uns in Ungarn und Polen geöffnet hatte. Die positiven Impulse für die Gemeinden und die evangelistischen Anstöße allein dieser Reisen zeigten Auswirkungen in Osteuropa – selbst wenn es unsere einzigen Besuche geblieben wären. Doch es war immer unser Gebet, daß sich noch eine andere Tür öffnen würde – die Tür zu dem schwierigsten und strategisch wichtigsten Land: der Sowjetunion.

MOSKAU

Für das Jahr 1982 plante die russisch-orthodoxe Kirche eine Veranstaltung mit dem hölzern klingenden Namen „Weltkonferenz religiöser Mitarbeiter zur Rettung der heiligen Gabe des Lebens vor der Atomkatastrophe" – schlicht gesagt war es eine von der Kirche geförderte internationale Friedenskonferenz. Mehrere hundert Vertreter aller großen Weltreligionen, nicht nur des Christentums, würden dazu nach Moskau reisen.

Nach zahlreichen Kontakten in Moskau und Washington (mit Alexander Haraszti, Walter Smyth und John Akers) lud mich das Oberhaupt der russisch-orthodoxen Kirche ein, Patriarch Pimen von Moskau und Ganz Rußland, vor dieser Versammlung zu sprechen.

Ein ernsthaftes Problem! Friedenskonferenzen in Osteuropa, das war kein Geheimnis, sollten in erster Linie der sowjetischen Propaganda dienen. Es galt als gesichert, daß sie hinter den Kulissen von staatlichen Behörden gesteuert wurden. Hinzu kam, daß solche Konferenzen nahezu ausnahmslos einen deutlich politischen und anti-amerikanischen Unterton trugen, während sie die sowjetische Politik einmütig und unkritisch befürworteten. Wer konnte garantieren, daß es diesmal anders sein würde – auch wenn die Schirmherrschaft bei einer religiösen Institution lag? Würde ich mich, indem ich der Einladung Folge leistete, ahnungslos zu einem Werkzeug kommunistischer Propaganda machen?

Alex gelang es, drei wichtige Punkte im Vorfeld auszuhandeln.

Erstens: Wenn ich teilnahm, würde ich nur ein Beobachter sein, kein offizieller Delegierter. Auf diese Weise würde ich nichts damit zu tun haben, falls die Versammlung eine pro-sowjetische Schlußerklärung verabschiedete.

Die zweite Bedingung war die völlige thematische und inhaltliche Freiheit meiner Rede, in der ich das Thema aus biblischer Sicht darlegen wollte. „Der christliche Glaube und der Friede im Atomzeitalter" lautete der Titel, den ich schließlich wählte.

Drittens wurde mir nach einigen Diskussionen erlaubt, zusätzlich zur Konferenz in zwei Moskauer Kirchen zu predigen, einer orthodoxen und einer baptistischen.

Diese drei Zugeständnisse stimmten mich ein wenig zuversichtlich. Trotzdem bereitete mir die Frage, ob ich die Einladung annehmen sollte, Unruhe wie nie zuvor. War das Ganze vielleicht ein Trick Satans, um mich von meinem Weg abzulenken oder das Evangelium in Mißkredit zu bringen? Wochenlang diskutierte und betete ich mit Ruth – selbst als ich schon damit beschäftigt war, meine Ansprache für die Konferenz zu entwerfen.

Ich nahm Kontakt zu Richard Nixon auf, um seinen Rat einzuholen. Er wiederholte das, was mir schon andere gesagt hatten: daß die Kommunisten zweifellos versuchen würden, meine Anwesenheit für ihre eigene Propaganda zu nutzen. Dennoch ermutigte er mich, ohne zu zögern, zur Teilnahme und war uns auch später in vielerlei Hinsicht behilflich.

Der Verleger Rupert Murdoch teilte Nixons Ansicht ebenso wie weitere sachkundige Leute, die ich konsultierte. Don Kendall, Vorstandsvorsitzender von Pepsi Cola und intimer Kenner der sowjetischen Verhältnisse, befürwortete die Reise ebenfalls. Henry Kissinger erholte sich gerade von einer Herzoperation, lud mich aber dennoch nach Boston ein, um das Thema mit mir durchzusprechen. Er las auch den Entwurf meiner Ansprache und drängte mich, eine deutlichere Aussage zu den Menschenrechten zu machen. Dankbar griff ich den Vorschlag auf.

Andere, mit denen ich sprach, waren besorgt, weil es keine ausschließlich *christliche* Konferenz war. Manche sahen in der Annahme dieser Einladung aus einem kommunistischen Land einen folgenschweren Kompromiß mit atheistischen Kräften.

Selbst im geschäftsführenden Vorstand der BGEA, der Billy Graham-Gesellschaft, rieten mir einige unter der Hand von der Reise ab. Ich habe den Rat unserer Vorstandsmitglieder immer ernstgenommen und nur selten entgegengesetzt gehandelt. Diesmal tat ich es jedoch, wieder aus dem starken Eindruck heraus, daß Gott mich leitete und er seine Interessen vertreten würde, was auch immer geschah.

Allerdings gab es noch einen weiteren Gesichtspunkt. Alex war davon überzeugt, daß ich bei einer Ablehnung der Einladung nie wieder in die Sowjetunion oder überhaupt nach Osteuropa eingeladen würde. Meine Absage könnte zu einer erheblichen Verstimmung führen, und die sowjetische Regierung – die ja die Einladung genehmigen mußte – würde wohl kaum eine erneute Genehmigung erteilen.

Der amerikanische Botschafter in Moskau, Arthur Hartman, sprach sich entschieden gegen meine Teilnahme aus. Überzeugt, daß die Sowjets mich für Propagandazwecke ausnutzen würden, brachte er seine Einwände sowohl bei Alex als auch bei seinen Vorgesetzten in Washington vor. Doch ich war zuversichtlich, daß meine Propaganda für Christus sich stärker als die Sowjet-Propaganda erweisen würde. Nicht umsonst heißt es in der Bibel: „Denn der Geist Gottes, der euer Leben bestimmt, ist stärker als jener Geist, von dem die Welt beherrscht wird" (1. Johannes 4,4).

„Vielleicht werden die Kommunisten in der Sowjetunion mich vor ihren Karren zu spannen versuchen", sagte ich zu einem Freund. „Aber ich werde alles nutzen, um das Evangelium zu predigen."

Wenige Wochen vor meiner Abreise nach Moskau rief mich Vizepräsident George Bush in New York an, als ich gerade mit einigen Teammitgliedern die Situation erörterte. Er zeigte sich besorgt und las mir die Stellungnahme von Botschafter Hartman vor. Auf eine Absage der Reise drängte er jedoch nicht.

An einem Sonntag kurz vor der Reise war ich zusammen mit Arthur Ochs Sulzberger, dem Herausgeber der *New York Times*, bei Familie Bush zum Mittagessen eingeladen. In der offiziellen Residenz des Vizepräsidenten auf dem Gelände der Marine-Sternwarte meinte der Vizepräsident: „Ich glaube nicht, daß die Reagans heute mittag schon etwas vorhaben. Ich rufe sie an und lade sie auch noch ein."

Etwa eine halbe Stunde später waren sie da, und wir führten ein gutes Gespräch über meine geplante Rußland-Reise und andere Themen. Ich werde nie vergessen, mit welch sichtlicher Freude und Geduld Präsident Reagan mit den Sulzberger-Kindern spielte.

Zwischendurch nahm Präsident Reagan mich zur Seite. „Sie wissen ja, was so alles in der Presse stand", sagte er. „Ich glaube, daß Gott auf geheimnisvolle Weise wirkt. Ich werde die ganze Zeit über für Sie beten."

Anfang Mai, nachdem die Reise offiziell angekündigt worden war, erreichten die BGEA in Minneapolis zwischen zehntausend und fünfzehntausend Briefe pro Tag. Weniger als ein halbes Prozent der Zuschriften kritisierte die geplante Reise.

Am Freitag, dem 7. Mai 1982, trafen wir in Moskau ein und wurden als erstes in eine überfüllte Pressekonferenz geführt, auf der uns hohe Regierungsbeamte und leitende Vertreter der russisch-orthodoxen und der protestantischen Kirchen begrüßten. Als wir hinterher die Treppen hinunter zu den wartenden Autos gingen, drückte mir ein amerikanischer Reporter, der eigens zu diesem Anlaß angereist war, einen Zettel in die Hand. Es war eine Liste „sowjetischer Gewissensgefangener", und er verlangte, daß ich mich öffentlich zu ihrer Lage äußere. Ähnliche Listen hatte ich schon zuvor gesehen, eine trug ich bereits bei mir.

Gewiß hoffte ich auf die Gelegenheit, meine Besorgnis über angebliche Verstöße gegen die Religionsfreiheit bei privaten Gesprächen mit hochstehenden sowjetischen Funktionären zum Ausdruck bringen zu können. Sie allein konnten etwas an der Situation ändern. Andererseits wußte ich, daß ein öffentlicher Angriff auf die Politik der Sowjetregierung mich ein für alle Mal um die Chance gebracht hätte, eine private Unterredung mit Partei-Funktionären führen zu können – den einzigen Leuten, die eine Veränderung bewirken konnten.

Später überreichte ich meine Liste einem hochrangigen Funktionär, wobei ich gleichzeitig meiner Sorge Ausdruck verlieh, daß Christen diskriminiert würden. Meine russischen kirchlichen Gastgeber begrüßten es sehr, daß ich dieses Thema unauffällig hinter den Kulissen handhabte. Leider haben im Westen viele unser Vorgehen nicht verstanden.

Am nächsten Abend besuchten unsere Gastgeber mit mir drei russisch-orthodoxe Kirchen, in denen am Samstag abend Gottesdienste stattfanden – ohne daß ich dort predigte. Überall standen die Menschen dicht gedrängt. (In russisch-orthodoxen Kirchen gibt es keine Bänke oder Stühle.) Ein Grund für die überfüllten Moskauer Kirchen war die von den Behörden stark begrenzte Anzahl der geöffneten Kirchen. Die großartigen liturgischen Gesänge und die offensichtliche Frömmigkeit der Gottesdienstbesucher bewegten mich tief.

Beiläufig bemerkte ich gegenüber einem Fernsehreporter aus North Carolina, so etwas hätte ich noch nie in einer Kirche in Charlotte erlebt. (Natürlich gibt es in den meisten amerikanischen Gemeinden keinen Gottesdienst am Samstagabend.) Sagen wollte ich damit, daß die Gläubigen in der Sowjetunion eine Frömmigkeit zeigten, wie sie unter amerikanischen Christen kaum zu finden war. Sie opferten ihren Samstagabend, um sich innerlich auf den Gottesdienst am Sonntag vorzubereiten. Diese beiläufige Bemerkung wurde von dem Reporter aufgegriffen, jedoch leider aus dem Zusammenhang gerissen: Irgendwie war der Zusatz „am Samstag abend" aus den Berichten, die in den Vereinigten Staaten gedruckt wurden, verschwunden, so daß es sich anhörte, als hätte ich behauptet, in Moskau gingen mehr Leute in den Gottesdienst als in Charlotte oder irgendeiner anderen amerikanischen Stadt.

Am nächsten Tag, dem Sonntag, war ich früh unterwegs, um in der Moskauer Baptistengemeinde zu predigen – derselben, die ich schon 1959 als Tourist besucht hatte. Ursprünglich war der Gottesdienst für den späten Vormittag angesetzt gewesen. Doch das hatte sich herumgesprochen, und die Behörden, die eine große Menschenansammlung befürchteten, zwangen die Gemeinde, den Gottesdienst in letzter Minute auf den frühen Morgen zu verlegen. Dennoch war das Gebäude völlig überfüllt; in den Gängen und Türen drängten sich die Menschen Schulter an Schulter. Während des ganzen Gottesdienstes gingen immer wieder kleine Gruppen hinaus, um anderen Platz zu machen.

Einer der Pastoren der Gemeinde, Michail Zhidkow, übersetzte mich. Er und der Generalsekretär der Baptisten in der Sowjetunion, Pastor

Alexej Bitschkow, hatten sich 1977 in Ungarn mit mir getroffen und sich seither engagiert bemüht, bei der russisch-orthodoxen Kirche und der Regierung eine Einladung für mich zu erwirken.

Erst später sagte man mir, daß während meiner Predigt eine Angehörige einer Dissidentengruppe auf der Empore ein Transparent entrollt habe, um gegen das sowjetische Vorgehen gegen Christen zu protestieren. Innerhalb von Sekunden hatten andere Gemeindeglieder sie hinausgeführt; ein solcher Vorfall hätte der Gemeinde Schwierigkeiten in der Beziehung zu den Behörden bereiten können. Später wollten Vertreter der internationalen Presse wissen, warum ich meine Predigt nicht unterbrochen und irgendeine solidarische Bemerkung gemacht hätte. Ich sagte ihnen, daß ich von dem Transparent und dem ganzen Vorgang nichts bemerkt hätte. Ich fürchte, manche von ihnen glaubten mir nicht.

Nach meiner Predigt wurde ich sofort zur Tür hinaus geführt und zur Kathedrale der Epiphanie gefahren, der Kirche des russisch-orthodoxen Patriarchen. Als wir geradezu durch die Stadt rasten (wir waren spät dran, und der orthodoxe Gottesdienst hatte bereits begonnen!), bemerkte ich nicht die mehreren Hundert Leute, die – wie man mir später sagte – etwa einen Häuserblock von der Baptistenkirche entfernt hinter einer Straßensperre standen. Man hatte ihnen offenbar nicht erlaubt, sich dem Gebäude zu nähern. Niemand machte mich in diesem Augenblick auf sie aufmerksam. Ich wünschte, ich hätte sie wenigstens begrüßen können.

Patriarch Pimen stellte mich im Laufe der Liturgie vor. Umgeben von bärtigen orthodoxen Geistlichen in schwarzen Roben stand ich auf und blickte auf das Meer von Gesichtern vor mir. Vor einem kostbaren goldenen Ikonenschrein begann ich zu predigen. Anfangs war ich ein wenig unsicher, weil es kein Pult gab, so daß ich keine Ablage für meine Notizen und meine Bibel hatte. Dann, nach ein oder zwei Minuten, begannen die Leute etwas zu rufen. Einen Moment lang fürchtete ich, daß sich Demonstranten zu Wort meldeten. Doch die Gottesdienstbesucher riefen nur meinem Übersetzer zu, er möge lauter sprechen; es gab in der riesigen Kathedrale keine ausreichende Lautsprecheranlage.

Ich predigte zum ersten Mal in einer orthodoxen Kirche – und ich empfand das als große Ehre. Mit ihrer Standhaftigkeit und ihrem Mut, auch in den schwersten Zeiten auszuharren, gehören die orthodoxen Gläubigen Rußlands für mich zu den großen Vorbildern in der Kirchengeschichte.

Die nächste Ansprache fand im Rahmen der Friedenskonferenz selbst statt. Ich nahm nur an einer Vormittags- und einer Nachmittagssitzung während der fünftägigen Konferenz teil; die restliche Zeit diente privaten Begegnungen mit Funktionären und der Teilnahme an anderen Veranstaltungen.

Der Redner vor mir, ein Delegierter aus Syrien, erinnere ich mich, hatte eigentlich zehn Minuten Redezeit; er nahm sich vierzig. Als seine Ansprache sich immer länger hinzog, begann ich hastig, im Manuskript meines Vortrags herumzustreichen. Doch Metropolit Filaret von Minsk und Weißrußland, der mich kritzeln sah, flüsterte mir zu: „Halten Sie Ihre *vollständige* Ansprache!"

Als ich schließlich an der Reihe war, erläuterte ich, was die Bibel zum Thema Frieden zu sagen hat. Ohne Umschweife erklärte ich, ich wisse zwar, daß viele der Teilnehmer aus nicht-christlichem Hintergrund kämen, doch ich spräche zu ihnen als Christ; denn „alles, was ich bin oder je gewesen bin oder in diesem oder im zukünftigen Leben je zu sein hoffe, verdanke ich Jesus Christus".

Ich machte deutlich, daß ich kein Pazifist sei und auch nicht für einseitige Abrüstung stimme; Nationen und Völker hätten das Recht, sich gegen einen Angreifer zu wehren. Dann wies ich darauf hin, daß die Bibel vom Frieden in drei Dimensionen spreche: vom Frieden mit Gott durch Christus, vom Frieden in uns selbst und vom Frieden untereinander. Gott interessiere sich für alle drei Aspekte, sagte ich, und keiner dürfe ignoriert werden, wenn wir wahren Frieden haben wollten.

Das Wettrüsten, fügte ich hinzu, sei nicht nur ein politisches Thema, sondern auch ein moralisches und geistliches. Aus diesem Grund hätten Christen die Aufgabe, Friedensstifter zu sein, wo immer Gott ihnen dazu Wege eröffne – wenn wir auch wüßten, daß unsere Hoffnung auf endgültigen Frieden sich erst im Reich Gottes erfüllen werde. Dann schlug ich eine Reihe von Schritten zum Frieden vor, die religiöse Führer gehen könnten, angefangen mit einem Aufruf zur Buße: „Lassen Sie uns die Nationen und die Führer unserer Welt zur Buße rufen. ... Keine Nation, klein oder groß, ist ausgenommen von der Mitschuld am gegenwärtigen Stand der internationalen Beziehungen."

Außerdem erklärte ich: „Wir sollten alle Regierungen dazu drängen, die Rechte der Gläubigen aller Religionen, wie sie in der Menschenrechts-

Deklaration der Vereinten Nationen niedergelegt sind, zu respektieren. Wir müssen hoffen, daß eines Tages alle Nationen (wie alle Unterzeichner der Schlußakte von Helsinki erklärten) ,die Freiheit des einzelnen, gemäß den Geboten seines eigenen Gewissens allein oder in Gemeinschaft mit anderen eine Religion oder einen Glauben zu bekennen und auszuüben, anerkennen und respektieren' werden."

Das Zitat aus der Schlußakte von Helsinki hatte ich ganz bewußt gewählt. Es sollte das Gewissen der sowjetischen Regierung aufrütteln, die zwar die Vereinbarung unterzeichnet hatte, nach allgemeiner Einschätzung jedoch einige ihrer Vorschriften ignorierte. Die Rede schien guten Anklang gefunden zu haben; die Zuhörer reagierten mit Applaus, der schließlich zu stehenden Ovationen anschwoll.

Leider nahmen, wie befürchtet, viele Redner eine höchst politische und pro-sowjetische Haltung ein und griffen offen die Politik der amerikanischen Regierung an. Ich saß auf dem Podium, vor den Augen der gesamten Zuhörerschaft. Inmitten einer besonders beleidigenden Attacke protestierte ich, indem ich demonstrativ meinen Übersetzungskopfhörer abnahm.

Später traf ich mich mit Boris Ponomarew, dem Vorsitzenden des Komitees für Außenangelegenheiten des Obersten Sowjets der UdSSR und Mitglied des Politbüros. Falls die Konferenz weiterhin so kraß antiamerikanisch ablaufen würde, sagte ich zu ihm, würde sie alle Glaubwürdigkeit verlieren und negativen Einfluß auf die sowjetisch-amerikanischen Beziehungen nehmen. Vom nächsten Tag an wurde, wie ich hörte, ein anderer Ton angeschlagen.

Der Besuch bei Boris Ponomarew gehörte zu den unerwarteten Ereignissen meines Lebens. Vor der Abreise in die Sowjetunion hatte ich um eine Gelegenheit gebetet, jemanden auf dieser Ebene zu treffen, obwohl ich wußte, daß das – menschlich gesehen – nahezu unmöglich war. Als ich durch das den Funktionären vorbehaltene Tor des Kremls gefahren wurde, wußte ich: Nun kommen wir in das innerste Zentrum der sowjetischen Macht. Doch der Gedanke beunruhigte mich nicht, ich wußte, daß Gott bei mir war und daß er mir die richtigen Worte und den Freimut geben würde, von Christus zu sprechen. Während der ganzen Begegnung betete ich für meinen Gastgeber und empfand – wie es mir bei ähnlichen Gelegenheiten oft erging – einen Strom innerer Kraft und Zuversicht. So etwas erlebe ich oft, wenn ich predige – ich kann es nur dem Heiligen Geist zuschreiben.

Wir saßen an einem runden Tisch in Ponomarews Büro, dessen hohe graue Wände mit Damast bezogen waren, mit passenden Vorhängen und Polstermöbeln und einem großen Kristalleuchter. Einige sowjetische Kirchenleute sagten mir später, ich sei vermutlich der erste ausländische Geistliche, den er oder irgendein anderes Mitglied des Politbüros je kennengelernt habe, und sicherlich auch einer von ganz wenigen Amerikanern. Auf mich wirkte er ganz anders als das im Westen verbreitete Stereotyp eines sowjetischen Funktionärs. Er war freundlich, höflich, rücksichtsvoll und gut informiert über Amerika und dessen Denken.

Ich sei nicht als Repräsentant meines Landes gekommen, sagte ich ihm, obwohl mir durchaus an einer Verbesserung der Beziehungen gelegen sei. Wir sprachen recht ausführlich über die Probleme und Barrieren zwischen unseren beiden Nationen. Auch die Lage zweier zur Pfingstkirche zählenden christlichen Familien aus Sibirien kam zur Sprache, die als Flüchtlinge im Keller der amerikanischen Botschaft in Moskau lebten. Sie hatten dort nach verweigerter Ausreise aus der Sowjetunion um Asyl gebeten. Ich drängte ihn und seine Kollegen, eine Lösung für ihr Problem zu finden. Wie ich es stets bei meinen Begegnungen mit führenden Politikern tat, versuchte ich auch, meine Überzeugungen als Christ deutlich zu machen.

Anschließend führte Ponomarew mich persönlich durch den Kreml. Er zeigte mir das Büro von Staatsoberhaupt Leonid Breschnew, das sich auf demselben Flur befand wie seines; Breschnew selbst lag in einer Klinik im Sterben. Als wir weitergingen, schienen sich Türen automatisch zu öffnen. In mehreren Büros stellte er mich den Mitarbeitern vor, die mich alle mit ausgesuchter Höflichkeit begrüßten – was mich angesichts der Position meines Führers nicht überraschte.

Die Büros im Kreml erschienen mir üppig ausgestattet und auf altmodische Weise elegant. Den Leuten, die dort arbeiteten, merkte ich einen gewissen Stolz an; sie wußten, daß sie in einem der großen Machtzentren der Erde tätig waren. Nachdem ich den Kreml verlassen hatte, sagte ich zu einem meiner Mitarbeiter, ich bezweifelte sehr, daß diese sowjetischen Führer jemals einen Atomkrieg beginnen würden; es sei kaum anzunehmen, daß sie all diese Privilegien und Annehmlichkeiten aufs Spiel setzen wollten.

Obwohl das meinen Gastgebern großes Kopfzerbrechen bereitete, war ich entschlossen, die sibirischen Christen in der amerikanischen Botschaft zu besuchen. Ihre Situation war zu einem unübersehbaren Reibungsfaktor in den Beziehungen zwischen den Vereinigten Staaten und der UdSSR geworden – wenngleich ich die Familien nicht aus politischen Gründen, sondern als Pastor besuchen wollte.

„Warum besteht er darauf, diese Leute zu besuchen?" fragte der uns zur Seite gestellte ständige Begleiter Alex und John verzweifelt. „Warum will er sich sämtliche Türen zuschlagen?"

Ihre Antwort – ich wolle als Pastor meinen Mitchristen einen Besuch abstatten – war für sie vermutlich völlig unverständlich. Dennoch blieben wir hartnäckig, und schließlich wurde ein Besuch in der Botschaft für einen Abend eingeplant.

Jener Begleiter war uns eine höchst unerwartete Hilfe. Ich wußte, daß der KGB ausländische Gäste genau im Auge behielt und ihnen auch große Schwierigkeiten machen konnte. Bei unseren Verhandlungen vor der Reise hatte ich deshalb darum gebeten, man möge uns einen Mann zuweisen, „der weiß, wie man Dinge handhabt". Der Mann, der dann auftauchte, sprach vorzüglich Englisch und hatte volle Handlungsfreiheit, obwohl er nie irgendwelche Verbindungen zum KGB erkennen ließ (wir fragten ihn auch nicht danach). Infolgedessen hatten wir nie irgendwelche Probleme mit unseren Arrangements. Er begleitete uns während unseres ganzen Aufenthaltes 1982 und stieß 1984 wieder zu uns.

Die Presse hatte von dem Besuch in der Botschaft erfahren und erwartete uns bereits – wahrscheinlich in der Hoffnung, daß ich entweder mich oder meine Gastgeber in Verlegenheit bringen würde. Als sich unser Wagen näherte, standen mehrere Dutzend Journalisten an der Toreinfahrt der Botschaft. Einer von ihnen, ein erfahrener Korrespondent einer großen amerikanischen Fernsehgesellschaft, hatte mir vorher insgeheim einen Tip gegeben. „Sie machen das genau richtig, inoffiziell und unauffällig, und reden kein Wort darüber", sagte er mir. „Wenn wir Reporter anfangen, nach einem Kommentar von ihnen zu rufen, werde ich lauter schreien als alle anderen. Geben Sie mir keine Antwort, und den anderen auch nicht. Schweigen Sie einfach, oder sagen Sie: ‚Kein Kommentar.'"

Fast eine Stunde lang wartete ich im ersten Stock der Botschaft in einem Büro, während John und Alex versuchten, mit den Asylsuchenden einige Verhaltensmaßregeln für den Besuch zu erarbeiten. Eine Weile lang sah es so aus, als könne das Treffen nicht stattfinden. Eine Frau aus der Gruppe verlangte eine vollständige Presseberichterstattung über meinen Besuch in ihrer Unterkunft. Als ich mich strikt weigerte, den Besuch zu einem Medienereignis zu machen, wollte sie zumindest, daß Fotografen durch die Kellerfenster Bilder machten. Ich hatte Verständnis für sie, aber ich wollte einen seelsorgerlichen Besuch nicht zu einem Medienzirkus machen. Schließlich erklärten sie sich – widerstrebend – mit einem reinen Privatbesuch einverstanden.

Meine Gespräche über ihren Fall mit Regierungsbeamten waren nicht völlig hoffnungslos verlaufen. Ich hatte meinen Appell zugunsten der „Sibirischen Sieben", wie die Medien sie nannten, mit der dringenden Notwendigkeit begründet, die Beziehungen zwischen unseren beiden Ländern zu verbessern. Einer der Sowjetfunktionäre, mit denen ich sprach, gab mir zu verstehen, das Problem werde seiner Meinung nach zu gegebener Zeit gelöst werden. Doch aus ihrer Sicht, betonte er, seien die Pfingstler Gesetzesbrecher und keine Flüchtlinge. Er wies mich darauf hin, daß wir in Amerika ebenso mit religiösen Führern umgingen, wenn sie sich nicht an unsere Gesetze hielten. Als Beispiel nannte er Martin Luther Kings Inhaftierung wegen zivilen Ungehorsams. Den Menschen im Keller der amerikanischen Botschaft sagte ich davon natürlich nichts, doch ich fand, daß es ein winziges Licht am Ende ihres Tunnels sein könnte.

Die sechs Pfingstler (einer war bereits nach Sibirien zurückgekehrt) stellten mir einen Großteil der anderthalb Stunden, die ich bei ihnen war, Fragen über die Bibel. Einige waren höchst politisch und zielten darauf ab, den in der Bibel beschriebenen Antichristen mit dem Kommunismus der sowjetischen Regierung gleichzusetzen – was ihrem Standpunkt zu entsprechen schien.

Als die Zeit für meinen Aufbruch nahte, knieten wir alle nieder und beteten zusammen. Dann nahm ich jeden einzelnen von ihnen in die Arme, was ich nicht vor laufenden Kameras getan hätte, weil es wie eine Show gewirkt hätte.

Die „Sibirischen Sieben" waren nur die Spitze eines Eisberges, dachte man an die Juden in der Sowjetunion, denen die Ausreise verweigert wurde. Eine der Bedingungen, die ich für meine Teilnahme an der Konferenz gestellt hatte, war die Erlaubnis, mit führenden sowjetischen Juden zusammenzutreffen. Vor meiner Abreise von zu Hause hatte ich mit meinem Freund Rabbiner Marc Tanenbaum vom American Jewish Committee – der mich ebenfalls sehr zu der Reise drängte – über die Situation der russischen Juden gesprochen. In Moskau traf ich privat mit dem Rabbi und anderen führenden Leuten der Gemeinde in der einzigen Synagoge Moskaus zusammen. Als wir vor der Synagoge eintrafen, war das Gebäude von Dutzenden muskulöser Männer in schlecht sitzenden Anzügen umringt; vermutlich Polizisten, die vergeblich versuchten, unauffällig zu wirken.

Einige westliche Journalisten versuchten immer wieder, mich zu einer öffentlichen Kritik an der sowjetischen Regierung zu bewegen. Als ich das ablehnte, versuchten sie, mich entweder als naiv oder als Sympathisanten der Kommunisten darzustellen.

Während eines Ausflugs zum historischen, außerhalb Moskaus gelegenen orthodoxen Kloster Sagorsk regnete es, und wir hatten uns bereits verspätet. Eine Polizeieskorte bahnte uns sehr umsichtig einen Weg, damit wir unseren Zeitplan einhalten konnten. Hinterher dankte ich den Polizisten für ihre Hilfe. Am nächsten Tag veröffentlichte eine Zeitung in Amsterdam ein Foto von mir und den Polizisten mit der Bildlegende, ich würde den Polizisten, die Christen verfolgten, die Hände schütteln und ihnen danken für das, was sie taten. Ernstzunehmender waren falsche oder unvollständige, aus dem Zusammenhang gerissene Zitate aus Stellungnahmen zur Religionsfreiheit in der Sowjetunion, die ich abgegeben hatte. Einmal zum Beispiel hatte ich gesagt, es gebe „ein gewisses Maß an Religionsfreiheit" in der Sowjetunion; was ja auch stimmte. In einigen westlichen Zeitungen jedoch stand, ich hätte behauptet, es gäbe vollständige Religionsfreiheit.

Am Ende der Reise, als wir auf dem Flughafen zum Rückflug starten wollten, fragte mich nochmals ein Reporter nach meinen Eindrücken vom kirchlichen Leben in der Sowjetunion. Ich erwähnte beiläufig, daß die Sowjetunion im Gegensatz zu Großbritannien und anderen europäischen Ländern, in denen es eine „Staatskirche" gebe, eine „Freikirche" habe. Dann wurden wir unterbrochen, und ich hatte keine Gelegenheit mehr, mich zu vergewissern, ob er den Unterschied kannte.

Leider war er mit der Bedeutung dieser Fachbegriffe nicht vertraut. In Europa bezieht sich der Begriff *Staatskirche* oder *Volkskirche* auf eine Denomination, die vom Staat offiziell anerkannt und gefördert wird; Beispiele dafür sind die anglikanische Kirche in England und die evangelischen Landeskirchen und die katholische Kirche in Deutschland. Der Ausdruck *Freikirche* bezieht sich allgemein auf Denominationen, die ohne staatliche Unterstützung arbeiten. Einige Reporter verbreiteten nun fälschlicherweise, ich hätte gesagt, die Kirche in der Sowjetunion sei frei von staatlicher Kontrolle und verfüge über alle Freiheiten.

Von Moskau aus flogen wir nach London, wo ich den Templeton-Preis für Fortschritte in der Religion erhalten sollte, eine Anerkennung, die ich ebenso erfreut wie beschämt entgegennahm. Die Zeremonie sollte von Prinz Philip im Buckingham-Palast vollzogen werden. Sofort nach unserer Ankunft jedoch wurde deutlich, daß einige meiner angeblichen Äußerungen in Moskau einen Sturm der Entrüstung in der westlichen Presse ausgelöst hatten.

Eine hastig einberufene Pressekonferenz in London stillte den Sturm ebenso wenig wie ein kurzes, per Satellit nach Amerika übertragenes Fernsehinterview, bei dem als unangekündigter Gesprächspartner ein militanter Verfechter der Menschenrechte scharfe Angriffe startete. In gewisser Hinsicht war ich natürlich dadurch gehandikapt, daß ich nichts aus den vertraulichen Gesprächen über die Menschenrechte sagen konnte, die ich mit Funktionären in Moskau geführt hatte.

Als Ruth und ich im Buckingham-Palast eintrafen, wurden wir eine breite, prächtige Treppe hinaufgeführt und dann einen langen Flur entlang bis zu dem Raum, in dem die Verleihung stattfinden sollte. Ruth – die ein Auge für Einzelheiten hat – erinnert sich an die üppigen Wandbehänge und Ausstattungsgegenstände und an einen riesigen Aubusson-Teppich, der sich bis ins Unendliche zu erstrecken schien. Bei der Verleihung nahm Prinz Philip den Scheck über zweihunderttausend Dollar – damals der höchste Geldpreis weltweit – und überreichte ihn nicht mir, sondern Ruth, wobei er mit einem jungenhaften Lachen sagte, er vermute die finanziellen Angelegenheiten der Familie in ihrer Hand. Später mußte ich den Scheck von ihr zurückerbitten, um ihn einzulösen. Wir hatten entschieden, ihn für das Anliegen der Weltevangelisation zu verwenden. Ein Großteil davon wurde für Stipendien und Reisezuschüsse für Evangelisten aus der Dritten Welt verwendet, die im folgenden Jahr an der Internationalen Evangelistenkonferenz in Amsterdam teilnahmen.

476

Sofort nach der Verleihungszeremonie, die mit einem Abendessen schloß, das Sir John Templeton gab und auf dem ich eine Ansprache hielt, brach ich nach New York auf. Bei meiner Ankunft gab es wieder eine überfüllte Pressekonferenz und eine geballte Ladung scharfer Fragen. Der Rabbiner Marc Tanenbaum, der einiges darüber wußte, was ich hinter den Kulissen zu tun versucht hatte, setzte sich für mich ein und befürwortete nicht nur unsere Rußland-Reise, sondern lobte ausdrücklich meine Beziehungen zum jüdischen Volk. Doch viele Leute lasen nur die ersten Berichte und übersahen die Klarstellungen. Die Kontroverse schwelte noch lange weiter.

Besonders erschüttert war ich, als ich hörte, daß Alexander Solschenizyn Anstoß an Bemerkungen nahm, die ich angeblich gemacht hatte. Wir waren uns 1974 anläßlich der Verleihung des Literaturnobelpreises begegnet. Er hatte mich eingeladen, zu ihm nach Stockholm zu kommen. Ich übernachtete in seinem Hotel, und wir führten ein sehr gutes Gespräch. Sowohl ihm als auch seiner Frau war der lebendige Glaube an Christus anzumerken.

1983 jedoch, als Solschenizyn den Templeton-Preis für Fortschritte in der Religion erhielt (ein Jahr, nachdem ich ihn erhalten hatte, und ein Jahr nach der Moskauer Friedenskonferenz), enthielt seine Dankesrede eine recht abfällige Anspielung auf den „Gewinner des letzten Jahres". Dieses Mißverständnis bei einem Menschen zu erleben, für den ich den größten Respekt empfand, machte mich sehr traurig.

Mit Gottes Gnade überstanden wir all die Angriffe und Kontroversen. Im Rückblick bin ich immer noch überzeugt, daß es Gottes Willen entsprach, daß ich die Reise unternahm – und bei aller Kritik tröstet mich die Verheißung aus Sprüche 16,7: „Wenn dein Handeln Gott gefällt, bewegt er sogar deine Feinde dazu, sich mit dir zu versöhnen."

Traurig machte mich jedoch, daß manche Kritiker niemals einlenkten. Und immer wieder verfolgte mich die Frage: War dies das Ende unseres Dienstes in diesem Teil der Welt?

Wie sich herausstellte, war die Moskau-Reise im Mai 1982 ein Signal für andere kommunistische Länder: Nun konnten sie uns einladen, ohne ein Stirnrunzeln aus dem Kreml zu riskieren. Im Laufe des Sommers erreichten uns Einladungen aus Ostdeutschland und der Tschechoslowakei, zwei Länder, deren Regime zu den totalitärsten im Ostblock gehörten.

OSTDEUTSCHLAND

Im Oktober 1982 trafen wir zu einer Reihe von Evangelisationsveranstaltungen in der Deutschen Demokratischen Republik ein.

Vieles hatte sich verändert, seit ich vor Jahren in Berlin gewesen war; damals hatte eine ostdeutsche Zeitung mich mit einer Bibel in der einen und einer Atombombe in der anderen Hand karikiert. Ein Sensationsreporter hatte geschrieben, ich sei in Ostberlin in einem Nachtclub mit einer Blondine namens Beverly Shea gesehen worden. Die einzige Person namens Beverly Shea, die ich kannte, war unser Solosänger George Beverly Shea!

Nun jedoch schienen uns die Behörden willkommen zu heißen, obwohl die ostdeutsche Regierung in dem Ruf stand, unnachgiebig gegen Kirchen vorzugehen. Während meiner ersten Versammlungen in West-Berlin, fast drei Jahrzehnte zuvor, hatten zahlreiche Menschen aus dem Osten an den Veranstaltungen teilgenommen. Seit August 1961 waren solche Ost-West-Besuche jedoch nicht mehr möglich; die Berliner Mauer hatte die Stadt in zwei Hälften geteilt.

Die Kirchen im Ostteil Deutschlands – obwohl dies das Land Martin Luthers gewesen war – hatten unter dem Kommunismus keinen leichten Stand. Viele Gemeinden durften weiter existieren, jedoch nur unter staatlicher Überwachung. Missionarische Aktivitäten außerhalb der eigenen vier Wände waren die Ausnahme.

Außerdem war ich unsicher, wie die evangelische Kirche mich überhaupt aufnehmen würde. Die ostdeutschen Protestanten konnten auf Leute wie Luther und Bonhoeffer zurückblicken, die großen Helden der Reformation und des Widerstandes in der Kirchengeschichte. In der Gegenwart mußten sie in ihren Beziehungen zu einem feindseligen, atheistischen Regime einen wahren Drahtseilakt vollführen. Würden diese Kirchenleute einem Baptisten aus dem Westen nicht ablehnend oder zumindest kritisch gegenüberstehen?

Meine Befürchtungen erwiesen sich als unbegründet. Die Medien berichteten respektvoll, wenn auch nicht unbedingt enthusiastisch, und unsere Veranstaltungen erhielten ein gutes Echo. Mehr konnte man in einem kommunistischen Land wirklich nicht erwarten. Funktionäre aus Kirche und Staat hießen mich gleichermaßen willkommen, sogar der

Präsident der DDR-Volkskammer empfing mich. Auch die Protestanten selbst hätten nicht gastfreundlicher sein können.

Bei meiner ersten Predigt am Sonntagmorgen stand ich auf Martin Luthers Kanzel in der Stadtkirche von Wittenberg. Ich sprach über den Bibeltext, der Luther selbst so berührt hatte: „Der Gerechte wird aus Glauben leben" (Römer 1,17). Hinterher unternahmen wir mit dem Bürgermeister einen Rundgang durch die historische Altstadt.

Wir besuchten die Schloßkirche von Wittenberg, wo Luther 1517 seine fünfundneunzig Thesen an die Tür geschlagen und damit die Reformation ausgelöst hatte. Auch den kleinen Raum sahen wir, in dem er seine „Tischreden" gehalten hatte, die ich immer wieder begeistert las. Und wir besuchten sein Grab.

Am Abend fuhren wir in die Dresdener Kreuzkirche; diese größte Kirche in Sachsen war mit Tausenden von Menschen, die meisten davon unter fünfundzwanzig, restlos überfüllt.

Während eines der wütendsten und tödlichsten Bombenangriffe der Alliierten kurz vor Ende des Zweiten Weltkriegs war ein Großteil Dresdens, einschließlich dieser Kirche, nahezu völlig zerstört worden. Das wäre nicht nötig gewesen, erzählten mir die Deutschen mit einiger Verbitterung; Dresden hatte nur eine geringe strategische Bedeutung. Seither war die Kirche mit viel Sorgfalt restauriert worden. An diesem Abend war jeder verfügbare Quadratzentimeter besetzt, und Hunderte drängten sich um die Kanzel. Im Laufe der Versammlung verdichtete sich die Luft wegen der mangelnden Ventilation zu einer Art Nebel, und ein feiner Regen aus Gips oder Farbpartikeln sank von der Decke herab, offenbar durch die Wärme oder Feuchtigkeit gelöst.

Als ich die große Zahl junger Menschen in der Zuhörerschaft sah, die aufmerksam der Predigt lauschten und christliche Lieder sangen, wurde ich den Gedanken nicht los, daß die Kommunisten in Ostdeutschland den Kampf um ihr Denken und ihre Seelen bereits verloren hatten. Fast ein Drittel der Zuhörer reagierte auf meinen Aufruf, sich zum Glauben an Christus zu bekennen.

Am nächsten Tag sprach ich in Dresden vor der als äußerst anspruchsvoll geltenden Synode der Evangelisch-Lutherischen Landeskirche in Sachsen. Als ich eintrat, begrüßte mich ein Empfangskomitee. Die Atmosphäre war kalt und unfreundlich, was ich mir um so weniger erklären konnte, als es sich ja um Geistliche handelte. Vielleicht hatten meine „offiziellen" Begleiter mit dieser Reaktion zu tun, schließlich mußten die Geistlichen sich ständig mit den Funktionären auseinandersetzen. Ich merkte, wie allmählich der Ärger in mir aufstieg.

„Als ich hier hereinkam", sagte ich den Anwesenden unverblümt, „waren diejenigen, die mich begrüßten, so unfreundlich wie kaum eine andere Gruppe von Geistlichen, vor der ich jemals irgendwo in der Welt gesprochen habe. Als ich Ihnen die Hände schüttelte, sahen Sie mich mit kalten Augen an. Ich glaube nicht, daß Christen sich so verhalten sollten, auch wenn wir theologisch und in manchen anderen Fragen nicht einer Meinung sein mögen."

Das erste, was wir als Christen lernen sollten, fügte ich hinzu, sei, einander zu lieben – unabhängig von unseren Überzeugungen. Ich hoffte, sie spürten, fuhr ich fort, daß ich ihnen in einer Haltung christlicher Liebe begegnete. Dann dankte ich ihnen für die Einladung, vor der Synode zu sprechen.

Voller Begeisterung erzählte ich ihnen von meinem Besuch an den Luther-Stätten in Wittenberg und berichtete, wie sehr mich Luthers Leben und seine Gedanken beeinflußt hätten. Im nächsten Jahr würde man seinen fünfhundertsten Geburtstag feiern, und ich bekannte ihnen, wie nahe mir dieses Wissen gegangen sei, als ich an seinem Grab stand: „Ich bin jetzt zehn Monate älter, als er bei seinem Tod war – und sehen Sie, was er alles erreicht hat. Angesichts dessen kam ich mir sehr klein vor."

Nachdem ich meine Ansprache beendet hatte, forderte ich die Synodalen auf, mir Fragen zu stellen. Als ich schließlich die Versammlung verließ und mir noch ihr Beifall in den Ohren klang, hatte ich das Gefühl, daß wahrhaftig nichts als Liebe in ihren Herzen war.

Ich predigte noch in vier weiteren ostdeutschen Städten: Görlitz, Stendal, Stralsund und Ost-Berlin. Unvergeßlich ist mir auch ein Besuch im Konzentrationslager Sachsenhausen. Hier wurden neben Zehntausenden von Juden auch viele Christen um ihres Glaubens willen ermordet.

Im Rahmen dieses Besuches gab es eine feierliche Kranzniederlegung. Zunächst wollten die Vertreter der örtlichen Gemeinden nicht daran teilnehmen, da die Zeremonie nicht von unseren Gastgebern, sondern von den örtlichen Parteifunktionären organisiert worden war. Doch Dr. Haraszti konnte sie schließlich überzeugen, daß die Kommunisten liebend gern ihren Platz einnehmen würden, wenn die Gemeinden nicht mitmachten. Also kamen sie doch zur Kranzniederlegung.

Verglichen mit Westdeutschland wirkte der Osten grau und farblos, obwohl es erstaunlich viel Autoverkehr und offenbar einen höheren Lebensstandard gab als in anderen osteuropäischen Ländern. Einige aus unserem Team besichtigten ein kirchlich geführtes Heim für geistig Behinderte und waren beeindruckt von der liebevollen, geduldigen Betreuung. Man erklärte ihnen, die Kirchen seien froh, die Liebe Christi auf diese Weise zeigen zu können, und die Regierung sei froh, daß die Kirche diese Arbeit übernehme. Der Staat habe kein Interesse daran, sich um Leute zu kümmern, aus denen niemals produktive Arbeiter würden.

Mehrere Male fuhren wir an der Berliner Mauer entlang. Unsere staatlichen Gastgeber vermieden es auffällig, dieses Bauwerk zu erwähnen, obwohl sie uns die anderen Sehenswürdigkeiten bereitwillig erläuterten. Ein- oder zweimal jedoch stieß mich der Pastor, der neben mir saß, unauffällig an und nickte zu der häßlichen Barriere hinüber.

Ein anderer Pastor erzählte uns, er habe kurz davor gestanden, die DDR zu verlassen, als die Mauer errichtet wurde. Sie habe nun ihm und seiner Familie die Ausreise unmöglich gemacht. Aber Gott habe ihm Frieden darüber geschenkt; er glaube, Gott habe ihn beauftragt, in Ost-Berlin für ihn dazusein, und es sei ungehorsam, wenn er wegginge.

Wieder ein anderer Pastor wies uns auf den riesigen modernen Fernsehturm hin, den die Regierung vor einigen Jahren am Ost-Berliner Alexanderplatz errichtet hatte. Unterhalb der Spitze befindet sich eine gewaltige Kugel, in der unter anderem ein Restaurant untergebracht ist. Das Bemerkenswerte an dieser Kugel ist, daß sich das Sonnenlicht stets in Form eines Kreuzes darauf spiegelt! Die Behörden hatten alles mögliche versucht, um dieses optische Phänomen zu beseitigen, aber nichts hatte geholfen. „Wie sehr sie sich auch bemühen, das Kreuz werden sie nicht los", kommentierte der Pastor trocken.

In Ost-Berlin trafen wir zahlreiche Menschen, die aus West-Berlin herübergekommen waren, um an den Versammlungen teilzunehmen. Unter ihnen waren mein langjähriger Freund und Übersetzer in Westdeutschland, Peter Schneider, und seine Frau Margot. Auch Dr. Irmhild Bärend, die Chefredakteurin der deutschen Ausgabe der *Decision (Entscheidung)*, war gekommen. Ebenso wie unzählige andere Christen in

Westdeutschland hatten sie seit Jahren dafür gebetet, daß Gott uns eine Tür in Ostdeutschland öffnen möge.

DIE TSCHECHOSLOWAKEI

Die Tschechoslowakei war dafür bekannt, daß sie den Kirchen erheblich mehr Beschränkungen auferlegte als Ungarn, Polen oder die DDR. Trotz unserer nachhaltigen Bemühungen kam erst in letzter Minute die Einreiseerlaubnis. Als ich davon hörte, beschlossen Walter Smyth und ich, von Berlin nach Wien zu fliegen, wo wir uns ein paar Tage erholen und vorbereiten wollten, bevor wir nach Prag weiterreisten.

Auf der Fahrt zum Flughafen Schönefeld in Ost-Berlin sahen wir schon den Nebel aufziehen. Dennoch konnten wir pünktlich starten. Der Pilot wies uns irgendwann auf Prag hin, aber wir konnten wegen des immer dichter werdenden Nebels nichts sehen. Warum waren wir nicht mit dem Zug gefahren? fragte ich mich.

Als wir über Wien zu kreisen begannen, war der Nebel über der Donau undurchdringlich. Die Maschine begann mit dem Sinkflug. Angestrengt starrte ich aus dem Fenster, doch ich konnte nichts sehen oder spüren, bis wir endlich aufsetzten.

Am nächsten Tag feierte Walter seinen siebzigsten Geburtstag. Seine Frau Ethel hatte uns eine Glückwunschkarte für ihn mitgegeben, und wir führten ihn zum Abendessen in eines der malerischen Wiener Restaurants aus. Es war einer der wenigen entspannenden Momente in unserem hektischen Terminplan.

Während ich mich in Wien ausruhte, flog der größte Teil unseres Teams von Ost-Berlin nach Prag und geriet sofort in Schwierigkeiten. Die Zollbehörden schienen keine Kenntnis von unserer Reise zu haben und verweigerten die Einfuhrgenehmigung für unsere Fernseh- und Verstärkeranlage. Alles wurde beschlagnahmt, bis schließlich Beamte jener Regierungsstelle, die für Kirchenangelegenheiten zuständig war, die Freigabe verfügten.

Wenige Tage später trafen auch wir in der Tschechoslowakei ein, wo wir in Prag und Brünn Veranstaltungen abhielten. Die Kirchen arbeiteten unter starken Beschränkungen, doch Gott fügte es, daß ich in Prag ein

Interview für eine Fernsehsendung geben konnte, die im ganzen Land zur besten Sendezeit ausgestrahlt wurde. Auch im Radio wurde es übertragen, und die Zeitungen berichteten darüber. Die einheimischen Kirchenvertreter sagten mir, die Sache des Evangeliums habe in ihrem Land noch nie eine so große Öffentlichkeitswirkung erfahren.

Eingeladen hatte uns der Verband der Baptisten in der Tschechoslowakei, der aus zumeist recht kleinen Gemeinden bestand. Einige ihrer Leiter litten noch immer unter den seelischen Verletzungen aus der Zeit der repressiven Unterdrückung durch die Regierung und waren nun eingeschüchtert.

Einer der beeindruckendsten Christen, die ich dort traf, war ein Pastor und früherer internationaler Tennis-Star. Einige Jahre zuvor war er ins Gefängnis gekommen, erzählte er uns, doch schon eine Woche später warf man ihn wieder hinaus. Er fragte seine Wärter nach dem Grund.

„Weil ein Gefängnis eigentlich eine Strafanstalt sein sollte", erklärten sie ihm. „Aber Sie verbreiten hier nur Fröhlichkeit!"

„Dabei hielt ich nur Bibelarbeiten und betete", erklärte er uns mit hintergründigem Lächeln.

In den meisten tschechoslowakischen Gemeinden war die Zuhörermenge so groß und das Gebäude so klein, daß wir die Menschen nicht zu den Gesprächen nach vorn einladen konnten. Besondere Broschüren als Hilfen für die neuen Gläubigen hatten wir nicht drucken dürfen. In einer Gemeinde jedoch war der Pastor entschlossen, dennoch eine Einladung auszusprechen und am Schluß der Versammlung Seelsorgehelfer mit den Leuten sprechen zu lassen. Ich vergesse nie einen jungen Mann, der nach vorn kam – er war vermutlich noch keine Zwanzig und trug eine Armeeuniform.

„Das war wirklich mutig", sagte einer der Pastoren, die uns begleiteten, mit Tränen in den Augen. „Er wird teuer dafür bezahlen müssen, daß er sich öffentlich zu Christus bekannt hat. Ja, es wird schwer für ihn werden, und er wird unsere Gebete brauchen."

So kurz diese Reise war, so unvergeßlich war sie doch; die Gemeinden wurden dadurch ermutigt und in der Hoffnung auf bessere Beziehungen zur Regierung bestärkt.

DIE SOWJETUNION

1984 kam endlich die lang erwartete Einladung zu einer zwölftägigen Predigtreise durch vier sowjetische Städte, die sowohl von der russisch-orthodoxen Kirche als auch dem All-Unionsrat der Evangeliumschristen-Baptisten unterstützt wurde. In Washington befürwortete der altgediente Botschafter der Sowjetunion, Anatolij Dobrynin, die Einladung; er lud mich sogar zum Mittagessen in die sowjetische Botschaft ein.

Doch ich war keineswegs sicher, ob ich die Einladung annehmen sollte. Würde man wie 1982 versuchen, den Besuch zu Propagandazwecken zu mißbrauchen? Wieder war ich fast ebenso unruhig und unentschieden wie damals.

Ich überlegte hin und her, während Ruth und ich im Juni 1984 einen Kurzurlaub in Südfrankreich verbrachten – direkt im Anschluß an die Evangelisation in Norwich im Rahmen einer in vielen Städten gleichzeitig ablaufenden Aktion namens „Mission England". Auf den Klippen am Mittelmeerstrand unternahm ich jeden Tag nach dem Mittagessen lange Spaziergänge, bei denen ich laut betete und meditierte. Dann setzte ich mich auf einen Felsen oder eine Bank und dachte weiter nach. Ich sprach mit Freunden, die bei Trans World Radio in Monte Carlo arbeiteten (von dort wurden christliche Sendungen in die Sowjetunion ausgestrahlt), und mit einigen anderen Christen, die ich am Mittelmeer kennengelernt hatte. Alle waren fast einhellig der Meinung, daß ich diese Reise antreten sollte.

Nach seinen ausführlichen Gesprächen in Moskau war Dr. Haraszti überzeugt, daß sich die Erfahrungen von 1982 diesmal nicht wiederholen würden; im Gegenteil, er glaubte, daß wir einmalige Gelegenheiten zum Predigen bekommen würden. Dennoch war ich unschlüssig.

Als ich eines Nachmittags aufs Meer hinausstarrte, dachte ich an den Apostel Paulus, der vor Jahrhunderten über dieses Wasser gereist war, um das Evangelium in das größte Machtzentrum der damaligen Welt zu bringen – nach Rom, wo der berüchtigte Nero als Kaiser das Zepter schwang. Von ganzem Herzen hatte sich Paulus danach gesehnt, im Schatten des kaiserlichen Adlers das Evangelium zu predigen.

An diesem Abend las ich vor dem Zu-Bett-Gehen eine altvertraute Bibelstelle: „Damit ich die Juden für Christus gewinne, lebe ich wie ein Jude. Und wo man religiöse Vorschriften genau befolgt, lebe ich auch danach, obwohl sie für mich keine Gültigkeit mehr haben. Denn ich möchte auch diese Leute gewinnen. Bin ich aber bei Menschen, die ohne diese Gesetze leben, dann passe ich mich ihnen genauso an, um sie für Christus zu gewinnen. Das bedeutet aber nicht, daß ich mich nicht an Gottes Gebote halte, sondern ich befolge die Gebote Christi" (1. Korinther 9,20.21).

Diese Worte gingen mir ständig durch den Kopf, bis ich einschlief. Während der Nacht wachte ich auf und hatte noch immer die Worte im Kopf. Sie schienen Gottes direkte Antwort auf meine zwiespältigen Gefühle zu sein. Als der Morgen kam, sagte ich zu Ruth, jetzt sei ich mir sicher, ich würde die Einladung annehmen.

Die Herzlichkeit, mit der ich am 9. September auf dem Moskauer Scheremetjewo-Flughafen von führenden Vertretern der Baptisten und der orthodoxen Kirche empfangen wurde, war ein Symbol für den ökumenischen Geist, den ich während dieser Reise erlebte. Auch ein internationales Kontingent von Journalisten wartete bereits. Einige von ihnen stellten scharf formulierte Fragen zu unserer ersten Reise, doch im ganzen fand ich die Atmosphäre freundlicher.

Während der nächsten zwölf Tage sprach ich fünfzigmal – unser ursprünglicher Zeitplan hatte nur dreiundzwanzig Termine vorgesehen – in Kirchen und anderen Räumlichkeiten in allen vier Städten unserer Route: Leningrad (heute wieder St. Petersburg), Tallinn (Estland), Moskau und Nowosibirsk. Mich begleitete auch mein Sohn Franklin, der kürzlich als Pastor und Evangelist ordiniert worden war. Ich wünschte nur, Grady Wilson hätte bei uns sein können – wir hatten fünfundzwanzig Jahre zuvor gemeinsam als Touristen Moskau besucht –, doch diesmal ließ seine Gesundheit die Reise nicht zu.

In den folgenden Tagen fanden wir sowohl im Inland als auch im Ausland ein Medienecho, das für einen religiösen Redner, der die Sowjetunion besuchte, ohne Beispiel war. Unser Pressekoordinator Ed Plowman aus Washington bemerkte jedoch, daß keiner der westlichen Journalisten über meinen Aufruf berichtete, wieder mehr Kirchen zu öffnen und mehr Bibeln in Umlauf zu bringen. Die amtliche sowjetische Nachrichtenagentur TASS wie auch andere sowjetische Medien berichteten über den Besuch, allerdings übergingen sie meine engagierten Äußerungen zu

Fragen des Christseins und beschränkten sich auf einige Aussagen zum Thema Frieden.

In Privatgesprächen mit hohen Funktionären drängte ich auf eine aufgeklärtere Haltung gegenüber der christlichen Bevölkerung und insbesondere auf größere Toleranz gegenüber Dissidenten wie den Sacharows, deren Schicksal in der ganzen Welt bekannt war. Manche dieser Gespräche hinter den Kulissen waren sehr offen und ausführlich. Zudem hatte ich, was außerhalb meines Teams niemand wußte, einen Brief verfaßt, von dem ich hoffte und betete, ihn Boris Ponomarew übergeben zu können, jenem Mitglied des Politbüros, das ich während meiner letzten Reise kennengelernt hatte.

Meine Predigten nahmen die Zuhörer in den überfüllten Kirchen und Kathedralen mit großer Freude auf. Sie lachten und weinten zugleich, wenn sie mir zuwinkten oder mir durch das Gedränge hindurch ihre Hände entgegenstreckten, um mir die Hand zu schütteln oder mir eine Blume zu geben.

Großmütter mit ihren Kopftüchern schienen in der Mehrheit zu sein. Doch die Versammlungen bestanden nicht nur aus alten Frauen, wie man bei oberflächlicher Betrachtung hätte meinen können. Der Fotograf Carl Mydens, der unsere Reise für das *Time*-Magazin dokumentierte, weihte mich in ein Geheimnis ein: Unter vielen der großmütterlichen Kopftücher steckten junge Frauen und Mädchen mit roten Wangen, strahlendem Lächeln und funkelnden Augen. Als ich genau hinsah, merkte ich, daß er recht hatte. Auch viele Männer und sogar Kinder kamen zu den Gottesdiensten.

Innerhalb der Sowjetunion stand mir Vater Wladimir Sorokin zur Seite, der Rektor der orthodoxen theologischen Akademie und Dekan der orthodoxen Kathedrale in Leningrad. Er hatte mich bereits 1982 begleitet, und unsere anfängliche Sympathie hatte sich zu einer Freundschaft entwickelt. Am Ende unserer ausgedehnten Reise durch die Sowjetunion erteilte mir Vater Sorokin eine Lektion über das evangelistische Predigen.

„Sie haben jetzt eine ganze Reihe Predigten von mir gehört", sagte ich zu ihm. „Bitte sagen Sie mir, ob Sie irgend etwas Kritisches anzumerken haben."

„Ihre Predigten sind genau das, was wir in der Sowjetunion benötigen", erwiderte er großzügig. „Ihre Botschaft brauchen wir in unseren Gemeinden." Dann fügte er hinzu: „Legen Sie mehr Nachdruck auf die Auferstehung. Die katholische Kirche betont besonders das Kreuz, und das ist gut so. Das tun wir auch. Aber der größte Schwerpunkt liegt bei uns auf der Auferstehung, denn ohne sie hätte das Kreuz keine Bedeutung."

Leningrad

Obwohl wir in Moskau gelandet waren, war Leningrad, die zweitgrößte Stadt der UdSSR, unsere erste Station. Die vielen Kanäle und Wasserwege dort erinnerten mich an Venedig.

Etwa sechshundert Studenten und Dozenten der russisch-orthodoxen theologischen Akademie füllten nicht nur alle Sitze des Saales, sondern standen auch noch an den Wänden. Ich sprach zu ihnen über das, was ich überall in den Herzen der Menschen antraf: innere Leere, Einsamkeit, Schuld und Furcht vor dem Tod. Dann erinnerte ich sie an die Antwort, die das Evangelium auf all diese Dinge gibt, und an unsere Verantwortung, das Evangelium in unserer Verkündigung deutlich zu machen. Ich war ein wenig beschämt, als Vater Sorokin mir hinterher sagte, die Ansprache sei auf Band aufgezeichnet worden und werde künftig in den Seminaren über Homiletik eingesetzt.

Zehnmal so viele Menschen hörten die erste evangelistische Predigt der Reise in der orthodoxen Dreifaltigkeitskathedrale, wo ich zum Thema „Die Herrlichkeit des Kreuzes" sprach. Etwa die Hälfte von ihnen kam dann noch einmal in die viel kleinere Baptistenkirche, um meine Predigt über Psalm 23 zu hören.

Wir hatten Gelegenheit, mit Vertretern des Leningrader Friedenskomitees sowie der jüdischen Gemeinde zu sprechen. Tief bewegt war ich, als ich das Leningrader Kriegsdenkmal besuchte. Und als ich auf dem Piskarjowskoje-Friedhof einen Kranz niederlegte, verlor ich nahezu die Fassung. Dort sind vierhunderttausend Menschen in Massengräbern bestattet, die während der neunhunderttägigen Belagerung der Stadt durch die Nazis umgekommen waren.

Tallinn

Unsere nächste Station, malerisch an der Ostsee und am Finnischen Meerbusen gelegen, war die estnische Hauptstadt Tallinn, die etwa eine halbe Million Einwohner hat.

Kurz vor unserer Ankunft erfuhren wir, daß unserem Programm ein weiterer Termin hinzugefügt worden war: eine Kranzniederlegung an einem Kriegsdenkmal. Als Alex sich genauer erkundigte, erfuhr er, daß es sich um ein Denkmal zu Ehren der sowjetischen „Befreier" handelte, die Estland besetzt hatten. Ein Besuch dort hätte so ausgesehen, als ob ich die sowjetische Besatzung der baltischen Staaten guthieße. Wir weigerten uns, den zusätzlichen Programmpunkt aufzunehmen, und die Angelegenheit wurde fallengelassen.

Die Vizepräsidentin des Obersten Sowjet von Estland, Madame Meta Vannas, lud mich zu einem Treffen mit ihr und anderen Angehörigen des Präsidiums ein. Uns begleiteten Funktionäre des Rats für religiöse Angelegenheiten und einige führende Kirchenleute, darunter auch Metropolit Alexej, der später als Nachfolger von Patriarch Pimen Oberhaupt der russisch-orthodoxen Kirche wurde. „Nichts ist wichtiger", sagte Madame Vannas, „als einander kennen und verstehen zu lernen."

Gleichzeitig übte sie heftige Kritik an einer kürzlich von Präsident Reagan gemachten Bemerkung, die Sowjetunion sei ein „Reich des Bösen".

Ich erzählte ihnen von meiner Beziehung zu Christus. Als ich dabei die Liebe Gottes erwähnte, fragte mich einer von ihnen: „Lieben Sie auch Kommunisten?"

„Ja", sagte ich, „jeden einzelnen von ihnen. Und auch Jesus Christus liebt sie."

Das war auch der Inhalt meiner Predigt in der historischen Oleviste-Baptistenkirche, der größten ihrer Denomination in der Sowjetunion. Diese Versammlung war für mich besonders bewegend, da mein Sohn Franklin die Lesung hielt und das Eröffnungsgebet sprach – es war das erste Mal, daß wir gemeinsam einen Gottesdienst gestalteten. Im Hauptraum der Kirche wurde die Predigt ins Estnische übersetzt, in einer angrenzenden Kapelle ins Russische.

Als ich in der orthodoxen Alexander-Newski-Kathedrale eine Predigt über Mose hielt, während der Metropolit Alexej mit seiner goldenen Krone und seiner goldenen Robe neben mir stand, wies ich auf Jesus Christus als unser Haupt und die einzige Tür zum wahren Frieden hin.

Noch einmal Moskau

In der Moskauer Auferstehungs-Kathedrale drängten sich die orthodoxen Gläubigen bis vor die Ausgänge und verfolgten stehend die dreistündige Liturgie und meine Predigt. Metropolit Filaret fügte dem langen Programm sogar noch die Ordination eines Diakons hinzu! In der Moskauer Baptistengemeinde, die 5.200 Mitglieder hatte, feierten wir einen weiteren langen Gottesdienst – zwei Stunden dauerte er mindestens. Allgemein versuchte ich in der Sowjetunion, meine Predigten zu kürzen, allein schon, weil sich durch die Übersetzung die Vortragszeit verdoppelte.

Nebenbei bemerkt: Die Auswahl des Übersetzers ist immer ein entscheidender Faktor bei einer Auslandsreise. Das galt besonders für die Sowjetunion, da wir keinerlei Mißverständnisse riskieren wollten. Im Laufe der Jahre hatten wir eine Reihe von Kriterien für die Übersetzer aufgestellt, zu denen nicht nur eine gründliche Kenntnis sowohl des Englischen als auch der Landessprache gehörte, sondern auch eine umfassende Bibelkenntnis.

Hin und wieder konnten wir jedoch niemanden finden, der allen Kriterien gerecht wurde. Bei einer Gelegenheit in der Sowjetunion meinte einer unserer Begleiter, der sowohl Englisch als auch Russisch verstand, hinterher augenzwinkernd, er sei in dem Gottesdienst doppelt gesegnet worden, denn er habe *zwei* Predigten gehört – meine und die des Übersetzers. Soviel ich weiß, war dies jedoch die einzige mißglückte Übersetzung.

Nowosibirsk in Sibirien

Nach dem Wochenende in Moskau reisten wir weiter nach Sibirien – jenes weite Land, das von vielen mit Verbannung und Leid gleichgesetzt wird. Doch uns erwartete große Freude!

Der Weg von Moskau nach Nowosibirsk, der größten Stadt Sibiriens, führte uns durch vier Zeitzonen. Der herzliche Empfang, den uns der orthodoxe Erzbischof und der regionale Superintendent der Baptisten bereiteten, paßte nicht zu den Klischeevorstellungen vom frostigen Sibirien, die wir vielleicht gehabt hatten. Ich predigte vor zweitausend Menschen in der schlichten Baptistenkirche am bewaldeten Stadtrand (wobei noch viele draußen auf Bänken und Kisten standen und durch die Fenster hereinspähten) und auch inmitten prächtiger Ikonen in der orthodoxen

Kathedrale, deren hölzerne Außenwände im Fischgrätmuster uns an die Stabkirchen Norwegens erinnerten.

In Nowosibirsk herrschte immer noch ein gewisser Pioniergeist. Schon vermittelten die kalten Septembernächte und die goldenen Blätter, die von den Bäumen fielen, eine Vorahnung des harten Winters, der den Menschen bevorstand. Zudem gewannen wir den Eindruck, daß Nowosibirsk weit weg war von Moskau – nicht nur der Entfernung nach! Die Bevölkerung hatte sich eine gewisse Unabhängigkeit bewahrt. Von Moskau erlassene Vorschriften betrachtete man hier grundsätzlich als Auslegungssache. Daß Christen, die einer nichtregistrierten Gemeinde angehörten (also einer Gemeinde, die nicht offiziell von der Regierung genehmigt war), an einem offiziellen Empfang zusammen mit den Vertretern des Staates teilnahmen, wäre in Moskau undenkbar gewesen.

Etwas weiter südlich, in dem berühmten Stadtteil Akademgorodok (einem der wichtigsten Forschungszentren der Sowjetunion) kam ich in den Genuß einer lebhaften Debatte mit Dr. Anatolij P. Derewjanko, dem Leiter des anthropologischen Fachbereichs. Wir sprachen über die Möglichkeit, daß der erste Mensch, der Amerika betrat, aus Sibirien gekommen sein könnte. Er bekannte sich als Atheist.

„Haben Sie jemals irgendwo in der Welt einen Stamm oder eine Gruppe von Menschen gefunden, die nicht an Gott oder an ein höheres Wesen glaubt?" fragte ich ihn.

Er dachte einen Moment lang nach. „Nein, ich glaube nicht."

„Wenn aber der Mensch offenbar ein religiöses Geschöpf ist", fragte ich ihn, „warum vertreten Sie dann den Atheismus? Legt dieser universelle Glaube an ein höheres Wesen nicht den Schluß nahe, daß es einen Gott geben muß?"

Er lächelte. „Nun, ich glaube, bei dieser Frage werde ich einige meiner Kollegen bitten müssen, mir auszuhelfen!"

Nach einigen Tagen in Sibirien flogen wir in den vierstündigen Sonnenuntergang hinein zurück nach Moskau. Dank der Großzügigkeit des Erzbischofs trug ich zwei Geschenke im Gepäck: eine traditionelle Fellmütze und eine wunderschöne vergoldete Ikone – sie sollte mich an das Band erinnern, das uns als Menschen und Christen zusammenschloß.

Und noch einmal Moskau

1884, ein Jahr nach dem Tod von Karl Marx, war in Rußland eine Bewegung entstanden, die selbst den Sowjetkommunismus überdauerte. Nun, ein Jahrhundert später, feierten die Baptisten das hundertjährige Gründungsjubiläum, und ich sollte auf ihrer Festversammlung sprechen.

Ich betonte in meiner Rede jene geistlichen Wahrheiten, die sich niemals verändern, unter welchen Bedingungen auch immer wir unseren Dienst tun: Gott und sein Wort, das moralische Gesetz, die menschliche Natur, unsere soziale Verantwortung, Gottes Zusage, in allen Umständen bei uns zu sein, und Gottes Weg der Errettung.

Wie schon in Leningrad traf ich auch in Moskau mit den leitenden Personen der jüdischen Gemeinde zusammen, unter ihnen Adolf Schajewitsch, der oberste Rabbiner von Moskau. Unser Treffen in der Synagoge war für den frühen Morgen anberaumt. Mehrere amerikanische Reporter und Fotografen begleiteten uns.

„Möchten Sie meine Mütze aufsetzen?" fragte mich ein Fotograf hilfsbereit und erinnerte mich an den jüdischen Brauch, in einem Gotteshaus den Kopf zu bedecken. Ich nahm sein Angebot dankbar an.

Dann, am vorletzten Tag unserer Reise, kam eine Einladung in den Kreml.

Wieder wurde ich durch die Tore des Kremls gefahren und von Boris Ponomarew begrüßt. Er war immer noch Vorsitzender des Komitees für Außenangelegenheiten beim Obersten Sowjet der UdSSR und gehörte nach wie vor dem Politbüro an. Obwohl Ponomarew im Westen nicht so bekannt war wie etwa Andrej Gromyko oder andere Beamte des Außenministeriums, war er mit sämtlichen außenpolitischen Fragen betraut.

Wir trafen uns in demselben Büro wie 1982. Eine Kristallschale mit frischem Obst stand während des ganzen Treffens ebenso unberührt in der Mitte des runden Tisches wie der kleine Teller mit Obstmesser und Leinenserviette, die jeder neben sich stehen hatte.

Wir saßen uns gegenüber, beide in dunkelblauen Anzügen und dunklen Krawatten. Er war Mitte siebzig, von kleiner Statur; sein schütteres Haar an den Schläfen ergraut. Doch seine Augen fixierten mich – stechend wie kleine Kobaltflammen – so durchdringend, daß ich mich sehr unwohl gefühlt hätte, wäre er nicht so freundlich gewesen.

Nachdem die Pressevertreter einige Minuten lang Bilder gemacht hatten, wurden sie hinausgebeten, so daß wir uns unserem Gespräch zuwenden konnten. Etwa vierzig Minuten lang erläuterte mir Ponomarew via Übersetzer ebenso freundlich wie bestimmt die sowjetische Position zur Außenpolitik. Er schien einen messerscharfen Verstand zu haben und strahlte ein überlegenes Selbstvertrauen aus. Kein Wunder, schließlich hatte man ihn auf Lebzeiten zum Mitglied des Politbüros gewählt.

Als er seine Darlegung beendet hatte, bat ich um die Erlaubnis, aus meinem Brief vortragen zu können. Da er recht lang war, wollte ich ihn nicht gänzlich verlesen, sondern nur die wichtigsten Punkte anführen. Ich bedankte mich für die Gelegenheit, die Sowjetunion besuchen zu dürfen, und betonte, es sei mein Hauptziel, Gemeinschaft mit meinen Mitchristen zu pflegen und das Evangelium von Jesus Christus zu verkündigen. Dann erwähnte ich auch die gespannten Beziehungen zwischen unseren beiden Ländern und wies auf die damit verbundenen Gefahren für die ganze Welt hin. Mein Wunsch sei es, sagte ich, Brücken zwischen unseren Nationen zu errichten. Ich drückte die Hoffnung aus, daß unsere Völker durch einen Austausch auf kultureller, wissenschaftlicher, kommerzieller und religiöser Ebene einander näher kommen mögen. Und ich fügte hinzu, dadurch ließen sich meiner Meinung nach viele Spannungen zwischen unseren Ländern entschärfen.

Dann wandte ich mich einer Reihe von Fragen zu, die unmittelbar mit den Menschenrechten und der Religionsfreiheit zu tun hatten. Ich wies darauf hin, daß es in Amerika viele Millionen engagierter Christen gebe. Solange sie überzeugt seien, daß ihre Glaubensgeschwister durch die sowjetische Regierung unterdrückt würden, sei die Chance auf bessere Beziehungen zwischen unseren Ländern gering.

Weiter führte ich aus, daß viele Christen zu den besten Bürgern der UdSSR gehörten sie seien ehrliche, hart arbeitende Leute, die nicht zu den in der Sowjetunion verbreiteten Problemen wie Alkoholismus, Korruption, Diebstahl und Fehlen am Arbeitsplatz beitragen würden. Darum falle es den Amerikanern schwer zu verstehen, warum Christen in der UdSSR nicht ebenso frei ihre Überzeugungen praktizieren und vertreten könnten wie Nichtgläubige. Ich drängte darauf, mehr Gemeinden zuzulassen, mehr Bibeln zu drucken sowie zu erlauben, daß Juden aus der Sowjetunion auswandern dürften, daß Rabbiner ausgebildet würden und Juden Hebräisch lernen könnten.

Zum Schluß betonte ich etwas, das ich in anderen Gesprächen schon mehrfach gesagt hatte: „Wir dürfen nicht nur davon reden, wie dringend wir Frieden brauchen; wir müssen auch geeignete Bedingungen für den Frieden schaffen. Eine Verbesserung der Situation der Gläubigen in der Sowjetunion wäre einer der wichtigsten Schritte, die Sie in dieser Richtung tun könnten."

Ganz am Ende glaubte ich noch etwas anfügen zu müssen. In kurzen Worten schilderte ich ihm meine Kindheit und Jugend auf der Farm in North Carolina und sagte auch, daß ich von der Religion meiner Eltern gelangweilt gewesen war. „Doch", fuhr ich fort, „durch eine Reihe von Umständen lernte ich Jesus Christus als meinen persönlichen Herrn und Erretter kennen."

Meine Berufung als Evangelist ließ mich vorpreschen.

„Ich habe in meinem Herzen Frieden mit Gott. Ich weiß: Wenn ich sterbe, werde ich in den Himmel kommen. Gott hat mich fähig gemacht, zu lieben, toleranter und verständnisvoller zu sein und für den Frieden in unserer Welt zu arbeiten – innerhalb der Familien, zwischen den Rassen und zwischen den Nationen."

Er hörte mich höflich und, wie ich glaube, auch aufmerksam an.

„Ich sage dies nur, um Ihnen zu zeigen, daß ich aufgrund meiner Beziehung zu Christus heute vor Ihnen stehe. Deshalb reiche ich Ihnen meine Hand zur Freundschaft, und deshalb bin ich fest entschlossen, für ein besseres gegenseitiges Verständnis und für den Frieden in unserer Welt zu arbeiten."

Wie lange hatte ich geredet? Ich wußte es nicht, zumal ja alles noch einmal übersetzt werden mußte. Doch Ponomarew schien weder nervös noch ungeduldig. Dann reichte ich ihm den Brief, an dessen Entwurf ich eine ganze Nacht gearbeitet hatte. John Akers und Alex Haraszti hatten ihn mehrfach überarbeitet. Und dann hatte ich fast eine ganze weitere Nacht damit verbracht, ihn zu Ende zu formulieren.

Mit dem Brief in der Hand sah Ponomarew mich an und sagte sachlich und verbindlich: „Ich werde das mit meinem Stab erörtern."

Dann dankte er mir für mein Kommen.

Bei einem weiteren Besuch im Kreml ein paar Jahre später begegnete ich Ponomarew vor einem der Gebäude. Er war inzwischen im Ruhestand und begrüßte mich außerordentlich herzlich wie einen alten Freund.

Zeigten dieser Brief oder unsere verschiedenen Kontakte zu hohen Funktionären irgendwelche Auswirkungen? Kurz nach meinem Besuch 1984 erhielt ich einen Brief von Georgi Arbatow, der mich sehr ermutigte – es war das erste Schreiben, das ich je von einem hochstehenden kommunistischen Funktionär erhielt. Arbatow war der Leiter des Instituts für US-amerikanische und kanadische Studien – einer wissenschaftlichen und politischen Denkfabrik –, er sprach vorzüglich Englisch und besuchte häufig die USA. Manche fanden, seine Liebenswürdigkeit und die damit verbundene Überzeugungskraft seien geradezu gefährlich. Trotzdem mochte ich ihn einfach.

Der Brief war auf den 10. Oktober datiert, etwa drei Wochen nach meinem Treffen mit Ponomarew. Arbatow schätzte die Wirkung unseres Besuchs als sehr günstig ein und schickte die Kopie eines Artikels aus der Zeitung *Iswestija* mit, der sich wohlwollend über die Begegnung äußerte. Er bedauerte, daß wir nicht mehr Zeit gehabt hätten, uns über gemeinsame Interessen auszutauschen. „Für den Augenblick nehme ich damit vorlieb", schrieb er, „einige Ihrer Bücher zu lesen." Seine Frau, fügte er hinzu, habe eines davon „mit großem Interesse" gelesen.

Vielleicht wollte er mir nur schmeicheln. Doch immerhin schrieb er so ermutigende Sätze wie: „Ich bin völlig Ihrer Meinung, wenn Sie sagen, das Leben biete uns die großartige Möglichkeit, uns auf die Ewigkeit vorzubereiten."

Das Entscheidende an der Reise wurde noch einmal während des Abschiedsessens deutlich, das der All-Unionsrat für uns gab. Dr. Alexej Bitschkow überreichte mir den Brief einer Frau, die sich während unseres Besuchs von 1982 für Christus entschieden hatte.

Mein letzter Einsatz in Moskau 1984 fand am Morgen unseres letzten Tages in Patriarch Pimens Kathedrale mit ihren wunderschönen blauen Wänden, weißen Säulen und vergoldeten Kuppeln statt. Fünftausend Menschen drängten sich dort zusammen. Anders als 1982 konnte diesmal jeder meine Predigt hören; eine Lautsprecheranlage war extra für diesen Gottesdienst installiert worden. Ich predigte über das Thema „Du mußt neu geboren werden".

„Nichts ist notwendiger in der Welt", sagte ich, „als die Veränderung der menschlichen Natur. Wir brauchen ein neues Herz, das frei ist von Begierde, Habgier und Haß. Wir brauchen ein Herz voller Liebe, Frieden und Freude – und deshalb ist Jesus in die Welt gekommen."

In seiner Ansprache erwiderte Patriarch Pimen, daß die Gemeinden so eine Predigt brauchten. Vor allen Zuhörern lud er mich ein, wiederzukommen und auch in anderen Städten der Sowjetunion zu predigen.

Auf der Rückfahrt von der Kathedrale fragte ich Metropolit Filaret: „Glauben Sie, Seine Heiligkeit hat diese Einladung ernst gemeint?"

Impulsiv legte er mir die Hand auf das Knie. „Oh, natürlich hat er es ernst gemeint. Wir meinen es alle ernst. Wir möchten unbedingt, daß Sie wiederkommen. Sie haben eine weit offene Tür in unserem Land. Sie waren für uns alle eine ungemeine Inspiration."

Am Flughafen verabschiedete mich Vizeminister Fitsew vom Rat für religiöse Angelegenheiten im Namen der Regierung.

„Sie sind uns jederzeit willkommen", sagte er in seiner rauhen, aber herzlichen Art. „Wir möchten, daß Sie wiederkommen."

Als er hörte, daß ich mit der sowjetischen Fluggesellschaft Aeroflot fliegen würde, lachte er. „Ach, dann sind Sie ja noch bis Paris in unseren Händen!"

Früher hätte ich diese Äußerung eher als Drohung aufgefaßt.

28

Mit Scharfsinn und Überzeugung an die Spitze

Präsident Ronald Reagan

Ronald Reagan ist einer der gewinnendsten Menschen, denen ich je begegnet bin. Unsere Freundschaft begann eigentlich schon 1953, als ich eines Tages in Phoenix Golf spielte. Loyal Davis, die Frau eines prominenten Chicagoer Chirurgen, sprach mich auf dem Grün an.

„Ich würde Ihnen gern meinen frischgebackenen Schwiegersohn vorstellen", sagte sie.

Ich erkundigte mich, wer er sei.

„Ronald Reagan."

„Etwa der Filmschauspieler?"

Sie bestätigte mir, eben jener habe einige Monate zuvor ihre Tochter Nancy geheiratet.

Ron – wie ihn die meisten seiner Freunde nannten – und ich begegneten uns wenig später in Dallas. Wir sprachen beide auf einer Wohltätigkeitsveranstaltung zugunsten von Filmschauspielern im Ruhestand. Ron war damals Präsident der Filmschauspielervereinigung und galt zu dieser Zeit als überzeugter Anhänger der Demokraten.

Doch an diesem Tag erregte ein älterer Prediger seine Aufmerksamkeit. Dr. W. A. Criswell, Pastor der damals größten US-Baptisten-Gemeinde, saß neben Ron und mir gegenüber. Dr. Criswell erklärte ihm klipp und klar, er habe in seinem Leben noch nie einen Film gesehen und gedenke auch nicht, das jemals zu tun. Die ganze Branche sei seiner Meinung nach vom Teufel.

Reagan nahm die Herausforderung an. Er erklärte dem angesehenen Baptistenprediger, wie Filme gemacht wurden, und wies darauf hin, viele davon enthielten eine hilfreiche Botschaft. Als er seine Erklärung beendet hatte, dachte Dr. Criswell einen Moment lang nach und sagte dann: „Na schön, ich werde mir von nun an hin und wieder einen Film ansehen. Und ich werde meiner Gemeinde sagen, daß es keine Sünde ist, sich bestimmte Arten von Filmen anzuschauen."

Ron hatte seinen Gesprächspartner nicht nur zum Umdenken bewegt, sondern er hatte es mit Charme, Überzeugungskraft und Humor getan – Eigenschaften, die ich im Lauf der Zeit immer wieder an ihm beobachten konnte.

Während der nächsten zwei Jahrzehnte hatte ich häufig in Kalifornien zu tun, so daß sich unsere Wege oft kreuzten. Während unsere Freundschaft wuchs, lernte ich nicht nur seine Schlagfertigkeit und seine warmherzige Persönlichkeit bewundern, sondern ich schätzte auch seinen Scharfblick und seine realistische Einschätzung in politischen Fragen. Ich stellte fest, daß er sich sehr für unsere evangelistische Arbeit interessierte und mir sogar von Zeit zu Zeit freundschaftliche Ratschläge erteilte.

Einmal waren wir beide Gäste einer Talkshow – Gastgeber war der Sänger und Schauspieler Dean Martin. Reagan fragte mich: „Wissen Sie, was für eine Sendung das ist?"

„Ja, ich denke schon", erwiderte ich.

„Nun, man wird Sie vielleicht in Verlegenheit bringen wollen", warnte er mich. „Seien Sie vorsichtig!"

Ich wußte seinen Rat zu schätzen. Inzwischen hatte ich oft erlebt, daß es manchen Leuten Spaß macht, einen Pastor in eine peinliche Situation zu bringen. In der Show setzten sie mich neben die glamouröse Schauspielerin Zsa Zsa Gabor; doch niemand versuchte, mich in Verlegenheit zu bringen. Vermutlich hatte Ron ihnen im voraus die Leviten gelesen.

Im Jahr 1971, als Ron – inzwischen Republikaner – kalifornischer Gouverneur war, lud mich die Führung der Demokratischen Partei ein, auf einer gemeinsamen Sitzung beider Fraktionen zu sprechen. Hinterher aß ich mit Ron und seinem Kabinett zu Mittag. Unsere Gespräche bei dieser Gelegenheit drehten sich fast ausschließlich um die Bibel und ihre Lehren.

Im Mai 1980 reiste Ron während seines Präsidentschaftswahlkampfs durch Indiana. Ich hielt zu dieser Zeit gerade eine Evangelisation in Indianapolis, und er lud mich zum gemeinsamen Frühstück in sein Hotel ein. Ich ging hin und wurde von Ed Meese in Empfang genommen. Während unseres Gesprächs tat Ron etwas, das er noch nie zuvor getan hatte: Er bat mich, doch ein gutes Wort für ihn einzulegen, wenn er nach North Carolina komme. Die Umfragen sahen dort für ihn nicht allzu gut aus; zu dieser Zeit lag er bei knapp fünfzig Prozent.

„Ron, das kann ich nicht machen", mußte ich antworten. „Wir sind seit langem Freunde, und ich habe großes Zutrauen zu Ihnen. Ich bin fest davon überzeugt, daß Sie die Nominierung gewinnen und zum Präsidenten gewählt werden. Aber ich glaube auch, daß es uns beiden schaden würde, auf jeden Fall aber meinem Dienst, wenn ich mich öffentlich für irgendeinen Kandidaten ausspreche."

Er verstand sofort und stimmte mir zu.

Ich ging nach draußen und fand T. W. im Gespräch mit einigen Beratern Reagans.

„Ich hoffe, Sie kommen mit uns in den Gottesdienst", sagte Ed Meese.

„Ed, es geht leider nicht", sagte ich entschuldigend. „Ich muß heute nachmittag predigen ... Gehe ich jetzt mit Ihnen, würde das wie eine öffentliche Unterstützung aussehen. Ich kann das einfach nicht machen."

Ed wirkte ein bißchen verärgert; trotzdem glaube ich, daß er meinen Grundsatz verstand, im Wahlkampf strikt neutral zu bleiben, auch wenn ich mit den Reagans befreundet war.

Nach seiner Wahl zum Präsidenten bat Reagan mich, zu seiner feierlichen Amtseinführung am 20. Januar 1981 zu kommen. Das tat ich gern. Er lud mich ein, auf der ersten offiziellen Veranstaltung des Tages zu sprechen, einem Gebetsgottesdienst für den designierten Präsidenten und Vizepräsidenten und ihre Familien in der anglikanischen St. John's-Kirche gegenüber dem Weißen Haus.

Ich kam ungefähr eine halbe Stunde vor Beginn des Gottesdienstes in der Kirche an. Zwei Besucher waren schon vor mir eingetroffen: Frank Sinatra und seine Frau Barbara.

„Frank, ich wette, das ist das erste Mal in Ihrem Leben, daß Sie als erster in der Kirche sind!" sagte ich.

Er lachte. „Ich gehe in die Kirche, sooft ich kann."

Später stand ich neben Präsident Reagan auf dem Podium, als er seinen Amtseid ablegte; sein Pastor, Reverend Donn Moomaw – der 1954 in London mit uns zusammengearbeitet hatte und jetzt Pastor der reformierten Kirche in Kalifornien war – sprach das Gebet.

Vier Jahre später, nach seiner Wiederwahl, bat Reagan mich erneut, an der Amtseinführung teilzunehmen. Sie begann mit einem Gebetsgottesdienst in der National Cathedral in Washington, in dem ich sprach. Das schreckliche Wetter und die damit verbundene bittere Kälte zwangen die Verantwortlichen, die öffentlichen Zeremonien vor dem Capitol und die Antrittsparade abzusagen. Statt dessen wurde der Amtseid im Innern des Kuppelbaus abgelegt.

Während seiner achtjährigen Amtszeit begegneten wir uns einige Male. Dankbar war ich besonders für seine Freundlichkeit, Ruth und mich zu mehreren Staatsbanketten mit ausländischen Politikern einzuladen.

Am 3. März 1983 nahmen wir an solch einem Bankett in San Francisco teil. Die Ehrengäste waren die britische Königin Elizabeth II. und Prinz Philip. Trotz des schauderhaften Wetters verbrachten wir einige wunderschöne Stunden. Im Laufe des Abends ließ uns die Queen eine Einladung zukommen. Sie bat uns am nächsten Abend zu einem Empfang auf die königliche Jacht *Britannia*. Wir sagten zu.

Als Ruth und ich an Bord gingen, salutierte ein Mann mit mehreren Streifen an seiner Uniform und flüsterte uns zu: „Wembley '55." An diesem Abend lernten Ruth und ich noch mehrere Personen kennen, die während unserer verschiedenen Evangelisationen in England ihr Leben Christus anvertraut hatten.

Da er von Ruths starkem Interesse an China wußte, lud uns Präsident Reagan im Juli 1985 zu einem Staatsbankett zu Ehren des chinesischen Staatspräsidenten Li Xiannian ein. Da ich gerade in Kalifornien eine Evangelisation hielt, konnte ich nicht mitkommen, doch der Präsident plazierte Ruth beim Essen zu seiner Linken und Präsident Li zu seiner Rechten. Zweifellos war uns das eine große Hilfe, als wir drei Jahre später mit den Verhandlungen für unsere Chinareise begannen.

Im November 1985 lud Reagan uns erneut zu einem Staatsbankett ein, diesmal zu Ehren von Prinz Charles und Prinzessin Diana. Zu unserer großen Enttäuschung und Verlegenheit, da wir eine solche Einladung als „königlichen Wunsch" betrachteten, konnten wir diese Einladung nicht annehmen. Wieder einmal hatten wir schon lange vorher eine bestimmte Evangelisation zugesagt. Ich erklärte dem Sekretär der Queen in einem Brief, warum wir hatten absagen müssen.

Im Dezember 1987 kamen KPdSU-Generalsekretär Michail Gorbatschow und seine Frau Raissa zu einer Gipfelkonferenz nach Washington. Zu einigen der Festlichkeiten waren wir eingeladen. Während der Empfangszeremonie auf dem Rasen des Weißen Hauses standen Ruth und ich zusammen mit Henry Kissinger nahe genug, um den Gesichtsausdruck der Reagans und Gorbatschows zu studieren. Mehrere Tausend Menschen hatten sich versammelt, darunter Hunderte von Fotografen und Reportern. Unwillkürlich fragte ich mich, wie der Präsident mit seinen sechsundsiebzig Jahren dieser körperlichen Belastung standhielt. Am Abend zuvor war er im Kennedy Center gewesen, und nun stand ihm eine anstrengende und höchst bedeutsame Gipfelkonferenz bevor.

Auch für Ruth und mich war dies ein ereignisreicher Tag. Nach einem Mittagessen bei den Bushs – unmittelbar bevor sich der Vizepräsident zur feierlichen Vertragsunterzeichnung begab – folgte ein Empfang in der sowjetischen Botschaft.

Als wir später zum Staatsbankett im Weißen Haus eintrafen, sahen wir viele alte Freunde wieder und lernten einige neue kennen – darunter Meadowlark Lemon, den ehemaligen Spieler der Harlem Globetrotters, dessen Warmherzigkeit mich sehr beeindruckte. Viele Leute kamen auf uns zu und sagten, sie hätten am Abend zuvor unsere Fernsehübertragung aus Denver gesehen.

Beim Empfang schien der Präsident sehr erfreut zu sein, als er uns begrüßte. Er erzählte Generalsekretär Gorbatschow einiges über uns – offenbar wußte er nicht, daß wir in der sowjetischen Botschaft bereits zusammengetroffen waren. Gorbatschow begrüßte mich erneut sehr herzlich. Nancy begrüßte uns beide mit einem Kuß, dann wurden wir Frau Gorbatschow vorgestellt.

Präsident Reagans letzter offizieller Gast bei einem Staatsbankett war im November 1988 die britische Premierministerin Margaret Thatcher. Sie war 1981 auch sein erster Gast gewesen. Beide Male waren Ruth und ich auch eingeladen.

Es war ein hektischer Tag. Ruth hatte ihre Abendhandtasche vergessen und mußte sich für das Bankett eine neue kaufen gehen. Dann besorgten wir noch einen Blumenstrauß und schauten bei unserer Freundin J. Willard Marriott vorbei. Sie bestand darauf, daß wir zum Mittagessen blieben.

Abends trafen wir gleichzeitig mit der Football-Legende Rosey Grier und dem Geschäftsmann Malcolm Forbes bei dem Staatsbankett ein. Mit Malcolm Forbes unterhielten wir uns sehr angeregt über seine Schiffsreise nach China, die er im vergangenen Frühjahr – etwa zeitgleich mit unserer Reise – unternommen hatte. Das Schiff, mit dem er am Ufer des Huangpu angelegt hatte, hieß *The Capitalist Tool* („Das Werkzeug der Kapitalisten"), was für allgemeine Heiterkeit sorgte.

„Sie haben mir bei dieser Reise völlig die Schau gestohlen", sagte er lachend. „Sie waren im Fernsehen, in den Zeitungen, überall. Wir schafften es kaum bis in die Hongkonger Tageszeitungen!"

Beim Empfang wandte sich der Präsident an Frau Thatcher, um uns vorzustellen. Sie erwiderte lächelnd, daß ich sie bereits in der Downing Street besucht habe. Sie wußte auch, daß wir im folgenden Sommer wieder Veranstaltungen in England durchführen wollten.

Bei Tisch stellte ich überrascht fest, daß man mich zur Linken von Nancy Reagan gesetzt hatte. Mrs. Thatcher saß zu ihrer Rechten.

„Ich habe den Eindruck, daß ich Ihnen mein ganzes Leben lang zugehört habe", sagte die Schauspielerin Loretta Young, die ebenfalls an unserem Tisch saß. „Wenn Sie im Fernsehen zu sehen sind, rufen mich meine Kinder und sagen mir, daß Sie jetzt predigen."

Bei diesem Bankett bekam ich einen guten Rat von Carol Price, der Frau des Botschafters Charles Price, die zu meiner Linken saß. Ich hatte seit einiger Zeit Probleme mit dem linken Ohr. Schließlich fragte sie: „Haben Sie Schwierigkeiten, mich zu verstehen?"

Ich gab zu, daß es so sei, und erklärte, dieses Hörproblem sei völlig neu für mich und ich wisse noch nicht so recht, wie ich damit umgehen solle.

„Sie hätten es mir nur zu sagen brauchen, dann hätte ich lauter gesprochen", erwiderte sie daraufhin etwas vorwurfsvoll. „So etwas braucht Ihnen doch nicht peinlich zu sein."

Auf diesem letzten Staatsbankett der Reagans kamen nostalgische Gefühle auf, und viele hatten Tränen in den Augen. Als Frau Thatcher in ihrer Tischrede Nancy hervorhob, ergriff Nancy meine Hand und drückte sie.

Im Laufe des Abends kam ich mit etlichen Briten ins Gespräch. Eine Dame aus Schottland erzählte, sie habe mich als kleines Mädchen in der Kelvin Hall in Schottland predigen gehört.

Nach dem Bankett gingen wir nach oben. Dort sang und spielte Michael Feinstein Lieder und Melodien von George Gershwin und Irving Berlin. Frau Thatcher hatte gesagt, Ronald Reagan habe eine neue geistliche Atmosphäre in Amerika geschaffen. Ruth hätte sich gewünscht, wie sie später sagte, wenn davon bei der Musik oder der Unterhaltung an diesem Abend mehr zu spüren gewesen wäre.

Eines Abends – Ruth und ich hatten uns schon in unserem Hotelzimmer in Washington hingelegt – klingelte das Telefon. Es war die First Lady.

„Schlafen Sie schon?"

„Fast."

„Wir sind auch schon im Bett", sagte Frau Reagan, „aber wir würden gerne noch mit Ihnen sprechen. Könnten Sie nicht herkommen?"

Ich sagte zu.

„Wir schicken Ihnen in fünfzehn Minuten einen Wagen zum Hotel."

Wir zogen uns wieder an und fuhren hinüber in die 1600 Pennsylvania Avenue, wo die beiden wichtigsten Hausbewohner selbst in ihren Pyjamas im Bett saßen. Mindestens zwei Stunden lang sprachen wir über sehr persönliche Fragen. Wie schon oft ging es vor allem um Familienerinnerungen und bestimmte Anliegen.

In den Jahren, bevor Ron in ein öffentliches Amt gewählt wurde, hatte ich oft ein geistliches Interesse bei ihm festgestellt. Zum Beispiel erinnere ich mich an ein kleines Abendessen im Beverly Hilton Hotel, zu dem ich ihn eingeladen hatte. Er redete über die Wiederkunft Christi. Darüber sprach er auch bei anderen Gelegenheiten mit mir.

Wie ich hörte, soll Reagan als Heranwachsender in seiner Heimat Dixon, Illinois, hin und wieder selbst gepredigt haben. Damals war er Mitglied der Christian Church, die Ähnlichkeit mit den Baptisten hatte. Leider vergaß ich immer wieder, ihn nach dieser Zeit zu fragen. Das bedaure ich heute sehr.

Eines Abends, als ich mich wieder einmal im Weißen Haus befand, diskutierten Nancy und Ron über die Frage der Errettung – wer gerettet werde und wer verloren gehe. Seine Argumentation über Bekehrung und Neugeburt entsprach dabei ganz der biblischen Lehre. Schließlich wandte sich Nancy an mich.

„Billy, stimmt das?"

Ich bejahte und führte das Thema noch etwas weiter aus.

Beide, besonders aber Ron, waren sehr daran interessiert, die Bibel besser verstehen zu lernen. Immer wieder wollte er wissen, was die Bibel zu bestimmten Fragen sagt. Abtreibung war eines der Themen, mit denen er rang. Ich betonte stets die biblische Lehre von der Heiligkeit des menschlichen Lebens, des geborenen wie des ungeborenen. Auch über andere aktuelle Themen unterhielten wir uns – doch stets auf grundsätzlicher Ebene. Nie diskutierten wir, welche konkreten politischen Maßnahmen ergriffen oder gestrichen werden sollten.

Viele Christen ärgerten sich, daß Präsident Reagan während seiner beiden Amtszeiten nicht regelmäßig den Gottesdienst in Washington besuchte. So merkwürdig es klingt: Ich war einer derjenigen, die ihm genau das geraten hatten. Wir sprachen kurz darüber, nachdem er 1981 angeschossen worden war.

„Wissen Sie", sagte er zu mir, „wo immer wir jetzt hingehen, folgt uns ein riesiger Sicherheitsapparat, der jeden Gottesdienst empfindlich stören würde. Wenn der Präsident die Kirche betritt, richtet sich die Aufmerksamkeit auf ihn und nicht auf die Predigt oder den Gottesdienst. Ich weiß nicht, ob mir das recht wäre."

„Ron", sagte ich – die angemessene Anrede für den Präsidenten vergaß ich diesmal – „vielleicht sollten Sie eine Weile nicht in die Kirche gehen. Ich glaube, das wird nahezu jeder verstehen. Nicht nur, daß Sie sich in Gefahr begeben, Sie bringen auch andere in Gefahr. Warten Sie ab, bis über diese Sache (das Attentat) Gras gewachsen ist und bis der Geheimdienst ein bißchen besser organisiert ist."

„Wissen Sie", fügte ich noch hinzu, „Sie können ja auch hier nur mit der Familie und einigen Mitarbeitern einen Gottesdienst feiern. Oder machen Sie es wie Nixon und laden Sie zu einem Gottesdienst im Ostsaal des Weißen Hauses ein. Ich bin überzeugt, die meisten werden das verstehen."

Nach einiger Zeit besuchten die Reagans wieder die reformierte Kirche in Washington. Dr. Louis Evans, der (vor Donn Moomaw) ihr Pastor in

Bel Air in Kalifornien gewesen war, nahm einige bauliche Veränderungen vor, um den Bedürfnissen des Präsidenten gerecht zu werden. So konnten die Reagans durch den Hintereingang hereinkommen, ohne den Gottesdienst zu stören, und unbemerkt von der Gemeinde auf der Empore sitzen. Es gab jedoch zwei Themen, bei denen mich Ron um Rat fragte. Sie hatten meiner Meinung nach eine ethisch-geistliche Dimension, waren aber auch politischer Natur.

Das erste Thema war der Vatikan. Reagan entsandte als erster amerikanischer Präsident einen offiziellen Botschafter in den Vatikan. Bevor er dieses Amt vergab, bat er mich um meine Meinung. Ich hielt den Gedanken für gut – trotz möglicher Probleme wegen der Trennung von Kirche und Staat – und schrieb ihm einen ausführlichen, vertraulichen Brief, in dem ich ihm meine Gründe darlegte. Unter anderem sagte ich ihm, ich sei nicht der Meinung, daß die in der Verfassung festgelegte Trennung von Kirche und Staat dadurch verletzt würde. Schließlich setzte Reagan den Plan um, welche Gründe ihn auch dazu bewogen haben mögen. Später gelangte mein Brief irgendwie an die Presse. Er löste einige Irritationen bei meinen baptistischen Freunden aus.

Die zweite Frage betraf den Deutschland-Besuch bei Bundeskanzler Helmut Kohl im April 1985. Sowohl Nancy als auch Ron waren besorgt. Denn Bundeskanzler Kohl hatte als einen Termin während des Staatsbesuchs eine Kranzniederlegung auf dem deutschen Soldatenfriedhof in Bitburg eingeplant. Große Aufregung entstand, als man feststellte, daß dort neben Tausenden anderer Deutscher eine Reihe SS-Angehörige begraben lagen. Nancy bat mich um einen Rat, wie sie mit der schwierigen Situation umgehen sollten.

„Ja, ich habe einen Vorschlag", sagte ich. „Ich würde einige führende jüdische Rabbinen bitten, Ihrem Mann bei der Vorbereitung der anstehenden Rede zu helfen."

Ich selbst rief meinen Freund Rabbiner Marc Tanenbaum vom American Jewish Committee an. Wie ich später hörte, fuhr er nach Washington und half den Reagans. Der Besuch nahm – soweit ich mich erinnere – daraufhin eine positive Wendung.

Tief in meiner Erinnerung – und der aller Amerikaner – wird für immer jener Tag im März 1981 bleiben, an dem Präsident Reagan vor dem Hilton Hotel in Washington niedergeschossen wurde. Ich war zu Hause, als ich davon hörte. Jesse Helms, unser altgedienter Senator aus North Carolina, informierte mich als erster.

„Billy, ich glaube, Sie sollten hinfahren und zur Verfügung stehen, wenn man Sie um geistlichen Zuspruch und Gebet bittet."

Etwa eine halbe Stunde später rief einer der Assistenten des Präsidenten an. Sie konnten Donn Moomaw nicht ausfindig machen. Offenbar nahm er an einer Konferenz auf den Bermuda Inseln teil. Der Assistent fragte mich, wie schnell ich nach Washington kommen könne. Ich sei so gut wie reisefertig, erklärte ich. Mit einer Privatmaschine flog ich zum National Airport. Dort holte mich ein Wagen des Weißen Hauses ab.

Als ich am nächsten Tag Nancy sah, war sie gefaßt, doch die Tränen in ihren Augen und die Umarmung, mit der sie mich begrüßte, verrieten ihre Spannung und Sorge. Es war ein Beweis der großen Liebe, die beide füreinander empfanden. Oft hatte ich beobachtet, wie Nancy und Ronald sich an den Händen hielten oder sich leicht berührten; ich wußte, daß sie ihm nicht nur emotional eine große Stütze war, sondern auch als Beraterin.

Ein paar Minuten später kamen Frank und Barbara Sinatra herein. Nancy schilderte uns die Ereignisse aus ihrer Sicht. Dann trafen der Pastor der Reformierten Kirche, Louis Evans, und seine Frau Colleen ein. Nach einer Stunde waren auch Donn Moomaw und seine Frau da.

Wir setzten uns, unterhielten uns über Ron und wurden regelmäßig über seinen Zustand unterrichtet. Zum ersten Mal wurde mir klar, wie nahe er am Tag zuvor dem Tod gewesen war.

Bevor wir uns trennten, wandte sich Lou Evans an mich. „Billy, ich denke, Sie sollten noch mit uns beten."

Wir reichten uns die Hände. Ich bat Gott von ganzem Herzen, unseren Freund wieder gesund zu machen.

Ich hatte gelesen, daß die Hinckleys, deren Sohn auf den Präsidenten geschossen hatte, ebenfalls überzeugte Christen waren. Ich rief sie in Colorado an und versicherte auch sie meiner Gebete; ich konnte mir vorstellen, wie sehr sie litten.

Als später Berichte laut wurden, Nancy habe nach dem Attentat einen Astrologen zu familiären und politischen Dingen befragt, konnte ich es nicht fassen. Ich hatte nie den Eindruck gewonnen, daß sie in dieser Weise irgendwie beeinflußbar war. Nur die momentane Anspannung und Belastung konnten sie zu so einer unüberlegten Handlung veranlaßt haben. Ich rief sie an und redete ganz offen mit ihr.

„Nancy, Sie werden sich doch nicht tatsächlich astrologischen Rat gesucht haben? Und dann, um herauszufinden, auf welchen Termin wichtige Kabinettssitzungen gelegt werden sollten!"

„Billy", antwortete sie, „was Sie gelesen haben, ist nur ein Teil der Geschichte. Zu neunzig Prozent ist es nicht wahr, aber zu zehn Prozent trifft es vielleicht zu", erklärte sie ausweichend. Ich ermahnte sie, sich besser von Gott leiten zu lassen.

Wenn ich mit den Reagans zusammen war, sprachen sie oft über ihre Tochter Patti Davis. Ich spürte, wie sehr sie die schwierige Beziehung zu ihrer Tochter belastete und wie entmutigt sie waren. Nachdem bekannt geworden war, daß Ron an der Alzheimer-Krankheit litt, veröffentlichte Patti ihr Buch *Angels Don't Die – Engel sterben nicht*. Darin würdigte sie ihre beiden Eltern, besonders aber ihren Vater, der ihr so viele geistliche und ethische Werte vermittelt habe.

In den vierzig Jahren, seit ich Ronald Reagan zum ersten Mal begegnet bin, habe ich viel von ihm gelernt – nicht so sehr durch seine Worte als vielmehr durch sein Beispiel. Sein Optimismus war geradezu ansteckend. Ich habe mir dagegen immer viele Sorgen gemacht (wenn Fingernägelkauen ein Indiz dafür ist), obwohl ich doch im Tiefsten weiß, daß Gott die Zügel in der Hand hält.

Reagans optimistische Lebenseinstellung wirkte sich positiv auf die Psyche des ganzen Landes aus. Sie verschaffte ihm viel Bewunderung, selbst von seinen Kritikern. Es war keine „Augen-zu-und-durch-Haltung", sondern echte Fröhlichkeit und warmherziger Humor – ein Teil seiner Ausstrahlung. Beispielhaft dafür war sein Kommentar nach dem Attentat: „Ich habe vergessen, mich zu ducken."

Diese Haltung war ansteckend und tat der ganzen Nation wohl.

Am 14. Juni 1989, nach dem Ende seiner Präsidentschaft, ehrte die Königin von England Ronald Reagan. Dreißig Minuten nach der Zeremonie rief er mich an (ich befand mich gerade auch in England).

„Stellen Sie sich vor", sagte er. „Ich bin gerade zum Ritter geschlagen worden!"

„Na, dann herzlichen Glückwunsch, Sir Ronald!" erwiderte ich.

Er lachte. Seine Reaktion war eine Mischung aus Ernsthaftigkeit und Humor – er war dankbar für das, was hinter dieser Ehrung stand, wollte sich selbst aber nicht zu wichtig nehmen.

Auch nach seinem Ausscheiden aus dem Amt blieben wir Ron und Nancy eng verbunden. Sein Leben im „Ruhestand" war angefüllt mit Reisen, Terminen und einer Vielzahl von Aufgaben. Dennoch fand er Zeit, mit mir zu telefonieren und mir gelegentlich einen handgeschriebenen Brief zu schicken, in dem er sich nach meiner Gesundheit erkundigte oder uns versicherte, er und Nancy würden für Ruth und mich beten. Ich habe die Reagans von Zeit zu Zeit in Kalifornien getroffen und mehrere Male mit ihnen zusammen die Gottesdienste ihrer reformierten Kirche besucht.

Wir sahen uns auch auf der Beerdigung Richard Nixons am 27. April 1994. Gemeinsam mit Präsident Clinton und den anderen ehemaligen Präsidenten erwies er dem Verstorbenen die letzte Ehre. Damals fiel mir auf, daß Reagans alte Spritzigkeit verschwunden war.

Es traf mich tief, als die Reagans einige Monate später bekanntgaben, bei ihm sei die Alzheimer-Krankheit diagnostiziert worden. Gleichzeitig waren wir alle zutiefst beeindruckt von ihrer Offenheit und ihrem Mut angesichts dieser ernsten Erkrankung.

Während seiner Präsidentschaft ließ mir Ronald Reagan eine der höchsten Ehrungen zuteil werden, die ich jemals erfahren habe. Am 23. Februar 1983 verlieh er mir für meinen Dienst für die Nation die Freiheitsmedaille des Präsidenten – die höchste zivile Ehrung, die unsere Regierung an einen Bürger zu vergeben hat. Ich fühlte und fühle mich dieser Ehrung unwürdig – doch was immer sie auch sonst bedeutet, sie wird mich stets an die Großzügigkeit und Freundschaft eines bemerkenswerten Mannes und eines warmherzigen, treuen Freundes erinnern: Ronald Wilson Reagan.

29

Der Blick weitet sich

KONFERENZEN UND KONGRESSE
(MONTREUX, BERLIN, LAUSANNE, AMSTERDAM) 1960-1986

Ich werde ihn nie vergessen.

Mehrere tausend Menschen füllten die riesige Halle im Amsterdamer RAI-Center. Sie war zu einem gewaltigen Speisesaal umfunktioniert worden. An langen Tischreihen wurden Fertigmahlzeiten in wiederverwertbaren Aluminiumbehältern serviert: Mittagspause auf der Internationalen Evangelisten-Konferenz 1986, der zweiten Veranstaltung dieser Art, die wir durchführten. Hier erfüllte sich ein Traum, den ich seit vielen Jahren gehabt hatte: Evangelisten aus aller Welt kamen zur Schulung und zum gegenseitigen Erfahrungsaustausch zusammen.

Ruth und ich setzten uns und schüttelten ihm die Hand. Seine Kleidung vermittelte uns den Eindruck, daß er aus einem armen Land kam und nur wenig besaß. Doch sein Gesicht drückte eine Freundlichkeit und Freude aus, die unübersehbar war. Es zeigte auch die Zielstrebigkeit und Frömmigkeit, die ich während der ersten Tage jener Konferenz überall beobachtet hatte.

Dieser Evangelist und viele andere in der Halle waren Männer und Frauen, die an vorderster Front standen. Sie kamen aus den evangelistisch schwierigsten Gegenden der Erde, viele von ihnen trugen körperliche und seelische Wunden der Verfolgung oder hatten, wie ich wußte, wegen ihres Glaubens im Gefängnis gesessen.

„Woher kommen Sie?" erkundigte ich mich.

„Aus Botswana."

Auf meine behutsame Nachfrage hin berichtete er uns einiges über seine Arbeit. Er reise von Dorf zu Dorf, erzählte er, oft zu Fuß, um allen, die ihm zuhören wollten, das Evangelium von Jesus Christus zu predigen. Manchmal sei es entmutigend, gab er zu, wenn er auf viel Widerstand und wenig positive Reaktionen stoße.

„Gibt es viele Christen in Botswana?" fragte ich.

„Wenige", erwiderte er. „Nur sehr wenige."

„Und welche Ausbildung haben Sie? Konnten Sie eine Bibelschule oder entsprechende Kurse besuchen?"

„Ach, wissen Sie", antwortete er, „ich habe einen Hochschulabschluß der Universität Cambridge."

Wie schämte ich mich, daß ich ihn in die Schublade „ungebildet" gesteckt hatte! Nicht nur, weil er viel gebildeter war als ich, sondern auch aus einem anderen Grund stieg meine Achtung vor ihm: Jeder Mann, der mit einem begehrten akademischen Grad aus Cambridge in seine unterentwickelte Heimat zurückkehrte, hätte unbegrenzte Möglichkeiten, politische Macht, eine hohe soziale Stellung und wirtschaftlichen Wohlstand zu erringen. Und doch war dieser Mann zufrieden damit, dem Ruf Christi zu folgen und als Evangelist durch die Dörfer zu ziehen. Er konnte wahrhaftig mit Paulus sagen: „Seit ich Christus kenne, ist für mich alles ein Verlust, was ich früher als großen Gewinn betrachtet habe" (Philipper 3,7).

Wer konnte ermessen, welch eine Wirkung für Christus ein solcher Mann im Afrika der Zukunft erzielen konnte? Ich dankte Gott im stillen für die Frömmigkeit dieses Evangelisten – und für die Möglichkeit, die Gott uns gegeben hatte, eine so einzigartige Gruppe von Menschen aus aller Welt zusammenzubringen: ungefähr achttausend reisende Evangelisten aus hundertvierundsiebzig Ländern, die sich schulen und ermutigen lassen wollten.

Die Amsterdamer Konferenz von 1986 und ihre Vorgängerin 1983 waren die Höhepunkte einer Reihe internationaler Konferenzen, die wir seit über zwei Jahrzehnten durchgeführt hatten. Das zentrale Thema dabei war immer der evangelistische Auftrag der Gemeinde Jesu.

Als unser Dienst in den fünfziger Jahren immer umfangreicher wurde, kam ich auf meinen Reisen in Kontakt mit einem breiten Spektrum christlicher Leiter und Organisationen. Manche von ihnen waren sehr evangelistisch ausgerichtet und verbreiteten in ihrem Umfeld die Botschaft Christi.

Vielen jedoch mangelte es an Schulung, um das Evangelium effektiver und kreativer verkündigen zu können. Außerdem hatte ich den Eindruck, daß in vielen Gemeinden die eigentliche Bedeutung der Evangelisation nicht erkannt wurde; manche kümmerten sich überhaupt nicht darum.

Das war nicht immer so. Im 19. Jahrhundert galt die Evangelisation als das zentrale Anliegen der Gemeinde Jesu. Tausende von Missionaren zogen bis an die Enden der Erde und machten das Christentum zu einer wahrhaft weltweiten Bewegung. Diese evangelistische Explosion – die größte in der Kirchengeschichte – wurde begleitet von der Einrichtung von Schulen, Krankenhäusern, Alphabetisierungsprogrammen und einheimischen Gemeinden. Zum ersten Mal in der Geschichte schien das Ziel, der ganzen Welt das Evangelium zu verkünden, in Reichweite.

1910 trafen sich im schottischen Edinburgh Gemeindeleiter zu einer historischen Konferenz für Mission und Evangelisation unter dem Motto „Die Evangelisierung der Welt in dieser Generation". Einer der Organisatoren der Konferenz war John R. Mott, der als Student bei Dwight L. Moody zu Christus gefunden hatte. Der Schwerpunkt dieser Konferenz lag in dem allgemeinen Anstoß, die ganze Welt zu evangelisieren. Sie beeinflußte eine ganze Generation junger Menschen, die ihr Leben für die Weltmission einsetzten.

Die moderne ökumenische Bewegung, deren Wurzeln bis in diese Zeit zurückreichen, wurde aus der Vision für weltweite Evangelisation geboren, wie sie John Mott, Robert Speer und ihre Kollegen vor Augen hatten. Die Gründung des Internationalen Missionarischen Rates 1921 – ein Ergebnis der Edinburgh-Konferenz – schien die Hoffnungen noch zu verstärken. Doch der Wind drehte sich, und mit der Zeit verblaßte die Vision einer weltweiten Evangelisation.

Ich respektierte die Bemühungen der ursprünglichen Architekten des (1948 gegründeten) Weltrates der Kirchen, viele Segmente der Gemeinde Jesu in ein harmonisches Miteinander zu führen. Ein Grundanliegen der ökumenischen Bewegung kommt in dem bekannten Gebet Jesu für seine Jünger zum Ausdruck: „Sie alle sollen eins sein" (Johannes 17,21). Doch dieses Gebet war direkt auf den evangelistischen Auftrag der Gemeinde bezogen; denn Jesus fährt in demselben Vers fort: „So ... sollen auch sie in uns fest miteinander verbunden sein. *Dann werden sie die Welt überzeugen.* "

Inzwischen fürchtete ich jedoch, daß in manchen Kreisen das Streben nach Einheit wichtiger geworden ist als die biblische Verpflichtung zur Evangelisation.

Vielleicht wollte Gott unseren Dienst gebrauchen, um die Vorrangstellung der biblischen Evangelisation für die Gemeinde Jesu neu hervorzuheben und Christen unterschiedlicher Herkunft aufzurufen, sich dem Anliegen der Evangelisation zu verschreiben. Ja, wir hatten entdeckt, daß manche von ihnen überhaupt nur unter dem Banner der *Evangelisation* zusammenzubringen waren.

Der Wunsch wurde immer stärker. Nach einiger Zeit setzten wir uns mit einer Gruppe führender Christen aus verschiedenen Teilen der Welt zusammen, um über das Thema zu sprechen. In einem Brief an meinen schottischen Freund Pastor Tom Allan hielt ich im Dezember 1958 eine Reihe von Zielen für eine solche Zusammenkunft fest. (Tom war nicht nur der Pastor einer der bedeutendsten Gemeinden von Glasgow, sondern auch Mitglied des Referats für Evangelisation beim Weltkirchenrat.) Diese Ziele sollten uns durch alle Konferenzen hindurch begleiten, die wir während der nächsten zweieinhalb Jahrzehnte einberiefen.

Ich fügte hinzu: „Ich glaube, wir haben eine solche Konferenz dringend nötig angesichts der Verwirrung dieser Zeit. Vielleicht könnte aus dieser Konferenz eine neue Einigkeit im Volk des Herrn entstehen, die Aufgabe der Weltevangelisation in dieser Generation zu erfüllen."

MONTREUX

Unsere ersten Bemühungen waren bescheiden. Vom 16. bis 18. August 1960 versammelten sich auf meine Einladung hin dreiunddreißig führende Christen aus zwölf Ländern im schweizerischen Montreux. Im Anschluß an diese kleine Konferenz hielten wir Evangelisationen in Bern, Zürich, Basel und Lausanne, bevor wir zu drei weiteren Veranstaltungsreihen nach Deutschland reisten. Unter anderem waren John Stott aus Großbritannien und Clyde Taylor aus den USA gekommen. Alle Teilnehmer der Konferenz hatten uns in ihren Heimatländern bei unseren Evangelisationen unterstützt und waren uns zu persönlichen Freunden und Ratgebern geworden.

Die Zusammenkunft stand unter dem Thema „Gottes Strategie für

Mission und Evangelisation". Ich selbst hatte den Vorsitz und bat im Laufe der Konferenz verschiedene Teilnehmer, eine Andacht zu halten oder kurz zu referieren. Wir erörterten dabei die Probleme und Möglichkeiten für die Evangelisation in einer Welt, in der die Säkularisierung immer schneller voranzuschreiten schien.

In jener friedlichen Umgebung am Ufer des Genfer Sees empfanden wir alle zutiefst ein Gefühl der Einheit unter uns – und eine neue Entschlossenheit, mit aller Kraft die Sache des Evangeliums voranzutreiben. Ein offizielles Schlußdokument erarbeiteten wir nicht, und es gab auch keine konkreten Pläne für weitere Treffen.

Etwa vier Jahre später besuchte mich Dr. Victor Nelson während einer Predigtreise in meinem Hotelzimmer im kanadischen Nova Scotia. Victor war ein weiser, sehr geschätzter Mitarbeiter, der sich aus einer fruchtbaren Arbeit als reformierter Pastor zurückgezogen hatte, um sich unserer Organisation in Minneapolis anzuschließen. Zu jener Zeit organisierte er Evangelisationen in Kanada für einige unserer Team-Evangelisten. Sein Rat bedeutete mir immer viel.

„Billy", sagte er ziemlich unverblümt, „wenn Sie immer nur von einer Evangelisation zur anderen durch die ganze Welt hüpfen, dann werden Sie nie erreichen, was Sie erreichen könnten und sollten. Sie dürfen diese Arbeit nicht nur selbst tun, Sie müssen Ihre Wirkung multiplizieren. Das geht nur, indem Sie andere darin schulen, ebenfalls eine wirksame evangelistische Arbeit aufzubauen."

Ich wußte, daß er recht hatte. Trotz meines fast ständig ausgebuchten Terminkalenders spürte ich, daß wir auf eine internationale Evangelisationskonferenz hinarbeiten mußten.

BERLIN 1966

Ein Teil des Problems bestand darin, daß es keinen richtigen weltweiten Zusammenschluß von Evangelikalen oder Evangelisten gab – weder offiziell noch inoffiziell. Ein Anfang war 1951 mit der Gründung der World Evangelical Fellowship gemacht worden. Dieser Gemeinschaft gehörte jedoch nur eine begrenzte Zahl von Mitgliedern an; viele, besonders jene in den traditionellen Kirchen, hatten dazu keine Verbindung.

Einige von uns hielten es für strategisch klug, eine Konferenz in Rom zu veranstalten. Ich bat meine Mitarbeiter George Wilson und Stan Mooneyham, entsprechende Erkundigungen einzuziehen. Wie sie berichteten, gab es in Rom vorzügliche Veranstaltungsorte; Simultanübersetzungen waren zu erschwinglichen Kosten möglich. Tom Allan dagegen riet uns von Rom ab. Die Konferenz könne als anti-katholisch aufgefaßt werden, meinte er; zumindest aber würde die Gefahr bestehen, von den Verhandlungen des Zweiten Vatikanischen Konzils überschattet zu werden, das gegenwärtig tagte.

Am Ende fiel die Wahl auf Berlin, das inzwischen durch die Mauer brutal in zwei Hälften geteilt worden war. Dort – an einem symbolischen Kreuzweg gegensätzlicher Ideologien – wollten wir uns treffen und uns Christus als der einzigen Antwort auf das weltweite Verlangen nach Hoffnung und Frieden neu zu verpflichten.

Doch die Schirmherrschaft machte mir Sorgen. Die Billy Graham Evangelistic Association würde die Veranstaltung finanzieren und organisieren müssen, das war mir klar. Aber die Konferenz würde sicher eine größere Bandbreite von Christen ansprechen, wenn jemand anderes offiziell dahinterstand.

Dann kam mir der Gedanke: Warum sollten wir nicht *Christianity Today* bitten, die Schirmherrschaft zu übernehmen? Die Zeitschrift war inzwischen sowohl bei Protestanten als auch bei Katholiken zu weltweitem Ansehen gelangt. Ich traf mich mit ihrem Chefredakteur Dr. Carl Henry und legte ihm mein Anliegen und meine Pläne vor. Nachdem wir gemeinsam gebetet hatten, sagte er zu.

Nun mußten binnen kurzer Zeit zahlreiche organisatorische Probleme gelöst werden. Zusammen mit Carl Henry arbeiteten Bob Evans, der Gründer der Greater Europe Mission, und Clyde Taylor, der Generalsekretär der Weltweiten Evangelischen Allianz, das Programm aus. Schließlich übernahm die BGEA die Organisation und die Finanzierung. Offiziell firmierte die Veranstaltung unter dem Namen „Weltkongreß für Evangelisation", doch meistens sprachen wir nur vom „Berliner Kongreß" oder kurz „Berlin '66".

Als sich die Nachricht von dem geplanten Kongreß verbreitete, starteten einige Leute eine, wie ich glaubte, organisierte Gegenkampagne. Ein amerikanischer Mitarbeiter der Berliner United Church of Christ (er wurde später von seiner Denomination ausgeschlossen) attackierte unsere Veranstaltung mit einer Hetzkampagne.

Dr. Kurt Scharf, der EKD-Ratsvorsitzende, hatte offenbar den Eindruck gewonnen, der geplante Kongreß werde strikt „antikommunistisch und antiökumenisch" sein. Einer unserer Repräsentanten klärte dieses Mißverständnis. Daraufhin war Bischof Scharf bereit, zur Eröffnung des Kongresses ein Grußwort zu sprechen. Er stellte allerdings die Bedingung, ich dürfe während der vorausgehenden Evangelisation keinerlei politische Aussagen machen.

Ich hatte keineswegs die Absicht, mich politisch zu äußern. Doch Bischof Scharfs Sorge wurde auch von anderen geteilt, sogar von denen, die unseren Kongreß unterstützten. Zum Beispiel warnte mich Pastor E. L. Golonka – als gebürtiger Pole ein ausgezeichneter Kenner Osteuropas – eindringlich davor, den gefährlichen Eindruck zu erwecken, als ob evangelistische und missionarische Aktivitäten „in irgendeinem Zusammenhang mit der offiziellen Politik der amerikanischen oder westdeutschen Regierungen" stünden.

Wen sollten wir als Teilnehmer zum Kongreß einladen? Sorgfältig formulierten wir einige allgemeine Richtlinien, doch die klärten nicht automatisch jeden Zweifelsfall.

Zum Beispiel stand die wachsende charismatische Bewegung, die zu einem großen Teil mit den Pfingstkirchen verbunden war, ein wenig außerhalb der traditionellen evangelikalen Bewegung. Wir schlossen diese Denominationen nicht von unseren Evangelisationen aus, forderten sie aber auch nicht ausdrücklich zur Teilnahme auf; manche ihrer ekstatischen Frömmigkeitsformen waren umstritten und lösten in der breiteren christlichen Gemeinschaft Befremden aus. Und doch war ich der Meinung, daß mein langjähriger Freund Oral Roberts, weltbekannt für seinen Predigt- und Heilungsdienst wie auch für den Aufbau der nach ihm benannten Universität in Tulsa, Oklahoma, zu den Delegierten gehören solle. Ich wollte ihn nicht um eine Ansprache bitten; doch seine Anwesenheit allein – davon war ich überzeugt – könnte den Beginn einer neuen Zusammenarbeit unter den evangelikalen Christen markieren.

Obwohl wir versuchten, Teilnehmer aus möglichst vielen Denominationen einzuladen, machten wir auch deutlich, daß sie als *Einzelpersonen* aufgrund ihres persönlichen Aufgabenbereichs in der evangelistischen

Arbeit eingeladen waren, nicht als offizielle Vertreter ihrer jeweiligen Denomination. Sie sollten sich ganz frei fühlen und sich keine Gedanken machen müssen, wie sie einer Organisation oder Hierarchie gegenüber Rechenschaft geben sollten.

Auch Beobachter sollten dabei sein, die nicht evangelistisch geprägt waren (in manchen Fällen nicht einmal erklärte Christen). Einer von ihnen war der Rabbiner Arthur Gilbert von der jüdischen Vereinigung B'nai B'rith. Nach dem Kongreß, kurz vor Weihnachten, schrieb er mir: „Ich möchte Ihnen angesichts dieser besonderen Zeit des Jahres sagen, was für ein bedeutsames Erlebnis es für mich war, an dem evangelikalen Weltkongreß teilzunehmen. Die geistliche Tiefe der Teilnehmer hat mich tief bewegt, zumal ich auch feststellte, daß damit ein Bewußtsein für die sozialen Bedürfnisse des Menschen verbunden war. Hinzu kam ihr Engagement für die Verkündigung des Evangeliums."

Der Tagungsort Berlin erinnerte uns unwillkürlich daran, daß erst rund zwanzig Jahre seit dem Grauen des Holocaust vergangen waren. Etwa um die Zeit des Kongresses schrieb ich an den Vorsitzenden des Kuratoriums der Jewish Information Society of America: „Ich kann unmöglich glauben, daß ein echter Christ sich jemals an irgendwelchen antisemitischen Machenschaften beteiligen würde."

Das Motto von Berlin '66 lautete: „Eine Menschheit, ein Evangelium, eine Aufgabe." Stan Mooneyham, Dr. Victor Nelson und andere, zum Teil „ausgeliehene" Mitarbeiter anderer Organisationen, zogen nach Berlin, um Einzelheiten der Veranstaltung vorzubereiten, die in der kürzlich fertiggestellten Kongreßhalle stattfinden sollte. Carl Henry übernahm offiziell den Vorsitz; ich wurde zum Ehrenvorsitzenden ernannt.

Insgesamt nahmen etwa zwölfhundert Delegierte aus hundert Ländern an der Kongreßeröffnung am 26. Oktober 1966 teil. Einige von ihnen waren in evangelikalen Kreisen wohlbekannt, wie etwa Corrie ten Boom, die tapfere Holländerin, deren packende Geschichte von Überleben und Vergebung während des Holocaust später von unserer Filmgesellschaft World Wide Pictures verfilmt wurde. Andere waren weniger bekannt, da sie noch nie über die Grenzen ihres Landes hinaus gekommen waren.

Zwei Teilnehmer erregten besondere Aufmerksamkeit. Sie waren Angehörige des Stammes der Auca-Indianer aus dem Dschungel Ecuadors. 1956 hatten sie und ihre Stammesbrüder mit Speeren fünf junge amerikanische Missionare getötet, die sich in die Wildnis gewagt hatten, um ihnen das Evangelium zu bringen. Durch das spätere Zeugnis von Rachel Saint, der Schwester eines der Märtyrer, und Elisabeth Elliot, der Witwe eines anderen, waren sie und weitere Angehörige ihres Stammes zum Glauben an Christus gekommen. Jetzt, nur zehn Jahre nach der Tötung der Missionare, waren sie in Berlin. Sie stimmten in das Lob Gottes ein und riefen uns zu größerem Eifer auf, eine verlorene Welt für den Retter zu gewinnen.

Die Auca-Brüder waren ein beeindruckendes Beispiel für die menschenverändernde Kraft Gottes. Was ihnen geschehen war, das wußten wir alle in Berlin, wollte Gott an jedem Stamm, jeder Sprache, jedem Volk und jeder Nation in der Welt geschehen lassen.

Wir waren zu dem Schluß gekommen, daß eine weltweit bekannte, führende Persönlichkeit als Redner auftreten sollte, um die weltweite Perspektive des Kongresses ins Licht zu rücken. Allerdings fiel uns niemand in dieser Kategorie ein, der sich als evangelikaler Christ im üblichen Sinne des Wortes bezeichnet hätte. Schließlich luden wir Seine Kaiserliche Majestät Haile Selassie I., Kaiser von Äthiopien und Hüter der traditionsreichen äthiopisch-orthodoxen Kirche ein.

Sein vielfältiges Grußwort gab dem Kongreß einen wichtigen Impuls: „Wie weise oder wie mächtig ein Mensch auch sein mag, ohne Gott ist er wie ein Schiff ohne Ruder ... Darum, o Christen, laßt uns aufstehen und mit dem geistlichen Eifer und Ernst, der die Apostel und die frühen Christen kennzeichnete, darum ringen, unsere Brüder und Schwestern zu unserem Erlöser Jesus Christus zu führen, der allein unserem Leben den eigentlichen Sinn geben kann."

In meiner Eröffnungsansprache erinnerte ich die Delegierten an die Konferenz in Edinburgh von 1910. „Ein Ziel dieses Weltkongresses für Evangelisation ist die Rückkehr zu dem dynamischen Eifer für die Weltevangelisation, der vor sechsundfünfzig Jahren in Edinburgh lebendig war", sagte ich. „Die evangelistische Arbeit ist immer dringend. Das Schicksal von Menschen und Nationen entscheidet sich ständig neu. Jede Generation hat ihre individuelle Bedeutung; jede Generation ist wichtig für ihre Vor- und Nachfahren. Aber wir sind nicht verantwortlich für die vorangegangene Generation, und wir können auch nicht die volle Verantwortung für die nächste Generation tragen. Aber da ist *unsere* Generation!

Gott wird vor dem Richterstuhl Christi von uns Rechenschaft darüber fordern, wie gut wir unsere Verantwortung wahrgenommen und unsere Möglichkeiten genutzt haben."

Eine eindrückliche Illustration der Herausforderung, vor der die Gemeinde Jesu stand, war die zehn Meter hohe Uhr im Foyer der Kongreßhalle, die Sekunde für Sekunde die Zunahme der Weltbevölkerung anzeigte. Sie verriet uns, daß während des Berliner Kongresses die Weltbevölkerung um 1.764.216 Menschen anstieg – Menschen, für die Christus gestorben ist und die von Christus hören mußten, bevor sie selbst starben.

Am Sonntag, dem 30. Oktober – einen Tag vor dem 449. Jahrestag der Reformation –, marschierten die Delegierten zusammen mit zehntausend Berlinern vom Wittenbergplatz bis zur Kaiser-Wilhelm-Gedächtniskirche. Unter der Koordination unseres Mitarbeiters Gil Stricklin fand diese Veranstaltung, wie auch der ganze Kongreß, ein gebührendes Echo in der Presse.

Der Berliner Kongreß verabschiedete eine Schlußerklärung, die das Motto „Eine Menschheit, ein Evangelium, eine Aufgabe" unterstrich. Darin hieß es unter anderem: „Unser Ziel ist die Evangelisierung der Menschheit in dieser Generation."

Des weiteren verurteilte die Schlußerklärung die durch Rassismus verursachten Schranken zwischen den Menschen als Sünde: „Im Namen der Heiligen Schrift und im Namen Jesu verurteilen wir Rassismus, wo immer er sich zeigt. Wir bitten um Vergebung dafür, wo wir in der Vergangenheit schuldig geworden sind, indem wir uns dem klaren Befehl Gottes verweigerten, unsere Mitmenschen mit einer Liebe zu lieben, die jede menschliche Barriere und jedes Vorurteil überwindet."

Am Schluß stand noch ein Aufruf zu einem neuen Engagement für die Evangelisation. „Angesichts der Tatsache, daß der Dienst der Versöhnung uns allen aufgetragen ist, wollen wir jeden Glaubenden ermutigen, sich mit allen Christen zu einem wirksamen Zeugnis gegenüber unserer Welt zusammenzuschließen ... Unsere Aufgabe ist es, dafür zu sorgen, daß jeder die Möglichkeit bekommt, sich für Christus zu entscheiden."

Was wurde durch den Berliner Kongreß erreicht? Abgesehen davon, daß er eine neue Einheit unter den Evangelikalen entstehen ließ, diente der Kongreß als Katalysator für eine Reihe neuer evangelistischer Bemühungen.

Bill Bright sagte mir einmal, der Berliner Kongreß habe ihn motiviert, die Arbeit der einige Jahre zuvor von ihm gegründeten Studentenbewegung „Campus für Christus" weltweit auszudehnen.

Pater John Sheerin, als Redakteur der New Yorker Zeitung *Catholic World* Beobachter des Kongresses, schrieb: „Beeindruckt haben mich die breiter und weiter werdenden Perspektiven, der Gehorsam gegenüber dem Missionsbefehl und die Konzentration auf und die Wertschätzung für die Bibel."

Ein mit sehr negativen Erwartungen zum Kongreß gekommener Reporter meinte später: „Widerstrebend muß ich zugeben: Ich bin tief beeindruckt."

Besonders erfreulich war die Reaktion einiger führender Vertreter der Evangelischen Kirche in Deutschland. Nach dem Kongreß erhielt ich im November einen Brief des Alt-EKD-Ratsvorsitzenden und Berliner Bischofs Otto Dibelius, der zuvor Präsident des Weltkirchenrates gewesen war. „Sowohl der Kongreß als auch die vorausgegangene Evangelisation waren eine Herausforderung im besten Sinne des Wortes und von großer Bedeutung für die Tausende von Teilnehmern."

Ein wichtiger Beitrag des Berliner Kongresses lag sicherlich in der Betonung einer Theologie der Evangelisation. Die später in zwei Bänden gesammelten Kongreßakten fanden weite Verbreitung, so daß die Veranstaltung noch über die ursprünglichen Teilnehmer hinaus Wirkung zeigte.

In seinem Buch *The Battle for World Evangelism* faßte Dr. Arthur Johnston ein anderes Ergebnis des Kongresses von 1966 zusammen: „Die evangelikalen Christen sind jetzt als eine bedeutende internationale Bewegung sichtbar geworden, die in dieser Zeit der Technik und der Bevölkerungsexplosion zu noch größeren Leistungen auf dem Gebiet der Evangelisation fähig ist."

Der Berliner Kongreß zog einige regionale Konferenzen nach sich, unter anderem in Singapur (1968), Minneapolis (1969), Bogotá (1969) und Amsterdam (1971). Organisation und Programm dieser Veranstaltungen lagen in den Händen einheimischer Christen.

Schwarze Evangelikale in den Vereinigten Staaten organisierten 1970 in Kansas City einen eigenen Kongreß für Evangelisation. Es war die erste derartige Konferenz, die sich speziell auf die Evangelisation unter Amerikanern afrikanischer Abstammung konzentrierte. Der Leiter war Dr. John

W. Williams, ein prominenter schwarzer Theologe, der bis zu seinem Tod viele Jahre lang ein geschätztes Mitglied des Vorstands der BGEA und ein führender Vertreter der amerikanischen Bewegung für Rassenintegration war.

Der Europäische Kongreß für Evangelisation 1971 führte tausend sorgfältig ausgewählte Delegierte aus sechsunddreißig Ländern ins Amsterdamer RAI-Zentrum, wo sie sich eingehend mit der Theologie und Praxis der Evangelisation befaßten sowie mit den Herausforderungen, vor denen die europäischen Gemeinden standen.

LAUSANNE 1974

Nach dem Berliner Kongreß drängte man uns, über eine zweite internationale Konferenz nachzudenken. Der Impuls, den die Konferenz in Berlin ausgelöst habe, dürfe nicht wieder verloren gehen, hieß es. Ich zögerte sehr. Der Berliner Kongreß hatte eine Menge Arbeit mit sich gebracht und viel von der Zeit und der Kraft unserer Mitarbeiter von der Evangelisationsarbeit abgezogen. Zudem wußte ich, daß die schwierige Aufgabe der Finanzierung hauptsächlich der BGEA zufallen würde. Und doch gab es gewichtige Gründe für eine weitere Konferenz.

Einer dieser Gründe war die in manchen Kirchen, besonders innerhalb des Ökumenischen Rates der Kirchen (ÖRK), stattfindende Debatte über die genaue Bedeutung des Wortes *Evangelisation*. Viele prominente Vertreter des Weltkirchenrates versuchten, ein biblisches Verständnis der Evangelisation aufrechtzuerhalten, doch die ökumenische Bewegung bewegte sich im großen und ganzen in eine andere Richtung. So herrschte zum Beispiel 1968 auf der Vierten Vollversammlung des ÖRK in der schwedischen Universitätsstadt Uppsala, an der ich als Beobachter teilnahm, die Tendenz vor, die gute Nachricht des Evangeliums auf eine Umstrukturierung der Gesellschaft zu beziehen anstatt darauf, einzelne Menschen zur Buße und zum Glauben an Christus zu rufen.

1973 wurde dieser Prozeß auf einer Konferenz in Bangkok, veranstaltet von der Kommission für Weltmission und Evangelisation des ÖRK, weiter vorangetrieben. Man konzentrierte sich noch stärker auf Themen wie soziale und politische Gerechtigkeit. Die erlösende Kraft des Evangeliums für eine verlorene Welt spielte kaum noch eine Rolle. In vielen Diskussionen wurde auf dieser Konferenz die Ansicht vertreten, Christus habe bereits alle Menschen errettet (eine Auffassung, die als *Universalismus* oder *Allversöhnungslehre* bekannt ist), so daß es nicht mehr nötig sei, Buße zu tun oder sich für Christus zu entscheiden, um gerettet zu werden. Eine solche Auffassung legte nicht nur die Axt an die Wurzel der Evangelisation, sie stand auch ganz klar im Widerspruch zur Lehre der Bibel. Dieser Trend alarmierte die evangelikalen Christen, die daraufhin begannen, sich um ein gründlicheres Verständnis der biblischen Theologie der Evangelisation zu bemühen.

Im Januar 1970 lud ich fünfzehn christliche Leiter aus verschiedenen Teilen der Welt nach Washington ein, um gemeinsam über die Möglichkeit eines weiteren Weltkongresses nachzudenken. Wir kamen zu dem Schluß, daß die Zeit noch nicht reif dafür sei.

Im Dezember 1971 lud ich eine etwas größere Gruppe nach White Sulphur Springs in West Virginia ein, um diese Frage erneut zu diskutieren. Außerdem verschickte ich einen Brief an hundertfünfzig einflußreiche evangelikale Christen in aller Welt und bat sie um ihren Rat. Diesmal fiel das Ergebnis anders aus: Wir hatten den Eindruck, der Heilige Geist führe uns dazu, eine weitere Konferenz zu planen.

Bei nachfolgenden Treffen wurden verschiedene Komitees gebildet, bis sich die BGEA entschloß, einen Weltkongreß für Evangelisation für den Sommer 1974 anzuberaumen. Besonders wichtig war die Einrichtung eines Planungskomitees. Wir achteten sehr auf eine möglichst repräsentative Zusammensetzung; die Zeiten weißer, westlicher Dominanz mußten ein Ende haben. Schließlich wurde ein Komitee mit achtundzwanzig Mitgliedern aus sechzehn Nationen gebildet; etwa die Hälfte davon stammten aus der Dritten Welt.

Ich bat den australischen Bischof Jack Dain, den geschäftsführenden Vorsitz zu übernehmen, und Dr. Donald Hoke, den Missionsveteranen aus Japan und Präsidenten der Christlichen Hochschule in Tokyo, als koordinierender Direktor der Konferenz zu fungieren. Paul Little von der Inter-Varsity Christian Fellowship (im deutschsprachigen Raum: Schüler- und Studentenmission – SMD) übernahm die Aufgabe des Programmdirektors, wobei er eng mit dem Programmausschuß zusammenarbeitete, der aus dem Vorsitzenden Leighton Ford, Victor Nelson, Harold Lindsell,

Samuel Escobar und Don Hoke bestand. Warwick Olson aus Australien wurde zum Direktor für Öffentlichkeitsarbeit ernannt. Ich erhielt den Titel des Ehrenvorsitzenden, wobei vereinbart war, daß keine Erklärung der Konferenz ohne meine Zustimmung verabschiedet würde.

Ursprünglich wollten wir die Konferenz irgendwo in der Dritten Welt abhalten. Doch unsere Mitarbeiter stellten fest, daß es in diesen Staaten einfach keine Einrichtungen gab, in denen eine so große und komplexe Versammlung hätte stattfinden können. Auf Vorschlag von Dr. Robert Denny, dem Generalsekretär der Weltallianz der Baptisten, konzentrierten wir uns dann auf Europa.

Nach eingehender Prüfung entschieden wir uns für das Konferenzzentrum Palais de Beaulieu im schweizerischen Lausanne. Das Zentrum bot Platz für viertausend Teilnehmer sowie Einrichtungen für die Simultanübersetzung, und es standen reichlich Räume für Seminare und Workshops zur Verfügung, die wir durchführen wollten.

In allen Ländern wurden beratende Ausschüsse gebildet, um nach den vom Exekutivkomitee formulierten Richtlinien Delegierte zu nominieren. In diesen Richtlinien stand auch, daß der Schwerpunkt auf jüngeren Leuten liegen sollte, die noch ein ganzes Leben im evangelistischen Dienst vor sich hatten.

Freilich brachte die Planung auch Probleme mit sich. Der bekannte Geschäftsmann und aktive Christ Maxey Jarman aus Nashville übernahm die Aufgabe, die finanziellen Mittel für die Veranstaltung zu beschaffen. Doch trotz seiner energischen Bemühungen erkannten viele Menschen nicht die strategische Bedeutung einer solchen Konferenz. Schließlich mußte die BGEA drei Viertel des Gesamtbudgets zuschießen.

Als das Datum der Konferenz näher rückte, schossen die Kosten in die Höhe, denn wegen des arabischen Ölembargos explodierten nicht nur die Flugpreise. Ich stand kurz davor, den Kongreß abzusagen. Doch Ruth redete mir das aus. „Sag nicht ab", drängte sie mich. „Du hast vielleicht nie wieder Gelegenheit, eine solche Konferenz durchzuführen. Mach weiter, selbst wenn du dir das Geld leihen mußt."

Unvermeidlicherweise ergaben sich noch andere Probleme, die niemand hätte voraussehen können. Einige sind berichtenswert.

Ein Redner drohte mit seiner Absage, als wir den britischen Intellektuellen und Journalisten Malcolm Muggeridge als Referenten in das Programm aufnahmen. Muggeridge, der erst kürzlich zum christlichen Glauben gefunden hatte, war mit theologischen Feinheiten nicht so vertraut, wie es der betreffende Redner für unabdingbar hielt. Aber Muggeridge lieferte eine brillante Analyse des herrschenden intellektuellen Klimas und erntete den einzigen stehenden Applaus des Kongresses.

Eine Delegation weigerte sich bei ihrer Ankunft vor dem Palais de Beaulieu zunächst einmal, das Zentrum zu betreten, weil an einem der Masten vor dem Eingang die Fahne einer mit ihrem Land verfeindeten Nation wehte.

An einem der Konferenztage war das Essen so ungenießbar, daß Jack Dain mit seinem Teller zu dem Chef des Verpflegungsservices ging, ihm den Teller unter die Nase hielt und sagte, so ein Zeug würde er nicht einmal seinem Hund zu fressen geben. Prompt wurde das Essen besser.

Und dann gab es da noch ein persönliches Problem, mit dem ich bei meinem Eintreffen in Lausanne konfrontiert wurde. Ruth und ich wurden nämlich im feudalsten Hotel der Stadt in einer geräumigen Suite mit Blick auf den Genfer See untergebracht. Ich wußte, daß die Suite kostenlos der Konferenz zur Verfügung stand. (Anfangs nahm ich an, das Hotel habe die Suite als Anerkennung für den durch die Konferenz entstandenen Umsatz angeboten; doch später erfuhr ich, daß sie von einem amerikanischen Geschäftsmann bezahlt war.) Trotzdem fühlte ich mich dort sehr unbehaglich, da die meisten Delegierten in äußerst bescheidenen Umständen lebten und in viel schlichteren Hotels wohnten. Einen oder zwei Tage später zogen Ruth und ich in eine erheblich kleinere Unterkunft um.

Doch angesichts der Größe der Konferenz waren wir sehr dankbar, daß es nicht noch viel mehr Probleme gab. Meiner Überzeugung nach war das vor allem auf Gebete zurückzuführen. So hatte zum Beispiel Millie Dienert in vielen Ländern Gebetsgruppen für die Unterstützung des Kongresses ins Leben gerufen.

Dieser Internationale Kongreß für Weltevangelisation – allgemein Lausanne '74 genannt – dauerte von 16. bis zum 25. Juli. Das Motto lautete: „Laßt die Erde seine Stimme hören."

2.473 offizielle Delegierte aus hundertfünfzig Ländern waren anwesend. Weitere dreizehnhundert Menschen nahmen als Beobachter, Gäste oder Berater teil; dazu kamen noch mehrere Hundert Journalisten. In nur zwei Tagen Vorbereitungszeit organisierte Maurice Rowlandson, der Leiter unseres Londoner Büros, das gesamte Anmeldeverfahren und schulte mehrere Hundert junge Leute, die sich freiwillig als Ordner gemeldet hatten.

In meiner Eröffnungsansprache stellte ich das Besondere dieses Kongresses heraus: „Noch nie zuvor sind so viele Vertreter so vieler evangelikaler Gemeinden aus so vielen Nationen und so vielen Stammes- und Sprachgruppen zusammengekommen, um gemeinsam Gott zu loben, zu beten und für die Weltevangelisation zu planen."

In diesem Leitreferat versuchte ich auch die Gründe für den Kongreß darzustellen. Ich erinnerte an frühere Zusammenkünfte, die sich mit den Themen Mission und Evangelisation befaßt hatten, und betonte die dringende Notwendigkeit, evangelistische Strategien für unsere Generation zu entwickeln. Ich erwähnte auch Gründe, die dazu geführt hatten, daß manche evangelistischen Bewegungen der Vergangenheit ihre Kraft verloren hatten: „Wenn es etwas gibt, das wir aus der Kirchengeschichte lernen sollten", sagte ich, „dann ist es die Notwendigkeit einer biblisch begründeten Theologie der Evangelisation."

Außerdem sprach ich über die Herausforderungen, vor denen die Evangelisation in einer krisengeschüttelten Welt steht, und unterstrich das zentrale Ziel des Kongresses: „Lassen Sie uns hier in Lausanne daran arbeiten, daß die Evangelisation mehr und mehr zur gemeinsamen Aufgabe wird, die wir lösen wollen."

Überzeugt davon, daß unser Leben und unser Denken von Gottes Wort geprägt sein mußte, begannen wir jeden Morgen das Programm mit einer Bibelarbeit, die von verschiedenen Theologen geleitet wurde.

Viele Referate im Plenum befaßten sich mit den biblischen Aussagen zur Evangelisation und mit Themen wie: das Wesen Gottes; das Werk Christi; die Bekehrung; die Einzigartigkeit Christi; die Verlorenheit des Menschen; der Auftrag der Gemeinde Jesu; die Autorität der Bibel.

In den Workshops ging es um andere Aspekte: von der Tür-zu-Tür-Evangelisation im Hochhaus bis hin zum Evangelisieren in totalitären Staaten. Die Delegierten aus den einzelnen Ländern formulierten Strategien für die Evangelisation in ihrer jeweiligen Gesellschaft. Alle Ansprachen und Berichte wurden von Dr. J. D. Douglas aus Schottland in einem fünfzehnhundertseitigen Band herausgegeben.

Welche Wirkung zeigten jene zehn Tage in Lausanne?

Wie schon nach dem Berliner Kongreß erreichten uns bald Meldungen über neue Bewegungen und neue Strategien, die Christen halfen, andere mit dem Evangelium zu erreichen. Zwei Jahre nach Lausanne berichtete Don Hoke, als unmittelbare Folge jener Konferenz seien allein in Europa mindestens fünfundzwanzig neue evangelistische Organisationen oder Missionsgesellschaften entstanden. Ich hörte von einem Stamm in Bolivien, in dessen Gebiet es 1974 zwanzig Gemeinden gab. Dann setzten die Evangelisten, die in dieser Gegend arbeiteten, einiges von dem in Lausanne Gelernten in die Praxis um, und bis 1980 wuchs die Zahl der Gemeinden auf tausend.

Als Folgeveranstaltungen zu Lausanne '74 gab es noch eine Reihe von Evangelisationskongressen – zum Beispiel in Indien, Hongkong, Singapur und sogar Kuba –, an denen wir zum Teil nur am Rande oder gar nicht beteiligt waren. Eine Konferenz, die „Versammlung Pan-Afrikanischer Christlicher Leiter" in Nairobi 1976, führte christliche Mitarbeiter aus dem gesamten afrikanischen Kontinent zusammen, trotz vieler rassischer und politischer Differenzen zwischen ihren Ländern und Kirchen.

Ich war der einzige amerikanische Redner auf dieser Konferenz. Sie fand im neu errichteten, überdachten Kenyatta-Stadion in Nairobi statt. Präsident Kenyattas Tochter, die Bürgermeisterin von Nairobi, gab an einem der Tage mir zu Ehren ein Mittagessen. Ich erinnere mich noch, wie ich neben ihr saß und sie fragte, was für ein Fleisch uns da serviert würde. „Das ist unser bestes Affenfleisch", sagte sie stolz. Ich muß zugeben, es war köstlich.

Die in mancher Hinsicht weitreichendste Auswirkung von Lausanne '74 war das Schlußdokument, daß als „Lausanner Verpflichtung" bekannt wurde. An jedem Konferenzabend traf sich eine etwa vierzigköpfige Gruppe, um den Textvorschlag Zeile für Zeile zu erarbeiten. John Stott war stark daran beteiligt, ebenso Leighton Ford und andere. Nach jeder Sitzung las ich mir die weiteren Abschnitte des Entwurfs durch, den die Gruppe gemacht hatte. Die „Lausanner Verpflichtung" wurde in viele Sprachen übersetzt und gilt seither als eine der klassischen Aussagen zur Evangelisation.

Besonders wichtig war der Absatz über das Wesen der Evangelisation:

„Evangelisieren heißt, die gute Nachricht zu verbreiten, daß Jesus Christus für unsere Sünden starb und von den Toten auferstand nach der Schrift und daß Er jetzt die Vergebung der Sünden und die befreiende Gabe des Geistes allen denen anbietet, die Buße tun und glauben. ... Das Ergebnis der Evangelisation schließt Gehorsam gegenüber Jesus Christus, Eingliederung in Seine Gemeinde und verantwortlichen Dienst in der Welt ein."

Während meiner ganzen Dienstzeit habe ich es aus Prinzip abgelehnt, Manifeste, Dokumente oder Petitionen irgendwelcher Art zu unterschreiben, da sie Anlaß zu unvorhergesehenen Problemen und Mißverständnissen geben können. Die einzige Ausnahme, an die ich mich erinnere, war die Lausanner Verpflichtung. Sie bleibt bis heute einer der wichtigsten Beiträge zum Thema Evangelisation.

Eine Nachwirkung der Lausanner Konferenz war die Bildung eines ständigen Ausschusses, um die Vision und die Arbeit von Lausanne fortzuführen. Diese Gruppe, genannt „Lausanner Komitee für Weltevangelisation", sollte als beständiger Katalysator für evangelistische Strategien und Programme dienen.

Bei der Diskussion über die Frage der Einrichtung einer ständigen Organisation im Exekutivkomitee habe ich im Gegensatz zur Mehrheit nicht dafür gestimmt. Ich hatte von Anfang an klargemacht, daß es nicht unser Ziel sei, eine Organisation zu gründen. Dennoch trat ich dem Bestreben nicht öffentlich entgegen. Man fragte mich, ob ich den Vorsitz des Komitees übernehmen wolle, doch ich lehnte ab. Als dann Jack Dain eingeladen wurde, das Amt zu übernehmen, erklärte ich mich bereit, Ehrenvorsitzender zu werden.

In den folgenden Jahren erarbeitete das Lausanner Komitee – zunächst unter Jacks, dann unter Leighton Fords Leitung – viele Konzepte für die Schulung christlicher Führungspersönlichkeiten und Leiter im evangelistischen Dienst. Mehrere Jahre lang beteiligte sich die BGEA an seiner Finanzierung, bis das Komitee seine finanzielle Unterstützung aus anderen Quellen beziehen konnte. Mein eigenes Aufgabengebiet ließ mir in den letzten Jahren keinen Spielraum zu einer nennenswerten Mitarbeit.

AMSTERDAM

Berlin und Lausanne waren fraglos Höhepunkte unserer Arbeit. Doch tief in meinem Innern empfand ich diese beiden Kongresse im Grunde als eine Ablenkung von dem, was ich eigentlich am liebsten tun wollte: Männer und Frauen aus aller Welt zusammenzuführen, die so wie ich als reisende Evangelisten tätig waren.

Meine Evangelisationen in Übersee hatten mich beschämt, wenn ich die Leistungen der christlichen Leiter in diesen Kulturen betrachtete. Besonders beeindruckend empfand ich die zahllosen kaum bekannten Evangelisten, die sich unter oft höchst schwierigen und gefährlichen Umständen heldenmütig in den Dienst des Evangeliums stellten. Ich sehnte mich danach, etwas zu tun, um sie zu ermutigen, ihnen vielleicht ein paar Hilfsmittel an die Hand zu geben, die sie auf ihre eigene Situation anwenden konnten.

Nach vielen Recherchen und Gebeten entstand der Gedanke, eine Internationale Konferenz für reisende Evangelisten zu veranstalten. Diese Zusammenkunft würde sich von Berlin und Lausanne unterscheiden, da die damaligen Delegierten bereits leitende Funktionen in der evangelistischen Arbeit innehatten. Diese Konferenz war für die Fußsoldaten bestimmt, nicht für die Generäle.

Wir wollten mindestens dreitausend Männer und Frauen einladen, die als reisende Evangelisten tätig waren. Doch wie sollten wir an diese herankommen? Niemand hatte je versucht, eine Liste dieser Evangelisten zusammenzustellen. Wir wußten lediglich, daß die meisten aus Entwicklungsländern kommen würden. Sie müßten also finanziell unterstützt werden, um teilnehmen zu können. Manche von ihnen würden fast nichts bezahlen können, weil sie selbst arm waren oder in ihren Ländern Währungsbeschränkungen galten.

Also würden wir unser Budget über die normalen Kosten unserer Arbeit hinaus erhöhen müssen. Obwohl wir eine Einzelspende über eine Million Dollar für diese Konferenz zur Verfügung gestellt bekamen, stammte der größte Teil des Budgets (das sich auf etwa 9 Millionen Dollar belief) aus kleinen Spenden. Die durchschnittliche Spendenhöhe lag bei etwa 15 Dollar.

Wie bei den anderen Konferenzen, nahmen wir auch hier eine Reihe möglicher Tagungsorte in Augenschein. Am Ende entschieden wir uns wieder für das Amsterdamer RAI-Zentrum, eine der wenigen Einrichtungen, die eine so große Zahl von Menschen aufnehmen konnten. Auch der Umstand, daß es in Holland nur wenige Einreisebeschränkungen gab, spielte bei dieser Entscheidung eine Rolle. Hätten wir ein Land gewählt, das von den meisten Teilnehmern Visa verlangt hätte, wären sowohl die Kosten als auch der Verwaltungsaufwand enorm gestiegen.

Daß die Logistikprobleme einer solchen Konferenz enorm sein würden, war uns ohnehin klar. Bei vielen Evangelisten würde es schon schwierig sein, sie überhaupt mit der Einladung zu erreichen. Viele hatten noch nie ihr Heimatland verlassen. Die riesigen kulturellen Unterschiede zwischen den Menschen aus so vielen verschiedenen Ländern würden auch für die gründlichste Organisation eine große Herausforderung darstellen.

Der erfahrene internationale Direktor der BGEA, Dr. Walter Smyth, übernahm die Leitung, Werner Bürklin die Geschäftsführung und Bob Williams die Position des stellvertretenden Direktors. Paul Eshleman wurde von Campus für Christus für die Aufgabe des Programmdirektors freigestellt, und Leighton Ford leitete den Programmausschuß. Für alle möglichen anderen Aufgaben wurden eigene Abteilungen eingerichtet.

Die größte Herausforderung war in vielerlei Hinsicht die Auswahl der Teilnehmer. Victor Nelson und seine Mitarbeiter nahmen zunächst Kontakt auf zu etwa tausend Männern und Frauen, von denen wir wußten, daß sie in irgendeiner Form als reisende Evangelisten unterwegs waren. Im Laufe der Zeit entdeckten wir mehr als zehntausend Menschen, die als Evangelisten tätig waren. Wir hätten uns nie träumen lassen, daß es so viele Evangelisten auf der Welt gab. Um sicherzugehen, daß alle Eingeladenen tatsächlich als reisende Evangelisten arbeiteten und aus der Teilnahme an einer solchen Konferenz Nutzen ziehen würden, entwickelten wir ein Prüfungsverfahren für alle Bewerbungen.

Vor der Eröffnung der Konferenz reiste ich nach Den Haag. Dort wurde ich von Königin Beatrix empfangen. Außerdem sprach ich vor Gemeindeleitern aus Amsterdam, von denen viele verständlicherweise sich nicht vorstellen konnten, was auf dieser Konferenz passieren würde, da es etwas Derartiges noch nie gegeben hatte.

Selten bin ich mir kleiner oder unbedeutender vorgekommen als an diesem 12. Juli 1983, als ich bei der Eröffnungsversammlung auf dem Podium der Zuidhal des RAI-Zentrums stand. In der Halle sah ich die Fahnen von hundertdreiunddreißig Nationen wehen, die für den offiziellen Teilnehmerkreis von viertausend Evangelisten und zwölfhundert Gästen und Beobachtern standen. Die meisten hörten über Kopfhörer Simultanübersetzungen in einer von zehn Sprachen.

Im weiten Rund saßen Männer und Frauen – begabter und frömmer, als ich je sein würde. Sie waren schwarz und gelb und braun und rot und weiß. Sie kamen aus ländlichen Dörfern und Ortschaften und hochtechnisierten Städten aller Kontinente und Inseln. Die meisten Teilnehmer stellte Indien, gefolgt von Nigeria. Die nächstgrößte Gruppe kam aus Brasilien.

Cliff als Moderator und Chorleiter machte seine Sache großartig. Ruth stand zu jener Zeit kurz vor einer Hüftoperation und war an den Rollstuhl gefesselt, doch sie ließ sich nicht eine einzige Veranstaltung entgehen. Ganz besonders bewegten uns die Gebetszeiten. Manche der Delegierten neigten nur ihre Köpfe, beugten sich vor oder beteten mit ausgebreiteten Armen; andere knieten an ihren Stühlen oder beugten sich tief auf den Fußboden hinab. Angesichts all der verschiedenen Sprachen, in denen gebetet wurde, war es ein faszinierender Gedanke, daß Gott sie alle verstehen konnte.

Etliche Männer und Frauen hielten Ansprachen oder leiteten Arbeitsgruppen. Ich hatte das Gefühl, daß unsere Tochter Anne Graham Lotz direkt zu mir sprach, als sie zu den Menschen in dieser riesigen Versammlung sagte: „Nicht nur Ihre Worte, auch Ihr Leben ist eine evangelistische Botschaft an die Welt."

Dieser Gedanke verfolgt mich noch jetzt, während ich diese Erinnerungen niederschreibe, denn hier auf diesen Seiten lege ich mein Leben offen dar. Dort, wo es nicht mit der Botschaft übereinstimmt, die ich gepredigt habe, muß ich Buße tun und Gott um Vergebung bitten.

Auch diejenigen, die keine Ansprache hielten, hatten vieles zu erzählen. Ein junger Mann aus Afrika hatte während der ersten Etappe seiner Reise – einem sechzehnhundert Meilen langen Fußmarsch von Sambia nach Malawi – noch an vielen Orten gepredigt. Er gehörte zu der großen Gruppe der Afrikaner, die aus dreiunddreißig Ländern kam und die ein Viertel der Teilnehmer ausmachte. Ein reisender Evangelist unter steinzeitlichen Animisten in Irian Jaya hatte seine Schweineherde verkauft, von der er lebte, um an der Konferenz teilnehmen zu können. Der Erlös brachte ihn jedoch nur bis Jakarta. Eine Sondersammlung der Konferenzmitarbeiter in Amsterdam half ihm, den Rest abzudecken.

Manche Delegierte, die barfuß und ohne ein Hemd zum Wechseln eintrafen, waren überwältigt vor Dankbarkeit, als sie die Kleiderkammer der Konferenz aufsuchten. Dort fanden sie Hemden, Hosen, Kleider und Kinderkleidung, die von der Organisation unseres Sohnes Franklin, Samaritan's Purse, kostenlos verteilt wurden.

Fünfundzwanzig ausgebildete Seelsorger standen zur Verfügung, um den Teilnehmern im persönlichen Gespräch bei persönlichen, familiären oder geistlichen Problemen zu helfen.

Bücher und Studienhilfen wurden an besonders arme Delegierte verschenkt. Alle verließen die Konferenz mit einer Leinentasche voller Bücher, die ihnen helfen würden, die Bibel zu studieren, evangelistische Predigten vorzubereiten und ihre Arbeit effektiver zu tun. Manche erhielten auch technische Geräte, die sie brauchten: Overhead- oder Filmprojektoren, Tonbandgeräte, Lautsprecheranlagen, Megaphone und Fahrräder. Angesichts der Tatsache, daß es in vielen abgelegenen Gebieten weder Strom noch erschwingliche Batterien gab, schenkten wir vielen einen Kassettenrecorder, der seinen eigenen Strom erzeugte, indem man an einer Kurbel drehte. Bald wurde es zu einem gewohnten Anblick, daß Teilnehmer mit ihren auf dem Kopf gestapelten Geschenken quer durch das elegante Amsterdam zu ihren Hotels und Unterkünften gingen.

Aus den Küchen der Fluggesellschaft KLM im Amsterdamer Flughafen Schiphol wurden zweimal täglich Fertigmahlzeiten in zehn Lastwagen zu dem riesigen Konferenzzentrum gefahren. Dabei erfuhren wir, daß ein Evangelist alle leeren Essensschalen sammelte, die er finden konnte, um sie daheim als Dachziegel zu verwenden.

Doch Kleidung, Geschenke und Essen waren nicht das eigentliche Thema dieser Internationalen Konferenz. Zweihundert Arbeitsgruppen befaßten sich mit allen erdenklichen Themen – von der Frage, wie man führende Geschäftsleute und Politiker erreicht, bis hin zum Bibelstudium und der Organisation einer Großevangelisation. In einem besonderen Programm für die Ehefrauen sprachen Ruth und andere über die unverzichtbare Aufgabe der Ehefrau und betenden Mutter.

Eine besonders denkwürdige Aussage, die vom Podium aus gemacht wurde, kam von dem indischen Evangelisten Dr. Akbar Abdul-Haqq.

„Hätte es zur Zeit des Propheten Mohammed eine arabische Übersetzung der Bibel gegeben", sagt er, „wäre die Weltgeschichte anders verlaufen."

Wie in Lausanne 1974 beschlossen wir im voraus, auch auf dieser Konferenz ein Schlußdokument zu veröffentlichen. Ich bat Dr. Kenneth Kantzer von der Trinity Evangelical Divinity School, während der Konferenz ein kleines Komitee von Wissenschaftlern und Theologen zu leiten, um ein kurzes, aber umfassendes Statement zu verfassen, das speziell auf die Bedürfnisse der Evangelisten einging.

Das Ergebnis, bekannt als die „Amsterdamer Erklärung", bestand aus fünfzehn knappen, aber klaren Aussagen, die unseren Glauben an Christus und den Missionsauftrag sowie die Integrität in unserem Leben und Dienst bekräftigten. Die letzte Aussage war ein Appell an alle Christen: „Wir bitten den Leib Christi, mit uns gemeinsam für den Frieden in unserer Welt, für eine Erweckung und erneuerte Hingabe an die biblische Priorität der Evangelisation in der Gemeinde und für die Einheit der Gläubigen in Christus zur Erfüllung des Missionsbefehls zu beten und zu arbeiten, bis Christus wiederkommt."

Am Ende der Konferenz erhoben sich alle Teilnehmer. Eine Aussage nach der anderen wurde verlesen, und jeder Teilnehmer antwortete in seiner eigenen Sprache: „Damit stimme ich überein."

Ein Jahr später schrieb ich einen erläuternden Kommentar zur „Amsterdamer Erklärung". Das Buch mit dem Titel *Biblische Richtlinien für Evangelisten* fand weltweite Verbreitung.

„Die Evangelisten sind die wichtigsten Botschafter auf der Erde", sagte ich zum Abschluß der Konferenz. „Sie sind eine mächtige Armee von Verkündigern, getrieben von der Kraft des Heiligen Geistes, die in alle Welt hinauszieht mit der immer wieder neuen Vision, ihre eigenen Völker für Christus zu erreichen." Die volle Bedeutung meiner eigenen Worte wurde mir erst klar, als drei Jahre später im Juli 1986 die zweite Internationale Konferenz für Evangelisten zusammentrat, wieder im RAI-Zentrum außerhalb der Stadt. Von der Eröffnungszeremonie an – mit Fackelträgern, einer Flaggenparade und der feierlichen Entzündung einer „Flamme der Erlösung" ganz nach olympischem Vorbild gestaltet – war die bunte Mischung aus Nationen, Rassen, Sprachen und Denominationen singend, betend, lernend und bekennend eins in Christus.

Die Delegierten repräsentierten fast jede nur denkbare Form der Evangelisation. Zwei holländische Frauen waren Evangelistinnen unter Prostituierten. Ein Flugingenieur der Indian Airlines arbeitete als Evangelist unter Leprakranken in Madras. Ein anderer aus Singapur war Evangelist unter Eingeborenenstämmen in der indonesischen Inselwelt. Wieder andere verkündeten das Evangelium mitten im Bürgerkrieg Sri Lankas, unter harten Beschränkungen in Osteuropa oder unter lebensbedrohlichen Anfeindungen in Ländern wie dem Libanon. Die meisten waren zwischen dreißig und vierzig Jahre alt. Keiner von ihnen hatte an der ersten Konferenz vor drei Jahren teilgenommen; achtzig Prozent hatten überhaupt noch nie eine internationale Konferenz besucht.

Aus mehreren Gründen war uns die Entscheidung, eine zweite Konferenz für Evangelisten abzuhalten, nicht schwer gefallen. Zum einen hatten wir von den Leuten, die sich um die Teilnahme an der ersten Konferenz beworben hatten, achttausend abweisen müssen, weil der Platz und die Finanzen nicht ausreichten. Dazu kam, daß sich ständig weitere Evangelisten meldeten, als sich die Nachricht von unserer ersten Konferenz verbreitet hatte. Zu unserem Erstaunen hatten wir schließlich fünfzigtausend Namen von Männern und Frauen gesammelt, die als Evangelisten arbeiteten.

Viele von ihnen verdienten ihren Lebensunterhalt in ganz alltäglichen Berufen – eine andere Möglichkeit hatten sie nicht – und doch setzten sie häufig mehr Zeit für die Evangelisation ein als ihre Kollegen im Westen. Andere waren ordinierte Pastoren, weil sie in ihren Kulturen sonst nicht als legitime Evangelisten ernst genommen würden. Zweihundertfünfundzwanzig Auswahlkomitees wurden in verschiedenen Ländern eingerichtet, um eine Vorauswahl zu treffen; dann entschieden unsere Mitarbeiter über die endgültige Auswahl. Manche Entscheidungen fielen unendlich schwer: Es gab allein dreitausendfünfhundert Bewerber aus Indien, doch wir konnten nur fünfhundert annehmen. Letztlich nahmen ungefähr achttausend Delegierte an der Konferenz teil.

Es war eine enorme Herausforderung. Werner Bürklin, der Direktor der Konferenz, behauptete, die Verdopplung der Teilnehmerzahl habe die Arbeit vermutlich vervierfacht – und damit könnte er recht gehabt haben. Bei der vorherigen Konferenz arbeiteten wir vorwiegend mit einer Fluggesellschaft zusammen; 1986 waren es fünfundzwanzig. 1983 hatten wir fünfunddreißig Hotels angemietet; 1986 stieg die Zahl auf fünfundachtzig. Außerdem verwandelten wir eine riesige Ausstellungshalle in Jaarbeurs im vierzig Kilometer entfernten Utrecht in einen riesigen Schlafsaal für viertausend Teilnehmer. Ich war zweimal dort: Das Gemeinschaftsgefühl derer, die dort kampierten, war überwältigend!

Unser Budget für die Konferenz von 1986 belief sich auf fast 21 Millionen Dollar; das war mehr als das gesamte Jahresbudget der BGEA. Etwa achtzig Prozent der Teilnehmer kamen aus Entwicklungsländern und brauchten erhebliche Zuschüsse. Ein Evangelist schrieb uns, obwohl sein monatliches Einkommen – von dem er seine ganze Familie ernähren mußte – etwa zehn Dollar betrage, wolle er hundert Dollar selbst aufbringen, um nach Amsterdam zu kommen.

Wir hörten von beispielloser Opferbereitschaft. Eine Amerikanerin sammelte Aluminiumbüchsen am Straßenrand, um für das Projekt zu spenden. Unsere eigenen Angestellten in Minneapolis veranstalteten in ihrer Freizeit Flohmärkte, bauten Kuchenstände auf und unternahmen andere Aktionen, um die Konferenz zu unterstützen. Viele der Mitarbeiter in Amsterdam gingen zu Fuß zur Arbeit, anstatt mit dem Bus zu fahren, und spendeten das Gesparte für die Evangelisten. Wie durch ein Wunder war bereits vor dem Eröffnungstag der Konferenz das gesamte benötigte Geld eingegangen.

Wieder richtete Samaritan's Purse eine Kleiderkammer ein. Bis zu zehn Kleidungsstücke pro Person, insgesamt hunderttausend Teile, hatten holländische Christen gesammelt. Ruth und Dutzende anderer Freiwilliger halfen Franklins Mitarbeitern. An einem Tag fand Ruth mitten in einem Berg von Männerkleidung ein Hochzeitskleid und brachte es hinüber zu Gwen Gustafson, der Leiterin der Frauenabteilung.

„Einen Moment", sagte Gwen und eilte aus dem Raum. Nach wenigen Minuten kehrte sie mit einem Mann aus Afrika zurück, der um ein Hochzeitskleid für seine Tochter gebetet hatte.

Ruth tat das Herz weh, als eine schwarze Evangelistin mit bloßen, geschwollenen Füßen hereinkam. Da in ihrem Heimatland keine passenden Schuhe zu bekommen waren, reiste diese Frau stets barfuß. Die Helfer fanden zwei Paar Schuhe, die ihr paßten. An einem anderen Tag sah Ruth einen kleinen Mann, dessen linkes Bein grausam verkrüppelt war. Wie er es schaffte, von Ort zu Ort zu wandern und zu predigen, konnte sie sich nicht vorstellen. Franklin besorgte ihm ein paar Krücken und einen Termin bei einem Arzt, der ihm helfen konnte.

Ein äußerst voluminöser Evangelist fand einen passenden Anzug zu seinem neuen Hemd mit Krawatte; doch Schuhe in seiner Größe gab es leider nicht. Am nächsten Tag sah man ihn, fein herausgeputzt, in seiner neuen Garderobe auf der Straße – barfuß.

Das weiße Hemd, das jedem Teilnehmer geschenkt wurde, machte vielen besondere Freude. Ein Teilnehmer sagte, er hätte jahrelang arbeiten müssen, um sich ein solches Kleidungsstück leisten zu können.

Bei einem so breiten Querschnitt durch die Kulturen war es unvermeidlich, daß es gelegentlich zu Konflikten kam, in denen unsere menschlichen Schwächen sichtbar wurden. Eine Gruppe aus einem Land, das von ethnischen Konflikten zerrissen war, protestierte heftig dagegen, daß ein Vertreter einer anderen ethnischen Gruppe ausgewählt wurde, bei der Eröffnungszeremonie ihre Landesfahne zu tragen. Eine Delegation aus einem der kommunistischen Länder wollte ihre Fahne aus Furcht zuerst überhaupt nicht tragen, weil sie keine ausdrückliche Erlaubnis ihrer Regierung dafür hatte. Alex Haraszti, der die Delegationen aus dem Ostblock betreute, konnte sie schließlich dazu bewegen, es doch zu tun. Er argumentierte, sie würden ihr Land gewiß in Verlegenheit bringen, wenn sie sich nicht an der Zeremonie beteiligten.

Manche kulturellen Unterschiede gaben auch Anlaß zur Heiterkeit. Einige Teilnehmer aus einem sehr armen Land hatten noch nie zuvor einen Fahrstuhl gesehen. Zuerst weigerten sie sich, hineinzugehen, und nannten ihn den „Raum des Verschwindens". Wenn die Türen sich schlossen, war der Fahrstuhl voller Leute; wenn sie sich wieder öffneten, war er leer!

Hundert Dolmetscher waren Tag und Nacht damit beschäftigt, die Plenumsansprachen, Workshops, Seminare und sogar individuelle seelsorgerliche Gespräche in sechzehn Sprachen zu übersetzen. Ein chinesischer Übersetzer aus Kanada meinte: „Wenn der Redner in Fahrt kommt, komme ich auch in Fahrt. Es ist fast so, als ob ich selbst predigen würde."

Zweiundzwanzig internationale Musikgruppen und Solisten brachten den multikulturellen Charakter der Konferenz in großer Vielfalt zum Ausdruck.

Wie schon während der ersten Konferenz verbrachten ganze Busladungen von Delegierten einen Sonntagnachmittag damit, in Parks, an Stränden und an anderen öffentlichen Orten von Christus zu predigen.

Frank Thielman, der Sohn unseres reformierten Pastors in Montreat, begleitete eine Gruppe in einen Park, wo sie zusammen sangen und dann anfingen, von ihrem Glauben zu erzählen.

„Warum sind Sie so dumm?" fragte eine erzürnte Frau Frank auf englisch.

„Wie bitte?" fragte Frank zurück.

„Warum sind Sie alle so dumm – so dämlich?"

„Wie meinen Sie das?"

„Daß Sie diesem Billy Graham nachlaufen."

„Ich laufe Billy Graham nicht nach."

„Wem laufen Sie denn nach?"

„Ich laufe Jesus Christus nach."

„Lächerlich!" rief sie. „Haben Sie denn keine Bücher gelesen? Waren Sie nicht auf der Universität?"

„Doch."

„Ha, und wo, bitte schön, haben Sie studiert?" fragte sie höhnisch.

„Nun, ich promoviere gerade an der Universität Cambridge."

Verdattert schüttelte sie den Kopf und ging davon. Ihre Klischeevorstellung von Christen dürfte zumindest erschüttert, wenn nicht gar zerschlagen worden sein.

Unser Filmteam arbeitete an einem neuen Spielfilm: *Gejagt durch Amsterdam.* Er erzählt die Geschichte eines jungen Amerikaners, der sich in einem Netz aus Familienproblemen und Drogen verfängt. Als die Crew gerade im berüchtigten Rotlichtbezirk Amsterdams einige Hintergrundszenen drehte, kam ein Mann auf sie zu und bettelte um Geld, um sich irgendeinen Sexartikel zu kaufen. Statt einer schnöden Ablehnung sagte einer der Männer, Geld wolle er zwar nicht geben, aber er würde ihm gern von Jesus erzählen. Am Ende kniete der Mann mitten auf der Straße nieder und bat Gott unter Tränen um Vergebung.

Eines Tages legte ich meine Lieblingsverkleidung an – Baseballmütze, Sonnenbrille und Freizeitkleidung – und ging von meinem Hotel aus in den nahegelegenen Vondelpark. Dort setzte ich mich zu einer Gruppe Indonesier ins Gras, die gerade ein paar jungen Holländern von ihrem Glauben erzählten. Einige der jungen Leute lachten sie aus, doch andere hörten aufmerksam zu.

Der Abendmahlsgottesdienst zum Abschluß von Amsterdam '86 wurde von dem anglikanischen Bischof Maurice Wood geleitet, unterstützt von meinem reformierten Freund Don Hoke. Zum Abschluß entzündeten die sechs Fackelträger wieder ihre Fackeln an der zentralen Flamme, die am Eröffnungsabend entfacht worden war. Dann reckten sie die Fackeln hoch empor und trugen sie aus dem Saal, als Symbol für das Licht Christi, das von der Konferenz aus zu allen Kontinenten der Erde getragen werden würde.

Als Initiator und Ehrenvorsitzender der Konferenz hoffte ich, daß sich die Teilnehmer an die Worte meiner Abschlußrede erinnern würden, wenn sie nach Hause zurückkehrten.

„Unser Hauptmotiv", sagte ich, „ist der Befehl unseres obersten Befehlshabers, des Herrn Jesus Christus . . . Wir stehen unter seinem Befehl. Unser Herr hat uns befohlen, hinzugehen, zu predigen, Menschen zu Jüngern zu machen – das sollte uns genügen."

30

Ein Staatsmann mit Erfahrung und Energie

Präsident George Bush

Es war der 16. Januar 1991. Ich hatte gerade geduscht und mich umgezogen, als Barbara Bush mit ihrem Stock gegen meine Tür klopfte.

„Hallo!" sagte sie. „Wie wär's, Sie schieben mich hinunter ins Blaue Zimmer, und wir sehen zusammen fern?"

Ich trat aus dem Lincoln-Schlafzimmer, in dem ich mich kurz ausgeruht hatte, und schob ihren Rollstuhl den Flur entlang. Sie erholte sich gerade von einem Sturz mit dem Schlitten, der beim Herumtollen mit ihren Enkelkindern passiert war.

Ich war erst vor wenigen Stunden im Weißen Haus eingetroffen. Am Morgen hatte ich telefonisch die Bitte erhalten, sofort nach Washington zu kommen und mit dem Präsidenten zu Mittag zu essen.

Ob es ein privates Mittagessen sei? fragte ich zurück.

Ja, sagte man mir. Es würde im Weißen Haus stattfinden, und nur die Bushs würden da sein. Allenfalls Außenminister James Baker würde noch hinzukommen.

Das sei unmöglich, erwiderte ich. So kurzfristig könne ich nicht von North Carolina nach Washington kommen. Eine oder zwei Stunden später erhielt ich einen weiteren Anruf, ob ich statt dessen zum Abendessen kommen könne. Man nannte mir keinerlei Grund für diese merkwürdige

Dringlichkeit. Einzig Gerüchte über einen bevorstehenden Krieg am Persischen Golf kursierten seit Tagen. Man erwartete eine kriegerische Antwort auf die irakische Invasion in Kuwait. Aber einen etwaigen Zusammenhang mit mir sah ich nicht.

Im Blauen Zimmer, das mit Familienbildern und persönlichen Gegenständen behaglich eingerichtet war, sahen wir uns das CNN-Programm an. Ein oder zwei Familienmitglieder waren auch dort, und wenig später kam Susan Baker, die Frau des Außenministers, herein und setzte sich zu uns. Plötzlich überschlugen sich die Stimmen der CNN-Kommentatoren in Bagdad. Flakfeuer habe eingesetzt, also sei ein Luftangriff im Gange.

Ich wandte mich an Barbara. „Ist das der Anfang des Krieges?"

Sie sagte nichts, aber ihr Gesichtsausdruck sprach Bände. Etwa fünfzehn Minuten später kam der Präsident ins Zimmer und setzte sich zu uns vor den Fernseher. Er bestätigte uns den Kriegsbeginn.

„Lassen Sie uns für die Männer und Frauen dort und für diese ganze Situation beten", sagte ich. Wir redeten mit Gott über die Geschehnisse in Kuwait und im Irak und baten darum, daß der Krieg nicht lange dauern und nicht zu viele Opfer fordern möge. Vor allem aber baten wir darum, daß Gott darüber entscheiden möge.

Dann rief man uns zum Essen, und wir drei gingen hinüber. Man bat mich, das Tischgebet zu sprechen.

In ein paar Minuten müsse er zur amerikanischen Bevölkerung sprechen, meinte der Präsident. Während des Essens reichte man ihm eine Reinschrift der Ansprache, die er hastig vorbereitet hatte, zur letzten Durchsicht. Er schaute noch einmal hinein und notierte sich ein paar Einzelheiten, die er besonders betonen wollte. „Ich möchte, daß alles genau stimmt", sagte er.

Dann ging er, um seine Fernsehansprache zu halten, und wir kehrten zum Fernseher zurück, um sie uns anzusehen. Einige Minuten nach der Sendung kam Bush zurück ins Blaue Zimmer und setzte sich auf die Couch.

Ich sagte ihm, es sei eine vorzügliche Ansprache gewesen. „Ich glaube, Sie haben die Situation klargestellt."

„Ja, ich denke, ich habe das Richtige getan", antwortete er.

Dann fragte er mich, ob ich bereit sei, am nächsten Morgen einen Gebetsgottesdienst für das Kabinett, einige führende Leute aus dem Kongreß und mehrere hundert Marines im Fort Myer zu halten.

Natürlich sagte ich zu.

Später rief der oberste Militärkaplan an und erkundigte sich nach meinen Ideen für den Ablauf des Gottesdienstes und unter welchem Motto er stehen solle. Ich schlug „Ein Programm für den Frieden" vor.

Ohne genau zu wissen, was mir oder unserer Nation bevorstand, sprach ich über die drei Arten des Friedens, von denen in der Bibel die Rede ist – ähnlich, wie ich es schon 1982 bei unserem Besuch in Moskau getan hatte. Ich sprach über den Frieden. Über den Frieden, den wir *mit* Gott finden (darüber, was ein Christ ist und wie wir Frieden mit Gott finden können, indem wir Christus in unser Herz aufnehmen); den Frieden *von* Gott, den wir in unserem Innern erleben können (wenn er seinen Frieden in die Aufregungen und die Belastungen unseres Lebens breitet), und über den Frieden, den Gott *zwischen Menschen und Völkern* entstehen läßt (ein Friede, für den wir uns gewissenhaft einsetzen sollten, auch wenn wir ihn nie in ganzer Vollkommenheit erlangen werden, bis der Friedefürst Jesus kommt und sein Friedensreich aufrichtet). Ich betete für ein baldiges Ende des Krieges und daß er nicht so viele Todesopfer fordern möge, und daß wir danach eine lange Periode des Friedens im Nahen Osten erleben mögen.

Die folgenden Tage zeigten mir, daß der allmächtige Herr der Welt die Schreie aus der Tiefe gehört hatte – nicht nur die der Entscheidungsträger in allen Ländern, sondern auch die der entsetzten Eltern und Ehepartner und Kinder jener Männer und Frauen in den Streitkräften, die zu diesem Einsatz angetreten waren.

Die Debatten über den Golfkrieg und seine Ergebnisse werden noch lange weitergehen. Der Präsident hat mich nie nach meiner Meinung gefragt, und ich habe sie von mir aus auch nicht geäußert. Ich stand ihm als Freund und Pastor zur Seite, nicht als politischer Ratgeber. Auch er hat mir seine tiefsten Gedanken nicht anvertraut. Er behielt stets sehr vieles für sich.

George Bush suchte in vielen Fragen langfristige Lösungen, besonders in internationalen Angelegenheiten. Er war amerikanischer Gesandter in China, bevor die vollen diplomatischen Beziehungen aufgenommen wurden, und er wußte mehr über dieses Land und über östliche Denkweisen als viele der akademischen und diplomatischen Experten. Er kannte auch die enorme Vielschichtigkeit des Landes mit seinem ganz anderen sozialen und politischen System und seiner langen Geschichte.

Barbara war die wichtigste Stütze seines stillen Selbstvertrauens. Viele Amerikaner stimmten, glaube ich, mit Ruths scherzhafter Bemerkung überein, es lohne sich, George Bush im Weißen Haus zu haben, und sei es nur, weil Barbara dadurch als First Lady amtiere.

Sie und Ruth waren in vieler Hinsicht von einem Schlag. Kein Wunder, daß sie gern zusammen waren. Beide hingen in großer Liebe an ihren Männern und Kindern. Beide schufen in ihren Häusern eine geschmackvolle, aber entspannte Atmosphäre, in der sich Fremde und Freunde wohlfühlten. Als George Bush noch Vizepräsident war und die Familie in einem Haus auf dem Gelände der Nationalen Sternwarte wohnte, gelang es Barbara mit viel Geschick, aus jener antiquierten viktorianischen Villa ein wirkliches Zuhause zu machen. Beide besaßen eine fröhliche Impulsivität, die fast jedem Anlaß einen Schuß Spaß und Spontaneität verlieh. Und beide hatten stets eine witzige Bemerkung auf Lager, besonders über ihre Männer.

Ruth erinnert sich gern an einen unserer Besuche bei den Bushs in ihrem Sommerhaus in Kennebunkport, Maine. Als wir ankamen, wurde Ruth gleich ins Schlafzimmer geschickt. Barbara und die Nachbarinnen hatten die Betten an die Wand geschoben und alle Möbel aufgestapelt, um Raum für die Fernsehgymnastik zu schaffen. Wegen ihrer Rückenprobleme konnte Ruth nur zuschauen; doch wahrscheinlich hatte sie dabei noch mehr Spaß als die Turnerinnen.

Wir kannten George und Barbara Bush schon aus der Zeit, bevor er sich in der Landespolitik profilierte. Seinem Vater, Senator Prescott Bush, war ich während meiner Besuche in Washington mehrfach begegnet; doch erst nach seinem Ausscheiden aus dem Senat lernte ich ihn als Golfpartner in Hobe Sound, Florida, besser kennen. Seine liebenswürdige, fromme Frau Dorothy Bush unterstützte über Jahre hinweg unsere Arbeit. Als unumstrittene Matriarchin ihrer Großfamilie beteiligte sie sich an einer Frauen-Bibelgruppe in Hobe Sound, die nach unserer Evangelisation im Madison Square Garden 1957 gegründet worden war.

Im Dezember 1988 besuchte ich die alte Dame zusammen mit meiner ältesten Tochter Gigi. Natürlich hatte ich vorher angerufen, um zu hören, ob ihr der Besuch auch recht sei. Als wir eintrafen, hatte sie spontan fünfundzwanzig Nachbarinnen zusammengerufen.

„Billy", sagte sie in ihrer trockenen Art, „ich bitte Sie, uns die Bibel auszulegen. Erzählen Sie uns von Christus. Einige meiner Gäste hier müssen etwas über ihn erfahren."

Eigentlich war ich nur als Pastor gekommen, um mit einer kranken alten Dame zu beten, statt dessen verschaffte sie mir die Gelegenheit zur Evangelisation. Nun gut – ich zog mein Neues Testament aus der Tasche und machte mich gehorsam an die Arbeit.

Noch ein drolliges Ereignis fällt mir ein, das sich 1979 ereignete.

George Bush und ich waren eingeladen, auf der Jahresversammlung der Jungen Unternehmer in Acapulco, Mexiko, zu sprechen. Die Bushs verbanden ebenso wie wir den Termin mit ein paar Urlaubstagen, in denen wir viel Zeit miteinander verbrachten. Sie wohnten im Princess Hotel, während uns Freunde aufgenommen hatten, die in der Nähe eine Ferienwohnung besaßen.

Eines Abends zeigte uns Barbara Dias von ihrer kürzlich erfolgten Pekingreise. Ruth freute sich ganz besonders über die Bilder aus ihrem Geburtsland.

An einem der folgenden Tage lud ein mexikanischer Geschäftsmann die Bushs und uns zu einem Strandpicknick auf seine Jacht ein. Da ich keine Badehose bei mir hatte, lieh ich mir eine von George – sie war weiß. Kurz nach dem Mittagessen wurde ich müde und wollte mich etwas hinlegen. Anstatt auf die anderen zu warten, beschloß ich, am Strand entlang zurück zur Ferienwohnung zu gehen.

Als ich um eine Biegung kam, hielt mich ein bewaffneter Soldat an. Der Strand, an dem wir unser Picknick gehalten hatten, befand sich offenbar auf dem Gelände einer mexikanischen Marinebasis. Das hatte ich nun unerlaubt betreten. Zu meinem Entsetzen bemerkte ich, daß ich weder einen Ausweis noch einen Schlüssel zu unserem Apartment bei mir hatte – ich trug immer noch Georges Badehose. Erschwerend kam hinzu, daß der Soldat kein Wort Englisch und ich kein Wort Spanisch sprach. Er befahl mir, mich auf eine Bank zu setzen und zu warten, bis ein Offizier herbeigeholt werden konnte.

Nach langer Wartezeit und vielen Erklärungen ließ mich der Offizier schließlich frei und erlaubte mir, barfuß über den heißen Beton nach Hause zu gehen. Erst in der Wohnung stellte ich fest, daß die Bank gerade frisch gestrichen gewesen war und Georges Badehose nun auf der ganzen Sitzfläche grün verschmiert war. Sie war nicht mehr sauber zu bekommen, so oft wir sie auch wuschen. Doch George meinte, das Gelächter über mein Dilemma sei dieses Opfer wert gewesen!

Im Laufe der Zeit merkte ich, daß Tage wie die in Acapulco für die Bushs etwas Ungewöhnliches waren. Meistens verbrachten sie ihre Urlaubszeit nicht allein, sondern im Kreis ihrer Familie. Bei keinem anderen Präsidentenpaar war mir je eine so starke Familienbindung aufgefallen.

Die Bushs umgaben sich nicht nur gern mit Familienfotos, sondern auch mit den lebendigen – und lebhaften – Motiven dieser Fotos, ihren Enkelkindern. Natürlich ließen sie die Kinder nicht unbeaufsichtigt im Weißen Haus herumlaufen, doch in Kennebunkport wackelte und bebte das große alte Holzhaus ständig unter dem Getrampel und Geschrei der Kinder. Ich sehe noch heute ihren Sohn Jeb vor mir, wie er mit seinen Kindern draußen auf dem Rasen ein Zelt aufschlug, um darin zu übernachten.

So manches Sommerwochenende während seiner Zeit als Vizepräsident und Präsident verbrachten wir mit den Bushs. Im August 1990, als der Irak gerade in Kuwait einmarschiert war, rechneten wir eigentlich damit, daß unser verabredetes Wochenende ausfallen müsse. Doch gerade wegen Kuwait bestanden sie auf unserem Kommen, George wollte mit mir reden. Also fuhren wir hin.

Normalerweise ging man in Kennebunkport früh zu Bett, meistens zwischen 9 und 10 Uhr abends. Und die Bushs standen früh auf und waren – im Gegensatz zu meinem Rhythmus, den Tag langsam angehen zu lassen – von der ersten Minute an voll in Aktion. Tennis spielten sie wie die Profis, Satz um Satz den ganzen Tag lang, manchmal sogar mit Spitzenspielern wie Chris Evert.

Wenn er nicht auf dem Tennisplatz war, stand der Präsident am Ruder seines Schnellbootes, der *Fidelity*. Das Haus war auf einer ins Meer hinausragenden Halbinsel errichtet. Unaufhörlich schlug die Brandung gegen die felsige Küste. Um ins Boot zu gelangen, mußten wir eine Holzleiter hinabklettern. Für mich war das immer problematisch, doch Ruth mit ihrem perfekten Gleichgewichtsgefühl kam ohne Schwierigkeiten hinunter. Wir zogen uns Schwimmwesten über und stiegen ins Boot. Sobald George vollen Schub gab, wußten wir, wozu die Schwimmwesten gut waren.

Mit der gelassenen Selbstvergessenheit, mit der Lyndon Johnson seinen Jeep über die Ranch gesteuert hatte, jagte George im Slalom zwischen den farbigen Hummerfallen hindurch. Das haben Texaner wohl so an sich! Er war ein geschickter Steuermann, doch hin und wieder erwischte er eine der Hummerfallen – dann war eine Entschädigung an den Eigentümer fällig.

Wenn das Herz den Beschleunigungsdruck mitmachte, waren die Bootstouren ein umwerfendes Erlebnis. Eine von Georges Lieblingsstellen, an denen er sich um eine gemäßigte Fahrweise bemühte, war die Robben-Insel unweit seines Hauses.

Die Sicherheitsbeamten hatten stets große Mühe, ihm mit ihrem Boot zu folgen. Von einem größeren Boot aus behielten sie sein Haus im Auge. Als der Krieg ausbrach, wurden diese Sicherheitsmaßnahmen verstärkt, und statt eines Bootes lagen zwei oder drei dort draußen vor Anker.

Viele Jahre zuvor fragte George einmal Ruth: „Würde es Billy wohl etwas ausmachen, wenn wir ihn bitten würden, heute abend zu den jungen Leuten zu sprechen?"

„Ein Frage-Antwort-Gespräch wäre ihm sicher lieber", erwiderte sie.

Diese Form wählte ich gern, wenn ich vor Studenten sprach. Also machten wir es auch in Kennebunkport so. Die jungen Leute saßen um mich herum („Enkelkinder mit ihren Freunden von Wand zu Wand", wie Ruth es beschrieb) und stellten mir Fragen. Es waren tiefgehende Fragen über das Leben und den Glauben, die mich intensiv herausforderten. Ich versuchte sie mit biblischen Aussagen zu beantworten. Im nächsten und übernächsten Jahr baten die Kinder um weitere Frage-Antwort-Runden. Durch diese Erlebnisse entstand ein persönliches Band zwischen mir und den vier Söhnen und der Tochter der Bushs – ein Band, das mich bis heute mit ihnen verbindet.

An den Sonntagen in Kennebunkport gingen George, Barbara, Ruth und ich, was auch immer sonst noch an Aktivitäten für die knappe Urlaubszeit geplant war, in einen Gottesdienst (manchmal sogar in zwei). Oft arrangierte George es, daß ich in einer malerischen kleinen Kirche auf halbem Weg in die Stadt predigte.

An einem Sonntag brachte ein neuer Fahrer uns alle in die Kirche. Er fuhr ziemlich rasant. „Passen Sie nur gut auf diese kleine alte Dame auf dem Fahrrad auf", warnte der Präsident. „Das ist nämlich meine Mutter!"

An einem Sonntag vermißte ich plötzlich im Gottesdienst meine sorgfältig vorbereitete Predigt. Ich wußte, daß ich sie bei mir hatte, als ich zum Singen aufstand, doch als ich mich wieder hingesetzt hatte, konnte ich sie nicht mehr finden. Als es dann Zeit war, auf die Kanzel zu steigen, durchsuchte ich immer noch meine Taschen. Vergeblich! Also improvisierte ich eine Predigt über die altvertraute Geschichte vom verlorenen Sohn. Es klappte recht gut. Und als ich zu meinem Stuhl zurückkehrte, lag es da: mein Predigtmanuskript! Ich hatte darauf gesessen. Soviel zum Thema gründliche Vorbereitung!

Wenn die Kinder ins Weiße Haus kamen, verlief das Familienleben der Bushs in einem gemäßigteren Tempo als in Kennebunkport, doch sie kamen immer zu ihrem Recht. Nach Präsident Bushs „Erklärung zur Lage der Nation" 1990 gingen Ruth und ich zum Lincoln-Zimmer im zweiten Stock, um uns hinzulegen. Der Präsident eilte den Flur entlang, als wolle er zum Queen's-Zimmer. Doch dann öffnete er eine verborgene Tür in der Wand und sprang die Treppe hinauf in den dritten Stock, wo die Kinder untergebracht waren, wenn sie zu Besuch kamen. Anstatt einfach ins Bett zu fallen, nachdem er vor dem Kongreß und der Nation eine wichtige Rede gehalten hatte, wollte er den Kindern noch gute Nacht sagen.

Das Präsidentenpaar schien besondere Freude daran zu haben, Besuchern den zweiten Stock des Weißen Hauses, den Familienflügel, zu zeigen. Am Tag vor einem Nationalen Gebetsfrühstück übernachteten Ruth und ich wieder einmal im Lincoln-Zimmer. Etwa zwanzig Minuten vor dem Abendessen – wir zogen uns gerade um – rief der Präsident an. „Ich hoffe, es stört Sie nicht", meinte er entschuldigend, „wenn gleich ungefähr sechzig Senatoren und Abgeordnete des Repräsentantenhauses einen kleinen Rundgang durch Ihren Wohnbereich machen. Sie haben ihn noch nie gesehen."

Hastig ergriff Ruth ihre Kleider und verschwand flugs im Badezimmer.

Als ich aus dem Zimmer trat, sah ich General Colin Powell, den obersten Stabschef, und Verteidigungsminister Dick Cheney in einer Gruppe, die den ganzen Flur ausfüllte. Sie kamen gerade aus einer Besprechung mit dem Präsidenten.

„Billy, zeigen Sie ihnen den Teil dort unten", rief der Präsident mir zu, „und ich übernehme diesen Flügel."

Also führte ich etwa ein Drittel der Gruppe durch das Queen's-Zimmer und das Lincoln-Zimmer – nachdem ich mich vergewissert hatte, daß Ruth nicht zu sehen war – und erzählte ihnen das Wenige, was ich von meinen Besuchen her wußte.

Bei seiner Amtseinführung 1989 bat mich George Bush, sämtliche Gebete während der öffentlichen Zeremonie zu sprechen. Zunächst protestierte ich und verwies auf die Tradition, auch Geistliche anderer Konfessionen zu beteiligen (oft einen jüdischen Rabbi, einen katholischen Priester und möglicherweise einen Vertreter der orthodoxen Kirchen). Er ließ sich jedoch nicht davon abbringen. Mit mir, sagte er, fühle er sich wohler. Außerdem wolle er vermeiden, daß man ihm Anbiederungsversuche unterstelle, wenn er Vertreter verschiedener Glaubensrichtungen beteiligte.

Nach der Amtseinführung waren wir zu einem Mittagessen im Rundbau des Capitols eingeladen. Als wir dort eintrafen, waren die Bushs gerade gegangen, um den Reagans Lebewohl zu sagen, die an diesem Tag Washington verließen. Da wir seit vielen Jahren mit den Reagans befreundet waren, wollten wir uns ebenfalls von ihnen verabschieden. Ich machte mich unauffällig davon. Ein Sicherheitsbeamter brachte mich freundlicherweise zu dem betreffenden Ort; doch leider kam ich ein wenig zu spät. Mit gemischten Gefühlen sah ich gerade noch ihren Hubschrauber aufsteigen.

Nach dem Essen wurden wir zu meiner Überraschung in die Präsidentenloge auf der Tribüne geführt, um die Antrittsparade für den Präsidenten anzuschauen. Während einer Pause winkte der Präsident mich zu sich. „Billy, würde es Ihnen und Ruth etwas ausmachen, zurück ins Weiße Haus zu meiner Mutter zu fahren? Sie sieht sich die Parade von dort aus an, und ich weiß, daß sie sich sehr freuen würde, wenn Sie dabei wären."

Es sei uns ein Vergnügen, sagte ich. Die alte Frau Bush, mittlerweile neunzig Jahre alt und von schwacher Gesundheit, war in einer Krankentransportmaschine mit ärztlicher Begleitung hergeflogen worden. Wir trafen sie im Queen's-Zimmer an, wo sie aufrecht im Bett saß, ihre blauen Augen strahlten vor Freude. Sie sah wahrhaftig aus wie eine Königin, trotz ihrer Gebrechlichkeit.

Ich saß an ihrem Bett und hielt ein paar Minuten lang ihre Hand; dann fragte ich sie, ob ich beten dürfe. Sie nickte lächelnd, und ich dankte Gott dafür, daß George Bush nun Präsident war, und bat um Gottes Leitung und Schutz für die kommenden Jahre. Als ich das Gebet beendet hatte und sie wieder ansah, standen Tränen in ihren Augen und sie flüsterte: „Er wird es brauchen."

Kurz darauf nannte ich ihn zum ersten Mal „Mr. President" statt

„George". Es war ein seltsamer Moment, und ich verhaspelte mich ein bißchen. Er wußte über mein Dilemma Bescheid, da es vielen seiner Freunde ähnlich erging. Sein Blick richtete sich in die Ferne, und er sah ein wenig wehmütig aus. Wie sehr es sich ein Präsident auch anders wünschen mag – mit diesem Amt ist eine Einsamkeit verbunden, die sich nie völlig überwinden läßt. Die Einsamkeit ist eine der Bürden eines Spitzenpolitikers.

Das zweite Staatsbankett im Weißen Haus während der Bush-Jahre fand 1990 zu Ehren der Gorbatschows statt. Ich saß zur Linken von Raissa Gorbatschow, Präsident Bush zu ihrer Rechten. An meiner anderen Seite saß Jessica Tandy. Sie hatte in diesem Jahr den Oscar als beste Hauptdarstellerin für ihren Film *Miss Daisy und ihr Chauffeur* bekommen. Da ich bereits im voraus über diese Sitzordnung informiert war, fragte ich Botschafter Dobrynin, worüber ich mich mit Frau Gorbatschow unterhalten könnte. Er sagte, sie interessiere sich sehr für Religion und Philosophie. Wir führten mit Hilfe ihres Dolmetschers ein ausgesprochen interessantes Gespräch. Obwohl sie als treue Kommunistin galt, war sie durchaus überzeugt, daß es noch etwas Höheres geben müsse als den Menschen.

Nachdem die Bushs das Weiße Haus 1993 verlassen hatten, luden sie uns einige Male zu sich nach Houston oder Kennebunkport ein. Außerdem wechselten wir Briefe oder telefonierten miteinander. „Danke für die Nachfrage", sagte er oft.

Auch bei anderen Gelegenheiten kreuzten sich unsere Wege. Ich werde nie vergessen, wie stolz die beiden waren, als ihr Sohn George im Januar 1995 in sein Amt als Gouverneur von Texas eingeführt wurde. Man hatte mich gebeten, bei der Zeremonie ein Gebet zu sprechen. Nicht nur die starken Familienbande der Bushs wurden mir bei diesem Anlaß erneut bewußt, sondern auch ihr großes Engagement für die Öffentlichkeit – ein Engagement, das sie an die nächste Generation weitergaben.

31

Der Riese am Pazifik

CHINA 1988-1994

Solange wir verheiratet sind, hat Ruth mir von China erzählt – und das hat seinen guten Grund. Ruth ist in China geboren und verbrachte die ersten siebzehn Jahre ihres Lebens dort. 1916 waren ihre Eltern, Dr. L. Nelson Bell und seine Frau, als Missionsärzte nach China gegangen. Nach einiger Zeit wurde Dr. Bell Chef der chirurgischen Abteilung und Superintendent des größten presbyterianischen Missionskrankenhauses der Welt in der Stadt Tsingkiangpu in der Provinz Nord-Kiangsu (heute Jiangsu) in Ost-Zentralchina, etwa zweihundertfünfzig Kilometer nördlich von Schanghai. Am 10. Juni 1920 kam Ruth dort in einem kleinen Haus zur Welt. Die Bells hatten bereits eine Tochter namens Rosa.

Durch ihre Jugend in China empfand Ruth eine große Zuneigung zu den chinesischen Menschen und ihrer Kultur. China ist die älteste bestehende Zivilisation der Welt und hat – wie ich irgendwo gelesen habe – die Hälfte aller Dinge erfunden (oder entdeckt), auf denen unsere moderne Welt beruht. Manchmal habe ich das Gefühl, daß Ruth innerlich ganz und gar in China lebt!

Auch mich hat sie mit ihrer Liebe zu China angesteckt, einschließlich der Küche: Mindestens einmal in der Woche kocht sie für uns ein einfaches, aber echt chinesisches Gericht. Sie hat mir sogar beigebracht, einigermaßen geübt mit Stäbchen zu essen.

Lange Jahre war es Ruths größter Wunsch, mit mir zusammen in das Land ihrer Geburt zurückzukehren. Sie wollte mir die Orte zeigen, die sie liebte, und mich den Menschen vorstellen, die sie kannte. Sie betete sogar, daß ich in China predigen dürfe. Doch wenn je ein Traum nur ein Traum zu bleiben schien, dann dieser!

Ruth verließ China 1933, um in Pjöngjang im nördlichen Korea auf eine höhere Schule für Ausländer zu gehen. Nach China konnte sie nur sporadisch zurückkehren – die Reise dauerte sieben Tage hin und sieben zurück. Doch zu den Weihnachtsfesten fuhr sie fast immer nach Hause. Nach dem Schulabschluß, 1937, kam sie in die Vereinigten Staaten und schrieb sich am Wheaton College ein. 1941 waren die Bells aufgrund der japanischen Besatzung schließlich gezwungen, China zu verlassen, so daß auch Ruth nicht mehr zurückkehren konnte. Der Sieg der chinesischen Kommunisten unter Mao Tse-tung 1949 und die gewaltsame antireligiöse Politik der Kulturrevolution in den sechziger und siebziger Jahren schienen die Tür nach China für immer zu verriegeln.

Der Zusammenbruch der Kulturrevolution nach Maos Tod und die Aufnahme diplomatischer Beziehungen zwischen den USA und der Volksrepublik China im Jahre 1979 markierten den Beginn einer neuen Ära. Freilich war China immer noch ein kommunistisches Land – wobei die staatliche Ideologie an die chinesischen Verhältnisse angepaßt war. Der Atheismus war jedenfalls ein wesentlicher Bestandteil, und Religion wurde nicht gern gesehen.

Um 1979 gestattete man einigen wenigen Christen, wieder offizielle Gemeinden zu gründen. Allerdings wurden ihnen zahlreiche Beschränkungen auferlegt. 1980 unternahmen Ruth, ihre beiden Schwestern und ihr Bruder eine unvergeßliche Reise in das Land ihrer Kindheit. Wie sie feststellten, hatte sich in ihrer alten Heimatstadt Tsingkiangpu viel verändert. Zu jener Zeit war die Stadt für Ausländer nicht zugänglich, doch der frühere Präsident Richard Nixon hatte für sie eine Sondererlaubnis erwirkt.

Ein großer Teil des alten Krankenhausgeländes stand noch. Das Haus, in dem Ruth aufgewachsen war, befand sich in einem beklagenswerten Zustand – es sah aus „wie eine alte Dame, die niemand mehr liebt und um die sich niemand mehr kümmert", schrieb Ruth. Die Frauenklinik und andere Gebäude dienten jetzt als Industrieschule. Das kleine Gästehaus, in dem die Geschwister während ihres Besuchs in Einzelzimmern wohnten, war frisch renoviert, und im Bad gab es fließendes Wasser.

Am ersten Abend erhielten sie unerwartet Besuch: drei Geschwister, die alle vor Jahrzehnten von Dr. Bell entbunden worden waren. Die Älteste – sie lebte inzwischen in Schanghai – hatte gehört, daß die Kinder von Dr. Bell nach Hause kämen, und war nun angereist, um sie zu treffen. „Die meisten älteren Christen sind gestorben", berichtete sie ihnen, „doch die jüngeren halten treu am Glauben fest."

Diese Reise 1980 war zweifellos ein Höhepunkt in Ruths Leben. Und sie festigte Ruths Entschlossenheit, für einen gemeinsamen China-Besuch zu beten. Als Tourist einzureisen, war kein Problem mehr, doch eine Erlaubnis zu einer längeren Predigtreise zu erlangen, war eine ganz andere Sache. Offen gesagt, glaubte ich viele Jahre lang nicht daran, daß es je möglich sein würde.

Doch ich hoffte und betete gemeinsam mit Ruth. Hinter meinem Interesse an China steckte jedoch mehr als nur der Wunsch, ihre Heimat zu besuchen. Zum einen war China inzwischen mit über einer Milliarde Einwohnern die größte Nation der Welt; fast jeder vierte Bewohner unseres Planeten ist Chinese.

Hinzu kam, daß fast alle Beobachter das 21. Jahrhundert als das „Jahrhundert der Pazifik-Anrainer" erwarten. Die Zukunft gehöre den aufblühenden Wirtschaftsländern Ostasiens mit ihren Milliarden von Menschen, lautete die Prognose. Meine bisherigen Reisen nach Asien hatten mich von der Stichhaltigkeit dieser Aussage überzeugt.

Außerdem hatte das Christentum in der Geschichte Chinas bisher nur eine sehr geringe Rolle gespielt. Es war immer als eine fremde, ausschließlich europäische oder „weiße" Religion verstanden worden. Aufgrund der schändlichen Geschichte des westlichen Kolonialismus vermuteten die chinesischen Behörden hinter allen ausländischen Aktivitäten eine Ausbeutungsabsicht. Welch eine Herausforderung für einen christlichen Evangelisten!

Da Ruth mit der Situation in China so gut vertraut war, bat ich sie, die Recherchen und Planungen für eine mögliche Reise zu koordinieren. Sie hatte bereits ein inoffizielles Gespräch mit einer kleinen Gruppe von China-Experten geführt. Auf ihre Bitte hin bildeten sie eine Arbeitsgruppe, um uns zu unterstützen.

Dieser Gruppe gehörte auch Sidney Rittenberg an, ein Amerikaner, der nach dem Zweiten Weltkrieg aus jugendlichem Idealismus beschlossen hatte, in China zu bleiben. Eine Zeitlang war er das einzige amerikanische

Mitglied der Kommunistischen Partei Chinas gewesen, außerdem ein enger Vertrauter vieler chinesischer Spitzenpolitiker und ein hervorragender Übersetzer vom Englischen ins Chinesische. Zweimal hatte man ihn als „imperialistischen Spion" angeklagt und für insgesamt sechzehn Jahre ins Gefängnis gesteckt, zum Teil unter sehr harten Bedingungen.

Trotz der jahrelangen Leiden hegte dieser Mann keinen Groll gegenüber seinen Peinigern. In einer bestimmten Phase seines Lebens hatte er große Teile des Neuen Testaments auswendig gelernt. Inzwischen arbeiteten er und seine chinesische Frau Yulin als Berater für Firmen, die in China investieren wollten.

Während einer Reise nach Los Angeles 1980 sahen Sidney und Yulin eine unserer Evangelisationen – und waren sofort überzeugt, daß China diese Botschaft brauche. Sidneys eingehende Kenntnis der chinesischen Bürokratie und sein Feingefühl für die lange Kulturgeschichte Chinas waren von unschätzbarem Wert für uns.

Auch der christliche Filmemacher Irvin S. Yeaworth stand Ruth zur Seite. „Shorty", wie er von allen genannt wurde, hatte Ruth und ihre Geschwister 1980 bei ihrem Besuch in der alten Heimat begleitet und einen Dokumentarfilm über die Reise gedreht. Er flog mehrere Male in unserem Auftrag nach China, um mit den Behörden Vorgespräche zu führen und unsere mögliche Reiscroute zu planen.

Dr. Carol Lee Hamrin, eine China-Expertin im amerikanischen Außenministerium, unterrichtete uns über die sich verändernden politischen und gesellschaftlichen Strömungen in China. David Aikman, der früher das Pekinger Büro des *Time*-Magazins geleitet hatte, brachte ebenfalls seine Kenntnisse über die Situation der Kirchen in China ein.

1985 hatten wir eine vorläufige Einladung von Bischof K. H. Ting erhalten, dem Vorsitzenden des Rates chinesischer Christen, den Ruth während ihrer Reise 1980 kennengelernt hatte. Nach zahlreichen Verhandlungen erhielten wir schließlich die verbindliche Einladung, im September 1987 in mehreren Städten zu predigen. Ich versprach, der Einladung Priorität einzuräumen, machte eine endgültige Zusage jedoch von einer genaueren Prüfung der Rahmenbedingungen abhängig.

Das vorgeschlagene Datum 1987 brachte mich sogleich in eine Zwickmühle. Papst Johannes Paul II. hatte mich gebeten, genau zu dieser Zeit mit ihm an einem ökumenischen Gottesdienst während seines Besuchs in

Columbia, South Carolina, teilzunehmen. Es sollte keine Messe sein, sondern ein Gottesdienst mit Schriftlesung, Gebet und Predigt. Ich sollte über das Thema Familie sprechen.

Auf diese Veranstaltung freute ich mich sehr, zumal der Papst und ich uns bei unseren Begegnungen nähergekommen waren. John Akers gehörte als ordinierter evangelisch-reformierter Geistlicher dem vielfältig zusammengesetzten evangelischen Komitee an, das den Gottesdienst plante. Auf keinen Fall sollten der Papst oder das Komitee denken, ich wolle mich von der Teilnahme an dem Gottesdienst zurückziehen.

Wir vereinbarten mit unseren Gastgebern in China, daß die offizielle Einladung nicht vor Ende Juli veröffentlicht werden sollte. Als ich jedoch das entsprechende Büro im Vatikan und das Komitee vertraulich über die Einladung nach China informierte, war man sehr verständnisvoll. Der katholische Vorbereitungsausschuß bestärkte uns sogar noch in unseren Plänen. Sie wußten auch, daß ich darum gebeten hatte, mit dem Oberhaupt der offiziellen katholischen Kirche in China zusammenzutreffen, die keine formellen Beziehungen zum Vatikan unterhalten durfte.

Natürlich begeisterten mich die Möglichkeiten in China. Zugleich fühlten Ruth und ich uns für die Reise nicht ausreichend vorbereitet. Wir brauchten dringend mehr Informationen über Land und Leute, mehr Zeit, um die Predigten vorzubereiten. Überdies wurde mir bewußt, daß ich nicht mit den chinesischen Gebräuchen vertraut war. Zum Beispiel vergaß ich immer wieder, daß in China der Familienname an erster Stelle steht, und nannte den chinesischen Staatschef Deng Xiaoping ständig „Mr. Ping".

Die Monate vor unserer geplanten Reise waren wie üblich angefüllt mit anderen Verpflichtungen. Im Juni und Juli hatten wir eine Reihe von Evangelisationen in den Rocky Mountains. Es war eine ungewöhnliche Veranstaltungsreihe, bei der auch die anderen Evangelisten unseres Teams sehr gefordert waren. Bei den Abschlußveranstaltungen predigte meistens ich. Die Reihe endete mit einer zehntägigen Evangelisation in Denver. Ende August, nur wenige Wochen vor unserer geplanten Ankunft in Peking, führten wir noch eine weitere Evangelisation in Helsinki durch.

Selbst Ruth war in bezug auf die Reise unentschlossen. Das geht aus einer Postkarte hervor, die sie aus Europa an unsere Mitarbeiter in Montreat schickte. „Ich bete dasselbe wie Mose", schrieb sie darin. „Nämlich: Wenn du nicht selbst voranziehst, dann schick uns nicht von hier fort!"

Problematisch erschien mir, daß China bekanntermaßen ein so vielschichtiges, schwieriges Land ist. Große Sorgfalt war nötig, um Fehler und Fußangeln zu meiden, die unsere Gastgeber in Verlegenheit und die Christen im Lande in Mißkredit bringen konnten.

Unsere offizielle Einladung kam, wie gesagt, vom Rat chinesischer Christen, der von der Regierung offiziell anerkannt war und der sogenannten „Drei-Selbst-Bewegung" angehörte. Dieser Begriff bezieht sich auf das Anliegen der chinesischen Kirchen, sich eigenständig zu finanzieren, zu verwalten und auszubreiten. Das soll die Unabhängigkeit der Gemeinden von ausländischen Einflüssen und Hilfen unterstreichen. Die Bewegung geht zurück auf einen amerikanischen presbyterianischen Missionar aus dem neunzehnten Jahrhundert, John Livingston Nevius. Seine Vorstellungen wurden von seinen Mitarbeitern in China abgelehnt, schließlich jedoch von Missionaren in Korea übernommen. Der „Nevius-Methode" schrieb man das rapide Wachstum der Gemeinden in Korea zu.

Auf der anderen Seite feierten Millionen chinesischer Christen ihre Gottesdienste entweder im Familienkreis oder in sogenannten Hausgemeinden, die so oft wie möglich zusammenkamen. Diese Gruppen von Gläubigen wurden oft auch als „Treffpunkt-Christen" bezeichnet. Viele Hausgemeinden waren nicht in die offiziell anerkannte Drei-Selbst-Bewegung eingegliedert. Vielfach lehnten sie die Führung dieser Organisation ab, weil diese zu enge Verbindungen zur Regierung unterhielt.

Ich wollte keiner der Gruppen zu nahe treten, wußte aber, daß insbesondere die westliche Presse Druck auf mich ausüben würde. Ich sollte Partei ergreifen oder sogar gegen die Politik der Regierung gegenüber einer der Gruppen Stellung beziehen.

Darüber hinaus wußte ich, daß China ein politisches Minenfeld sein konnte. Obwohl die Beziehungen zwischen den Vereinigten Staaten und China schon erheblich freundlicher geworden waren, gab es immer noch heikle Themen, zum Beispiel die Menschenrechte.

Wie schon in Osteuropa und in der Sowjetunion würde ich meine Worte sehr sorgfältig abwägen müssen, um Mißverständnisse zu vermeiden. Ich hatte bereits bei einer Vielzahl von Fachleuten Rat gesucht, von dem früheren Präsidenten Richard Nixon und dem ehemaligen Außenminister Henry Kissinger bis hin zum Erzbischof von Canterbury, der kurz zuvor China bereist hatte.

Sofort nach der Evangelisation in Helsinki flog ich nach Tokio. Dort legte ich vor der Weiterreise nach Peking ein paar Tage Pause ein. Als mein langjähriger Mitarbeiter Henry Holley mich auf dem Flughafen in Tokio abholte, war ich sehr müde. Ich litt nicht nur unter der Zeitverschiebung, sondern auch an Schwindelanfällen und einer Blasenentzündung. In der Nacht stand ich auf, stolperte im Dunkeln über meinen Aktenkoffer und fand mich mit gebrochenen Rippen und anderen inneren Verletzungen auf dem Fußboden wieder.

Henry brachte mich zu drei verschiedenen Fachärzten in Tokio, die sich alle einig waren, daß ich die Reise nach China nicht antreten durfte. Die Verletzungen waren so schwer, daß ich zurück in die Vereinigten Staaten geflogen und in der Mayo-Klinik behandelt werden mußte. Die Nachwirkungen machten mir noch monatelang zu schaffen. Schließlich mußte sogar eine Rippe operativ entfernt werden.

Welche Folgen würde wohl die Absage unseres Besuchs haben? Wir machten uns Sorgen. Würden unsere Gastgeber die Situation verstehen, oder würden sie annehmen, ich hätte mir eine „diplomatische Erkrankung" zugelegt, und meine Absage sei in Wirklichkeit politisch begründet? Falls sie den letzteren Schluß zogen, würde das so mühsam aufgebaute Vertrauensverhältnis zu den chinesischen Behörden zerstört sein. Mit einer neuen Einladung wäre in einem solchen Fall wohl kaum zu rechnen.

Darum versuchten wir, unsere Gastgeber und den amerikanischen Botschafter so genau wie möglich über meinen Gesundheitszustand zu unterrichten – sowohl telefonisch als auch brieflich.

Zum Glück zeigten alle Verständnis. Gott schenkte es, daß wir unsere Termine auf die Zeit vom 12. bis 28. April 1988 verlegen konnten. Nach meiner Entlassung aus der Mayo-Klinik sagte ich, soweit möglich, alle Termine während der nächsten Monate ab und nutzte jede freie Minute, um mich auf die Reise vorzubereiten.

Einige unserer Mitarbeiter flogen schon mehrere Tage vor mir nach Peking. Bei der Landung empfing sie ein heftiger Sandsturm, der von der Wüste Gobi hereinfegte. Dadurch wurden die Pläne unseres Filmteams zunichte gemacht, in der Stadt zu drehen, bevor unser volles Programm begann.

Am 12. April trafen wir nach einer Zwischenlandung in Hongkong auf dem Flughafen Peking ein. Aus den Lautsprechern unserer Maschine ertönte das Lied „Bridge Over Troubled Waters", wie Ruth bemerkte. Eine Brücke – genau das wollten wir sein! Als wir aus der Maschine stiegen, drang sofort feiner Staub in unsere Kehlen, der immer noch von dem Sandsturm in der Luft hing. Es war schwer zu sprechen, ohne zu husten. Ruth kannte solche Stürme noch aus ihrer Kindheit.

Am Flughafen wurden wir von unseren beiden offiziellen Gastgebern, Botschafter Zhang Wenjin und Bischof K. H. Ting, dem Präsidenten des Rates chinesischer Christen, mit einem roten Teppich empfangen. Neben Bischof Ting war der Rat chinesischer Christen durch seinen Vizepräsidenten Han Wenzao vertreten. Auch der amerikanische Botschafter Winston Lord war gekommen, um uns zu unterstützen. Die Fahrt vom Flughafen in die Stadt führte uns an endlosen Reihen blühender Weiden, Forsythien und Obstbäumen vorbei – Vorboten des Frühlings. Ruth staunte über den starken Verkehr und die Neubauten, die seit ihrem Besuch vor acht Jahren in Peking emporgeschossen waren. Wolkenkratzer ragten hoch über uns auf, und die alten einstöckigen Wohnhäuser, die früher die Hauptstadt geprägt hatten, wichen immer mehr zurück.

Am nächsten Abend wurden wir mit einem Bankett in der Großen Halle des Volkes willkommen geheißen. Dieses riesige Gebäude, ein architektonisches Meisterwerk im Zentrum von Peking, war in weniger als einem Jahr fertiggestellt worden. Hier tagte der Nationale Volkskongreß. Von außen sah das Gebäude eher russisch als chinesisch aus, im Innern jedoch waren alle Räume mit großartigen Wandbehängen und Möbeln in charakteristisch chinesischem Stil ausgestattet. Wie wir hörten, gab es für jede der siebenundzwanzig Provinzen Chinas einen nach ihr benannten Bankettsaal, neben zahlreichen weiteren Versammlungsräumen.

Mit Botschafter Zhang, Bischof Ting, Zhao Puchu von der Buddhistischen Vereinigung Chinas, Botschafter Lord und zahlreichen anderen hochrangigen Funktionären saß ich an einem riesigen runden Tisch. In der Begrüßungsrede wurden Ruth als „Tochter Chinas" und ich als „Mann des Friedens" bezeichnet.

In meiner Antwort äußerte ich meine Überzeugung, daß Jesus Christus die einzige Hoffnung auf einen bleibenden Frieden in der Welt wie auch der einzige Weg zum Frieden mit Gott sei. Dies war auch die Quintessenz all meiner Ansprachen, Predigten und Bemerkungen während der nächsten zweieinhalb Wochen.

Als der erste Gang serviert wurde, ließ Botschafter Zhang durch seinen Übersetzer, Herrn Su Guang, folgendes ankündigen: „Wir wissen, daß hier viele gläubige Christen anwesend sind. Wir wissen auch, daß es unter ihnen üblich ist, vor den Mahlzeiten zu beten. Wir alle respektieren diese Sitte. Also: Wer unter Ihnen vor dem Essen beten möchte, möge das tun. Wir respektieren das."

Wir beteten still und dankbar. So etwas hatte ich auf all meinen Reisen in der kommunistischen Welt noch nicht erlebt.

Während des Essens holte Bischof Ting eine verblichene Fotografie aus seiner Brieftasche und zeigte sie Ruth. Es war ein Bild seiner Mutter, die kurz zuvor gestorben war. „Sie betete jeden Tag für mich", sagte er schlicht. „Ich vermisse sie sehr."

Wie schnell wurden meine Vorstellungen von China und seinen Menschen zerschlagen – trotz all meiner Vorbereitungen. Innerhalb von siebzehn Tagen legten wir riesige Entfernungen zurück und besuchten fünf große Städte. Wir hielten mehr Ansprachen und Predigten, wir gaben mehr Interviews und nahmen an mehr gesellschaftlichen Veranstaltungen teil, als ich je auf einer Reise bewältigt habe. Nebenbei absolvierten wir sogar noch ein Besichtigungsprogramm (wenn auch nicht in dem Umfang, wie ich es mir gewünscht hätte!). Der Journalist Ed Plowman und der Fotograf Russ Busby hielten die gesamte Reise fest und veröffentlichten später einen Bildband. Auch ein Fernsehteam begleitete uns, um die Reise zu dokumentieren. Mehrfach gaben wir Interviews, doch die Berichte der Journalisten konnten nur ansatzweise etwas von dem wiedergeben, wie alle diese Erlebnisse auf mich wirkten.

Ein besonderer Höhepunkt im Programm war zweifellos unser Besuch bei Ministerpräsident Li Peng, der erst zwei Tage zuvor vom chinesischen Parlament, dem Nationalen Volkskongreß, zum Staatsoberhaupt gewählt worden war. Er sollte vor allem die Modernisierung des Landes vorantreiben. Li Peng lud uns für den 16. April zu einem Gespräch in den „Pavillon des lavendelfarbenen Lichts" ein. Dieses traditionelle chinesische Gebäude liegt in dem alten, ummauerten Gelände, das in der Kaiserzeit als „Verbotene Stadt" bekannt war. Heute leben dort die höchsten Regierungsfunktionäre. Ich war sein zweiter ausländischer Besucher nach der philippinischen Präsidentin Corazon Aquino. Ich wußte, daß Ministerpräsident Li über uns informiert war, da unserem Besuch persönliche Empfehlungsschreiben von Nixon, Kissinger und Bush vorausgegangen waren.

„Wenn wir auch einen unterschiedlichen Glauben haben", sagte mir der Ministerpräsident bei unserer Begrüßung durch seinen Übersetzer, „so spielt das in meinen Augen keine Rolle und soll unserem Gespräch nicht im Weg stehen."

Interessant fand ich, daß er den Kommunismus als „Glauben" bezeichnete. In der chinesischen Presse wurde seine Aussage etwas anders zitiert: „Wir haben nicht denselben ,Gott', aber das hält uns nicht davon ab, ein gutes Gespräch miteinander zu führen."

Ob er nun das Wort „Glaube" oder das Wort „Gott" verwendete, es war in jedem Fall eine bemerkenswerte Aussage. Sie legte nahe, daß jeder Mensch ein Bewußtsein dafür in sich trägt, daß wir etwas oder jemanden brauchen, der höher ist als wir selbst und unserem Leben Sinn gibt – und das gilt auch für einen Kommunisten. Was immer die Aussage ihm persönlich bedeutete, sie verschaffte uns einen Anknüpfungspunkt, von dem aus wir auf Themen von beiderseitigem Interesse zugehen konnten, etwa das Bedürfnis nach Moral und Ethik in der Gesellschaft.

Wir saßen nebeneinander und hatten das ganze Zimmer vor uns. Drei Übersetzer – darunter unser Freund Sidney Rittenberg – standen direkt hinter uns. Ministerpräsident Li und ich unterhielten uns angeregt fünfzig Minuten lang und nippten dabei an unserem heißen Tee.

Er fragte uns, ob wir eine angenehme Reise gehabt hätten, erklärte uns das Mobiliar des Zimmers und erläuterte schließlich seine Pläne für die Modernisierung Chinas. Als ich an der Reihe war – von einem Gast wurde erwartet, daß er genauso lange sprach wie der Gastgeber –, erläuterte ich ihm ganz persönlich das Evangelium. „Ich sehe, Sie glauben wirklich an das, was Sie predigen!" sagte Li Peng, als er mit Mühe und Not einen Satz dazwischenwerfen konnte.

Obwohl Ministerpräsident Li mir offen sagte, daß er Atheist sei, sprachen wir auch über die mögliche Rolle der Christen in Chinas neuer Atmosphäre der Offenheit.

Die Diplomatie hätte mich daran gehindert, seine Worte zu zitieren – aber die chinesische Presse berichtete schon am Tag danach ausführlich über unser Gespräch. „China kann niemals nur durch materielle Entwicklung wohlhabend und stark werden", sagte er. „Es braucht auch geistliche Kräfte. Um ein starkes Land zu werden, reichen materielle Errungenschaften nicht aus. Wir brauchen auch moralische Kraft. Es gibt vier fundamentale Elemente, um moralische Stärke aufzubauen, nämlich: Ideale, Disziplin, Moral und Kultur. Dabei ist es wichtig, mit den jungen Leuten zu beginnen und ihnen eine kulturelle Bildung zu vermitteln."

Wie Ministerpräsident Li mir sagte, garantiert die gegenwärtige chinesische Verfassung die Freiheit der religiösen Überzeugung. Mit verblüffender Offenheit machte er ein Zugeständnis, über das die chinesische Presse ebenfalls berichtete: „In der Vergangenheit haben wir das nicht im vollen Sinne praktiziert. Wir werden versuchen, die Vergangenheit zu korrigieren." Dann fügte er hinzu: „Aber ich muß sagen, daß es nicht allzu viele gläubige Christen in China gibt."

Irgendwann während des Gesprächs merkte ich an, daß China vielleicht in fünfzig Jahren auch zu einer moralischen Weltmacht werden könne.

„Das hoffe ich auch", sagte er fast wehmütig. „Doch zur Zeit haben wir viele Probleme. Es gibt alle möglichen kriminellen Verhaltensweisen unter jungen Leuten. Sie verweigern die Disziplin."

Unser Besuch bei Ministerpräsident Li hatte einen unerwarteten Nebeneffekt. Indem er sich öffentlich im Fernsehen, im Radio und in der Presse über unser privates Gespräch äußerte, verschaffte uns der Ministerpräsident eine Bekanntheit und Glaubwürdigkeit, die wir sonst nie erhalten hätten. Das öffnete uns viele Türen. Zum Beispiel durften wir später vor Fachleuten, Studenten, Politikern und Kirchenvertretern ganz offene Frage-Antwort-Gespräche durchführen. Auch die Christen und die Gemeinden Chinas, die ich besuchte, wurden dadurch auf ungewöhnliche Weise ins Rampenlicht gerückt.

In akademischen Einrichtungen wie der Chinesischen Akademie der Sozialwissenschaften in Peking und dem Institut für chinesisch-amerikanische Studien in Nanjing führten wir Gespräche mit Lehrern und Wissenschaftlern. Besonders erinnere ich mich an unsere Veranstaltungen an der Pekinger Universität, die seinerzeit von Missionaren gegründet worden war. Wir versammelten uns in der prächtigen alten Residenz im chinesischen Stil. Studenten und Dozenten, die für die Teilnahme an diesem Gespräch ausgewählt worden waren, stellten zahlreiche Fragen, unter anderem über das Wesen der Seele und die Bedeutung des persönlichen Glaubens.

Außerdem trafen wir in der Residenz von Botschafter Lord mit Vertretern diplomatischer und internationaler Kreise zusammen; Repräsentanten verschiedener Religionsgemeinschaften waren ebenfalls anwesend, zum Beispiel das Oberhaupt der Buddhisten in China, Zhao Puchu, und zahllose Christen, deren Tapferkeit und Glaube angesichts der Leiden der Vergangenheit mich beschämten. Nirgendwo wurden mir irgendwelche Beschränkungen auferlegt, und ich nutzte diese Freiheit, um meinen interessierten und aufmerksamen Zuhörern das Evangelium darzulegen.

An der Universität Nanjing fiel mir der Kontrast zwischen den amerikanischen Austauschstudenten und den chinesischen Kommilitonen auf. Die amerikanischen Studenten stellten Fragen zur politischen und wirtschaftlichen Situation zu Hause – es waren säkulare, materialistische Anliegen. Die Chinesen dagegen interessierten sich hauptsächlich für religiöse und philosophische Fragen. In Amerika haben die Studenten häufig Stars aus der Unterhaltungsbranche oder dem Sport als Vorbilder, während sich die Chinesen Wissenschaftler und Philosophen aussuchen.

Wo immer ich mit chinesischen Wissenschaftlern zusammentraf, beeindruckte mich ihr brennendes Interesse an ethischen Fragen. Ihnen lag an einer moralischen Untermauerung des Erneuerungsprogramms, wie es schon der Ministerpräsident angedeutet hatte.

Die zweihundert Seminaristen, vor denen ich ebenfalls in Nanjing sprach, erwarteten ein geistliches Erwachen in China. Ihr Engagement und ihre Fähigkeiten beeindruckten mich tief.

Einen Gegensatz zu diesen akademischen Schauplätzen stellte unser Kurzbesuch an der Chinesischen Mauer dar. Obwohl ich vorher viel darüber gelesen hatte, war sie weitaus beeindruckender, als ich sie mir je vorgestellt hatte: 3450 Kilometer lang – so riesig, daß unsere Astronauten sie vom Mond aus hatten sehen können! – und an manchen Abschnitten 2500 Jahre alt.

An der Mauer wurden wir von einer Gruppe liebenswerter Schulkinder empfangen, die uns patriotische Lieder vortrugen. Wir bedankten uns mit einigen Sonntagsschulliedern. Schon der Gedanke daran, daß ich den Kindern etwas vorsingen würde, bereitete Ruth sichtliches Vergnügen, denn ich kann keine Melodie halten. Dr. Charlotte Tan – eine angesehene Leukämie-Spezialistin aus New York, die uns begleitete – und mein Sohn Franklin bemühten sich nach Kräften, mich zu übertönen.

Ein weiterer Höhepunkt unseres Programms war sicherlich auch die Möglichkeit, in verschiedenen Kirchen zu predigen. Sowohl bei den Christen aus registrierten Gemeinden als auch bei denen aus nichtregistrierten Hausgemeinden spürte ich ein tiefes geistliches Leben. Als ich in der historischen Chongwenmen-Kirche in Peking predigte, drängten sich fünfzehnhundert Menschen in der eigentlich nur für siebenhundert ausgelegten Kirche.

Unter den Gottesdienstbesuchern befand sich eine Delegation von Chinesen, die nach Brasilien ausgewandert waren. Ich forderte meine Zuhörer auf, in Chinas ehrgeiziges Modernisierungsprogramm auch eine moralische und geistliche Erneuerung als weiteres Ziel aufzunehmen. Vor allem aber forderte ich sie auf, ihre Herzen für Christus und seine verändernde Macht und Liebe zu öffnen.

Tausende versammelten sich auch, als ich in der Muen-Kirche und der Kirche des Reinen Herzens in Schanghai predigte. Diese und andere Kirchen in Schanghai – dreiundzwanzig protestantische und zwanzig katholische – waren jeden Sonntag zum Bersten voll, seitdem der Staat den Gemeinden 1979 erlaubt hatte, ihre Arbeit wieder aufzunehmen. Wie ich hörte, standen manche Leute sogar schon vor Tagesanbruch auf, um einen Sitzplatz in der Kirche zu bekommen. Soweit ich feststellen konnte, waren die Zuhörer während dieser Gottesdienste stets sehr aufmerksam, und viele machten sich Notizen, während ich sprach. In manchen Gemeinden sah ich die Leute in Schlangen an den Büchertischen anstehen, um Bibeln und andere christliche Literatur zu kaufen.

Auch an weniger offiziellen Orten erlebten wir Gottesdienste. In Guangzhou (dem früheren Kanton) bogen wir von den Hauptstraßen ab und wagten uns in die dunklen, gewundenen Gassen. Die Chinesen, die uns begegneten, müssen sich verwundert gefragt haben, wo diese Ausländer wohl hinwollten. Bald hörten wir Gesang aus einem oberen Stockwerk. Unangekündigt, aber nicht unerwartet, betraten wir ein dreistöckiges Gebäude, in dem sich eine unabhängige Hausgemeinde traf.

Drinnen standen die Menschen dichtgedrängt. Selbst im Treppenhaus war kaum ein Durchkommen. Drei Viertel von ihnen waren junge Leute. In den ersten beiden Stockwerken verfolgten sie auf Farbfernsehern den Gottesdienst, der im dritten Stock stattfand. Einer der uns zugewiesenen Sicherheitsbeamten bahnte uns schließlich einen Weg die Treppe hinauf ins oberste Stockwerk, wo mich der Pastor bereits erwartete. Ich sprach ein etwa zwanzigminütiges „Grußwort". Offenbar besaßen nicht nur alle Besucher eine Bibel, sondern sie kannten sich auch sehr gut darin aus.

Dann sagte ich, ich hoffte, daß mein ungeplantes Erscheinen den Gottesdienstbesuchern keine Schwierigkeiten mit den örtlichen Behörden eintragen würde. Es war so heiß und eng in dem Raum, daß mir für einen Moment schwindelig wurde und ich schon fürchtete, ohnmächtig zu werden.

„Ich fühle mich, als wäre ich in den Katakomben gewesen", schrieb Ruth später in ihr Tagebuch. Die Situation hier erinnerte sie an die Zeit der Christenverfolgung in Rom.

Wie viele Christen gab es in China? Der Rat chinesischer Christen zählte viereinhalb Millionen Protestanten zu seinen Mitgliedern. Die genaue Zahl der Christen in den unabhängigen Hausgemeinden ließ sich natürlich nicht feststellen, doch nach einigen Schätzungen könnten es dreißig Millionen oder mehr sein. Angesichts einer Bevölkerung von 1,2 Milliarden keine allzu große Zahl. Aber viele Beobachter waren überzeugt, daß die Gemeinden während der im Untergrund durchlebten Jahre der Kulturrevolution und danach enorm gewachsen seien. Auslöser war oft das stille Zeugnis der Liebe und das vorbildhafte Leben der Christen.

Zusätzlich gab es schätzungsweise vier Millionen Katholiken, die in der offiziell anerkannten Katholischen Patriotischen Vereinigung zusammengeschlossen waren. Streng genommen waren sie nicht *römisch*-katholisch, da sie keine offizielle Beziehungen zum Vatikan unterhalten durften. Der katholische Bischof in Schanghai war sehr freundlich, als ich ihn besuchte. Er bat mich, eine Botschaft an den Papst zu übermitteln. Das versprach ich ihm gern. Er zeigte mir ein Exemplar der vier Evangelien, die er in modernes Chinesisch übersetzt hatte, um sie unter den Katholiken zu verbreiten.

Für mich persönlich war der Höhepunkt der Reise zweifellos die Gelegenheit, Ruths Geburtsort in Tsingkiangpu kennenzulernen. Der Ort gehörte inzwischen zur Metropole Huaiyin in der Provinz Jiangsu, besteht aus zahlreichen Städten und Ortschaften und hat etwa eine Viertelmillion Einwohner. Ruths alte Heimat liegt an den Ufern des Kaiserkanals, dem längsten künstlichen Wasserweg der Welt. Er wurde bereits im 13. Jahrhundert fertiggestellt und zog sich von Hangtschou bis Peking achtzehnhundert Kilometer durchs Land. Im kleinen, heute Qingjiang genannten

Teil der Metropole liegt das ehemalige Gelände des Missionskrankenhauses, in dem Ruth geboren und aufgewachsen war. Die Missionsstation war 1887 von Dr. Absalom Sydenstricker und seiner Frau gegründet worden, den Eltern der Schriftstellerin Pearl S. Buck.

Um nach Huaiyin zu gelangen, flogen uns Armeepiloten in einer alten russischen Propellermaschine in die Hafenstadt Lianyungang. Beim Landeanflug grasten riesige schwarze Wasserbüffel auf dem Flugplatz – einer oder zwei standen sogar auf der Landebahn. Die Piloten fegten im Tiefflug einmal über den Platz hinweg, um die Herde zu verscheuchen, dann landeten sie.

Mit jenem Hafen verbinden sich für Ruth bittersüße Erinnerungen: Im Jahr 1937, als die Japaner Schanghai bombardierten und alle Ausländer des Landes verwiesen wurden, mußten sie und ihre Familie von Lianyungang aus mit dem Schiff aus China fliehen. Nun, ein halbes Jahrhundert später, war sie wieder hier. Auf der Autofahrt von Lianyungang nach Huaiyin kamen wir durch ein Stück „altes China", wie Ruth es nannte: kleine Dörfer, aus Lehm gebaute Bauernhäuser mit Strohdächern, hier und da ein kleiner Tümpel mit Enten, Wasserbüffeln und Hühnern … „Ich fühle mich wie zu Hause", schrieb Ruth in ihr Tagebuch. „Ich scheine doch Bauernblut in meinen Adern zu haben!"

Auf halber Strecke rasteten wir an einem herrlichen Plätzchen am Ufer eines großen Sees. Wir saßen in einem Speisesaal, nippten an unserem Tee und ließen die malerische Szene auf uns wirken.

Während der zweiten Hälfte der Fahrt saß Sidney Rittenberg neben mir auf dem Rücksitz des Wagens und versorgte mich wieder einmal mit nützlichen Informationen über die Situation in China. Die Fahrt dauerte mehrere Stunden, so daß ich ihm reichlich Fragen stellen konnte.

Als wir endlich Huaiyin erreichten, hatten wir anderthalb Stunden Verspätung. Die Bürgermeisterin, Madame Xu Yan, eine liebenswürdige, sehr gebildete Dame, wartete bereits. Sie führte uns direkt in den Bankettsaal, so daß uns kaum Zeit blieb, uns die Hände zu waschen. Dann wurde ein großartiges Festmahl serviert. Bei diesem Bankett erfuhren wir, daß sich noch mancher in der Gegend an die Familie Bell erinnerte.

Hinterher zeigte uns die Bürgermeisterin einen Film über die hauptsächlich von der Landwirtschaft lebende Provinz. Den Kommentar dazu sprach sie selbst. Dann führte sie Ruth und mich in ein großes, frisch renoviertes Zimmer im Gästehaus der Regierung, in dem wir die Nacht verbringen sollten.

Am nächsten Tag kam der Moment, auf den wir alle gewartet hatten. Unsere Fahrt durch die Stadt glich fast einer Parade. Menschen standen am Straßenrand, und Leute lehnten sich aus den Fenstern, um uns vorbeifahren zu sehen.

Als wir uns dem Gelände der früheren Missionsstation näherten, entdeckte Ruth sehr schnell jenes graue Steinhaus mit ihrem Lieblingszimmer im Obergeschoß. In den fünfundvierzig Jahren, die wir verheiratet waren, hatte ich so viel über dieses Gebäude gehört, daß ich mich wahrscheinlich mit verbundenen Augen dort zurechtgefunden hätte. Bei der Hausbesichtigung wies uns Ruth auf all die Dinge hin, die in ihrer Erinnerung so kostbar waren: die Kaminsimse, die rostigen Haken am Portal, an denen früher eine Schaukel gehangen hatte, die knarrenden Holzstufen zu ihrer privaten Nische unter dem Dach, in der sie geschlafen, gelesen, meditiert, geschrieben und die herrlichen Sonnenuntergänge genossen hatte.

„Liebe und Barmherzigkeit" hatten sie das Missionskrankenhaus genannt. Zu unserer Freude erfuhren wir, daß dieses Gelände seinem ursprünglichen Zweck als Krankenhaus wieder zugeführt werden sollte – wenn auch nun unter staatlicher Trägerschaft. In dem großen Gebäudekomplex – er wurde gerade umgebaut – sollten künftig chinesische Akupunktur- und Kräutertherapien mit modernen medizinischen Methoden kombiniert werden. Die städtischen Funktionäre zeigten uns eine kürzlich ausgegrabene alte Steinplatte, auf der in chinesischen Schriftzeichen „Liebe und Barmherzigkeit" stand.

Während unseres Rundgangs hatte sich eine beträchtliche Menschenmenge versammelt. Als wir eines der Gebäude verließen, stürmten mehrere von ihnen auf Ruth zu. Es waren ehemalige Patienten, Krankenschwestern und Hausangestellte aus der Zeit der Bells. Das war für Ruth der Höhepunkt ihres Besuchs in der alten Heimat. Auch mich umringten sie, als ich mit der Gruppe ein Dankgebet sprach für den Dienst der geliebten Menschen, an die wir uns an jenem Tag erinnerten.

Wie im Flug vergingen die Stunden mit dem Austausch von Erinnerungen zwischen Ruth und alten Freunden. Sie bekam einige Gastgeschenke überreicht, darunter auch – verpackt in einer wunderschönen, mit Brokat bespannten und mit Satin verzierten Schachtel – jene verrosteten alten Schaukelhaken vom Portal. Ihre Schwester Rosa hatte die Haken während ihres Besuchs 1980 entdeckt. Nach unserer Rückkehr schickte Ruth ihr die Geschenkschachtel.

In der örtlichen Kirche erzählte uns der vierundsiebzigjährige, seit 1936 als Pastor amtierende Fei Su, daß sich inzwischen sonntags bei den Gottesdiensten im alten Missionshaus bis zu achthundert Leute drängten – sie stünden bis auf den Hof hinaus. Als Ruth das Haus 1980 gesehen hatte, diente es als Lebensmittelgroßhandel, und im früheren Wohnzimmer hing ein Porträt des Vorsitzenden Mao. Nun waren viele der Zwischenwände entfernt worden, um genügend Platz für die Gottesdienstbesucher zu schaffen. In dieser Gegend der Provinz, schätzte Pastor Fei, gebe es hundertdreißigtausend Christen.

Wie Pastor Fei waren viele chinesische Geistliche schon verhältnismäßig alt. Eigentlich war es erstaunlich, daß sie überhaupt überlebt hatten. Ein Gemeindeglied verriet uns, auch Pastor Fei habe während der Kulturrevolution einige Jahre im Gefängnis verbracht. Doch angesichts des Wachstums der Gemeinden wurden dringend neue Leiter benötigt. In den zwölf chinesischen Predigerseminaren waren nur sechshundert Studenten eingeschrieben, sagte man mir – nicht annähernd genug für Tausende von Kanzeln, die sie erwarteten.

Erst mitten während der Reise verstand ich allmählich, was Sidney mir über die Herausforderung der Gemeinden in China gesagt hatte. Einige Gedanken schrieb er nieder, als wir in Nanjing waren:

„Das Haupthindernis für die Verbreitung des Christentums in China war von Anfang an, daß Christus als weißer Mann aus dem Westen und das Christentum als ausländische Importware präsentiert wurde. ... Die große Herausforderung für das Christentum in China ist:
1. durch und durch chinesisch und somit im vollen Sinne christlich zu werden;
2. das geistliche Vakuum zu füllen, das durch den Zusammenbruch der kommunistischen Ideologie in China entstanden ist."

Von Nanjing aus fuhren wir mit dem Zug nach Schanghai, eine Reise von mehreren Stunden. Schanghai ist mit über 12 Millionen Einwohnern eine der größten Städte der Erde und gilt als Zentrum der wichtigsten Wirtschaftsreformen des Landes. Unsere Gastgeber holten uns mit einer großen, luxuriösen Limousine ab, wie sie sonst nur den höchsten Regierungsbeamten vorbehalten ist. Sie wollten uns mit dem Besten ehren, das sie hatten, doch uns war es eher peinlich, mit einem so protzigen Auto zu fahren. Wir baten sie erfolgreich, uns einen kleineren Wagen zur Verfügung zu stellen.

Ich predigte in zwei Kirchen in der Stadt und auf einem Pastorentreffen. Beeindruckt war ich von der großen Zahl junger Leute in den Gottesdiensten. Außerdem trafen wir in jenem historischen Raum, in dem 1972 Präsident Nixon und Chinas Ministerpräsident Zhou Enlai das sogenannte Schanghai-Kommuniqué unterzeichnet hatten, mit einigen hohen Vertretern der Stadt zusammen.

Ein weiterer Höhepunkt war die Begegnung mit Pastor Wang Mingdao, einem der bekanntesten Christen Chinas seit den dreißiger Jahren. Selbst im Ausland war sein Name und seine Standhaftigkeit angesichts der Verfolgung ein Begriff. Während der Kulturrevolution war er zu lebenslanger Haft verurteilt worden, und selbst heute noch gilt er den Behörden als Unperson. Keiner der Polizei- oder Regierungsbeamten wollte uns zu seiner Wohnung begleiten, doch sie erlaubten uns, dort hinzugehen, und nahmen uns nach dem Besuch wieder in Empfang.

Pastor Wang und seine Frau lebten in einer bescheidenen Wohnung im dritten Stock. Als wir eintraten, saß er – alt und abgemagert – auf einem Metallstuhl, den Kopf auf die Arme gelegt, die auf dem einfachen Küchentisch ruhten, und schlief.

Als er erwachte, bat ich ihn, uns doch ein Wort aus der Bibel mitzugeben. Er schwieg eine ganze Weile. „Sei getreu bis in den Tod", sagte er schließlich, „dann will ich dir die Krone des Lebens geben" (Offenbarung 2,10).

Was für ein Vers, den dieser Mann Gottes wahrhaftig mit seinem Leben durchbuchstabiert hatte!

Durch unseren zweieinhalbwöchigen Besuch wurden wir natürlich nicht zu Experten für ein solch komplexes kulturelles und soziopolitisches System, wie es das heutige China darstellt. Dennoch versuchten wir, während unserer Reise so viel wie möglich zu lernen. Vor allem jedoch lernte ich, wieviel ich eben nicht wußte! Sidney sagte immer wieder: Jeder, der sich als Kapazität zum Thema China ausgebe, würde damit nur seine Unkenntnis verraten.

Seit jener denkwürdigen Reise 1988 habe ich noch zweimal auf dem Weg nach Nordkorea für einige Tage in Peking Station gemacht. Beide Male (1992 und 1994) war ich überwältigt von dem explosiven Wirtschaftswachstum in China, das sich an dem dichten Verkehr und den vielen im Bau befindlichen Wolkenkratzern ablesen ließ. Bei jedem Besuch verstärkte sich mein Eindruck, daß China in der Zukunft eine strategische Rolle spielen wird. Wir beten seitdem beharrlich darum, daß es auch zu einer geistlichen Triebkraft für die Welt werden möge.

Ruth und ich sind besonders glücklich darüber, daß unser jüngerer Sohn Ned sich sehr für China engagiert. Er leitet inzwischen eine kleine Organisation, die chinesische Gemeinden durch Schulungen, Literatur und die Verbreitung von Bibeln unterstützt. Erst vor kurzem hat sie die offizielle Erlaubnis erhalten, in Nanjing – in Zusammenarbeit mit dem Rat chinesischer Christen und der Welt-Bibelhilfe – mehrere Millionen Bibeln drucken zu lassen. Sie sind auch für die offizielle Verbreitung in Hausgemeinden freigegeben, also für jene Gruppen, die bisher nie auf legale Weise Bibeln beziehen konnten.

Gott ist immer noch am Werk in dem uralten Land China, und wir freuen uns sehr darüber.

32

Durch unverhoffte Türen

NORDKOREA 1992 UND 1994

Nordkorea war das allerletzte Land, bei dem wir je mit einer Besuchsmöglichkeit gerechnet hätten.

Zum einen befanden sich die Vereinigten Staaten und Nordkorea genau genommen immer noch im Kriegszustand. Der Korea-Krieg war 1953 nur mit einem Waffenstillstand zu Ende gegangen, nicht mit einem Friedensvertrag. Den Vereinigten Staaten – die als Teil des UN-Kontingents auf der Seite von Südkorea gekämpft hatten – gab man nicht nur die Schuld an der Teilung des Landes, die USA wurden auch weiterhin als Feind betrachtet.

Mit Nordkorea befanden wir uns also länger im Kriegszustand als mit irgendeinem anderen Land. Die Anwesenheit amerikanischer Truppen in Südkorea verstärkte noch die vehemente Feindseligkeit gegenüber den Vereinigten Staaten. All das spielte in der nordkoreanischen Propaganda eine herausragende Rolle.

Und tatsächlich bestand immer noch die konkrete Gefahr eines bewaffneten Konflikts. Zu Beginn des Jahres 1992, wenige Monate vor unserer Pjöngjang-Reise, nannte der frühere Präsident Richard Nixon die waffenstarrende innerkoreanische Grenze den potentiell gefährlichsten Ort der Erde.

Ein weiteres Problem war die antireligiöse Ideologie Nordkoreas. Unter dem Staatsgründer und Führer des Landes, Präsident Kim Il Sung, hatte Nordkorea seinen ganz eigenen ideologischen Kommunismus entwickelt, die sogenannte „Philosophie des Juche-Gedankens". Das Wort *juche* bedeutet „Selbstvertrauen". Diese Ideologie betont innerhalb eines strikten Sozialismus-Modells besonders das nationale Selbstvertrauen. Teil dieser Philosophie war ein Verbot aller religiösen Aktivitäten, Nordkorea hatte sich zur ersten vollkommen atheistischen Nation erklärt. Zu dieser Zeit war es wohl das verschlossenste Land der Welt, nicht nur in religiöser Hinsicht, sondern allgemein für Besucher aus dem Westen.

In den dreißiger Jahren, unter der japanischen Kolonialherrschaft, hatte der Nordteil Koreas einen hohen christlichen Bevölkerungsanteil, der sich in zahlreichen Gemeinden engagierte. Pjöngjang – damals die christlichste Stadt Asiens – wurde zuweilen „das Jerusalem des Ostens" genannt. Nach dem Waffenstillstand 1953 waren jedoch in Nordkorea nur noch sehr wenige Christen übriggeblieben. Tausende hatten während des Konflikts ihr Leben gelassen, viele waren auch in den Süden geflohen. Dort trugen sie später zu dem explosiven Wachstum der christlichen Gemeinden bei.

Wenn auch die antireligiöse Politik Nordkoreas in den folgenden Jahrzehnten gelockert wurde (Ende der achtziger Jahre wurden mit offizieller Erlaubnis eine katholische und eine evangelische Kirche in Pjöngjang gebaut) – es gab immer noch keinerlei Anlaß zu der Hoffnung, daß dieses Land jemals einen christlichen Evangelisten willkommen heißen würde.

Doch mein Interesse an jener kleinen, isolierten Nation auf dem nördlichen Teil der koreanischen Halbinsel war nicht erloschen. Mit ein Grund dafür war, daß Ruth hier einen Teil ihrer Jugendjahre verbracht hatte, als sie in Pjöngjang die höhere Schule besuchte.

Später, als wir verheiratet waren, sprachen wir oft über Nordkorea. Überraschend viele frühere Missionare aus Korea sowie in Korea geborene Amerikaner hatten sich nämlich in der Gegend von Montreat niedergelassen. Außerdem unterhielt Ruth weiterhin Verbindung zu Korea, da ihre Schwester und ihr Schwager, Virginia und John Somerville, bis zu ihrem Ruhestand als Missionare in Südkorea tätig waren. Ihr Sohn Walter heiratete eine liebenswerte Christin, deren Vater aus Nordkorea stammte. Einige seiner Verwandten lebten dort noch immer, aber leider war ihm durch die politische Situation jeder Kontakt verwehrt.

Vielleicht erklären diese Verbindungen, warum ich Nordkorea nicht aus meinen Gedanken und meinem Herzen verbannen konnte. Es steckte weit mehr dahinter als nur die persönliche Herausforderung, einen Ort aufzusuchen, an dem das Evangelium so gut wie unbekannt war.

Meine koreanischen Freunde sagten mir, Millionen Koreaner zu beiden Seiten der Grenze seien von ihren Eltern, Geschwistern, ja sogar von Ehepartnern getrennt. Bei meinen Besuchen in Südkorea hörte ich viele solcher Familiengeschichten. Im Gegensatz zu den Ost- und Westdeutschen während der DDR-Zeit war für diese Koreaner jahrzehntelang überhaupt kein Kontakt zu ihren Verwandten möglich – eine herzzerreißende menschliche Tragödie, auch wenn in Amerika nur wenige davon wußten. Könnte ein Besuch im Norden wohl dazu beitragen, dieses Problem zu lindern? Vielleicht nur ein winzigkleines Stück? Ich hatte es schon immer vorgezogen, Freundschaft zu suchen statt Konfrontation. In anderen Teilen der Welt hatte ich damit Erfolg gehabt. Warum nicht in Korea?

Ich spielte mit diesen Gedanken, ohne einen konkreten Plan zu haben, bis Henry Holley und ich uns 1990 nach der Evangelisation in Hongkong mehrere Tage lang ausführlich über dieses Thema unterhielten. Auch er empfand eine besondere Nähe zu Korea, wo er als Unteroffizier der US-Marine stationiert gewesen war. Wir sprachen über einige Einladungen nach Asien, die wir erhalten hatten.

„Wohin können wir als nächstes gehen?" fragte ich Henry.

„Sie sind praktisch schon überall in der Welt gewesen – bis auf ein Land", sagte er. „Für dieses Land bete ich schon seit vielen Jahren, weil ich es so liebe." Ich fragte ihn, welches Land das sei.

„Nordkorea", antwortete er.

Wir unterhielten uns darüber, ob ein Besuch in Nordkorea möglich sei, und er meinte, wir könnten eventuell einen Weg finden. Vielleicht würde sich ja der Umstand, daß Ruth in der jetzigen Hauptstadt die Schule besucht hatte, als der Schlüssel erweisen. Und so kam es auch.

Wir beschlossen, daß Pläne für eine Nordkorea-Reise streng vertraulich behandelt werden müßten, selbst innerhalb der BGEA. Wenige Wochen später fragte mich Henry, ob John Akers mit ihm zusammen an dem Projekt arbeiten könne. Ich stimmte zu – unter der Voraussetzung, daß John währenddessen auch seiner normalen Arbeit in Montreat nachgehen konnte.

Einige Monate lang versuchten die beiden, Kontakte nach Nordkorea herzustellen. Das war nicht leicht, denn persönlich kannten wir niemanden, den wir ansprechen konnten. Außerdem unterhielten die USA keine diplomatischen Beziehungen zu diesem Land.

Als erstes versuchte es Henry über einige christliche Freunde in Südkorea. Obwohl diese Christen am Schicksal ihrer Landsleute jenseits der Grenze Anteil nahmen, war die Feindseligkeit zwischen beiden Ländern so groß, daß es ihnen nicht gelang, irgendwelche verwertbaren Kontakte herzustellen.

Dann entdeckte Henry, daß einige Amerikaner koreanischer Herkunft, darunter auch Geistliche, schon einmal Nordkorea besucht hatten. Am Anfang erschien dieser Hinweis vielversprechend. Doch offensichtlich war Nordkorea auch diesen Menschen gegenüber mißtrauisch. Man vermutete (zu Recht oder zu Unrecht), daß sie Verbindungen zu Südkorea hätten.

Auch über unsere Freunde in China versuchten wir eine Verbindung aufzunehmen – aber diese wollten sich lieber nicht daran beteiligen.

John nahm sogar über unseren langjährigen Freund Pater Jerome Vereb, der meine Besuche bei Papst Johannes Paul II. arrangiert hatte, diskrete Kontakte zum Vatikan auf. Eine der beiden kürzlich in Pjöngjang eröffneten Gemeinden war katholisch. Doch von Pater Vereb erfuhren wir, daß die Gemeinde keine direkten Kontakte zum Vatikan unterhalten dürfe und auch keine ordinierten Priester habe. Der Vatikan stand ebenso ratlos vor dem Problem, wie ein Dialog zustande kommen könnte, denn in der Vergangenheit waren alle Annäherungsversuche abgewiesen worden.

Den entscheidenden Hinweis erhielten wir schließlich von einem ehemaligen Korea-Missionar, der seinen Ruhestand in Montreat verbrachte. Dr. Joseph Hopper empfahl uns, Henry und John sollten Kontakt zu Dr. Stephen Linton vom Zentrum für Korea-Forschungen an der Columbia-Universität aufnehmen. Und tatsächlich: Dr. Linton gelang es, uns die Tür nach Nordkorea zu öffnen. Er und seine Frau Wonsook, eine international bekannte Künstlerin, waren mit einigen Diplomaten befreundet, die der nordkoreanischen Gesandtschaft bei den Vereinten Nationen angehörten. (Zu dieser Zeit hatte Nordkorea nur einen Beobachterstatus bei den Vereinten Nationen.) Steve, ein begabter Wissenschaftler und vorzüglicher Linguist, war in Südkorea in der dritten Generation einer Missionarsfamilie aufgewachsen – und begeisterte sich sofort für unser Vorhaben.

Durch Steves Vermittlung verabredete sich Henry Holley mit dem nordkoreanischen Botschafter bei den Vereinten Nationen, Ho Jong. Botschafter Ho ebnete Henry und einer kleinen Vorhutmannschaft den Weg zu einem Besuch in Pjöngjang. Zunächst schienen ihre Gespräche dort ins Nichts zu führen. Die nordkoreanischen Behörden kannten mich nicht und mißtrauten unseren Motiven.

Nach weiteren Gesprächen jedoch, die sich sowohl in New York als auch in Pjöngjang über ein Jahr lang hinzogen, erreichte uns eine offizielle Einladung vom Bund koreanischer Protestanten – der die mehreren Tausend Protestanten des Landes repräsentierte – zu einem Besuch in Pjöngjang. Der einzige Wermutstropfen war, daß Ruth mich auf Anraten ihrer Ärzte nicht begleiten konnte. Um so mehr freute ich mich, daß mein Sohn Ned mitkommen wollte – auch ihm liegt Asien sehr am Herzen. Da er mein Sohn war, wurde er im Protokoll in der Rangfolge als die Nummer zwei behandelt.

Von Anfang an wußten wir, daß diese Reise anders verlaufen würde als alle bisherigen, einschließlich derer nach Osteuropa, in die Sowjetunion und nach China.

Ein Grund dafür war die äußerst heikle politische Situation. Ob es uns gefiel oder nicht, die Nordkoreaner mußten annehmen, daß wir mit der vollen Zustimmung der amerikanischen Regierung kamen. Sie wußten zum Beispiel von meiner persönlichen Freundschaft mit Präsident Bush. Doch so sehr ich auch betonte, daß ich nicht als Vertreter der amerikanischen Regierung kam und mein Hauptanliegen ausschließlich geistlich und keineswegs politisch sei, verstanden sie meine Motive kaum.

Die einzigartige Stellung des Präsidenten Kim Il Sung machte die Situation nicht leichter. Die tiefe, fast mystische Verehrung, die ihm seine Landsleute entgegenbrachten, übertraf alles, was wir in dieser Hinsicht in anderen Ländern erlebt hatten. „Der große Führer", wie er genannt wurde, war eine Vaterfigur für sein Volk. Fast an jedem öffentlichen und privaten Gebäude prangte weithin sichtbar sein Bild – oft Seite an Seite mit seinem Sohn und künftigen Erben Kim Jong Il, genannt „Der geliebte Führer".

Einige Tage verbrachten wir in Tokio, um uns an die Zeitverschiebung zu gewöhnen. Dann reisten wir weiter nach Peking, um in der dortigen nordkoreanischen Botschaft unsere Visa entgegenzunehmen. Während unseres Aufenthaltes in der chinesischen Hauptstadt wurden wir am 31. März von dem kürzlich ernannten Vize-Ministerpräsidenten Zhu Rongji empfangen, der für die wirtschaftliche Entwicklung des Landes verantwortlich war. Wir hatten ihn bereits während unserer China-Reise 1988 kennengelernt.

Ich wußte es zu schätzen, daß er sich Zeit für uns nahm. Sein Sinn für Humor und seine gute Kenntnis der westlichen Verhältnisse machten ihn zu einem sehr angenehmen Gesprächspartner. Wir unterhielten uns nicht nur über die ökonomischen Probleme, vor denen China stand, sondern auch über das Bedürfnis seiner Gesellschaft nach moralischen und geistlichen Fundamenten. Ich äußerte meine Überzeugung, daß Gott uns solche Fundamente in der Bibel gegeben habe, und berichtete bei der Gelegenheit auch kurz über Neds Zusammenarbeit mit der Amity-Druckerei in Nanjing, um Bibeln für Chinas Hausgemeinden zu drucken. Wir schenkten ihm eine der Bibeln, und er schien sich darüber zu freuen.

Noch am selben Nachmittag gingen Ned und ich mit den anderen Mitgliedern unseres Teams an Bord einer russischen TU-134 der staatlichen nordkoreanischen Fluggesellschaft und flogen nach Pjöngjang. Ich hatte entsprechend dem geltenden Protokoll sowohl ein Geschenk für Präsident Kim Il Sung bei mir als auch eines für seinen Sohn Kim Jong Il (obwohl wir ihm nie begegneten).

Das Geschenk für den Präsidenten war eine Porzellanskulptur, die amerikanische Wasservögel darstellte. Sie war sorgfältig in einer sehr großen Kiste verpackt worden, damit sie beim Transport nicht zerbrach. Unser Fernsehteam hatte das Geschenk zusammen mit der Filmausrüstung aus den Vereinigten Staaten mitgebracht. Doch als man in Peking versuchte, die Kiste in die nordkoreanische Maschine zu laden, paßte sie nicht durch die kleine Frachtluke. Wir mußten die äußere Schutzkiste entfernen; aber glücklicherweise kam die Skulptur trotzdem unbeschädigt an.

Als wir in Pjöngjang aus dem Flugzeug stiegen, wurden wir von mehreren Kirchen- und Regierungsvertretern begrüßt. Ein hübsches kleines Mädchen, das ein rotes, traditionell koreanisches Kleid trug, überreichte uns mit schüchternem Lächeln einen Blumenstrauß.

Die nordkoreanische Presse war zahlreich vertreten. Einer der wenigen westlichen Journalisten, die in den letzten Jahren überhaupt ein Visum für Nordkorea erhalten hatten, war der Pekinger CNN-Korrespondent Mike Chinoy. Er und sein Kameramann hatten auf unsere Bitte hin eine Sondererlaubnis bekommen, mit uns zu fliegen. Man schärfte ihm ein, er dürfe nur solche Aufnahmen machen, auf denen wir zu sehen seien.

Gleich nach der Ankunft geleitete man uns in einen Empfangsraum auf dem Flughafen. Dort erwartete uns eine offizielle Delegation evangelischer und katholischer Christen. Nachdem Kang Yong Sop, der Vorsitzende des Bundes koreanischer Protestanten, sein Grußwort verlesen hatte, trug ich als Antwort meinen vorbereiteten Text vor: „Ich komme nicht als Gesandter meiner Regierung oder meines Landes, sondern als Bürger des Reiches Gottes. Als Botschafter Christi bin ich in erster Linie hier, um die Christen zu besuchen – um mit meinen Glaubensbrüdern und -schwestern zusammenzusein, mit ihnen zu beten und Gottesdienste zu feiern, und um das Evangelium von Jesus Christus in Ihren Gemeinden zu predigen."

Dann fügte ich hinzu, wenn auch mein Besuch unpolitisch sei, so könne ich als Christ und Nachfolger Jesu Christi, des Friedefürsten, dennoch nicht anders, als mir Sorgen um die Spannungen zwischen unseren Ländern zu machen. „Die Demokratische Volksrepublik Korea und die Vereinigten Staaten sind nicht von Natur aus Feinde. Es ist längst an der Zeit, daß an die Stelle von Argwohn und Feindseligkeit, die unsere Beziehungen während des letzten halben Jahrhunderts geprägt haben, Vertrauen und Freundschaft treten. Ich bete darum, daß unsere Reise ein positiver Schritt in diese Richtung sein möge."

Offenbar hatte ich damit den richtigen Ton getroffen, denn am Abend brachten sowohl das Radio als auch das Fernsehen Auszüge aus meiner Ankunftsrede.

Nach der kurzen Willkommenszeremonie wurden wir in mehreren Staatskarossen zu einem schönen, im koreanischen Stil erbauten Gästehaus der Regierung am Rand von Pjöngjang gefahren.

Pjöngjang selbst war eine Überraschung – es ist eine der schönsten Großstädte in Übersee, die ich je besucht habe. Während des Korea-Krieges war es von alliierten Bombern praktisch dem Erdboden gleichgemacht worden. Da die Stadt von Grund auf neu erbaut werden mußte, waren alle Gebäude relativ neu. Im Gegensatz zu vielen Städten in anderen kommunistischen Ländern hatte man sich allerdings um eine abwechslungsreiche Architektur bemüht. Es gab großzügige Boulevards und einladende Parkanlagen, die offensichtlich auch sehr gepflegt wurden.

Wann immer ich an Nordkorea denke, sehe ich Scharen von Menschen vor mir, die mit raschen Schritten vorwärtseilen. Die Hauptstadt verfügt über ein effektives öffentliches Verkehrssystem. Die sehr tief angelegten

U-Bahn-Stationen sind mit großartigen Wandmosaiken und Kronleuchtern geschmückt (ähnlich den älteren Abschnitten der Moskauer Metro). Doch abgesehen von einigen wenigen Fahrzeugen der Regierung gab es keine Autos in Pjöngjang; und im Gegensatz zu China sahen wir auch nur vereinzelt Fahrräder.

Mehrere Höhepunkte jenes ersten Besuches sind mir lebhaft in Erinnerung geblieben. Einer davon war natürlich die Gelegenheit, in den beiden erst vor wenigen Jahren eröffneten Kirchen zu predigen. Die evangelische Bongsu-Kirche bot Platz für mehrere hundert Menschen; die katholische Changchung-Kirche war etwas kleiner, wenn auch von ähnlicher Bauart. Beide hatten sehr gute Chöre; der in der Bongsu-Kirche trug sogar einen englischen Choral vor. Der Bund koreanischer Protestanten hatte einige Jahre zuvor die Erlaubnis erhalten, mehrere Tausend Bibeln und Gesangbücher für die Gläubigen zu drucken, und davon waren noch einige vorrätig. Steve Lintons Onkel Dr. Dwight Linton, der früher in Südkorea Missionar gewesen war, übersetzte mich in den Kirchen und sprach auf Koreanisch vor Pastoren und Gemeindemitarbeitern, die zu den Versammlungen nach Pjöngjang gekommen waren.

Obwohl dies die einzigen Kirchengebäude in Nordkorea waren, erklärte man uns, unter den 23 Millionen Einwohnern des Landes gäbe es mehrere Tausend Katholiken und Protestanten. Sie versammelten sich überall im Land in kleinen Gruppen – meist in Privathäusern unter der Leitung eines Pastors oder Gemeindemitarbeiters. Diese Gläubigen stammten fast ausschließlich aus christlichen Familien, die schon vor dem Krieg zu Gemeinden gehört hatten. Evangelisation unter Nichtgläubigen war nach wie vor verboten, darum waren die meisten Gläubigen schon relativ alt, obwohl wir auch ein paar jüngere Männer und Frauen in den Gottesdiensten sahen.

Wann immer sich die Gelegenheit bot, dankte ich den Regierungsbeamten für ihre Politik, die es den Christen erlaubte, Gottesdienste zu besuchen. Wie ich es schon in anderen Ländern getan hatte, äußerte ich meine Überzeugung, daß die Christen – als ehrliche und hart arbeitende Leute – vorzügliche Bürger seien, deren Dasein eines Tages sicher ausdrücklich begrüßt und nicht nur toleriert würde.

Ein weiterer denkwürdiger Anlaß bot sich an der Kim-Il-Sung-Universität, der wichtigsten Bildungseinrichtung des Landes und Ausbildungsstätte der künftigen Führungsschicht. Nur sehr wenige Amerikaner hatten diese Universität je gesehen oder gar Studenten getroffen. Zu unserer Überraschung lud mich die Universität ein, einen Vortrag vor vierhundert Studenten in einem ihrer größten Hörsäle zu halten. Zuerst jedoch mußten wir der Universitätsleitung versichern, daß ich eine akademische Vorlesung halten würde und keine Predigt. Gemeinsam einigten wir uns auf das Thema „Der Einfluß der Religion auf die amerikanische Gesellschaft".

In dem Vortrag, den ich mit Hilfe von John und Steve sorgfältig verfaßt hatte, räumte ich ein, daß ich vermutlich nicht nur der einzige Amerikaner, sondern wohl auch der einzige Christ sei, den die meisten meiner Zuhörer je gesehen hätten. Dann gab ich einen Überblick über das religiöse Leben Amerikas und den Einfluß der jüdisch-christlichen Tradition auf unsere Gesetze und sozialen Systeme.

Ich hielt es für wichtig, zunächst die von mir benutzten Begriffe zu definieren, darum enthielt meine Vorlesung auch eine ausführliche Zusammenfassung dessen, was Christen glauben: „Der Christ glaubt, daß der Mensch nicht durch Zufall entstanden ist, sondern daß der souveräne, allmächtige Gott des Universums diese Welt und den Menschen zu einem bestimmten Zweck erschuf. ... Tief in seinem Innern spürt jeder von uns, daß in seinem Leben etwas fehlt. Da ist ein leerer Raum und eine Einsamkeit in unserem Herzen, die wir auf alle mögliche Art und Weise auszufüllen versuchen, doch nur Gott allein kann sie füllen."

Die Studenten waren äußerst aufmerksam und keineswegs feindselig, wenn auch einige von ihnen verdutzte Gesichter machten. Dieser Vortrag war ganz anders als alles, was sie bisher gehört hatten. Obwohl Kopien meines Textes auf Englisch und Koreanisch verteilt worden waren, sah ich, daß sich viele Studenten eifrig Notizen machten. Vielleicht waren sie unsicher, ob sie die gedruckten Kopien behalten durften. Der Kanzler der Universität sagte mir später, ich sei der erste Amerikaner, der je vor den Studenten gesprochen habe.

In gewisser Hinsicht war das Zusammentreffen mit Präsident Kim Il Sung sicherlich der Höhepunkt unserer Reise. Erst wenige Stunden zuvor hatten wir die endgültige Bestätigung für das Treffen erhalten. Am Morgen des 2. April 1992 fuhren Ned und ich mit unserer kleinen Gruppe ein Stück über Land zur Residenz des Präsidenten. Es war eine bergige, bewaldete

Gegend, die mich an meine Heimat erinnerte. Präsident Kim begrüßte uns vor klickenden Kameras sehr herzlich. Anschließend ließ er unsere ganze Gruppe zu einem offiziellen Foto zusammenkommen, das am nächsten Tag in den nordkoreanischen Zeitungen erschien.

Dann betraten wir einen kleineren Raum, in dessen Mitte sich ein langgestreckter Tisch befand. Nachdem sich die Nordkoreaner an die eine und wir an die andere Seite des Tisches gesetzt hatten, tauschten wir offizielle Grüße aus. Zu meiner Freude stellte ich fest, daß Präsident Kim die führenden Vertreter des Bundes koreanischer Protestanten und der Vereinigung koreanischer Katholiken ebenfalls zu dem Treffen eingeladen hatte. Auch der Vizepremier und Außenminister Kim Yong Nam war anwesend. Mit ihm hatten wir schon am Vortag fast zwei Stunden lang ein sehr interessantes Gespräch geführt, in dem er mir die außenpolitischen Positionen seines Landes erläutert hatte.

Präsident Kim machte mit seiner tiefen, rauhen Stimme und seiner starken, charismatischen Persönlichkeit einen sehr engagierten Eindruck auf mich. Er betonte noch einmal, ich sei in der Demokratischen Volksrepublik Korea willkommen. Dann wies er auf die ersten Anzeichen des Frühlings hin und äußerte die Hoffnung, daß auch in den Beziehungen zwischen seinem und meinem Land ein neuer Frühling einkehren möge. Offensichtlich waren diese Bemerkungen für die Öffentlichkeit bestimmt, denn er äußerte sie, während sich das Pressekorps noch im Raum befand. Nach einigen Minuten wurden die Reporter entlassen, und wir setzten unser Gespräch im kleineren Kreis fort.

Ich gratulierte Präsident Kim zu seinem bevorstehenden achtzigsten Geburtstag am 15. April; überall in Pjöngjang wurden bereits Vorbereitungen für die öffentlichen Feierlichkeiten getroffen. Nachdem er mir gedankt hatte, bat er mich um ein Privatgespräch, bei dem nur unsere Übersetzer zugegen sein sollten.

Natürlich hatte ich mit Präsident Bush über unsere Reise gesprochen. Kurz vor der Abreise hatte er mich gebeten, Präsident Kim einen kurzen mündlichen Gruß zu übermitteln. Dazu war ich gern bereit. Wir hatten unseren Gastgebern bereits angekündigt, daß uns ein entsprechender Gruß mitgegeben worden sei. Obwohl es keine sehr inhaltsreiche Botschaft war, besaß allein die Tatsache, daß der amerikanische Präsident dem Oberhaupt eines Staates, mit dem sich die USA genaugenommen im Kriegszustand befanden, einen Gruß ausrichten ließ, eine große symbolische Bedeutung. Präsident Kim bat mich, im Gegenzug eine ähnliche mündliche Botschaft mit zurückzunehmen.

Auch Papst Johannes Paul II. hatte mich gebeten, dem nordkoreanischen Führer eine – recht ausführliche – Botschaft zu überbringen. Präsident Kim hörte mir aufmerksam zu, antwortete jedoch nichts darauf. Unsere Kontaktleute gaben uns später zu verstehen, der Papst habe zu weitreichende Vorschläge gemacht, als daß die Nordkoreaner sie in diesem Stadium hätten akzeptieren können – zumal es bisher keinerlei Kontakte zwischen der Volksrepublik und dem Vatikan gegeben hatte.

Nach unserem Gespräch lud Präsident Kim unser gesamtes Team zu einem phantastischen Mittagessen ein. Die koreanischen Spezialitäten wurden an einem riesigen, runden Tisch in einem Raum serviert, von dem aus wir die bewaldeten Hügel überblicken konnten. Wieder erinnerte mich die Landschaft an meine Heimat. Der letzte Gang des Menüs bestand aus sehr süßen koreanischen Wassermelonen. Ich bemerkte beiläufig, es seien die köstlichsten Melonen, die ich je gegessen hätte. Am nächsten Tag wurde in unserem Gästehaus eine Kiste mit Wassermelonen angeliefert, die wir mit nach Hause nehmen sollten!

Außerdem sandte uns Präsident Kim einen herrlichen, handgestickten Wandbehang: zwei farbenfrohe Fasane in einer Waldlandschaft. Das Bild war in einen mit Perlmutt eingelegten Holzrahmen gespannt. Sein Sohn Kim Jong Il schenkte uns eine reich verzierte, aus Jade geschnitzte Mörserschale. Auch Ned und die anderen Mitglieder unserer Gruppe erhielten besondere Geschenke.

Ein weiterer – persönlicher – Höhepunkt der Reise war mein Besuch auf dem Gelände der ehemaligen ausländischen Schule. Ruth und ihre beiden Schwestern waren hier zum Unterricht gegangen. Alle Gebäude waren während des Korea-Krieges durch Bomben zerstört worden, doch unsere Gastgeber hatten den früheren Standort der Schule recherchiert und führten uns dorthin. Auf dem sehr großen Gelände hatte sich nicht nur die ausländische Schule, sondern auch eine Reihe von Missionshäusern und eine Schule für Koreaner befunden. Auch ein Onkel des Präsidenten Kim Il Sung habe diese Schule besucht, erfuhren wir.

Heute befindet sich die russische Botschaft an dieser Stelle. Sie liegt nur wenige Häuserblöcke von der Mansudae-Versammlungshalle entfernt, in der Nordkoreas Oberste Volksversammlung tagt. In der Nähe verläuft auch der Potong, einer der beiden Flüsse, an denen Pjöngjang liegt. Das Botschaftsgelände selbst konnten wir nicht betreten, obwohl es nur noch teilweise genutzt wird. Die russische Regierung unterhält seit dem Zusammenbruch der Sowjetunion nur noch eine kleine diplomatische Vertretung in Nordkorea.

Eine ältere Frau, die früher Verbindungen zu den Missionaren gehabt hatte und noch heute ein aktives Mitglied der Bongsu-Gemeinde ist, zeigte uns die Stellen, an denen die verschiedenen Gebäude gestanden hatten. Hinterher blieben Ned und ich vor dem nahegelegenen Potong-Tor stehen, einem der Zugänge zur mauerumgebenen Altstadt.

„Wahrscheinlich könnte sich Ruth nur an dieses Tor erinnern", erklärte uns einer unserer Gastgeber. „Doch auch dies hier ist neu, denn das ursprüngliche Tor wurde im Krieg zerstört. Aber der Große Führer, Präsident Kim Il Sung, hat den Wiederaufbau angeordnet, um unserem Volk eine Verbindung zu seinem Erbe zu geben."

Dann wanderten Ned und ich hinüber zu dem Park am Ufer des nahegelegenen Taedong. Ruth hatte uns oft davon erzählt, wie sie auf dem im Winter gefluteten Hockeyfeld versucht hatte, Schlittschuhlaufen zu lernen, wenn es gefroren hatte. Der „hintere Hügel", der die Schule von dem Fluß trennte, war in Wirklichkeit ein Überrest der alten Stadtmauer, die möglicherweise bis in die Zeit des alttestamentlichen Königs David zurückzudatieren ist.

Während unseres Treffens hatte Präsident Kim Ruth ausdrücklich eingeladen, später einmal nach Pjöngjang zu kommen. Vielleicht wird es irgendwann möglich sein. Er wisse unser Interesse an seinem Volk zu schätzen, sagt er, und hoffe, wir würden unsere freundschaftlichen Kontakte fortsetzen.

Dem stimmte ich gern zu. Denn im Lauf der Jahre war in mir die starke Überzeugung gewachsen, daß persönliche Beziehungen manchmal viel mehr dazu beitragen können, Mißverständnisse und Spannungen zu überwinden, als formelle diplomatische Bemühungen.

Ich beabsichtigte nicht, die politisch offenen Fragen zwischen unseren beiden Nationen zu erörtern. Und auch Präsident Kim machte keine Anstalten, mit mir darüber zu reden. Doch ich hatte das Gefühl, daß er in seinem Herzen den Frieden mit seinen Gegnern erlangen wollte, bevor er

1996

Gebet während der Einführung Richard Nixons zum Präsidenten der Vereinigten Staaten von Amerika am 20. Januar 1969.

Spaß mit Grady Wilson und Präsident Lyndon B. Johnson auf dessen Ranch in Texas.

US-Präsident Ronald Reagan bei der Verleihung der Friedensmedaille an Billy Graham 1983.

Eintragung ins „Stahl-Buch" der Stadt Essen aus Anlaß der Veranstaltung ProChrist '93.

Golf mit US-Präsident Gerald Ford (1974).

Meinungsaustausch mit US-Präsident Jimmy Carter in Atlanta.

Mit US-Präsident George Bush und seiner Frau Barbara am Abend des 16. Januar 1991, an dem die UN in den Golfkrieg eingriff. Die handschriftliche Bildlegende des Präsidenten lautet: „Billy – danke für Ihren Beistand in diesem kritischen Moment der Zeitgeschichte – 16. Jan. 1991, 19.30 Uhr Geo. Bush."

Mit Ihrer Majestät Queen
Elisabeth II. nach dem Gottesdienst in der Kapelle ihres
Landsitzes Sandringham
(1984).

Besuch von Boxlegende
Muhammad Ali in unse-
rem Haus in Montreat
(1979).

Bundeskanzler Helmut
Kohl und Billy Graham
im Arbeitszimmer des
deutschen Regierungs-
chefs (1993).

Bei Papst Johannes Paul II. im Vatikan (1993).

Rußlands Präsident Boris Jelzin begrüßt mich 1991 in seiner Regierungsresidenz.

Im Büro von Michail Gorbatschow, Präsident der Sowjetunion (1991).

Goldene Hochzeit am 13. August 1993 mit unseren Kindern. *Von links:* Ned, Gigi, Franklin, Ruth (Bunny) und Anne. Ruth trägt ihr altes Hochzeitskleid.

Rede im Festsaal des Kapitols anläßlich der Verleihung der Kongreß-Medaille an Ruth und mich am 2. Mai 1996.

Gespräch im Oval Office mit US-Präsident Bill Clinton (1996).

Entspannung zu Hause (1993).

starb. Auf einer persönlichen Ebene, schien mir, war er sehr empfänglich für Freundschaft.

War unser Besuch für die Gemeinden von irgendwelchem Nutzen? Es gab natürlich keine Möglichkeit, das genau zu ermitteln. Doch wir fanden es ermutigend, daß Präsident Kim im folgenden Januar die beiden Vorsitzenden des protestantischen und des katholischen Verbandes zu seinem jährlichen Neujahrsempfang einlud. Es war das erste Mal, daß ihnen eine solche offizielle Anerkennung zuteil wurde.

1993, ein Jahr nach unserem ersten Besuch, reiste Ned auf Präsident Kims Einladung nochmals nach Pjöngjang und wurde von ihm herzlich willkommen geheißen. Ned zeigte ihm einen kurzen Videobericht über unseren Besuch, der aus einer unserer Fernsehsendungen stammte, und einen Bildband über die Reise, den wir veröffentlicht hatten. Beides schien Präsident Kim zu gefallen. Wir hatten uns sehr bemüht, objektiv zu sein und unsere Differenzen weder zu übertünchen noch zu stark herauszustellen. Immer wieder mußte ich an die Worte Jesu denken, die oft „die goldene Regel" genannt werden: „So, wie ihr von den Menschen behandelt werden möchtet, so behandelt sie auch" (Matthäus 7,12).

Als Resultat dieses Besuchs erhielten wir eine weitere Einladung nach Nordkorea. Präsident Kim schlug sogar vor, er und ich könnten für ein paar Tage zusammen zum Fischen gehen – ein Hobby, das er bei jeder sich bietenden Gelegenheit ausübte. Provisorisch planten wir diese Reise für den Juli oder August 1994 ein.

In der Zwischenzeit jedoch drohten die Spannungen zwischen Nordkorea und den Vereinigten Staaten einen Siedepunkt zu erreichen. Es bestand der Verdacht, daß Nordkorea Atomwaffen entwickle. Einige führende Politiker des Westens sprachen sich für ein striktes Embargo aus, falls Nordkorea sich nicht der internationalen Inspektion seiner Atomanlagen öffne. Andere plädierten sogar dafür, die nuklearen Einrichtungen gezielt zu bombardieren.

Solche Vorschläge alarmierten mich. Ich war überzeugt, ein derartiges Vorgehen könne rasch einen weiteren großen Krieg auf der koreanischen Halbinsel auslösen.

Wieder lag mir nicht daran, mich in die konkreten politischen Probleme einzumischen. Und doch fragte ich mich, ob unser Kontakt zu

Präsident Kim nicht etwas bewirken könnte. Er und ich waren in religiösen und philosophischen Dingen zwar völlig gegensätzlicher Ansicht, doch aus irgendeinem Grund schien er unsere Beziehung zu schätzen. Ich wußte, daß wohl kaum jemand aus dem Westen einen solchen Zugang zu ihm gehabt hatte.

Also verwarfen wir unsere Pläne für einen Besuch im Sommer 1994. Statt dessen nahmen wir eine Einladung an, schon im Januar 1994 – nach unserer Evangelisation in Tokio – für ein paar Tage nach Pjöngjang zu kommen.

Bevor ich die Vereinigten Staaten verließ, sprach ich mit Präsident Clinton und unterrichtete ihn über meinen geplanten Besuch in Nordkorea. Dabei erklärte ich ihm auch meine Bereitschaft, Präsident Kim eine Botschaft zu überbringen. Er wollte sorgfältig darüber nachdenken. Doch als wir aufbrachen, hatten wir noch nichts aus seinem Büro gehört.

Wieder begleitete mich Ned. Nach einem Aufenthalt in Tokio verbrachten wir mehrere Tage in Peking. Dort predigte ich in einer Kirche und einer Hausgemeinde und traf mit mehreren Regierungsvertretern zusammen.

Der neue amerikanische Botschafter in China, Stapleton Roy, lud uns zum Mittagessen ein und bewertete die Situation in Nordkorea aus seiner Sicht. Dann übermittelte er mir eine Grußbotschaft von Präsident Clinton an Präsident Kim. Wir sollten sie dem Nordkoreaner bei unserem Zusammentreffen ausrichten. Wie zuvor war unsere Reise – im beiderseitigen Einverständnis – bis wenige Tage vor dem Termin nicht bekanntgegeben worden. Allerdings wußten wir deshalb auch noch nicht, wie unser Programm aussehen würde.

Nordkorea, mit einer Grenze zu Sibirien, steht in dem Ruf, daß es dort im Winter sehr kalt wird. Doch es war ein klarer und relativ milder Tag, als wir am 27. Januar in Pjöngjang aus der Maschine stiegen, und das Wetter blieb so während unseres ganzen Aufenthaltes. „Es sieht aus, als ob der Gott, an den Sie glauben, gutes Wetter gemacht hat", meinte einer unserer staatlichen Betreuer augenzwinkernd zu einem Teammitglied.

Wieder war ich zu einem Vortrag in der Kim-Il-Sung-Universität eingeladen, diesmal im größten Hörsaal. Ich sprach über die großen Probleme, vor denen die Welt stand, und verglich sie mit Bergen, die überquert werden mußten, bevor die Welt Frieden haben könne. Als Christ, sagte ich, sei ich davon überzeugt, daß die Wurzel all unserer Probleme im menschlichen Herzen liege und daß unser dringendstes Bedürfnis spiritueller Natur sei. Unser innerstes Wesen müsse daher verändert werden. „Wenn wir Christus kennenlernen, indem wir ihm unser Leben anvertrauen", fügte ich hinzu, „dann kommt Gott in unser Leben und verändert uns von innen her."

Wie beim letzten Mal hörten die Studenten aufmerksam zu. Anschließend traten einige von ihnen an ein Mikrofon und stellten Fragen. Später führte ich noch eine Diskussion in einem Englisch-Seminar durch und besuchte ein Museum, das an die Studienzeit von Präsident Kims Sohn Kim Jong Il erinnerte.

Am 29. Januar 1994, einem Samstag, erhielten wir am frühen Morgen die Nachricht, daß Präsident Kim Il Sung uns an diesem Vormittag empfangen wolle. Wir fuhren durch die inzwischen vertraute Landschaft zu derselben Residenz, in der wir ihn schon 1992 besucht hatten, und er machte einen ebenso engagierten und freundlichen Eindruck wie damals. Kim umarmte und begrüßte mich in Anwesenheit der Presse mit Worten, die mich besonders in Anbetracht unserer gegensätzlichen Anschauungen tief berührten: „Ich betrachte es als große Ehre, in den Vereinigten Staaten einen Freund wie Sie zu haben. Sie sind wie ein Mitglied unserer Familie geworden."

Nachdem die Journalisten entlassen worden waren, sprachen wir über einige allgemeine Themen, unter anderem über einen möglichen Besuch Ruths. Dann zogen wir uns zu einem Privatgespräch zurück, bei dem nur noch unsere Übersetzer anwesend waren. Ich übermittelte Präsident Kim die Botschaft, die mir von Präsident Clinton aufgetragen worden war. Im Gegenzug bat er mich, meinem Präsidenten eine vertrauliche Botschaft auszurichten.

Im Gegensatz zu der kurzen Botschaft, die er mir bei unserem ersten Besuch für Präsident Bush mitgegeben hatte, war die jetzige an Präsident Clinton sehr umfangreich. Mehrere Male unterbrach ihn Steve, der für mich übersetzte, um die genaue Bedeutung bestimmter Wendungen mit Präsident Kims Übersetzer zu klären. Er wollte sichergehen, daß es kein Mißverständnis gab. Die Botschaft enthielt einen konkreten Vorschlag, von dem Präsident Kim glaubte, daß er die festgefahrene Situation über die Atomfrage lösen könne.

Ich nahm unser Gespräch auch zum Anlaß, offen über meinen Glauben an Christus zu sprechen – einen Glauben, zu dem sich, wie ich ihn erinnerte, auch seine Mutter bekannt habe. Er bestätigte, daß sie ihn als Jungen manchmal mit in die Kirche genommen habe, gab jedoch mit einem Lächeln zu, daß er jedesmal lieber fischen gegangen wäre. Er hörte mir aufmerksam zu, antwortete jedoch einsilbig.

Dieser zweite Besuch in Pjöngjang war voller unerwarteter Ereignisse und Gelegenheiten. An einem Tag besuchten wir das zentrale Fernsehstudio zu einem vorher nicht vorbereiteten Interview mit koreanischen Journalisten. Die Mitarbeiter im Studio, die so etwas noch nie zuvor gemacht hatten, hörten fasziniert auf die Anregungen, die unser Fernsehbeauftragter ihnen gab, um das Interview spontaner zu gestalten.

„Noch nie zuvor hat der Vertreter einer Religion soviel öffentliche Aufmerksamkeit bekommen", sagte einer unserer Gastgeber später.

Am Sonntagmorgen predigte ich in der erst kurz zuvor eröffneten Chilgol-Kirche – mittlerweile Pjöngjangs drittem Kirchengebäude. Sie befand sich am Stadtrand, direkt neben dem Geburtshaus der Präsidenten-Mutter, das als Nationaldenkmal ausgebaut war. Auch Präsident Kims eigene bescheidene Geburtsstätte außerhalb von Pjöngjang besuchten wir, einen nationalen Schrein, zu dem jedes Jahr Hunderttausende von Nordkoreanern pilgern.

Der Sonntagnachmittag bot uns die Möglichkeit, vor etwa tausend Menschen im größten Hörsaal des Großen Volksstudienhauses zu sprechen. Zum ersten Mal durfte ein Ausländer hier auftreten. Erstmalig in der Geschichte Nordkoreas war ebenfalls, daß eine religiöse Versammlung legal außerhalb eines Kirchengebäudes stattfinden durfte.

Steve und John hatten gehört, daß über diese Ausnahmegenehmigung hinter den Kulissen heftig debattiert worden war. Doch warum man uns diese Möglichkeit schließlich einräumte, wußten wir nicht. Was auch immer der Grund gewesen sein mag – ich war dankbar für die Chance, daß ich den Menschen, die bisher nur sehr wenig oder gar nichts von der christlichen Botschaft gehört hatten, das Evangelium bringen konnte.

Ich sprach über die Worte Jesu in Matthäus 5,13 „Ihr seid das Salz der Erde" und betonte, daß wir uns durch die Kraft Christi erneuern lassen müßten, wenn wir solche Menschen werden wollten, die unsere Welt braucht.

Jeder Platz im Hörsaal war besetzt. Die Zuhörer, nach unseren Informationen hauptsächlich führende Leute aus Politik und Wirtschaft, waren zweifelsohne sorgfältig ausgewählt worden. Doch das störte mich nicht im geringsten. Gott konnte durch seinen Heiligen Geist jedem Menschen das Herz und den Verstand aufschließen, während ihm das Evangelium vorgestellt wurde.

So bald wie möglich gab ich Präsident Kim Il Sungs Botschaft in einem ausführlichen privaten Brief an Präsident Clinton weiter, ergänzt durch einige meiner eigenen Eindrücke. Ein paar Tage später versuchten Reporter auf einer Pressekonferenz in Hongkong, mir wenigstens ein bißchen von dem Inhalt zu entlocken. Natürlich ließ ich mich nicht darauf ein. Ich gab lediglich bekannt, einer meiner Mitarbeiter sei bereits mit der ersten erreichbaren Maschine zurück in die Vereinigten Staaten geflogen, um den Brief dem Weißen Haus zu übermitteln. Der darin enthaltene konkrete Vorschlag wurde durch Präsident Kims unerwarteten Tod sechs Monate später hinfällig. Die im Brief genannten Grundgedanken könnten jedoch meiner Meinung nach immer noch als Basis für zukünftige Kontakte dienen.

Ende 1995 konnte Ned Nordkorea einen weiteren kurzen Besuch abstatten. Im darauffolgenden Jahr flog er noch einmal hin, um vierhundert Tonnen Reis abzuliefern, die von seiner Hilfsorganisation und dem Hilfsfond der BGEA gemeinsam zur Verfügung gestellt worden waren. Nordkorea erlebte nach verheerenden Überschwemmungen gerade eine schwere Lebensmittelknappheit. Vizepremierminister Kim Yong Nam drückte Ned den Dank seiner Nation aus und wiederholte die Einladung an Ruth und andere Mitglieder der Familie, sein Land zu besuchen.

Wir haben nach wie vor Kontakt zu Nordkorea und bitten Gott um Weisheit bei unserem Bemühen, den Menschen dieses Landes nicht nur unsere Freundschaft zu zeigen, sondern auch die Liebe Gottes in Jesus Christus zu vermitteln.

33

Neue Zeiten, neue Richtungen

Das Internet, Fernsehen und Satelliten, Evangelisationsschulung, Jugendarbeit in den 90ern

DAS INTERNET

Unzählige Male hatte ich an allen nur erdenklichen Orten vor Menschen
gesprochen: in Fußballstadien und auf Kricketfeldern, in Stierkampfarenen
und auf Flugzeugträgern. Auch über Radio und Fernsehen hatte ich schon
oft gesprochen – zu Zuhörern, die ich nicht sah. Aber das hier war eine
Premiere! America Online hatte mich – in Zusammenarbeit mit dem
Time-Magazin – zu einem Besuch bei ihrem elektronischen Kommunika-
tionsdienst eingeladen. Das war 1993, kurz nach meinem 75. Geburtstag.

In einem „elektronischen Hörsaal" nahm ich per Computer an einer ein-
stündigen „Chat-Sitzung" teil, einem interaktiven Livegespräch-Programm.
Die ersten dreihundert Personen, die sich anmeldeten, waren die Teilnehmer.
Sie konnten an ihren Computern Fragen eingeben. An einem Tisch zu
meiner Rechten saßen einige Mitarbeiter von America Online sowie
jemand, der meine Antworten in den Zentralcomputer eintippte.

Als ich mich mit dem Ablauf einigermaßen vertraut gemacht hatte,
empfand ich diese Art der Kommunikation zunächst als recht unbeholfen.
Die Umgebung war unbehaglich und ungewohnt. Die Fragen erschienen
vor mir auf einem großen Bildschirm, neben mir lagen meine Bibel und ein
Stapel Nachschlagewerke – für den Fall, daß ich sie brauchte.

Während der einen Stunde konnte ich nur ungefähr ein Dutzend

Fragen beantworten, und dreihundert Teilnehmer als Publikum – das klang auch nicht sonderlich beeindruckend. Dann jedoch informierte mich jemand, daß zusätzlich viele Tausende „außerhalb" des elektronischen Hörsaals alle Fragen und Antworten mitverfolgen könnten.

„Wenn Sie nur *einen* heute lebenden Menschen zu Christus führen könnten", fragte ein Teilnehmer, „wen würden Sie sich aussuchen?"

„Jeder Mensch ist Gott wichtig", erwiderte ich. „Ich glaube nicht, daß ein Mensch in den Augen Gottes wichtiger ist als ein anderer."

Gelegentlich blieb in der Eile, in der meine Antworten eingetippt wurden, die Präzision auf der Strecke. So wurde aus dem „Prince of Peace" ein „Prince of Peach" ... aus dem Friedefürst ein Obstkönig!

Trotz aller Tücke – es war ein faszinierendes Experiment, das mir großen Spaß machte. Etwa ein Jahr später richtete die Zeitschrift *Christianity Today* auf America Online seinen eigenen Service ein, bei dem interaktive Diskussionen über christliche Themen an der Tagesordnung waren. Seit 1996 hat auch die BGEA ihre eigenen Web-Seiten im Internet. So wurde die Seelsorgebetreuung nach unserer Weihnachts-Fernsehsendung im Dezember 1996 vollständig über das Internet abgewickelt: Die Räume, die uns normalerweise Gemeinden für den Telefondienst zur Verfügung stellten, wurden während der Feiertage für andere Zwecke gebraucht.

So sehr mich das Experiment mit America Online auch faszinierte – es war eigentlich nur eine Ausweitung dessen, was wir über die Jahre hinweg immer wieder versucht hatten: jedes nur mögliche Mittel einzusetzen, um das Evangelium bekanntzumachen.

Die *Botschaft* des Evangeliums ändert sich nie – und das hat seinen guten Grund, denn Gott ändert sich nicht. Ebensowenig ändert sich unser geistliches Grundbedürfnis oder Gottes Antwort auf dieses Bedürfnis.

Die *Methoden*, um diese Botschaft weiterzugeben, ändern sich jedoch sehr wohl – und das müssen sie auch, wenn wir mit dieser Welt, die ständig in Bewegung ist, Schritt halten wollen. Wenn es uns nicht gelingt, die Kluft zu überbrücken zwischen uns und denen, die wir erreichen wollen, wird unsere Botschaft nicht ankommen, und unsere Mühe ist vergeblich.

In diesem Jahrhundert haben wir viele neue Werkzeuge an die Hand bekommen, um diese Aufgabe zu erfüllen – elektronische und visuelle wie Radio, Film, Fernsehen, Telefon. Jedes von ihnen hat eine wichtige Rolle bei der Erweiterung unserer Arbeit gespielt.

FERNSEHEN UND RADIO

Mein Erlebnis mit dem Internet erinnert mich an eine Reihe ähnlicher Situationen. Die meisten Pastoren und Lehrer würden wahrscheinlich sagen, daß es einen Redner stimuliert, vor Publikum zu sprechen. Daher setzt es mich immer noch in Erstaunen, daß ich ganz allein vor einem Radiomikrofon oder einer Fernsehkamera stehen kann und dennoch mehr Leute erreiche, als ich es in einem ganzen Leben voller Live-Ansprachen könnte. Genau aus diesem Grund haben wir nicht nur unsere eigenen Radio- und Fernsehsendungen produziert, sondern ich habe auch als Gast an vielen kommerziellen und säkularen Sendungen teilgenommen.

Im Laufe der Jahre war ich in zahlreiche Fernsehsendungen eingeladen – es ist unmöglich, sie alle aufzuzählen. Wo immer ich konnte, habe ich diese Einladungen angenommen. Manchmal wurde die Frage gestellt, ob ein Prediger des Evangeliums überhaupt in einer Unterhaltungssendung auftreten dürfe. Als bekannt wurde, daß ich in *Laugh-In* erscheinen würde – einer Fernsehshow, in der manchmal recht riskante oder schlüpfrige Sketche gezeigt wurden – erhielten wir viele kritische Anfragen von den Menschen, die unsere Arbeit unterstützten.

„Ich nehme solche Einladungen nur deshalb an", antwortete ich daraufhin, „um in einer völlig weltlichen Umgebung von Christus zu reden. Nur sehr wenige Christen haben diese Möglichkeit. Es ist aber wichtig, daß wir den Kontakt zu den Menschen behalten, die niemals über die Schwelle einer Kirche gehen würden … Ich glaube, dies war auch die Methode unseres Herrn: Er ging mitten unter die Zöllner und Sünder."

Hatten diese Fernsehauftritte tatsächlich eine geistliche Wirkung auf das Leben der Zuschauer? Das ist schwer zu ermessen. Nur Gott kennt die Antwort. Immer wieder hörten wir jedoch von Menschen, die keinerlei religiöses Interesse hatten und nur deshalb zu einer Evangelisationsversammlung kamen oder sich eine unserer eigenen Fernsehproduktionen ansahen, weil sie mich aus einer säkularen Sendung kannten. Mein Bekanntheitsgrad machte es in ihren Augen (und, was vielleicht noch wichtiger war, in den Augen ihrer Freunde) weniger peinlich, wenn sie zu einer religiösen Versammlung gingen, um mich persönlich sprechen zu hören.

Vor einigen Jahren flog ein Student von Berkeley hinunter nach Los

Angeles, um an einer unserer Versammlungen teilzunehmen. Beim Ruf zur Entscheidung kam er nach vorn, um Christus anzunehmen. „Ich war sicher, daß Sie etwas haben, was ich brauche", sagte er uns später, „seit ich Sie in Woody Allens Show gesehen habe."

SATELLITENTECHNIK

Mit dem Aufkommen von Satelliten, die ein Signal aus einem Land oder Kontinent aufnehmen und sofort an ein anderes übermitteln können, hat unsere Fernseharbeit einen bedeutenden Sprung nach vorn gemacht.

1985 setzten wir zum ersten Mal Satelliten ein, um unsere evangelistischen Vorträge im englischen Sheffield live in ganz Großbritannien zu übertragen (dort ist der Kauf von Fernseh- und Radiosendezeit für religiöse Sendungen generell verboten). Überall im Land – in Theatern, Stadthallen und Gemeindesälen – waren mobile Satellitenschüsseln aufgestellt, die das Signal auffingen. Dann wurden die Bilder jeweils auf eine große Leinwand projiziert.

Wir hatten bereits früher ein ähnliches Verfahren angewandt, um mit den herkömmlichen Übertragungsmethoden wie Kabel oder Kurzwelle ein Fernsehsignal in verschiedene Orte auszustrahlen. Während der Evangelisation Euro '70 (im April 1970) zum Beispiel wurden unsere Veranstaltungen aus Dortmund live in sechsunddreißig Städte übertragen. Nun machte es die Satellitentechnik jedoch möglich, Bilder von einer Versammlung an eine nahezu *unbegrenzte* Zahl von Veranstaltungsorten zu übertragen.

In der Zeit nach Sheffield entwickelten unsere Mitarbeiter den ehrgeizigen Plan, unseren Verkündigungsdienst über Live-Satellitenschaltungen in der ganzen Welt zu verbreiten. Damit stand eine der schwersten Entscheidungen meines Berufslebens an. Auf der einen Seite war der Gedanke, das Evangelium gleichzeitig Hunderten Millionen von Menschen zu predigen, sehr verlockend. Andererseits waren die voraussichtlichen Kosten enorm. Wie ich später noch berichten werde, entschied unser Vorstand 1987, das Projekt zurückzustellen. Gott gab dem Projektleiter Bob Williams und seinen Mitarbeitern eine Extraportion Gnade, um die Enttäuschung nach dieser Entscheidung zu bewältigen. Im Rückblick glaube ich, daß es damals richtig war.

Während der nächsten Jahre machte die Satellitentechnik gewaltige Fortschritte. 1989 wurde unsere Evangelisation in London über Satellit in zweihundertfünfzig Orte in ganz Großbritannien und Irland übertragen. Drei Gottesdienste konnte man dank der Satellitentechnik an fast dreihundert Orten in dreißig afrikanischen Ländern sehen – manchmal live, in anderen Orten als Aufzeichnung. Im Rahmen dieser Großveranstaltung fügten wir persönliche Glaubensberichte und musikalische Elemente hinzu, die besonders auf Afrika zugeschnitten waren. Meine Predigten wurden in acht Sprachen synchronisiert oder simultan übersetzt.

Spätere Satellitenübertragungen aus Hongkong (1990), Buenos Aires (1991) und Essen („ProChrist" 1993) erreichten dreißig Länder in Asien und im Pazifik, fast ganz Lateinamerika und natürlich Europa. Die Statistiken übertrafen alle Vorstellungen. Die Übertragungen aus Hongkong zum Beispiel wurden in achtundvierzig Sprachen übersetzt und erreichten schätzungsweise hundert Millionen Zuschauer pro Abend. Von Essen aus wurde in 1.401 Veranstaltungsorte eine Übertragung vorgenommen.

GLOBAL MISSION

Im März 1995 veranstalteten wir im Hiram-Bithorn-Stadion in San Juan, Puerto Rico, eine Evangelisation. Gleich neben dem Stadion überwachten unsere Mitarbeiter in einer großen Halle die Installation eines schwindelerregenden Aufgebots an technischer Ausrüstung, um die Versammlungen per Satellit in 185 Länder zu übertragen. Der Vertreter einer großen internationalen Satellitengesellschaft meinte, unser Projekt sei ein komplexeres Unternehmen als die Übertragungen von den Olympischen Winterspielen in Norwegen, die seine Gesellschaft im Vorjahr organisiert hatte ... Möglicherweise war dies die größte einzelne evangelistische Aktion in der Kirchengeschichte.

Geschulte Dolmetscher übersetzten aus ihren Sprecherkabinen in der Halle die Predigten simultan in achtundvierzig Sprachen. Musikbeiträge und persönliche Lebensberichte aus den jeweiligen Kontinenten wurden in die regionalen Ausstrahlungen eingefügt. Die Version in Mandarin zum Beispiel enthielt Musik von chinesischen christlichen Gruppen und einen Lebensbericht des Tennisstars Michael Chang. Manche Ausstrahlungen wurden auf einem „stummen Kanal" gesendet – das heißt, in den Zeiten, in denen meine Predigt live ins Spanische übersetzt wurde, blieb es still, so daß vor Ort eine Übersetzung in die Landessprache hinzugefügt werden konnte.

Überall in der Welt wurden die Sendungen von kleinen, preiswerten Satellitenschüsseln empfangen; dann wurden die Bilder auf Großleinwände projiziert. Theater und Sportpaläste in der ehemaligen Sowjetunion gehörten ebenso zu den Veranstaltungsorten wie Flüchtlingslager in Ruanda.

In einem afrikanischen Land, in dem kurz zuvor schwere politische Unruhen stattgefunden hatten, wurden die Versammlungen auf dem größten Platz der Hauptstadt abgehalten. Ein örtlicher Gemeindeleiter meinte: „Noch vor drei Jahren wären wir alle ins Gefängnis gekommen, wenn wir eine solche religiöse Versammlung auch nur angeregt hätten."

In der Hauptstadt eines osteuropäischen Landes fanden die Versammlungen in einem Gebäude statt, das die Kommunistische Partei früher für ihre Jahreskonferenzen benutzt hatte.

Eine Studentin sagte bei einer Versammlung in Kasachstan zu ihrer Seelsorgehelferin: „Ich habe alles versucht, und jetzt wende ich mich als letzte Hoffnung an Gott. Heute ist etwas passiert, worauf ich mein ganzes Leben lang gewartet habe."

Eine Prostituierte in Mexiko, die über Jahre hinweg ihre Kinder mißhandelt hatte, kam in einer Versammlung nach vorn, um ihre Sünden zu bekennen und ihr Leben in Gegenwart ihrer Kinder Christus anzuvertrauen.

Später wurden Aufzeichnungen dieser Global-Mission-Programme in vielen Ländern über die normalen Fernsehsender ausgestrahlt, wodurch noch einige zehn Millionen Menschen mehr erreicht werden konnten. In manchen Ländern mit starker nicht-christlicher Tradition kündigten wir die Sendungen nicht an, um den lokalen Veranstaltern Probleme zu ersparen. Dennoch hörten wir von vielen Leuten, die auch dort zu Christus kamen.

Spätere Aktionen haben unsere Arbeit mit der Satellitentechnik in neue Dimensionen geführt. Im Dezember 1996 zum Beispiel wurde eine Weihnachtssendung mit einer Predigt via Satellit in dreiunddreißig Sprachen in über zweihundert Ländern ausgestrahlt.

TELEFONSEELSORGE

In den letzten Jahren haben wir die Wirkung unserer Fernseharbeit in den USA durch den Einsatz einer anderen Technik verstärkt. 1980 führten wir einen Telefonseelsorge-Dienst für unsere Zuschauer ein, der immer nach den Sendung angeboten wurde. Die Mitarbeiter unserer Seelsorgeabteilung sahen darin eine Möglichkeit, Menschen zu erreichen, die sonst vielleicht nie mit jemandem offen über ihre geistlichen oder persönlichen Probleme sprechen würden.

Wann immer wir eine Fernsehsendung planen, werden im ganzen Land mehrere Telefonseelsorge-Zentren eingerichtet, meist in Gemeinden oder Schulen, die uns ihre Einrichtungen zur Verfügung stellen. Freiwillige Helfer werden von unseren Mitarbeitern geschult, Anrufe von denen entgegenzunehmen, die über ein geistliches Problem sprechen oder ihr Leben Christus anvertrauen wollen. Pro Zentrum sind bis zu hundert Telefone geschaltet. Oft gehen noch viele Stunden nach dem Ende einer Sendung Anrufe ein. Die Kosten für das Gespräch trägt der Anrufer bei Ferngesprächen selbst. Dadurch ist die Zahl der Scherzanrufe gesunken. Auf keinen Fall werden die Telefone zur Spendenwerbung benutzt.

Terry Wilken, der jetzige Leiter dieses Arbeitszweiges, schätzt, daß während der ersten zehn Jahre etwa eine halbe Million Menschen anriefen. Ein Viertel von ihnen äußerte den Wunsch, ihr Leben Jesus Christus anzuvertrauen. Manche Anrufe kamen von Menschen, die einsam waren und einfach mit jemandem reden wollten; andere hatten tiefgreifende persönliche Probleme. Die Verteilung der Anrufe auf die einzelnen Seelsorgehelfer besorgt zwar die Technik – doch immer wieder zeigte sich Gottes Souveränität darin, daß Anrufer gerade mit dem Seelsorger sprachen, der besonders gut etwas zu ihrer Situation sagen konnte.

Bei einer Telefonaktion rief ein Mann an und erklärte, er wolle sein Leben Christus anvertrauen. Dann berichtete er, er sei Epileptiker, dessen Problem dadurch verschlimmert werde, daß er anfallartig zu viele Süßigkeiten esse. Seine Gesprächspartnerin eröffnete ihm, auch sie sei Epileptikerin und habe mit demselben Problem zu kämpfen gehabt. Sie konnte dem Anrufer schildern, wie sie durch Christus gelernt hatte, eine bessere Selbstdisziplin zu entwickeln.

Eine andere Anruferin sprach von ihrer spirituellen Suche, die sie in eine bestimmte Sekte geführt habe. Ihre Seelsorgerin hatte zur selben Sekte gehört, bevor sie zu Christus gefunden hatte, und konnte der Frau nun berichten, welche Befreiung Jesus in ihr Leben gebracht habe.

Das Potential neuer Techniken läßt sich kaum überschätzen. Natürlich wird das beste Zeugnis für Jesus Christus immer das persönliche Zeugnis von Mensch zu Mensch sein. Doch in vielen Ländern der Welt gibt es bis heute nur wenige, die eine Erfahrung mit Jesus Christus gemacht haben. Gott hat uns neue Werkzeuge an die Hand gegeben, um diese Generation zu erreichen. Jahrhundertelang war die Zuhörerschaft eines Predigers durch die Reichweite seiner Stimme begrenzt – eine Reichweite, die man nur in Metern bemessen konnte. Heute ist sie grenzenlos geworden.

EVANGELISATIONSSCHULUNG

Die Evangelisation war immer das Herzstück unserer Arbeit – zu ihr hat Gott uns berufen. Doch seit vielen Jahren ist es mir ein Anliegen, auch andere darin zu schulen, diese Arbeit weiterzuführen. Kein einzelner und keine Organisation kann diese Aufgabe vollständig lösen – und das will Gott auch gar nicht.

Wie ich bereits berichtet habe, führte dieses Anliegen zu unseren Konferenzen für Evangelisten 1983 und 1986 in Amsterdam. Doch Evangelisation findet auf alle mögliche Art und Weise statt, nicht nur durch reisende Evangelisten. Die Seelsorgeschulung bei unseren Evangelisationen zum Beispiel hat viele Christen zu einem wirksameren missionarischen Lebensstil befähigt. Immer wieder hören wir Stimmen: Die eigentliche Evangelisation sei gut und wichtig, aber allein schon die vorausgehende Schulung habe vielen geholfen.

Wir gewannen schließlich den Eindruck, es sei Gottes Auftrag an uns, daß wir nicht nur selbst Evangelisationen durchführen, sondern auch Menschen systematisch für diese Arbeit schulen. Und so entstanden – besonders in den letzten Jahren – verschiedene neue Arbeitszweige.

Weiterbildung für Laien und Pastoren
1957 nahm der kalifornische Geschäftsmann Lowell Berry an einer unserer Veranstaltungen im New Yorker Madison Square Garden teil. Obwohl er

bereits aktives Gemeindeglied war, wurde sein Leben durch die Evangelisation stark berührt. „Plötzlich wurde mir klar, daß viele Pastoren ihren Gemeinden das Evangelium nicht deutlich genug vor Augen stellen", sagte er.

Während der Evangelisation in San Francisco 1958 kam er mit einer Idee zu mir. Er schlug vor, eine Art Schulungsprogramm für Pastoren einzurichten. Lehrkräfte in einem solchen Programm könnten unsere eigenen Mitarbeiter und andere entsprechend qualifizierte Pastoren sein. Ich fand die Idee gut – aber wir waren mit so vielen anderen Dingen beschäftigt, daß ich sie bald wieder vergessen hatte.

Einige Zeit später brachte er das Thema erneut zur Sprache.

„Lowell, das ist eine gute Idee", antwortete ich wieder. „Aber es würde viel Geld kosten."

Lowell sah mir direkt in die Augen. „Nun, ich *habe* viel Geld."

Nach Gesprächen im größeren Kreis und vielen Gebeten kamen wir zu der Überzeugung, daß wir ein solches Programm tatsächlich entwickeln sollten. Ich bat Victor Nelson und Bob Ferm, mit der Planung zu beginnen. Nach einigen kleineren Versuchen führten wir unser erstes Schulungsprogramm während der Evangelisation in Kansas City 1967 durch. Tausend Pastoren und christliche Mitarbeiter nahmen daran teil.

Während der nächsten Jahre fanden solche Schulungen nur in Verbindung mit unseren Evangelisationen statt. Die Teilnehmer profitierten nicht nur von den Inhalten, auch die Gemeinschaft mit anderen Pastoren, die sie sonst nie kennengelernt hätten, motivierte sie für ihre Arbeit.

Später weiteten wir unsere Schulungen aus. Sie wurden nun an Orten durchgeführt, wo keine Evangelisationen stattfanden: in Afrika, Nepal, Papua-Neuguinea und Malaysia, aber auch in den Vereinigten Staaten und Kanada sowie in Mittel- und Südamerika.

Lowell blieb seinem Wort treu und finanzierte das Programm großzügig, solange er lebte. Selbst nach seinem Tod trägt eine Stiftung weiterhin zur Finanzierung bei. Bis heute haben hunderttausend Pastoren und christliche Mitarbeiter an einer solchen Evangelisationsschulung teilgenommen.

Das Wheaton Center

Vor einigen Jahren kamen zuerst eine große Universität und dann die Library of Congress auf uns zu: Was wir mit dem Archiv – alten Briefen, Akten und dergleichen – unserer Organisation zu tun gedächten? Ich war überrascht, daß sich jemand dafür interessierte, doch die Library of Congress empfahl uns dringend, konkrete Pläne zu entwerfen.

Nachdem uns die Notwendigkeit einer solchen Einrichtung bewußt geworden war, machten wir uns auf die Suche nach einem geeigneten Ort. Die Stadt Charlotte drängte uns, das Archiv dort zu lagern; ein Bürgerverein bot an, ein entsprechendes Grundstück in der Nähe der Universität zu kaufen.

Doch Dr. Hudson Armerding, der Präsident des Wheaton Colleges, und der dortige Vorstandsvorsitzende Dr. Ken Gieser baten uns dringend, einen Standort auf ihrem Campus in Betracht zu ziehen. Eine akademische Umgebung sei für ein solches Archiv am besten geeignet, argumentierten sie, und welcher Ort komme eher in Frage, als das College, an dem Ruth und ich unseren Abschluß gemacht hatten? Zudem war Wheaton weithin für seine hohe akademische Qualität bekannt; viele nannten es sogar das „Harvard" der evangelikalen Welt.

Die Vorarbeiten für das Projekt fanden 1977 statt; zwei Jahre später wurde der Grundstein gelegt. Im Laufe der Zeit erweiterte man die Pläne, so daß im selben Gebäude auch noch eine Bibliothek und ein Evangelisations-Museum sowie Seminareinrichtungen und Räume für die Graduiertenschule des Wheaton Colleges untergebracht wurden. Der Name, der schließlich gewählt und von allen – außer mir – befürwortet wurde, war „Billy Graham Center".

Im September 1980 wurde das fünfstöckige Gebäude im Kolonialstil fertiggestellt. Es war erheblich größer, als ich es mir vorgestellt hatte, doch es bot Raum für künftige Erweiterungen des Programms.

Der Festredner bei der Einweihung war Botschafter Charles Malik, ein libanesischer Christ und ehemaliger Präsident der Generalversammlung der Vereinten Nationen. In seiner Ansprache wies er auf die nahezu vollständige Säkularisierung der großen Universitäten hin, von denen viele christliche Gründungen waren, und erörterte die negativen Auswirkungen dieser Säkularisierung auf die westliche Zivilisation. Nachdrücklich forderte er die Christen auf, ihre Aufgabe ernstzunehmen, die intellektuelle Initiative in der Welt zurückzuerobern.

„Ich möchte ganz offen zu Ihnen sein", sagte er. „Die größte Gefahr für die Christen in Amerika ist ihre Intellekt-Feindlichkeit. Die Folge ist, daß der Bereich des kreativen Denkens geräumt und dem Feind überlassen wird. Wenn Christus das Licht der Welt ist, dann muß sein Licht auch unser Denken durchdringen … Wie könnte die Evangelisation ihre Aufgabe als erledigt betrachten, wenn sie die Universitäten unevangelisiert läßt? Das ist die historische Aufgabe, die der Heilige Geist selbst von uns fordert und der sich das Billy Graham Center in aller Demut widmen wird."

Heute beherbergt ein großer Teil des Billy Graham Centers die Graduiertenschule des Wheaton Colleges. In dem Gebäude befindet sich außerdem ein hochmodernes Archiv, das nicht nur die Aufzeichnungen der BGEA enthält, sondern auch die Archive weiterer Missionsgesellschaften, Agenturen und Persönlichkeiten der Vergangenheit.

Auch eine spezielle Bibliothek zum Thema Evangelisation ist dort untergebracht – mit rund zweihunderttausend Titeln eine der größten Sammlungen dieser Art in der Welt. Ein kürzlich umgestaltetes Museum im Erdgeschoß widmet sich der Geschichte der Evangelisation in Amerika – einschließlich unserer eigenen Arbeit.

Das Herz des Zentrums jedoch sind seine Seminarangebote, die sich hauptsächlich an Leiter christlicher Organisationen und andere engagierte Christen wenden. Die Teilnehmer entwickeln in Seminaren, Konferenzen und speziellen Forschungsprojekten Strategien für die Evangelisation und Mission unserer Welt.

„JAMMIN' IN THE DOME"

Es war der 29. Oktober 1994, ein Samstagabend. Auf der Bühne des riesigen Georgia Dome in Atlanta stand eine energiegeladene Rap-Truppe namens dc-Talk und präsentierte lautstark ihre Hits – die Begeisterung des Publikums kannte keine Grenzen. Fast achtzigtausend Fans, die meisten unter einundzwanzig, drängten sich in dem Stadion. Eine High-Tech-Lightshow blitzte und zuckte von einem zwanzig Meter hohen Gerüst herab, Teil einer neun Lastzüge füllenden Ausrüstung, die eigens für diese Show herantransportiert worden war.

Als ich die Bühne betrat, mußte ich unwillkürlich an jenes Rockkonzert denken, an dem ich fünfundzwanzig Jahre zuvor in Miami teilgenommen hatte. Doch bei der heutigen Veranstaltung gab es einen Unterschied: Alle Künstler waren Christen. „Jammin' in the Dome", wie die Veranstaltung hieß, war ein spezieller Abend für Jugendliche, den wir als Teil unserer Evangelisation in Atlanta geplant hatten. Ob einige unter den Älteren sich fragten, was ich oder sie dort zu suchen hatten? Vermutlich.

Zugegeben, mein Musikgeschmack war das eigentlich nicht. Und es war auch nicht das, was wir normalerweise bei unseren Versammlungen geboten hatten. Aber die Zeiten ändern sich. Solange die wesentliche Botschaft des Evangeliums nicht verdunkelt oder verwässert wird, müssen wir jede legitime Methode nutzen, die wir zur Verfügung haben.

Die Musik in Atlanta von Michael W. Smith und dc-Talk fesselte das Publikum. Nach dem Konzert stellten die jungen Musiker mich vor, umarmten mich kräftig und setzten sich dann im Hintergrund auf die Bühne. Als ich ans Mikrofon trat, wurden die jungen Leute ganz still.

Ich schlug meine Bibel auf und las die vertrauten Worte aus Johannes 3,16 vor: „Denn Gott hat die Menschen so sehr geliebt, daß er seinen einzigen Sohn für sie hergab. Jeder, der an ihn glaubt, wird nicht verlorengehen, sondern das ewige Leben haben."

Nachdem ich den Vers vorgelesen hatte, blickte ich auf und rief: „Jesus Christus lebt – heute abend!"

Kaum hatte ich den Satz beendet, brach tosender Jubel aus. Erst als die jungen Leute sich wieder beruhigt hatten, sprach ich weiter – nicht als Prediger, sondern als ein älterer Mann, der das, was er gelernt hat, an junge Leute weitergibt. Ich erzählte ihnen die alte und doch immer wieder neue Geschichte von der Liebe Gottes zu uns in Jesus Christus.

Auf meine Einladung hin kamen mehr als fünftausend Jugendliche nach vorn, um eine Entscheidung für Christus festzumachen. Sie repräsentierten eine neue Generation mit einer neuen Lebenseinstellung und einem neuen Lebenskonzept. Wie schon oft in der Vergangenheit, hatten wir auch diesmal neue Wege erkundet, um eine sich verändernde Welt mit der unveränderlichen Botschaft von Jesus Christus zu erreichen.

34

Von Arkansas nach Washington

PRÄSIDENT BILL CLINTON

Am 13. November 1995 feierte die Zeitschrift *Christianity Today* mein fünf-zigjähriges Dienstjubiläum mit einer Sonderausgabe. US-Präsident Bill Clinton schickte aus diesem Anlaß den folgenden Brief zur Veröffentli-chung:

„Zum ersten Mal sah ich Billy Graham in Arkansas, als ich ungefähr elf Jahre alt war. Er kam inmitten der Rassenunruhen in unseren Staat, um eine Evangelisation durchzuführen und die Botschaft von der Liebe und Gnade Gottes zu verbreiten. Als der Bürgerrat ihn zu bewegen versuchte, sich mit einer nach Rassen getrennten Sitzordnung einverstanden zu erklären, sagte er: ‚Wenn ich das machen muß, komme ich nicht.'

Ich bat einen Sonntagsschullehrer in meiner Gemeinde, mich fünfzig Meilen weit nach Little Rock zu fahren, damit ich Dr. Graham hören konnte. Denn er versuchte, nach dem zu leben, was er sagte. Eine Zeitlang spendete ich etwas von meinem Taschengeld für seine Evangelisationen, weil er damals einen so starken Eindruck auf mich gemacht hatte.

Ich war begeistert, als Billy vor ein paar Jahren, als ich Gouverneur war, zu einer weiteren Evangelisation nach Little Rock kam. Wir verbrachten einige Zeit miteinander, und seitdem haben mir seine Freundschaft wie auch seine Gebete und sein Rat viel bedeutet.

Ich bin dankbar für die Art und Weise, wie sein Dienst und seine Freundschaft mein Leben berührt haben, und mehr noch für die beispiel-lose Wirkung, die sein christliches Zeugnis in aller Welt hat.

Es ist mir eine Ehre, Ihnen und Ihren Lesern zu diesem besonderen Anlaß diese Würdigung zukommen zu lassen."

Seine Worte berührten mich sehr und erinnerten mich auch daran, daß wir Prediger nie wissen können, wer da gerade unter unseren Zuhörern sitzt – vielleicht ist es ja ein zukünftiger Präsident!

Persönlich begegnete ich Bill Clinton zum ersten Mal, als er Gouverneur von Arkansas war. Man hatte mich eingeladen, auf der Nationalen Gouverneurskonferenz 1985 in Boise, Idaho, zu sprechen, und er kam zu mir und fragte, ob ich etwas Zeit für ihn hätte. Wir gingen hinaus auf den Rasen und unterhielten uns zwei Stunden lang. Sein scharfer Verstand und seine warmherzige Persönlichkeit nahmen mich spontan für ihn ein. Während unserer Evangelisation in Little Rock im September 1989 begegneten wir uns wieder.

Kurz vor der Evangelisation kam Mary Anne Stephens (die damals mit einem der reichsten Männer von Arkansas, Jack Stephens, verheiratet war) in ihrem Firmenjet, um mich abzuholen und gemeinsam zu der Evangelisation zu fliegen. Die Maschine traf mit Verspätung in North Carolina ein.

„Wir haben auf Hillary gewartet", sagte Mary Anne entschuldigend, „aber sie ist nicht gekommen; deshalb haben wir uns so verspätet."

In der Maschine waren lauter Leute mit Rang und Namen; und Hillary war, wie ich bald feststellte, die Frau des Gouverneurs. Aufgrund eines unvorhergesehenen Termins mußte sie zurückbleiben. Doch als wir in Little Rock landeten, war sie dort, um mich zu begrüßen.

Einen oder zwei Tage später fragte sie mich, ob wir zusammen essen und uns unterhalten könnten.

„Das würde ich sehr gern", erwiderte ich, „aber ich esse prinzipiell nicht allein mit schönen Frauen."

„Wir könnten mitten im Speisesaal des Capital Hotels sitzen, wo jeder uns sehen kann", sagte sie, „und trotzdem ein Privatgespräch führen."

So machten wir es. Zuerst sprachen wir über ihre Heimat Park Ridge in Illinois. Sie hatte dort zu einer Methodistengemeinde gehört, in der ich mehrere Male gepredigt hatte.

Vor diesem Treffen wußte ich über Mrs. Clinton lediglich, daß sie Anwältin war. Im Gespräch lernte ich sie als Intellektuelle im besten Sinne kennen. Sie bewegte sich kenntnisreich von einem Thema zum nächsten – von irgendeinem Regierungsprojekt oder einem politischen Problem zu einer familiären oder persönlichen Angelegenheit und verlor nie den Gesprächsfaden. Als wir uns trennten, dachte ich: Was für eine beeindruckende Persönlichkeit.

Gouverneur Clinton hatte bei jener Evangelisation in Little Rock den Ehrenvorsitz inne. Er und Hillary gaben ein Mittagessen für uns, zu dem auch einige Freunde eingeladen waren, die unsere Evangelisationsarbeit unterstützten, und einige führende Politiker wie der frühere Gouverneur Orval Faubus.

Bei dieser Gelegenheit bat mich Clinton um einen Gefallen. „Der Pastor meiner Gemeinde hat Krebs und liegt im Sterben", sagte er. „Er wohnt ein paar Meilen von hier entfernt. Ich würde gerne mit Ihnen hinfahren, damit wir ihm etwas aus der Bibel vorlesen und mit ihm beten und ihm Mut machen können. Dieser Mann bedeutet mir viel."

Wie sich herausstellte, ging es um Dr. W. O. Vaught – einen weithin sehr beliebten und geachteten Pastor, der eine entscheidende Rolle dabei gespielt hatte, uns nach Little Rock zu holen.

Zu zweit fuhren Clinton und ich zu ihm hinaus. Die Frau des Pastors begrüßte uns und führte uns sofort in sein Schlafzimmer. Auf Kissen gestützt, saß er aufrecht im Bett, die aufgeschlagene Bibel vor sich. Er war auf unter fünfzig Kilo abgemagert, und es war ganz offensichtlich, daß ihm nicht mehr viel Zeit auf dieser Erde blieb.

„W. O.", sagte ich zur Begrüßung. „Wir beten für Sie, daß Sie geheilt werden mögen, wenn es Gottes Wille ist."

„Ich habe euch Burschen etwas zu sagen", sagte W. O. „Setzen Sie sich."

Und dann fing er an, uns aus seiner Bibel über die Wiederkunft Christi zu erzählen und die himmlische Hoffnung, die wir als Gläubige haben. Trotz seiner Gebrechlichkeit hielt er uns eine richtige Bibellektion, die geschlagene dreißig oder vierzig Minuten dauerte.

„Und jetzt wollen wir beten", schloß er seine Rede. „Laßt uns jeder ein Gebet sprechen. Wir wollen für die Evangelisation beten."

Und so knieten Gouverneur Clinton und ich an seinem Bett nieder. Der Gouverneur fing an und betete tief und innig. Dann folgte ich. Und Pastor Vaught machte den Abschluß. Ich weiß, daß Bill Clinton und ich durch diesen Besuch weit mehr Ermutigung empfingen, als wir sie seinem Pastor je hätten geben können.

Nach Clintons Wahl zum Präsidenten kritisierte man, daß ich bereit war, bei seiner Amtseinführung zu beten. In manchen Fragen hatte der neue Präsident Standpunkte bezogen, die moralisch konservativ denkende Leute beunruhigten – auch viele evangelikale Christen. Mir war es jedoch wichtig, meine Zusage für das Gebet einzuhalten, selbst wenn ich nicht mit allen seinen Ansichten übereinstimmte. Außerdem schätzte ich Bill Clinton persönlich sehr, welche Ansichten er auch vertreten mochte.

Es gibt keinen Präsidenten, der nicht ständig auf Gottes Hilfe und Leitung angewiesen ist. Darum war ich immer bereit, bei offiziellen Anlässen ein Gebet zu sprechen, wenn ich darum gebeten wurde. Als mich jemand davon abbringen wollte, fragte ich: „Was wollen Sie eigentlich? Glauben Sie, daß Präsident Clinton unsere Gebete nicht braucht, oder meinen Sie, daß wir nicht für ihn beten sollten?"

Werden wir nicht auch in der Bibel aufgefordert: „Betet besonders für alle, die in Regierung und Staat Verantwortung tragen, damit wir in Ruhe und Frieden leben können, ehrfürchtig vor Gott und aufrichtig unseren Mitmenschen gegenüber. So soll es sein, und so gefällt es Gott" (1. Timotheus 2,2-3)? Als der Apostel Paulus diese Worte schrieb, wurde das Römische Reich von einem heidnischen Kaiser beherrscht. Trotzdem forderte er die Christen auf, für das Staatsoberhaupt zu beten.

Die Nacht vor dem Nationalen Gebetsfrühstück – dem ersten in Clintons Amtszeit – verbrachten Ruth und ich im Weißen Haus. Auch der Gouverneur von Hawaii war bei den Clintons zu Gast. Beim Abendessen saß ich zu Hillary Clintons Rechten und der Gouverneur zu ihrer Linken; sie unterhielten sich ausgiebig über das Gesundheitssystem, das große Anliegen der First Lady. Ruth saß am anderen Ende der Tafel zur Rechten des Präsidenten. Meine Schwester Jean und ihr Mann Leighton Ford nahmen ebenfalls an diesem Abendessen teil – es war fast eine Familienrunde.

Am nächsten Morgen waren der Präsident und ich früh auf. Wir unterhielten uns lebhaft, während er sich für seinen morgendlichen Dauerlauf bereitmachte. Nach seinem Jogging fuhren wir gemeinsam ins Hilton-Hotel, in dem das Nationale Gebetsfrühstück stattfand. Die Worte von Vizepräsident Al Gore und Präsident Clinton bewegten mich sehr – beide machten deutlich, wie sehr sie auf Gottes Leitung angewiesen sind.

Zwei Ereignisse aus Präsident Clintons erster Amtszeit werden mir immer in Erinnerung bleiben.

Das erste ereignete sich 1995, kurz nach dem tragischen Bombenanschlag auf das Bundesverwaltungsgebäude in Oklahoma City. Dieser Anschlag – bei dem 168 Männer, Frauen und Kinder den Tod fanden und Hunderte verletzt wurden – war nach allen Maßstäben ein sinnloser, barbarischer Akt. Die ganze Nation befand sich in einem Schockzustand, ganz besonders natürlich die Bürger von Oklahoma.

Am Tag nach dem Anschlag erhielt ich eine Einladung von Gouverneur Frank Keating und seiner Frau Cathy, an einem besonderen Gedenkgottesdienst für die Opfer teilzunehmen. Erst wenige Wochen zuvor war Cathy Keating gemeinsam mit Laura Bush, der Frau des texanischen Gouverneurs George Bush, bei unserer Evangelisation in San Juan, Puerto Rico, gewesen.

Frau Keating organisierte den Gottesdienst in Oklahoma. Auch Präsident Clinton und seine Frau nahmen daran teil. Er sprach mit schlichten, aber bewegenden Worten denen, die einen geliebten Menschen verloren hatten, sein Beileid und das seiner Frau aus. Durch seine Gegenwart und seine Ansprache machte er allen Bürgern in Oklahoma deutlich, daß die ganze Nation in ihrer Trauer an ihrer Seite stand.

Meine Rede empfand ich als eine der schwierigsten Aufgaben, die ich je hatte. Ich gab offen zu, daß auch ich nicht verstünde, warum Gott derartige Dinge zulasse. Unsere Erkenntnis sei begrenzt, sagte ich, und manche Dinge würden wir in diesem Leben niemals begreifen. Dennoch erinnerte ich daran, daß auch dann, wenn wir etwas nicht verstehen, Gott sich niemals ändert. Er bleibt der Gott der Liebe und Barmherzigkeit; und mitten in unserer Trauer und unserem Schmerz können wir uns im Glauben vertrauensvoll an ihn wenden.

Es war ein sehr bewegender Gottesdienst. Und immer wird mir in Erinnerung bleiben, wie Präsident Clinton, seine Frau und ich im Anschluß privat mit einigen der Familien zusammentrafen, die von dem Bombenanschlag unmittelbar betroffen waren. Keine Fernsehkameras oder Reporter waren zugegen, Clinton konnte also keinerlei politischen Nutzen daraus ziehen, daß er diesen Menschen Zeit widmete. Und doch habe ich selten erlebt, wie jemand trauernden Menschen in so persönlicher Weise sein tief empfundenes Mitgefühl ausdrückte. An diesem Tag war er der Pastor, nicht ich. Unwillkürlich fragte ich mich, ob die harten, schmerzlichen Jahre seiner Kindheit nicht in ihm ein besonderes Verständnis für das Leid anderer Menschen geweckt haben.

Der zweite Anlaß ergab sich am 2. Mai 1996, als Ruth und ich die Goldmedaille des Kongresses erhielten, die höchste Auszeichnung, die der Kongreß einem Bürger verleihen kann. Charles Taylor, der Repräsentant aus dem westlichen North Carolina, hatte als erster (ohne mein Wissen) der Leitung des Kongresses diesen Vorschlag gemacht. Dann (immer noch ohne mein Wissen) hatte er sich die Unterstützung und Hilfe meines Kollegen T. W. gesichert.

Die Medaille zeigt auf einer Seite Ruth und mich, auf der anderen eine Abbildung der neuen „Ruth und Billy Graham Kinderstation" des Memorial-Missionskrankenhauses in Asheville. T. W. hatte gemeinsam mit dem Krankenhaus an dem Projekt gearbeitet. Der Erlös aus dem Verkauf von Bronzeprägungen der Medaille wurde verwendet, um sozial schwachen Kindern in den Appalachen eine medizinische Versorgung zu ermöglichen.

Ich hielt diese Ehrung, die als erster George Washington 1776 erhalten hatte, für völlig unverdient. Um so mehr freute ich mich, daß Ruth in die Ehrung mit eingeschlossen wurde, denn ohne sie und ihre Ermutigung im Lauf der vielen Jahre wäre meine Arbeit unmöglich gewesen.

Die Zeremonie selbst fand im Rundbau des Capitols statt; zahlreiche Vertreter beider Parteien nahmen daran teil, darunter Vizepräsident Al Gore, der Sprecher des Repräsentantenhauses Newt Gingrich und der Führer der Senatsmehrheit, Bob Dole.

US-Vizepräsident Gores Bemerkungen taten mir besonders gut, denn er wies über Ruth und mich hinaus auf die souveränen Ziele Gottes hin. „Sie haben die Herzen der amerikanischen Familien angerührt", sagte er. „Durch die Verleihung dieser Ehrenmedaille … beziehen die Vereinigten Staaten von Amerika deutlich Stellung dazu, was in unserem nationalen Leben wirklich wichtig ist. Sie haben den Teil des amerikanischen Geistes berührt, der weiß, daß eine größere Macht ein höheres Ziel mit unserer Nation verfolgt."

Besonders freute ich mich, daß viele Mitglieder unserer Familie dabei sein konnten, darunter auch unsere fünf Kinder und einige Enkelkinder.

In seiner Ansprache witzelte Bob Dole mit seinem unnachahmlichen

Sinn für Humor: „Als die Idee, den Grahams die Goldmedaille des Kongresses zu verleihen, erstmals zur Sprache kam, gab es etwas, was in diesem Gebäude sehr selten ist – einhellige Zustimmung."

Ernster werdend, fügte er hinzu, die Historiker würden sich bald zu Wort melden, wer ihrer Meinung nach die einflußreichsten Personen des zwanzigsten Jahrhunderts gewesen seien. Dann meinte er: „Jede derartige Liste wird unvollständig sein, wenn sie nicht den Namen Billy Graham enthält."

Aussagen wie diese beschämen mich immer. Wenn etwas Wahres an dem ist, was Dole sagte, dann nur, weil Tausende von Menschen für unsere Arbeit gebetet haben und durch ihre finanzielle Unterstützung alles erst ermöglichten. In diesem Sinne formulierte ich auch meine Dankesrede. Ich wollte die Medaille stellvertretend für alle diese Menschen entgegennehmen.

Am Vortag hatte Präsident Clinton mich angerufen und gebeten, ihn im Weißen Haus zu besuchen. Wir verbrachten einen Großteil des Nachmittags zusammen und unterhielten uns nicht nur über die vergangenen und gegenwärtigen Ereignisse, sondern auch über die Bibel und was sie über Gottes Plan für unser Leben sagt. Es waren herzliche Stunden mit einem Mann, der nicht immer Zustimmung bei seinen Mitchristen findet, jedoch im tiefsten Herzen den Wunsch hat, Gott zu dienen und seinen Willen zu tun.

Als die Präsidentschaftswahl 1996 nahte, stand ich wieder vor dem altbekannten Dilemma: Zwei Freunde – Bill Clinton und Bob Dole – wetteiferten um dasselbe Amt. Insbesondere die Anhänger eines Kandidaten bedrängten mich stark, ich solle mich zugunsten ihres Kandidaten äußern. Doch ich weigerte mich standhaft.

Während des Wahlkampfes nahm Elizabeth Dole (die ich seit vielen Jahren kannte) an unserer Evangelisation in Charlotte teil. Ihre Gegenwart wurde vom Podium aus bemerkt – und sogleich faßten manche Leute das als meine deutliche Unterstützung für ihren Mann auf!

Andererseits war ich von Zeit zu Zeit an der Seite des Präsidenten zu sehen. Daraus zogen wieder andere den Schluß, ich stünde eindeutig auf seiner Seite.

Mein einziger Wunsch war, daß Gottes Wille geschehen möge und er demjenigen, der in unser höchstes Amt gewählt würde, Weisheit, Barmherzigkeit und Integrität schenken möge. Das war auch mein Gebet, als ich am 20. Januar 1997 auf dem Podium stand und Präsident Clinton mit Vizepräsident Gore in die zweite Amtszeit eingeführt wurden.

So betete ich für jeden der Präsidenten, die ich gekannt habe, ganz gleich, wie nah ich ihnen stand. Die Lasten und die Verantwortung dieses Amtes sind enorm. Aus eigener Kraft kann niemand den Anforderungen gerecht werden, er ist immer auf die Gnade und Hilfe des allmächtigen Gottes angewiesen. Präsident Clinton ist sich dessen sehr wohl bewußt. Und während Amerika sich der Schwelle eines neuen Jahrhunderts nähert, bete ich, daß alle, die ihm in diesem Amt folgen werden, sich dessen ebenfalls bewußt sein mögen.

Siebter Teil

Reflexionen

35

Gemeinsam sind wir stark

Menschen, die es möglich machten

Vor vielen Jahrzehnten, als unsere Arbeit noch in den Kinderschuhen steckte, bat mich einer der reichsten Männer Amerikas um ein Gespräch. Durch meinen alten Mentor vom Florida Bibel-Institut, W. T. Watson, nahm er Kontakt zu mir auf. Dr. Watson begleitete mich zu diesem Treffen.

„Wissen Sie, Billy", sagte der Mann, „Sie sollten Ihre ganze Zeit in Ihren Auftrag investieren, ich meine den Auftrag, für eine Erweckung zu arbeiten und Gottes Wort zu verbreiten. Sie dürfen keine Zeit damit vergeuden, Spender für Ihre Arbeit zu gewinnen."

Dann fügte er hinzu: „Wissen Sie, was ich tun werde? Ich finanziere Ihre Arbeit, so daß Sie sich um Geld keine Gedanken mehr zu machen brauchen. Was meinen Sie?"

„Das kann ich nicht annehmen", erwiderte ich sofort. „Ich habe eine geistliche Aufgabe. Jede Woche erhalten wir etwa fünfzehn- bis zwanzigtausend Briefe. In vielen von ihnen liegt ein bißchen Geld, manchmal ein Dollar, manchmal fünf. Doch in jedem dieser Briefe steht vor allem: ‚Wir beten für Sie.' Wenn bekannt wird, daß jemand unsere Arbeit voll finanziert, werden die Leute aufhören zu beten. Und das würde der Todesstoß unserer Arbeit sein. Darum kann ich das nicht annehmen."

Der Mann meinte es ehrlich mit seinem Angebot, und ich dankte ihm dafür. Doch ich habe die Ablehnung nie bereut.

Ich erzähle diese Geschichte, um einen wichtigen Punkt zu unterstreichen. Wenn ich auf das letzte halbe Jahrhundert zurückblicke, wird mir eins ganz deutlich: Unsere Arbeit war ein Gemeinschaftsunternehmen. Ohne die Hilfe der vielen Menschen, die uns finanziell und durch ihr Gebet unterstützen, ohne die Teammitglieder, die Mitarbeiter und den Vorstand wäre die Arbeit nicht möglich gewesen.

Der britische Admiral und Nationalheld Lord Nelson sagte einmal in Anlehnung an Shakespeare, es sei sein Glück gewesen, ein „Häuflein Brüder" zu befehligen. Er wußte, daß er die Siege nicht allein errungen hatte. Das ist auch eines unserer Geheimnisse: ein Häuflein Brüder und Schwestern voller Vertrauen auf Christus und motiviert für unsere Arbeit. Ihre Unterstützung, ihr guter Rat, ihre Mitarbeit und ihre Gebete durch die Jahre hindurch haben alles erst möglich gemacht. Allein hätte ich es nicht tun können.

DAS TEAM

Da in den Medien meist der Name Billy Graham hervorgehoben wird, wissen viele Leute nicht, daß unsere Arbeit eine gemeinschaftliche Anstrengung ist. Männer und Frauen, die mit uns zusammenarbeiteten, stellten sich mit ganzem Herzen dafür zur Verfügung. Mehr als einmal kam ich in ein Stadion oder eine Sporthalle und habe Cliff Barrows, Grady Wilson, Charlie Riggs oder Walter Smyth beim Stühlestellen angetroffen. Einmal entdeckte ich kurz vor dem Gottesdienst unseren langjährigen Evangelisationsleiter beim Putzen der Herrentoiletten. Der harte Kern unseres Teams begleitete mich schon seit den ersten Anfängen. Ich werde ihnen nie zurückerstatten können, was ich ihnen für ihre Freundschaft und Opferbereitschaft durch die Jahre schulde. Cliff Barrows, Grady Wilson, Walter Smyth, George Wilson, Bev Shea, Tedd Smith, Esther LaDow, Charlie Riggs, Russ Busby, T. W. Wilson – jeder von ihnen hat mich mindestens drei Jahrzehnte lang begleitet. Bei Grady – der inzwischen heimgegangen ist – und seinem Bruder T. W. reicht die Verbindung bis in unsere Jugend zurück.

Um zu tun, was immer getan werden mußte, haben sie ihre persönlichen Bedürfnisse zurückgestellt, ihre Lebensziele neu geordnet, Enttäuschungen und endlose Programmänderungen hingenommen, ihre Geduld strapazieren lassen, Kritik geschluckt und bis zur Erschöpfung gearbeitet. Sie waren die vom Himmel geschickten Helfer, die mich stützten, wenn ich vor dem Zusammenbruch stand. Sie scheuten sich aber auch nicht, mich zu korrigieren, wenn es nötig war, oder mir mit ihrem weisen Rat zur Seite zu stehen, wenn ich vor wichtigen Entscheidungen stand. Ich bin überzeugt: Ohne meine Freunde wäre ich innerhalb von fünf Jahren nach der Evangelisation in Los Angeles 1949 so ausgebrannt gewesen, daß nur noch ein Häufchen Asche von mir übrig geblieben wäre.

Grady Wilson
Solange ich lebe, werde ich Grady Wilson an meiner Seite vermissen. Seitdem wir uns kannten, war er mein gottgegebenes Korrektiv. Er verließ seine Pastorenstelle und bildete mit Cliff und mir unser erstes Team. Er half uns während der Evangelisation in Los Angeles und kam anschließend als Vollzeitmitarbeiter zu uns.

Ich sehe ihn vor mir in seiner Lieblingskluft: den riesigen weißen Stetson auf dem Kopf, in Westernjacke, Blue Jeans und reich verzierten Cowboystiefeln. Und ich höre noch, wie er in seinem gedehnten North-Carolina-Akzent eine bekannte Geschichte erzählte, die uns immer wieder in ihren Bann zog – weil er sie jedesmal neu ausschmückte. Sein unbekümmertes Wesen und sein trockener Humor haben viele meiner Tage hell gemacht. Er ließ es nie zu, daß irgendeiner von uns sich zu ernst nahm. Wie oft trug sein Humor dazu bei, eine angespannte Sitzung oder Situation zu entschärfen.

Ob er nun jemandem vom Team einen Streich spielte oder in der Radiosendung *Stunde der Entscheidung* die Bibellesung hielt – Gradys Akzent verriet nicht nur seine Herkunft aus dem geliebten Süden, sondern – wie mir schien – auch seine Freude über die himmlische Heimat.

Während unserer gemeinsamen Jahrzehnte predigte Grady, wenn ich krank oder heiser war. Er hatte einen ganz anderen Stil als ich, doch der Heilige Geist benutzte ihn in gleicher Weise, um Menschen auf Christus hinzuweisen.

Selbst als er mit schweren Herzproblemen und Diabetes kämpfte, verlor Grady nie den Sinn für Humor und das Funkeln in seinen Augen. Obwohl er sich schließlich kaum noch aufrecht halten konnte, bestand er darauf, 1987 zu unserer Evangelisation in Columbia, South Carolina, zu kommen. Mein nächster gemeinsamer Gottesdienst mit Grady war seine Beerdigung wenige Monate später.

Ich sage bewußt „mit Grady", weil ich weiß, daß er an diesem Tag lebendiger war als je zuvor – endlich frei von Schmerzen und voller Freude in der Gegenwart seines Herrn, den er liebte und dem er diente.

Die Schwestern und Ärzte des Krankenhauses, in dem er seine letzten Tage verbracht hatte, äußerten sich bewegt über seinen Humor, seine innere Freude und sein herzliches Zeugnis für Christus.

Cliff Barrows

Seit dem Augenblick, als ich Cliff Barrows kennenlernte, staunte ich über seine seltene Kombination von Begabungen. Er liebt Musik und weiß auch, wie wichtig Musik ist, um die Herzen einer Zuhörerschaft anzurühren. Seine geradezu unheimliche Fähigkeit, einen Evangelisationschor von tausend Stimmen zu dirigieren oder gar ein Publikum von hunderttausend Stimmen, ist absolut beispiellos.

Wenn Cliff mit dem Chor das Lied „So wie ich bin" anstimmt, während ich die Leute einlade, nach vorn zu kommen und Christus ihr Leben anzuvertrauen, dann hat er ebensoviel Anteil an dem, was der Heilige Geist in den Herzen der Menschen tut, wie ich. Dieser bekannte Choral ist von Gott in aller Welt gebraucht worden, um Menschen zu sich zu ziehen:

> *So wie ich bin, so muß es sein,*
> *nicht meine Kraft, nur du allein,*
> *dein Blut wäscht mich von Flecken rein.*
> *O Gottes Lamm, ich komm, ich komm!*

Cliff ist außerdem ein hervorragender Posaunist – ein Talent, das wir in unseren frühen Evangelisationen oft nutzten. Ruth erinnert sich besonders gern an eine Dame, die einmal mit ihr ins Gespräch kam. Sie war wohl erst kürzlich von einem entlegenen Missionsposten zurückgekehrt, wo offenbar das einzige Musikinstrument die Trommel war. Beim Anblick von Cliffs Spiel wunderte sie sich, wie er es schaffte, dieses Instrument so einfach in seinem Hals hinauf und herunter zu schieben …

Cliffs weitläufige Kontakte zu christlichen Musikern und anderen Künstlern haben dazu geführt, daß viele engagierte und begabte Solisten,

Instrumentalisten und Ensembles aus aller Welt bei unseren Evangelisationsbühnen auftraten.

Keinem anderen gelingt es, die komplizierten Abläufe auf einem Evangelisationspodium so reibungslos zu organisieren wie ihm: ob es nun darum geht, das Pult auf die Größe des Redners oder Sängers einzustellen oder ein Lied anzustimmen, das nicht auf dem Programm steht. Eine dramatische Ader hat er auch – und nutzte sie als fesselnder Geschichtenerzähler beim Kinderprogramm, das wir bei unseren frühen Evangelisationen regelmäßig durchführten und in den letzten Jahren wieder eingeführt haben.

Darüber hinaus hat sich Cliff mit großem Geschick um andere Arbeitsbereiche gekümmert. Die Produktion der *Stunde der Entscheidung* fiel, unterstützt von Johnny Lenning, fast ausschließlich in Cliffs Aufgabenbereich. Er leitete auch die Arbeit unseres Filmdienstes World Wide Pictures. Gegenwärtig beaufsichtigt er – gemeinsam mit unserem Direktor für Öffentlichkeitsarbeit – die Fernseharbeit.

Doch alle diese Talente sind nicht das eigentliche Geheimnis dessen, was Cliff bewirkt. Es ist vielmehr seine Demut und Dienstbereitschaft, die aus seiner Gemeinschaft mit Christus gewachsen ist. Die Liebe Christi hat von seinem Herzen und seiner ganzen Persönlichkeit so sehr Besitz ergriffen, daß er niemals seinen eigenen Vorteil auf Kosten anderer sucht oder eine andere Person herabsetzt.

Ich vertraue Cliff, und ich liebe ihn wie einen Bruder. Niemanden außer Ruth (vielleicht noch Grady und T. W.) habe ich so oft ins Vertrauen gezogen. Das bedeutet freilich nicht, daß er keine eigene Meinung hätte oder daß er sie nicht wie auch die anderen Teammitglieder offen äußern würde.

Cliff ist ein wettergegerbter Mann, der sich auf dem ungesattelten Rücken eines Pferdes in den Rocky Mountains genauso wohl fühlt wie bei der Gartenarbeit rund um sein Haus. Doch gleichzeitig besitzt er die Sanftheit und Fürsorge eines liebevollen Vaters oder Bruders. Er ist ein Versöhner; oft hat er unsere Mitarbeiter im Team oder bei Evangelisationen durch sein warmherziges, christliches Wesen wieder miteinander verbunden.

Als Cliff vor einigen Jahren durch einen Tumor der Verlust seines Gehörs drohte und seine liebenswerte Frau Billie unheilbar an Krebs erkrankte, waren Ruth und ich tief erschüttert. Wir jubelten mit ihnen, als der Tumor erfolgreich beseitigt werden konnte. Und wir weinten und beteten, als Billies Zustand sich über einen Zeitraum von mehreren Jahren hinweg allmählich verschlechterte. Ihr Beerdigungsgottesdienst war wirklich eine *Feier* – eine Feier nicht nur ihres Lebens, sondern auch der Hoffnung auf das ewige Leben, die wir durch Christus haben.

Heute lebt Cliff in Georgia mit seiner Frau Anne, mit der ihn Gott in seiner Gnade nach dem schweren Verlust von Billie zusammenkommen ließ.

Bei den Evangelisationen steht Cliff auf dem Podium stets ein qualifiziertes Team von Musikern zur Seite. Jahrelang spielte Don Hustad die Orgel, bis er schließlich einem Ruf als Professor für Kirchenmusik an das Seminar der Südlichen Baptisten in Louisville folgte. Dort bildete er eine ganze Generation von Kirchenmusikern aus. Während der letzten dreißig Jahre hat der gebürtige Brite John Innes sich uns für die Großveranstaltungen als Organist zur Verfügung gestellt (neben seiner Tätigkeit als Organist einer großen Gemeinde in Atlanta).

Doch in all den Jahren wußte ich immer, wer bei nahezu jeder Evangelisation an dem Flügel zu meiner Rechten sitzen würde: Tedd Smith. Tedd, der in Kanada geboren wurde und das Musikkonservatorium in Toronto absolvierte, stieß 1950 zu uns. Er ist nicht nur ein hervorragender Instrumentalist, sondern auch ein talentierter Komponist und Arrangeur – und überdies ein Dichter. Oft arrangierte er mit Cliff zusammen die Musik und koordinierte die musikalischen Programme.

In den letzten Jahren half Tedd uns, ein Musikprogramm für Jugendabende zu entwickeln. Wir nutzen zeitgemäße Musik, um die junge Generation mit der Botschaft von Christus zu erreichen.

George Beverly Shea

Keine Vorstellung unseres Musikteams wäre komplett, ohne Bev Shea zu erwähnen. Bev ist in Ontario, Kanada, geboren. Sein Vater war dort Pastor in einer Methodistengemeinde. Vom Beginn unserer gemeinsamen Arbeit während meiner kurzen Zeit als Pastor in Western Springs, Illinois, habe ich bereits berichtet.

Bev bat ich als ersten, mit mir zusammen zu evangelisieren. Er war bereits im mittleren Westen wohlbekannt. Bev war immer ein sehr bescheidener Mann; er konnte nicht nein sagen ... nicht einmal zu einem Vertreter für Fuller-Bürsten! Es war Gott, der uns zusammenführte. Bev wird stets als „Amerikas beliebter Gospelsänger" in Erinnerung bleiben, dessen kräftiger Baßbariton nicht nur während unserer Evangelisationen, sondern auch durch seine fünfundsechzig Schallplatten-Alben und CDs die Herzen von Millionen berührte. Für die „Songs of the Southland" erhielt er einen Grammy verliehen.

Wie oft habe ich gesagt: „Ich weiß gar nicht, wie ich aufstehen und predigen sollte, wenn Bev nicht da wäre, um mir mit einem passenden Lied den Weg zu bahnen!"

Doch nicht nur für seine musikalischen Beiträge zu unseren Evangelisationen, sondern auch für seine herzliche Art und seine persönliche Freundschaft über die Jahre hinweg werde ich immer dankbar sein. Ich kann mich nicht erinnern, daß ich ihn je ein unfreundliches oder kritisches Wort über irgend jemand habe sagen hören.

1976 starb seine Frau Erma nach langer Krankheit. Die beiden hatten eine Tochter, Elaine, und einen Sohn, Ron, der ein hervorragender Mitarbeiter im Vorbereitungsteam für unsere Evangelisationen geworden ist. Nach mehreren dezenten Hinweisen durch Teammitglieder begann Bev, sich mit einer der Mitarbeiterinnen in unserem Büro in Montreat zu verabreden. Karlene und Bev wurden 1985 bei Kerzenlicht in unserem Haus getraut und wohnen heute nicht weit von uns entfernt.

Walter Smyth

Bevor es eine BGEA gab, übernahm ich gelegentlich für Walter Smyth Predigten. Das war in Philadelphia bei Jugend für Christus. Vor vielen Jahrzehnten durfte ich ihn und seine Frau Ethel trauen. Als wir die Produktionsfirma Billy Graham Films gründeten, fragte ich Walter, ob er die Verantwortung für den Vertrieb übernehmen wolle. Er war einverstanden, und wir eröffneten ein Büro an der Connecticut Avenue in Washington, D.C.

Später wurde Walter Direktor für all unsere Evangelisationen und anschließend unser internationaler Direktor. Eine Reihe von Evangelisationen organisierte er selbst. Wenn ich nach Übersee reiste, begleitete er mich fast immer. Seit er in den Ruhestand gegangen ist, gehört er zu den Menschen, die ich am meisten vermisse. Ich kann gar nicht sagen, wieviel er mir persönlich und für unsere Arbeit bedeutet hat.

T. W. Wilson

Gradys älterer Bruder T. W. gehört seit meiner Jugend einfach zu meinem Leben dazu. Ich habe das Gefühl, als hätten wir schon immer zusammengearbeitet.

Bevor T. W. zu unserem Team stieß, war er ein begabter Evangelist, der viele Jahre lang Großstadtevangelisationen durchgeführt hatte. Neben all diesen Fähigkeiten wurde er nun auch zu einem weisen Ratgeber für uns, dem wir die Lösung mancher Probleme verdanken. Sein Humor und seine Ausdauer bei der Arbeit wirkten auf uns alle stets ermutigend. In praktischen Dingen habe ich mich in den letzten Jahren vielleicht stärker auf ihn gestützt als auf irgend jemanden sonst. Mit guter Gesundheit gesegnet, verfügt er auch noch über eine andere Fähigkeit, die ich nicht habe: Er schläft jede Nacht wie ein Murmeltier.

Ebenso wie viele andere Mitglieder unseres Teams hatte T. W. auch die Verantwortung für weitere Aufgaben unseres evangelistischen Dienstes, unter anderem die Aufsicht über unser Büropersonal in Montreat und über unsere Radiostationen.

Und noch eine andere – weniger angenehme – Seite unserer Arbeit fiel in T. W.s Zuständigkeitsbereich: die Sicherheit. Leider ist jeder, der im Rampenlicht der Öffentlichkeit steht, Drohungen von Menschen aus gesetzt, die entweder unzurechnungsfähig sind oder militant gegen unsere Arbeit vorgehen wollen. Bei vielen Evangelisationen erhielten wir Drohungen gegen das Team oder mich und meine Familie.

Manchmal gab es aber auch erheiternde Erlebnisse.

Vor vielen Jahren, Ruth war gerade schwanger, öffnete sie auf ein Klopfen hin die Tür.

„Ich bin Jesus Christus", sagte der Mann und versuchte, sich ins Haus zu drängen.

„Aha", erwiderte Ruth, „und warum mußten Sie dann anklopfen? Warum sind Sie nicht einfach durch die geschlossene Tür hereingekommen?"

Er blieb stehen, kratzte sich am Kopf und stieg dann wieder in sein Auto, um den Berg hinabzufahren.

Mit den meisten Drohungen sollten schlicht unsere Veranstaltungen gestört werden. 1980 war ich eingeladen, vor der Oxford Union zu sprechen, dem berühmten Debattierclub an der Oxforder Universität. Nicht wenige britische Premierminister hatten während der Studienzeit ihre analytischen Fähigkeiten zum Teil auch dadurch geschult, daß sie die Ansichten der Gastredner geradezu auseinanderpflückten. Im Laufe der Jahre, so sagte man mir, hätten daraufhin zahlreiche angesehene Männer und Frauen es abgelehnt, als Gastredner vor der Union zu erscheinen. Sie fürchteten das gnadenlose Kreuzverhör, das ihnen in der Frage-Antwort-Runde blühte.

Dennoch nahm ich die Einladung an und fand in den Mitgliedern sehr aufmerksame Zuhörer. Ihre Fragen waren gut durchdacht und spiegelten, wie ich fand, eine persönliche Suche nach Antworten auf die Grundfragen des Lebens wider. Nur auf eine Frage wußte ich keine Antwort: „Warum packen Sie nicht Ihre Sachen und fahren nach Hause?"

Doch bevor ich eine entsprechende Antwort geben konnte, buhten die Kommilitonen den Fragesteller aus, und er setzte sich wieder.

Während desselben Besuchs in Oxford sprach ich in der Stadthalle. Einige Mitglieder einer anarchistischen Studentengruppe lösten den Feueralarm aus; andere versuchten, mich niederzubrüllen. Ich ließ mich nicht beirren, ging nur dichter ans Mikrofon und sprach weiter. Die anderen Studenten hörten um so aufmerksamer zu, ohne auf das Spektakel zu achten. Einige der Anarchisten kletterten schließlich sogar auf das Dach und schnitten die Fernsehkabel durch, über die wir die Veranstaltung an fünf weitere Orte übertrugen.

Nach der Veranstaltung fand Maurice Rowlandson, der Leiter unseres Londoner Büros, seinen Wagen von Polizisten umringt. Sie suchten nach einem Sprengsatz. Doch die Bombendrohung stellte sich als Schwindel heraus.

Aber Gott wirkte auch in diesen Störungen! Kanonikus Michael Green, der bei der Koordination jener Veranstaltungen mitarbeitete, schrieb mir später, der am lautesten schreiende Student habe später an diesem Abend zum Glauben an Christus gefunden. Und ein anderer Student äußerte, er habe sich für Christus entschieden, weil er im Leben dieser Störer eine so große Leere gesehen habe.

Wieder andere Drohungen waren todernst zu nehmen.

In Denver gelangte ein Mann mit einer Schußwaffe ins Stadion, indem er sich als Sicherheitsbeamter ausgab. Er wollte mich töten, wurde aber rechtzeitig überwältigt. In Cleveland verhaftete die Polizei mehrere Männer, die beim Ruf zur Entscheidung auf das Podium gelangen wollten – einer mit einem Messer, zwei mit Pistolen. Wieder bei einer anderen Gelegenheit entdeckte die Polizei in einem Hochhaus neben dem Stadion einen Mann mit einem Gewehr, das ein Zielfernrohr besaß. Er entkam, wurde jedoch einige Wochen später wegen eines anderen Delikts festgenommen.

Im norwegischen Oslo versperrte uns eine Studentengruppe den Weg, wo immer wir hingingen. Als ich von König Olav empfangen wurde, berichtete er mir, ihm sei dasselbe geschehen, als er an einem Gottesdienst teilnehmen wollte. Kurz nach dem Beginn unserer Veranstaltung begannen die Studenten laut zu schreien. Ein junger Mann kletterte über den Zaun. Obwohl er sich dabei die Hand aufschnitt, rannte er aufs Podium zu – fest entschlossen, mich am Reden zu hindern. Unser Teammitglied Ralph Bell, in seiner Jugend ein bekannter Footballspieler, stoppte ihn kurz vor dem Podium.

Nicht jede Bedrohung endete so glücklich. In Kopenhagen wurde einmal während des Gottesdienstes kräftig gegen ein Tor der Sporthalle geklopft. Ein Sicherheitsbeamter öffnete. Da spritzte ihm jemand, der den Beamten für mich hielt, Säure ins Gesicht. Fieberhaft kämpften die Ärzte um sein Augenlicht. Ich besuchte den Mann im Krankenhaus, dankte ihm für seinen treuen Einsatz und beklagte mit ihm den hohen Preis, den er dafür hatte zahlen müssen.

Ich bin dankbar für alle Menschen, die im Laufe der Jahre für unsere Sicherheit gesorgt haben – obwohl ich aufrichtig sagen kann, daß mich solche Drohungen niemals nervös gemacht oder eingeschüchtert haben. Mein Leben liegt in Gottes Händen, nicht in denen von irgendwelchen Leuten, die sich ihm entgegenstellen wollen.

PLANUNG UND ORGANISATION EINER EVANGELISATION

Jede Evangelisation beginnt ganz klein, meistens mit einer Gruppe engagierter Christen, denen ihre Stadt am Herzen liegt. Sie schließen sich zusammen, um Gott danach zu fragen, wie sie die Menschen in ihrer Umgebung für Christus erreichen sollen. Kommen sie zu dem Schluß, daß eine Evangelisation der richtige Weg wäre, nehmen sie Kontakt zu unserem Büro in Minneapolis auf.

Seit vielen Jahren ist Sterling Huston unser Direktor für Nordamerika. Erhalten wir eine Anfrage, dort zu evangelisieren, so besucht Sterling die Interessierten. Wir wollen mit möglichst vielen Christen und verantwortlichen Leuten der Gastgeberstadt zusammenarbeiten, um die Veranstaltung auf eine breite Basis zu stellen. Später treffen sich weitere Mitarbeiter mit den örtlichen Pastoren und kümmern sich um die praktischen Fragen: etwa ein geeignetes Stadion zu finden, einen reibungslosen Zugang für die Teilnehmer zu ermöglichen und für ausreichend Parkplätze zu sorgen.

Die an unseren Evangelisationen beteiligten Mitarbeiter bringen große Opfer, denn sie sind oft wochenlang von zu Hause fort. Ihnen gegenüber empfinde ich eine große Dankesschuld.

Sterling war Ingenieur bei einem großen Industriekonzern, bevor er zu uns kam. Sein analytischer Verstand und sein Blick für Details sind mir von unschätzbarem Wert. Fast beispielhaft besitzt er genau die Gaben, die mir fehlen. Und er setzt sie bereitwillig ein, um unsere Arbeit zu fördern. Doch wie alle in unserem Team hat er auch ein großes geistliches Einfühlungsvermögen und ist stets darauf bedacht, daß wir eine Einladung in eine Stadt nur dann annehmen, wenn Gott uns eindeutig die Tür öffnet. Ganz wichtig ist ihm, ob Menschen in der Stadt für die Veranstaltung beten. Denn ohne dieses Fundament – davon ist er überzeugt – wird geistlich nur wenig geschehen.

Haben wir eine Einladung zu einer Evangelisation einmal angenommen, so zieht bereits ein Jahr im voraus ein Evangelisationsdirektor mit einer kleinen Gruppe von Mitarbeitern in die betreffende Stadt. Sie unterstützen den örtlichen Veranstalter dabei, jede Phase der Evangelisation vorzubereiten und zu organisieren – von der Anwerbung von Mitarbeitern, Ordnern und Chorsängern bis zur Konstruktion der Plattform und dem Aufbringen der finanziellen Mittel. Übrigens wird das Budget für alle Evangelisationen am Ort aufgebracht; nach der Veranstaltung werden die Finanzen geprüft, und das Prüfungsergebnis wird in den lokalen Zeitungen veröffentlicht.

An jeder Evangelisation sind Tausende von Freiwilligen unterschiedlichster Begabungen beteiligt, denen ihre Stadt oder ihr Land am Herzen liegt. Ohne sie wäre eine Veranstaltung dieser Größe unmöglich. Sie sind ebenso Teil des Teams wie die Mitarbeiter, die auf dem Podium stehen.

Und nach jeder Evangelisation, so hoffen wir, bleiben Menschen zurück, die ein bißchen besser wissen, wie sie ihre Gaben einsetzen können.

KO-EVANGELISTEN

Weil wir so viele Länder der Welt wie nur möglich erreichen wollten, haben wir im Laufe der Jahre mit etlichen Ko-Evangelisten zusammengearbeitet. In fast jedem Winkel der Erde haben sie Evangelisationen durchgeführt, oft unter schwierigen Bedingungen. Während meiner Evangelisationen teilen wir uns die zahlreichen Einladungen zu zusätzlichen Predigten und Vorträgen, die wir bekommen. Einige der Ko-Evangelisten, wie Joe Blinco und Grady Wilson, sind bereits in der Ewigkeit. Andere, wie Lane Adams und Leighton Ford, haben Pastorenstellen übernommen oder ihren eigenen Dienst aufgebaut. Ich freue mich, wie Gott ihre Arbeit segnet.

DER VORSTAND DER BILLY GRAHAM EVANGELISTIC ASSOCIATION

Während der Evangelisation in New York 1957 verbrachte ich einen Ruhetag im Haus des Versicherungsmanagers Roger Hull. Auf dem Weg nach Connecticut unterhielten wir uns über die organisatorische Belastung, die ich zu tragen hatte.

„Billy, eines Tages wird Sie das in Verlegenheit bringen", sagte er zu mir. „Ihr Vorstand kann Sie nicht genug unterstützen. Bisher sind Sie gut zurechtgekommen, aber das kann sich ganz schnell ändern. Ich denke, Sie sollten den Vorstand um einige verantwortungsbewußte Geschäftsleute erweitern, die sich um Ihre Finanzen kümmern."

Wir befolgten Rogers Rat – auf eine für ihn unerwartete Weise: Bei der Vorstandssitzung im November ernannten wir ihn zu unserem ersten externen Vorstandsmitglied. Außerdem beriefen wir noch weitere Vorstandsmitglieder, zumeist Geschäftsleute. Cliff plädierte dafür, daß ich Vorsitzender bleiben sollte. Das ganze Team und der Vorstand schlossen sich ihm an.

Während der nächsten zehn Jahre übergab ich Schritt für Schritt alle Vollmachten an den Vorstand. Nach einiger Zeit wurde ein Exekutivkomitee gegründet. Es tritt häufig zusammen – normalerweise alle sechs Wochen –, um sich eingehend mit den geschäftlichen Angelegenheiten unseres Werkes zu beschäftigen. Kein bezahlter Mitarbeiter der BGEA – ich selbst eingeschlossen – ist Mitglied dieses Komitees, das aus neun Männern und Frauen besteht. An den Sitzungen kann ein BGEA-Angestellter nur dann teilnehmen, wenn er dazu eingeladen wird.

Der Vorstand arbeitet mit einer Anzahl von Unterausschüssen, etwa dem Buchprüfungsausschuß und dem Personalausschuß. Im Gegensatz zu den meisten gemeinnützigen religiösen Organisationen haben wir auch eine interne unabhängige Revision.

Bevor jemand offiziell eingeladen wird, im Vorstand mitzuarbeiten, wird er oder sie gebeten, sich zu den Grundsätzen, der Glaubensauffassung und den Zielen der BGEA zu bekennen. Jedes Vorstandsmitglied hat sich darüber hinaus verpflichtet, der BGEA Priorität einzuräumen und an allen Sitzungen teilzunehmen.

Die meisten, wenn nicht alle Vorstandsmitglieder waren und sind vielbeschäftigte Männer und Frauen. Sie haben uns auch finanziell großzügig unterstützt, aber wir haben Mitglieder nie nach ihrer Finanzkraft ausgesucht. Das Wertvolle, das sie einzubringen haben, ist ihr guter Rat und ihre praktische Erfahrung. In Kanada haben wir einen separaten Vorstand, der unsere Arbeit dort leitet. Auch unsere anderen Arbeitszweige wie World Wide Pictures und die beiden Radiostationen haben eigene Vorstände.

Ich zögere, nur einzelne Namen zu erwähnen (weil ich aus Platzgründen dabei so viele übergehen muß), die im Lauf der Jahre im BGEA-Vorstand mitgearbeitet und zu bestimmten Zeiten einen unschätzbaren Beitrag geleistet haben. Doch es gibt einige Mitglieder, die mir immer besonders in Erinnerung bleiben werden. Allan Emery jr. übernahm den Vorsitz des Exekutivkomitees und wurde später zum Präsidenten der BGEA gewählt. Unser Finanzberater George Bennett ist seit vielen Jahren ein wertvoller Mitarbeiter im Exekutivkomitee; früher war er Schatzmeister der Harvard-Universität und auch in den Vorständen der Ford Motor Company, von Hewlett-Packard und anderen großen Firmen tätig.

Unter den anderen waren Carloss Morris, Chef einer Bodenrechtsschutz-Versicherung in Houston, Bill Mead, Chef einer Backwarenfirma in Dallas, Dr. E. V. Hill, Pastor und führender Vertreter der schwarzen Bevölkerung in Los Angeles, Warenhausdirektor Frank Coy, der kalifornische Autohändler Guy Martin, der Zeitungsherausgeber und frühere Botschafter in Spanien, Richard Capen, die Unternehmerin Mary Crowley, Firmenchef Bill Pollard, Bill Walton, der Mitbegründer der Holiday-Inn-Hotelkette, Seminarpräsident Dr. Arthur Johnston und Dr. Roger James, der seit langem mein Hausarzt ist.

Ich vermisse die Vorstandsmitglieder, die in den Ruhestand oder uns bereits voraus in die Ewigkeit gegangen sind. Auch wenn ihre Namen hier nicht genannt werden – bisher waren es fast siebzig, die im Laufe der Jahre mitgearbeitet haben –, ich weiß, daß sie in der BGEA bleibende Spuren hinterlassen haben.

Einige Mitglieder des Teams sind weiterhin im Vorstand tätig, wie etwa Cliff und T. W. Ihre reiche Erfahrung ist von unschätzbarem Wert. Dr. John Corts, der gegenwärtig Präsident und Geschäftsführer der BGEA ist, gehört ebenfalls dem Vorstand an. Ich selbst habe bis heute die Position des Vorstandsvorsitzenden inne.

Mein Sohn Franklin – der die christlichen Hilfsorganisationen Samaritan's Purse und World Medical Mission leitet – trat dem Vorstand 1979 bei. 1995 wählte der Vorstand ihn einstimmig zum stellvertretenden Vorsitzenden, mit der Maßgabe, daß er im Fall meiner Dienstunfähigkeit oder meines Todes die Leitung der BGEA übernehmen wird. Das war keine leichte Entscheidung, und unser Vorstand hat sich eingehend mit der Frage befaßt. Doch ich freue mich sehr darüber, wie Franklin in seinen neuen Aufgaben – und auch in seiner Predigttätigkeit – gewachsen ist. Ich hätte mir nie träumen lassen, daß er ein in vielen Teilen der Welt gefragter Evangelist werden würde.

Franklins Berufung stellt nicht nur den Fortbestand unserer Organisation sicher, sondern signalisiert auch die Entschlossenheit des Vorstands, an der Vision für die Weltevangelisation festzuhalten, aus der die BGEA geboren wurde. Wie es in einem unserer letzten Jahresberichte hieß, blicken wir „dankbar in die Vergangenheit und erwartungsvoll in die Zukunft".

Mein Arbeitsstil – wenn man es so nennen kann – war stets, in den Vorstandssitzungen freie Diskussionen zu fördern und dann zu versuchen, einen Konsens herbeizuführen. Ich kann mich an keine wichtige Entscheidung erinnern, die der Vorstand je getroffen hätte, ohne zu einer einmütigen Entscheidung zu kommen. Wenn eine Minderheit nach ausführlichen Diskussionen immer noch starke Bedenken hatte, war uns das Anlaß zu der Frage, ob wir wirklich den Willen Gottes erkannt hatten. Jeder von uns in der BGEA nimmt die Ermahnung aus den Sprüchen ernst: „Ohne Ratgeber sind Pläne zum Scheitern verurteilt; aber wo man gemeinsam überlegt, hat man Erfolg" (Sprüche 15,22).

Als unsere Mitarbeiter vor einigen Jahren begeistert an einem weltweiten Satelliten-Fernsehprogramm arbeiteten, lehnte das Exekutivkomitee das Vorhaben ab. Als wir die Angelegenheit jedoch dem gesamten Vorstand vorlegten, überstimmte dieser mit überwältigender Mehrheit die Entscheidung des Exekutivkomitees. Das ist die einzige ernsthafte Meinungsverschiedenheit in unserer Geschichte, an die ich mich erinnere.

Obwohl Franklin damals noch unerfahren in der Vorstandspolitik gewesen sein mag, drängte er den Vorstand dazu, die Frage noch einmal zu überdenken. Er schlug vor, uns anstelle eines weltweiten Programms zunächst einmal auf einen Teil der Welt zu konzentrieren. Genau so wurde es nach erneuten Beratungen auch gemacht. Wie sich herausstellte, war es eine gute Entscheidung.

FINANZEN

Ob es uns paßt oder nicht, Geld ist ein wesentliches Element unserer Arbeit. Bestimmte Vorkehrungen sind nötig, um Mißbrauch und Mißverständnisse zu vermeiden und alle Finanzangelegenheiten offen darzulegen. Der größte Teil unserer Mittel kommt von den Menschen, die uns Monat für Monat ihre Spenden schicken. Hinter uns stehen keine großen Stiftungen, sondern wir stützen uns auf viele relativ kleine Spenden, um unsere Kosten zu decken.

Unseren Spendern schreibe ich monatlich einen Informationsbrief und bitte sie, für unsere Arbeit zu beten. Am Ende jedes Briefes erwähne ich kurz den Stand unserer Finanzen und lade die Freunde ein, sich mit uns dieser Herausforderung zu stellen. Wir waren immer der Ansicht, daß wir offen sagen sollten, wie unsere finanzielle Situation aussieht, um dann auf Gottes Verheißung zu vertrauen: „Aus seinem Reichtum wird euch Gott, dem ich gehöre, durch Jesus Christus alles geben, was ihr zum Leben braucht" (Philipper 4,19).

Ich schreibe diese Briefe selbst. Wir wollten damit nie professionelle Geldbeschaffungs- oder PR-Organisationen beauftragen. Obwohl wir sehr viel Geld damit verdienen könnten, wenn wir unsere Adressenbestände an andere Organisationen oder Firmen verkaufen würden – wir haben uns stets geweigert, das zu tun.

Die andere Seite der Finanzen sind die Ausgaben. Unser Exekutivkomitee beaufsichtigt das Budget, und alle Ausgaben werden genau geprüft. Sind sie notwendig oder nicht? Darüber hinaus hat der Vorstand genaue Richtlinien aufgestellt: Vor größeren Ausgaben oder Anschaffungen muß zunächst eine Genehmigung eingeholt werden.

Vor einigen Jahren beauftragten wir eine der größten und angesehensten Anwaltskanzleien in Amerika, unsere Organisation und ihre Zweige in allen Einzelheiten genau zu prüfen. Nach einer zweijährigen Prüfung berichteten die Fachleute, sie hätten selten eine säkulare oder christliche Organisation geprüft, die an sich selbst einen so hohen Maßstab anlegt oder über bessere finanzielle Kontrollmechanismen verfüge. Das Finanzamt hat uns ebenfalls gründlich geprüft und sich jedesmal anerkennend über unsere Sorgfalt in finanziellen Dingen geäußert. Der jährliche Wirtschaftsprüfungsbericht ist für jeden zugänglich, der Einblick nehmen möchte. Unser Vizepräsident für Finanzen, Joel Aarsvold, kümmert sich seit vielen Jahren sorgfältig um unsere finanzielle Gesundheit und Integrität.

Als vor einigen Jahren mehrere gemeinnützige Organisationen in Amerika von höchst medienwirksam ausgeschlachteten Finanzskandalen erschüttert wurden, beteiligten wir uns an der Gründung einer unabhängigen Agentur, die über die finanzielle Integrität ihrer Mitgliedsorganisationen wacht. George Wilson war ihr erster Präsident.

MINNEAPOLIS UND MONTREAT

Was geschieht in der Zentrale der BGEA?

Fast jeder Aspekt unserer Arbeit wird von dort aus beaufsichtigt und koordiniert. Eine Abteilung bearbeitet die eingehende Post und sorgt dafür, daß Briefe rasch beantwortet und Spenden mit einer Quittung bescheinigt werden. In einer anderen Abteilung befassen sich Seelsorger ganz persönlich mit allen Anfragen und genannten Problemen – das kann ein Bibeltext sein, den ein Briefschreiber nicht versteht; es kann sich auch um eine Selbstmordabsicht handeln. Die Mitarbeiter in dieser Abteilung beantworten in jedem Jahr zweihunderttausend Briefe; manche davon werden an Menschen weitergeleitet, die in verschiedenen Teilen des Landes spezielle Seelsorgedienste anbieten.

Ich kann gar nicht genug Gutes über die außerordentlich fähigen und engagierten Mitarbeiter sagen, die Gott uns geschenkt hat. Ich wünschte nur, ich könnte ihre Namen alle nennen, denn ihr Beitrag in unserer Arbeit ist unverzichtbar. Als George Edstrom, einer unserer Leiter in Minneapolis, vor einigen Jahren starb, stellte ich mir tatsächlich die Frage, ob die BGEA überleben würde – so sehr waren wir auf seine gesunde Urteilskraft und seine Führungsqualitäten angewiesen.

In Minneapolis befindet sich auch die Redaktion der Zeitschrift *Decision*, die zu den auflagenstärksten christlichen Magazinen der Welt gehört. Jede Ausgabe wird ebenso wie der monatliche Rundbrief von unserer eigenen Postabteilung versandt. Auch der Verlag *World Wide Publications* und die Filmgesellschaft *World Wide Pictures* haben dort ihre Zentrale. Außerdem werden unsere Schulungen, an denen jedes Jahr mehrere Tausend Pastoren teilnehmen, von Minneapolis aus organisiert.

In viel kleinerem Maßstab arbeitet mein persönliches Büro in Montreat, in dem T. W. als Büroleiter, meine Sekretärin und eine Reihe weiterer Mitarbeiter tätig sind.

Wie jeder Geschäftsmann kann auch ich bestätigen: Meine eigene Arbeit wäre ohne eine gute Sekretärin unmöglich gewesen. Meine langjährigen Sekretärinnen Luverne Gustavson und Stephanie Wills haben ihren ganz persönlichen Stil und ihre Gaben in die Arbeit eingebracht – und ebenso Wanda Ann Mercer und Martha Warkentin Bridges. Selbst unter dem Druck drängender Termine und unvorhergesehener

Ereignisse blieben sie geduldig und behielten die Übersicht – eine Eigenschaft, die mich immer wieder in Erstaunen versetzte.

GEORGE WILSON

Wann immer ich an unser Büro in Minneapolis denke, habe ich George und Helen Wilson vor Augen. George half von Anfang an mit, unsere gerade aus dem Ei geschlüpfte Organisation effizient aufzubauen. Er unternahm nie einen wichtigen Schritt, ohne vorher meine Zustimmung einzuholen, und er hielt mich stets über alle Aktivitäten auf dem laufenden. Sogar bei Ausgaben, die ich manchmal nicht der Rede wert fand, holte er meine Zustimmung ein.

Als die Zahl und Größe der Evangelisationen zunahm, unsere Radio- und Fernseharbeit sich ausweitete und unsere Adressenliste wuchs, wurde das Büro in Minneapolis wirklich unentbehrlich. Es befreite mich auch von den Verhandlungen mit örtlichen Komitees über Evangelisations-Budgets und Abrechnungsprozeduren – das alles übernahm George.

Im Jahre 1951 – dem ersten vollen Kalenderjahr, in dem die BGEA existierte – erhielten wir bereits hundertachtzigtausend Briefe. Bis 1954 stellten wir etwa achtzig Mitarbeiter ein, um die Post zu bearbeiten und andere Verwaltungsaufgaben zu erledigen. Bald erwarben wir in der Innenstadt von Minneapolis von der Standard Oil Company ein altes Bürogebäude. Zusätzlich eröffneten wir kleine Büros in mehreren anderen Ländern, die sich um den Vertrieb der Filme, die fremdsprachigen Ausgaben der *Decision* und andere evangelistische Aktivitäten kümmerten. Eine Zeitlang hatten wir Büros an so weit entfernten Orten wie Hongkong, Paris, London, Buenos Aires, Mexico City, Berlin und Sydney. Bis auf das Büro in Berlin wurden alle irgendwann wieder geschlossen, als sie nicht mehr so dringend gebraucht wurden. Insgesamt arbeiteten in unseren verschiedenen Büros tausend Angestellte; inzwischen ist die Zahl auf etwa fünfhundert vollzeitliche Mitarbeiter gesunken.

In unseren ersten Jahren ging es bei uns zugegebenermaßen organisatorisch ziemlich leger zu. Oft trafen George und ich wichtige Entscheidungen zwischen Tür und Angel, wenn ich gerade einmal in der Stadt war. Wir stürmten mit mehr Glück als Verstand in eine ungewisse Zukunft, ohne irgendwelche Verfahrensmuster zu kennen, die wir uns zum Vorbild nehmen konnten. Zum Beispiel hat noch kein Evangelist vor uns die Beantwortung von Post in solch einem Umfang organisieren müssen. Doch wir versuchten schlicht, mit den Gegebenheiten Schritt zu halten, die Gott uns eröffnete. Gleichzeitig waren wir entschlossen, strengste Maßstäbe an unsere Integrität und Rechenschaftsfähigkeit anzulegen. Genau so, wie wir es einige Jahre zuvor in Modesto formuliert hatten.

George entwickelte sich zum Experten für effiziente Büroorganisation. Sogar das *Wall Street Journal* berichtete einmal über die Innovationen, die er einführte, um unsere Post zu beantworten und die Verwaltungsausgaben zu minimieren. Bisweilen konnte er stur und entschlossen sein. Mehr als einmal verlor ich die Geduld mit ihm – und er mit mir, vermute ich! Doch niemand arbeitete loyaler oder engagierter als er.

Als George in den Ruhestand ging, berief der Vorstand Dr. John Corts zu seinem Nachfolger. John hatte schon einmal einige Jahre für die BGEA gearbeitet und eine Vielzahl von Aufgaben wahrgenommen. Nach mehreren Jahren als Präsident eines christlichen Colleges übernahm er die Leitung unseres Büros in Minneapolis. Seine Fähigkeiten und seine Gabe, die Mitarbeiter zu motivieren, sind für uns von unschätzbarem Wert.

Wir haben es stets abgelehnt, nach einer Evangelisation in einer Stadt meinen Namen für irgendwelche örtlichen Organisationen oder Bewegungen zur Verfügung zu stellen. Manchmal kam es zum Beispiel vor, daß Ordner oder Seelsorgehelfer eine entsprechende Institution gründen wollten. So etwas ist zwar ein erfreulicher Beweis der Gemeinschaft, die sie erlebt haben, aber wir haben uns beharrlich dagegen gewandt, daß sich unter Verwendung des Namens „Billy Graham" irgendeine ständige Organisation formiert. Unsere ganze Unterstützung gilt den örtlichen Gemeinden, die uns eingeladen haben. Wir wollen keine neuen Gemeinden oder Organisationen etablieren.

Einen ganz erheblichen Teil meiner Zeit habe ich im Lauf der Jahre mit organisatorischen Aufgaben verbracht. Kaum ein Tag vergeht, an dem ich nicht telefonisch, brieflich oder in Besprechungen mit einer Verwaltungsangelegenheit oder Entscheidung befaßt bin, die niemand sonst erledigen kann. Ja, bisweilen stöhne ich unter dieser Last und sehne mich zurück nach den Zeiten, als unsere Organisation aus kaum mehr als einer oder zwei Sekretärinnen bestand. Da mein Herz eigentlich nur für das Predigen schlägt, finde ich es manchmal bedrückend, eine so große Organisation leiten zu müssen.

Der Schlüssel war stets unser Team – eine Mannschaft von treuen und begabten Mitarbeitern, die den größten Teil der Last getragen und mir bis auf die allerdringlichsten Pflichten und Entscheidungen alles abgenommen haben.

36

Freunde aus einem halben Jahrhundert

„Velma, Sie werden vor uns zu Hause sein. Schon morgen abend sind Sie in den Armen Jesu", sagte ich ihr am Telefon, wenige Stunden vor ihrer Hinrichtung durch eine tödliche Injektion.

„Gelobt sei Gott!" erwiderte sie zuversichtlich.

Velma Barfield hatte als Medikamentensüchtige nach eigenem Geständnis kaltblütig vier Menschen vergiftet – darunter ihre Mutter. Nach sechs langen Jahren in der Todeszelle hatte das US-Rechtssystem schließlich all ihre Gnadengesuche abgearbeitet. Jetzt stand sie kurz davor, als erste Frau seit zwanzig Jahren hingerichtet zu werden.

Persönlich waren wir uns nie begegnet, und doch war sie alles andere als eine Fremde für mich. Seit einiger Zeit hatte Ruth mit Velma korrespondiert und telefonischen Kontakt gehalten. Unsere Tochter Anne besuchte sie oft im Gefängnis in der Nähe von Raleigh, North Carolina, um mit ihr zu beten und in der Bibel zu lesen. Auf Velmas Bitte hin sollte Anne bei ihrer Hinrichtung anwesend sein.

Kurz nach ihrer Festnahme hatte Velma bei Christus Vergebung gesucht und war zu einer bewußten Christin geworden. Ihre Schuld, daran glaubte sie fest, war ihr von Gott völlig vergeben worden. Doch gegenüber der Gesellschaft mußte sie noch den äußersten Preis dafür zahlen.

Velma nahm ihre Taten nicht auf die leichte Schulter. Sie hatte furchtbare Schuld auf sich geladen, das wußte sie. Und auch Gottes Vergebung nahm sie nicht leicht, denn Christus hatte am Kreuz mit seinem Leben dafür bezahlt. Aber sie wußte auch, daß Gott gerade durch diesen Tod seine Liebe zu den Sündern bewiesen hatte – selbst zu einer so elenden Sünderin wie ihr.

„Wenn ich die Wahl hätte, entweder ohne meinen Herrn draußen frei herumzulaufen oder mit ihm hier in der Todeszelle zu sitzen", hatte sie wiederholt Anne gegenüber geäußert, „dann würde ich die Todeszelle wählen."

Nur wenige Monate vor ihrem letzten Tag vollendete Velma die Niederschrift ihrer tragischen Lebensgeschichte, die sie auf Ruths Drängen hin begonnen hatte; es war ein Leben voller Aufruhr, Drogen, Zorn, Gewalt und – am Ende – göttlicher Gnade.

„Ich möchte, daß meine Geschichte erzählt wird, weil ich hoffe, daß sie den Leuten verstehen hilft, was Gott im Leben eines abscheulichen und verzweifelten Menschen tun kann", schrieb sie. „Ich verstehe, was der Apostel Paulus meinte, als er sich selbst den schlimmsten Sünder nannte."

„Gott hat Ihre Todeszelle in eine ganz ungewöhnliche Kanzel verwandelt", schrieb ihr Ruth. „Es gibt Menschen, die Ihnen gerade deshalb zuhören werden, weil Sie dort sind. Solange Gott hier eine Aufgabe für Sie hat, wird er Sie auch hier behalten."

Als ich in Montreat an jenem letzten Tag ihres Lebens zum Telefon griff, um mit ihr zu reden, legte ich vorher meine Bibel aufgeschlagen auf dem Schreibtisch bereit. Sicher würde sie sich wünschen, daß ich ihr ein paar Abschnitte vorlas.

Als sie am nächsten Tag friedlich in den Tod ging, bewegten sich ihre Lippen in einem stillen Gebet.

Einen Monat später besuchten Anne und ich den Gottesdienst einer Frauenstrafanstalt in North Carolina. Nahezu alle Vollzugsbeamtinnen und Insassen waren anwesend. Ich predigte über Johannes 3,16 und beschrieb anhand von Velma Barfields Leben, wie Gott das Leben eines Menschen verändert, wenn er sich Christus zuwendet. Ein Gefängnis, sagte ich zu ihnen, sei eine besonders schwierige Umgebung, da man dort ständig beobachtet werde und viele Insassen solchen Bekehrungen zum

Glauben zynisch gegenüberstünden. Doch Velma hatte durch ihr Leben glaubhaft Christus bezeugt, das wußten alle, die bei diesem Gottesdienst zugegen waren.

Als ich zur Entscheidung für Christus aufrief, nahmen zweihundert Frauen den Ruf an, darunter auch einige Vollzugsbeamtinnen.

Bei diesem Besuch ging ich auch in die Zelle im Hochsicherheitstrakt, wo Velma vor ihrer Hinrichtung inhaftiert gewesen war. „Wissen Sie, seit Velmas Tod habe ich es noch nicht fertiggebracht, hier hereinzukommen", sagte die Gefängnisdirektorin zu mir. „Am Abend vor ihrer Hinrichtung war sie der fröhlichste, strahlendste Mensch, dem ich je begegnet bin."

Warum beginne ich dieses Kapitel über meine Freunde mit der Geschichte von Velma Barfield?

Vielleicht, weil ihr Leben so gut das zentrale Thema des christlichen Glaubens verdeutlicht: Gottes Vergebung in Christus steht uns allen zur Verfügung, egal, wer wir sind und was wir getan haben mögen.

Ich möchte aber auch deutlich machen, daß ich den größten Teil meines Lebens *nicht* mit Prominenten aus der Unterhaltungsbranche, aus Wirtschaft oder Politik verbracht habe. Im Laufe der Jahre habe ich so viele reiche und berühmte Menschen kennengelernt, daß ich sie beim besten Willen nicht alle aufzählen oder mich auch nur an alle erinnern kann. Präsidenten und gekrönte Häupter waren jedenfalls nicht die Menschen, mit denen ich üblicherweise zu tun hatte. Natürlich ist Velma auch nicht typisch – doch achtundneunzig Prozent meiner Zeit habe ich mit Menschen verbracht, die niemals im Licht der Öffentlichkeit standen.

Offen gesagt widerstrebt es mir etwas, von den anderen zwei Prozent zu sprechen. Ich möchte einfach nicht, daß man mir vorwirft, ich wolle mich aus Wichtigtuerei mit berühmten Namen schmücken. Aber meine Wege haben sich mit denen vieler bekannter Leute aus allen möglichen Bereichen gekreuzt – aus Politik, Religion, Wirtschaft, Bildung, Unterhaltung und Sport. Richard Nixon meinte einmal in einem Interview, ich sei weltweit mit mehr führenden Leuten bekannt als er.

Ich konnte damals nicht beurteilen, wie weit das zutraf – aber es war sicher nicht erstaunlich, daß mancher zu diesem Schluß kam. Wann immer ich mit einem Präsidenten Golf spielte oder einen Premierminister besuchte oder mit einem bekannten Unterhaltungskünstler oder Sportler gesehen wurde, waren die Medien zur Stelle. In Wirklichkeit jedoch habe ich nur einen Bruchteil meiner Zeit mit Prominenten verbracht. Es mag beeindruckend klingen, wenn ich sage, daß wir bei einem Dutzend Gelegenheiten mit Ihrer Majestät Königin Elizabeth II. zusammengetroffen sind – aber diese zwölf Gelegenheiten verteilen sich auf vierzig Jahre.

Wenn ich mich in diesem Buch nun auf einige wenige Freundschaften konzentriere, dann nur deshalb, weil ich manche dieser Menschen in seelsorgerlicher Eigenschaft oder einfach nur als Freunde kennengelernt habe. Auch wenn Menschen, die ständig im Licht der Öffentlichkeit stehen, meist sehr schnell lernen, ihre innersten Gedanken zu verbergen – in Wirklichkeit haben sie doch dieselben persönlichen Probleme und Fragen wie alle anderen auch. Einige sprachen mit mir im Vertrauen über persönliche Dinge, denn sie wußten, daß ich schweigen würde.

Wenn einige Leser nun enttäuscht sind, daß ich sie nicht mit Klatschgeschichten versorge, so sei's drum. Auch wenn man mich noch so sehr bedrängte, Geschehnisse aus privaten Begegnung preiszugeben, habe ich immer versucht, nur ganz allgemeine Antworten zu geben.

Nach einer Besprechung mit Kardinal Lustiger, dem Erzbischof von Paris, wollte ein Reporter wissen, worüber wir geredet hätten. Ich erwiderte, er dürfe davon ausgehen, daß wir über Glaubensfragen gesprochen hätten. Trotz seines beharrlichen Nachfragens bekam er nicht mehr aus mir heraus. Die Bibel ist da ganz eindeutig: „Plaudere nicht die Geheimnisse aus, die ein anderer dir anvertraut hat" (Sprüche 25,9).

Ich treffe mich niemals mit Menschen in leitenden Positionen oder mit sonst jemandem – ohne mir bewußt zu machen, daß ich in erster Linie ein Botschafter des Königs der Könige und Herrn der Herren bin. Von dem Augenblick an, in dem ich den Raum betrete, denke ich darüber nach, wie ich das Gespräch auf das Evangelium bringen kann. Es mag sein, daß wir zuerst über ein Dutzend andere Dinge sprechen, aber ich denke dennoch darüber nach, wie ich den Anwesenden Christus und seine Botschaft der Hoffnung nahebringen kann. Dabei gebe ich mir größte Mühe, Rücksicht auf ihre Position und ihre Einstellung zu nehmen. Aber ich verabschiede mich selten, ohne den Versuch gemacht zu haben, die Bedeutung des Evangeliums zu erläutern – es sei denn, Gott macht mir deutlich, dies sei nicht der richtige Zeitpunkt für die betreffende Person. Niemand hat mich je abgewiesen oder sich geweigert, mir zuzuhören.

Einmal, als ich mit meiner Arbeit erst begonnen hatte, habe ich das nicht getan. Der Geschäftsmann, den ich besuchte, war sehr einflußreich. Vielleicht fühlte ich mich ihm gegenüber eingeschüchtert, oder ich dachte, ich könnte ihn vor den Kopf stoßen, wenn ich zu fromm auftrat. Jedenfalls sagte ich wenig oder gar nichts über Jesus Christus. Hinterher war ich so enttäuscht über mich selbst, daß ich zurück in mein Hotelzimmer ging, auf die Knie fiel und Gott um Vergebung bat. Ich bat ihn auch um eine zweite Chance, diesem Mann noch einmal zu begegnen. Doch es war kaum anzunehmen, daß sich unsere Wege noch einmal kreuzen würden.

Völlig unerwartet bat mich dieser Geschäftsmann schon wenige Wochen später um ein erneutes Treffen. Im Laufe unseres Gesprächs ergab es sich, daß ich ihm ganz einfach Gottes gute Nachricht für uns Menschen darlegen konnte. Der Vorfall bestärkte mich darin, künftig ohne Zögern von meinem Glauben an Christus zu erzählen.

Was habe ich aus meinen Kontakten zu Menschen gelernt, die auf ihren Gebieten eine führende Rolle spielten – seien es Politiker, Showstars, Sportler oder Wirtschaftsführer? Fünf Dinge fallen mir ein:

Erstens: Führungspositionen bringen ihre ganz eigenen Belastungen und Zwänge mit sich. Das Leben eines gefeierten Stars oder eines mächtigen Politikers mag nach außen strahlend und aufregend erscheinen, in Wirklichkeit ist es jedoch oft anders.

Von 1955 bis 1960 bin ich mehreren Dutzend Staatsoberhäuptern begegnet, vom Ministerpräsidenten Japans bis zur Ministerpräsidentin Israels. Fast ohne Ausnahme waren sie zutiefst pessimistisch im Hinblick auf die Zukunft der Welt und trugen schwer an der Last ihrer politischen Verantwortung. Im Zusammenhang mit unserer internationalen Arbeit bin ich später auch weiterhin mit vielen führenden Politikern zusammengetroffen, darunter buchstäblich mit jedem japanischen Ministerpräsidenten und jedem deutschen Bundeskanzler.

Vor einigen Jahren unterhielt ich mich mit einem führenden Politiker. Dabei stellte ich plötzlich fest, daß er an der Schwelle zum Selbstmord stand – völlig entmutigt über die Welt und die vor ihm und seinem Land stehenden Probleme. Ich versuchte ihn zu trösten und seinen Blick auf Gott zu lenken, und er schien ein wenig Hoffnung aus dieser Botschaft zu schöpfen.

Zweitens: Menschen in Führungspositionen können ziemlich einsam sein. Vor vielen Jahren nahm ich an einem Essen zu Ehren des Schahs von Persien im Weißen Haus teil. Während des Empfangs begrüßte er mich herzlich und bat mich, ihn im Iran zu besuchen. Bei unserer Indienreise 1972 teilten wir ihm mit, daß wir auf dem Rückweg in Teheran zwischenlanden würden. Er lud mich ein, während dieses Aufenthaltes mit ihm zu Abend zu essen. Ich traf ihn ganz allein in einem riesigen Raum an, wo er sich ein Videoband der amerikanischen Abendnachrichten vom Vortag ansah. In seinem Gesicht sah ich die Spuren der Einsamkeit und Isolation.

Wenn ich in den fünfziger Jahren in New York war, besuchte ich gelegentlich Dag Hammarskjöld, den Generalsekretär der Vereinten Nationen, um mit ihm zu beten. Er war ein sehr nachdenklicher, aber einsamer Mann, der hauptsächlich aus seiner christlichen Überzeugung heraus versuchte, etwas für den Weltfrieden zu bewirken.

Drittens: Menschen in einflußreichen Positionen werden oft von anderen für ihre eigenen Zwecke benutzt. Infolgedessen müssen sie dauernd auf der Hut sein. Ich habe mich immer darum bemüht, nicht den Eindruck zu erwecken, als suchte ich nur deshalb den Kontakt, weil der andere etwas für mich tun sollte.

Das galt besonders für die Wirtschaftsführer, die ich kennengelernt habe. Einmal war ich über Nacht bei Ross Perot zu Gast, dem milliardenschweren Industriellen. Er gehörte der Gemeinde an, in der mein Schwager Clayton Bell Pastor ist.

„Ross", sagte ich, während wir uns unterhielten, „ich möchte gleich zu Anfang etwas klarstellen. Ich werde Sie nie um einen einzigen Cent bitten. Wir treffen uns hier als Freunde."

„Wissen Sie was?" erwiderte er. „Das hat noch nie jemand zu mir gesagt. Alle, die hierherkommen, wollen Geld!"

Ein anderer sehr reicher Texaner, den ich recht gut kennenlernte, war der Ölmilliardär Hunt. Von Zeit zu Zeit bot er uns ausdrücklich an, dieses oder jenes Projekt zu unterstützen. Doch er setzte andere Prioritäten als ich. Als die Pläne für unseren Pavillon auf der New Yorker Weltausstellung Gestalt annahmen, zeigte ich ihm die Zeichnungen.

„Mr. Hunt", sagte ich, „das wäre eine gute Gelegenheit für Sie, etwas in das Reich Gottes zu investieren."

„Warum machen Sie da nicht lieber etwas gegen den Kommunismus?" fragte er. „Dafür würde ich bezahlen."

„Nein", erwiderte ich, „wir wollen auf dieser Ausstellung nur das Evangelium verkündigen."

Er war enttäuscht und gab uns keinen Cent.

Viertens: Menschen, die im Rampenlicht der Öffentlichkeit stehen, werden oft als Vorbilder genommen – auch gegen ihren Willen.

Einmal waren eine prominente Person des öffentlichen Lebens und ich zusammen in einem Hotel in West Virginia. Wir waren seit Jahren befreundet, doch zur Zeit dieser Begegnung stand er, wie er sagte, an einem Scheideweg. Später erzählte er: „Ich hätte fast mein ganzes Leben zerstört."

Große Probleme bereitete ihm, daß er als Vorbild und Beispiel für andere diente. „Ich *will* keine Leitfigur sein", rief er immer wieder aus.

„Nun", sagte ich schließlich zu ihm, „es spielt keine Rolle, ob Sie ein Meinungsmacher sein wollen oder nicht. Sie *haben* Vorbildcharakter. Sie können höchstens noch entscheiden, ob Sie ein gutes oder ein schlechtes Vorbild sein werden."

Ein landesweit bekannter Talkmaster schlug mir einmal vor, regelmäßig in seiner Sendung aufzutreten. Wenig später stellte er mir in der Sendung eine direkte Frage zur sexuellen Moral. Ich beantwortete sie von der Bibel her so behutsam und gleichzeitig so klar, wie ich konnte. Später erfuhr ich, daß er zu dieser Zeit ein außereheliches Verhältnis hatte. Er lud mich nie wieder ein.

Besonders Menschen aus der Sportszene und der Unterhaltungsbranche gelten in unserer Gesellschaft als Vorbilder. Sportler wie der Tennisstar Michael Chang, die Golfprofis Gary Player und Bernhard Langer und der Football-Trainer Tom Landry bekennen sich zu Christus. Sie und viele andere sind mir im Laufe der Jahre zu Freunden geworden und haben sich an unseren Evangelisationen und Satelliten-Projekten beteiligt.

Muhammad Ali, der mehrfache Boxweltmeister im Schwergewicht, staunte bei seinem Besuch in Montreat darüber, daß wir nicht in einer Villa mit Dienstboten und Chauffeur wohnten. Das zehn Jahre alte Auto, mit dem ich ihn vom Flughafen abholte, überraschte ihn ebenso.

Ich signierte eine Bibel für ihn. Er nahm sie gerne an, doch als er mein unleserliches Gekritzel sah, fragte er T. W.: „Was soll das heißen?"

631

„Es heißt *Gott segne Sie*, und darunter *Billy Graham*."

Ali reichte mir das Buch zurück.

„Wie wäre es, wenn Sie noch einmal in Druckbuchstaben *Billy Graham* darunter schreiben? Ich will doch, daß die Leute wissen, von wem die Bibel ist, wenn ich sie herumzeige."

Lachend setzte ich meinen Namen in großen Druckbuchstaben unter die Widmung.

Zwei Persönlichkeiten aus der Unterhaltungsbranche, deren Freundschaft Ruth und ich stets besonders schätzten, sind der Countrysänger Johnny Cash und seine Frau June Carter Cash. Johnny hat so ziemlich alle Auszeichnungen seiner Branche gewonnen, und Millionen in aller Welt lieben seine unverwechselbare Stimme. Vor einigen Jahren begannen Johnny und June, regelmäßig auf unseren Evangelisationen zu singen. Dadurch sind unzählige Menschen, die sonst vielleicht nie gekommen wären, zu den Veranstaltungen gekommen.

Wir haben als Familien zusammen gelacht und geweint und in Zeiten der Krankheit und des Leides unsere Lasten miteinander geteilt. Oft haben wir uns gegenseitig zu Hause besucht und sind hin und wieder zusammen in Urlaub gefahren. Wir könnten uns keine besseren Freunde als Johnny und June vorstellen.

Auch der britische Popsänger Cliff Richard ist bei einigen unserer Evangelisationen aufgetreten, um über seinen Glauben an Christus zu sprechen. Ich werde nie jenes kleine Abendessen in London vergessen, zu dem ich ein Dutzend Leute eingeladen hatte. Einer der Gäste war an jenem Abend der frühere Premierminister Sir Alec Douglas-Home. Cliff Richard war ebenfalls dabei, ebenso wie ein prominentes Mitglied der königlichen Familie und ihr Mann.

Das Gespräch an diesem Abend drehte sich größtenteils um den christlichen Glauben. Dabei ging es insbesondere um die Gottheit Jesu Christi. Einer der Gäste konnte dies nicht akzeptieren; er war in einer Sekte am Rande des Christentums aufgewachsen, die Jesus Christus nur als Mensch und nicht als Sohn Gottes verstand. Cliff bewies eine erstaunlich gute Bibelkenntnis und ein fundiertes theologisches Wissen, während sie lebhaft darüber diskutierten, was die Bibel zu dieser Frage sagt. Ich brauchte kaum etwas zu sagen und war dankbar für Cliffs Bereitschaft, sich zu Christus zu bekennen.

Fünftens: Viele Männer und Frauen, die in unserer Welt eine führende Rolle spielen, haben relativ wenig über Gott nachgedacht. Sie neigen dazu, über der diesseitigen Welt die jenseitige zu vergessen. Gelegentlich jedoch begegne ich einer führenden Persönlichkeit von großem geistlichen Weitblick. Einer von ihnen war Präsident Figueres von Costa Rica. Ihn lernte ich 1958 kennen.

„Das Problem dieser Welt scheint mir sehr einfach zu sein", sagte er. „Ich bin Katholik, aber ich stimme mit Ihnen überein, daß das Problem dieser Welt genau hier sitzt."

Er deutete auf sein Herz. „Solange wir das menschliche Herz nicht ändern, können wir die Probleme der Welt nicht lösen."

Noch denkwürdiger war meine Begegnung mit dem deutschen Bundeskanzler Konrad Adenauer. Als ich einmal in Deutschland predigte, lud er mich in sein Büro ein. Man servierte uns Kaffee, doch noch bevor ich daran nippen konnte, begann er bereits das Gespräch.

„Junger Mann, glauben Sie an die Auferstehung Jesu Christi?"

„Unbedingt", erwiderte ich.

„Ich auch. Wenn Jesus Christus nicht von den Toten auferstanden ist, gibt es nicht den geringsten Hoffnungsschimmer für die Menschheit. Wenn ich mein Amt verlasse, werde ich den Rest meines Lebens damit verbringen, mich mit der Auferstehung Jesu Christi zu befassen und darüber zu schreiben. Denn sie ist das wichtigste Ereignis der Menschheitsgeschichte."

Durch unsere vielfältigen Aktivitäten in Großbritannien trafen wir mit zahlreichen führenden Persönlichkeiten zusammen, nicht zuletzt mit fast allen Premierministern seit 1954.

Margaret Thatcher hieß mich in der Downing Street willkommen. Ihre Eltern waren engagierte Methodisten gewesen, und sie zeigte große Sympathie für unsere Arbeit.

Auch Premierminister Harold Wilson war mir gegenüber stets sehr herzlich. Bei unserer ersten Begegnung unterhielten wir uns darüber, daß die britische Labour-Bewegung ihre Wurzeln zum Teil in den Erweckungsbewegungen des 19. Jahrhunderts unter Moody und anderen hatte.

In Großbritannien habe ich versucht, Menschen aus allen möglichen politischen und sozialen Richtungen kennenzulernen. Ich erinnere mich zum Beispiel an eine ernsthafte, aber sehr freundliche Diskussion, die ich während einer Zeit harter Arbeitskämpfe mit dem Vorsitzenden der Bergarbeitergewerkschaft führte.

Niemand in Großbritannien hat uns freundlicher behandelt als Ihre Majestät Königin Elizabeth II. Beinahe jedes Treffen fand in einer herzlichen, sehr persönlichen Atmosphäre statt, etwa bei einem Mittag- oder Abendessen, entweder allein oder im Beisein einiger weniger Familienangehöriger oder enger Freunde. Aus Respekt vor ihr und ihrer Familie möchte ich über diese Begegnungen hier nichts weiter sagen.

Ihre Stellung in der Öffentlichkeit hinderte Königin Elisabeth II. daran, unsere Evangelisationen offen zu unterstützen. Doch indem sie uns willkommen hieß und mich bat, bei mehreren Gelegenheiten in Windsor und Sandringham vor der königlichen Familie zu predigen, stellte sie sich still hinter unsere Arbeit. Zweifellos ist sie eine der bestinformierten Persönlichkeiten, denen ich je begegnet bin. Diese Kenntnisse bezieht sie zum Teil aus ihren wöchentlichen eingehenden Besprechungen mit dem Premierminister. Aber nicht nur in der Politik, sondern auch in vielen anderen Bereichen fielen mir ihre klugen und sachkundigen Kommentare auf.

Als wir 1984 in Sandringham bei der königlichen Familie zu Gast waren, kamen Ruth und ich im Hof an einer Frau vorbei, die einen alten Regenmantel trug, dazu Gummistiefel und ein großes Kopftuch. Gebückt stand sie da, um den Hunden ihr Futter zurechtzumachen. Zuerst hielten wir sie für eine der Haushälterinnen, doch als sie sich aufrichtete, erkannten wir die Queen!

Am Ende jenes Besuches – wir wollten gerade abfahren – trat ein Pförtner an unseren Wagen. Er überreichte unserem Freund Maurice Rowlandson, der uns abgeholt hatte, eine Schachtel: „Ein paar Fasane von Ihrer Majestät der Königin für Mr. und Mrs. Graham!"

Was sollten wir damit tun? Auf dem Weg zurück nach London debattierten wir darüber. Maurice schlug vor, wir sollten sie dem Küchenchef des Hotels übergeben, damit er sie für uns zubereitete. Aber dafür waren sie zu schade, fand ich. Und so bat ich Maurice, die königlichen Vögel von einem Tierpräparator ausstopfen zu lassen. Schließlich kamen sie in einer Vitrine bei uns in Montreat an – Fasan unter Glas! Später gestand uns Maurice, es sei eine höchst knifflige Aufgabe gewesen, die Vitrine von England aus zu versenden und durch den amerikanischen Zoll zu bringen.

Während eines meiner Besuche in Großbritannien bereitete die Queen gerade ihre jährliche Weihnachtsansprache vor, die weltweit im Fernsehen übertragen wurde. Um eine ihrer Aussagen zu illustrieren, wollte sie einen Stein in einen Teich werfen, um zu zeigen, wie sich die Wellenkreise im Wasser immer weiter ausbreiteten. Gerne folgte ich ihrer Bitte, als Zuhörer dabei zu sein, während sie ihre Rede am Teich einstudierte.

Ich stellte bei ihr stets ein großes Interesse an der Bibel fest. Nachdem ich eines Sonntags in Windsor gepredigt hatte, saß ich beim Mittagessen neben der Königin. Dabei erwähnte ich, daß ich bis zum letzten Moment über ein mögliches Thema meiner Predigt nachgedacht hätte. Beinahe hätte ich über die Heilung des Kranken in Johannes 5 gepredigt. „Ich wünschte, Sie hätten es getan!" rief sie daraufhin, und ihre Augen funkelten vor Begeisterung. „Das ist nämlich meine Lieblingsgeschichte."

Ich vermute, ein Grund für das geistliche Interesse der Queen war der tiefe Glaube ihrer Mutter. Ihr waren wir zum ersten Mal in ihrer Londoner Residenz Clarence House begegnet: sie hatte Ruth und mich zum Kaffee eingeladen. Als wir eintrafen, begrüßte sie uns herzlich und stellte uns Prinzessin Margaret vor. Wir verbrachten etwa eine Stunde dort und fühlten uns schon nach fünf Minuten völlig entspannt, weil beide so freundlich zu uns waren.

Unter anderem beeindruckte mich die Königinmutter durch ihre Feinfühligkeit. Ich weiß noch, wie nervös ich war, als ich zum ersten Mal auf Schloß Windsor predigte. Hinterher waren wir zu einem kleinen Empfang im Haus der Königinmutter eingeladen. Ich unterhielt mich gerade mit ihr und Prinzessin Margaret, da wurden uns Drinks angeboten. Die Königinmutter sah, wie ich ein wenig zögerte und sagte sofort: „Ich glaube, ich nehme einen Tomatensaft."

Daraufhin bestellte ich das gleiche. Sie muß wohl gespürt haben, daß ich keinen Alkohol trinken wollte, und reagierte sofort, um mir jede Verlegenheit zu ersparen.

Vor allem jedoch beeindruckte mich ihr fester, unerschütterlicher Glaube. Als ich das letzte Mal auf Schloß Windsor predigte, suchte sie bewußt meinen Blick und bedeutete mir durch eine Geste, daß sie hinter mir stand und für mich betete.

Auch das große Engagement des britischen Königshauses für Wohltätigkeitsorganisationen und soziale Aktivitäten beeindruckte mich sehr.

1966 wurden Ruth und ich von Prinzessin Margaret zu einem Fest im Londoner Tower zu Ehren von *Dr. Barnardo's Kinderheimat* eingeladen, einer Organisation, die sich verarmter Kinder und Waisen annahm. Wir kamen direkt von einer Evangelisation am Earls Court (an der an diesem Abend Prinzessin Alexandra teilgenommen hatte). Als wir eintraten, wunderte sich vermutlich mancher über unser Kommen. Schließlich war es ein eleganter Ball, und die Gäste tanzten zur Musik eines Orchesters. Später hörte ich, daß es der erste Wohltätigkeitsball gewesen sei, der je im Tower stattgefunden hatte.

Als dann Prinzessin Margaret und Lord Snowdon eintraten, erhoben sich alle von ihren Plätzen. Die beiden kamen herüber und setzten sich an unseren Tisch. Wenig später beugte sich Prinzessin Margaret zu mir herüber: „Dr. Graham, würde es Ihnen etwas ausmachen, ein paar Worte zu den Gästen zu sagen?"

Niemand hatte mich vorab informiert, daß ich etwas sagen sollte, aber ich erklärte mich gern dazu bereit. Glücklicherweise hatte ich vorher die Biographie von Dr. Thomas Barnardo gelesen. Die meisten der Anwesenden, das merkte ich, waren nur wenig über den Hintergrund der Organisation unterrichtet. Und so erzählte ich ihnen, wie Barnardo zum Glauben an Christus gefunden und sich dann entschlossen habe, seine Heime aufzubauen. Als ich mich wieder setzte, sagte Prinzessin Margaret: „Das war genau das, was wir heute abend hören mußten."

Auf meinen Reisen lernte ich viele bedeutende Christen in Leitungspositionen kennen, von denen ich etliche bereits erwähnt habe. Einer, von dem noch nicht die Rede war – und dem ich mich besonders verbunden fühlte –, war der katholische Bischof Fulton J. Sheen. Er war wie ich eine Art Wanderprediger. Ich erinnere mich noch lebhaft an unsere erste Begegnung.

Ein privates Schlafabteil im Zug verschaffte mir meist die Ruhe und Erholung, die ich vor einem wichtigen Termin brauchte. In den frühen Jahren reiste ich oft mit dem Zug, besonders wenn ich nach Washington oder New York wollte. Der Zug hielt gegen vier Uhr nachmittags in Black Mountain, um zehn Uhr am nächsten Morgen war ich dann in New York. Allmählich kannte ich alle Schaffner in diesem Zug und genoß das Reisen sehr.

Eines Abends döste ich in diesem Zug gerade ein bißchen vor mich hin, da wurde an die Abteiltür geklopft. Ich war zu müde, um zu öffnen. Ich dachte, es wäre sicher wieder jemand, der ein Autogramm haben wollte, oder ein Fotograf. Tagsüber wäre ich gern zu Diensten gewesen, doch jetzt war ich müde und wollte meine Ruhe haben.

Der Klopfer blieb beharrlich. Schließlich entriegelte ich die Abteiltür und öffnete sie einen Spalt. Vor mir sah ich ein Gesicht, das überall in Amerika sehr bekannt war: Bischof Sheen. Wir waren uns noch nie begegnet, obwohl ich hin und wieder seine Fernsehsendung *Das Leben ist lebenswert* gesehen hatte und seine Begabung als Prediger und Redner sehr bewunderte. Seine Sendungen zur besten Sendezeit wurden vielleicht von ebenso vielen Protestanten wie Katholiken gesehen.

„Billy, ich weiß, es ist spät", sagte er. „Darf ich trotzdem auf ein paar Worte und ein Gebet hereinkommen?"

Ich war schon im Pyjama, aber ich freute mich sehr, ihn kennenzulernen, und bat ihn herein. Wir unterhielten uns über unsere Arbeit und unser gemeinsames Engagement für die Evangelisation. Dabei erwähnte ich auch, wie sehr ich mich über seine klare Verkündigung freue.

Soweit wir beide wußten, hatte er den allerersten im Fernsehen übertragenen Gottesdienst gehalten. Das war im Jahr 1940 auf Long Island – damals gab es innerhalb der Reichweite des Senders nur vierzig Fernsehgeräte! Jene erste Ausstrahlung – eine von ihm zelebrierte Messe – sei so ziemlich in jeder Beziehung unglücklich verlaufen, erzählte er. Kurz nach Übertragungsbeginn hätten die Kerzen unter der brütenden Hitze der Scheinwerfer zu schmelzen begonnen, die Techniker seien unentwegt über die Kabel gestolpert, und in den Lautsprechern habe es Rückkopplungen gegeben. Die ganze Katastrophe, meinte er augenzwinkernd, sei wohl kaum ein vielversprechender Einstieg für das Fernsehen als Medium der Evangeliumsverkündigung gewesen!

Wir unterhielten uns noch weiter und beteten zusammen. Als er schließlich ging, hatte ich das Gefühl, ihn schon mein Leben lang zu kennen.

Danach kreuzten sich unsere Wege einige Male, und wir wurden gute Freunde. Zum letzten Mal begegneten wir uns im Januar 1979 beim Nationalen Gebetsfrühstück. Inzwischen war Sheen Erzbischof im Ruhestand. Er litt an Herzschwäche, und sein Kardiologe hatte ihm dringend abgeraten, die Einladung anzunehmen. Die Organisatoren der Veranstaltung hatten mich vorher diskret gebeten, doch im Notfall einzuspringen, falls er kurzfristig absagen müsse.

Während Sheen sich mühsam zum Podium schleppte, betete ich im stillen, daß Gott ihm die nötige körperliche und geistliche Kraft geben möge.

„Mr. President", begann er und wandte sich Präsident Carter und seiner Frau zu, „Sie sind ein Sünder."

Sofort war ihm ungeteilte Aufmerksamkeit sicher. Als nächstes deutete er auf sich selbst und sagte: „Ich bin ein Sünder."

„Wir *alle* sind Sünder", fuhr er fort, während er seinen Blick über die vornehmen, einflußreichen Gäste in dem riesigen Ballsaal wandern ließ, „und wir alle müssen umkehren zu Gott ..."

Mit diesen Sätzen begann er eine der herausforderndsten Predigten, die ich je gehört habe.

Im folgenden Dezember erlag er seiner Herzkrankheit, die ihm seit Jahren zu schaffen gemacht hatte. Ich fuhr nach New York, um ihm bei der Beerdigung ein letztes Geleit zu geben. Eigentlich wollte ich mich unauffällig in die St. Patrick's Cathedral schleichen und mich in die letzte Reihe setzen. Statt dessen eskortierte man mich durch die ganze Kirche nach vorn und wies mir einen Platz in der Nähe des Sarges zu – mitten unter den Prälaten, die ihn gekannt und mit ihm gearbeitet hatten.

Ich erinnere mich auch an einen Sommer in der Schweiz. Dort lernte ich den großen Theologen Karl Barth und seinen Sohn Markus kennen, die ebenfalls Urlaub machten. Er schlug vor, zusammen auf einen Berg zu steigen. Ich wanderte eine Weile mit ihm – soweit es meine Kurzatmigkeit zuließ – und erwähnte, daß ich in Basel eine Evangelisation unter freiem Himmel durchführen würde.

„Seien Sie nicht enttäuscht, wenn nur wenige Leute kommen", meinte er fürsorglich.

Ich erwiderte, es würden bestimmt einige kommen, und am Ende würde ich zur Entscheidung für Christus aufrufen. Er warnte mich, daß niemand darauf eingehen werde.

Bei der Veranstaltung in Basel regnete es in Strömen. Karl Barth war gekommen, ich erkannte ihn, als er sich unter einem Schirm zusammenkauerte. Außer ihm waren noch fünfzehntausend andere Leute da. Ich predigte über den Abschnitt aus dem Johannesevangelium, wo es heißt: „Ihr müßt neu geboren werden."

Hunderte von Leuten kamen nach vorn, als ich zur Entscheidung aufrief.

„Ich war mit Ihrer Predigt weitgehend einverstanden", sagte Barth hinterher. „Aber was mir nicht gefallen hat, war das Wort *müßt*. Ich wünschte, Sie könnten das ändern."

„Es steht so in der Bibel, oder nicht?"

Dem mußte er zustimmen. Trotzdem fand er, daß man nicht zur Entscheidung aufrufen, sondern nur verkünden solle, daß Gott bereits gehandelt hat.

Ich hörte ihm zu und sagte dann, ich wolle das predigen, was die Bibel sagt. Trotz unserer theologischen Differenzen blieben wir gute Freunde.

Als ich in Zürich Emil Brunner traf, dessen Rang als Theologe dem von Karl Barth sehr nahe kam, begegnete er mir herzlich, freundlich und hilfsbereit. Mit Barths Sicht bestimmter theologischer Fragen stimmte er nicht überein.

„Hören Sie nicht auf das, was er sagt", betonte er nachdrücklich. „Das Wort ‚muß' muß bleiben. Der Mensch *muß* neu geboren werden." Und auch den Ruf zur Entscheidung fand er wichtig.

Ein weiterer Geistlicher, den ich auf diesen Seiten noch nicht erwähnt habe, ist Dr. Michael Ramsey – ein Riese von einem Mann, einstmals Erzbischof von Canterbury und ein ausgesprochen liebenswerter Mensch. 1961 saßen wir zusammen auf den Stufen des Tagungsgebäudes in Neu-Delhi. Wir nahmen beide an der Versammlung des Ökumenischen Rates der Kirchen teil – er als Delegierter, ich als Beobachter.

„Nun, Billy G." – er nannte mich stets Billy G. oder Billy Baptist – „Sie wissen ja, ich halte nichts von Ihren Methoden. Und ich bin auch mit Ihrer Theologie nicht immer einverstanden. Und vor allem, Billy G., haben Sie die Evangelikalen zu sehr gestärkt. Das macht mir Sorgen."

„Ja", erwiderte ich, „das ist sogar eine der Nebenwirkungen, auf die ich hoffe. Aber Dr. Ramsay, könnten wir – Sie und ich – nicht trotzdem persönlich gute Freunde sein? Müssen wir uns aus dem Weg gehen, nur weil wir uns nicht über Methoden und Theologie einig werden können? Besteht nicht der Sinn der ökumenischen Bewegung gerade darin, Menschen unterschiedlicher theologischer Prägung zusammenzubringen?"

Als entschiedener Befürworter der ökumenischen Bewegung mußte er lächeln und meiner Logik zustimmen.

Ein denkwürdiger Anlaß, an dem wir beide teilnahmen, war ein Dialog, den wir im Januar 1981 in Cambridge führten. (Angekündigt war die Veranstaltung überall als *Debatte*.) Die Veranstaltung verschaffte mir die Gelegenheit, einige meiner Gedanken über die Aufgabe der Evangelisation in der Kirche einmal in eine systematische Ordnung zu bringen und mein eigenes Denken stärker auf den Auftrag der Gemeinde Jesu in der Welt auszurichten.

Unsere Gastgeber brachten uns im selben Hotel unter. Wir trafen beide am Tag vor dem Podiumsgespräch ein. Als es Zeit zum Abendessen war, rief ich ihn über das Haustelefon an und fragte ihn, ob er mit mir essen wolle. Während der Mahlzeit offenbarte er mir nach und nach immer mehr der Argumente, die er gegen mich vorbringen wollte. Selten war ich auf ein Podiumsgespräch oder eine Debatte besser vorbereitet!

Viele Menschen zu kennen, hat auch eine schmerzliche Seite – vor allem, wenn man vom Tod eines Freundes erfährt, der einem viel bedeutet hat und den man in dieser Welt nicht wiedersehen wird.

Ich denke zum Beispiel an den Tod von Martin Luther King jr. 1968. Ich befand mich auf einer Evangelisationsreise in Australien. Zur Entspannung spielte ich etwas Golf. Als ich gerade eine Runde beendet hatte, kamen mehrere Journalisten auf mich zugerannt und riefen: „Dr. Martin Luther King ist erschossen worden. Wir hätten gern einen Kommentar von Ihnen."

Ich war zuerst verwirrt, weil ich nicht wußte, ob sie den Vater (der den gleichen Namen trug) oder den Sohn meinten. Dann begriff ich, daß es nur Martin jr. sein konnte, und es traf mich wie ein Schock. Nicht nur, daß ich durch einen heimtückischen und sinnlosen Mord einen Freund verlor, ganz Amerika verlor einen sozialen Führer und einen Propheten! Ich empfand seinen Tod als eine der größten Tragödien in unserer Geschichte. Mitten auf der Golfbahn sammelte ich die Journalisten und alle anderen um mich, und wir beteten für Dr. Kings Familie, für die Vereinigten Staaten und für den Abbau der Rassengegensätze in unserer Welt.

Danach überlegte ich sofort, ob ich mein weiteres Programm absagen und zu der Beerdigung zurückfliegen sollte. Doch letztlich war dies wegen der großen Entfernung gar nicht möglich.

Ja, es ist ein Vorrecht gewesen, einige der großen Männer und Frauen dieses Jahrhunderts zu kennen – Menschen, die das ganze religiöse und weltanschauliche Spektrum vom Christentum über den Buddhismus, das Judentum und den Islam bis hin zum Atheismus abdeckten.

Lassen Sie mich jedoch noch einmal betonen, daß ich den größten Teil meiner Zeit mit Menschen verbrachte, die nie im Rampenlicht der Öffentlichkeit stehen werden und dennoch Gott (und uns) ebenso wichtig sind wie eine Königin oder ein Präsident.

Wahre Größe wird nicht nach den Schlagzeilen gemessen oder nach dem Reichtum, den einer angehäuft hat. Der innere Charakter einer Person, ihre tiefen moralischen und geistlichen Überzeugungen sind das eigentliche Maß bleibender Größe.

Es ist schon einige Jahre her, da erlebten Ruth und ich ein anschauliches Beispiel dafür auf einer Insel in der Karibik. Einer der reichsten Männer der Welt lud uns in sein luxuriöses Haus zum Mittagessen ein. Ihm schien es an nichts zu fehlen – und doch war der Fünfundsiebzigjährige den Tränen nahe.

„Ich bin der unglücklichste Mann der Welt", sagte er. „Da draußen ist meine Jacht. Ich kann reisen, wohin ich will. Ich habe meinen privaten Jet und meine Hubschrauber. Ich habe alles, was ich mir wünschen könnte, um glücklich zu sein. Und doch bin ich zutiefst unglücklich."

Wir sprachen mit ihm, beteten mit ihm und versuchten, ihn auf Christus hinzuweisen, der allein dem Leben einen bleibenden Sinn geben kann. Dann gingen wir den Hang hinab zu dem kleinen Ferienhäuschen, in dem wir wohnten.

An diesem Nachmittag besuchte uns der Pastor der örtlichen Gemeinde. Er war Engländer, verwitwet und ebenfalls fünfundsiebzig Jahre alt. Den größten Teil seiner Freizeit verbrachte er damit, seine beiden behinderten Schwestern zu versorgen.

„Ich besitze keine zwei Pfund", sagte er lächelnd, „aber ich bin der glücklichste Mann auf dieser Insel." Man spürte ihm seine Begeisterung und Liebe zu Christus und seinen Mitmenschen ab.

„Wer, glaubst du, ist der Reichere?" fragte ich Ruth, nachdem er gegangen war.

Wir beide wußten es.

37

Zu Hause

GEDANKEN AN MEINE FAMILIE

Eines Tages bemerkte Ruth, daß unsere kleine Bunny – sie war damals vielleicht vier Jahre alt – mehr Münzen in ihrem kleinen roten Handtäschchen hatte, als sie bei ihrem wöchentlichen Taschengeld eigentlich hätte haben dürfen. Sie erwähnte das einer Freundin gegenüber, die ihr öfter im Haushalt half. Die Freundin riet ihr schmunzelnd, sie solle beim nächsten Mal, wenn vor dem Haus ein Auto oder Bus halte, den Vorgarten beobachten.

Ruth tat es und traute ihren Augen nicht, als sie sah, wie unsere Tochter mit ihrem kleinen roten Handtäschchen über dem Arm zum Tor ging. Bunny lächelte die Leute nur an. Doch dieses Lächeln in Verbindung mit dem kleinen roten Handtäschchen führte zu dem unvermeidlichen Ergebnis: Die Touristen steckten ihr Münzen zu. Ruth fühlte sich natürlich verpflichtet, umgehend einzuschreiten.

Bunnys harmloser kleiner Streich amüsierte uns natürlich. Aber er war typisch für ein Problem, das uns zunehmend belastete: Wie konnten wir unter den wachsamen Augen der Öffentlichkeit eine ganz normale Familie sein?

In den ersten Jahren unserer Ehe war das natürlich kein Problem. Nachdem Ruth und ich Illinois verlassen hatten und nach North Carolina gezogen waren, konnten wir zwei Jahre später ein kleines Haus in Montreat auf dem Konferenzgelände der reformierten Kirche kaufen, das zwei Meilen von der Ortschaft Black Mountain entfernt lag. Montreat bestand aus vielen Sommerhäusern und hatte eine kleine reformierte Gemeinde, die eng zusammenhielt. Zu den wenigen Einwohner, die ganzjährig in Montreat lebten, zählten einige Pastoren und Missionare im Ruhestand – ein perfektes Plätzchen für uns.

Das Haus kostete damals viertausendfünfhundert Dollar und befand sich direkt gegenüber dem Haus von Ruths Eltern. Eigentlich war es nur ein einfaches Sommerhaus mit großem Grundstück, doch dank Ruths gestalterischer Fähigkeiten wurde es unser Traumhaus.

In diesem Haus haben unsere Kinder ihre Jugend verbracht. Wie ich schon erwähnte, wurde Gigi 1945 geboren, während ich auf Reisen war. Nachdem ich Gigis Geburt verpaßt hatte, wollte ich bei den Geburten unserer weiteren Kinder zu Hause sein. Und ich bin dankbar, daß es immer geklappt hat. Anne wurde 1948 geboren, Ruth (die bei uns immer nur „Bunny" hieß) im Dezember 1950.

Jede Familie sollte eine Gigi haben, sagte Ruth oft – ein Kind, das ebenso herzensstark wie willensstark ist. Gigi liebte es, die Initiative zu ergreifen. So kümmerte sie sich sofort um ihre beiden kleinen Schwestern, nachdem sie geboren waren. Sie heckte manchen Streich aus, wagte es jedoch nicht, sie selbst auszuführen. Dazu regte sie vielmehr ihre eigentlich sanfte Schwester Anne an. Bunny war die Stille – fröhlich, immer tadellos in ihrem Benehmen, das perfekte dritte Kind. Sie hatte ein wehmütiges kleines Gesicht, aber einen köstlichen Humor. Als die Jungen geboren wurden – Franklin 1952 und Ned 1958 – war unsere Familie komplett. Bei Neds Geburt durfte ich sogar mit in den Kreißsaal – ein unvergeßliches Erlebnis! Jedes Kind war für Ruth und mich ein besonderes Geschenk und eine neue Herausforderung.

Doch in dem Maße, wie sich unsere Arbeit ausweitete und bekannter wurde, fanden wir es schwieriger, unsere Privatsphäre zu wahren. In unserer Gegend gab es mehrere christliche Tagungsstätten. Immer wieder machten sich Tagungsgäste (und andere Touristen) auf die Suche nach unserem Haus. Gelegentlich hielten sogar Reisebusse auf der Straße, und die neugierigen Insassen ergossen sich in unseren Vorgarten. Wenn das geschah, mußten wir eilends die Vorhänge schließen (oder geduckt über den Fußboden kriechen), um den neugierigen Blicken zu entgehen. Oft riefen sie unsere Namen und forderten uns auf, herauszukommen und für Fotos zu posieren. Einige schnitten sich sogar Holzstücke von unserem Gartenzaun ab oder nahmen Kieselsteine als Souvenirs mit. Die Leute meinten es sicher nicht böse, aber es war – gelinde gesagt – nicht angenehm und erschwerte ein normales Familienleben.

Bald wurde uns klar, daß unsere Familie mehr Schutz in ihrem Privatbereich brauchte, zumal ich so oft verreist war. Mike Wiley, der Geschäftsführer des Tagungszentrums Montreat, wußte von einem recht großen Grundstück oben auf dem Berg, auf dem ein paar alte Hütten standen. Zwei Familien lebten dort oben, aber Mike meinte, daß sie sich wohl zu einem Verkauf bereitfinden würden. Er besaß einen Jeep, das war die einzige Möglichkeit, den unebenen Feldweg hinaufzukommen. Auf dem Kamm lagen riesige Überreste alter Kastanienbäume, die vor Jahren eingegangen waren. Der übrige Baumbestand war nach brauchbarem Holz durchforstet und geschlagen worden. Nun war der größte Teil des Berges mit Kiefern, Eichen und Pappeln bewachsen.

„Sie brauchen einen Ort, wohin Sie sich von allem zurückziehen können", erklärte Mike auf dem Weg nach oben.

„Das ist richtig, aber ich weiß nicht, was in aller Welt wir mit diesem Grundstück anfangen sollten. Außerdem haben wir nicht soviel Geld."

Das Gelände umfaßte etwa sechzig Hektar. Es sollte vierunddreißig Dollar pro Hektar kosten, das war für uns unerschwinglich.

Wir fuhren wieder den Berg hinunter, um Ruth abzuholen. Kaum hatte sie „Little Piney Cove" gesehen, wie sie das Grundstück sofort benannte, da begann sie auch schon zu planen, was sie aus einem so schönen Fleckchen Erde alles machen könnte.

Da ich ganz kurz vor einer Reise nach Los Angeles stand, erklärte ich Ruth, ich würde die Entscheidung über das Berggrundstück ihr überlassen. Während ich weg war, vereinbarte sie den nötigen Kredit mit der Bank, bei der wir bereits das Geld für unser gegenwärtiges Haus aufgenommen hatten.

Sobald der Handel perfekt war, machte sich Ruth ans Zeichnen – fest entschlossen, ein heimeliges, Appalachen-typisches Blockhaus zu entwerfen. Sie durchstreifte die Gegend auf der Suche nach verlassenen Hütten, deren Balken und Planken noch zu verwenden waren. (Damals wollte niemand alte Blockhütten haben.) Eine Menge hervorragendes Holz erwarb Ruth auch zu einem sehr erschwinglichen Preis nach dem Abriß einer alten viktorianischen Villa.

Die Entscheidung, wo genau das Haus stehen sollte, sorgte noch für einige Debatten. Aber die Stelle, die wir schließlich aussuchten, bot eine atemberaubende Aussicht. Dort gab es auch eine Quelle, die zu keiner Jahreszeit austrocknete, wie man uns versicherte. Aus ihr speisten wir zwei Reservoirs, so daß wir stets reichlich Wasser hatten.

„Bevor Sie dieses Haus bauen", empfahl mir E. O. Spencer, ein befreundeter Hotelier aus Jackson, Mississippi, „sollten Sie die Pläne wenigstens einmal von einem Architekten prüfen lassen."

Das war sicherlich ein guter Gedanke, denn ein großer Teil des Geländes lag auf einem steilen Hang, so daß der Boden möglicherweise nicht stabil war.

„Ich habe einen Mann, der bei meinen Hotel-Bauvorhaben für mich arbeitet", sagte E.O. „Er hat eine Menge Erfahrung mit instabilem Boden."

Wir waren einverstanden, und er schickte Joe Ware, einen hervorragenden Architekten aus Mississippi, nach Montreat.

Ruth wollte gerne auf einer ebenen Fläche unterhalb des Bergkammes bauen; die Bauleute hatten sogar schon in den Hang eingeschnitten und eine Terrasse planiert, auf der wir ihrer Meinung nach bauen konnten.

„Das geht nicht", sagte Joe ohne Umschweife zu uns, „es sei denn, Sie stützen das Haus mit Pfählen ab, die im Felsen verankert sind."

Das taten wir, und nachdem die Pfähle im Boden versenkt waren, wurde eine Betonplatte darübergegossen. Neun Monate später waren wir stolze Besitzer eines Blockhauses, das sich wunderschön in die Berglandschaft der Appalachen einfügte. Ruth liebte es vom ersten Tag an und richtete es mit antiken Möbeln ein, die sie auf Versteigerungen, in Second-Hand-Läden und bei Trödelhändlern ergatterte.

In den vierzig Jahren, die wir darin wohnen, hat das Haus viel mit uns erlebt und alle möglichen Stürme überstanden – innere wie äußere. Ruth hat es zu einem Heim voller Geborgenheit und Frieden gemacht. Sie ist glücklich und zufrieden, wenn sie in dieser vertrauten Umgebung leben und Angehörige und Freunde bewirten kann.

Das Haus auf dem Berg löste ein für allemal das Problem der Privatsphäre. Es wurde eine Zuflucht für mich, ein Ort, an dem ich mich wirklich erholen konnte. Aus diesem Grund gewöhnten wir uns an, keine Gäste einzuladen, wenn ich von einer langen Reise zurückkehrte. Ruth wußte, daß ich Ruhe und Zeit mit der Familie sowie zum Lesen und Arbeiten brauchte.

Doch wann immer ich Montreat verlasse, begegnet mir wieder dasselbe Problem. Ich werde fast überall erkannt, ständig kommen Leute auf mich zu. Da ich von Natur aus eher scheu bin, macht es mir nicht viel Spaß auszugehen.

Wenn ich zum Beispiel in ein Restaurant gehe, werde ich meistens genau dann entdeckt, wenn das Essen serviert wird. Einer kommt an den Tisch, um mir die Hand zu schütteln, der nächste bittet mich um ein Autogramm, wieder ein anderer möchte mit mir über ein persönliches Anliegen sprechen ... Nicht selten waren meine Begleiter mit dem Essen fertig, während meines kalt geworden war. Deshalb können wir als Familie fast nur gemeinsam essen gehen, wenn wir uns einen separaten Raum reservieren lassen.

Wir haben uns daran gewöhnt, mit unerwarteten Unterbrechungen zu leben, und bemühen uns, auf die Bedürfnisse der Menschen einzugehen, selbst wenn es eigentlich ungelegen kommt.

Viel schwerer war es jedoch für uns alle, daß ich so oft verreisen mußte. Als Ausweg versuchten wir, unsere gemeinsamen Zeiten so normal wie möglich zu gestalten. Wenn ich zu Hause war, nahm ich mir so viel Zeit wie nur möglich für die Familie. Trotzdem beanspruchten mich die Evangelisationen oft so sehr, daß ich mich kaum um die Familie kümmern konnte.

Es fällt mir schwer, über diese Thema zu schreiben – doch im Laufe der Jahre wurden die BGEA und das Team zu einer zweiten Familie für mich, ohne daß ich es recht merkte. Ruth sagt, durch unser ständiges Reisen hätten einige von uns den besten Teil ihres Lebens verpaßt: nämlich ihre Kinder zu genießen, während sie heranwuchsen. Sie hat vermutlich recht. Ich war zu sehr damit beschäftigt, überall in der Welt zu predigen.

Nur Ruth und die Kinder können sagen, was diese langen Trennungszeiten für sie bedeutet haben. Ich selbst erkenne im Rückblick, daß mich diese Jahre sowohl körperlich als auch emotional ärmer gemacht haben. Vieles ist mir dadurch entgangen, daß ich nicht zu Hause war und sehen konnte, wie die Kinder sich entwickelten und groß wurden. Die Kinder selbst tragen sicher auch die Narben jener Trennungszeiten.

Kürzlich sagten sie zu mir, ich urteile in dieser Beziehung vermutlich zu hart über mich selbst. Sie erinnern sich lebhaft an die gemeinsamen fröhlichen Zeiten zu Hause und an die Spiele, die ich erfand. Wann immer ich zu Hause war, brachte ich sie in die Schule oder holte sie ab, wenn der Schulbus sie am Nachmittag absetzte. Auf diese Weise konnten wir zusammen den Berg hinauf nach Hause wandern.

Heute warne ich junge Evangelisten davor, meine Fehler zu wiederholen. Aber Ruth sagt, die Situation sei heute eine andere: Es gibt viel mehr Evangelisten und auch weitaus mehr christliche Sendungen im Fernsehen und im Radio als früher, so daß ein ständiges Reisen vielleicht nicht mehr so notwendig ist. Als ich damals anfing zu reisen, versuchte ich so gut wie möglich einem dringenden Bedarf gerecht zu werden. Und Gott hat sich als treu erwiesen.

Ideal für die Familie ist es, wenn sowohl der Vater als auch die Mutter ihren Kindern während des Heranwachsens zur Seite stehen. Doch manchmal lassen sich Trennungszeiten nicht vermeiden. Berufliche und militärische Pflichten, missionarische Aufgaben – es gibt zahllose Gründe dafür, warum sich das ideale Familienleben nicht durchhalten läßt. Wenn die Ursache bei einer Trennung unumkehrbar ist – wie bei einer unheilbaren Krankheit, einer Scheidung oder einem Todesfall –, so ist der Schmerz um so größer.

Angesichts unserer eigenen Familiensituation bin ich voller Respekt und Mitgefühl für die tapferen und engagierten alleinerziehenden Mütter oder Väter, die diese Last für eine gewisse Zeit oder ihr Leben lang allein tragen müssen. Ruths Überlebensgeheimnis war ihr Glaube – nicht nur ihr Glaube an Gott, an unsere Ehe und ihre Liebe zu mir, sondern auch ihr Glaube an unseren Dienst und Gottes Plan für unser gemeinsames Leben. Und sie würde jedem, der diese Zeilen liest, sofort sagen, daß sie ihre Aufgabe geliebt hat – zu Hause bei den Kindern zu bleiben.

Unsere Kinder können ihren Papa unmöglich auch nur annähernd so sehr vermißt haben, wie ich sie und ihre Mutter vermißte, wenn ich unterwegs war. Ich wollte Ruth bei mir haben – so oft und so lange es sich irgend einrichten ließ. Ich fürchte, manchmal habe ich mit diesem Wunsch einen zu großen Druck auf sie ausgeübt und ihre Belastung damit noch erhöht. Bevor sie bereit war, über den Atlantik zu kommen, um an der Schottland-Evangelisation 1955 teilzunehmen, schrieb ich ihr leidenschaftliche, ungeduldig fordernde Briefe.

Schließlich kam Ruth tatsächlich nach Schottland und brachte Gigi mit. Unsere älteste Tochter war inzwischen neun Jahre alt und schon so groß, daß sie einen Besuch in einem anderen Land zu schätzen wußte. Die anderen Kinder blieben bei den Großeltern.

Wann immer ich Montreat verlassen mußte, versammelten wir uns zum Abschied. Wir hielten uns an den Händen und beteten. Wenn ich dann in den Zug oder später ins Flugzeug stieg, war mir das Herz bleischwer. Oft fuhr ich mit Tränen in den Augen unseren Berg hinunter.

Vielleicht war es für die Mädchen ein bißchen leichter; sie erlebten die Beständigkeit ihrer Mutter und teilten viele ihrer Interessen. Es war schön für sie, daß Ruths Eltern gleich gegenüber (und später am Fuß des Hanges) wohnten. Doch die Jungen hätten ihren Vater öfter gebraucht. Besonders Franklin – unser viertes Kind – hat meine Nähe sicher sehr entbehrt.

Während der langen Evangelisation im Madison Square Garden 1957 war Franklin fünf Jahre alt. Zu Hause betete Ruth jeden Abend mit ihm, bevor er sich unter die Bettdecke kuschelte. Eines Abends betete er zuerst für mich und schloß dann mit den Worten: „Und danke, daß Mami zu Hause geblieben ist."

Das klingt, als sei er immer ein artiger Junge gewesen. Doch der Chor der Mädchen tagein, tagaus, war: „Mama, guck mal, was Franklin da macht!" Ruth schrieb in dieser Zeit in ihr Tagebuch:

„Vier vollblütige kleine Grahams. Heute morgen geht es einfach über meine Kräfte. Sie streiten, sie schreien, sie schreien zurück. Beim Frühstück war es grauenhaft! Franklin weckte mich um viertel nach vier und meinte, es sei Zeit zum Aufstehen … Und als ich um viertel nach sechs schließlich aufstand, waren auch Anne und Franklin auf den Beinen. Sie stritten sich die ganze Zeit … Jetzt sind sie auf dem Weg zur Schule, einigermaßen ordentlich aussehend (ausnahmsweise) und haben auch etwas gegessen. Aber das Familiengebet artete beinahe in eine Schlägerei aus, sie versuchten sich gegenseitig mit ihren gelernten Bibelversen zu überschreien … Jetzt, wo sie weg sind, habe ich mich mit meiner Bibel ins Bett zurückgezogen und denke über alles noch einmal nach – oder besser gesagt, ich versuche es."

Von dem allen habe ich meistens nichts miterlebt. Ich wußte nicht, was Ruth alles durchmachen mußte. Ich war ja nicht da und konnte ihr nicht helfen! Wenn ich dann aber zwischen zwei Verpflichtungen für kurze Zeit zu Hause sein konnte, erhielt ich einen Crashkurs in Sachen Freud und Leid der Elternschaft. Wäre Ruth sich nicht der Berufung Gottes sicher gewesen, diesen Teil unserer Partnerschaft zu übernehmen, und hätte sie nicht stets Weisung in Gottes Wort gesucht, ich wüßte nicht, wie sie das alles hätte überleben können!

Wir waren schon immer große Tierfreunde und hatten nacheinander mehrere Hunde – als Haustiere und treue Wächter. Einige von ihnen waren wirklich echte Originale.

Vor Jahren las ich in einer Zeitung einen Artikel über den Pyrenäen-Berghund. Er ist dem Bernhardiner ähnlich, hat aber ein ganz weißes Fell. Ich rief einen Züchter an und erstand für fünfundsiebzig Dollar einen dieser Hunde, den wir Belsazar nannten. Die ganze Familie schloß ihn sofort ins Herz. Er war der größte Hund, den wir bis dahin hatten, treu und liebevoll, aber anderen Menschen ging er aus dem Weg.

Wir hatten auch eine dänische Dogge namens Earl. Doch Earl schien ständig am Rande eines Nervenzusammenbruchs zu stehen. Vielleicht waren zwei weitere Hunde verantwortlich für seine Probleme. Der Tierarzt schlug uns vor, ihn zu einem Hundepsychologen in New York City zu bringen. Und wir alle sollten ihn begleiten – offenbar bot nur eine Gruppentherapie Aussicht auf Erfolg! Wir zogen es vor, Earls innere Spannungen durch Bewegung bewältigen zu lassen.

Als die Kinder klein waren, hatten wir auch Schafe. Einmal pflückten Gigi und ich oben auf dem Berg Äpfel. Als der Schafbock sich für unsere Ausbeute zu interessieren begann, wollte ich ihn wegschieben. Er wußte sich zu wehren. Dreimal versuchte ich wieder aufzustehen, doch er stieß mich immer wieder um, und als ich die Böschung hinabkullerte, verletzte ich mir das Bein. Daraufhin faßte sich Earl ein Herz und jagte den Schafbock in die Flucht.

Der stärkste und umstrittenste Hund, den wir je hatten, war Heidi, eine kurzhaarige Bernhardinerhündin. Wir brachten sie, erst wenige Wochen alt, aus der Schweiz mit. Einmal fiel sie von der Veranda im Obergeschoß herunter und brach sich ein Bein. Als Ruth ihr zu helfen versuchte, biß sie zu (wie es verletzte Hunde oft tun). Doch von da an war sie der fürsorglichste Hund, den wir je hatten. Sie wurde so groß und schwer, daß sie sogar einmal eine Delle in einem VW hinterließ, nachdem sie sich dagegen gelehnt hatte. Leider hatte Heidi eine üble Angewohnheit: Sie zerbiß gern Reifen. Einmal biß sie drei der vier Reifen eines Lieferwagens der Telefongesellschaft platt, der vor unserem Haus parkte.

Mein Assistent Lee Fisher konnte sich mit Heidi nie recht anfreunden. Und wann immer Wanda Ann Mercer, meine damalige Sekretärin, zu uns nach Hause kam, schoß Heidi temperamentvoll auf sie los. Einmal brüllte Wanda Ann, die mit einer kräftigen Stimme gesegnet war, den Hund so laut an, daß er vor Schreck zu Boden fiel und alle Viere in die Luft streckte.

In den frühen Jahren, als ich oft mit dem Zug unterwegs war, kam Ruth mit den Kindern an den Bahnhof, um mich abzuholen. Ich besorgte unterwegs immer ein paar kleine Geschenke für sie. Meistens empfingen sie mich deshalb mit den Worten: „Papa, hast du uns etwas mitgebracht?"

Ruth gewöhnte ihnen das schließlich ab: es sei unhöflich. Von da an geduldeten sich die Kinder, bis wir zu Hause waren, und fragten dann ganz unschuldig: „Papa, dürfen wir dir beim Auspacken helfen?"

Wie die meisten Familien, so hatten auch wir unsere Traditionen – bestimmte Lieblingsspiele etwa oder wie Feiertage begangen wurden. Einmal schob Ruth den Thanksgiving-Truthahn vor mich, damit ich ihn zerlegte, und stellte einen Stapel Teller daneben. Ich war jedoch so im Gespräch vertieft, daß ich nur eine Portion abschnitt, das Messer hinlegte, mich weiter unterhielt und dabei vom obersten Teller zu essen begann – sehr zur Erheiterung der Kinder und aller anderen am Tisch.

Manchmal gingen wir fischen, spielten im Garten Krocket oder warfen uns einfach gegenseitig den Ball zu. Als die Kinder noch klein waren, genossen sie es, wenn ich ihnen vorlas oder mich einfach mit ihnen auf dem Fußboden herumtollte. Wichtig war mir, jedem von ihnen gute Nacht zu sagen, bevor sie einschliefen.

Während der New Yorker Evangelisation 1957 traf ich einen wohlhabenden schweizerisch-armenischen Geschäftsmann und Finanzier, der mein Buch *Friede mit Gott* gelesen hatte. Er lud unsere Familie ein, einen Sommer als seine Gäste in einem Haus am Genfer See zu verbringen. Das hörte sich gut an. Ich hatte bereits für den Sommer 1960 eine Evangelisationsreise zugesagt. Ich sollte an vielen Orten in Europa predigen. Wenn die Familie in der Schweiz war, würde ich sie häufig besuchen können.

Ich reiste einige Wochen vor Ruth und den Kindern nach Europa. Als nach mehreren Wochen für ein paar Tage keine Termine anstanden, fuhren T. W. und ich von Deutschland nach La Tour de Peilz in der Schweiz. Schließlich fanden wir das wunderhübsche Haus, das uns zur Verfügung gestellt worden war. Als wir in den Hof einfuhren, begrüßte uns ein niedliches kleines Kind. Selbst nachdem ich ausgestiegen war, dauerte es noch ein paar Minuten, bis ich merkte, daß es Ned war. Ich hatte ihn seit vielen Wochen nicht mehr gesehen.

Während dieses Besuchs lernte Gigi den ältesten Sohn dieses Geschäftsmannes, Stephan, kennen. 1963 heiratete sie Stephan Tchividjian in einer malerischen alten Kirche oberhalb von Montreux.

Franklin war schon fast sechs Jahre alt, als Ned geboren wurde. Ruths Hochzeitsschleier, mit dem sie den alten Korbwagen ausstaffiert hatte, war nach viermaliger Benutzung nicht mehr ansehnlich – der letzte Nachkömmling mußte deshalb mit einer Wiege vorlieb nehmen.

Mit zwei Jungen in der Familie wurde meine Rolle als Vater eigentlich immer wichtiger. Dennoch war ich manchmal monatelang verreist. Was ich machte, während ich fort war, beeindruckte die Kinder nicht sonderlich. Einmal, als das Haus auf dem Berg gebaut wurde, war ich draußen auf dem Grundstück und schaufelte einen Haufen Erde von einer Stelle zur anderen. Plötzlich rief Franklin, der mich aufmerksam beobachtet hatte, mit seiner piepsigen Stimme: „Papa, du *kannst* ja arbeiten!"

Wie bei so vielen ihrer Generation in den Sechzigern und Siebzigern, mußte der Glaube bei meinen beiden Söhnen manch schwere Bewährungsprobe durchstehen. Ich versuchte, alle fünf Kinder stets spüren zu lassen, daß ich sie liebte, was auch immer sie taten; daß ich sie vermißte, wenn ich fort war und daß ich hinter den Erziehungsmaßnahmen ihrer Mutter stand. Jeder von ihnen, das wünschte ich mir, sollte einmal den vollkommenen Plan Gottes für sein Leben entdecken.

Ruth und ich waren keine perfekten Eltern. Wenn ich verreist war, fühlte Ruth sich manchmal wie eine alleinerziehende Mutter – mit allen Problemen, die so etwas mit sich bringt. Wir versuchten, den Kindern Disziplin zu vermitteln, bemühten uns jedoch gleichzeitig, sie nicht in lauter Regeln und Vorschriften zu zwängen. Als ich einmal Einwände gegen Franklins lange Haare erhob, erinnerte mich Ruth daran, daß die Haarlänge keine ethische Frage sei. Von da an hielt ich meinen Mund zu dem Thema. Im Grunde stand Frank, wie Ruth mit einem Augenzwinkern meinte, ganz in der Tradition der Propheten und Apostel.

Nur einmal, denke ich, habe ich mich ganz entschieden in Franklins

Pläne eingemischt. Ruth hatte mich von Frankreich aus angerufen, wo sie Gigi und ihre Familie besuchte. Ich befand mich gerade in Tokio, um vor der Weltallianz der Baptisten zu sprechen. Franklin arbeitete in Nome, Alaska. Nachdem Ruth mit ihm telefoniert hatte, bat sie mich, ihn anzurufen und ihm die Leviten zu lesen. Ich sollte ihm sagen, wie entschieden wir gegen seine geplante Verlobung seien. Wir waren überzeugt, er und seine Freundin seien noch zu jung und paßten nicht zueinander.

Ruth brach ihren Besuch bei Gigi ab und kehrte nach Montreat zurück, wo sie gleichzeitig mit Franklin eintraf. Als seine Freundschaft zwei Wochen später auseinanderging, atmeten wir erleichtert auf.

Vor nicht allzu langer Zeit berichtete Franklin in einem Radiointerview von seinen wilden Jahren mit Alkohol, Drogen, Rauchen, Mädchen und schnellen Autos. Von all diesen Dingen ahnten seine Mutter und ich nichts – dachte er zumindest. Und er sagte, er habe nie jenes Gespräch vergessen, das ich 1974 in Lausanne mit ihm führte. Damals versicherte ich ihm unsere Zuneigung, egal, was er tue, wohin er gehe und was aus ihm würde. Er wußte, daß er uns immer von überall in der Welt anrufen konnte – auf unsere Kosten – und daß unsere Tür immer offen für ihn stehen würde, wenn er nach Hause kommen wollte. Und er wußte auch, daß wir nie aufhören würden, für ihn zu beten.

Während einer Reise durch den Nahen Osten traf er in Jerusalem seine feste Entscheidung, Christus nachzufolgen.

In all diesen Jahren verloren wir niemals die Hoffnung – dabei verließen wir uns völlig auf Gottes Hilfe. Ruth verarbeitete diese Erfahrungen in einem ihrer Gedichte mit dem Titel „Söhne". Als sie es 1978 niederschrieb, dachte sie an die Söhne unserer Teammitglieder und die Familien anderer christlicher Mitarbeiter, deren Väter gezwungen waren, lange Zeiten fern von zu Hause zu verbringen.

> Doch
> was ist mit denen
> die nun deinetwillen verlassen werden,
> Herr?
> Den Söhnen,
> nun erwachsen,
> die niemals ihre

Väter kannten,
weil sie alles verließen,
um dir zu dienen?
Söhne,
unheilbar verletzt,
bitter, verwirrt, verirrt.
Sie sind es,
um die
Mütter weinen
und die sie dir
betend
in ihren schlaflosen Nächte bringen –
sie, Herr,
zahlen den Preis.

Ned als der Jüngste hat sicher immer besondere Vorrechte genossen – trotz vieler Querelen mit seinem großen Bruder und den Schwestern, die ihn „bemutterten". Aber er reagierte nie so ablehnend wie Franklin, sondern er war fröhlicher und offener. Wie alle unsere Kinder besuchte Ned später ein Internat. Doch seine Schulerfahrungen in England waren nicht sehr glücklich, so daß wir ihn nach einem Jahr wieder zurückholten.

Auch Neds Teenagerjahre waren turbulent, und es gab während der High-School- und College-Zeit einige Komplikationen – darunter auch Erfahrungen mit Drogen. Für Fotografieren, Schwimmen, Tennisspielen, Segeln und Skilaufen konnte er sich sehr begeistern, Lernen jedoch stand an letzter Stelle.

Pastorenkinder – das ist bekannt – machen oft besonders schwierige Phasen in ihrem Leben durch. Vielleicht erwarten die Leute zuviel von ihnen. Oder sie stellen unrealistisch hohe Ansprüche an sich selbst, um den Erwartungen der anderen gerecht zu werden. Unsere Kinder trugen eine doppelte Last: Sie hatten zudem noch einen bekannten Vater. Die Mädchen heirateten, damit änderte sich ihr Nachname; doch an den Jungen blieb der Name „Graham" hängen.

Ich kenne viele Pastorenkinder, die als Heranwachsende rebellierten und Kummer und Schmerz über die brachten, die sie am meisten liebten. Gerechterweise muß ich jedoch feststellen, daß die meisten von ihnen wieder zu einem festen Fundament fanden und eher in den „Who-is-Who"-Listen als auf den „Wanted"-Plakaten zu finden sind.

Starken Einfluß auf unsre Kinder hatten zweifellos die Großeltern, vor allem Dr. Bell und seine Frau. Sie wohnten ganz in der Nähe, und so war es für uns alle ein großer Verlust, als Dr. Bell im August 1973 im Schlaf einem Herzanfall erlag. Nur gut ein Jahr später starb auch seine Frau.

Meine eigenen Eltern wohnten nur wenige Stunden entfernt in Charlotte. Für ihr Vorbild in der Liebe und im Glauben war ich sehr dankbar. Mein Vater starb bereits im August 1962. Sein Tod hinterließ bei allen eine große Lücke – besonders bei Ned, der damals erst vier Jahre alt war.

Meine Mutter blieb nach seinem Tod in ihrem Haus wohnen und war auch weiterhin in der Gemeinde und in der Familie aktiv. Ich besuchte sie, so oft ich konnte. Als ihre Gesundheit nachließ, hatten wir das Glück, eine wunderbare Frau zu finden, die zu ihr zog und sich treu Tag und Nacht um sie kümmerte. Jeden Morgen, so erzählte diese Frau, bat meine Mutter sie, ihr aus der Bibel vorzulesen und mit ihr zu beten. Auch meine Schwestern Catherine und Jean verbrachten viel Zeit mit ihr.

Mutter hatte Gott gebeten, nicht unnötig leiden zu müssen, wenn ihre Stunde kommen würde. Als das Ende nahte, fiel sie mehrfach in ein Koma, erwachte aber immer wieder. Als ich sie zum letzten Mal gemeinsam mit meinem Bruder Melvin besuchte, hatten wir ein gutes Gespräch mit ihr, und sie umarmte und küßte uns beide. Am 14. August 1981 schlief sie still ein. Als ich die Nachricht erhielt, weinte ich, und doch war ich glücklich über die Gewißheit, daß sie nun in der Ewigkeit bei Gott war.

Meine Mutter hat mich sicherlich geprägt wie niemand sonst. Und ich weiß auch, daß Ruth und ich und die Kinder nicht zuletzt deshalb in all den Jahren von Gott so geleitet und behütet wurden, weil meine Mutter und mein Vater treu für uns gebetet haben.

Ruth und ich machten die Erfahrung, daß Sorgen und Gebete einander nicht ausschließen. Wir vertrauten Gott, daß er unsere Kinder auf seine Weise und zu seiner Zeit durchtragen würde, wenn auch unser Alltag oft schwer war. Manchmal kämpften wir uns nur von einem Tag zum anderen durch. Doch Gott war treu. Heute sind alle unsere Kinder engagierte Christen.

Gigi, die mit dem Psychologen Dr. Stephan Tchividjian verheiratet ist, hat sieben Kinder und neun Enkelkinder – mit steigender Tendenz. Sie hat mehrere hervorragende Bücher veröffentlicht und genießt das Leben in ihrem Wohnort und ihrer Gemeinde in Florida.

Anne, die mit einem Zahnarzt in Raleigh, North Carolina, verheiratet ist – Dr. Danny Lotz –, hat drei Kinder. Sie ist eine vorzügliche Bibellehrerin und Autorin und reist als Referentin zu Konferenzen in aller Welt. Außerdem hilft sie uns bei unseren evangelistischen Schulungsprogrammen. Seit kurzem ist Anne Mitglied des BGEA-Vorstandes und bringt ihre Erfahrung und Energie in dieses Gremium ein.

Bunny (Ruth), die jetzt glücklich mit Richard McIntyre verheiratet ist, mußte vor einigen Jahren die schmerzliche Erfahrung einer Scheidung durchleiden. Sie hat drei Kinder und ist Autorin eines wunderschönen Kinderbuchs mit biblischen Geschichten. Nachdem sie einige Zeit in der Akquisition für einen großen amerikanischen Verlag arbeitete, ist sie heute als Referentin und Lehrerin tätig. Außerdem arbeitet sie in Franklins Organisation Samaritan's Purse mit.

Zwei denkwürdige Anlässe symbolisieren für mich die Erfüllung unserer Gebete und die Beharrlichkeit, mit der Gott unseren Jungen nachgegangen ist.

Der erste Anlaß war ein Gottesdienst am 10. Januar 1982 in einer Gemeinde in Tempe, Arizona. Nachdem ich die Predigt gehalten hatte, legte ich mit mehreren anderen Geistlichen meinem Sohn William Franklin Graham III. die Hände auf, um ihn für den Dienst am Evangelium zu ordinieren. Das war ungefähr vierzig Jahre nach meiner eigenen Ordination.

Gott führte Franklin als Leiter der Hilfsorganisationen Samaritan's Purse und World Medical Mission in eine weltweite Arbeit unter Menschen, die von Krankheiten und Katastrophen betroffen sind. Die erste Organisation wurde von Bob Pierce gegründet, der auch das humanitäre Hilfswerk World Vision ins Leben rief. Franklin lernte die Arbeit von Samaritan's Purse kennen, als Bob ihn bat, ihn auf einigen Auslandsreisen zu begleiten. Bei seinem ersten großen Einsatz – Franklin half den „Boat People", die aus Vietnam geflohen waren – erlebte er manch gefährliche Abenteuer.

Mag sein, daß er nicht viel Rücksicht auf unsere Gefühle genommen hat, während er in den frühen Jahren darum rang, sich selbst zu finden.

Heute besitzt er jedoch eine hohe Sensibilität gegenüber anderen Menschen und ihren Bedürfnissen. Dabei erfüllt ihn nicht nur der Wunsch, anderen in ihrer Not zu helfen, sondern auch die Sehnsucht, daß Menschen zu Christus finden. Hinzu kommt ein geschulter und rücksichtsvoller Geschäftssinn. Er bemüht sich stets, begrenzte Ressourcen in einen maximalen Nutzen für die Menschen umzuwandeln.

Nach seinem Abschluß am Montreat College studierte Franklin Betriebswirtschaft. Wir freuten uns sehr, als Gott ihn mit seiner Frau Jane Austin zusammenführte. Ihre Fähigkeit, zugleich Mutter von vier Kindern und weise Ratgeberin ihres vielbeschäftigten Mannes zu sein, erinnert mich sehr an Ruth.

Auf entsprechende Fragen erklärte Franklin oft, Gott habe seinen Vater in die Stadien der Welt berufen und ihn in die Gräben. In den letzten Jahren hat er zunehmend Führungsaufgaben im BGEA-Vorstand übernommen.

Der zweite Anlaß fand einige Jahre später statt, als Ned seine Seminarausbildung abschloß und zum weiteren Pastor einer Baptistengemeinde in Auburn, Washington, berufen wurde. Wie es fünfzig Jahre zuvor von mir verlangt wurde, so mußte auch Ned sich erst einer von dieser Denomination verlangten Taufe durch Untertauchen unterziehen. Denn Ned kam aus einer anderen gemeindlichen Tradition – er war in der reformierten Gemeinde von Montreat aufgewachsen.

Ned bat mich, die Taufe vorzunehmen. Als er aus dem Taufwasser auftauchte, betete ich, daß er dasselbe empfinden möge wie ich damals am Silver Lake in Florida: daß die Kraft Gottes ihn ganz erfüllte.

Ned lernte seine zukünftige Frau kennen, als er sich in der Mayo-Klinik von einer Operation nach einem bösen Sturz erholte. Carol war dort Krankenschwester, und es gab keinen Zweifel, daß Gott die beiden zusammengeführt hatte. Mit ihrer großen Weisheit ist sie genau die richtige Frau, um Ned zur Seite zu stehen. Der jüngere ihrer beiden Söhne erinnert mich sehr an Neds Großvater Nelson Bell.

Durch Gottes Führung wurde Ned später Präsident von East Gates Ministries International, deren Arbeit unter anderem darin besteht, Bibeln zu drucken und sie systematisch an die christlichen Hausgemeinden in der Volksrepublik China zu verteilen. Dadurch ist Ned zu einem sehr guten Kenner der chinesischen Kultur und Geschichte geworden. Wie schon erwähnt, konnte Neds Organisation in China fast zwei Millionen Bibeln verbreiten. Welche Wirkung davon in diesem riesigen kommunistischen Land ausgehen wird, werden erst zukünftige Generationen ermessen können.

Unsere fünf Kinder und ihre Ehepartner, die Ruth und ich wie unsere eigenen Kinder lieben, haben uns neunzehn Enkelkinder geschenkt. Und selbst die Zahl der Urenkel wird immer größer. Immer, wenn eine der Familien uns besucht, empfangen wir sie mit offenen Armen. Wenn sie wieder aufbrechen, sind dieselben Arme müde von all dem Hin- und Herziehen und Umarmen. Darum sieht unser Abschiedswinken manchmal etwas matt aus – und doch sind wir von tiefer Freude erfüllt! Die Kinder haben dafür Verständnis.

Eines Tages sagte eine unserer Töchter, als sie erlebte, wie sich die kleinen Meinungsverschiedenheiten mit ihrem Mann zu heftigen Konfrontationen entwickeln konnten, zu Ruth: „Mutter, ich kann mich nicht erinnern, daß du und Papa jemals miteinander gestritten haben."

Sicherlich mußte Ruth schmunzeln, da ihr sofort einige unserer „Diskussionen" durch den Kopf schossen. Doch ihre Antwort gab einen Grundsatz wieder, an den wir uns gehalten hatten: „Wir haben darauf geachtet, daß wir uns nie vor euch Kindern stritten."

Wir wollten unseren Kindern unnötige Schmerzen und Verunsicherungen ersparen, daher bemühten wir uns, unsere Meinungsverschiedenheiten vor ihnen zu verbergen. Heute bin ich mir nicht mehr so sicher, ob dieses Vorgehen ganz richtig gewesen ist. Unsere Töchter waren vielleicht überrascht, als die unvermeidlichen Konflikte zwischen ihnen und ihren Männern auftauchten, und glaubten sogleich, ihre Ehen seien nicht normal. Nun, wenn die Seifenopern im Fernsehen den heutigen Standard des Eheglücks darstellen, würde ich dennoch den Weg vorziehen, den Ruth und ich gewählt haben.

Ruth und ich führen keine perfekte, aber eine großartige Ehe. Wie kann ich in einem Satz so etwas Widersprüchliches sagen? In einer perfekten Ehe, denkt man, müsse alles immer so schön und harmonisch aussehen wie bei einer griechischen Statue. Da erscheinen die Proportionen und die Oberfläche makellos. Wer kennt schon Menschen, bei denen es so ideal zugeht? Es wäre unrealistisch, wenn Eheleute Vollkommenheit voneinander erwarten würden. Das haben wir schon gelernt, bevor wir miteinander verheiratet waren.

Da wir aber nun einmal Menschen sind, wird keiner von uns je einen anderen kennenlernen, der nicht irgendwo einen Schönheitsfehler hat. Das makellose Ideal gibt es nur im Märchen. Ruth sagt oft: „Wenn zwei Leute sich in allem einig sind, ist einer von ihnen überflüssig."

Je eher wir diesen Wunsch nach Perfektion aufgeben, desto besser passen wir uns einander an und genießen das Zusammensein. „Nicht ganz einig und doch glücklich" wurde neulich ein Ehepaar beschrieben – ich glaube, das ist eine gute Einstellung.

Bei den vielen Evangelisationen im Laufe der Jahre habe ich immer mindestens eine Ansprache dem Thema Familie gewidmet. In meinen Jugendjahren während der Weltwirtschaftskrise hatten wir Grahams auf unserer Milchfarm in North Carolina, vermute ich, wohl eine gewisse Ähnlichkeit mit den Waltons aus dem Fernsehen. Es ist leicht, wehmütig an alte Zeiten zurückzudenken, aber es waren sicher keine *leichteren* Zeiten. Und auch nicht unbedingt *glücklichere* Zeiten.

Was wir allerdings damals hatten, war Solidarität innerhalb der Familie. Wir hatten uns wirklich gern und unternahmen viel zusammen. Jene Geschichte Jesu von einer Henne, die ihre Küken unter ihren Flügeln sammelt, paßt sehr gut zu meiner Mutter. Sie sorgte dafür, daß wir uns oft und regelmäßig versammelten – nicht nur zu den Mahlzeiten oder um vor dem Radio unsere Lieblingssendungen anzuhören. Sie rief uns zu sich, damit wir biblische Geschichten hörten und miteinander beteten.

Nichts kann Menschen stärker verbinden als das gemeinsame Gebet. Selbst wenn Kinder Familienandachten oft nur als fromme Routine widerwillig über sich ergehen lassen, bildet sich dadurch eine feste Grundstruktur, der sie oft folgen werden, wenn sie selbst eine eigene Familie haben. Natürlich sollten Familienandachten weder trocken noch langatmig sein. Ein gut ausgewählter Vers bleibt besser in Erinnerung als ein ganzes Kapitel. „Mach es interessant", sagt Ruth immer, „und mach es kurz!"

Nur wenn es gar nicht zu vermeiden war, ließen wir einen Tag verstreichen, ohne gemeinsam in der Bibel zu lesen und zu beten. Als die Kinder älter wurden, baten wir sie, daran teilzunehmen. Wenn ich zu Hause war, ging ich abends hinauf zu ihnen, um gute Nacht zu sagen und mit ihnen zu beten. Manchmal blieb Ruth bis ein oder zwei Uhr nachts auf, wenn eines der Kinder über ein bestimmtes Anliegen reden wollte. Einige der großartigsten Gespräche, die ich mit meinen Kindern hatte, fanden spät in der Nacht statt.

Zu anderen Zeiten ging ich bisweilen mit einem der Kinder allein in den Wald. Dort setzten wir uns auf einen Baumstamm oder einen Felsen und unterhielten uns einfach. An manchen Sonntagen, wenn ich zu Hause war, verbrachte ich mit Franklin viel Zeit oben auf dem Berg.

Inzwischen lebt keines unserer Kinder mehr in Montreat. Einige wohnen nur zwei Stunden von uns entfernt, andere haben eine weite Anfahrt – aber alle kommen offensichtlich gern zurück an den heimischen Herd. Wenn Ruth und ich jeden Abend zusammen für unsere Töchter und Söhne, ihre Ehepartner, unsere Enkel und Urenkel beten, dann bringt uns diese Verbundenheit vor Gott einander ganz nahe, wo immer in der Welt sie sich auch gerade aufhalten mögen.

Ruth und ich dachten früher, unsere Verantwortung als Eltern sei beendet, wenn unsere Kinder erwachsen seien – dann könnten wir uns einfach zurücklehnen und unsere Enkel und Urenkel genießen. Inzwischen haben wir entdeckt, daß ihre Sorgen und Belastungen ebenso die unseren sind. Auch sie suchen, genauso wie wir es getan haben, bei der älteren Generation Rat und Hilfe. Die Grundsätze und Zusagen, die wir unseren Kindern mitgaben, gelten auch noch für unsere Enkel und Urenkel. Wir beten täglich für jeden von ihnen und verbringen jede Woche Stunden am Telefon.

Wenn wir die Kinder unserer Kinder (und deren Kinder) aufwachsen sehen, erwachen in Ruth und mir herrliche Erinnerungen an unsere eigenen ersten Ehejahre und unsere Sorgen, wie wir die Kleinen großziehen sollten, die Gott uns anvertraut hatte. Ohne Frage bleiben die Nöte weit hinter den Freuden zurück. Die Fehler, die wir gemacht haben, hinterlassen keine irreparablen Folgen – dafür danken wir Gott! Und es stärkt uns in unserem Glauben, daß er dasselbe auch für die Generationen nach uns tun wird.

38

Das Beste kommt noch

„Ich will offen reden", sagte der Neurochirurg. „Ruths Zustand ist lebensbedrohlich. Es kann sein, daß sie nicht überlebt. Wir müssen alles in unserer Macht Stehende tun, um sie zu retten."

Dr. Ralph Loomis schilderte uns die wesentlichen Probleme: eine heftige Infektion, hohes Fieber, unausgeglichener Elektrolyt-Haushalt, körperliche Schwäche. Vor allem aber die fast sichere Diagnose einer bakteriellen spinalen Meningitis, einer gefährlichen Infektion der Rückenmarkshaut, die leicht auf die Hirnhaut übergreifen und zu schweren Behinderungen oder zum Tod führen konnte. Noch vor einer oder zwei Generationen war diese Diagnose praktisch gleichbedeutend mit einem Todesurteil; inzwischen gab es dank neuer, starker Antibiotika immerhin eine gewisse Hoffnung.

Wir saßen in einem kleinen Konferenzraum im Memorial-Missionskrankenhaus in Asheville, in dem Ruths Vater als Chefarzt tätig gewesen war. Zwei unserer fünf Kinder waren dort geboren worden; unsere älteste Tochter Gigi erinnerte uns daran, daß ihr erster Sohn auf den Tag genau zweiunddreißig Jahre zuvor dort das Licht der Welt erblickt hatte. Sollte Ruth nun an diesem Ort ihr irdisches Leben beenden?

„Wir tun, was wir können", schloß Dr. Loomis, „doch letzten Endes liegt der Ausgang in Gottes Hand."

Normalerweise pflegte Ruth Fragen nach ihrer Gesundheit mit einem fröhlichen „Mir geht es gut!" beiseite zu schieben. Doch nun kämpfte sie schon seit Jahren mit chronischen Rückenschmerzen, die von einer langsamen, aber kontinuierlichen Degeneration der Wirbelsäule herrührten. In den letzten Monaten waren die Schmerzen schlimmer geworden. Durch die daraufhin allmählich erhöhte Dosierung der Medikamente verlor sie den Appetit, und ihr Gewicht sank rasch auf unter fünfzig Kilo ab.

Erst in den letzten Wochen hatte sie zugegeben, daß die Schmerzen immer heftiger wurden. Schließlich erklärte sie sich verzweifelt zu einer Operation bereit. Ein Chirurg, den uns ein Freund empfohlen hatte, implantierte ihr eine Vorrichtung, mit der sich winzige Mengen eines Anästhetikums direkt in ihren Wirbelsäulenbereich injizieren ließen. Dann kam es zu der Infektion. Ruth konnte vor Schmerzen kaum sprechen, als wir sie ins Krankenhaus brachten. Als einzige Hoffnung sah Dr. Loomis, die Quelle der Infektion in einer Notoperation zu entfernen. Anschließend müsse die spinale Meningitis behandelt werden.

Als man sie durch den Flur zum Operationssaal rollte, fragte ich die Pfleger, ob wir kurz stehenbleiben und ein paar Momente miteinander allein sein könnten. Ich griff nach meinem Neuen Testament und schlug den ersten Petrusbrief auf: „Gelobt sei Gott, der Vater unseres Herrn Jesus Christus! In seinem grenzenlosen Erbarmen hat er uns neues Leben geschenkt. Weil Jesus Christus von den Toten auferstanden ist, haben wir die Hoffnung auf ein neues, ewiges Leben. Es ist die Hoffnung auf ein ewiges, von keiner Sünde beschmutztes und unzerstörbares Erbe, das Gott in seinem Reich für euch bereithält. Bis dahin wird euch Gott in seiner Allmacht bewahren, weil ihr an ihn glaubt. Aber dann, am Ende der Zeit, werdet ihr selbst sehen, wie herrlich das unvergängliche Leben ist, das Gott schon jetzt für euch bereithält" (1. Petrus 1,3-5).

Diese Worte erinnerten uns an die Hoffnung, die wir durch Christus haben, und machten uns zuversichtlich, daß Gott Ruth in seiner liebevollen Obhut bewahren würde – ob sie die Operation überlebte oder nicht. Dann hielten wir uns an den Händen und beteten kurz zusammen, bevor sich die Türen hinter ihr schlossen.

Während ich mit Gigi und einigen Freunden im Konferenzraum des Krankenhauses wartete, wanderten meine Gedanken zurück zu all den Dingen, die Ruth und ich in unserer zweiundfünfzigjährigen Ehe miteinander erlebt hatten. Wie abhängig war ich von ihrem Rat, ihrer Unterstützung und ihren Gebeten geworden! Und während wir warteten, beteten wir miteinander und baten Gott, daß er die Hände des Chirurgen führen und daß sein Wille geschehen möge.

Es schien eine Ewigkeit zu dauern, bis der Arzt aus dem Operationssaal zurückkehrte.

„Sie ist in einem kritischen, aber stabilen Zustand", sagte er. „In den nächsten 24 bis 48 Stunden wird sich alles entscheiden. Es ist ermutigend, daß sie es so weit geschafft hat."

„Aber sie ist so zerbrechlich", sagte ich.

„Ja, Dr. Graham, ich weiß, wie zerbrechlich sie ist. Ich habe sie selbst zum Operationstisch getragen."

Kurz darauf betrat ich leise die Intensivstation. Ich war dankbar, daß Ruth die Operation überstanden hatte, und freute mich über ihr schwaches, aber tapferes Lächeln. Ruth erinnert sich heute nicht mehr an diese schlimmsten Tage.

Ihre Schwester Virginia Somerville (eine Krankenschwester) und unsere Tochter Gigi wechselten sich mit der Sitzwache ab. Die Computer-Tomographie am nächsten Tag ergab keine Hinweise darauf, daß sich die Meningitis auf das Gehirn ausbreitete. Das war ein Grund zur Erleichterung.

Als sich die Nachricht von Ruths Zustand herumsprach, begannen überall im Land Menschen für uns zu beten. Wir spürten, wie ihre Gebete uns beide trugen. Der frühere Präsident Bush rief besorgt an und erkundigte sich nach ihrem Zustand, bevor er zu einer Nahost-Reise aufbrach. Ruths langjährige Freundin June Carter Cash kam mit dem Flugzeug angereist, um stundenlang betend an ihrem Bett zu sitzen. Sie konnte auch ein paar Minuten mit Ruth verbringen, in denen sie wach war.

Am Tag nach der Operation war Ruths Zustand immer noch kritisch, stabilisierte sich jedoch zunehmend. Das ermutigendste Zeichen für mich war ihr zurückkehrender Humor. Als sie hörte, daß ich auf dem Weg zu ihr sei, flüsterte sie Gigi zu: „Bitte hol mir meine Haarbürste und den Lippenstift."

Einen oder zwei Tage später bat sie um Eiskrem.

Obwohl sie in den folgenden Wochen nur langsame Fortschritte machte, wußten wir beide, daß Gott sie durch diese Krise hindurchgebracht hatte. Einer der glücklichsten Tage meines Lebens war es, als sie einen Monat später endlich aus dem Krankenhaus entlassen wurde und in unser Haus zurückkehrte, das mir ohne sie so leer vorgekommen war.

Uns beiden gab diese gesundheitliche Krise Anlaß, innezuhalten und uns an Gottes Gnade und Barmherzigkeit zu erinnern – nicht nur während dieser kritischen Tage, sondern während unseres ganzen Lebens. Gott läßt wohl deshalb schwierige und leidvolle Zeiten in unserem Leben zu, damit wir das Gute nicht selbstverständlich hinnehmen. Wir sollen uns an seine Treue erinnern und uns klarmachen, wie abhängig wir von ihm in allen Dingen sind. Während jener Tage im Krankenhaus erinnerten Ruth und ich uns oft an die Worte König Davids: „Lobe den Herrn, meine Seele, und was in mir ist, seinen heiligen Namen! Lobe den Herrn, meine Seele, und vergiß nicht, was er dir Gutes getan hat" (Psalm 103,1-2).

Ruths Krankheit machte uns nachdrücklich deutlich, daß das Leben kurz und jede Minute ein Geschenk Gottes ist. „Was hat Sie, wenn Sie über das Leben nachdenken, am meisten überrascht?" fragte mich vor einigen Jahren einmal ein Student.

„Daß es so kurz ist", erwiderte ich ohne zu zögern.

Während ich an diesem Buch arbeitete, hatte ich bei vielen Ereignissen den Eindruck, als seien sie erst gestern geschehen. Die Zeit vergeht so schnell – und wer wir auch sind oder was wir auch getan haben, der Tag wird kommen, an dem unser Leben vorüber ist.

In ähnlicher Weise ist auch das Alter eine Überraschung für mich.

„Ich habe als Christ gelernt, wie man stirbt", sagte kürzlich ein langjähriger Freund zu mir. „Aber jetzt stelle ich fest, daß ich nicht gelernt habe, wie man mit dem Alter fertig wird – mit der Zeit, *bevor* man stirbt."

Solange wir jung sind, denken die meisten von uns, wir würden niemals alt. Ich jedenfalls habe so gedacht. Ich erinnere mich, daß ich in den fünfziger Jahren zu Reportern sagte, ich bezweifelte, daß ich lange leben würde; das Arbeitstempo, das ich vorlegte, würde mich sicher umbringen. Als ich auf die Sechzig zuging, empfand ich es ähnlich. Ich wußte, daß ich meinem Vater in vielen Dingen ähnlich war – und er hatte in diesem Alter seinen ersten Schlaganfall erlitten.

Und doch hat Gott mir bis zu dem Augenblick, in dem ich dies schreibe, achtundsiebzig Lebensjahre geschenkt. Ich weiß, daß meine Zeit auf der Erde nicht vorbei sein wird, bis er mich heimruft. Ich muß zugeben, daß die Lasten des Alters mir nicht behagen – daß die Kräfte langsam nachlassen, dazu die lästigen körperlichen Begleiterscheinungen und der schmerzliche Verlust geliebter Menschen. Doch das Alter kann auch eine besondere Lebensphase sein, in der Gott uns noch manches lehren kann.

Dazu gehört sicherlich, daß ich nach wie vor gewissenhaft meine Arbeit für Gott tue. Ich bin vielleicht nicht mehr in der Lage, all das zu bewältigen, was ich früher einmal getan habe – und das erwartet Gott auch nicht –, aber ich soll das tun, was ich tun kann.

Eine weitere Lektion ist die zunehmende Erkenntnis, daß diese Welt nicht unsere endgültige Heimat ist. Wenn wir unsere Hoffnung wirklich auf Christus setzen, sind wir in dieser Welt nur auf der Durchreise. Das Alter sollte uns dazu führen, mit freudiger Erwartung der Heimat im Himmel entgegenzusehen. Der Apostel Paulus drückte es so aus: „Was wir jetzt leiden müssen, dauert nicht lange und ist leicht zu ertragen, wenn wir bedenken, welch unendliche, unvorstellbare Herrlichkeit uns erwartet. Deshalb lassen wir uns von dem, was uns zur Zeit so sichtbar bedrängt, nicht ablenken, sondern wir richten unseren Blick auf Gottes neue Welt, auch wenn sie noch unsichtbar ist. Denn das Sichtbare vergeht, doch das Unsichtbare bleibt ewig" (2. Korinther 4,17-18).

Vor einigen Jahren empfand ich das Vergehen der Zeit besonders deutlich. Schon seit langem hatte ich das Gefühl, daß etwas mit meiner Gesundheit nicht stimmte. Ich versuchte es Ruth zu erzählen, konnte es aber irgendwie nicht richtig beschreiben. Zum Beispiel gingen T. W. und ich eines Tages in New York auf eine Kreuzung zu. Als ich mich der Bordsteinkante näherte, sagte mein Gehirn *Stehenbleiben!*, doch meine Beine gingen einfach weiter; ich mußte die Hand ausstrecken und mich an einem Laternenpfahl festhalten, um nicht in den dichten Verkehr hineinzustolpern. Mir fiel auch auf, daß meine Hände bisweilen zitterten und meine Handschrift – die zugegebenermaßen nie sonderlich gut gewesen ist – schlechter wurde.

Im Laufe der Jahre hatte ich eine Reihe von Krankheiten und Operationen erlebt, von denen ich auf diesen Seiten nur wenige erwähnt habe. Oft kamen sie gerade dann, wenn wir eine Evangelisation oder ein anderes Projekt vor uns hatten, und ich fragte mich unwillkürlich, ob Satan diese Krankheiten benutzte, um dadurch unsere Arbeit zu behindern (und ich vermute, daß es tatsächlich so war). Gleichzeitig jedoch benutzte Gott sie auch, um mir Geduld beizubringen oder Zeit zum Lesen und Nachdenken zu schenken, die ich sonst vielleicht nicht gehabt hätte.

Durch diese Gebrechen hat Gott mich auch gelehrt, das Geschenk der modernen Medizin und die Arbeit der Ärzte zu schätzen. Besonders zwei Mediziner sind mir zu treuen Freunden und Helfern geworden. Der eine von ihnen ist Dr. Roger James in Asheville, mein persönlicher Hausarzt, der mich – wenn es nötig war – an andere Fachärzte am Ort überwies und der Verbindungsmann zu meinen Ärzten in der Mayo-Klinik ist. Roger ist außerdem ein treues Mitglied des BGEA-Vorstandes. Der andere ist Dr. E. Rolland Dickson. Er ist Arzt an der Mayo-Klinik. Er und seine Frau Rhea haben nicht nur über meine Gesundheit gewacht, sondern sind Ruth und mir auch zu guten Freunden geworden. Ich bin überzeugt, daß ihre umsichtige Betreuung dazu beigetragen hat, daß ich meinen Dienst weiter ausüben konnte.

Als ich mich nach einem Aufenthalt in der Mayo-Klinik verabschiedete und mich dabei von meinem Stuhl erhob, bat er mich, ich solle mich noch einmal setzen und wieder aufstehen. „Irgend etwas ist nicht ganz in Ordnung. Ich meine die Art, wie Sie aus dem Sessel aufstehen", sagte er.

Dann verabredete er einen Termin für mich bei einem Neurologen der Klinik. Nach einer Reihe von Tests lautete die Diagnose: Parkinson. Noch niemand in meiner Familie hatte diese Krankheit gehabt, und ich wußte sehr wenig darüber.

Der Neurologe teilte mir mit, daß Parkinson eine fortschreitende und unheilbare Krankheit sei, die langsam jene Hirnzellen zerstört, die für die Kontrolle der Muskeln zuständig sind. Gleichzeitig wies er mich auf neu entwickelte Medikamente hin, die das Fortschreiten der Krankheit verlangsamen und ihre Symptome kontrollieren. Zum Glück leide ich an einer langsam fortschreitenden Form dieser Krankheit. Die Medikamente haben mir zweifellos etliche zusätzliche Dienstjahre verschafft, das wäre vor ein paar Jahrzehnten noch nicht möglich gewesen.

Dennoch weiß ich, daß mir meine Erkrankung zunehmend Schwierigkeiten bereiten wird. Kürzlich fragte mich jemand, ob ich es nicht unfair fände, daß Gott diese Krankheit zugelassen habe, obwohl ich ihm so treu gedient hätte.

„Ich verstehe das nicht so", antwortete ich. „Leiden gehört zu unserem Leben. Jeder erfährt es. Die Frage ist nur, wie wir damit umgehen – ob wir uns voll Bitterkeit und Zorn von Gott abwenden oder ihm weiter unser Vertrauen schenken."

Ist es Ironie, daß Gott uns gerade in dieser Zeit, in der ich das Nachlassen meiner Kräfte bemerkte, neue technische Möglichkeiten eröffnete, um unsere Arbeit auszuweiten? Wie schon gesagt: Zu Beginn dieses Jahrhunderts waren die Möglichkeiten eines Evangelisten begrenzt: durch die Lautstärke seiner Stimme oder die Auflage seiner Schriften. Die moderne Technik hat diese Barrieren übersprungen. Innerhalb der letzten Jahre ist es buchstäblich möglich geworden, der ganzen Welt das Evangelium zu verkünden.

Ich bin überzeugt, wir würden staunen, wenn wir heute sehen könnten, was einmal in hundert, fünfzig oder auch nur zehn Jahren alles möglich sein wird. Lebte Jesus heute auf der Erde, würde er zweifellos jedes verfügbare Mittel nutzen, um seine Botschaft zu verbreiten.

Ich habe oft gesagt, daß ich als erstes Gott im Himmel fragen werde: „Warum ich, Herr? Warum hast du gerade einen Bauernburschen aus North Carolina ausgewählt, um so vielen Menschen dein Wort zu verkündigen? Warum hast du ihm so großartige Mitarbeiter zur Seite gestellt, und warum durfte er an deinem Handeln in der zweiten Hälfte des zwanzigsten Jahrhunderts mit beteiligt sein?"

Über diese Frage habe ich schon viel nachgedacht, aber ich weiß auch, daß nur Gott die Antwort kennt. „Noch ist bei aller prophetischen Schau vieles unklar und rätselhaft. Einmal aber werden wir Gott sehen, wie er ist. Jetzt erkenne ich nur Bruchstücke, doch einmal werde ich alles klar erkennen, so deutlich, wie Gott mich jetzt schon kennt" (1. Korinther 13,12).

Ich bin überzeugt, daß eine der Freuden des Himmels darin bestehen wird, die verborgenen Wege zu erkennen, auf denen Gott in seiner Souveränität in unserem Leben auf der Erde gehandelt hat – um uns zu schützen und zu leiten, damit trotz all unserer Unzulänglichkeit sein Name verherrlicht wird.

Doch wenn ich auf all die Jahre zurückblicke, weiß ich eins ganz sicher, daß meine tiefste Empfindung überwältigende Dankbarkeit ist. Ich kann keinen Ruhm für das beanspruchen, was Gott durch uns und unsere Arbeit bewirkt hat. Nur ihm allein gebührt die Ehre. Wir können ihm niemals genug für all das Überwältigende danken, das er getan hat.

Obwohl es so vieles gibt, wofür ich dankbar bin, wenn ich auf mein Leben zurückblicke, bedaure ich auch manches. Ich habe oft versagt und würde heute einiges anders machen.

Zum einen würde ich weniger reden und mehr lernen. Und ich würde mehr Zeit mit meiner Familie verbringen. Wenn ich heute die alten Terminkalender ansehe, mit denen ich vor dreißig oder vierzig Jahren lebte, machen mich all die Termine und Verpflichtungen sprachlos. Manchmal jagten wir geradezu innerhalb weniger Tage von einem Ende des Landes zum anderen, ja sogar von einem Kontinent zum anderen. Waren alle diese Termine notwendig? Habe ich sorgfältig genug geprüft, welche von ihnen ich annehmen und welche ich ablehnen sollte? Ich bezweifle es. Jeder Tag, den ich fern von meiner Familie verbrachte, ist für immer dahin. Viele Reisen waren notwendig, aber sicher nicht alle.

Ich würde auch mehr Zeit damit verbringen, geistlich zu wachsen und Gott besser kennenzulernen. Ich würde mehr beten, nicht nur für mich selbst, sondern auch für andere. Ich würde mich intensiver dem Bibelstudium widmen – nicht nur zur Predigtvorbereitung, sondern auch, um ihre Botschaft auf mein Leben wirken zu lassen. Allzu leicht neigt man als Prediger dazu, die Bibel nur im Hinblick auf eine zukünftige Predigt zu lesen und dabei zu übersehen, was Gott einem persönlich sagen will.

Und ich würde stärker die Gemeinschaft mit anderen Christen suchen, die mich lehren, ermutigen und zurechtweisen könnten.

Wenn ich noch einmal von vorn beginnen könnte, würde ich auch jeglichen Anschein einer Verwicklung in die Parteipolitik vermeiden. Insgesamt war es, wie schon oft gesagt, bei meinen Kontakten mit führenden Politikern mein eigentliches Anliegen, nichts weiter als Pastor und geistlicher Ratgeber zu sein und nicht etwa als politischer Berater zu erscheinen. Wenn zum Beispiel ein Präsident der Vereinigten Staaten in meiner Gegenwart weinte, mit mir niederkniete um zu beten oder mir familiäre Sorgen anvertraute, dann dachte ich nicht an seine politische Einstellung, sondern nur daran, wie ihm Gottes Hilfe zuteil werden könnte.

Und doch hat es Momente gegeben, in denen ich zweifellos die Grenze zwischen der Politik und meiner Berufung als Evangelist überschritten habe. Ein Evangelist ist berufen, nichts anderes zu tun als das Evangelium zu verkünden. Wenn er sich jedoch in politische Fragen oder Parteipolitik verstrickt, dann verwässert oder schadet das seiner Botschaft. Ich wünschte, ich hätte diese Lektion früher gelernt.

Etwas bedaure ich jedoch nicht im geringsten. Das ist die vor vielen Jahren getroffene Entscheidung, Gottes Berufung anzunehmen und ihm als Verkündiger des Evangeliums zu dienen.

Wir leben in einer Welt der Verwirrung. Widerstreitende und oft widersprüchliche intellektuelle und religiöse Stimmen wetteifern um unsere Aufmerksamkeit. Wie können wir inmitten so vieler Gegenströmungen behaupten, daß *irgend etwas* wahr ist? Ist es da nicht arrogant und engstirnig zu behaupten, es gebe nur einen Weg zur Errettung? Oder der Weg, dem wir folgen, sei der richtige Weg?

Ich glaube nicht. Werfen wir einem Piloten Engstirnigkeit vor, wenn er sich an seine Instrumente hält, während er bei Nebel auf einem Flughafen landet? Nein, wir *wollen*, daß er fest auf dem Kurs bleibt. Empfinden wir es als arrogant und engstirnig, wenn ein Arzt uns auf die einzige Arznei hinweist, die uns von einer bestimmten Krankheit heilen kann? Die Menschheit leidet an einer geistlichen Krankheit – der Krankheit der Sünde –, und Gott hat uns das Heilmittel geschenkt. Wie könnten wir uns davon abhalten lassen, die Menschen zu drängen, dieses Heilmittel für ihr Leben anzuwenden!

Seit ich vor etwa sechzig Jahren mein Leben Jesus Christus anvertraute, habe ich Repräsentanten buchstäblich jeder nur vorstellbaren religiösen und philosophischen Richtung kennengelernt. Oft bewegt mich die Intensität ihrer geistlichen Suche oder die Tiefe ihres Glaubens. Und doch hat sich meine Überzeugung im Laufe der Jahre nur noch verstärkt, daß das Evangelium von Jesus Christus die einzige Wahrheit ist.

Ist das Sturheit oder Selbsttäuschung? Nein, der Grund ist vor allem ein tieferes und wachsendes Verständnis dafür, wer Jesus Christus war – und ist. Die Bibel sagt, daß Gott vor zweitausend Jahren in Jesus Christus menschliche Gestalt angenommen hat. Jesus war nicht nur einer von vielen bedeutenden religiösen Lehrern, und ebenso wenig war er nur einer von vielen, die nach geistlicher Wahrheit suchten. Er war Gott in menschlicher Gestalt. Er allein konnte sagen: „Ich bin der Weg, die Wahrheit und das Leben" (Johannes 14,6).

Der Beweis für diese Behauptung ist die Tatsache, daß Christus durch seine Auferstehung die Ketten des Todes zerriß. Und dieses Ereignis ist von Hunderten bezeugt worden. Das hebt ihn heraus aus allen anderen Menschen, die jemals lebten.

Ich versuche, Menschen auf Christus hinzuweisen, weil ich überzeugt bin, daß er allein Gottes Antwort auf die tiefsten Probleme des Lebens ist. Ich habe erlebt, wie er das Leben unzähliger Menschen veränderte, die bereit waren, ihm ihre Schuld zu bekennen und ihm zu vertrauen.

Eines der eindrucksvollsten Bilder, die das Neue Testament für diese geistliche Umkehr verwendet, liegt in dem Begriff *wiedergeboren* oder *Neugeburt*. Wie ich schon erwähnte, gebrauchte Jesus dieses Wort in seinem Gespräch mit dem jüdischen Theologen Nikodemus: „Ich sage dir eins, Nikodemus: Wer nicht neu geboren wird, kann nicht in Gottes Reich kommen" (Johannes 3,3). Worauf Jesus hier hinwies, braucht jeder von uns: nämlich eine geistliche Wiedergeburt oder Erneuerung durch die Kraft Gottes, den Heiligen Geist.

Wie ist das möglich?

Diese Frage stellte auch Nikodemus. Was Jesus ihm daraufhin erklärte, ist in gewisser Hinsicht ein Geheimnis. Denn eine geistliche Wiedergeburt kann nur Gott bewirken. Sie findet dann statt, wenn wir uns im Vertrauen Christus zuwenden und ihm als unserem Herrn folgen. Gott selbst nimmt durch seinen Heiligen Geist in uns Wohnung. Er beginnt, uns von innen heraus zu verändern, und gibt unserem Leben ein neues Fundament. Ob es eine Ehe ist, die wiederhergestellt wird, ob ein Alkoholiker von seiner Sucht frei wird oder ein Jugendlicher plötzlich Ziel und Sinn in seinem Leben entdeckt – das geschieht nur, weil Gott handelt.

Wie schon berichtet, verlieh der Kongreß der Vereinigten Staaten Ruth und mir am 2. Mai 1996 seine Goldene Ehrenmedaille.

In meiner Dankesrede sprach ich von dem bevorstehenden dritten Jahrtausend der christlichen Ära und den moralischen und geistlichen Herausforderungen, die es mit sich bringen würde. Zweifellos werden wir im 21. Jahrhundert weitere erstaunliche technische Fortschritte machen, wie es schon im 20. Jahrhundert der Fall war. Dennoch – trotz aller technischen Fortschritte – war in keinem Jahrhundert zuvor so viel Leid und Blutvergießen. Warum? Weil unser Grundproblem im menschlichen Herzen liegt. Und deshalb bleibt die Evangelisation eine so wichtige Aufgabe.

Natürlich weiß niemand, was kommen wird; nur Gott kennt die Zukunft, denn sie liegt in seinen Händen.

Welche neuen Möglichkeiten erwarten uns im neuen Jahrtausend, falls Gott uns die Zeit dafür schenkt, bevor Christus wiederkommt?

Welche neuen Tyrannen werden versuchen, unsere Welt zu erobern? Welche Ideologien werden Menschen auf den falschen Weg locken?

Nur Gott weiß es.

Vielleicht werden einige Trends, die wir heute beobachten, die Evangelisation schwieriger machen. Die Christen in vielen Ländern werden vor neuen Herausforderungen stehen, denn sie leben in einer immer pluralistischer werdenden Gesellschaft. Und das nicht nur in religiöser Hinsicht, sondern auch in Fragen des Lebensstils und der ethischen Werte. Ein verstärkt um sich greifender, aggressiver Säkularismus könnte die Christen in die Defensive zwingen oder sogar zu einer verachteten Minderheit zusammenschmelzen lassen. Es wäre nicht das erste Mal. Und daß unsere Kinder den Drogen, dem Sensualismus oder dem moralischen Relativismus zum Opfer fallen, der in der Massenunterhaltung propagiert wird, ist kein ermutigendes Zeichen für die Zukunft.

Die Welt verändert sich, und mit ihr werden sich auch die Methoden der Evangelisation verändern. Doch die Botschaft wird sich *nicht* verändern, denn sie ist zeitlos und gilt allen Generationen.

Was ist diese Botschaft?

Meine große Hoffnung ist, daß Menschen – und dazu gehören auch die Leser dieses Buches – die Botschaft Christi verstehen und sich zu eigen machen.

Ich erinnere mich an einen alten Methodistenprediger, der 1954 in die Harringay-Arena in London kam. „Ich bin dreiundneunzig Tage lang jeden Abend hierhergekommen", sagte er zu uns, „und ich habe nur eine Botschaft gehört."

Das war ein Kompliment, denn er wußte so gut wie ich, daß es nur *eine* christliche Botschaft gibt.

Und das ist in erster Linie eine Botschaft über Gott. Gott hat uns nach seinem Bild erschaffen. Wir sind nicht durch Zufall auf der Erde. Gott hat uns zu einem bestimmten Zweck in diese Welt gestellt, und unser Leben kann niemals erfüllt und ausgefüllt sein, bevor nicht dieser Zweck zum Zentrum unseres Lebens wird.

Weiterhin redet die christliche Botschaft von der Menschheit und von jedem einzelnen Menschen. Die Bibel sagt, daß wir von Gott getrennt sind, weil wir ihm den Rücken gekehrt haben. Wir wollen unser Leben ohne ihn gestalten. Genau das bezeichnet die Bibel als *Sünde:* das heißt, wir gehen unseren eigenen Weg und räumen Gott nicht den ihm zustehenden Platz in unserem Leben ein. Die Konsequenzen dieser Entscheidung können wir überall sehen – in dem moralischen Chaos und dem Leid dieser Welt. Jeden Tag schreien die Schlagzeilen, daß wir in einer zerbrochenen, von Sünde verwüsteten Welt leben.

Doch nun verkündet die christliche Botschaft, daß Gott uns immer noch liebt. Er sehnt sich danach, wieder Gemeinschaft mit uns zu haben. Er möchte unser Leben hier und jetzt mit Sinn und Ziel erfüllen. Und er wünscht sich, daß wir die ganze Ewigkeit mit ihm zusammen verbringen. Dann wird es keinen Schmerz mehr geben, keine Trauer und keinen Tod.

Um das zu ermöglichen, hat Gott etwas getan, das unsere Vorstellungskraft übersteigt. Jesus Christus, Gottes Sohn, bezahlte durch seinen Tod am Kreuz den Preis für unsere Sünde. An unserer Stelle nahm er die Strafe auf sich, die wir nach Gottes Urteilsspruch verdient hätten, und starb am Kreuz. Doch er ist nicht im Tod geblieben. Durch seine Auferstehung von den Toten hat Christus die Ketten des Todes zerrissen und uns den Weg zum ewigen Leben eröffnet.

Die Auferstehung Jesu hat ein für allemal bestätigt, daß er wirklich der war, der er zu sein beanspruchte: der einzigartige Sohn Gottes, vom Himmel zu uns gekommen, um uns von unseren Sünden zu erretten. Dieses Geschenk der Vergebung und des ewigen Lebens bietet Gott jedem von uns an.

So geht es in der christlichen Botschaft auch um unsere Antwort. Wie bei jedem anderen Geschenk gehört uns auch Gottes Geschenk erst dann, wenn wir es annehmen und uns zu eigen machen. Gott hat von sich aus alles getan, um uns unsere Rettung zu ermöglichen. Doch wir müssen im Glauben die Hand ausstrecken und sie annehmen.

Wie können wir das tun?
Erstens, indem wir vor Gott bekennen, daß wir Sünder sind und seine Vergebung brauchen. Und wenn wir nun unsere Sünden bereuen, dann sollten wir uns auch für immer von ihnen trennen.

Zweitens, indem wir unser Leben Jesus Christus als unserem Herrn und

Erlöser anvertrauen. Der bekannteste Vers des Neuen Testamentes faßt das Evangelium in wenigen Worten zusammen: „Denn Gott hat die Menschen so sehr geliebt, daß er seinen einzigen Sohn für sie hergab. Jeder, der an ihn glaubt, wird nicht verlorengehen, sondern das ewige Leben haben. Gott hat nämlich seinen Sohn nicht zu den Menschen gesandt, um über sie Gericht zu halten, sondern um sie vor dem Verderben zu retten" (Johannes 3,16-17). Gott lädt uns heute ein, seinen Sohn in unser Leben aufzunehmen.

Falls Sie das bisher nicht getan haben, lade ich Sie ein, Ihr Herz in einem schlichten Gebet für Jesus Christus zu öffnen. Gott nimmt uns so an, wie wir sind. Unabhängig davon, wer wir sind oder was wir getan haben – wir werden nur gerettet durch das, was Christus für uns getan hat.

Ich werde nicht in den Himmel kommen, weil ich vor vielen Leuten gepredigt habe. Ich werde nur aus einem einzigen Grund in den Himmel kommen: Jesus Christus ist für mich gestorben, und ich habe mein ganzes Vertrauen auf ihn gesetzt, daß er mich errettet. Auch für Sie ist Christus gestorben. Er bietet Ihnen das Geschenk des ewigen Lebens an – es gehört Ihnen, sobald Sie ihm Ihr Leben anvertrauen.

Wenn Sie das tun, werden Sie zu einem Kind Gottes, das für immer zu seiner Familie gehört. Von diesem Moment an lebt er in Ihnen und beginnt, Sie von innen her zu verändern. Niemand, der wirklich sein Leben Christus unterstellt, wird derselbe bleiben, der er bisher war: „Gehört jemand zu Christus, dann ist er ein neuer Mensch. Was vorher war, ist vergangen, etwas Neues hat begonnen. All dies verdanken wir Gott, der durch Christus mit uns Frieden geschlossen hat. Er hat uns beauftragt, diese Botschaft überall zu verkündigen" (2. Korinther 5,17-18).

Unzählige Male haben wir bei unserem Dienst in aller Welt miterlebt, wie das geschieht. Dasselbe kann auch in Ihrem Leben geschehen.

In dem Jahr, als der Zweite Weltkrieg zu Ende ging, begann ich meine Arbeit als vollzeitlicher Evangelist. In jener unsicheren Zeit waren viele Leute offen für eine Botschaft, die ihnen Stabilität und bleibende Werte verhieß. Gott machte es möglich, daß wir diesen geistlichen Hunger und die Suche nach Werten, die jene Jahre kennzeichneten, nutzen konnten. Doch die Zeiten haben sich geändert. Alle möglichen Trendwellen haben unsere Welt überspült – von der sexuellen Revolution bis zur Desillusionierung der siebziger Jahre. Das brachte für die evangelistische Arbeit neue Herausforderungen und neue Möglichkeiten mit sich.

Dasselbe wird auch in Zukunft der Fall sein. Eines jedoch wird sich *niemals* ändern: Gottes Liebe zu den Menschen und sein Verlangen danach, daß Menschen ihn persönlich kennenlernen. Der menschliche Geist wird nur durch Gott Frieden und Erfüllung finden. Wir sind für ihn geschaffen; und alles andere wird unser menschliches Herz nicht befriedigen können. Der zunehmende Säkularismus und das moralische Chaos unserer Zeit könnten dazu beitragen, daß manche Menschen offener für das Evangelium werden. Vor vielen Jahrhunderten betete Augustinus zu Gott: „Du hast uns für dich erschaffen, und unser Herz ist ruhelos, bis es Ruhe findet in dir."

Die Zukunft wird eine aufregende Zeit sein.

Nein, ich kenne die Zukunft nicht, aber eines weiß ich: Das Beste kommt noch! Im Himmel werden wir erwartet – und dort wird es viel, viel schöner sein, als wir uns je vorstellen können. Die Bibel sagt: „Meine Lieben! Wenn wir schon jetzt Kinder Gottes sind, was werden wir erst sein, wenn Christus wiederkommt! Dann werden wir ihm ähnlich sein und ihn sehen, wie er wirklich ist" (1. Johannes 3,2). Das ist die Hoffnung eines jeden Glaubenden. Es ist *meine* Hoffnung, und ich bete, daß es auch Ihre Hoffnung sein möge.

Ich weiß, daß mein Leben bald zu Ende sein wird. Ich danke Gott für dieses Leben und für alles, was er mir darin geschenkt hat.

Aber ich freue mich auf den Himmel.

Ich freue mich auf das Wiedersehen mit Freunden und geliebten Menschen, die mir vorausgegangen sind.

Ich freue mich darauf, bei Gott frei von Kummer und Schmerz zu sein.

Und ich freue mich darauf, Gott auf ganz neue Weise zu dienen, wie wir es uns jetzt noch nicht im entferntesten vorstellen können. Denn der Himmel – das macht die Bibel deutlich – ist nicht etwa ein Ort der Untätigkeit.

Vor allem jedoch freue ich mich darauf, Christus von Angesicht zu Angesicht zu sehen. Dann werde ich ihn loben und preisen und ihm für alles danken, was er für uns getan hat, und daß er mich auf dieser Erde gebraucht hat – so wie ich bin.

Dank

Vor über dreihundertfünfzig Jahren schrieb John Donne: „Niemand ist eine Insel, ganz allein für sich." Dieser bekannte Satz erinnert uns daran, daß wir einander brauchen und daß wir bei allem, was wir in diesem Leben zustande bringen, auf andere angewiesen sind.

Das gilt ganz gewiß auch für dieses Buch. Wie schon im Vorwort angedeutet, hatte ich meine Zweifel, ob ich je eine Autobiographie schreiben könnte. Denn ich wußte, daß ich weder die Fähigkeiten noch die Zeit hatte, um es allein zu tun, sondern auf die Hilfe anderer angewiesen sein würde. Diese Hilfe hat Gott in reichem Maße geschenkt: Viele begabte Männer und Frauen haben mich bei diesem Projekt unterstützt.

Schon in den sechziger Jahren hatte ich eine Reihe autobiographischer Aufzeichnungen diktiert und sie dann wieder beiseite gelegt – in der Annahme, ich würde doch nie eine Autobiographie fertigstellen. Vor zehn oder elf Jahren schrieb ich dann an John Pollock, den bekannten britischen anglikanischen Theologen, der viele hervorragende Biographien christlicher Persönlichkeiten geschrieben hat. Ich bat ihn um Hilfe und Rat, um meine Autobiographie zu beginnen.

John Pollock hatte schon mehrere Biographien über mich verfaßt und war mir eine große Hilfe bei den ersten Planungen für das Buch. Seine Aufzeichnungen und Zeittafeln über unsere Arbeit waren sehr wichtig, um dieses Buch zu beginnen. Bald wurde jedoch deutlich, daß die Arbeit umfangreicher war und mehr Zeit in Anspruch nehmen würde, als wir geahnt hatten.

Während Ruth und ich über das Manuskript sprachen, fiel uns sogleich Dr. Mel Lorentzen, Professor für Journalismus am Wheaton College, ein.

Und ich war hocherfreut, als er sich zur Zusammenarbeit bereiterklärte. Als fähiger und erfahrener Schriftsteller brachte Mel genau die richtige Mischung aus Fachwissen und persönlichem Verständnis mit, um diese Aufgabe in Angriff zu nehmen. Die gemeinsamen Wochen, in denen er Ruth und mich und viele meiner Wegbegleiter interviewte, werden mir stets unvergessen bleiben. Ein schwerer Herzanfall schränkte die Zeit ein, die er dem Projekt widmen konnte. Doch ohne die Sorgfalt, mit der er mir half, einen ersten Entwurf zu schreiben, wäre dieses Buch nie möglich geworden.

Vor einigen Jahren lud ich Jerry Jenkins, einen bekannten christlichen Autor und freien Mitarbeiter des Magazins *Moody Monthly* zur Mitarbeit ein. Auch er brachte seine ausgezeichnete schriftstellerische Begabung in das Projekt ein. Mit großem Zeitaufwand recherchierte er zahlreiche Aspekte unserer Arbeit, überprüfte die Richtigkeit bestimmter Details und bearbeitete einen Großteil des ersten Entwurfes. Er verbrachte viele Stunden damit, mir Fragen zu stellen. Mit Vergnügen erinnere ich mich an diese Zusammenarbeit, obwohl sie in eine sehr hektische Phase meiner Tätigkeit fiel.

Ruth hat in all den Jahren regelmäßig Tagebuch geführt. Außerdem schrieb sie stets lange Briefe nach Hause an ihre Eltern, wenn sie mit mir auf Reisen war. Diese Briefe waren eine Fundgrube für Geschichten und Anekdoten. Auch ich hatte auf einigen Reisen Notizen gemacht (ausführlicher, als mir bewußt gewesen war) und Briefe an Ruth geschickt – natürlich ohne daran zu denken, daß wir sie jemals in einem Buch verwenden würden. Dann waren da noch Filme und andere Aufzeichnungen, die unsere Arbeit dokumentierten. All dies hat meine Erinnerung an Ereignisse und Leute wieder aufgefrischt. Auch Mitglieder des Teams und langjährige Freunde haben aus ihren Erinnerungen berichtet und meinem Gedächtnis auf die Sprünge geholfen.

Um aus allen diesen Geschichten eine zusammenhängende Erzählung zu schaffen, habe ich mich von Zeit zu Zeit mit verschiedenen Schriftstellern beraten und sie um ihre Hilfe gebeten.

Als das Buch allmählich Gestalt annahm, lag das ganze Haus und mein Büro voller Ausschnitte und Texte. Deshalb bat ich zwei meiner Mitarbeiter in Montreat, beim Sortieren zu helfen. Außerdem brauchte ich jemanden, der alle Fäden zusammenhalten und die verschiedenen Menschen, die daran arbeiteten, koordinieren konnte. Ich wußte, daß sich niemand besser dazu eignete als meine langjährige Privatsekretärin Stephanie Wills. Ihr klarer Blick für Einzelheiten und ihre Fähigkeit, zahllose verschiedene Quellen im Auge zu behalten, waren von unschätzbarem Wert. Wie sie dieses Unternehmen zusätzlich zu ihren sonstigen Aufgaben bewältigen konnte, weiß ich nicht. Aber ich bin ihr sehr dankbar.

Für die Aufgabe des Lektors bat ich meinen Freund und Kollegen Dr. John Akers um Hilfe. Ich fragte ihn, ob er dazu bereit sei, Lücken zu schließen und bestimmte Abschnitte umzuschreiben. Zu meiner Freude sagte er zu.

Während dieser Zeit empfahlen zwei meiner Töchter, die beide über schriftstellerische und publizistische Erfahrungen verfügen, ich solle doch zusätzlich Bill Griffin um Hilfe bitten. Bill ist professioneller Publizist und besitzt eine fünfunddreißigjährige Erfahrung als Lektor bei mehreren großen New Yorker Verlagen. Seit über zehn Jahren ist er verantwortlicher Redakteur für den Bereich Religion bei der Zeitschrift *Publishers Weekly*. Außerdem ist er Verfasser einer Biographie über C. S. Lewis.

Überrascht war ich, als er sagte, er verfolge unsere Arbeit schon seit vielen Jahren und würde mir und meinen Mitarbeitern gern bei der Bearbeitung helfen. Er und John Akers übernahmen die herausgeberische Koordination des Projektes. Gemeinsam brachten sie die gewaltige Menge schriftlichen Materials auf einen vertretbaren Umfang und schlossen die Lücken.

Zu ihren größten Leistungen gehörte etwas, was mir fast unmöglich erschienen war: das Manuskript zu kürzen. Da aus meinen Gedanken und meinem Herzen immer mehr Erinnerungen an Personen und Ereignisse sprudelten, fügte ich ständig neues Material hinzu, anstatt den Rotstift an dem bereits Vorhandenen anzusetzen. Einige Freunde – unter anderem auch Ruth – waren sogar der Ansicht, wir würden mindestens drei Bände brauchen. Und so sah es tatsächlich aus; doch ich befürchtete, dann würden wir das Projekt in diesem Leben nicht mehr abschließen!

Leider blieb uns keine Wahl, als eine Reihe von Menschen und Ereignissen zu übergehen, die während unserer mehr als fünfzigjährigen Tätigkeit eine große Bedeutung hatten. Ich entschuldige mich besonders bei jenen Mitarbeitern, die in verschiedenen Büros und Arbeitszweigen so engagiert für uns gearbeitet haben, und die wir auf diesen Seiten einfach nicht namentlich erwähnen konnten. Dabei denke ich besonders an unsere Direktoren und jene Mitarbeiter, die sich unermüdlich zeigten, unsere Evangelisationen zu organisieren – nur einige konnten hier erwähnt werden. Die unzähligen Menschen in allen Städten, die für uns da waren: Die Organisations- und Finanzkomitees, die freiwilligen Helfer – sie alle verdienen ebenfalls ein besonderes Wort des Dankes.

Noch viele weitere Menschen haben entscheidend zum Gelingen des Buches beigetragen. Der größte Teil des Materials, das wir für dieses Buch benötigten, war bereits in unserem Archiv am Wheaton College gesammelt worden. Bob Shuster und Paul Erickson trugen sehr dazu bei, daß entsprechend recherchiert, Fakten geprüft und korrigiert wurden.

Auch Diane Holmquist und Nina Engen in unserem Büro in Minneapolis und Wanda Kiser und Elsie Brookshire in Montreat haben einen unschätzbaren Beitrag geleistet. Nicht nur, daß sie Hintergrundmaterial über unsere Arbeit aufbewahrten, sie verbrachten auch viele Stunden damit, in alten Akten nachzuschlagen und das Material zu sichten. So halfen sie ebenfalls dabei, das Manuskript fertigzustellen.

Danken möchte ich den Mitarbeitern in meinem Büro in Montreat, Dr. David Bruce und Maury Scobee, für die vielen Arbeitsstunden, in denen sie mir bei diesem Buch zur Seite standen – und dafür, daß sie die vielen Änderungen erduldeten, die ich in meinen Terminen und Plänen vornahm. Das ist eine meiner Schwächen, ich weiß – und vielleicht auch gelegentlich eine meiner Stärken!

Dank schulde ich auch Dr. John Corts, dem Präsidenten und Leiter unserer Organisation, der die Aufgabe übernahm, als Verbindungsmann zum Verlag HarperCollins zu dienen. Und Russ Busby, der die meisten Fotos gemacht hat, die Sie in diesem Buch sehen. Terri Leonard und ihre Mitarbeiter bei Harper San Francisco haben ebenfalls weit mehr als ihre Pflicht getan, um den endgültigen Text von Ungenauigkeiten zu befreien.

Besonders dankbar bin ich all den ungenannten Helfern, die unseren Dienst viele Jahre unterstützten und dabei immer im Hintergrund blieben – all denen, die unsere Arbeit treu mit ihrem täglichen Gebet und finanziellem Opfer begleitet haben. An diesem Versuch, unsere Arbeit zu dokumentieren, haben sie genauso Anteil wie auch wir.

Vor allem aber danke ich meiner Frau Ruth. Ohne sie wäre es unmöglich gewesen, eine Autobiographie zu schreiben – denn sie war immer lebenswichtig für mich. Unsere Arbeit ist ohne sie gar nicht vorstellbar.

Johann Sebastian Bach beendete jede seiner Kompositionen mit den Worten *Soli Deo Gloria*. Das sind auch meine Worte am Ende dieses Buches: „Gott allein die Ehre!"

Veranstaltungen mit Billy Graham: 1947–1961

1947
Grand Rapids, Michigan, USA
Charlotte, North Carolina, USA

1948
Augusta, Georgia, USA
Modesto, Kalifornien, USA

1949
Miami, Florida, USA
Baltimore, Maryland, USA
Altoona, Pennsylvania, USA
Los Angeles, Kalifornien, USA

1950
Boston, Massachusetts, USA
Columbia, South Carolina, USA
Tour – Neuengland
Portland, Oregon, USA
Minneapolis, Minnesota, USA
Atlanta, Georgia, USA

1951
Tour – Südstaaten, USA
Fort Worth, Texas, USA
Shreveport, Louisiana, USA
Memphis, Tennessee, USA
Seattle, Washington, USA
Hollywood, Kalifornien, USA
Greensboro, North Carolina, USA
Raleigh, North Carolina, USA

1952
Washington, D.C., USA
Tour – US-amerikanische Großstädte
Houston, Texas, USA
Jackson, Mississippi, USA
Tour – US-amerikanische Großstädte
Pittsburgh, Pennsylvania, USA
Albuquerque, Neu-Mexiko, USA

1953
Tour – Städte in Florida, USA
Chattanooga, Tennessee, USA
St. Louis, Missouri, USA
Dallas, Texas, USA
Tour – West-Texas, USA
Syracuse, New York, USA
Detroit, Michigan, USA
Asheville, North Carolina, USA

1954
London, England
Europa-Tour
Amsterdam, Niederlande
Berlin, Deutschland
Kopenhagen, Dänemark
Düsseldorf, Deutschland
Frankfurt, Deutschland
Helsinki, Finnland
Paris, Frankreich
Stockholm, Schweden
Nashville, Tennessee, USA
New Orleans, Louisiana, USA
Tour – Westküste, USA

1955
Glasgow, Schottland
Tour – Schottische Städte, Schottland
London, England
Paris, Frankreich
Zürich, Schweiz
Genf, Schweiz
Mannheim, Deutschland
Stuttgart, Deutschland
Nürnberg, Deutschland
Dortmund, Deutschland
Frankfurt, Deutschland
US-Streitkräfte, Europa
Rotterdam, Niederlande
Oslo, Norwegen
Göteborg, Schweden
Aarhus, Dänemark
Toronto, Ontario, Kanada

1956
Tour – Indien und Ferner Osten
Richmond, Virginia, USA
Oklahoma City, Oklahoma, USA
Louisville, Kentucky, USA

1957
New York City, New York, USA

1958
Tour – Karibik
San Francisco, Kalifornien, USA
Sacramento, Kalifornien, USA
Fresno, Kalifornien, USA
Santa Barbara, Kalifornien, USA
Los Angeles, Kalifornien, USA
San Diego, Kalifornien, USA
San Antonio, Texas, USA
Charlotte, North Carolina, USA

1959
Melbourne, Australien
Auckland, Neuseeland
Sydney, Australien
Perth, Australien
Brisbane, Australien
Adelaide, Australien
Wellington, Neuseeland
Christchurch, Neuseeland
Canberra, Australien
Launceton, Australien
Hobart, Australien
Little Rock, Arkansas, USA
Wheaton, Illinois, USA
Indianapolis, Indiana, USA

1960
Monrovia, Liberia
Accra, Ghana
Kumasi, Ghana
Lagos, Nigeria
Ibadan, Nigeria
Kaduna, Nigeria
Enugu, Nigeria

Jos, Nigeria
Bulawayo, Süd-Rhodesien
(heute: Simbabwe)
Salisbury, Rhodesien (heute: Simbabwe)
Kitwe, Zentral.-Afrikanische Förderation
(heute: Sambia)
Moshi, Tanganjika (heute: Tansania)
Kisumu, Kenia
Usumbura (Bujumbura),
Ruanda-Urundi (heute: Burundi)
Nairobi, Kenia
Addis Abeba, Äthiopien
Kairo, Ägypten
Tour – Naher Osten
Washington, D.C., USA
Rio de Janeiro, Brasilien
Bern, Schweiz
Zürich, Schweiz
Basel, Schweiz
Lausanne, Schweiz
Essen, Deutschland
Hamburg, Deutschland
Berlin (West), Deutschland
New York City (Spanisch), New York,
USA

1961
Jacksonville, Florida, USA
Orlando, Florida, USA
Clearwater, Florida, USA
St. Petersburg, Florida, USA
Tampa, Florida, USA
Bradenton-Sarasota, Florida, USA
Tallahassee, Florida, USA
Gainesville, Florida, USA
Miami, Florida, USA
Cape Canaveral, Florida, USA
West Palm Beach, Florida, USA
Vero Beach, Florida, USA
Peace River Park, Florida, USA
Boca Raton, Florida, USA
Fort Lauderdale, Florida, USA
Manchester, England
Glasgow, Schottland

Veranstaltungen mit Billy Graham: 1961–1981

Belfast, Nordirland
Minneapolis, Minnesota, USA
Philadelphia, Pennsylvania, USA

1962
Tour – Südamerika
Chicago, Illinois, USA
Fresno, Kalifornien, USA
Redstone Arsenal, Alabama, USA
Tour – Südamerika
El Paso, Texas, USA

1963
Paris, Frankreich
Lyon, Frankreich
Toulouse, Frankreich
Mülhausen, Frankreich
Nürnberg, Deutschland
Stuttgart, Deutschland
Los Angeles, Kalifornien, USA

1964
Birmingham, Alabama, USA
Phoenix, Arizona, USA
San Diego, Kalifornien, USA
Columbus, Ohio, USA
Omaha, Nebraska, USA
Boston, Massachusetts, USA
Manchester, New Hampshire, USA
Portland, Maine, USA
Bangor, Maine, USA
Providence, Rhode Island, USA
Louisville, Kentucky, USA

1965
Hawaii-Inseln, USA
Honolulu, Oahu
Kahului, Maui
Hilo, Hawaii
Lihue, Kauai
Dothan, Alabama, USA
Tuscaloosa, Alabama, USA
Universität von Alabama
Auburn, Alabama, USA

Auburn Universität
Tuskegee Institut, Alabama, USA
Montgomery, Alabama, USA
Kopenhagen, Dänemark
Vancouver, Kanada
Seattle, Washington, USA
Denver, Colorado, USA
Houston, Texas, USA

1966
Greenville, South Carolina, USA
London, England
Berlin (West), Deutschland

1967
Ponce, Puerto Rico
San Juan, Puerto Rico
Winnipeg, Kanada
Tour - Großbritannien
Turin, Italien
Zagreb, Jugoslawien
Toronto, Kanada
Kansas City, Missouri, USA
Tokio, Japan

1968
Brisbane, Australien
Sydney, Australien
Portland, Oregon, USA
San Antonio, Texas, USA
Pittsburgh, Pennsylvania, USA

1969
Auckland, Neuseeland
Dunedin, Neuseeland
Melbourne, Australien
New York City, New York, USA
Anaheim, Kalifornien, USA

1970
Dortmund, Deutschland
Knoxville, Tennessee, USA
New York City, New York, USA
Baton Rouge, Louisiana, USA

1971
Lexington, Kentucky, USA
Chicago, Illinois, USA
Oakland, Kalifornien, USA
Dallas-Fort Worth, Texas, USA

1972
Charlotte, North Carolina, USA
Birmingham, Alabama, USA
Cleveland, Ohio, USA
Kohima, Nagaland, Indien

1973
Durban, Südafrika
Johannesburg, Südafrika
Seoul, Südkorea
Atlanta, Georgia, USA
Minneapolis-St. Paul, Minnesota, USA
Raleigh, North Carolina, USA
St. Louis, Missouri, USA

1974
Phoenix, Arizona, USA
Los Angeles, Kalifornien, USA
(Jubiläumsveranstaltung zum 25. Grün-
dungstag BGEA)
Rio de Janeiro, Brasilien
Norfolk-Hampton, Virginia, USA

1975
Albuquerque, Neu-Mexiko, USA
Jackson, Mississippi, USA
Brüssel, Belgien
Lubbock, Texas, USA
Taipeh, Taiwan
Hongkong

1976
Seattle, Washington, USA
Williamsburg, Virginia, USA
San Diego, Kalifornien, USA
Detroit, Michigan, USA
Nairobi, Kenia

1977
Göteborg, Schweden
Asheville, North Carolina, USA
South Bend, Indiana, USA
Tour – Ungarn
Cincinnati, Ohio, USA
Manila, Philippinen
Good News Festivals in Indiana, USA

1978
Las Vegas, Nevada, USA
Memphis, Tennessee, USA
Toronto, Kanada
Kansas City, Missouri, USA
Oslo, Norwegen
Stockholm, Schweden
Tour – Polen
Singapur

1979
Sao Paulo, Brasilien
Tampa, Florida, USA
Sydney, Australien
Nashville, Tennessee, USA
Milwaukee, Wisconsin, USA
Halifax, Kanada

1980
Oxford, England
Cambridge, England
Indianapolis, Indiana, USA
Edmonton, Kanada
Wheaton, Illinois, USA
Okinawa, Japan
Osaka, Japan
Fukuoka, Japan
Tokio, Japan
Reno, Nevada, USA
Las Vegas, Nevada, USA

1981
Mexico-City, Mexiko
Villahermosa, Mexiko
Boca Raton, Florida, USA

683

Veranstaltungen mit Billy Graham 1981–1996

Baltimore, Maryland, USA
Calgary, Kanada
San Jose, Kalifornien, USA
Houston, Texas, USA

1982
Blackpool, England
Providence, Rhode Island, USA
Burlington, Vermont, USA
Portland, Maine, USA
Springfield, Massachusetts, USA
Manchester, New Hampshire, USA
Hartford, Connecticut, USA
New Haven, Connecticut, USA

Universitäts- und
College-Veranstaltungsreihe
Boston, Massachusetts, USA
Northeastern Universität
Amherst, Massachusetts, USA
Universität von Massachusetts
New Haven, Connecticut, USA
Yale Universität
Cambridge, Massachusetts, USA
Harvard Universität
Newton, Massachusetts
Boston College
Cambridge, Massachusetts, USA
Massachusetts Institute of Technology
South Hamilton, Massachusetts, USA
Gordon-Conwell Seminar
Hanover, New Hampshire, USA
Dartmouth College
Boston, Massachusetts, USA
Boise, Idaho, USA
Spokane, Washington, USA
Chapel Hill, North Carolina, USA
Deutsche Demokratische Republik
Wittenberg
Dresden
Görlitz
Stendal
Stralsund

Berlin (Ost)
Tschechoslowakei
Prag
Brünn
Bratislava (Preßburg)
Nassau, Bahamas

1983
Orlando, Florida, USA
Tacoma, Washington, USA
Sacramento, Kalifornien, USA
Oklahoma City, Oklahoma, USA

1984
Anchorage, Alaska, USA

Mission England
Bristol
Sunderland
Norwich
Birmingham
Liverpool
Ipswich
Seoul, Südkorea
UdSSR
Leningrad, Rußland
Tallinn, Estland
Nowosibirsk, Sibirien
Moskau, Rußland
Vancouver, Kanada

1985
Fort Lauderdale, Florida, USA
Hartford, Connecticut, USA
Sheffield, England
Anaheim, Kalifornien, USA
Rumänien
Suceava
Cluj (Klausenburg)
Oradea
Arad
Timisoara
Sibiu (Hermannstadt)

Bukarest
Ungarn
Pécs
Budapest

1986
Washington, D.C., USA
Paris, Frankreich
Tallahassee, Florida, USA

1987
Columbia, South Carolina, USA
Cheyenne, Wyoming, USA
Fargo, North Dakota, USA
Billings, Montana, USA
Sioux Falls, South Dakota, USA
Denver, Colorado, USA
Helsinki, Finnland

1988
Volksrepublik China
Peking
Huaiyin
Nanking
Schanghai
Guangzhou
UdSSR
Zagorsk, Rußland
Moskau, Rußland
Kiew, Ukraine
Buffalo, New York, USA
Rochester, New York, USA
Hamilton, Kanada

1989
Syracuse, New York, USA
London, England
Budapest, Ungarn
Little Rock, Arkansas, USA

1990
Berlin (West), Deutschland
Albany, New York, USA

Long Island, New York, USA
Hongkong

1991
Seattle und Tacamo, Washington, USA
Schottland
Edinburgh
Aberdeen
Glasgow
East Rutherford, New Jersey, USA
New York City, New York (Central Park), USA
Buenos Aires, Argentinien

1992
Pjöngjang, Nordkorea
Philadelphia, Pennsylvania, USA
Portland, Oregon, USA
Moskau, Rußland

1993
Essen (ProChrist), Deutschland
Pittburgh, Pennsylvania, USA
Columbus, Ohio, USA

1994
Tokio, Japan
Peking, Volksrepublik China
Pjöngjang, Nordkorea
Cleveland, Ohio, USA
Atlanta, Georgia, USA

1995
San Juan, Puerto Rico
Toronto, Kanada
Sacramento, Kalifornien, USA

1996
Minneapolis-St. Paul, Minnesota, USA
Charlotte, North Carolina, USA

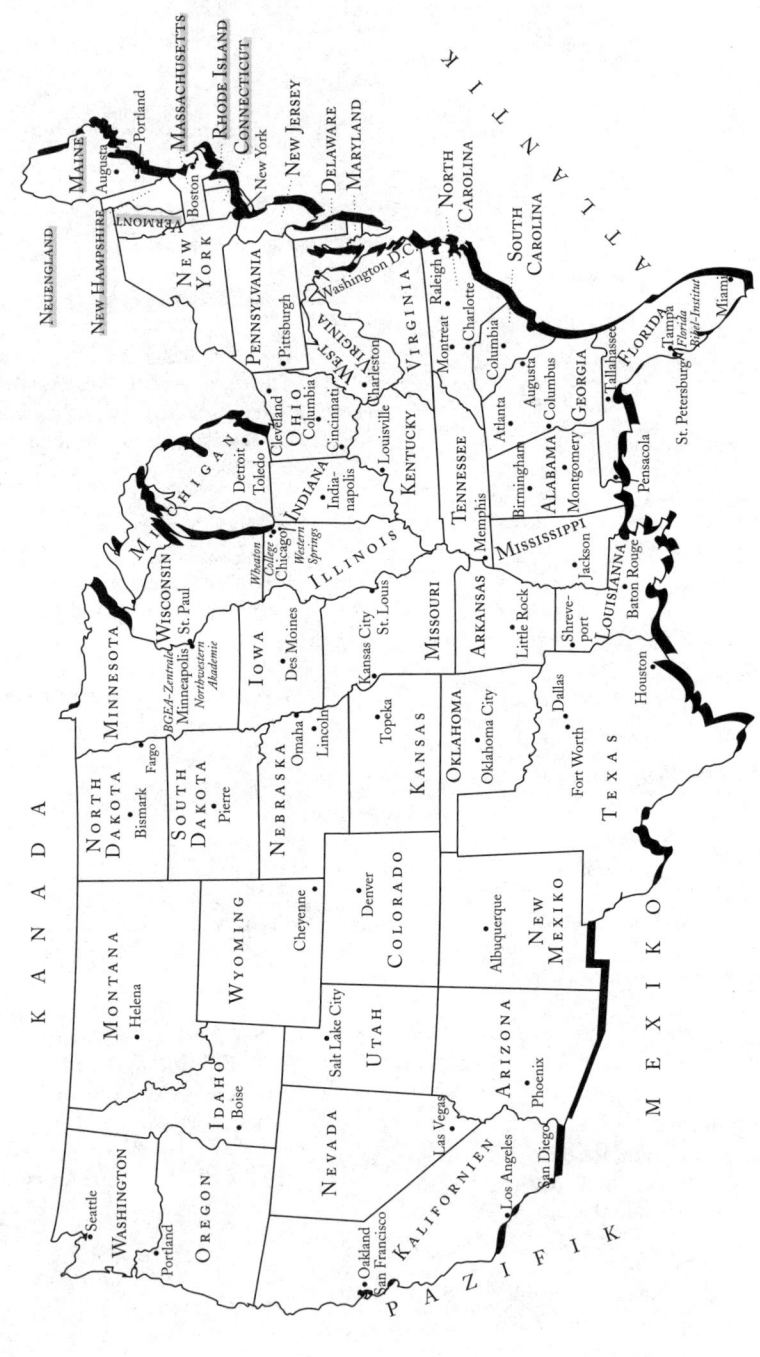

ATLANTIK

NEUENGLAND

MAINE
Augusta
Portland

MASSACHUSETTS
RHODE ISLAND
CONNECTICUT

NEW HAMPSHIRE
VERMONT

Boston

New York

NEW JERSEY

DELAWARE
MARYLAND

NEW
YORK

NORTH
CAROLINA

Montreal
Raleigh
Charlotte

SOUTH
CAROLINA

PENNSYLVANIA
Pittsburgh

WEST
VIRGINIA

VIRGINIA

Washington D.C.

Columbia

Charleston

Augusta

GEORGIA

FLORIDA

Cleveland
OHIO
Columbia
Cincinnati
Louisville

KENTUCKY

TENNESSEE

Atlanta

Birmingham
ALABAMA
Montgomery

Columbus

Tallahassee

St. Petersburg
Tampa
Florida
Bibel-Institut

Miami

Detroit
Toledo

INDIANA
India-
napolis

MICHIGAN

ILLINOIS

Wheaton
College
Chicago
Western
Springs

Memphis

MISSISSIPPI

Jackson

Pensacola

KANADA

WISCONSIN
St. Paul

BGEA-Zentrale
Minneapolis
Northwestern
Akademie

IOWA
Des Moines

MINNESOTA

Kansas City
St. Louis

MISSOURI

ARKANSAS

Little Rock

Shreve-
port

LOUISIANA
Baton Rouge

Houston

NORTH
DAKOTA
Bismark
Fargo

SOUTH
DAKOTA
Pierre

NEBRASKA
Omaha
Lincoln

Topeka

KANSAS

OKLAHOMA
Oklahoma City

Dallas

Fort Worth

TEXAS

MONTANA
Helena

WYOMING

Cheyenne

Denver

COLORADO

Albuquerque

NEW
MEXIKO

MEXIKO

IDAHO
Boise

UTAH
Salt Lake City

ARIZONA

Phoenix

WASHINGTON
Seattle

Portland

OREGON

NEVADA

Las Vegas

Los Angeles

San Diego

KALIFORNIEN

Oakland
San Francisco

PAZIFIK

Bildnachweis

Der Autor dankt den Fotografen und Organisationen für die Bereitstellung des Bildmaterials.

SEKTION 1
Associated Press: Auf dem Rasen vor dem Weißen Haus, 1950.
Billy Graham Evangelistic Association (BGEA), Russ Busby: Mit Präsident Kim Il Sung; Graham-Familie, 1962.
Privat: Als Kind mit der Mutter; mit Vater und Schwester, 1925; Geburtshaus; im „Ziegenkarren"; Kindergottesdienst-Abschlußfeier; Bauernhof der Grahams; Morrow und Frank Graham; die Familie in Florida, 1936; am Florida Bibel-Institut; mit Ruth Bell; Hochzeitstag; das junge Pastoren-Ehepaar.
Billy Graham-Archiv: Predigt, 1939; Jugend für Christus-Veranstaltung; Planungsrunde; mit T. W. Wilson.

SEKTION 2
Privat: Picknick
June Glenn: Familien-Foto, 1958.
Billy Graham Archiv: Abschied von Zuhause; beim Baseball; Predigt in Harlem; vor Downing Street No. 10; das Team, 1953; Radioübertragung aus Atlanta, Georgia.
BGEA, Russ Busby: Mit den Söhnen Franklin und Ned; mit den Ko-Evangelisten; mit Dr. L. Bell.
Houston Press: Mit Familie und Hund.
Dick Whittington: Veranstaltung in Los Angeles.
New York Times: Veranstaltung am Times Square.
Ray Provost: Einkleidung in die schußsichere Weste.
Seth Muse: Mit Präsident Eisenhower und seiner Gattin.
Bruce Sifford Studio: Steuerung der Radioübertragung.

Billy Graham Evangelist Association in Deutschland e.V.: Veranstaltung vor dem Reichstag in Berlin, 1960; mit Übersetzer Peter Schneider, 1966.

SEKTION 3

BGEA, Russ Busby: Abschluß der Veranstaltung in Chicago; im Kreml mit Boris Ponomarev; mit der britischen Premierministerin Margaret Thatcher; in Auschwitz; Dortmunder Westfalenhalle, Euro '70; in Andhra Pradesh, Indien; in Belfast; in Oakland, Kalifornien; in Ungarn; in Seoul; in Tallinn; in Rumänien; mit dem chinesischen Premier Li Peng; in Japan; Ruth Grahams ehemaliges Zuhause in China; auf der chinesischen Mauer.

Wide World Photos: Mit Präsident John F. Kennedy; mit Premierministerin Indira Gandhi; mit Kardinal Richard J. Cushing.

Roy Gustafson: Mit Premierministerin Golda Meir.

Chicago Tribune: Mit Dr. Martin Luther King, jr.

U.S. Air Force: In Vietnam.

ProChrist: Mit Bischof Dr. Karl Lehmann, Ulrich Parzany, Wilfried Reuter, Hartmut Steeb in Kassel, 1993.

Earl Davidson: Im Central Park, New York.

SEKTION 4

BGEA, Russ Busby: Porträt Billy Graham; Einführungsfeierlichkeiten Richard Nixons zum US-Präsidenten; mit Präsident Ronald Reagan; Golf mit Präsident Gerald Ford; mit Präsident Jimmy Carter; mit Queen Elisabeth II.; mit Muhammad Ali; mit Präsident Boris Jelzin; mit Präsident Michail Gorbatschow; Goldene Hochzeit; Rede im U.S.-Capitol; Erholung zu Hause.

Das Weiße Haus: Mit Grady Wilson und Präsident Lyndon Johnson; mit Präsident Bush und seiner Gattin; mit Präsident Bill Clinton.

ProChrist: Eintrag ins Stahlbuch der Stadt Essen; mit Bundeskanzler Helmut Kohl.

L'Osservatore Romano: Mit Papst Johannes Paul II.

Personen- und Ortsregister

Gustafson, Gwen 532 Kongreß Amsterdam
Gustafson, Roy 70, 80, 342f im Nahen Osten
Gustavson, Luverne 143, 148, 201, 621

Haifa 343
Haig, Alexander 431
Haile Selassie I. (Taferi Makwennen), 337ff in Äthiopien, 516 „Berlin '66"
Haldeman, H.R. 414
Halverson, Dr. Richard 220
Ham, Dr. Mordecai Fowler 45, 49, 52, 78
Hamblen, Stuart 167, 170
Hamilton, Gavin 124, 126
Hammarskjöld, Dag 337, 630 Gebete in New York
Hampden Park 263
Hamrin, Dr. Carol Lee 549
Harare (Salisbury) 334f
Haraszti, Dr. Alexander S. „Alex" 439ff, 445ff Polen, 464ff Moskau, 480 in der DDR, 484ff 2. Moskau-Reise, 533 Kongreß Amsterdam
Harper, Redd 192
Harringay-Arena 227, 671
Hartill, Ed 160
Hartman, Arthur 466
Harvard 389ff
Hatfield, Antoinette 422
Hatfield, Mark 408f als Vizepräsidentschaftskandidat, 462 nach Carters Wahlniederlage
Hayes, Helen 435
Haymaker, Willis 228, 239, 302
Hays, Brooke 218
Hearst, Randolph 171
Helms, Jesse 505
Helsinki 250, 550
Henderson, John 259
Henry, Carl 513ff „Berlin '66"
Hickey, William 241
Hill, Dr. E.V. 394 Bürgerrechtsbewegung, 618 Vorstand
Hilton, Conrad 220
Hitler, Adolf 30, 255
Ho Jong 568
Hobart 319f
Hodges, Luther 361
Hoey, Clyde 403

Hoke, Dr. Donald 520 „Lausanne '74", 524 Nachwirkung „Lausanne '74", 535 Kongreß Amsterdam
Holley, Henry 275, 552 China, 567ff zu Korea
Hollywood 209, 228
Holmquist, Diane 678
Hongkong 586, 622 BGEA-Büro
Hope, Bob 382 Auftritt in Vietnam, 435 bei Königin Elisabeth II.
Hopper, Dr. Joseph 568
Horak, Dr. Josip 352
Houston, Sam 372
Hull, Horace 234
Hull, Roger 288, 616
Humphrey, Hubert 358f, 378 Kandidat Vizepräsident, 411 als Präsidentschaftskandidat
Hunter, Bob 192
Hussein II. ibn Tallal, König 342
Hustad, Don 610
Huston, Sterling 615
Hutton, Betty 192
Hutton, E.F. 303
Hyde Park 325f

Ibadan 332
Indianapolis 497f mit Ronald Reagan

James, Dr. Roger 618 Vorstand, 666
Jarman, Maxey 521 „Lausanne '74"
Jaworski, Leon 432
Jenkins, Jerry 676
Jerusalem 342f
Johannes Paul II. (eig. Wojtyla, Karol) 448f in Polen, 451 nach Papstwahl, 453f Privataudienz, 549f gem. Gottesdienst, 568 zu Korea, 575 Botschaft an Kim Il Sung
Johannes XXIII. (eig. Roncalli, Angelo Guiseppe) 362
Johannesburg 398
Johnson, Jimmie 57, 60
Johnson, Lady Bird 370, 372, 376, 379, 384f Trauerfeier Präs. Johnson
Johnson, Lyndon B(arnes) 360 im Kennedy-Wahlkampf, 369 Kennedy-Attentat, 370ff als Präsident, 410f letzter Parteitag
Johnson, Norman 386

Bücher von Billy Graham

Friede mit Gott
Bestell-Nr. 3-417-20464-x

Geboren um zu sterben?
Bestell-Nr. 3-7751-1753-9

Geht unsere Welt ihrem Ende entgegen?
Bestell-Nr. 3-7751-1752-0

Hoffnung, die beflügelt
Bestell-Nr. 3-7751-1828-4

Von unsichtbaren Mächten geborgen
Bestell-Nr. 3-7751-1761-x

Was kommt nach dem Tod?
Bestell-Nr. 3-7751-1754-7

Was mir auf den Nägeln brennt
Bestell-Nr. 3-7751-1827-6